프란치스코 수도규칙 해설

프란치스코 수도규칙 해설
지은이 | 기경호

표지 캘리그라피 | 박선희
표지 및 내지 디자인 | 박선영
교정교열 | 조선희

교회 인가 서울대교구 | 2023년 6월 14일
펴낸날 | 2023년 10월 4일
펴낸이 | 김상욱
만든이 | 조수만
만든곳 | 프란치스코출판사(제2-4072호)
주 소 | 서울 중구 정동길 9
전 화 | (02) 6325-5600
팩 스 | (02) 6325-5100
이메일 | franciscanpress@hanmail.net
홈페이지 | https://blog.naver.com/franciscanpress
인쇄 | 유진보라

ISBN 978-89-91809-33-8 93230
값 28,000원

프란치스코 수도규칙 해설

기경호 OFM

프란치스코출판사

머리말

우리는 아씨시의 복된 프란치스코가 1209년 교회 승인을 받았던 수도규칙의 최종 추인 800주년을 맞고 있다. 이 카이로스의 때에 '만인의 형제'요 '또 다른 그리스도'(alter Christus)라 불리는 성 프란치스코의 수도규칙에 담긴 복음의 생활양식과 영성을 되새겨보지 않을 수 없다. 우리 모두 프란치스코가 걸었던 복음의 길을 회상하고, 회상한 바를 현재화함으로써 진정한 축제가 되도록 해야겠다.

제4차 산업혁명의 시대에 우리는 가늠하기조차 힘든 변화를 경험하고 있다. 인공지능, 빅데이터의 활용, 정보통신기술(ICT) 등의 급속한 발달로 '초지능화'가 이루어지고, 기술 융합으로 산업과 노동 분야에서도 엄청난 변화가 일어나고 있다. 또 최첨단 스마트 기기를 매개로 모든 것이 연결되는 '초연결사회'에서 기존의 생활방식과 사고의 패러다임이 뿌리째 흔들리고 있다. 모든 분야에서 상호의존성이 증대되고 통합과 융합을 추구하고 있다. 또 소유를 중심으로 하던 기존의 산업자본주의 질서도 '접속'과 '공유'를 바탕으로 한 공유사회, 공유경제, 문화 자본주의로 중심이 옮겨가고 있다. 이런 변화 속에 가치관의 혼란과 각종 사회 갈등이 발생할 뿐 아니라 종교의 존재 이유와 신앙인의 정체성마저 의문에 부쳐지고 있다. 생명이 경시되고 돈이 우상처럼 여겨지며, 인간이 노동의 도구나 소비재처럼 다뤄지는 오늘이다. 나아가 거대 자본과 국가에 의한 지나친 개발은 생태 위기를 가속화하고 있다.

이러한 변화는 작은 형제들뿐 아니라 이 시대를 사는 모든 이에게 강력한 도전으로 다가온다. 복음적 가치들마저 상대화되어 가는 이때 우리는 중세의 혼란과 갈등 한복판에서 '복음을 철저히 삶으로써' 교회와 세상을 쇄신하는 원동력이 되었던 아씨시 성 프란치스코의 모범과 가르침에 주목할 필요가 있다. 프란치스코가 그토록 강조하였던 '자기 것 없이 사는'(sine proprio) 삶은 그 자체로 목표가 아니었다. 복음적 가난은 모든 피조물을 통합으로 이끄는 방편이자, 보편적 형제애를 실현하는 길이었다. 프란치스코는 언제 어디서나 '더 작아지는' 가난과 모든 피조물을 형제자매로 존중하고 사랑하는 우주적 형제애로 온 세상을 순례하도록 우리를 초대한다.

우리는 수도선서를 할 때 수도규칙과 회헌에 따라 살 것을 서약한다. 수도규칙은 '복음의 요약'이요 '생명의 길에 관한 지침'이다. 프란치스코 수도규칙은 엄청난 변화와 수많은 도전에 직면한 우리에게 빛을 밝혀주고 길을 제시해줄 것이다. 우리는 복음의 혼으로 시대의 징표를 읽고, 살아있는 복음이 되어 하느님 보시기에 참 좋은 세상을 이루어나가도록 불렸음을 잊지 말아야 한다. 따라서 이 사명을 충실히 실행하도록 성 프란치스코가 살아냈고 제시했던 "복음적 생활양식"을 잘 이해할 필요가 있다. 수도규칙에 대한 이해는 복음적 삶을 철저히 살고, 세상을 복음으로 채워 재창조를 이뤄가는 데 큰 도움을 줄 것이다.

이 뜻깊은 해를 맞아 길을 찾는 모든 이에게 조금이나마 도움이 되도록 2008년 프란치스칸 영성학술 발표회 자료집으로 출간했던 「수도규칙 해설서」를 개정하게 되었다. 「프란치스칸 삶과 사상」 특집호로 출판한 지 15년이나 되어 사실상 전면 개정이 필요했다. 이번 판에서는 기본 틀은 그대로 유지하였으나, 손을 보지 않은 곳이 거의 없을 정도로 전면적인 수정과 보완이 이루어졌다. 그리고 수도규칙 각 장의 해설 끝에 '현대적 적용'을 새로 추가하고 다른 여러 부분을 다시 집필했다. 최선을 다하려 애썼지만, 개정 작업을 마치고 보니 여전히 부족한 부분들이 눈에 띈다. 무엇보다도 수도규칙에 관한 그간의 수많은 연구 결과를 충분히 수렴하지 못한 아쉬움이 크다.

아무쪼록 이 해설서를 마중물 삼아 프란치스코 안에서 꿈틀거렸던 복음을 다시 만나 '또 다른 복음'이 되어 행복한 순례를 이어가기를 희망한다. 나아가 각자의 순례에 머물지 않고, 성 프란치스코의 복음적 자유와 작음과 형제애를 양식 삼아 세상을 밝히는 빛으로 걸어가는 '영원의 순례', '공동선의 순례'를 지속했으면 한다.

끝으로 이 책이 새 옷을 입고 나올 수 있도록 애써준 프란치스코출판사 여러분에게 깊은 감사를 드린다. 아울러 형제적 사랑으로 지지해준 작은형제회 한국관구 형제들과 기도로 응원해주신 형제자매들께도 머리 숙여 감사드린다.

서울 정동수도원에서
기경호 프란치스코

차례

머리말 5
약어표 11

제1편 교회 역사상의 수도규칙과 프란치스코 수도규칙

  제1장 그리스도교 역사상의 수도규칙 15
    1. 수도규칙의 기원 15
      1) 수도규칙의 기원 15
      2) 수도생활의 으뜸 규범인 성경 15
    2. 수도규칙의 의미와 본질 16
    3. 그리스도교 역사상 4대 수도규칙 19
      1) 바실리오 수도규칙 19
      2) 아우구스티노 수도규칙 21
      3) 베네딕토 수도규칙 24
      4) 프란치스코 수도규칙의 위치와 중요성 25

  제2장 프란치스코 수도규칙의 기원과 발전 30
    1. 프란치스칸 생활의 으뜸 원천인 복음 33
    2. 복음으로의 방향 전환과 '작은 이들의 원형' 36
      1) 프란치스코의 회개와 초기 형제들의 삶 36
      2) 작은 이들의 원형인 프란치스코 41
    3. 원수도규칙 또는 생활지침 43
      1) 원수도규칙의 작성과 구두승인 43
      2) 원수도규칙의 내용 53
    4. 인준받지 않은 수도규칙 57

1) 인준받지 않은 수도규칙의 작성 과정 58
   2) 인준받지 않은 수도규칙의 특징과 가치 70
   3) 인준받지 않은 수도규칙의 구조와 내용 71
 5. 인준받지 않은 수도규칙의 다른 단편들 74
 6. 인준받은 수도규칙의 작성 과정 79

제3장 프란치스코 수도규칙 해석사 91
 1. 수도규칙 추인 이후 드러난 문제 91
 2. 프란치스코 수도규칙에 관한 유권해석 96
   1) 쿼 엘롱가티 Quo elongati(1230) 96
   2) 오르디넴 베스트룸 Ordinem vestrum(1245) 104
   3) 엑시이트 퀴 세미낫 Exiit, qui seminat(1279) 112
   4) 엑시비 데 파라디소 Exivi de Paradiso(1312) 122
 3. 교황들의 수도규칙 해석의 가치 127

제2편 인준받은 수도규칙 해설

 인준받은 수도규칙 입문
   1. 인준받은 수도규칙의 친저성 133
   2. 인준받은 수도규칙의 작성장소 141
   3. 인준받은 수도규칙의 특징 151
   4. 인준받은 수도규칙의 본질 158
   5. 인준받은 수도규칙의 문체 162
   6. 인준받은 수도규칙의 구조와 내용 171

 인준받은 수도규칙 본문 해설
   교황의 수도규칙 추인 칙서 182

1. 칙서의 양식 182
2. 수도회 명칭 184
3. 교황 칙서의 의의 190

제1장 주님의 이름으로! 작은 형제들의 생활이 시작됩니다 191
제2장 이 생활을 받아들이려고 하는 이들, 그리고 이들을 어떻게 받아들일
       것인가 239
제3장 성무일도와 단식재, 그리고 형제들이 세상을 어떻게 다닐 것인가 293
제4장 형제들은 금품을 받지 말 것입니다 338
제5장 일하는 자세 360
제6장 형제들은 아무것도 자기의 소유로 하지 말 것입니다. 그리고 동냥을
       청하는 일과 앓는 형제들에 대하여 385
제7장 죄지은 형제들에게 주어야 할 보속 433
제8장 형제회의 총봉사자 선출과 성령강림 총회 458
제9장 설교자들 484
제10장 형제들에게 주는 권고와 교정 518
제11장 형제들은 여자 수도원을 출입하지 말 것입니다 578
제12장 사라센인들과 비신자들 가운데로 가는 형제들 616

참고 문헌 654
부록_인준받지 않은 수도규칙 661
    _인준받은 수도규칙 685

약어표

[성 프란치스코의 글]

권고	영적 권고들
규칙	인준받지 않은 수도규칙의 다른 편집본들의 단편들
노래 권고	들으십시오. 가난한 자매들이여(노래 형식의 권고)
덕 인사	덕들에 바치는 인사
동정녀 인사	복되신 동정 마리아께 드리는 인사
레오 편지	레오 형제에게 보낸 편지
1보호자 편지	보호자 형제에게 보낸 전본(前本)
2보호자 편지	보호자 형제에게 보낸 후본(後本)
봉사자 편지	어느 봉사자에게 보낸 편지
비인준 규칙	1221년 인준받지 않은 수도규칙
생활양식	클라라와 그의 자매들에게 준 생활양식
1성직자 편지	성직자들에게 보낸 편지 전본(前本)
2성직자 편지	성직자들에게 보낸 편지 후본(後本)
수난 성무	주님의 수난 성무일도
시간경 찬미	시간경마다 바치는 찬미
시에나 유언	시에나에서 쓴 유언
1신자 편지	신자들에게 보낸 편지 전본(前本)
2신자 편지	신자들에게 보낸 편지 후본(後本)
안토니오 편지	안토니오 형제에게 보낸 편지
원수도규칙	복음의 몇 구절로 된 구두로 승인받은 수도규칙
유언	유언
은수처 규칙	은수처를 위한 규칙
인준 규칙	1223년 추인받은 수도규칙
주님 기도	'주님의 기도' 묵상
지도자 편지	백성의 지도자들에게 보낸 편지
찬미 권고	하느님 찬미의 권고

태양 노래	태양 형제의 노래(피조물의 노래)
하느님 찬미	지극히 높으신 하느님께 드리는 찬미
형제회 편지	형제회에 보낸 편지

[성녀 클라라의 글]

클라라 규칙	성녀 클라라가 쓴 수도규칙
클라라 유언	성녀 클라라의 유언
클라라 축복	성녀 클라라의 축복

[프란치스칸 원천]

대전기	성 프란치스코 대전기(바뇨레죠의 보나벤투라)
동방역사	야고보 비트리 추기경의 동방역사
세 동료	세 동료 전기
소전기	성무일도용 성 프란치스코 소전기
아씨시 편집본	아씨시의 편집본(페루자 전기)
완덕의 거울	작은 형제의 완덕의 거울(익명의 포르치운쿨라인)
익명의 페루자	수도회의 기원 혹은 창설에 대해(익명의 페루자인)
쟈노 연대기	쟈노 조르다노의 연대기
1첼라노	성 프란치스코의 제1생애(토마스 첼라노)
2첼라노	성 프란치스코의 제2생애(토마스 첼라노)

[기타 약어]

교회법	교황 요한 바오로 2세가 1983년 공포한 교회법전
사목	제2차 바티칸공의회, <현대 세계의 사목 헌장>
수도	제2차 바티칸공의회, <수도생활의 쇄신 적응에 관한 교령>
BF	Bullarium Franciscanum
FF	Fonti Francescane
PL	Migne, Patrologia Latina

* 성경 본문과 약어는 새 성경을 따른다.

프란치스코 수도규칙 해설

제1편
교회 역사상의 수도규칙과 프란치스코 수도규칙

제1장 그리스도교 역사상의 수도규칙

1. 수도규칙의 기원

1) 수도규칙의 기원

그리스도교 역사상 거룩한 이들의 은사는 글로 써지기 전에 삶으로 드러난다. 그들의 삶에서 풍기는 복음의 힘과 그리스도의 향기는 많은 이를 그에게로 불러 모았다. 그 결과 공동체가 형성되고 공동생활에 관한 규범들이 요청되면서 은사가 수도규칙에 표현되었다. 수도규칙은 하느님으로부터 은사를 받은 이들이 자기 은사 안에서 복음을 이해하고 살았던 것을 생활양식 또는 생활지침으로 작성한 것이다. 이는 후대 사람들에게 삶의 방향타가 되었다. 이처럼 삶이 먼저 있었고, 그 삶을 구체화하여 지속해서 살 수 있는 생활양식인 수도규칙이 뒤따랐다. 탁발수도회들의 역사에서 수도규칙은 삶의 대헌장이 되고, 다양한 장소와 시대에 쇄신과 적응을 이루는 데 으뜸가는 원천이 되었다.

2) 수도생활의 으뜸 규범인 성경

'하느님의 말씀'은 수도생활의 첫째가는 규범이다. 사막의 성 안토니오(251-356)는 그의 영적 유산을 취하려는 제자들에게 단순하게 다음과 같이 말했다. "성경은 우리들의 교육에 충분합니다."(성 안토니오의 생애) 수도생활은 여러 세기를 거치면서 제도화되었으나 시초부터 삶의 바탕이요, 가장 중요한 원천으로 삼았던 성경의 관점을 상실하지 않았다. 「바실리오 수도규칙」과 「아우구스티노 수도규칙」에는 성경 인용이 많은데, 이는 삶의 기준인 성경에서 하느님의 목소리를 경청하고 살라는 초대이다. 성 베네딕토는 그의 수도규칙에서 다음과 같이 말한다. "하느님의 권위로 쓰인 신구약 성경의 어느 면이나 어느 말씀이든 인간 생활의 가장 올바른 규범이 아니겠는가?"(73장 3) 복음이 제시하는 것처럼 그리스도를 추종하는 것이 수도생활의 근본 규범이다(수도 2). 이처럼 성경은 수도자들에게는 수도규칙을 포함한 모든 규범에 앞서는 근본 규범이자, 으뜸 규범이다.

2. 수도규칙의 의미와 본질

'수도규칙'이란 용어는 라틴어로 'Regula'인데, 이는 동사 'regere'(이끌다, 수도공동체의 책임자가 되다, 가르치다, 경작하다, 바로 세우다 등의 뜻)에서 유래한 말이다. 그리스도교 관점에서 라틴어 'Regula'의 뜻은 다양하다. 곧 신앙의 규칙, 그리스도인의 생활 방식에 관한 규정, 교회 생활의 규정 또는 규정집, 전례 규범의 총체, 보속과 회개, 수덕 생활에 관한 가르침과 모범, 수도승 공동체에 의해 준수된 실천, 수도승 규칙, 수도승원, 참사회 규칙 등.

수도규칙은 수도자들의 한 그룹이나 여러 그룹을 위해 기록한 생활 규범이다. 그것은 수도생활의 핵심을 이루는 영적 체험을 요약한 것이기에 창설자가 살았고 증언하였으며, 그의 제자들이 이어가기를 바랐던 은사의 통로이다. 수도규칙은 고유한 은사와 전통을 담고 있지만, 한편으로는 시대의 징표를 읽어내고, 적용하면서 더욱 풍요로워져야 한다. 사실 수도규칙들은 시대를 초월하여 규칙을 준수하려는 수도자들에게 생명의 원천이었으며, 또한 이어지는 세대에 생명력을 부여하는 것이었다. 수도규칙의 어떤 것은 계속 잘 지켜졌고, 어떤 것은 그 의미와 정신이 더 강조되었으나 이 점은 그리 중요치 않다. 수도규칙은 그 자체로서가 아니라 내재해 있는 영적 체험을 전달해주는 힘으로 인해 생명력을 지닌다.

수도규칙은 온전한 사랑과 모든 규범을 통하여 수도생활의 최종 목적인 그리스도를 추종하는 구체적인 방식이다. 수도규칙은 교회의 변함없는 전통과 의식 안에서 -일반적으로 생각하는 것과는 달리- 법규들의 모음이 아니라 오히려 복음을 사는 일련의 태도이다. 수도규칙은 복음을 사는 독특한 방식을 소개하는 영적인 문서이자, 지침이다. 나아가 수도규칙은 단순한 영적 메시지 그 이상이며, 지시 사항이 아니라 성령의 감도에 따라 주어진 '생명의 길'이다. 복음을 사는 다양한 방식과 특징들이 있기에 그에 따라 여러 수도규칙이 있게 된다. 수도규칙은 본성상 그 규칙을 따르는 수도회의 전체 영성을 포함해야만 하는 것은 아니다. 그 대신 각 수도회 고유의 회헌에 영성이 구체적으로 잘 표현되어야 한다.

수도생활 역사의 초기에는 수도회가 없이 수도원과 수도규칙만 존재했다. 따라서 여러 개의 수도규칙을 따르는 수도원도 많았다. 수도규칙이 교회의 공식 승인을 받게 된 것은 12세기부터이며, 그 이전에는 법적인 성격이 약했다. 수도규칙은 영성 문헌이자 중요한 생활지침이며, 법적인 문헌이다. 따라서 이 수도규칙은 일부 법적인 성격이 있지만, 창설자의 은사와 회의 전통을 기록한 근본적인 지침이라 할 수 있다. 그러므로 수도규칙에 따라 살기로 서약했다면, 그 규칙을 실행해야 할 윤리적 의무를 지는 것이다. 곧 복음 권고의 삶과 회 고유의 정신을 살도록 도울 뿐 아니라 쇄신의 지침이 되는 수도규칙은 마땅히 양심적으로 지켜져야 한다. 고유한 수도규칙이 있는 수도회에서 수도규칙은 회헌보다 법적인 강제성이 훨씬 약하지만, 영성적 근본지침이자, 상위의 근본 규범이므로 더 강한 구속력을 갖는다고 할 수 있다. 교회법적인 관점에서 볼 때 수도규칙은 회의 고유한 법에 속하지만, 1983년 교회법 제587조 4항이 말하는 '다른 법전'과는 성격이 다르다. 곧 회헌의 상위 지침의 성격을 지니는 수도규칙은 회의 모든 고유법규의 입법 정신이자, 기초이며, 해석원리이다. 한편 회헌은 수도규칙을 현시대 상황에 적응시켜 구체화한 것이다.

여러 세기를 거치면서 수도규칙은 거룩한 것으로 생각되었고, 수도생활의 근본적이고 변경할 수 없는 규약으로 여겨졌다. 수도자들은 자신들을 위한 삶의 계획이며, 거룩함의 이상을 담고 있는 수도규칙을 존중하여야 한다. 그런데 수도규칙은 회원들의 삶 전반을 구체적으로 규정하지 않고 영성의 성격이 강한 부분도 있다. 이로 인해 어떻게 현실에 적용할지에 대한 해석과 실행이 관건이 된다. 오늘날 가속화된 변화의 시대에 수도규칙의 해석과 적용은 중요하고도 어려운 문제가 되고 있다.

수도규칙을 사는 우리의 태도는 다음의 두 가지 움직임이 포함되어야 할 것이다. ① 예수를 따르라는 부르심을 알아차림으로써 수도규칙에 표현된 은사 안에서 그분을 따르는 데 적합한 방식을 만나게 된다. ② 삶에서 수도규칙으로, 수도규칙에서 창설자의 은사로 그리고 우리 삶에 다시 체화된 은사를 통하여 예수님을 충실히 추종(sequela Christi)하는 데로 나아간다. 이 두 가지 필요한 움직임은 분석과 종합의 변증법, 충실성과 창의성, 은사의 원천인 성령 안에서의 성장, 오늘날 우리 안에 살아 계시는 예수에 대한 기쁜 증언을 포함한다.

3. 그리스도교 역사상 4대 수도규칙[1]

프란치스코 수도규칙 이전에 교회에는 세 가지 생활양식을 규율하는 수도규칙들이 있었다. 곧 사막의 성 안토니오와 성 파코미오로 대표되는 '은수 생활양식'(vita eremitica), 성 바실리오, 성 베네딕토 등으로 대표되는 정주(定住) 공동 '수도승 생활양식'(vita monacalis) 그리고 성 암브로시오와 성 아우구스티노에 의해 시작된 공동생활을 하는 주교좌 성당 의전사제단과 의전율수회(canonicus regularis)를 위한 '의전사제 공동생활양식'(vita canonicalis) 이렇게 셋이다. 이 가운데 「베네딕토 수도규칙」은 '수도승 생활'(vita monastica)의 영감에 속하고, 「바실리오 수도규칙」과 「아우구스티노 수도규칙」은 '성직자 생활'(vita clericale)의 영감에 속하는 것들이다.[2] 그러다가 13세기에 교회는 프란치스코에게 새로운 생활양식인 '복음적 생활양식'(vita evangelica) 또는 '탁발 생활양식'(vita mendicantes)을 승인해 주었다. 이로써 프란치스코 수도규칙은 바실리오 수도규칙, 아우구스티노 수도규칙, 베네딕토 수도규칙과 더불어 그리스도교 역사상 중요한 네 개의 수도규칙 가운데 하나가 되었다. 먼저 이 네 개의 수도규칙에 관하여 간략히 살펴보기로 한다. 이렇게 함으로써 프란치스코 수도규칙의 고유함을 더 명확히 이해할 수 있을 것이다.

1) 바실리오 수도규칙

주교이며 교회학자인 바실리오(330-379)는 세례 후 이집트, 팔레스티나, 시리아 그리고 메소포타미아 등의 수도원들을 방문하고 유명

---

1 이에 관한 더 상세한 이해는 필자의 글 '수도규칙서' 항목 참조(한국교회사 연구소 편, 한국 가톨릭대사전 제8권, 5046-5056쪽).

2 M. CONTI, Studi e Ricerche sul francescanesimo delle origini, Roma 1994, 132쪽.

한 수도승들을 만났다. 그 뒤 이리스 강변에서 친구인 나지안조의 그레고리오(329-390)와 함께 은수자로서 수도생활을 시작하였다. 그는 370년 카이사리아의 주교가 된 뒤에도 자기 교구 내의 여러 수도원을 자주 방문하였다. 이때 그는 수도생활에 관한 수도자들의 질문에 응답함으로써 그들을 지도하였으며, 비범한 조직력으로 동방의 수도원 조직 형성에 크게 공헌하였다. 「바실리오 수도규칙서」는 그리스도인의 삶과 수도생활에 관한 질문과 응답들을 한데 모아 엮은 것이다.

바실리오의 첫 작품은 안네시(Annesi)에서 피정 중에 저술한 「윤리 규정들」이다. 이것은 '그리스도인의 삶은 어떤 것인가?'에 대한 답변으로서 성경 본문들의 모음집이자, 충만한 신앙생활을 하려는 모든 그리스도교인을 위해 복음 안에 제시된 규정들이다.[3] 397년 루피노는 그리스도인 금욕가 소공동체들이 제시한 질문들에 대한 바실리오의 203개 답변으로 된 「소 수덕집」(제1차 편집)을 그리스어 원문에서 라틴어로 옮겨 서방 교회에 유포시켰다. 제2차 편집에는 잘못한 이들의 교정에 관한 사항이 덧붙여졌다. 제3차 편집은 바실리오가 당시의 요구에 맞춰 수정한 것으로 「대 수덕집」이라 한다. 이 수도규칙은 수도승 생활의 원리들에 관한 55개 항목의 '상세한 규칙들'(Regulae fusius tractatae)과 원리들의 적용인 318개 장의 '짧은 규칙들'(Regulae brevius tractatae)로 구성되어 있다. 보통 「윤리 규정들」「소 수덕집」, 「대 수덕집」, 이 세 작품을 「바실리오 수도규칙서」라 부른다.

파코미오 수도규칙, 아우구스티노 수도규칙과 더불어 모(母) 수도규칙서 가운데 하나이며, 수도승 규칙서 가운데 가장 긴 「바실리오 수

---

[3] Luc Brésard, 허성석, 최종근 편역, 수도승 영성, 분도출판사, 2002, 187-188쪽.

도규칙」은 공통된 두 가지 근본원칙을 따르고 있다. 첫째, 성경을 따른다. 따라서 그 토대가 되는 복음서에 강조점이 있으며 전반적으로 영성이 풍부하다. 다음으로 규정들은 수도원 제도를 교회 안에 통합하고자 하는 바실리오의 관심사와 일치한다. 질문 내용은 대부분 성경 말씀을 수도생활에 적용하고 실천하는 데 관한 것이고, 답변도 거의 성경 인용으로 되어있다. 성경은 모든 사람을 거룩함의 길로 인도하므로 수도자들에게 적용되는 것은 모든 그리스도인에게도 적용된다고 본다. 따라서 그는 '서로 사랑하라'는 계명에 기초한 규정들을 서술하고, 이를 바탕으로 영적, 금욕적 생활을 개별적으로 설명한다. 이는 공동생활에 관한 권고와 금지 규정들을 모아놓은 「파코미오 수도규칙」과 근본적으로 다른 점이다. 또 이 수도규칙에서는 장상의 역할이 미약하지만, 수평적인 형제애가 두드러진다. 이 수도규칙서는 동방교회의 가장 중요한 수도규칙서로서 동서방을 막론하고 후대 회 수도생활에 지대한 영향을 미쳤다. 한편 「소 수덕집」 제196-201장은 수도생활 역사상 수녀들에 관한 최초의 명문 규정이라는 점에서 큰 의의가 있다.

2) 아우구스티노 수도규칙

아우구스티노(354-430)는 387년 여름 로마로 가서 이듬해 8월까지 수도원들을 방문한 뒤 타가스테(Tagaste)로 물러가 알리피오(Alipio)와 아데오다투스(Adeodatus)와 함께 수도생활을 시작하였다. 이 수도공동체는 수도원 제도의 특징뿐만 아니라 학문적 특성도 상당히 갖추고 있었다. 그는 391년 공동체를 알리피오에게 맡기고 타가스테를 떠나 히포Hippo에서 평신도들을 위한 수도원을 설립하였다. 아우구스티노는 이들 가운데 주교로 시임되는 것을 탐탁지 않게 여겼을 뿐만 아니라 자신도 주교좌가 비어 있는 도시의 방문을 되도록 억제하였다. 그는 잘못 판단하여 히포에 가서 사제가 되었다. 그때 그는 그곳에 간 원래의 뜻을 이루도록 간청하여 히포의 성직자들이 공동생활을 할 수 있는 수도원을 세웠다. 또 그는 축성 조건으로 무소유의 수도생활을 제시하였다. 그는 초기 예루살렘 공동체의 이상에 따라 관상을 지향하는 사랑의 공동체를 세우려 하였다. 그는 예수 그리스도를 중심으로 둘러싼 사랑의 공동체를 수도원으로 생각하였다. 이러한 까닭으로 주교직 수행으로 인해 수도생활을 포기해야 했음을 늘 아쉽게 생각했다. 그래서 주교가 된 뒤에도 수도공동체에서 기도하려고 기회가 될 때마다 그곳에 갔다.

얼마 후 알리피오는 타가스테 공동체 생활을 규정하는 「수도원 규정서」(Ordo Monasterii; 내용은 일과와 기도, 식사, 노동, 순종, 외출 등 수도생활양식에 관한 기본적인 요소들)를 썼다. 아우구스티노는 그 첫 부분과 끝부분에 영성적인 말을 덧붙여 이를 인가해주었다. 그는 아마도 발레리오 주교의 후임자로 주교관에 들어간 후인 397년 히포의 수도원을 위해 「하느님의 종들을 위한 규칙서」(Regula ad servos Dei) 또는 「계명집」(Praeceptum)이라 부르는 수도규칙을 썼을 것이다. 보통 「아우구스티노 규칙」이라고 부르는 이 「계명집」은 초대 그리스도교 공동체처럼 마음과 정신의 일치 안에서 살아갈 수도승들을 위한 것이었다. 그 뒤 「수도원 규정서」와 「계명집」은 이탈리아에서 「아우구스티노 수도규칙서」라는 이름으로 유포되었다.

「아우구스티노 수도규칙서」는 다음과 같이 구성되어 있다. 곧 제1장 공동생활의 원칙; 제2-3장 기도와 단식; 제4장 형제적 교정; 제5장 공동소유 문제; 제6장 형제애와 상호관계; 제7장 장상; 제8장 맺는말.

이 수도규칙은 법적인 성격이 강한 「파코미오 수도규칙」과 영성 성격이 강한 「바실리오 수도규칙」의 중간에 있는 것으로서 두 수도규칙에 비해 매우 체계적이다. 또한 「파코미오 수도규칙」이나 「바실리오 수도규칙」과 마찬가지로 그 근본 사상은 성경에 나오는 원시 공동체를 철저히 따르는 것이었다. 이러한 공동생활 그 자체가 삶 전체를 기능적으로 가르는 모든 이에게 결정적인 근본 가치를 제시한다. 따라서 수도원 안에서의 모든 일상생활에 대해 상세히 규정하려는 「베네딕토 수도규칙」과 달리 수도생활의 본질적인 요소들만을 중요시한다.

「아우구스티노 수도규칙」은 서방 수도규칙 가운데 가장 오래된 것으로서 '의전사제 공동 생활양식'(vita canonica)의 중요한 지침으로 여겨졌다. 이 수도규칙은 복음서를 삶에 적용한 것으로서, 하느님의 말씀에 따라 사는 데 필요한 실천적 길잡이이다. 이 수도규칙이 담고 있는 인간 본성에 관한 통찰과 깊은 사상 그리고 사랑이라는 그리스도교적 완덕의 높고 먼 목표를 향해 나아가는 수도생활, 이 모든 것은 지속해서 이 규칙서에 중요성을 부여하고 있다. 이 수도규칙은 아우구스티노 자신의 은사적 개성, 곧 하느님과의 친교(관상에 대한 강조), 형제자매들에 대한 그의 사랑, 사도적 가난과 헌신, 봉사하려는 자세, 친절한 마음 등을 반영하고 있다.

이 수도규칙은 후에 「체사레오 수도규칙」에 절대적인 영향을 미쳤으며, 「베네딕토 수도규칙」에도 상당한 영향을 미쳤다. 아우구스티노의 사후 적어도 백 년간 아프리카의 거의 모든 수도원이 그의 규칙을 따랐으며, 그레고리오 개혁 시기(1046-1122)에 나타난 의전율수회(Canonici Regulares)들도 이 규칙을 따랐다. 이후 의전율수회는 「수도원 규정서」를 따르는 회와 「계명집」을 따르는 회로 갈렸다. 제4차 라테라노 공의회의 결정에 따라 이 규칙서의 영향력은 더욱 커졌다.

3) 베네딕토 수도규칙

「베네딕토 수도규칙」(Regula Benedicti, Regula monachorum)은 누르시아의 성 베네딕토(480-560?)가 직접 쓴 그의 유일한 작품이다. 정확한 저술 시기는 알 수 없지만, 마지막 편집은 생애 말기에 한 것으로 본다. 베네딕토는 요한 카시아노(365-435)에게서 가장 많은 영향을 받았으나, 일부는 성 아우구스티노에게서 공동생활에 관해 배웠다. 예컨대 제1장(수도승들의 종류)과 제7장(겸손)은 거의 글자 그대로 카시아노의 것이며, 제5장(순종)과 제6장(침묵)도 내용상 카시아노의 것이다. 또 성무일도에 관한 상세한 규정들과 그 밖의 많은 '관습들'도 카시아노에게서 배운 것이다. 한편 「스승의 규칙서」에서도 많은 영감을 받았다. 실제 이 수도규칙의 구조와 내용은 「스승의 규칙서」에 거의 글자 그대로 실려 있다. 베네딕토는 「스승의 규칙서」(Regula Magistri)의 너무 세밀한 규정을 삭제하고, 옛 전통과 자신의 체험을 첨가하여 짜임새 있고 균형 잡힌 수도규칙서를 작성하였다.

「베네딕토 수도규칙」은 간결한 규정들과 복음에 대한 영적인 숙고를 적절히 결합하고 있다. 이 수도규칙은 수직적 회수도승 생활과 수평적 회수도승 생활 모두에 의해서 영감을 받았다.[4] 「베네딕토 수도규칙」은 라틴 '회 수도생활'(vita coenobitica)의 아주 균형 잡힌 통합적인 규칙서로서 '수도승 생활양식(vita monastica)의 표준 지침서라 할 수 있다. 이 수도규칙은 폭넓고 종합적인 시야를 지녔기에 현실적이면서도 탁월하게 정신적이다. 그뿐 아니라 지나친 엄격성을 피하고 분별력과 신중성과 중용의 정신을 담고 있다. 따라서 이 수도규칙에는 이론과 규율, 사랑과 징계의 배합, 권위와 개인의 창조성 사이의 융통성 등이

---

4   Luc Brésard, 수도승 영성, 313쪽.

잘 조화되어 있다. 「베네딕토 수도규칙」은 그 이전의 12개의 수도규칙과 비교해 볼 때, 구조와 내용 면에서 훨씬 체계적이며 완벽하다.

「스승의 규칙서」와 같이 이 규칙서도 하느님-아빠스-수도승의 수직적인 구조를 취했다. 그러나 인내와 봉사, 상호 순종 그리고 공손한 사랑 안에서 드러나는 참된 형제적 사랑의 겸손 등 수평적인 형제 관계를 강조함으로써 이상적인 형제적 수도공동체를 제시한다(72장).

「베네딕토 수도규칙」은 머리말과 73개 장으로 되어있다. 머리말에서 제7장까지는 영적인 내용으로서 특히 베네딕토회 수도승의 고유한 덕행인 순종, 침묵, 겸손에 대해 다루고 있다. 제8장부터 67장까지는 조직과 규율에 관한 내용이다. 곧 생활규칙, 훈계와 처벌, 기도와 영적독서 그리고 노동 등에 관한 내용이다. 끝으로 제68장에서 73장까지는 보충 부분으로서 형제들 간의 관계에 대해 말한 다음, 어떻게 수도생활을 해야 하는가에 관해 규정한다.

성 베네딕토의 공로는 동방의 수도생활양식을 서방의 여건에 잘 적응시킨 데 있다. 「베네딕토 수도규칙」은 서방교회 최초의 규칙도 유일한 규칙도 아니지만, 서방 수도생활에 미친 영향은 다른 어느 수도규칙과 비교할 수 없을 만큼 크다. 특히 8-9세기부터 12세기까지 서방교회 대다수 수도원과 수도회가 「베네딕토 수도규칙」을 받아들여 생활하였다.

4) 프란치스코 수도규칙의 위치와 중요성

성 프란치스코의 수도규칙은 13세기 교회에서 가장 중요하고 높이 평가받는 수도규칙이며, 제4차 라테라노 공의회 이전에 교회가 공식적으로 인정한 4대 수도규칙 가운데 하나이다. '수도승 생활양식'은 평수도자들을 중심으로 정주 생활을 통한 초대 교회 공동체의 이상을 실현하려는 이상을 갖고 있었다. 「아우구스티노 수도규칙」은 의전사제들이 초대 교회의 공동체적 이상을 그 모델로 삼아 가난과 공동생활을 영위하고, 다양한 활동을 통해 하늘나라를 건설하고자 했다.

이와는 달리 「프란치스코 수도규칙」은 성직자, 수도자, 평신도를 포함한 하느님 백성 모두가 주체가 되어 예수님과 사도들의 '복음적 삶'을 살도록 해주었다. 이는 자치도시(Comune)의 발달로 새롭게 형성된 상공업사회에 적합한 순례자적 생활양식으로서 복음을 철저히 사는 데 초점을 두었다. 비트리의 야고보 추기경의 다음과 같은 증언은 프란치스코 수도규칙의 이러한 독창성을 잘 말해준다. "예부터 세 개의 수도회, 곧 은수자와 수도승과 성직 참사회원들(Canonici)의 수도회가 존재해 왔으나, 주님께서는 일정한 수도규칙에 따라 사는 이들의 삼각형 기둥이 든든한 기초 위에 굳세어지도록 이 시기에 세 개의 옛 수도회에 네 번째 수도 가족, 곧 새로운 수도회의 아름다움과 새로운 수도규칙의 거룩한 모습을 추가시키기를 원하셨다."[5]

보나벤투라에 따르면, 프란치스코는 "기존의 어떤 수도규칙에서도 기도와 사도적 생활의 조화를 통한 그리스도를 따르는 길을 발견하지 못하였기 때문"[6]에 새로운 수도규칙을 가지려고 하였다. 그의 수도규칙은 규칙 생활을 위해 만들어진 것이 아니라 주님 친히 프란치스코에게 계시해주신 '복음적 생활양식'(유언 14 참조)을 구체화한 것이다.

"프란치스코 수도규칙은 작은형제회의 수도규칙이기 전에 사도적

5 　Historia orientalis 2,32,1.
6 　Opera omnia, t.VIII, Ad Claras Aquas(Quaracchi) 1898, 393쪽.

수도회 제도의 제도적 규칙이다."[7] 그러나 이 수도규칙은 「베네딕토 수도규칙」을 거의 다 받아들인 13세기 초의 후밀리아티 규칙이나 「아우구스티노 수도규칙」을 받아들인 설교자들의 회(도미니코회)나 마리아의 종들의 회와는 전혀 다른 과정을 겪었다. "프란치스코의 수도규칙들은 아래에서, 삶에서, 경험에서 발현된 것이며, 훗날 법률이라는 옷을 입게 되었다."[8] 「프란치스코 수도규칙」은 교회가 인정했던 그때까지의 다른 생활양식들과는 전혀 다른 '복음적 생활양식'(vita evangelica)을 공적으로 인정한 중요한 문서이다. 이는 봉건사회의 정주성(定住性 stabilitas)에 기초한 수도승 생활과는 달리 새로운 자치도시의 이동성(移動性 mobilitas)에 바탕을 둔 복음적 생활양식이다. 이러한 근본적인 차이점으로부터 '순례자요 나그네로서 세상을 돌아다니는' 고유한 삶의 특징이 생활양식 전체에 걸쳐 나타나고 있다. 이 수도규칙은 순종, 가난, 정결의 세 복음적 권고와 더불어 교회 역사상 최초로 교황에 대한 순종을 명문화했다. 또 교회 역사상 최초로 설교와 해외선교에 관해 규정하였다. 중세는 수직적인 위계질서가 뚜렷하고, 제도와 규범이 신앙생활에 큰 영향을 미치던 때였다. 그런 상황에서 프란치스코 수도규칙이 가난과 작음, 평등성, 형제애, 복음적 자유, 고유한 인격의 존중 등을 생활양식으로 제시했다는 것은 매우 놀라운 일이다.

"프란치스코는 수도생활 양식을 따르기보다는 복음적인 삶을 살고 싶어 했다. 이것이야말로 그의 생활에서 회개 생활과 함께 나타났던 특유의 독창성이다. (...) 무엇보다도 그에게 일하며 복음을 전하고 실천하며 산다는 것은 가장 고귀한 생활양식이며, 최고 가는 가치 중의 하나였

---

7   M. Conti, Il codice di comunione dei Frati Minori. Introduzione e commento alla Regola, Roma 1999, 9쪽.

8   S. Ceccobao, 황정민 옮김, '수도규칙: 프란치스칸 여정의 정체성', 프란치스칸 삶과 사상 제55호(2023년 봄), 29쪽.

다. 이런 삶의 방식에서 세상을 바라보는 시각, 생명에 대한 해석, 하느님을 체험하는 방식은 매우 새롭고 독창적이었다. (...) 한마디로 프란치스코의 삶은 일상생활과 관련된 경험의 요약과 체험된 삶에 대한 보고였다. 그것은 삶, 아니 생활 전반이 파괴의 수순을 밟고 있는 현대인들에게 엄청난 귀감이 될 수 있을 뿐 아니라 올바른 삶을 위한 생철학으로 새롭게 자리매김할 수 있는 것이다."[9]

프란치스코의 수도규칙은 교회 보편법에 들어가게 된 다음과 같은 혁신적인 점들을 포함하고 있다.[10]

① 교회가 이 수도규칙을 인준함으로써 교회의 법질서에서 사도적 생활을 하는 수도사제들과 평수사들도 설교할 수 있는 권리와 의무를 갖게 되었다.

② 사도적 생활을 하는 형제회의 총봉사자가 소속 회원들의 조건이 성직자이든 평형제이든 관계없이 온 세상에 가서 설교하도록 회원들을 "설교직에 임명"(missio canonica ad praedicandum)할 가능성이 교회의 법질서 안에 받아들여지게 되었다. 이때 수도자의 설교에 대한 평가에 따라 수도자들의 설교를 받아들이거나 거부할 교구장 주교의 권리는 결정적이지 않다.

③ 교구의 지역 경계를 벗어나 중앙집권적 통치의 사도적 형제체로 생활할 가능성이 교회의 법질서 안에 받아들여지게 되었다.

④ 개인적으로나 공동으로 어떤 명목으로든지 재물을 자기 것으로 삼지 않으면서 순례자와 나그네로 이 세상을 살아가는 사도적 남성 형제체 생활의 가능성이 교회의 법질서 안에 받아들여지게 되었다.

---

9 김현태, 성 프란치스코와 프란치스칸학파의 인간학, 프란치스코출판사, 2015, 25. 27쪽.

10 A. Boni, La novitas franciscana nel suo essere e nel suo divenire(cc. 578/631), Pontificium Athenaeum Antonianum, Roma, 1998, 253.

⑤ 로마 교황에게 직속되면서 사도적 생활을 하는 수도사제들과 사도적 평수사들이 사도적 형제체의 통치에 동등한 권리와 의무를 갖고 살아갈 가능성이 교회의 법질서 안에 받아들여지게 되었다.

⑥ 탁발수도자들이 성품을 받을 가능성이 교회의 법질서 안에 받아들여지게 되었다. 이러한 혁신으로 교회는 빵조각을 동냥하는 사제들을 보는 모욕을 받아들였다. 이는 그 시대에 전례가 없는 일이었다.

⑦ 로마 주교의 사제단에 속할 필요가 있게 됨으로써 어떤 교구장 주교에게도 속하지 않은 사도적 생활을 하는 성직자의 가능성이 교회의 법질서 안에 받아들여지게 되었다. 이는 신학적으로 전례가 없는 일이었다.

제2장 프란치스코 수도규칙의 기원과 발전

프란치스코의 글에는 '수도규칙'(Regula)이란 단어가 25번 나온다.[1] 곧 「유언」에 10번, 「형제회에 보낸 편지」에 4번, 「인준받은 수도규칙」(Regula bullata: 1223)에 6번, 「인준받지 않은 수도규칙」(Regula non bullata: 1221)에 2번, 「어느 봉사자에게 보낸 편지」에 2번, 「성 안토니오에게 보낸 편지」에 1번 사용되고 있다. '수도규칙'이란 용어는 「인준받지 않은 수도규칙」과 「어느 봉사자에게 보낸 편지」에서는 「인준받지 않은 수도규칙」을 가리키며, 그 밖의 글들에서는 「인준받은 수도규칙」을 가리킨다. 초기 전기사료들에서 수도규칙이라 할 때는 대부분 「인준받은 수도규칙」을 가리킨다. 그러나 '수도규칙'이라는 용어는 '생활 규범'이나 '복음'의 뜻으로 사용되거나 다양한 생활양식을 총칭하는 말로도 쓰였다.

프란치스코 수도규칙의 기원은 어디서 찾아야 하며, 어떻게 작성되었을까? 초기사료들에 따르면, 수도규칙의 여러 편집본을 확인할 수 있는데 이는 무엇을 의미하는가? 프란치스코의 글과 초기사료들은 수도규칙의 편집본에 관하여 언급한다. 1209년의 "몇 마디 말로 단순하게 기록한" 초기 수도규칙(유언 15), 1221년 「인준받지 않은 수도규칙」, 「인준받지 않은 수도규칙」의 단편들, 1223년 「인준받은 수도규

---

1 Regula라는 용어 외에 우리는 또한 institutio나 statutum이라는 표현을 거의 동시에 접하게 된다. 중세시대에는 이 용어들이 동의어로 사용되었기 때문에, 초기 원천들에서 언급된 institutiones는 사실은 수도규칙의 본문에 삽입된 규정들이다. <참조: K. Esser, La Orden Franciscana. Origenes e Ideales, Aránzazu 1976, 155-156쪽.>

칙」 등이 그것이다. 「세 동료 전기」는 "최종적인 수도규칙이 있기 전에도 실험적으로 몇 가지 수도규칙들(plures regulas)을 만들었다"라고 전한다.

이처럼 초기부터 수도규칙 편집본들의 수에 관하여는 다양한 관점이 있었다.[2] 수도규칙을 하나로 보는가 하면[3] 복수였음을 추정케 하는 출처들도 있다.[4] 나아가 셋 이상으로 보는 주장도 있었다.[5] 곧 18세기 말과 19세기 초, 쉬스켄(Suysken)과 니콜라 파피니(Nicola Papini)는 새로운 역사비평에 따라 수도규칙이 최소한 세 번 연속적으로 개정되었다고 주장하였다. 파피니는 1209년, 1221년, 1223년의 세 가지 수도규칙 편집본을 구별해야 한다고 보았다. 그러나 1885년 카를로 뮐러(Carlo Müller, 1852-1940)는 파피니의 견해를 인정하면서도, 편집본들의 고유성이나 점진적인 변화는 인정하지 않았다. 나아가 폴 사바티에(Paul Sabatier, †1928)는 수도규칙을 네 개(1209, 1217, 1221, 1223년)로 보았다. 피에트로 만도네(Pietro Mandonnet, †1936)는 파피니의 견해를 언급하면서 뮐러의 주장을 극복하였다. 그는 1223년 이전 수도규칙의 고정성을 부정하면서 존재하는 편집본들이 단일한 수도규칙의 연속적

---

2   수도규칙의 수에 관한 논의와 발전과정에 관하여는 다음을 참조: A. Quaglia, La Regola Francescana. Lettura storico-esegetica, S. Maria degli Angeli - Assisi 1987, 11-67쪽; S. Ceccobao, 황정민 옮김, '수도규칙: 프란치스칸 여정의 정체성', 프란치스칸 삶과 사상 제55호(2023년 봄), 25-57쪽.

3   엘리아 형제가 프랑스 발렌시엔느(Valenciènnes)의 형제들에게 보낸 편지 (1225-1226년); 어느 봉사자 편지 13. 22; 형제회 편지 39. 40. 45; 유언 14-15, 24, 29-31, 34, 36-39; 1첼라노 32-33, 비트리의 동방역사 32장 등.

4   2첼라노 128. 175; 세 동료 35(몇 가지 수도규칙들). 51. 62; 익명의 페루자 36. 44; 아씨시 편집본 113-114; 대전기 3,8-10. 4,11; 완덕 1(3개); 쟈노 연대기 11. 29 등.

5   참조: A. Quaglia, La Regola Francescana. Lettura storico-esegetica, S. Maria degli Angeli - Assisi 1987, 59-67쪽.

인 발전과정을 보여준 것으로 결론지었다. 이러한 그의 견해는 콰라키(Quaracchi) 연구소의 학자들을 필두로 오늘날까지 비평의 정수로 받아들여지고 있다.

결국 수도규칙이 여럿 있었다기보다는 하나인 수도규칙이 형제회의 변화와 교회의 요청 등에 따라 수정되고 보완되어 교회의 인준을 받기에 이르렀다고 할 수 있다.[6] 복수의 수도규칙 편집본은 단순한 입법 과정이 아니라 프란치스코가 추구하려던 이상과 프란치스칸 정체성을 찾아가는 영적 여정을 보여준다. "성 프란치스코는 수도규칙의 모든 발전 단계에서도 수도규칙의 동일성에 대해 확고히 믿었다."[7] 그는 유일한 수도규칙을 생각했기에 "하느님께서는 모든 인간을 차별 없이 대하시며, 총봉사자이신 성령께서는 가난한 형제들과 순박한 형제들 위에 똑같이 머무르십니다"라는 구절을 수도규칙에 집어넣기를 원했다. 그러나 이미 교황이 수도규칙을 칙서로 인준하였기에 그렇게 할 수가 없었다(2첼라노 193). 또 「유언」에서도 수도규칙에 관한 언급을 할 때 늘 단수 형태로 언급하고 있는데, 이는 프란치스코가 하나인 수도규칙을 생각하고 있었음을 말해준다.[8]

"수도규칙들의 본문은 수도회의 제도화에 카리스마적인 직관을 동반하고 그 모범을 따르고자 하는 모든 생생한 과정과 관련이 있으며, 직관과 제도화 사이의 대화이자 참된 투영(投影)의 결과이다."[9] 수도규칙은 발전

---

6 참조: F. URIBE OFM., La Regla de San Francisco, Publicaciones Instituto Teológico de Murcia OFM., Textos 3, Editorial Espigas, 2006, 32-33쪽; J. MICÓ, 'El Carisma de Francisco de Asís; Comentario a la Regla bullada de 1223', in Selecciones Franciscanas(이하 SelFran으로 표기함) n.75(vol. XXV), 1996, 377쪽.

7 K. ESSER, La Orden Franciscana. Origenes e Ideales, Aránzazu 1976, 150쪽.

8 참조: 유언 14, 30, 31, 34, 36, 37, 39절.

9 S. CECCOBAO, '수도규칙: 프란치스칸 여정의 정체성', 25쪽.

또는 변화 과정을 거치게 되지만, 프란치스코가 주님으로부터 받은 '하나인 복음 생활양식'이므로 늘 삶을 통한 충실한 해석을 해야 했다. 프란치스코는 여러 상황에서도 수도규칙의 다른 편집을 '거룩한 복음의 양식' 안에서 구체화한 주님의 영감에 응답하는 유일한 방식으로 이해했다. 이처럼 수도규칙의 편집은 오랜 세월에 걸쳐 이루어진 '거룩한 복음의 생활양식'에 대한 일련의 응답 과정이라고 할 수 있다. 이제 그 과정을 살펴보기로 한다.

1. 프란치스칸 생활의 으뜸 원천인 복음

「프란치스코 수도규칙」은 법률문서로 작성된 것이 아니라 '복음에 따른 삶의 체험'이 구체화한 결실이라 할 수 있다. '작은형제회'가 수도규칙의 인준에 이르는 여정에서 가장 핵심이 된 요소는 '복음과의 만남 그 자체'였다. 곧 복음이 그들 삶의 기준이었고, 출발점이었다. 프란치스코와 초기 동료들의 복음과 만남을 두 단계로 볼 수 있다.

첫째 단계는 1209년 성 마티아 사도 축일에 들었던 사도 파견(Missio Apostolorum: 마태 10,7-13) 설교 말씀을 들을 때이다. 프란치스코는 이 무렵 은수자의 옷을 입고 있었고,[10] 1209년 2월 24일 성 마티아 사도 축일에 포르치운쿨라 성당의 담당사제가 해설해 준 마태오 복음 10,7-13절의 말씀을 하느님께서 직접 들려주시는 것으로 받아들였다.

"가서 '하늘나라가 가까이 왔다.' 하고 선포하여라. 앓는 이들을 고쳐주고 죽은 이들을 일으켜 주어라. 나병 환자들을 깨끗하게 해주고 마귀들을 쫓아내어라. 너희가 거저 받았으니 거저 주어라. 전대에 금도 은

---

10 1첼라노 22; 세 동료 25.

도 구리 돈도 지니지 마라. 여행 보따리도 여벌 옷도 신발도 지팡이도 지니지 마라. 일꾼이 자기 먹을 것을 받는 것은 당연하다. 어떤 고을이나 마을에 들어가거든, 그곳에서 마땅한 사람을 찾아내어 떠날 때까지 거기에 머물러라. 집에 들어가면 그 집에 평화를 빈다고 인사하여라. 그 집이 평화를 누리기에 마땅하면 너희의 평화가 그 집에 내리고, 마땅하지 않으면 그 평화가 너희에게 돌아올 것이다."

프란치스코는 이 말씀을 하느님께서 자기 삶의 방향으로 제시해 주시는 것으로 알아들었다. 그는 이 사도 파견 설교를 들은 후 주님께서 사도들처럼 자신도 하느님 나라와 회개와 평화를 설교하라고 파견하였음을 깨닫게 된다. 그러나 그는 곧바로 새로운 수도회를 창설해야겠다고 생각하지는 않았다. 복음은 프란치스코 삶의 첫 출발점이요, 원천이었다. 이렇게 그의 삶은 복음에 이끌려 시작되었고, 복음과 일치되기 위한 움직임이었으며, 복음으로부터 힘을 얻고, 복음으로 모든 존재를 바라보는 삶이었다고 할 수 있다.

두 번째 단계는 다음과 같다. 프란치스코의 회개 초기에 아씨시 사람들은 그를 미친 사람으로 비웃었으나 차츰 그의 생활을 보면서 가치 있는 생활임을 깨닫고 감동하여 그를 따르게 되었다. 하느님의 영감으로 프란치스코처럼 살고자 하는 이들이 생겨난 것이다. 맨 먼저 프란치스코와 같은 생활을 하려고, 퀸타발레의 베르나르도, 카타니의 베드로 형제가 합류하였다.[11] 이들은 하느님의 뜻을 알려고 성 니콜라오 성당에 가서 이른바 '사도들의 제비뽑기'(Sortes Apostolorum)를 통해 복음서를 세 번 펼쳤다. 이때 다음과 같은 말씀들이 펼쳐졌다.[12]

---

11 1첼라노 24; 대전기 3,3; 익명의 페루자 10.
12 2첼라노 15; 세 동료 28-29; 익명의 페루자 10-11.

1) "네가 완전한 사람이 되려거든, 가서 너의 재산을 팔아 가난한 이들에게 주어라. 그러면 네가 하늘에서 보물을 차지하게 될 것이다. 그리고 와서 나를 따라라."(마태 19,21)
2) "길을 떠날 때 아무것도 가져가지 마라. 지팡이도 여행 보따리도 빵도 돈도 여벌 옷도 지니지 마라."(루카 9,3)
3) "누구든지 내 뒤를 따라오려면, 자신을 버리고 제 십자가를 지고 나를 따라야 한다."(마태 16,24)

이 성경 구절들이 나오자 프란치스코는 "형제들이여, 이것이 우리와 우리의 동료가 되기를 바라는 사람들의 생활이며 규칙입니다. 그러므로 가서 들은 바를 실행으로 옮기십시오"라고 퀸타발레의 베르나르도와 카타니의 베드로 형제에게 말하였다. 그들은 이 말씀을 받아들인 다음 "모든 것을 없애고 나서 두 사람 다 잠시 후에, 성인이 은수자의 옷을 버린 직후에 입은 옷을 함께 받아서 입었다. 그 후로 그들은 주님께서 그들에게 보여주신 거룩한 복음의 양식에 따라서 살았다."(세 동료 29) 이렇게 처음에는 이 복음 구절 자체가 그들 삶의 지침이었다.

'사도 파견 설교'(마태 10,7-13) 말씀과 '사도들의 제비뽑기'처럼 뽑은 이 세 가지 복음 말씀의 핵심은 첫 번째 수도규칙(원수도규칙)의 바탕을 이루게 되었다. 수도규칙 본문 가운데 가장 오래된 이 구절들은 프란치스코의 복음적 생활의 지향을 확인하고 초기 형제체의 삶의 방향을 알려준 길잡이 역할을 하였다. "프란치스코가 포르치운쿨라 성당에서 처음 들었던 복음 말씀은 '선교 사명'에 관한 것으로 초기 형제적 공동체에 본질적으로 사도적 성격을 부여하였다. 그리고 '그리스도를 따름'과 관련된 세 가지 복음적 권고는 형제들의 종교적 삶(혹은 수도생활)에 특별한 성격을 부여하였다."[13] 처음에 형제들은 이 복음 구절들을 자신

---

13   S. CECCOBAO, '수도규칙: 프란치스칸 여정의 정체성', 33쪽.

들의 수도규칙으로 적어놓지 않고 알고만 있었을 것이다.

사실 "프란치스코의 가장 높은 지향과 주된 바람과 최고의 결심은 복음을 모든 것을 통하여 실행하는 것이었고, 조금도 한눈을 팔지 않고, 열의를 다하여 애타게 갈망하는 온전한 정신과 뜨겁게 타오르는 온전한 마음으로 우리 주 예수 그리스도의 가르치심과 발자취를 따르는 것이었다."(1첼라노 84) 따라서 그에게는 복음 외에 그 어떤 것도 필요하지 않았다.

2. 복음으로의 방향 전환과 '작은 이들의 원형'(Forma Minorum)

1) 프란치스코의 회개와 초기 형제들의 삶

프란치스코의 '생활양식'은 예수 안에 육화된 신비 체험에 그 기원을 둔다. 프란치스코가 개인적으로 체험한 이 신비는 복음과 결합하고 프란치스코와 합류하고자 하는 모든 이의 삶의 규범과 양식 안에서 구체화하고 성문화한다. 프란치스코와 초기 형제들의 삶은 복음과 그에 따른 육화의 신비 체험이 삶 안에서 구체화하는 과정이라고 할 수 있다.

에써(K. Esser)의 탁월한 연구 결과를 통해 명확히 알 수 있듯이 "프란치스코는 시초에 구성원들이 수도원에 거주하는 하나의 수도회를 세우려는 뜻이 없었으며 옛 수도회들의 양식에서 끌어낸 삶을 살고자 하지도 않았다."[14] 자신의 회개 후 프란치스코가 취한 생활 방식은 그

---

14 K. Esser, La Orden Franciscana. Origenes e Ideales, 219쪽.

룹을 형성하거나 종교운동을 하려는 의도 없이 은수자 같은 행동에 국한되었다(1첼라노 21).[15] 프란치스코는 1206년 회개 생활 초기에 로마로 첫 번째 여행을 하였다. 이때 프란치스코는 사도 베드로의 무덤을 순례하고, 처음으로 거지 차림을 하고서 가난을 체험했다(2첼라노 8; 세 동료 10). 그리고 이 가난을 자기 생활양식으로 삼았다. 또 거지를 진정한 자기의 형제, 곧 그리스도의 형제로 보았다. 그는 아씨시에 돌아와서 성당을 수리하고(1첼라노 21) 나환자를 돌보며 그들과 함께 살았다(세 동료 11).

프란치스코가 복음에 따라 예수 그리스도의 발자취를 철저히 따르는 극단적인 방향 전환을 하자, 1208년경부터 주위의 다른 형제들이 그와 같은 삶을 살려고 모여들었다.[16] 그렇게 해서 프란치스코는 생각지도 않게 '창설자'가 되었다. 초기 동료들이 삶을 나누고자 그에게 다가왔을 때 '생활양식'이자, 공동규범인 복음을 접하게 된다.[17] 프란치스코는 자신과 초기 형제들의 삶에 대해 「유언」에서 다음과 같이 회상한다.

> "주님께서 나에게 몇몇 형제들을 주신 후 내가 해야 할 일을 아무도 나에게 보여주지 않았지만, 지극히 높으신 분께서 친히 나에게 거룩한 복음의 양식(樣式)에 따라 살아야 할 것을 계시하셨습니다."(14절)

프란치스코는 "이 요약적 표현으로 개인적 경험에서 형제적 경험

---

15 이에 관하여는 L. PELLEGRINI, L'esperienza eremitica di Francesco e dei primi francescani, Francesco d'Assisi e Francescanesimo dal 1216 al 1226. Atti dei IV Convegno Internazionale. Assisi, 15-17 ottobre 1976. Assisi 1977, 281-313쪽 참조.

16 1첼라노 24-25,29, 익명의 페루자 14.17.

17 1첼라노 24; 2첼라노 15; 세 동료 29; 대전기 3,3.

으로 넘어가는 것을 회상한다. 그는 어떤 추종자나 제자도 찾지 않았다. 어떤 제도적, 조직적 모습을 내다보거나 계획함 없이 형제들이 그에게 하느님으로부터 주어졌다. 따라서 다시 한번 프란치스코 형제는 자신을 위한 그의 최초의 동료들을 위한 해결책을 하느님 안에서 찾는다. 그 해결책은 '거룩한 복음의 양식에 따라 사는 것'이라는 표현에서 반영되고 있다."[18] 주님께서는 두 가지 은총을 기본적으로 주셨는데, 하나는 '거룩한 복음의 양식에 따라' 그가 무엇을 해야 하고 어떻게 살아야 하는지를 아는 은총이고, 다른 하나는 형제들이라는 선물과 은총이었다(유언 14 참조). 이렇게 해서 프란치스칸 형제체는 탄생하였다.[19]

프란치스코와 초기 형제들의 삶은 한 마디로 '복음적 삶'이었다. '거룩한 복음을 실행하는 삶'은 법적이거나 지적이거나 그 어떠한 제도적 장치가 필요하지 않고 오직 '복음 자체'를 그대로 받아들여 살아가는 단순하고도 이상적인 삶이었다. 「아씨시 편집본」은 이 점을 다음과 같이 전해준다. 프란치스코는 "주님께서 거룩한 복음의 양식에 따라 살아야 할 것을 그에게 계시하신 때부터 한결같이 전 생애 동안 복음을 글자 그대로 지키고자 원했으며 투신하였다."(4항)

초기 형제들이 프란치스코의 모범에 따라 생활한 이 기간은 아주 중요한 기간으로 생각되는데 프란치스코 자신도 형제회도 많이 변화되었지만, 프란치스코의 근본적인 자세와 이상과 형제회에 주신 하느

---

18 G. Giovanni Merlo, 백준호 역, '아씨시 프란치스코의 이름으로(II), 16세기 초까지의 작은형제회의 역사', 프란치스칸 삶과 사상, 제30호(2008년 봄), 210-211쪽.

19 Commissione Interfrancescana (OFM., OFMConv., OFMCap), 김찬선 역, '창설 당시의 프란치스칸 수도회의 정체성', 프란치스칸 삶과 사상, 제16호(2001년 봄), 13쪽.

님의 은사는 변하지 않았다. 프란치스코는 이 기간에 먼저 회개하고, 하느님을 찾고, 자기가 이상으로 생각했던 생활을 실천하기 시작했다. 이러한 삶은 복음을 있는 그대로 받아들이며 사는 것이었기에 수도규칙 이전의 '원체험'에 해당한다고 볼 수 있다.

「세 동료 전기」가 전해주는 초기 형제들의 복음적 삶의 모습을 보기로 하자.

"형제들은 영혼의 원수인 모든 한가함을 자기들에게서 완전히 내쫓으려고 매일 기도와 손일을 했다. 그들은 한밤중에 열성적으로 일어나서 한없는 눈물을 흘리고 한숨지으며 매우 열심히 기도했다. 그들은 마치 어머니가 외아들을 보살피듯이 그렇게 서로가 사랑하고 염려했으며, 서로에게 봉사했다."(세 동료 41)

"며칠 후에 그는 많은 돈을 가지고 나환자 요양소로 내려가서 모든 나환자를 모아 놓고 각자의 손에 일일이 입을 맞추며 돈을 나누어주었다. 그런데 그곳에서 나오면서 그가 느낀 일이었지만, 전 같았으면 역겨웠던 일, 곧 나환자들을 보고 만지는 일이 감미로움으로 바뀌어 있었다. 사실 그는 나환자들과 마주치면 비위가 상해서 아예 쳐다보지를 않으려고 하였을 뿐만 아니라 그들의 집 근처는 얼씬조차 하지 않았다고 말했다. 그래서 그가 어떤 때에 그들의 집을 스쳐 지나가게 되거나 그들과 어쩔 수 없이 마주치게 될 때는 비록 동정심이 생겨서 다른 사람을 통해서 그들에게 간접적으로 애긍을 해야겠다는 생각은 했을지언정, 그들에게서 얼굴을 돌리고 손으로 코를 막아 버리곤 하였었다. 그러나 그는 이렇게 하느님의 은총으로 나환자들의 가족이 되었고 반려가 되었으며, 그의 「유언」에서 그가 말하고 있듯이 그는 그들의 한 가운데에 머물면서 겸허하게 시중들었다."(세 동료 11)

"형제들은 겸손과 사랑으로 다져져 있어서, 마치 자신들의 아버지나 주인을 공경하듯이 서로 공경했으며, 또한 특별한 일을 해서, 아니면 직책이나 받은 능력 때문에 우대를 받는 형제들은 모두 자신들을 순종

에 온전히 내맡겼으며, 윗사람들의 뜻에 항구하게 자신을 맡겼다."(세 동료 42)

"그들은 어느 것도 자기 것이 되게 하는 소유를 요구하지 않았다. 한 형제에게 책이나 물건이 생기면 사도들의 전통과 실천에 따라서 그들도 공동으로 사용했다. 형제들은 참다운 가난 안에 살았고, 그들은 하느님 때문에 받은 물건에 대해서 관대하고 대범했으며, 하느님의 사랑 때문에 물건을 요구하는 사람들에게 기쁘게 그것을 내주었고, 특히 자신들이 얻어 온 동냥도 가난한 이들과 나누었다."(세 동료 43)

초기 형제들은 관상하며 모든 이 가운데에서 복음을 살고 선포하였다. 프란치스코의 전기들에 따르면, 프란치스코와 형제들이 "밤에 조용한 장소에 가서 기도"하였으며, 한시적으로 은수처에 가서 관상 생활을 하였다. 그리고 실베스테르, 베르나르도, 에지디오 형제는 관상 생활을 자신들의 일로 삼았다. 여기서 알 수 있는 것은 '작은형제회'의 다양성이다. 각자의 요구, 사회의 요구에 따라 다양하게 살 수 있다는 것이다. 그러나 다양성이 존중되면서도 같은 장상 밑에 살았다는 것이 중요하다. 수도규칙은 관상과 다양성 이외에도 형제들의 노동 존엄성을 강조한다. 곧 우리가 손수 일하는 것을 강조하는 것이다.

프란치스코는 1209년 성 마티아 사도 축일에 포르치운쿨라에서 복음 말씀을 듣기 전까지 은수자의 옷을 입었다. 그러나 그는 복음을 듣고 나서부터 은수자의 옷과 지팡이를 버리고 복음 말씀대로 갈색 옷과 띠만을 착용했다.[20] 여기서 말하는 옷은 정해진 수도복이 아니라 복음 말씀을 지키려고 간단하게 착용한 의복이다. 프란치스코가 첫 번째로 수도복이라 언급한 것은 「인준받지 않은 수도규칙」에서이다. 프란치스코가 복장을 택할 때는 가난한 사람의 옷이 아니라 복음 말

---

20   세 동료 25; 쟈노 연대기 2.

씀대로 당시의 거지 차림을 택한 것이다. 적어도 1209년 또는 1210년부터 1221년까지는 모든 형제가 이렇게 입었을 것으로 본다. 그러다가 「인준받지 않은 수도규칙」 이후에 법규로 통일되었을 것이다. 수도복은 절대적 가치를 지니지는 않지만 한 형제체의 같은 가족이라는 의식을 심어주고, 다른 회 수도자들과의 구별, 평신도들과도 구별하는 상징적 표지이다. 아직껏 정해진 수도규칙과 생활양식은 없었지만, 프란치스코의 회개 후 1206-1209년 사이의 수도규칙의 방향을 어느 정도 알 수 있다. 그것은 복음을 따르며 가난하게 사는 것이었다. 프란치스코는 '더 작음'의 덕성, 복음적 이상 등을 환경에 적응시켰지만, 근본 이상이 변한 것은 아니었다.

프란치스코와 초기 형제들의 삶은 다음과 같은 특징들이 있었다. ① 하느님의 계시를 받아들이려는 개방된 마음과 하느님의 계시를 알려는 마음. ② 프란치스코가 아버지의 집을 떠나고, 모든 소유를 아버지에게 돌려주고(1첼라노 15; 2첼라노 12), 동냥으로 순례하며(2첼라노 14; 아씨시 편집본 3) '소유 없이' 단순하게 살려고 함(아씨시 편집본 14; 익명의 페루자 8b, 8d.) ③ 나환자들을 돌보고(1첼라노 17), 몇 안 되는 형제들 서로가 돌보는 형제애(1첼라노 38; 익명의 페루자 25c).

2) 작은 이들의 원형인 프란치스코

적어도 1206년부터 1209년까지는 프란치스코의 삶 자체가 살아있는 법이고 규칙이었기에 형제들을 위한 별도의 법규와 규범이 필요하지 않았다.[21] 옛 사본의 표현처럼 프란치스코는 '작은 이들의 원

---

21 수도회의 창립 과정과 제도적이고 법적인 구성을 마친 후에도 프란치스코의 관심과 염려 가운데 하나는 형제자매들에게 "본보기"가 되고 "원형"(forma)이 되는 것이었다. 총봉사직을 사임하고 평범한 작은 형제로 남아있으려는 이유 중에

형'(forma minorum)이었다.[22] 처음부터 형제들을 위한 수도규칙이 있었던 것이 아니라 프란치스코가 받은 은사에 동참하는 '복음 생활' 자체가 삶의 지침이었다. 초기 동료들은 프란치스코의 모범적인 삶을 보면서 그날그날 복음의 이상을 실천할 수 있었다.

> "초기에 형제회의 일치는 프란치스코, 바로 그에게 초점이 맞추어져 이루어졌다. 프란치스코는 형제들을 하나로 이어주는 연결고리였다. 형제들은 그를 개인적으로 잘 알았고, 직접 만나 일을 처리하였다. 형제들에게 프란치스코는 안내자이자 조언자, 벗이요 형제였다."[23]

초기 형제들 "모두에게 프란치스코는 영적으로 온전한 의미에서 사부(Pater, 師父)였다. 따라서 처음부터 그가 아직 작았던 이 공동체의 초점이자, 살아있는 구심점이었다는 것은 지극히 당연하다. 또 그가 자신의 생활과 모범으로서뿐만 아니라 자신의 말과 지속적인 교훈으로서도 스승이 되었다는 것 역시 자연스러웠다. 그는 사부요, 이 형제회의 영적인 아버지며, 모두가 자기 것으로 받아들였고 모방하려 한 그 생활양식의 영감적이고 고무적인 원천이었다(1첼라노 26, 45 참조). 동시에 그는 개개인 모두에 대한 사랑으로 가득 차 있으면서 몹시도 사랑스럽게 모두를 격려하고 편안하게 해주었기에 '특별한 애정으로

하나도 이것이었다. 오상을 받은 뒤에는 그런 의식과 마음이 한층 더 강해졌다. 프란치스코는 회개 이후 죽을 때까지 좋은 표양의 중요성을 끊임없이 강조하였고, 형제들의 본보기가 되려고 애썼다(2첼라노 151, 아씨시 편집본 85 참조).

22 Durham 대학 도서관에 보관된 15세기 또는 16세기의 사본인 DUL MS Cosin V.V.12 Devotionalia, f.15에 다음과 같은 프란치스코 찬가의 표현이 나온다. "Salve sancte pater patrie lux forma minorum. virtutum speculum recte vie. regula morum. carnis ab exilio duc nos ad regna polorum."(거룩하신 아버지, 본향의 빛, 작은 이들의 원형, 덕들의 거울, 정의의 길, 생활의 규범, 육신의 귀양살이에서 천국으로 우리를 이끄소서.)

23 E. LECLERC, Francisco de Asís, El retorno al Evangelio, tr. Matías Ruiz Jiménez, Oñate 1982, 99쪽.

형제라고 불렸던'(쟈노 연대기 17) 것이다. 그는 또한 이 사랑의 형제적 공동체의 우두머리, 곧 부성적 권위(paterno imperio)로써 수하 형제들을 인도하고 그에게 모두가 전적으로 순종하는 장상(superior)이었다. 끝으로, "형제들이 삶의 거울을 들여다보면서 그 안에서 모든 완덕을 배울 수 있었기에"(1첼라노 90), 그는 형제들 개개인 모두를 양성시키는 살아있는 원칙, 곧 원형(forma)이었다. 이 모든 점에서 그는 새 형제회의 초점이자 심장, 살아있는 삶의 이정표였다.[24]

3. 원수도규칙 또는 생활지침

1) 원수도규칙의 작성과 구두승인

프란치스코가 받아쓰게 한 「원수도규칙」(Protoregula, Forma vitae, Propositum vitae)의 존재는 그의 「유언」과 초기사료들을 통하여 알 수 있다.[25] 프란치스코는 「유언」에서 "주님께서 나에게 몇몇 형제들을 주신 후 내가 해야 할 일을 아무도 나에게 보여주지 않았지만, 지극히 높으신 분께서 친히 나에게 거룩한 복음의 양식(樣式)에 따라 살아야 할 것을 계시하셨습니다. 그리고 나는 그것을 몇 마디 말로, 그리고 단순하게 기록하게 했고 교황님께서 나에게 확인해 주셨습니다"(14-15)라고 회상한다. 이 구절은 "프란치스코 성소의 복음적 영감과 여기에 부합하는 형제적 공동체에 대한 프란치스코의 내적인 확신을 보여주는 동시에, 이 초기 공동체를 위한 기준이자 지침으로서 몇 가지 사항을 기록하고 있는 '생활계획'(propositum vitae), 곧 하나의 성문화된 글을 가져야 할 필요성

---

24 K. ESSER, La Orden Franciscana. Orígenes e Ideales, 92-93쪽 참조.
25 1첼라노 32; 대전기 3,8; 세 동료 51 참조.

을 보여준다."[26]

유언의 이 회상을 통하여 우리는 프란치스코가 복음 안에서 하느님의 뜻을 실행해 나간 근본적인 방향을 알 수 있다. 그는 먼저 기도 안에서 자기 삶의 방향을 찾으면서 주님께 모든 것을 맡겼다. 그러자 주님께서 그에게 형제들을 주시고, '거룩한 복음의 양식에 따라 살아야 할 것'을 가르쳐주셨다. 그리고 교회는 그 생활지침을 승인해 주었다. 이 모든 과정에서 프란치스코는 하느님의 주도권을 철저히 인정하였다. 「원수도규칙」은 이렇게 시작된 프란치스코의 은사적 직관과 생활양식이 복음적이고 법적인 기본 틀을 형성하고, 교회에 받아들여지는 일련의 과정을 보여준다.

기록된 문서 형태의 「원수도규칙」은 현재 존재하지 않는다. 원문이 유실되었을 가능성을 전혀 배제할 수는 없지만, 그보다는 조금씩 덧붙여진 다른 규정들 사이에 포함되었기 때문일 것이다.[27] 이제 「원수도규칙」(Propositum vitae)의 형성과정에 관하여 살펴보기로 한다. 왜 문서로 만들어진 생활 규범이 필요했을까?

26　S. Ceccobao, '수도규칙: 프란치스칸 여정의 정체성', 33-34쪽.

27　이 첫 생활양식(propositum)의 존재에 관하여 A. Quaglia는 절대로 기록되지 않았다고 주장한다(참조: La Regola francescana. Lettura storico-esegetica, Santa Maria degli Angeli 1987.). 그러나 프란치스코에 관한 증언들과 토마스 첼라노가 쓴 전기들을 보면, 그와 반대되는 결론에 이를 수 있음을 알 수 있다. 학자들은 이에 관하여 「인준받지 않은 수도규칙」에 포함되었을 것으로 본다. 참조: D. Flood, La nascita di un carisma, Una lettura della prima Regola di san Francesco. (tr. Chiara Giovanna Cremaschi & Feliciano Oligati), Milano 1976, 46쪽; F. Uribe, La Regla de San Francisco, 17-18쪽; K. Esser, La Orden franciscana. Orígenes e ideales, 147쪽; S. da Campagnola, Francesco d'Assisi nei suoi scritti, 33쪽; S. López, 'Comentario de la Regla, 2: Y yo la hice escribir', in SelFran 27(1980) 426-428쪽.

첫째, 형제들의 수효가 차츰 많아짐에 따라 형제들과 프란치스코의 관계가 점점 어려워져서, 더는 프란치스코의 인격만으로는 형제회가 필요로 하는 일치를 충분히 이룰 수 없었다. 이러한 상황에서 형제들은 두 가지 경향을 드러내었다. 안정된 기반을 추구하는 일부 형제들은 옛 수도승적 수도회의 양식에 따라 공동체를 조직하는 것을 모색했다. 반면에 다른 형제들은 무엇보다도 이러한 계획에 반대하면서 형제회의 원형을 보존하려 했다.[28] 이런 과정에서 형제체와 각 형제의 생활을 규정하는 법규가 필요하게 되었다.

> "복되신 프란치스코는 주 하느님께서 매일 형제들의 수를 늘려 주시는 것을 보고 자신과 형제들을 위하여 그리고 현재와 미래를 위하여 단순하게 몇 마디 말로 거룩한 복음의 말씀을 주로 인용하여 오로지 그가 갈망했던 완덕을 위해서 생활양식과 수도규칙을 썼다. 그리고 다른 사항들은 거룩한 생활에 필요한 것들만 조금 삽입하였다."(1첼라노 32)

둘째, 당시 가난과 복음적 생활을 주장하던 여러 이단 단체들과 프란치스코의 생활양식에 비슷한 점이 많아 그것을 구분하기 위해서도 수도규칙이 필요했고, 수도규칙을 인준받아야 한다고 느꼈다. 예컨대 1179년의 발도파(Valdesi) 이단도 가난과 설교 생활, 복음적 생활을 하며 교황으로부터 승인받은 전례가 있기 때문이다.

> "프란치스코가 그와 동료들의 삶의 방식을 교회의 판단에 따라 살고자 했을 때, 프란치스코는 분명히 그의 이상에 따라 교회를 쇄신하려고 하지 않았다. 그들이 거룩한 복음에 따라 사는 것, 현존할 권리, 정결하고 단순할 수 있는 권리, 정당한 복음적 형제체로 인정받는 것 등이 바로 그가 교회로부터 인준받기를 원했던 것의 전부였다. 그는 교

---

28 참조: E. Leclerc, Francisco de Asís, El retorno al Evangelio, 103쪽.

회 제도의 품 안에서, 자유와 단순의 영역을 얻고자 희망했다. 곧 교회 고위 성직자들의 위계적 의례에도 그리고 권력에 대한 유혹에 열려 있는 꽉 막힌 인간적 단체에도 예속되지 않는, 어떤 자유로운 영역을 희망했던 것이다."[29]

셋째, 프란치스코와 초기 동료들 그룹은 교회로부터 생활양식의 서면 인준을 받음으로써 규범화할 필요가 있었다. 왜냐면 로마 교황청이 승인을 청하는 운동들의 특징과 원의를 상세하게 알 필요가 있었기 때문이다.[30]

1209년 봄 프란치스코는 첫 동료들과 함께 수도규칙의 승인을 받으러 로마에 갔다.[31] 프란치스코가 그의 동료들과 함께 아씨시에 남아있었다 해도 아무런 문제가 없었을 것이다. 주교는 교구에서 첫째가는 목자였고, 수도규칙도 교구장 주교의 승인만으로 충분하였기 때문이다. 그러나 프란치스코는 아씨시를 벗어나 더 우호적으로 인식되는 보편성(Universitas)을 얻고자 로마로 갔다. 프란치스코는 '로마 전통'(Traditio romana)에 따라 교황에게 맹세(Sacramentum)하였다. 그는 누군가를 보호해주려고 습관적으로 행해지던 '로마 전통'이라고 부르는 법적인 제도 안으로 들어갔다. 어떤 이는 지역 교회 권위를 벗어나 더 고위 권위인 교황에게 가기도 하였는데, 이 또한 교황의 보호에 맡기기 위한 일종의 절차였다. 이때 "당신께 충성을 서약합니다"라고 맹세하면, 교황은 "그대에게 보호를 약속하노라" 하고 응답하였다. 프란치스코 역시 이러한 행위를 하였다. 그는 교황께 순종과 존경을 겸손하고 정성 되게 약속했고(익명의 페루자 36) 교황은 보호를 약속했다.

---

29 같은 책, 97쪽.

30 참조: H. GRUNDMANN, Movimenti religiosi nel Medioevo, Bologna 1974, 64-66쪽.

31 1첼라노 32-33; 유언 15절; 익명의 페루자 31-33; 세 동료 51-52.

로마 여행에는 수도규칙의 승인을 받으려는 목적 외에 다른 여러 가지 동기들이 있었다. 곧 형제들의 수효가 증가하여 교구라는 협소한 한계를 벗어날 필요성이 대두되었기 때문이다. 형제들은 복음적 열정으로 교구를 벗어나서까지도 순례하며 설교하고자 했다. 그래서 로마로 간 것이었다. 여기에는 교황 인노첸시오 3세의 호의적인 맥락도 발견된다. 그리고 아씨시의 주교, 귀도(Guido)가 프란치스코와 클라라를 보호하였다는 점도 로마로 가도록 한 동기가 되었다.

교황 인노첸시오 3세는 발트해 지역의 복음화 계획이 있었다. 따라서 그는 교황 재임 첫해부터 여러 회의 규칙을 승인하였다.[32] 프란치스코가 동료 형제들이 늘어나 새로운 그룹을 형성하게 되자, 그 문제에 관한 교황의 위치를 무시할 수 없었다. 새로운 그룹은 먼저 주교의 확인을 거친 다음 교황의 승인을 받아야만 했다.

수도규칙의 승인을 위한 첫 번째 법률행위는 교황과의 만남과 확인이었다. 프란치스코와 교황 인노첸시오 3세와의 만남은 새로운 형제체의 초석이 되었고, 새롭게 시작된 형제체가 '수도회'(religio)로 틀을 잡아가는 계기가 되었다. 루제로(Ruggero di Wendover)는 프란치스코가 수도규칙에 대해 이미 개략적으로 서술한 내용들과 아직 서술하지 못한 내용들을 종이쪽지에 적어 추기경 회의에 착석한 인노첸시오 교황에게 제출하였고, 사도좌기 자신의 청을 인가해주기를 청했다고 전한다.[33] 프란치스코는 교회로부터 형제회의 '보편성'을 얻으려고 복음

---

[32] 1189년 트리니타리, 1201년 후밀리아티, 1208년 '가난한 가톨릭인들'을 복귀시킴, 1209년 프란치스코의 수도규칙 구두 인준, 1210년 롬바르디아의 가난한 이들의 첫 생활양식(propositum)을 받아들임, 1212년 앞의 그룹과 연결된 회개자들을 받아들임, 1212년 롬바르디아의 가난한 이들의 두 번째 생활양식을 받아들임.

[33] Ruggero di Wendover는 성 알바노의 영국 베네딕토 수도승이었다. 그의 1189

구절들을 모아 쓴 간략한 생활지침을 가지고 로마로 갔다. 귀도 주교는 프란치스코와 그의 동료들에 대하여 각별한 애정이 있었기에 프란치스코가 교황님 앞에 갈 수 있도록 기꺼이 도와주었다. 또 성 밖의 성 바오로 아바씨아 명의(名義) 추기경인 요한 추기경은 지상적인 것을 경멸하는 명성을 지닌 분이었다. 그분은 처음에는 프란치스코를 대수도원의 수도승이나 전통적인 은수생활로 이끌려고 했다. 왜냐면 프란치스코의 선택을 매우 위험한 것으로 여겼기 때문이다.

> "모든 종류의 교회 성직록을 거부함으로써 그 가난뱅이는 봉건적 체계로부터 자유로워짐을 느꼈다. 그러나 바로 그 사실로 인하여, 그는 수세기에 걸쳐서 교회가 지니고 있던 확고한 세속적 존속 기반이라는 체제로부터 완전히 등을 돌린 것이다. 그는 도시의 일반 시민들과 똑같은 신분을 자청했다. 다시 말해 다른 사람들을 위하여 일하려 했으며, 그것은 가난과 안정된 기반의 결핍을 의미하는 것이다. 그것은 위험한 일이었다. 그러나 그것은 복음적 자유를 얻기 위해서 치러야 할 대가였다."[34]

요한 추기경은 이러한 프란치스코의 뜻을 깊이 이해하고 교황 앞에서 그를 변호해 주며 적극적으로 도와주었다. 그는 교황에게 다음과 같이 청했다. "복음 그 자체를 거절하지 않고서는, 우리는 이 가난뱅이의 요구를 거절할 수 없습니다."(대전기 3,9) 교황 인노첸시오 3세는 숙고한 뒤 구두로 승인하였고, '나중에'(postea, 그 범위를 정하기가 쉽지 않다) 추기경 회의에서도 이를 승인(approbatio)함으로써[35] 수도규칙에

년부터 1235년 사이의 수도원 연대기(Chronica) 5항(Fonti Francescane, 2284)에 이런 내용이 나온다.

34 E. LECLERC, Francisco de Asís, El retorno al Evangelio, 98쪽.

35 세 동료 51, '나중에 추기경 회의에서도 이에 승인하셨다.'(Et hoc idem postea in consistorio approbavit.) 수도규칙을 구두로 '승인'한 사실은 익명의 페루자

법적 효과를 부여하였다. 인노첸시오 3세는 자신의 교황 재임 기간에 매주 세 차례 더 중요한 문제들을 해결하기 위하여 추기경들과 법률 전문가들과 함께 공식 추기경 회의를 개최하였다. 사실 이 결과는 '아씨시의 회개자들'에게는 대단히 의미 있는 사건이었다. 왜냐면 프란치스코가 수도규칙을 인준받기 위하여 로마에 갔을 때 교황청은 이미 당대에 일어난 모든 운동과 접촉하던 상태여서 수도규칙의 승인이 그리 쉽지 않았기 때문이다.

> "교황은 프란치스코의 요청을 교회법의 통상 양식에 따라(debito modo) 승인한 것이다. 이는 교황은 오로지 기존의 교회법적 틀과 이와 관련된 의미 안에서 프란치스코의 계획을 이해하였다는 것을 뜻한다. 곧 아씨시 회개 형제단의 존재이다. 나아가 교황은 그들에게 회개를 설교할 허락을 주었다. 이것이 교황이 그 당시 줄 수 있었던 승인의 한계이다. 마지막으로 그는 덧붙인다. '전능하신 하느님께서 여러분의 수효를 늘려 주시고 은총을 풍성히 내려주시면 우리에게 보고하도록 하십시오.'(세 동료 49) 아직은 겨우 12명에 불과하였음을 기억할 필요가 있다. 교회의 전통적인 사려 깊음이 드러나는 대목이다."[36]

좀 더 논쟁의 소지가 있는 결과는 후대의 두 가지 사료들이 전해주는 정보이다. 그 정보들은 교황이 승인하여(approbavit) 추기경 회의에서 '선포하였다'(annuntiavit)라고 한다(완덕의 거울 26). 한편 「아씨시 편집본」의 병행 부분에서는 교황이 이를 승인하고 허락해 주었으며 나중에 이를 추기경 회의가 아닌 '공의회'(consilio)에서 '선포하였다'라고 한다(67). 안젤로 클라레노(A. Clareno)와 마카로네(M. Maccarrone)와 같

전기 36에도 나오지만, 1223년 「인준받은 수도규칙」의 최종 추인 칙서(Selet annuere)에서 공식 확인하고 있다.

[36] T. DESBONNETS, Dalla Intuizione alla Istituzione, tr. italiana di Lina Paola Rancati, Milano 1986, 44쪽(이하 심규재 형제의 미간행 우리말 번역본을 참고한다).

은 역사가들은 인노첸시오 3세가 '작은형제회'와 프란치스코 수도규칙(원수도규칙)의 승인을 추기경 회의에서든 공의회 석상에서든 갱신할 수 있었다는 의미로 이 증언을 해석한다.[37] 보니(A. Boni)는 이 공의회를 제4차 라테라노 공의회로 보며, 거기서 프란치스칸 생활양식에 따른 사도좌 설립 수도회가 교회법적으로 설립되었다고 본다.[38] 그러나 추기경 회의나 공의회에서 선포된 수도규칙의 본문이 어떤 것이었는지는 알 수 없다.

이 승인은 야고보 비트리 추기경이 1216년 자신의 편지에서 언급한 내용으로 보인다(첫째 편지 11). 수도규칙의 구두승인은 단순한 약속이 아닌 법적 효력이 있는 특전으로서 교회가 이단 그룹이 아닌 '수도회'를 승인(approbatio)한 것이었다. 곧 수도규칙의 구두승인이 잠정적이었다 하더라도 교회법적으로는 유효했다. 교황은 추기경 회의의 논의를 거쳐 '구두 선언'(oraculum viva voce 또는 vivae vocis oraculo)을 함으로써 수도규칙을 승인하였다. 이 순간이 바로 '작은형제회'의 창설의 순간이었다. 이때 인노첸시오 3세는 형제들에게 삭발례를 베풀고 회개의 설교권도 부여하였다.[39] 당시 삭발은 하느님께 봉헌한 이들의 표지로 주는 '소삭발'과 성직자의 표지인 '대삭발'이 있었다. 당시의 교회법에 평신도들은 설교하지 못하게 되어있는데, 삭발례를 준 것은 성직자처럼 설교권을 부여한다는 의미였다.

1215년 제4차 라테라노 공의회가 새로운 수도회 설립을 금지하

---

37 A. BONI OFM., La novitas franciscana nel suo essere e nel suo divenire(cc 578/631), Pontificium Athenaeum Antonianum, Roma, 1998, 216쪽.

38 같은 책, 217쪽.

39 1첼라노 32-33; 대전기 3,8; 세 동료 51.

였으나,[40] 1209년에 구두로 승인받은 성 프란치스코의 생활양식은 1223년에 확정적으로 받아들여졌다. 그것은 「인준받은 수도규칙」을 1209년 수도규칙의 개정 보완으로 받아들여 추인(confirmatio)한 것으로서 1209년 수도규칙의 구두승인이 명확한 법률행위였음을 말해준다. 이 사실은 1223년 호노리오 3세 교황의 프란치스코 수도규칙 추인 칙서에서도 명확히 언급된다. 엘리아 형제도 1225-1226년 사이에 프랑스의 발랑시엔(Valenciènne) 형제들에게 보낸 편지에서 이 사실을 명시하였다.[41] 교황은 1209년의 이 결정을 1215년 제4차 라테라노 공의회에서 선포함으로써(아씨시 편집본 67) 프란치스코의 수도규칙을 교회 내의 새로운 수도규칙으로 받아들이게 되었다.

프란치스코의 「유언」 말씀에 비추어 「원수도규칙」에 관하여 다음과 같은 사실을 알 수 있다.

- 처음부터 형제들 생활의 근본은 복음적 생활이었다.
- 점차 그 생활이 규정화되면서 수도규칙이 되고 기록되었다.
- 프란치스코는 직접 기록하지 않았다. "기록하게 했고……"(유언 15)

프란치스코가 받아들이고 서면으로 형상화한 '거룩한 복음의 양식'은 전통적인 수도승 운동이나 은수자 운동이 아닌 평신도 영성에 의한 운동들과 연결되는 특징을 지닌다. 프란치스코의 독창적인 '생

---

40 Constitutiones 13: "수도회들의 과다한 다양성이 하느님의 교회에서 심각한 혼란의 원인이 되지 않도록 앞으로는 새로운 회들이 설립되는 것을 엄격하게 금한다. 수도생활양식을 취하려는 이는 이미 인준된 회들 가운데 하나를 선택할 것이다. 마찬가지로 새로운 수도원을 설립하려는 사람은 이미 인준된 회들의 수도규칙과 규정들을 받아들일 것이다. 또 한 명의 수도승만이 있는 수도승원과 한 명의 아빠스가 하나 이상의 수도승원을 주관하는 것도 금지한다."

41 참조: L. LEMMENS, Testimonia minora saeculi XIII de S. Francisco, Quaracchi, 1926, 85쪽.

활지침'(propositum)은 '생활' 자체를 내포하면서 프란치스칸 형제체를 견지하고 있는 기초로서 법적이라기보다는 복음적이라고 할 수 있다.

그런데「유언」에서 언급하는 수도규칙은 어느 수도규칙인가? "몇 마디 말로 그리고 단순하게 기록하게 했고……"(유언 15)라고 회상하고 있으므로 이는「원수도규칙」을 가리키는 것 같다. 이「원수도규칙」은 물론「인준받지 않은 수도규칙」과「인준받은 수도규칙」도 당시 베네딕토회와 아우구스티노회의 수도규칙보다 간단한 수도규칙이었다. 그러나 적어도 교황의 승인을 받지 않은 1221년의 수도규칙은 아닐 것이다.

또「인준받은 수도규칙」도 아닐 것이다. 왜냐면 1223년까지 발전된 형제회를 말하는 것이 아니기 때문이다. 이때는 적어도 10,000여 명의 형제가 있었을 것이다. "주님께서 나에게 몇몇 형제들을 ……."(유언 14) 따라서 여기서 말하는 것은「원수도규칙」일 것이다. 토마스 첼라노도 비슷하게 말하면서「원수도규칙」의 내용에 관하여 보충해준다. 곧 "복되신 프란치스코는 주 하느님께서 형제들의 수를 늘려 주시는 것을 보고 자신과 형제들을 위하여, 그리고 현재와 미래를 위하여 단순하게 몇 마디 말로 거룩한 복음의 말씀을 주로 인용하여 오로지 그가 갈망했던 완덕을 위해서 생활양식과 수도규칙을 썼다. 그리고 다른 사항들은 거룩한 생활에 필요한 것들만 조금 삽입하였다"(1첼라노 32)라고 한다.

프란치스코의「유언」을 보면「원수도규칙」,「인준받지 않은 수도규칙」,「인준받은 수도규칙」을 구별해서 언급하고 있지 않음을 알 수 있다. 이것은 형제회에 여러 개의 수도규칙이 존재하는 것이 아니라 하나의 수도규칙이 여러 과정을 거쳐 인준받기에 이르렀음을 보여주는 것이다. 1223년 초에 쓴 「어느 봉사자에게 보낸 편지」에서도 우리 수도규칙의 발전과정을 볼 수 있다. 곧 "대죄에 관하여 언급하는 수도규칙의 모든 장(章)을 우리는 성령강림 총회에서 주님의 도우심과 형제들의 조언을 받아 이렇게 한 장으로 만들겠습니다."(13) "그때(성령강림 총회) 가서 수도규칙에 빠져 있는 이 문제와 다른 모든 문제를 주 하느님의 도우심으로 보완하게 될 것입니다"(22) 등이다.

프란치스코는 수도규칙의 내용과 말마디가 변경될 수 없는 결정적인 것으로 보지 않았다. 수도규칙은 성령강림 총회 때마다 삭제하거나 첨가할 수 있었다. 프란치스코는 1223년 수도규칙을 인준받을 때 "작은형제회의 총봉사자는 성령이시다"라는 문구를 수도규칙에 넣으려 했다. 그러나 교황 칙서로 추인된 수도규칙을 변경할 수 없어 넣지 못하였다. 프란치스코는 우리 수도규칙을 법규로 보지 않고 그때그때 변경하거나 적용할 수 있게 했다. 아무튼 수도규칙은 1209년에서 1223년에 이르기까지 점차 변화되고 발전되어간 것으로 보인다(봉사자 편지 참조).

1209년의 「원수도규칙」은 '작은형제회'의 모든 수도규칙의 기초로 볼 수 있고, 1221년의 수도규칙은 1209년 이후 10년간의 체험을 기초로 보충하면서 발전시킨 것으로 볼 수 있다. 성 프란치스코의 정신을 잘 알고자 한다면 「인준받지 않은 수도규칙」을 이해해야 한다. 왜냐면 1221년의 수도규칙이 1209년 이후의 교회와 형제회의 변화를 고려하여 진전된 것이고, 1223년의 수도규칙은 이것을 요약한 것이기 때문이다.

2) 원수도규칙의 내용

「원수도규칙」은 아주 간단한 복음 구절들로 이루어졌을 것으로 추정된다.⁴² "회의 「원수도규칙」은 짧고 간결하며 꼭 필요한 요소만 담고 있다. 그리고 미래에도 효력을 가져야 해서 문서로 작성되었다. 나아가 현저하게 복음적인 특성을 보인다."⁴³ 19세기 말 이래 여러 학자가 「원수도규칙」의 원문을 복구하려고 했으나 결과는 상반된 내용들이고, 그나마 좀 더 나은 것은 근접한 결론에 도달했을 뿐이다.⁴⁴ 어쩌면 이런 노력은 데보네(T. Desbonnets)의 말처럼 "회피해야 할 마술의 소용돌이"인지도 모른다.⁴⁵

여기서는 「원수도규칙」의 내용이 무엇이었는지 최소한의 추정을 해보려고 한다. 「원수도규칙」의 핵심은 이미 수도규칙 형성과정의 원체험에서 살펴본 '사도 파견' 말씀(마태 10,7-13; 루카 9,3 비인준 규칙 14장 서두에 인용됨)과 '사도들의 제비뽑기'처럼 뽑은 그리스도 추종(마태 16,24; 19,21 비인준 규칙 1장 서두에 인용됨)에 관한 말씀이었을 것이다. 그리고 프란치스코가 교황과 그 후계자들에게, 또 형제들이 프란치스코와 그 후계자들에게 하는 순종(인준 규칙의 머리말, 3-4)에 관한 부분도 「원수도규칙」에 포함되었을 것이다.⁴⁶ 이는 1216년 선종한 인노첸시오 3세 교황의 이름이 「인준받지 않은 수도규칙」에 보존되어 있다는

---

42 참조: 유언 14-15; 1첼라노 32; 대전기 3,8 등.

43 K. Esser, La Orden Franciscana. Origenes e Ideales, 153쪽.

44 참조: F. Uribe, La Regla de San Francisco, 18쪽 각주 15.

45 T. Desbonnets, Dalla Intuizione alla Istituzione, 29쪽.

46 참조: 세 동료 52; 익명의 페루자 36.; K. Esser는 「인준받지 않은 수도규칙」의 머리말 3절을 이렇게 설명한다. "이 본문은 틀림없이 인노첸시오 3세(+1216)가 죽기 이전에 수도규칙에 있었을 것이다. 그러나 Ursperg의 수도원장이 이 수도회가 아직 명칭을 갖고 있지 않았을 때 1210년까지 거슬러 '가난한 작은 자들'(pauperes Minores)로 이 회원들을 알게 되었기 때문에 내용에 의해 제시된 것처럼 머리말의 이 구절은 프란치스코가 1209년에 인노첸시오 3세에게 제출했던 수도회의 첫 수도규칙에 이미 포함되어 있었다고 안심하고 가정할 수 있다."(La Orden Franciscana. Origenes e Ideales, tr. J. Luis Albizu, Ananzazu 1976, 47-48쪽.)

사실로도 증명된다.

그 밖에도 공동생활을 위한 몇 가지 규정들이 덧붙여졌을 것이다.[47] 쟈노가 증언하고 있는 것처럼 "형제들은 초기 수도규칙에 따라 수요일과 금요일에 단식하였고, 복되신 프란치스코의 허락을 받아 월요일과 토요일에도 단식하였다."(쟈노 연대기 11) 결국 「원수도규칙」은 영성적 요소(사도들의 모범에 따라 그리스도를 따름)와 단식재를 포함한 수도생활을 위한 보충규정으로 구성되어 있었다고 말할 수 있겠다.

「인준받지 않은 수도규칙」에서 「원수도규칙」과 관련이 없는 구절들을 추려낼 수 있을 것이다.

첫째, 쟈노의 「연대기」에 따르면, "프란치스코는 체사리오(Cesario da Spira) 형제가 성경 전문가라는 것을 알고, 그에게 자신이 직접 단순한 말로 입안한 수도규칙을 복음의 말씀으로 꾸미라는 임무를 맡겼다. 그래서 그는 그렇게 했다."(15) 따라서 성경 인용 구절들은 스피라의 체사리오의 도움으로 삽입된 것이라 할 수 있다.

둘째, 제2장의 일 년의 시련기 부과와 퇴회 금지 규정들은 「쿰 세쿤둠 콘실리움」Cum secundum consilium(1220.9.22)[48] 칙서의 지침이 들어온 것이다. 제2장의 "교황님의 명에 따라"(iuxta mandatum domini papae)라는 표현은 이 칙서에 대한 구체적 언급이다.

셋째, 「완덕의 거울」은 1221년 총회 때 관구봉사자들과 '유식한 형제들'이 "여행할 때 아무것도 지니고 다니지 말라"(루카 9,3)는 구절을 수도규칙에서 빼는 데에 성공했다고 전한다(3). 그러나 「인준받지 않은 수도규칙」 제1장에서 제14장 1절로 옮겨져 있다. 따라서 원래

---

47 참조: 1첼라노 32; 대전기 3,8.

48 Bullarium Franciscanum, Romanorum Pontificium Constitutiones, Epistolas ac Diplomata continens tribus Ordinibus S.P.N. Francisci spectantia......, (vol. I-IV, ed. J.H. SBARAGLIA, Romae 1759-1768; vol. V-VII, ed. C. EUBEL, Romae 1898-1904) Epitome sive Summa Bullarum dei 4 voll. con un supplemento, ed. C. EUBEL, Quaracchi 1908(이하 BF로 표기함), I, 6쪽.

제1장에 들어있던 내용으로 보아야 할 것이다.

넷째, 1217년에 설정된 관구 제도를 전제로 한 관구봉사자들의 권리와 의무에 관해 언급하는 제2장은 당연히 「원수도규칙」에 포함될 수 없다. 「인준받지 않은 수도규칙」 제4장의 "주님의 이름으로"(In nomine Domini)라는 장엄한 시작은 새로 설정된 관구들의 통치를 조직화하기 위하여 얼마 전 총회에 의하여 반포된 교령을 삽입하는 것임을 드러낸다.

다섯째, '작은 형제'(Fratres Minores)란 용어는 「인준받지 않은 수도규칙」 6장에 처음 나타난다. 이로써 이 용어가 원래의 수도규칙 초고에도 있었을 것으로 추정된다(1첼라노 32.33).

끝으로 플라드(D. Flood)가 "부정적 삽입"이라고 말하는 수도규칙의 모든 "~아닌 경우에는, ~을 제외하고는" 형태의 표현은 아마도 초기 계획의 보완이나 개정을 하였던 어떤 총회의 결정에서 유래하는 것이다.[49]

결론적으로, 「인준받지 않은 수도규칙」의 머리말 전부와 제1장의 거의 전부(루카 9,3 포함)는 적어도 「원수도규칙」에 포함되었던 것으로 볼 수 있다. 그러나 원수도규칙 본문으로 상정할 수 있는 내용은 정확한 기준에 따라 신중하게 선별되지 않았다. 따라서 그 본문을 획일적으로 특정하기는 어렵다.

「원수도규칙」이 지향했던 초기 형제들의 삶은 교회에 대한 순종 안에서 거룩한 복음을 실행하는 삶, 철저한 가난의 삶, 순례자요 나그네로서 회개와 평화를 설교하는 삶, 손수 일하고 생계를 유지하며, 온

---

49 T. DESBONNETS, Dalla Intuizione alla Istituzione, 50쪽.

전한 평등 안에서 서로 섬기고 사랑으로 순종하는 삶이었다고 할 수 있다.

4. 인준받지 않은 수도규칙(Regula non Bullata)

앞서 살펴본 「원수도규칙」은 언제까지 효력을 발했을까? 그 시기를 확정할 수는 없지만 적어도 「인준받지 않은 수도규칙」이 작성될 때까지는 어떤 형태로든 효력을 발했을 것으로 본다.[50] 그런데 형제회 초기에 '복음'과 '프란치스코의 모범', 「원수도규칙」만으로는 감당하기 어려운 문제들이 발생하였다. 이미 「인준받지 않은 수도규칙」의 발전 시기에 형제회 내부에 강한 긴장이 있었다는 것은 의심의 여지가 없다. 형제회 밖의 증언들까지도 봉쇄지침의 결핍, 순종을 거슬러 떠돌아다니는 이들에게서 나오는 남용들, 당대의 이단들과 매우 유사한 생활방식으로 주어진 배교의 위험들에서 비롯된 여러 가지 결점에 대하여 언급한다.[51] 이러한 문제를 크게 보면, 먼저 형제들의 수가 급증하면서 생긴 형제체 자체의 현실적인 문제들이었고, 다음은 1217년 이후 해외 선교 과정에서 이단으로 오해받아 겪는 어려움이었다. 따라서 그에 대한 응답이 될 만한 수도규칙의 새로운 편집이 불가피해졌다. 이에 우골리노 "추기경이 프란치스코로 하여금 프란치스코 손수 다른 수도규칙을 쓰게 하였다."(익명의 페루자 44) 이후에도 특히 프란치스코가 성지에 간 사이에 표출되었던 문제들은 수도규칙의 보완과 추인 그리고 형제들의 삶에 필요한 지침들과 제도가 필요함을 드러냈다. 따라서 프란치스코는 형제회에 다시 한번 영감을 불어넣어

---

50 「인준받지 않은 수도규칙」을 '제1회칙'으로 부르기도 하지만, 이는 1885년 뮬러(K. MÜLLER) 추기경이 잘못 부르기 시작한 명칭이다.

51 참조: K. ESSER, La Orden Franciscana. Origenes e Ideales, 185-267쪽.

주는 수단으로써 수도규칙을 쓰고 복음적 삶의 생활양식을 재규정하는 것이 최상의 방법이라고 생각했다.

1) 인준받지 않은 수도규칙의 작성 과정

「인준받지 않은 수도규칙」을 작성하게 된 배경에는 형제들의 증가와 지역적 팽창, 총회의 개최, 관구 제도 설정(1217년), 해외 선교, 유식한 형제들의 합류에 따른 갈등, 성직화 움직임 등 변화와 갈등이 깔려있다. 1209년 수도규칙을 구두로 승인받은 이후 십여 년 형제회의 급성장은 은사의 현실화 과정에 갈등과 어려움을 가져다주었다. 이러한 문제들이 위기 상황을 초래한 것이라 할 수 있는데 단지 규율의 문제만이 아니라 엄청난 팽창에 관한 것이자, 정체성에 관한 문제이기도 했다.

프란치스코가 로마 여행을 하고 수도규칙의 구두승인을 받은 지약 5년 정도가 지나 형제체는 제도적으로 첫 변화를 겪는다. 비트리의 야고보 추기경은 1216년 10월 편지에서 "이 수도회의 남자들은 1년에 한 번 정해진 장소에 모여 주님 안에서 기뻐하며 함께 음식을 먹는데, 이러한 모임은 그들에게 매우 유익합니다. 이때 전문가들의 도움을 받아 거룩한 법규를 작성하고 공포하며, 다음에 인준을 받기 위해 교황님께 제출합니다"(11)라고 증언한다. 이 증언에서 알 수 있듯이 총회가 개최되기 시작했고, 거기서 필요한 법규들을 작성하며, 교황청과 교류하면서 선교 활동을 시작한 것이다.

1215년 제4차 라테라노 공의회는 「인준받지 않은 수도규칙」의 편집에 영향을 미친 또 하나의 중요한 계기였다. 곧 공의회는 모든 수도회가 3년에 한 번은 총회를 개최해야 하고(12조), 새로운 수도규칙을 갖는 수도회의 창설을 금한다(13조)고 결정하였다. 이런 결정들은 「인준받은 수도규칙」 작성에 변화를 가져오게 한 요인이었다. 프란치스코는 그전부터 현실주의자들의 주장을 반대했으나 이를 받아들여 수도규칙을 썼다.

1217년 이후 형제회에 두 번째 제도적 변화가 일어났다. 1213년 프란치스코의 스페인 선교여행 이후 형제들이 급속히 증가하였다. 그 때문에 많은 지망자를 충분한 시험을 거치지 않고 분별없이 받아들이게 되었고, 교육을 잘 받지 못한 상태에서 세상에 파견되거나 허락 없이 떠돌아다니는 형제들도 나타났다. 또 작은 형제들의 생활양식이 당시 이단적 운동과 비슷한 점이 많아 처음에는 형제들이 가는 곳마다 주교들로부터 의심을 받았다. 쟈노 조르다노는 이 무렵의 상황에 관하여 매우 중요한 증언을 전해준다.[52] "주교와 학자들이 그들의 수도규칙을 주의 깊게 읽은 후 형제들이 복음적이며 가톨릭적이라는 것을 깨닫고는 교황 호노리오 3세에게 문의하였다. 교황은 서신을 보내 그들의 수도규칙이 교황청의 승인을 받은 진실된 것이라는 것과, 형제들은 로마 교회의 특별한 아들들이요 참된 가톨릭 신자라는 것을 공포해 주었다(쟈노 연대기 4).[53] 여기서 중요한 것은 작은 형제들이 1217년경 이미 자신들의 수도규칙을 갖고 있었다는 점이다. 당시 형제들은 서면으로 작성된 「원수도규칙」을 지니고 다녔음을 알 수 있다.

그뿐 아니라 형제들 가운데 '유식한 형제들'(Fratres sapientes, Fratres scientiati, Fratres clerici)의 문제도 대두되었다. 이들은 장상직을 많이 차

52　1217년 무렵 형제들은 프랑스, 독일, 스페인, 일부 이탈리아 지역에 파견되었다. 선교지역이 늘면서 형제들이 종종 이단으로 오해받기도 하였다(참조: 쟈노 연대기 3-4).

53　호노리오 3세 교황은 쿰 딜렉티Cum dilecti(1218.6.11, BF. I, 2쪽) 칙서로 작은 형제회가 '로마 교회에서 당연히 승인한 생활방식을 선택한'(elegerint vitae vitam a Romana Ecclesia merito approbatam) 수도회임을 분명히 한다. 또 프로 딜렉티스 필리이스Pro dilectis filiis(1220.5.29, BF. I, 5쪽) 칙서에서는 작은형제회가 '승인을 받았으며, 가톨릭적이고 신심 깊은 이들임'을 선언했다.

지하였고, 창설자의 정신과 복음적 생활양식을 받아들이면서도 더 효율적인 조직의 필요성을 주장하였다. 또 이들 가운데에는 형제회의 수도규칙을 전통 깊은 다른 수도규칙으로 보충하자는 이들도 있었다.

'유식한 형제들'과 우골리노 추기경의 노력으로 1217년 성령강림 총회 때 관구 제도와 관구봉사자 직책이 생겼다. 프란치스코가 형제회의 복음적 소명을 실행하기 위하여 조직적인 제도와 규칙의 필요성을 느껴서 유식한 형제들의 요구에 응한 것으로 볼 수 있다. 1217년 총회까지는 형제회 내에 엄밀한 의미의 조직이 없었으며, 아무런 직책도 없었다.[54] 관구 제도는 형제들의 '순례자의 삶'의 특성에 맞는 이동성(mobilitas)을 보장하고 지역적 특성을 고려한 가운데 복음적 생활을 잘 살아가기 위하여 유식한 형제들이 제시한 것이었다. 아울러 봉사자 임명, 봉사자와 총봉사자의 관계, 임명과 파면의 방법이 정해졌다. 그런데 이런 제도에는 각 관구의 봉사자나 소속 형제들이 생활양식을 소홀히 할 수 있는 위험이 있었다. 따라서 「인준받지 않은 수도규칙」 제5장에서는 관구봉사자들의 권한이 제한되었다가 그 후 관구가 분할되면서 활동 무대가 확장되었다.[55]

1219년 총회 때에 형제회 내에 드러난 긴장들이 분명해졌으나 해결되지 않았다. 1219년 총회는 형제회에서 복음을 실행하는 삶을 살도록 형제회에 받아들여지는 이들에 관한 문제, 전례, 수도규칙의 다양한 적용 등을 논의하였고, 그중 가장 중요한 것은 해외 선교의 결정이었다(쟈노 연대기 3). 1220년 중반에 프란치스코가 동방에 체류하고 있을 때

---

54 참조: 성령강림 총회에 참석한 "형제들은 형제들을 각 관구에 파견하면서 사람들에게 설교하는 직책을 부여하였고, 또 어떤 형제들은 각 관구에 위임하였다."(익명의 페루자 37) 이는 1217년 관구 제도로 분할되기 전의 초기 관행을 전한 것이다. 여기서 '관구'는 일반적인 뜻의 '지역'을 가리킨다.
55 이탈리아 6개, 프랑스 2개, 스페인 1개, 독일 1개, 시리아 1개 등 11개 관구.

형제회 내의 위기가 최고조에 달했다. 장상들과 '유식한 형제들'은 형제회를 제도화하려고 했다. 프란치스코 수도규칙의 형성과정은 바로 이 시기에 새로운 단계에 접어들었다고 할 수 있다. 이 시기에 이르러 다음과 같은 요인들로부터 잠재되었던 문제들이 드러나게 되었다.

- 형제들의 급속한 증가[56]
- 총회 제도
- 사라센인들과 비신자들에게로 선교 활동을 개방
- 일부 주교들과의 관계에서 오는 어려움과 이단으로 의심받게 되는 첫 어려움
- 생활과 설교에 적합하지 않은 양성(수련기의 부재)
- 특히 참조할 수 있는 법규들의 부족

프란치스코는 1219년 총회의 결정에 따라 5명의 형제를 모로코로 파견하고, 자신은 나르니의 마태오(Mateo de Narni)와 나폴리의 그레고리오(Gregorio de Napoli) 형제를 자기 대리로 임명하고 다미에타로 떠났다. 그는 몇 형제와 함께 십자군이 포위하고 있는 다미에타로 가서 이집트의 술탄을 만났다(쟈노 연대기 10). 이 여행의 결과로 이스라엘에 성지 보호구가 설립되었다.

그런데 "프란치스코의 오랜 기간의 공백은 형제회를 일종의 진공상태로 몰아넣었고 모든 것을 악화시켰다. 왜냐면 프란치스코에 대해 이렇다 할 소식이 없었기 때문이다. 심지어 그가 바다에서 죽었다는 보고조차 있었다(쟈노 연대기 15). 그렇게 형제회는 형제들 스스로 운영해

---

56 "형제회가 시작된 시 십일 년이 지나니, 형제들의 수효가 늘어났고, 봉사자들이 선출되었으며, 많은 수의 형제들이 가톨릭 신앙을 받드는 거의 모든 나라의 방방곡곡에 파견되었다."(익명의 페루자 44)

나갈 수 있게끔 내버려졌다. 몇몇 형제들은 통제를 벗어나 여기저기 떠돌아다니기 시작해서 그들의 현존방식은 부랑자처럼 보일 수 있었다. 다른 형제들은 모욕과 창피를 얻기 위해서라는 구실로 이상한 복장을 하고 수염을 기를 대로 길러서 사람들 앞에 나타나곤 하였다."[57] 그리고 카펠라의 요한(Giovanni de Capella) 형제는 혼성으로 이루어진 나환우들의 수도회를 창설할 계획을 세웠다. 그리고 볼로냐의 관구봉사자 베드로 스타치아는 신학원을 목적으로 대학교 내에 수도원을 설립하였고, 형제들은 아씨시 시(市)가 지어준 포르치운쿨라 수도원을 받아들였다.

이런 심각한 상황들에 마주해서 대리자 형제들은 이탈리아의 원로 형제들을 불러 소규모 임시총회를 열어 규정들(Constitutiones)을 제정하여 공포하였다. 그러나 선의로 행동했던 그들에게는 창조적인 영감과 현실적 창조력이 없었다. 그 규정들은 기존 수도회의 규정 재생에 지나지 않았고, 그들이 준수해야 할 것들을 채택했을 뿐이었다. 이 임시총회는 전통 수도회의 고행 규칙을 따르자는 결의도 하였다. 곧 영구적인 금육재를 원칙으로 정하고, 단식재를 강화하기 위하여 수도규칙이 정한 사순절은 물론이고 일주일에 세 번 단식하도록 하고, 치즈와 우유도 월요일과 토요일은 절대 금지사항으로 정하였다(쟈노 연대기 11). 이런 시도들은 형제회를 수도승화하려는 움직임이었다.[58] 한편 프란치스코가 동방에 머무는 사이 산 다미아노의 클라라 자매들의 시찰자를 맡았던 시토회의 암브로시오가 세상을 떠났다. 이에 우골리노 추기경은 문제를 해결하고자 필립보 롱고(Filippo Longo) 형제를 '가난한 자매들의 회'의 시찰자로 임명하였다. 그런데 "가난한 부인들을 돌

---

57 E. LECLERC, Francisco de Asís, El retorno al Evangelio, 104쪽.

58 같은 책, 105쪽.

보던 필립보 형제는 복되신 프란치스코의 뜻을 거슬러서 교황청에 편지를 요청하여 얻었는데 거기에는 가난한 부인들을 보호할 권한과 그들을 괴롭히는 자들을 파문시킬 권한이 있었다."(쟈노 연대기 13) 이는 분명 권위를 내세우지 않고 겸손하게 섬기기를 바라는 프란치스코의 뜻에 어긋나는 행동이었다.

이런 심각한 사태에 관하여 한 평형제가 "성인이 남겨둔 대리자들이 수도규칙에 새로운 규정들을 덧붙이는 오만함을 보였다는 것, 그리고 대리자들 때문에 또 다른 새로움을 요구하는 형제들 때문에 형제회가 이탈리아 전역에서 큰 혼란에 휩싸이고 있다"(쟈노 연대기 12)는 사실을 프란치스코에게 가서 알렸다. 프란치스코는 이 소식을 듣고 곧바로 이탈리아로 돌아왔다. 이런 상황이 발생한 것은 단지 프란치스코의 일시적 부재에서 발생한 것이 아니라 형제회의 급속한 성장 과정에 이미 잠재되어 있던 긴장이 그의 부재를 계기로 노출된 것으로 보아야 할 것이다.

성지에서 돌아온 프란치스코는 이러한 문제들을 해결하기 위하여 다음과 같은 세 가지 방안을 선택하였다.

첫째, 형제회를 교회의 보호 아래 두려고 '보호자 추기경 제도'를 도입하였다. 그는 성지에서 돌아오자마자 교황 호노리오 3세를 찾아가 이런 상황에서 보호자 추기경을 요청하여 우골리노를 보호자 추기경으로 얻게 되었다. 프란치스코와 우골리노 추기경은 서로 다른 기질적 성향에도 불구하고 절친한 친구 사이가 되었다. 우골리노 추기경은 프란치스코에게 그의 형제회에 더 견고한 체계가 필요함을 인식시켜 주는 일과 형제들의 숫자가 증가하는 것에 걸맞은 더욱 잘 규정된 생활양식을 부여하는 것이 필요함을 인식시켜주었다. 우골리노 추기경은 견고한 체계가 서짓된 복음적 삶을 방지하고, 동시에 형제회에 알맞은 원초적인 성소를 살아가는 데 도움이 될 것이라고 희망했던 것이다. 우골리노 추기경은 새로운 수도규칙을 작성할 것과 그 안에 그가 계획했던 삶의 방법을 설명해 넣음으로써 형제들이 걸어가야 할 길을 잘못 이해하는 일이 없도록 하라고 프란치스코를 따뜻하게 격려해 주었다. 프란치스코는 추기경을 신뢰했고, 이 문제에 동의하였다.[59]

한편 프란치스코는 동방에서 돌아와 아씨시의 집과 볼로냐의 집을 헐어버리려 했으나 유식한 형제들의 반대로 뜻을 이루지 못하였다. 그러나 이런 상황이 지속하면 자칫 형제회가 두 개의 파로 갈라질 우려도 있었다. 사실 우골리노 추기경은 이 지경에 이르게 된 것은 지나치다고 보았다. 교황청도 창설자가 부재중이었고, 또 총회가 아닌 원로들의 임시회의에서 결의된 것을 승인하지 않았다. 프란치스코는 이러한 어려움 속에서 '유식한 형제들'과 약간의 타협을 보았다.

둘째, 양성의 부족을 인정하고 시련기를 도입하였다. 호노리오 3세 교황은 프란치스코의 요청에 따라 형제회를 쇄신하려고 1220년 9월 22일에 「쿰 세쿤둠 콘실리움」 칙서를 반포하여 규율을 강화하였다.[60] 그 결과 초기의 무질서는 규율에 따라 통제되기 시작하였다. 1220년에 시련기가 부과될 때까지 형제회에 받아들여진 이에게는 띠와 수도복을 주는 것으로 하고, 입회 조건은 확고한 가톨릭 신앙과 재산의 포기였으며, 형제들은 나환자를 돌보았다. 시련기의 부과는 설교를 위한 합당한 준비의 계기도 되었다.

---

59 참조: E. LECLERC, 같은 책, 108-109쪽.

60 이 칙서의 주 내용은 다음과 같다. ① 1년간의 시련기를 둔다. ② 형제회에 받아들여진 형제는 형제회를 떠나지 못한다. ③ 프란치스코의 부재 기간에 원로들 모임에서 거론된 모든 사항(단식, 금육에 관한 결정 포함)을 취소한다. ④ 필립보 롱고 형제가 가난한 클라라 자매들을 보호하기 위해 얻은 특권을 취소한다. ⑤ 요한 카펠라의 나환자회의 창설을 금지한다. ⑥ 장상의 허락 없이 여행할 수 없다.

끝으로 프란치스코는 행정에서 형제회를 떠맡을 능력이 없음을 알고 총봉사자직을 사임한 뒤, 카타니의 베드로 형제를 총봉사자 대리로 임명하였다. 얼마 후 베드로 형제가 선종하자, 엘리아 형제를 후임으로 임명하였다. 프란치스코는 법적으로 이미 총봉사자는 아니었지만, 형제들과 교황청은 그를 형제회의 총책임자로 여겼으며, 프란치스코 자신도 여러 번 창설자의 책임과 권리를 행사하였다.

1209년 수도규칙의 구두 승인 이후 10여 년 사이에 발생한 수많은 문제에 대한 결정적 해결책은 수도규칙의 작성이었다. 결국 이러한 상황에서 1209년의 「원수도규칙」을 기초로 「인준받지 않은 수도규칙」이 작성되었다. 이 수도규칙은 수도회가 확장되는 과정에서 작성된 것으로서 위기 상황에 대한 대응책이자, 형제회의 정체성을 찾아가는 과정이기도 하다. 첫 수도규칙을 발전시킨 이 수도규칙은 1220년 9월 22일 이후에 작성된 것이 틀림없다. 왜냐면 '시련기'에 관한 제2장의 내용이 호노리오 3세의 「쿰 세쿤둠 콘실리움」(1220.9.22) 칙서에서 인용한 것이기 때문이다.

이 수도규칙의 초안에는 그간의 총회 결정사항들과 프란치스코가 총회 때에 한 권고들도 포함되었을 것이다. 아울러 죄의 본성과 보속의 가치 등 보속에 관한 규범을 보완할 필요도 있었다. 이에 관한 규범은 「인준받지 않은 수도규칙」 제8장 7절, 13장 1-2절, 19장 1-2절, 그리고 제20장에 구체화하였다. 또한 「인준받지 않은 수도규칙」 2, 4, 5, 6, 16, 17, 18장에 나타난 '봉사자들의 권리와 의무'를 명시하는 규정들도 나중에 첨가되었다.[61] 그리고 교회가 제시한 규범들 예컨대 1215년 제4차 라테라노 공의회의 결정사항, 「쿰 세쿤둠 콘실리움」 칙서의 규

61　S. Ceccobao, '수도규칙: 프란치스칸 여정의 정체성', 46쪽.

정들도 덧붙여졌다. 마지막으로 성서학자 스피라의 체사리오의 도움을 받아 복음 구절들을 삽입하였다. 프란치스코는 복음 구절을 끼워 넣음으로써 삶의 초점을 '거룩한 복음을 실행'하려는 데 맞추었다. 그런데 '유식한 형제들'은 법적인 측면에서의 보완을 요구하였다. 예컨대 교구 사제들과의 사이에 문제가 일어나지 않도록 미사성제에 관한 내용을 넣지 말 것을 요청하였다.

프란치스코가 작성한 수도규칙은 1221년 5월 30일 성령강림총회에 상정되었다(쟈노 연대기 16 참조). 이 총회에는 수련자를 포함한 모든 형제가 참석하였다. 총회에 상정된 본문은 즉각적으로 숙고하여 나온 문자적 결실이 아니라 형제회의 초기 11년 동안의 생활 체험이 점진적으로 축적된 결과로서, 프란치스코의 직관이 제도라는 그릇에 담기는 과정을 보여준다. 이 총회에서 형제들은 주로 수도규칙과 수도회의 장래 문제를 논의하였다. 형제들은 이 수도규칙이 너무 엄격하고, 법적이고 제도적인 면에서 미흡하다고 판단하여 받아들이기를 꺼렸다. '똑똑하고 유식한 형제들은 우골리노 추기경에게 프란치스코가 자신들의 제안에 귀를 기울이고 그들에게 형제회 운영을 맡기도록 설득해 주기를 부탁하였다. 그들은 성 베네딕토나 성 아우구스티노나 성 베르나르도의 수도규칙에 의존해 형제들의 삶을 규정하려 했다.'(아씨시 편집본 114) 특히 관구봉사자들을 포함한 '유식한 형제들'은 성경 인용을 줄이고 중복을 피하며 간략히 정리된 법적인 성격의 수도규칙을 원했다. 「인준받지 않은 수도규칙」 5장과 6장, 곧 형제들의 봉사자에 대한 규제 부분은 더욱 환영받지 못했다. 나중에 제14장에 나오기는 하지만 봉사자들과 '유식한 형제들'은 「원수도규칙」의 루카복음 9,3을 삭제하도록 압박했다(완덕의 거울 3 참조). 그리고 법적인 규정들이 주를 이루는 장들(13장, 15장, 18장, 19장)에는 성경 인용이 전혀 없는데 이는 봉사자들을 비롯한 '유식한 형제들'의 개입을 방증해주는 부분이다. 관구봉사자들은 프란치스코의 영성적 가르침을 무시한 것이 아니라 형제회가 참으로 하나의 수도회가 될 수 있도록 법적인 규정에 더 관심을 가졌다. 결국 총회는 프란치스코에게 새로운 수도규칙을 써 주도록 부탁하였고, 교황의 인준을 받기 위한 절차도 진행될 수 없었다.[62]

「인준받지 않은 수도규칙」의 발전과정에 관한 이해를 돕도록 내적 비판에 기초한 단순한 가정을 제시할 수 있겠다.[63]

■ 1209-1215년 사이 : 서문과 제1장의 상당 부분. 다음과 같은 여러 요인이 있다.

ㄱ) 형제회에 공식 명칭을 부여하지 않고 서문 3절에서 '이 수도회'로 표현한다. '작은형제회'라는 명칭은 1216년 처음으로 야고보 비트리 추기경의 첫째 편지에 나타난다(첫째 편지 8. 11).

ㄴ) 프란치스코가 순종을 서약한 교황 인노첸시오 3세에 관한 언급은, 수도규칙이 교황의 생전 시기까지 소급됨을 말해준다. 교황은 1216년 7월 16일 선종했다.

ㄷ) 이 장에 인용된 복음 구절들은 성 니콜라오 성당에서 프란치스코와 두 동료에게 자문해주었던 구절들과 일치한다. 제1장의 복음 본문들에 "길을 갈 때 아무것도 지니지 말라……."(루카 9,3)는 구절을 첨가해야 한다. 그 구절은 후대의 두 가지 원천들에 나오는 논쟁을 불러일으키는 진술에 따르면, 어떤 총회 아마도 1221년 총회에서 봉

---

62 1210년에서 1219년 사이에 대두되었던 문제는 가난, 특권, 성직화, 공부, 선교 등이었다. 철저한 복음적 가난의 생활과 성직자들의 증가에 따른 성직형제들과 평형제들의 관계, 교구장 주교의 허락 없이 설교할 수 있는 특권을 얻는 문제, 유식한 형제들이 자신의 학문과 은사를 결합하려는 원의 등 해결해야 할 문제들이 많았다. <참조: J. Moorman, A History of the Franciscan Order. From It's Origins to the Year 1517(Chicago : Franciscan Herald Press, 1968), 53쪽>

63 F. Uribe, La Regla de San Francisco, 22-24쪽.

사자들과 '유식한 형제들'이 없애버렸을 것이다.[64]

■ 제7장 3-4절과 6-9절은 형제들의 일에 관한 초기 체험들과 일치되는 것으로 보인다. 반면에 1-2절과 5절은 후기의 부정적 주장들을 보여주는 것처럼 보인다. 프란치스코가 16절에 기록해 놓은 것은 어느 총회에서 한 말이다(2첼라노 128 참조).

■ 1215년 제4차 라테라노 공의회 이후 : 제8장 12절은 현재는 부사 '마찬가지로'(similiter)로서 본문의 나머지에 연결되어있는데, 다음과 같은 라테라노 공의회 결정 6항에 영감을 받은 것으로 보인다. 곧 "성직자들은 최대한 부정직한 세속의 직책을 수행하거나 장사를 하지 말 것이다."

■ 형제회에 첫 관구들과 봉사자 직책이 설정된 1217년 총회 기간 중 또는 총회 후 : 봉사자들의 직무에 관하여 그리고 형제들과의 관계에 대하여 다루는 제4장에서 제6장까지는 나중에 다시 손질하긴 했지만, 총회 결정에 관한 모든 것에서 나올 수 있는 하나의 문학적, 법률적인 단락을 이룬다. 이 세 개의 장들은 결정을 소개하기 위하여 흔히 사용되는 '주님의 이름으로'(In nomine Domini)라는 구절로 시작된다.

■ 1219(?)년 : 제22장은 프란치스코가 동방 여행을 계기로 순교자가 되기를 원했기에, 그 서두는 여행을 출발하기에 앞서 성인의 영성적 유언의 일종이 되어야 했다. 이것은 나중에 1221년 중반 수도규칙에 포함되었다.

■ 1220년 프란치스코가 동방에서 돌아왔을 때 그리고 모로코에서 형제들이 순교한 뒤에 : 제16장은 총회가 비신자들 사이에서의 선교를 결정한 1218년보다 조금 먼저 작성되었음을 배제할 수 없다.

---

[64] 아씨시 편집본 68; 완덕의 거울 3; 그런데도 루카 9,3은 「인준받지 않은 수도규칙」 14,1에 그대로 나온다. 이는 「아씨시 편집본」과 「완덕의 거울」의 언급 가치에 의문을 품게 한다.

■ 1220년에서 1221년 사이에 개최되었던 총회 때문에 여러 요소가 소개되어야만 했는데, 그 가운데서 다음과 같은 것들을 발견할 수 있다.

ㄱ) 1220년 9월 22일자 「쿰 세쿤둠 콘실리움」 칙서의 규정들을 나타내는 제2장 8-10절. 사실 교황은 이 칙서를 통하여 '새로이 이 생활을 받아들이려고 오는 이들'을 자유롭게 받아들이는 것보다 수련기를 부과함으로써 수도회들에 적용하던 일반적인 규범을 부과하도록 하였다. 이런 움직임은 교황 편에서 수도승원이나 의전수도회와 비슷한 형태를 취하라는 일종의 외부 압력이었다.

ㄴ) 제13장; 제15장; 제18-20장은 내용상 규율하기 위한 것이고 제1장 1절의 세 가지 서원들에 대한 언급과 마찬가지로 제4차 라테라노 공의회의 결정들에 명확한 형식으로 응답하기 위한 것이다.

ㄷ) 본문을 꾸미고 있는 성경 인용 가운데 많은 부분이 스피라의 체사리오가 배치한 것이다. 쟈노의 「연대기」는 다음과 같이 증언한다. "체사리오 형제가 성경 전문가라는 것을 알고, 그에게 자신이 직접 단순한 말로 입안한 수도규칙을 복음의 말씀으로 꾸미라는 임무를 맡겼다. 그래서 그는 그렇게 했다."(15항)

ㄹ) 봉사자들의 권리와 의무를 정한 여러 구절은 이 총회 때 조정되어야 했다. 특히 제2장, 4-6장, 16-18장.

ㅁ) 아마 이 시기에 제21장과 제23장이 수도규칙에 첨가되었을 것이고, 그 상들은 독립적으로 생성된 본문이 되어야 했다.

ㅂ) 제24장은 수도규칙의 준수에 관한 일종의 마지막 교령이다.

이와 같은 대략적인 제안들에 비추어보면, 「인준받지 않은 수도규칙」의 작성 과정은 길고, 꽤 변화가 많았음이 분명해 보인다. 그 과정에서 여러 사람의 개입을 허용할 필요가 있었다. 이 성장의 시기 동안 쓰인 형제들의 생활과 밀접한 법규들은 처음부터 있었던 것이 아니라 경험과 복음의 빛에 따라 성찰한 결과 나온 것이다. 결국 수도규칙 본문 전체는 프란치스코의 현존을 생생하게 드러내는 영감을 받은 단락인데도 이러한 성찰을 거쳐 완성된 것이다.

2) 인준받지 않은 수도규칙의 특징과 가치

「인준받지 않은 수도규칙」은 형제회 초기의 커다란 변화, 곧 '직관에서 제도로의 변화' 또는 '은사의 제도화 과정'을 보여주고 있으며, 이상과 현실의 조화를 추구해 나가는 형제들의 공동체적 노력을 담고 있다고 할 수 있다. "이 수도규칙은 작은 형제들 공동체의 다양한 삶의 영역을 포용할 총체적 법률을 제공하고자 한 최초이자 성공적인 시도를 보여준다."[65] 이 수도규칙은 무엇보다도 프란치스코의 복음적 이상을 잘 담고 있으며, 형제회 초기의 생활과 변화를 보여준다는 점에서 매우 중요한 가치를 지닌다.

> "이 수도규칙에는 놀랄만한 삶의 경험이 제시되어 있었고 프란치스코는 그것을 노래로 끝맺었다. 페이지들을 관통하며 프란치스코의 초기 생활 당시 경험했던 것들과 그의 동료들의 모든 중요한 순간들, 곧 복음의 가르침을 들었을 때, 그들의 재산을 가난한 이들에게 나누어 주었을 때, 그들 가운데 새로운 형제적 관계를 이루었을 때, 초기에 그들 자신 스스로 힘든 손노동에 투신하였을 때, 돈을 완전히 거절하였을 때, 동냥, 순례자의 삶, 선교, 외국 선교여행의 당혹스러움과 기쁨을 발견했을 때의 그 순간들이 세공된 보석과도 같이 기록되어 있었다……. 힘찬 삶의 파도가 장과 장을 건너 용약하였고, 마지막에 가서는 찬미와

---

65 S. Ceccobao, '수도규칙: 프란치스칸 여정의 정체성', 36쪽.

감사의 찬가를 부르는 데 자신을 쏟아부었다."[66]

이 수도규칙은 상당히 길고 성경 인용이 매우 많아 복음적 색채가 짙지만, 법적이고 제도적 요소들이 부족하다. 「인준받지 않은 수도규칙」은 「인준받은 수도규칙」에 비해 영성적으로 풍부하고 충실하며, 프란치스코의 영성과 이상을 잘 표현한다. 사실 「인준받지 않은 수도규칙」은 법적인 측면보다는 영적인 면이 강조되어 있다. 이 수도규칙은 특별히 프란치스코의 영성에 따라 살고자 하는 이들과 프란치스코의 정신을 연구하는 학자들에게 아주 중요하고 실질적인 가치를 지닌다. 이 수도규칙은 수도생활 역사상 최초로 교회에 대한 순종을 언급하고 있고(1장), 복음적 권고의 세 가지 서원을 수도규칙에 처음으로 규정하였으며(1장), 해외선교에 관해서도 처음으로 규정하였다(제23장)는 점에서 크나큰 의의를 지닌다.

3) 인준받지 않은 수도규칙의 구조와 내용

총 24개 장으로 되어있는 이 수도규칙은 형제회가 발전되어 안정될 때까지의 형제회의 체험을 보여준다. 이 수도규칙은 단일화되지 않은 총회의 결정사항이나 규정들을 한데 모아놓은 것이다. 이 수도규칙은 1209년의 「원수도규칙」에서 보충 변경되어 발전된 것으로서 그간에 체험한 것을 총회 때에 보충하거나 삭제한 것이다. 프란치스코는 어느 총회에서 "형제들은 겉으로 애처로운 표정을 짓거나 위선자처럼 찌푸린 얼굴을 하지 않도록 조심할 것이며, 오히려 주님 안에서 기뻐하고 명랑하며 마땅히 품격을 보일 것입니다"(2첼라노 128)라고 권고하셨다. 프란치스코가 총회에서 한 이 권고는 「인준받지 않은 수

---

66   E. LECLERC, Francisco de Asís, El retorno al Evangelio, 114쪽.

도규칙」의 다음 구절에 포함되어 있다. "형제들은 위선자들처럼 겉으로 슬픈 표정을 짓거나 찌푸린 얼굴을 하지 않도록 조심할 것이며, 오히려 주님 안에서 기뻐하고 명랑하며, 적절히 쾌활한 모습을 보일 것입니다."(7,16) 「인준받지 않은 수도규칙」은 사실 프란치스코 자신의 이상과 정신을 어느 수도규칙보다 더 잘 표현한다. 따라서 「인준받은 수도규칙」의 깊은 뜻을 파악하려면, 먼저 「인준받지 않은 수도규칙」을 잘 이해해야 한다.

「인준받지 않은 수도규칙」은 「인준받은 수도규칙」에 비해 훨씬 길고 복음적 삶의 계획이 더 잘 담겨 있다. 제1장부터 제17장까지 점차 형제들의 내부생활과 외부활동이 묘사되어 있다. 1217년 이후에 작성된 제4-6장은 관구 제도가 설정되고 권위를 가진 '봉사자'가 정해짐으로써, 형제회가 지역 중심의 시대로 나아가는 결정적인 이음새를 보여준다.[67] 그리고 제18장과 19장, 20장, 21장은 1-17장의 다른 곳에서 나온 내용을 보충한다. 한편 제22장과 23장은 특별한 내용이다. 특히 23장에는 프란치스코의 이상이 기도 형식으로 나와 있다. 그리고 제24장은 결론에 해당한다.

「인준받지 않은 수도규칙」은 다음과 같이 구성되어 있다.

(1) 서언 : 교회에 대한 형제들의 순종
(2) 서원(제1장)
    - 모든 수도자에게 공통된 서원(순종, 가난, 정결): 일반 의무
    - 형제들의 복음에 대한 특별한 의무
(3) 형제회에 받아들여짐, 서약, 수도복에 대하여(제2장)

---

[67] 참조 : S. Ceccobao, '수도규칙: 프란치스칸 여정의 정체성', 44쪽.

- 가톨릭 신앙에 관한 제19장은 2장의 보충.
(4) 작은 형제들의 생활(제3-17장)
① 교회에 대한 의무: 성무일도와 단식. 형제들의 기도생활(제3장): 제20장은 3장의 보충.
② 형제회 내에서 봉사자들과 형제들과의 관계(제4-6장) : 제18장은 4장의 보충.
③ 일, 돈, 동냥, 앓는 형제에 대해(제7-10장)
④ 형제들의 윤리적 행동지침(11-15장)
  - 형제들 간의 행동(제11장)
  - 여성들과의 관계(제12-13장)
  - 다른 사람들과의 관계(제14-15장)
⑤ 복음선포
  - 비신자들 가운데에서의 선교(제16장)
  - 신자들 가운데에서의 설교(제17장): 제21장은 17장의 보충.
(5) 프란치스칸 이상(제22장)
  - 제22장 : 사랑과 악을 미워함, 마음의 자유(씨 뿌리는 사람의 비유), 깨끗한 마음, 신뢰심, 형제애를 가지고 하느님을 섬기는 데에 대해 말한다.
  - 제23장 '기도와 감사'는 후에 첨가된 부분이었을 것이다.
  - 프란치스칸 감사송
(6) 결론(제24장) : 마지막 권고
  - 형제들에게 수도규칙을 충실히 지키도록 권고하는 내용

「인준받지 않은 수도규칙」은 1221년 5월 30일 성령강림 총회 때에 상정되어 논의되었다. 그런데 프란치스코는 아무것도 덧붙이지 말도록 명했는데도 그 실행이 오래가지 못했다. 「인준받지 않은 수도규칙」은 프란치스코의 이상을 얼마만큼 나타내는가? 앞서 보았듯이 「인

「준받지 않은 수도규칙」은 성경 전문가 체사리오 형제에 의해 복음 말씀으로 꾸며졌고(쟈노 연대기 15), 13, 15, 18, 19장처럼 관구봉사자들과 '유식한 형제들'의 입김이 작용한 부분도 있다. 특히 제15장의 "모든 형제에게 명합니다"(Iniungo omnibus fratribus)라는 구절은 단호한 어조를 띤 라틴어 표현으로서 재판관이 법정에서 사용하는 말이었다. 「인준받지 않은 수도규칙」은 프란치스코가 작성한 것은 분명하지만, 형제들의 영향도 받았음을 알 수 있다. 그런데도 그의 이상을 풍부하게 담고 있다. 특히 제1장 1-4절, 14장 1-2절, 7,1-9절은 초기 생활양식의 단면을 잘 보여준다.

「인준받지 않은 수도규칙」을 내용 면에서 보면, 형제들 삶의 양식을 서술한 긍정적인 부분과 해서는 안 되는 것을 규정한 부정적인 부분으로 나뉜다. 부정적인 문장으로 서술된 부분은 형제들의 그간 체험에 따라 삽입된 것으로 보인다. 따라서 부정적인 문장을 떼어내어 역사적 사실과 연관 지어 보면, 수도규칙의 근본 요소와 적응 요소를 알 수 있을 것이다.[68]

5. 「인준받지 않은 수도규칙」의 다른 단편들

「인준받지 않은 수도규칙」이나 「인준받은 수도규칙」과 정확히 일치하지 않는 수도규칙 본문 인용 또는 암시가 있음이 확인되었다. 1906년 파스칼 로빈슨(Paschal Robinson)은 '성 프란치스코의 글[69]모음

---

68 참조: D. FLOOD & T. MATURA, The Birth of a Movement; A Study of First Rule of St. Francis, Franciscan Herald Press, 1975, 23-54쪽.

69 참조: K. ESSER, Die Opuscula des hl.Franziskus von Assisi, edidit K.Esser (Spicilegium Bonaventurianum, XIII), Grottaferrata, Ed. Collegi S.

집' 영문판에서 "우리가 가지고 있는 이 수도규칙의 본문이 항상 일치하지 않는 이유를 이해하는 것은 어렵지 않다"라고 하면서 수도규칙 본문들 사이의 불일치성을 지적하였다.[70] 뵈머(Böhmer)는 「인준받지 않은 수도규칙」의 필사본 전통이 확립되기 이전의 연대기 저작물에서 성 프란치스코의 이전 수도규칙에서 가져온 인용문이 있다는 사실에 주목했다. 그는 프란치스코의 글 초기 비판본에서 이를 '교황 호노리오 3세의 칙서 이전에 작성한 수도규칙 단편'이라 불렀다.

이들은 다음 세 가지 출처에서 발견된다. 영국 워스터(Worcester) 주교좌 성당 도서관 사본(ms. Q7, fol 158v-159v), 우고 디냐의 「작은 형제들의 수도규칙 해설」, 토마스 첼라노가 쓴 「성 프란치스코의 제2생애」가 그것이다.

1) 워스터 주교좌 성당 도서관의 사본

14세기 전반에 작성된 이 사본은 에써(K. Esser)가 성 프란치스코의 글 비판본의 '단편들' 부분에 실은 단편 중 가장 긴 단편이다.[71] 이 단편은 성 프란치스코의 「유언」과 함께 「인준받지 않은 수도규칙」 12개 장에서 발췌한 많은 내용을 포함하고 있다. 제22장의 긴 인용문은 사본 필사자가 이 본문을 유언으로 간주했음을 보여주는 것 같다. 이 사본의 처음 몇 줄은 손상이 심해 개별 문자와 단어만 읽을 수 있

Bonaventuriae ad Claras Aquas, 1976, 300쪽.

70 WILLIAM J. SHORT, 'Fragments of an Earlier Rule', 141쪽, in Rules, Testament and Admonitions, Studies in Early Franciscan Sources, Vol.2. Ed. by Michael W. Blastic, Jay M. Hammond, J.A. Wayne Hellmann, Franciscan Institute Publications, 2011.

71 우리말 번역문 : 아씨시 프란치스코와 클라라의 글, (프란치스칸 원천 1, 프란치스칸 사상연구소), 프란치스코출판사, 2014, 232-241쪽.

고, 「유언」 끝부분에서 수도규칙으로 이어지는 구절은 완전히 손상되었다. 이 단편은 철자의 오류와 단어 누락도 발견되는 등 본문 해독에 한계가 있다. 이 사본은 「인준받지 않은 수도규칙」 22장 1-55절을 거의 완벽하게 인용하면서 시작하는데, '등등'(et cetera)을 이용해 긴 성경 구절을 많이 생략하였다. 또 아마 그 이전 수사본의 순서대로 「인준받지 않은 수도규칙」, 11, 12, 14, 16, 17, 19 및 21장에서 발췌한 부분을 생략했음을 나타내려고 '뒤에' 또는 '아래에'(infra)라는 메모가 이어진다. 그런데 「인준받지 않은 수도규칙」 21장 9절의 최종 발췌문에는 그런 메모가 없다. 대신 「인준받지 않은 수도규칙」 7장, 10장 9절의 인용과 더불어 '모든 형제'가 언급되는 다른 본문들이 이어진다. 그 가운데 어떤 것도 '더 나아가서'라는 표시는 없다. 이런 사실들은 이 사본이 여기저기 참조하면서 발췌본으로 기록한 것임을 말해준다. 이 사본은 1221년 「인준받지 않은 수도규칙」 본문과 객관적 차이점도 드러난다. 그런데도 이 사본의 「인준받지 않은 수도규칙」 단편들은 또 다른 「인준받지 않은 수도규칙」의 존재를 증명해준다.

2) 우고 디냐의 수도규칙 해설[72]

「인준받지 않은 수도규칙」의 다른 많은 단편은 우고 디냐(Hugo de Digna, †1256)가 아마도 1252년에서 1253년 사이에 쓴 「작은 형제들의 수도규칙 해설」에 실려 있다. 그의 수도규칙 해설에는 「인준받지 않은 수도규칙」의 14개 장에서 발췌한 내용이 들어있다. 우고는 서문에서 "프란치스코와 친밀했던 동료들과 성덕과 지혜로 뛰어난 형제들

---

[72] Hugo de Digna, Expositio super Regulam Fratrum Minorum, ed. D. FLOOD, Ad Claras Aquas, Grottaferrata, 1979.; 우리말 번역문 : 아씨시 프란치스코와 클라라의 글, (프란치스칸 원천 1, 프란치스칸 사상연구소), 프란치스코출판사, 2014, 242-251쪽.

이 전해준 것에서 발견되고 배운 것"을 활용하여 해설집을 작성한다고 밝힌다. 우고의 해설에 실린 「인준받지 않은 수도규칙」의 단편은 부분적으로 워스터 사본의 본문과 문자 그대로 일치한다. 그러나 워스터 사본의 단편과 큰 차이점이 있다. 곧 워스터 사본의 발췌문은 거의 전적으로 수도규칙의 영적 지침에 관한 것인데, 우고는 수도규칙 본문을 설명하면서 법적 지침을 사용한다.[73] 이는 가난 이상의 실천과 수도규칙 준수에 관한 견해차에서 오는 것이다. 우고의 해설은 「인준받지 않은 수도규칙」의 다른 편집본의 존재를 확증해주는 가장 중요한 자료이다.

3) 토마스 첼라노가 쓴 '성 프란치스코의 제2생애'

토마스 첼라노가 쓴 성 프란치스코의 제1생애는 38과 84 두 곳에서만 「인준받지 않은 수도규칙」을 인용한다. 그러나 1246-1247년에 작성한 제2생애는 「인준받은 수도규칙」 이전 초안의 4개 장에서 일부 구절을 발췌하였다. 곧 제2생애 143, 128, 66, 175에서 각각 「인준받지 않은 수도규칙」 이전 초안의 제4장 6절, 7장 16절, 8장 6절, 10장 3-4절을 발췌하였다. 이 발췌 구절들은 「인준받지 않은 수도규칙」과 정확히 일치하지 않는다. 예컨대 토마스 첼라노는 "수도규칙의 한 구절에 그는 다음과 같은 말을 썼다"(2첼라노 175)고 전한다. 그런데 제2생애 175에 인용된 수도규칙 본문은 「인준받지 않은 수도규칙」 10장 3-4절에 나오는 내용이긴 하지만 차이가 있다.

"나는 나의 모든 형제에게 부탁합니다. 병을 앓을 때 하느님이나 형제

---

73 참조: K. ESSER, Die Opuscula des hl.Franziskus von Assisi, edidit K.Esser (Spicilegium Bonaventurianum, XIII), Grottaferrata, Ed.Collegi S.Bonaventuriae ad Claras Aquas, 1976, 311쪽.

들에게 화를 내거나 흥분하지 말고, 또 조바심에서 지나치게 약을 요구하지 말며, 영혼의 원수이며 곧 죽을 육신의 건강이 회복되기를 너무 갈망하지 마십시오. 모든 일에 대해서 감사를 드리고, 하느님께서 원하시는 그대로 되기를 자신도 원하십시오. 하느님께서는 영원한 생명을 얻도록 미리 정하신 사람들을 채찍과 병고라는 자극제로 단련시키십니다. 그분께서 직접 말씀하셨습니다. '내가 사랑하는 사람들을 나는 책망도 하고 징계도 한다.'"(2첼라노 175)

토마스 첼라노가 인용한 「인준받지 않은 수도규칙」의 단편들은 중요성을 띠지만, 뒷날 이 단편을 담은 편집본이 나오리라는 생각에서 그에 대한 철저한 조사는 이루어지지 않았다.

에써는 이 세 가지 단편들을 '「인준받지 않은 수도규칙」의 다른 단편들'(Fragmenta alterius Regulae non bullatae)로 부르면서, 1221년 「인준받지 않은 수도규칙」과 1223년 「인준받은 수도규칙」 사이에 작성된 것으로 보았다. 이들은 「인준받지 않은 수도규칙」과 분명한 차이가 있을 뿐 아니라 그들 사이에도 일관성과 상이성이 있다. 우선 셋은 같은 본문을 사용하며, 1221년 「인준받지 않은 수도규칙」과 관련하여 한 구절에서 수정되었음이 드러난다. 세 가지 단편들에 공통으로 사용된 복수형 '형제'라는 단어를 비롯한 공통 본문을 비교해보면, 세 가지 모두 1221년 「인준받지 않은 수도규칙」 이후에 구성된 수도규칙의 같은 편집에서 나온 것임을 알 수 있다. 곧 「인준받지 않은 수도규칙」과는 다른 「인준받지 않은 수도규칙」 편집본의 존재를 추정하게 해준다.[74] 카를로 파올라찌(C. Paolazzi)도 이 단편들이 「인준받지 않은 수도규칙」을 다시 편집하여 세 갈래로 전해졌다고 보면서, 그 편집 시기를 「인준받지 않은 수도규칙」과 「인준받은 수도규칙」 사이로 보는 에써

---

74 참조: C. PAOLAZZI, Scritti, 290쪽.

의 견해를 지지한다.[75]

결국 앞의 세 가지 원천에 실린 단편들은 온전한 형태의 본문은 아니지만, 1221년 「인준받지 않은 수도규칙」 이후에 수도규칙의 다른 편집본이 있었음을 말해준다. 이 단편들은 수도규칙이 어떻게 발전해왔는지 알 수 있게 하는 한편, 1223년에 수도규칙이 최종 추인된 이후에도 초기 편집의 단편들이 작은 형제들의 기억과 기록으로 계속 보존되었음을 보여준다.

6. 인준받은 수도규칙의 작성 과정

교황 인노첸시오 3세로부터 수도규칙을 구두로 승인받은 뒤 십여 년이 흐르면서 시초에 프란치스코가 주님의 뜻에 따라 살려던 이상은 많은 도전을 받게 되었다. 그리고 형제회 안팎의 여건들도 많이 변했다. 따라서 초기 형제회의 정신을 보존하기 위한 새로운 구조들과 그 구조들 안에서 프란치스코의 복음적 전망을 포착하여 규정짓는 공적인 틀을 발전시킬 필요성이 점점 더 절박해져 갔다. "1221년부터 실제적인 적용으로 얻어진 경험은 매우 빨리 여러 가지 규정의 수정, 새로운 규정의 첨가 그리고 획일성의 최소화를 위한 수단으로 전체를 고칠 것을 요구했다."[76] 그래서 1221년과 1223년의 성령강림 총회 사이에 프란치스코와 동료들은 인노첸시오 3세에게 제출한 「원수도

---

75 참조: C. PAOLAZZI, «Nascita degli "Scritti" e costituzione del canone», dans Verba Domini mei. Gli Opuscula di Francesco d'Assisi a 25 anni dalla edizione di Kajetan Esser, ofm. Atti del Convegno internazionale (Roma 10-12 aprile 2002), Rome, 2003, 86쪽.

76 H. FELDER, The Ideals of St. Francis of Assis, (tr. Berchmans Bittle) New York 1925, 10쪽.

규칙」의 핵심적인 내용과 「인준받지 않은 수도규칙」을 재정비하기 시작했다.[77]

앞에서 살펴본 것처럼 「인준받지 않은 수도규칙」은 1221년 총회에 상정되긴 했으나 봉사자들과 '유식한 형제들'과 교황청 책임자들을 만족시키지 못했다. 총회는 프란치스코에게 새로운 수도규칙의 작성을 요청하였다. 그러면 「인준받은 수도규칙」은 어떻게 작성되었을까?

만셀리(R. Manselli)는 프란치스코와 교황청의 사이를 대립 관계로 보는 폴 사바티에와 다른 이들에 반대하여 다음과 같이 주장한다. "교황청과 프란치스코 사이에서가 아니라 형제체 자체의 내부에서 대립이 있었다. 실제로 작은 형제들의 수도규칙은 유럽의 판도에서 가능한 보다 더 일반성을 지닐 수 있도록 필연적으로 움브로-이탈리아적 고유한 특징을 상실할 수밖에 없었다. 프란치스코는 형제들과 더불어 이해할만한 태도를 보였고, 그렇게 보여주기를 원했으며, 그 점에서 그는 '작아지고 모든 이들 아래에 두어야 함'을 알고 있었다. 또 그는 기도 후에 그가 하느님으로부터 계시받은 것을 스스로 실행에 옮기기를 원했다. 자신과 그의 형제들 사이의 문제에 직면하려는 노력으로부터 「인준받은 수도규칙」이 나왔다."[78]

프란치스코의 생애에 관해 전하는 초기사료들은 「인준받은 수도규칙」에 대해 간략하게 전한다. 「세 동료 전기」(62), 「아씨시 편집본」(113-114), 「익명의 페루자 전기」(44), 쟈노의 「연대기」(29), 토마스 에

77　R. J. ARMSTRONG, St. Francis of Assisi. Writings for a Gospel Life, 이원창 역, '아씨시의 성 프란치스코. 복음적 삶에 대한 글(V)', 프란치스칸 삶과 사상 제16호(2001년 봄), 210쪽.

78　R. MANSELLI, San Francesco, editio maior, Milano 2002, 351쪽.

클레스톤의 「작은 형제들의 영국 도착기」(3) 등은 프란치스코가 우골리노 추기경의 요청을 받아(익명의 페루자 44) 그리스도의 영감에 따라 (세 동료 62) 수도규칙을 작성하였으며, 교황 호노리오 3세가 칙서로 프란치스코의 수도규칙을 추인해 주었다고 전한다.

토마스 첼라노는 "형제들 사이에 수도규칙 추인이 토론 거리였던"(2생애 209) 당시 상황을 전해준다. 다른 초기사료들은 형제들 사이에 갈등의 대상이 되었던 수도규칙에 관하여 언급한다.[79] 「아씨시 편집본」 113항은 '잃어버린 수도규칙'에 관한 일화를 다음과 같이 꽤 상세히, 극적으로 묘사한다.

[첫 번째 수도규칙을 분실한 후 프란치스코는 그리스도의 명에 따라 수도규칙을 작성하려고 아씨시의 레오 형제와 볼로냐의 보니치오(Bonizio) 형제와 더불어 어느 산 위에 머무시고 계셨는데, 꽤 많은 장상이 성인의 대리자인 엘리아(Elia Bombarone) 형제에게로 가서 이렇게 말하였다: "우리는 이 복 받을 프란치스코가 새로운 수도규칙을 쓰고 있다는 이야기를 들었습니다. 우리는 그가 지킬 수 없을 정도로 힘든 수도규칙을 만들까 걱정됩니다. 그에게 가서서 우리는 그 수도규칙을 지킬 의향이 없다고 좀 말해 주십시오. 만들려면 자신을 위해 만들고 우리를 위해서는 만들지 말아 달라고 하십시오." 엘리아 형제는 프란치스코의 꾸중이 두려워 가려고 하지 않았는데, 그들이 하도 조르는 바람에 그들도 함께 간다면 그렇게 하겠노라고 말하였다. 그리하여 모두 함께 떠났다. 엘리아 형제는 수하 사람들과 함께 도착하여 프란치스코가 있는 곳에 가서 그를 불렀다. 프란치스코는 그들을 보고 "이 형제들이 무엇을 원하는 것입니까?"하고 말하였다. 엘리아 형제가 말하였다: "이 사람들은 당신이 새로운 수도규칙을 쓴다는 소리를 듣고 당신이 너무 어렵게 수도규칙을 만들까 봐 두려워하며 자기들은 그 수도규칙을 지

---

79 아씨시 편집본 113; 대전기 4,11; 완덕의 거울 1.

킬 의향이 없음을 알리려고 온 장상들입니다. 그러니 당신 자신을 위해서 쓰시되 그들을 위해서는 쓰지 마십시오." 그러자 프란치스코는 얼굴을 돌려 하늘을 우러러보면서 그리스도께 이렇게 간청하였다: "주님, 제가 나를 믿지 않을 거라고 이미 말씀드리지 않았습니까?" 그러자 즉시 공중에서 그리스도의 음성이 들려오는 것이었다: "프란치스코야, 수도규칙에는 너의 것이라고는 하나도 없다. 거기 있는 모든 것은 나의 것이다. 그리고 나는 수도규칙이 이렇게 글자 그대로, 글자 그대로, 글자 그대로, 해석 없이, 해석 없이, 해석 없이 지켜지기를 원한다." 그리고 덧붙여 이렇게 말씀하셨다: "나는 인간이 얼마나 연약한지 그리고 내 도움이 얼마나 큰지 알고 있다. 원하지 않는 사람은 형제회를 떠날지어다." 프란치스코는 그 형제들에게 돌아서서 말하였다: "들었습니까? 들었습니까? 제가 되풀이할까요?" 그들은 아무 말도 못 하고 자신들이 행한 일을 혼란스러워하며 떠나갔다.]

데보네(T. Desbonnets)는 이렇게 설명한다. 「아씨시 편집본」 "113항은 사건 후에 아마도 그것을 목격하지 않은 사람에 의하여 기록되었을 것이다. 실제로 폴 사바티에는 후대로 갈수록 자료에 기적적인 내용이 많아진다는 것을 분명하게 보여주었다. 그러나 기적에 대한 의존은 기술 날짜와의 관련성 외에 다른 이유에서도 조사해야 한다. 113항을 기록한 사람들은 역사적 저술을 만들 의도가 없었다. 그들은 자신들이 체험하고 있는 상황에 동의하지 않는다는 것을 표현하기 위하여 팸플릿을 작성하였다. 초기 시대의 정신은 무시당하고 있다고 그들은 믿고 있었다. 프란치스코의 초기 동료들과 그들의 제자들은 주변으로 밀려난 소외감을 맛보고 있었고, 사건의 흐름에 영향을 줄 방도가 없었다. 이러한 상황에서 심판관이 실존하는 사건들의 해석을 저술할 수는 없었다. 왜냐면 역사를 살펴볼 때 분명히 그 순간 그들을 반대하는 심판관이 있었기 때문이다. 오로지 기적적인 판정, 그리스도의 판정만이 반대 받을 위험 없이 그들을 위로할 수 있었고, 그들의 존재가 옳다고 보장하고, 사건에 대한 영향력을 회복하기 위해 투쟁하도록 그들을 격려할 수 있었을 것이다."[80] 「아씨시 편집본」의 이 본문은 창설자의 직관에서 멀어져가는 것처럼 보이는 수도회 운영에 대한 영적 형제들의 비판적 논쟁을 전제하고 있다.

보나벤투라는 「아씨시 편집본」의 일화를 다시 다음과 같이 기록하였다.

"프란치스코는 환시로 받은 가르침에 따라 수도규칙을 인준받기 위해 복음 구절을 너무 많이 인용하는 바람에 길어질 대로 길어진 수도규칙을 더 간결한 형태로 편집하기를 원하였다. 그래서 그는 성령의 인도를 받아 두 동료와 함께 산에 올랐다. 그곳에서 빵과 물만으로 만족하며 단식하면서 기도 가운데 주님의 영이 가르쳐 주시는 대로 수도규칙을 썼다. 그는 산에서 내려와 자신의 대리자에게 그것을 보관하도록 맡겼다. 그런데 며칠 뒤 이 사람이 부주의하여 그 수도규칙을 잃어버렸다고 털어놓는 바람에 거룩한 사람은 다시 한번 그 외딴곳으로 돌아가 하느님의 입에서 나오는 말씀을 받아 적은 것처럼 전과 똑같이 다시 만들었다."(대전기 4,11)

「대전기」의 진술은 세부적인 점들에서 더 두드러지며 다음과 같은 두 가지 요소들을 소개해준다. 한편으로는 그다지 풍부하지는 않지만, 시나이산 위에서 모세에게 일어났던 일과의 유비를 설정하려는 의도를 보여주며,[81] 다른 한편으로는 수도규칙 본문을 쓰기로 한 결정이나

---

80 T. DESBONNETS, Dalla Intuizione alla Istituzione, 65쪽.
81 수도규칙 작성을 모세가 시나이산에서 십계명을 받는 것(탈출 19,16-25)과 비교하여 유비적으로 해석하려는 첫 시도는 L. HARDICK이었고(Storia della Regola, 29-31쪽), 나중에 M. CONTI('Sinai-Fontecolombo: il peso de una analogía nell'interpretazione della Regola francescana', 23-55쪽)에 의해 발전되었다. 한편 R. MANSELLI는 잃어버린 수도규칙을 중요시하지 않는다.

본문 작성에서 프란치스코에게 끼친 성령의 작용과 하느님의 영감을 강조하는 데 분명한 관심을 보여준다. 대전기의 이 "본문은 프란치스코가 「수도규칙」 작성 동안 하느님의 뜻을 점진적으로 깨닫는 과정에 작용한 성체성사적 측면과 신적 현현(顯現)의 맥락을 설명한다. 「수도규칙」은 복음에서 출발하였고, 복음 인용문을 추가하거나 빼는 과정으로 이어졌기 때문에 구원으로 이끌어 갈 힘을 지니고 있음을 보여준다."[82] 「아씨시 편집본」 및 「완덕의 거울」과 거의 일치하는 「대전기」의 진술은 상황 묘사에서 좀 더 명백하고 더 극적인 대화를 포함한다. 양자는 모두가 기적적으로 들은 그리스도의 권고 말씀과 더불어 절정에 이른다. 그러한 진술들은 프란치스코가 쓴 수도규칙의 진정성에 권위를 부여하는 데 최고의 논쟁거리가 된다. 보나벤투라가 전하는 이 일화는 결정적으로 '영적인 형제들'에 의하여 알려진 것으로서 그다지 신빙성이 있지는 않다. 이 일화는 수도규칙 작성에서 프란치스코의 배타적인 역할을 시사하는데, 당시 수도규칙은 프란치스코 혼자가 아니라 우골리노 추기경과 형제회 전체의 참여로 이루어진 것이다. 또 여기서 그가 말하는 '잃어버린 수도규칙'은 「인준받지 않은 수도규칙」이 아니라 그 후의 다른 수도규칙을 말한다.

결론적으로, 이 두 초기사료가 전하는 이 일화는 수도규칙이 하느님의 영감을 받아 쓰였음을 강조하고 있지만, 목격자의 역사 기록으로 보기 어렵다. 이는 분명 '영적인 형제들'의 원의와 관련되어 있음이 분명하며, 정체성을 찾아가는 고통스러운 과정을 보여준다. 따라서 이 전승만으로는 잃어버린 '더 짤막한' 수도규칙의 존재를 인정하기 어렵다. 하지만 1223년 「인준받은 수도규칙」과 폰테 콜롬보에서 작성한 수도규칙 사이의 차이점은 '잃어버린 수도규칙'에 관한 전기의

---

82 S. Ceccobao, '수도규칙: 프란치스칸 여정의 정체성', 50쪽.

형성에 구실을 줄 수 있었다.[83] 엘리아 형제가 죽음을 맞는 상황(1253년 4월 22일)을 고려한다면, 수도규칙 분실의 원인을 파문까지 받았던 그에게 돌리는 그럴듯한 결과에 이를 수 있다. '잃어버린 수도규칙'이 1221년 널리 보급되어 있었던 더 긴 다른 수도규칙의 요약이었다면, 엘리아 형제가 그것을 숨겨야만 했던 이유는 무엇일까? 엘리아 형제가 수도규칙의 '분실'에 대하여 꾸미고 실행한 동기들은 다른 것일 수 있다. 물론 수도규칙을 분실했거나 숨긴 사건이 실제 발생했다고 가정하더라도 아무도 그 이유를 알 수는 없다.

하르딕(L. Hardick)은 구약의 입법자인 모세와 새로운 모세인 프란치스코 사이의 대응을 수용하면서 이 일화의 신빙성을 부인한다.[84] 하르딕의 이러한 해석에 콘티(M. Conti)도 가세하면서 다음과 같이 설명한다. "잃어버린 수도규칙에 관한 혹은 프란치스코 대리자의 부주의나 엘리아 형제의 추종자들이 레오 형제로부터 빼내어 숨긴 이유에 관한 상념은 시나이 사건의 비유로부터 일관되게 제시된 것으로 여겨진다. 곧 백성들의 동요와 우상 앞에서 계약의 판을 깨뜨려버리는 모세를 유비적으로 표현한 것이다. 실로 이처럼 중대한 사실에서 다양한 이야기들 사이에 지나친 쏠림이 존재한다. 누군가 그것을 지키는 레오 형제에게서 훔쳐서 잃어버린 것이 아니라 '부주의로' 수도규칙을 분실한 것으로 변경된다. 어떤 것이든 역사적 근거가 박탈된 정보는 수도규칙의 '더 간략한' 본문이 사도좌로부터 최종 추인을 받기 진 오랜

83　참조: J. Micó, 'El Carisma de San Francisco de Asís', *in* SelFran 75 vol.25(1996), 383쪽.

84　L. Hardick, 'Storia della Regola e sua osservanza agli inizi dell'Ordine minorittico', *in* <R. Mazzarol(tr.), Introduzione alla Regola Francescana, Milano 1969, 29-31쪽.

편집 과정을 거친 수정의 기초 위에서 나온 것으로 보인다."[85] 그는 이러한 유비(喩比)는 수도규칙의 정신이 흘러나오는 것을 가로막아버렸다고 본다.[86] 그러나 쉬무키(O. Schmucki)는 '다른 식으로 크나큰 객관성의 결여를 성 보나벤투라의 탓으로 돌리는' 것으로 보는 하르딕과 콘티의 견해를 받아들이지 않는다.[87]

데보네는 수도규칙의 분실에 관한 전승들에 관하여 매우 적절한 결론을 내린다. "수도규칙은 결코 누구에 의해서도, 특히 다른 불순한 의도로는 상실되지 않았음이 분명하다. 이 이야기는 후대에 '영적 경향을 가진 형제들'이 이완된 전체 수도회를 고발하던 무렵에 나타난 것이다. 이는 분명 과거에 프란치스코에 의하여 영감 받은 것을 수도규칙에서 삭제하려고 시도하던 자신들의 반대자들을 고발하는 전략으로 생겨난 것이다. 영적인 경향을 지닌 형제들의 이 빈정거림이 더 신빙성을 얻은 것은 보나벤투라가 「대전기」에 이 이야기를 포함했기 때문이 아니다. 아마도 보나벤투라가 자신의 저술에 그 이야기를 포함한 것은 그들에게 존경의 표시를 주기 위한 것으로 보인다."[88] 이러한 데보네의 주장은 타당하다고 본다. 왜냐면 보나벤투라는 「나르본 회헌」과 「대전기」를 통해 '영적인 형제들'과 '공동체 형제들' 사이의 갈등을 해소하려 했고, 그런 거시적 관점에서 이 일화를 포함한 것으로 볼 수 있기 때문이다.[89]

---

85 M. CONTI, 'Sinai-Fonte Colombo: il peso di una analogia nell'interpretazione della Regola francescana', in Antonianum 53(1978) 23-55쪽.

86 M. CONTI, 'Sinai-Fonte Colombo: il peso di una analogia nell'interpretazione della Regola francescana', 54-55쪽.

87 참조: O. SCHMUCKI, 'Scritti legislativi di San Francesco', in Approccio storico-critico alle fonti Francescane, a cura di G.C e M.C., Roma 1979, 88-89쪽.

88 T. DESBONNETS, Dalla Intuizione alla Istituzione, 115쪽.

89 참조: 기경호, '총봉사자 보나벤투라', 프란치스칸 사상연구소 학술발표모음

이처럼 각 사료에 전설적이고 유비적인 요소들이 있기에[90] 수도규칙의 작성 역사를 재구성하기는 쉽지 않다. 이런 점들을 배제하고 역사적인 사실(史實)에 근거하여 살펴보면, 수도규칙 작성 과정은 다음과 같다.

프란치스코는 자기 뜻에 따라 혹은 우골리노 추기경의 요청으로 1209년 인노첸시오 3세로부터 구두로 승인받은 생활양식을 호노리오 3세에게 확정적으로 추인(confirmatio) 받고자 하였다. 이 무렵 형제회는 팽창해 있었고, 그간에 노출된 여러 문제에 대한 해결책을 모색하는 한편, 교회로부터 생활양식을 인준받을 필요성이 대두되었다.

1209년 「원수도규칙」의 내용을 근간으로 보완한 「인준받지 않은 수도규칙」에 관한 논의가 1221년 총회 때에 있었다. 그런데 이 수도규칙이 계속 실행될 수 없었던 이유는 한편으로는 많은 형제 특히 '유식한 형제들'이 좀 더 간명하고 완전한 수도규칙의 본문을 원했고, 다른 한편에서는 로마 교황청의 인준을 거쳐야만 했는데 교황청의 요청을 받아들여 적절히 조화시키기가 어려웠기 때문이었다. '유식한 형제들'은 「인준받지 않은 수도규칙」을 못마땅하게 여겨 수정, 보완을

10, 2019, 206-208쪽.

90 모세와 프란지스코를 대비시키는 유비는 프란치스코가 죽음을 맞아 형제들에게 보낸 <엘리아 형제의 편지>에서 유래한다. 엘리아는 집회서 45,1. 5-6절을 재해석하면서 '작은형제회'의 법제정자인 프란치스코를 구약의 법제정자인 모세에 비유한다. 이것을 토마스 첼라노도 원용하였다(1첼라노 108). 「아씨시 편집본」에서는 엘리아 형제의 유비를 확대해 탈출기에 적용했다(17). 보나벤투라 「대전기」에서는 「아씨시 편집본」의 유비를 더 발전시켜 수도규칙을 인준받으려는 생각이 프란치스코에게서 나왔음을 암시한다(4,11). 「대전기」에서는 수도규칙의 분실을 총대리의 잘못으로 돌리고, 수도규칙이 하느님의 작품임을 강조하기 위하여 오상 소재를 도입하였다. 한편 「완덕의 거울」(1)과 클라레노의 'Septem tribulationem'에서는 유비의 초점이 시나이 폰테콜롬보의 대비로 옮겨가면서 관구봉사자들의 잘못을 부각해 수도규칙을 글자 그대로 지켜야 한다고 강조하는 '영적인 형제들'의 견해를 대변하고 있다.

요구하였다. 그들은 자신들의 요청으로 일부 조직적이고 법적인 내용이 들어갔으나 미흡하다고 보았다. 그들은 좀 더 법적이며 구체적인 수도규칙을 요구했고 성경 인용을 줄이기를 바랐다. 또 보호자 추기경 제도의 입법화 그리고 「인준받지 않은 수도규칙」에서 해결하지 못한 문제들도 검토되어야 했다. 결국 형제들은 「인준받지 않은 수도규칙」을 별로 탐탁하게 여기지 않아 총회에서 받아들여지지 않았고, 프란치스코 또한 당시의 문제들을 해결하려고 쓴 수도규칙을 인준받으려는 생각이 없었다. 한편 교황청도 수도규칙의 승인을 교회 안에 새로운 생활양식을 인가하는 것으로 인식하면서도 필요한 조직적인 법규와 규칙을 정해야 한다고 보았다.

이제 수도규칙 작성 과정에 관한 진술들이 본질적인 진실이 될 수 있도록 세분해서 살펴보고, 다른 정보를 제공해주는 문헌들도 확인하면서 수도규칙의 편집 과정을 다음 네 단계로 파악해 볼 수 있을 것이다.

■ 프란치스코는 좀 더 간결하고 확정적인 수도규칙을 원했던 사람들에게 정확성을 부여한다. 그는 1222년과 1223년 겨울 사이에 기본 본문을 편집하기 위하여 레오 형제와 교회법 전문가인 볼로냐의 보니치오(Bonizio da Bologna) 형제와 함께 폰테 콜롬보에 모였다.[91] 이렇게 해서 수도규칙의 초안이 작성된다. 프란치스코는 총봉사자직에서 물러나긴 했지만, 교황의 개입과 형제회 내부의 압력에 굴하지 않고 주님께서 가르쳐주신 '거룩한 복음의 생활양식'을 자신의 고유한 방식으로 살아갈 원의를 담은 수도규칙을 작성하였다. 이는 그의 고유

---

91 「아씨시 편집본」 113항이 이 전승의 유일한 근거이고 다른 전기들은 이에 의존한다. 「대전기」 4,11; 「완덕의 거울」 1 참조. 그런데 우베르티노(Ubertino da Casale)는 프란치스코가 루피노와 레오를 데리고 갔다고 전한다(Arbor vitae crucifixae Jesu Christi, Venetiis 1485, V, c. 5, E II vd,).

한 문체와 일인칭 단수 동사들의 빈번한 사용을 통해서 분명히 알 수 있다.

■ 1223년 봄 프란치스코는 새로운 수도규칙의 초안에 관하여 우골리노 추기경에게 조언을 들으려고 로마에 간다.[92] 우골리노 추기경은 Quo elongati(1230.9.28) 칙서에서 총회의 요청에 대한 자신의 개입을 정당화하기 위하여 다음과 같이 확인한다.

"프란치스코와 우리의 오랜 우정으로 인하여 우리는 그의 의도를 더 온전하게 알 수 있었다. 더욱이 우리가 더 낮은 직책에 있었을 때 우리는 '이 수도규칙을 작성하는 데'(in condendo Regulam), 사도좌의 인준을 얻는 데 그에게 도움을 주었다."[93]

■ 이전에 했던 대로 1223년 6월 11일 성령강림 총회에 그때까지 작성된 수도규칙 본문이 상정되어야 했고, 총회에 모인 봉사자들은 수도규칙 초안에 대해 의견을 나누었으며(2첼라노 209 참조), 일부 수정한 다음 인준하였다.[94] 수도규칙 작성에 다른 형제들이 참여했으며(소전기 12 참조),[95] 우골리노 추기경의 요청도 받아들였다. 총회의 인준

---

92 우골리노 추기경에 관하여는 1첼라노 99-100 참조; SALIMBENE, Cronica 1250, 554쪽에서는 우골리노 추기경을 '보호자'(protector)요 '감사관'(gubernator), '교정자'(corrector) 등으로 부른다.

93 GREGORIO IX, Quo elongati, 3항, in BF., I, 68쪽.

94 「아씨시 편집본」 102와 「완덕의 거울」 3은 이런 진행에 관하여 언급한다. 그런데 어떤 초기사료도 이 총회에서 일어난 일에 대해 언급하지 않고 있다는 것은 놀라운 일이다. 성 프란치스코의 첫 전기작가 토마스 첼라노는 1223년 수도규칙을 알고 그것을 인용하며 언급한다. 실제 아주 짧은 이전 수도규칙의 변화는 하르딕(L. HARDICK)이 제시하는 것처럼 수도규칙의 분실에 관한 이야기에 기원을 제공해줄 수 있을 것이다.

95 R. MANSELLI는 본문의 전반적인 노선에서든 다양한 규정들, 지침들, 권고들 등에서든 법률가의 적절한 협력이 불가피했었다고 주장한다(San Francesco, 351-352쪽).

을 받은 수도규칙 초안은 교황의 추인을 받기 위하여 교황청에 제출되었다.

■ 교황청은 총회 이후 11월 29일 수도규칙이 추인되기까지 심의하였다. 일부 수정이 이루어졌을 교황청의 검토 후 1223년 11월 29일 교황 호노리오 3세가 「솔렛 안누에레」Solet annuere 칙서를 통하여 이 수도규칙을 확정적으로 '추인'(confirmatio)하였다. 이것이 '작은형제회'의 공식 수도규칙이다. 이는 "성 프란치스코가 1209-10년에 그것을 제출하여 인노첸시오 교황이 '승인'(approbatio)한 때부터 이미 완전하고 완벽했다."[96] 이 수도규칙의 원본은 아씨시 성 프란치스코 대성당 유물보관소에 보존되어 있고, 그 필사본이 바티칸에 보존되어 있는데 사소한 차이는 있으나 역시 공식본으로 인정한다.

프란치스코는 수도규칙이 최종 추인되자 기꺼이 받아들여 철저히 실행하였고, 형제들에게도 그렇게 하기를 권고했다(유언 29. 34. 38-39 참조). 작은 형제들은 서약할 때 세 가지 복음적 권고와 더불어 바로 이 수도규칙을 서약하는 것이다.

---

96 A. QUAGLIA, La vera Genesi della Regola Francescana, Ed. Porziuncola, Assisi, 2002, 12쪽.

제3장 프란치스코 수도규칙 해석사[1]

1. 수도규칙 추인 이후 드러난 문제

1223년 형제회는 호노리오 3세 교황의 칙서 「솔렛 안누에레」Solet annuere를 통해 수도규칙을 확정적으로 추인받았다. 이로써 교회는 프란치스코가 시작한 '복음적 생활양식'을 교회 안의 새로운 수도생활 양식의 하나로 받아들여 공식 승인하였다. 나아가 이 수도규칙은 그 자체로 작은 형제들의 생활지침서이자 고유법의 제정과 해석에서 원천과 기준이 되었다. 교회의 공식 승인을 받은 수도규칙은 더는 개정될 수 없고, 그에 관한 유권해석도 교회의 권한에 속하게 되었다. 그런데 수도규칙을 급격히 변화하는 현실에 적응시키고, 또 수도규칙만으로 모든 현실에 대처해나가기란 쉬운 일이 아니었다.

「인준받은 수도규칙」은 다음과 같이 규정한다. "형제들은 직접적으로나 다른 사람을 통해서나 절대로 돈이나 금품을 받지 마십시오."(4,1) 형제들의 수가 늘어나고 사회가 급변하는 상황에서 오히려 이전의 「인준받지 않은 수도규칙」보다 더 엄격히게 돈을 받지 말라고 규정한 것이다. '앓는 형제들에게 필요한 것'과 '다른 형제들의 옷가지를 위해서'만은 예외로 필요한 것을 받을 수 있지만, 이 경우에도 돈이

---

1 수도규칙의 해석사는 L. Hardick과 J. Terschlüsen의 연구를 주로 따라간다<참조: AA., Werkbuch zur Regel dea heiligen Franziskus(Als Manuscript gedruckt), 영어판 The Marrow of the Gospel. A Study of the Rule of Saint Francis of Assisi by the Franciscans of Germany, tr. Ignatius Brady ofm., Franciscan Herald Press, Chicago 1958, 57-102쪽>.

나 금품은 받지 말라는 것이다. 이는 형제들이 복음적 가난을 충실히 살도록 하려는 것이었다. 그런데 이런 제한은 '형제체'가 고정적인 공동체로 성장하고 그렇게 불리면서부터 더는 언급되지 않은 것으로 보인다. 이미 프란치스코 생전인 1226년 3월에 모로코 선교를 위해 돈 금지에 대한 관면이 주어졌다.[2] 그는 경리 직책을 맡은 형제들에게도 '영신의 친구'(amicus spiritualis)의 도움을 받을 때, 수도규칙의 정신에 따라 돈을 사용하라고 권고하였다. 그러나 '작은형제회'의 큰 공동체에서는 '영신의 친구' 제도 때문에 돈에 관한 금지조항이 잘 지켜지지 않았다.

또 거처에 관하여 이렇게 규정한다. "형제들은 집이나 처소, 그 어떤 것도 자기 소유로 하지 말 것입니다. 그리고 이 세상에서 순례자와 나그네처럼 가난과 겸손 안에서 주님을 섬기면서 신뢰심을 가지고 동냥하러 다닐 것입니다."(6,1-2) 그러나 이미 프란치스코 생전에 일정한 거처 없이 순례자요 나그네로 생활하던 형제들은 은둔소나 지역 공동체와 같은 고정된 '거처'에 머물게 되었다.[3] 프란치스코는 이 모든 현실을 인정했지만, 정주(定住) 형태의 생활은 거부하였다. 그는 형제들이 고정된 거처의 성당에서 함께 성찬례를 거행하는 상황을 직시하면서 형제들의 일치가 깨지지 않도록 다음과 같이 권고한다. "한 곳에 여러 명의 사제가 있으면 애덕에 대한 사랑으로 다른 사제가 집전하는 미사에 참여하는 것으로 만족하십시오."(형제회 편지 31)

그런데 급변하는 현실 자체가 수도규칙이 제시하는 이상에 강력한 도전이 되었다. 형제들이 늘면서 형제들의 생계에 필요한 집, 가구,

---

2 Bulla 'Ex parte vestra', 1226.3.17일, in BF I, 26쪽.
3 참조: 은수처를 위한 규칙.

책 등 많은 물건이 필요했고, 양성, 선교 등 다른 필요도 생겼다. 결국 손노동과 동냥을 통해 순례자와 나그네로 복음을 살던 초기 형제들의 삶을 더는 유지하기가 어려워졌고, 돈과 고정된 거처가 필요했다. 형제체(Fraternitas)의 삶과 공동체(Communitas)의 삶 사이의 괴리와 갈등도 점점 더 커갔다. 이러한 변화와 어려움은 프란치스코의 이상을 실현하면서 피할 수 없는 과정이었지만, 때로는 그의 이상에서 멀어지게 하는 요인이 되기도 했다. 이런 문제는 프란치스코 성인 생전부터 이미 드러나기 시작하였다.

일부 형제들은 이런 현실에도 수도규칙대로 개인적으로든 공동체로든 재화를 소유하지 않는 엄격한 가난을 살아야 한다고 생각하였다. 한편 봉사자들과 보호자들과 수호자들을 비롯한 다른 형제들은 현실에 적응하기 위해 공동으로 재화를 소유해야 한다고 생각하였다. 그러나 프란치스코는 형제회가 공동으로 재화를 소유할 수 있다는 현실 적응 방안이 수도규칙 자체의 명확한 뜻과 정신에 늘 부합하지만은 않음을 보았다.[4] 어려움은 수도규칙 자체의 한계에도 있었다. 곧 형제회가 지역적으로 광범위하게 확산하면서, 수도규칙 규정대로 총봉사자에게 설교 허락을 받으려고(9,2 참조) 먼 지역에서부터 위험을 무릅쓰고 오기란 어려운 일이었다. 수도규칙만으로는 제4차 라테라노 공의회가 작은형제회에 요청한 임무를 수행하기에 미흡하다는 문제점도 드러났다. 이러한 변화하는 현실 앞에서 가난 이상의 실행 방식, 수도규칙 본문 이해, 수도규칙과 유언의 관계 등에 관한 형제들의 이해는 일치하지 않았다.

프란치스코는 이런 상황에서도 수도규칙을 그 어떤 해석이나 완

---

4   참조: IRIARTE, *Historia Franciscana*, 69.

화 없이 그대로 실행하기를 바랐다. 그는 「유언」에서 이렇게 권고한다. "형제들은 이것이 또 하나의 수도규칙이라고 말하지 말 것입니다."(34) "수도규칙과 이 글에 이렇게 알아들어야 한다고 말하면서 해석을 붙이지 말 것을 모든 형제에게 단호히 순종으로 명합니다. 모든 형제는 단순하고 순수하게 해석 없이 이해하며 거룩한 행동으로 실행하십시오."(38-39) 그는 형제들에게 수도규칙을 해석하지 말고 단순하고 순수하게 이해하고 실천하도록 권고했다.

프란치스코 생전에 드러나기 시작한 문제들이 그의 사후 곧바로 직접적으로 표출되었다. 어떻게 사는 것이 수도규칙에 충실한 것이냐 하는 문제에 집중하면서 형제들 사이에 갈등이 고조되어갔다.[5] '영적인 형제들'(Spiritualis)은 수도규칙을 엄격하게 실천하는 것이 구원에 이르는 길이라고 주장하였다. 이들은 리보토르토(Rivotorto)의 단순하고 소박한 생활을 추구하면서 규정과 명령으로부터 자유로운 삶에 집중함으로써 형제회가 진정한 하나의 수도회로 자리 잡아야 하는 현실을 외면하였고, 결국은 교황의 해석권을 거부하기도 하였다. 여기에는 '공동체 형제들'의 이완된 생활도 한몫하였다. 반면에 관구봉사자들을 비롯한 '유식한 형제들'(Fratres sapientes)은 교황청과 긴밀한 관계를 맺으며, 법규를 제정하고 제도를 마련하여 교회 안에서 수도회의 위치를 확고히 해야 한다고 주장하였다. 그들은 현실 적응과 교회의 요청에 무게를 둠으로써 프란치스코의 이상을 완화하거나 변질시켰다.

이탈리아에서는 이런 갈등으로 인해 두 무리로 분열되는 아픔을 겪었으나, 그 밖의 나라에서는 다양한 양상을 보였다. 예컨대 1223년

---

5   참조: DUNCAN NIMMO, Reform and Division in the Franciscan Order(1226-1538) (Roma: Capuchin Historical Institute, 1987), 51-138.

수도규칙 추인 이후에 설립된 영국 관구는 처음부터 수도원과 공동생활 형태를 보임으로써 외적으로 발전하였다. 입법을 통해 영적 형제들에게 대응했던 보나벤투라 총봉사자 재임기에는 갈등이 잦아든 것처럼 보였다. 그러나 규범화된 공동생활이 늘어나면서 「인준받은 수도규칙」만으로는 대처하기 어려운 세부 사항들에 대한 규율이 필요하였고, 그 결과 형제회 법의 광범위한 발전이 이뤄졌다.

1230년 성령강림 총회는 작은형제회의 고유법을 명료화하고 확장하는 첫 단계였다. 이 총회에서 이탈리아의 '유식한 형제들'과 '영적인 형제들' 사이의 긴장이 표출되었다. 이런 긴장과 갈등은 이상을 현실화하려는 과정에서 드러나게 되었고, 작은 형제로서의 정체성을 숙고하는 계기가 되었다. 형제들은 수도규칙과의 관계에서 「유언」의 위치와 「유언」의 법적 구속력, 수도규칙의 이해와 실천을 주제로 논의하였다. 요한 파렌티(Johannes de Parenti) 총봉사자는 '유식한 형제들'의 원의와 성 프란치스코의 이상을 조화시켜, 수도규칙을 해석 없이 글자 그대로 지켜야 한다고 주장하였다. 그러나 '영적인 형제들'은 「유언」을 수도규칙의 참된 해석으로 이해했다. 결국 형제들은 수도규칙과 관련한 여러 질문에 대해 교황의 판결을 받기 위하여 롬바르디아 관구봉사자 파도바의 안토니오, 하이몬 데 파베르샴 등 일단의 형제들을 파견하였다. "여기에 수도회 안에서 일어나고 있었던 영에서 법으로의 전환, 개방된 생활양식에서 폐쇄된 수도원 양식으로의 전환 등 해묵은 난제들이 들어있었다."[6]

---

6 THÉOPHILE DESBONNETS, *Dalla Intuizione alla Istituzione*, trad. Lina Paola Rancati (Milano, 1986), 150.

2. 프란치스코 수도규칙에 관한 유권해석

이제 수도규칙 해석의 역사를 통해 프란치스코 영성의 변함없는 가치를 확인하고, 이상에서 멀어져가려 했던 움직임을 살펴보겠습니다. 이로써 오늘을 사는 '작은 형제'의 정체성을 더 뚜렷이 인식하고, 이상과 현실의 조화 또는 통합의 길을 찾아 나가는 지혜를 발견할 수 있을 것이다. 다음 교황 칙서들을 중심으로 살펴본다.

Quo elongati : 1230년 9월 28일, 그레고리오 9세
Ordinem vestrum : 1245년 11월 14일, 인노첸시오 4세
Exiit qui seminat : 1279년 8월 14일, 니콜라오 3세
Exivi de paradiso : 1312년 5월 6일, 클레멘스 5세

1) 「퀴 엘롱가티」(Quo elongati)[7]

그레고리오 9세 교황은 자신이 수도규칙 작성 당시 프란치스코의 친구였기에 그의 의도를 잘 이해하고 있음을 상기하면서, 「퀴 엘롱가티」Quo elongati 칙서를 통해 9가지 문제에 대해 답변해주었다. 그 내용은 다음과 같다.

(1) 「유언」의 준수 의무

프란치스코는 「유언」에서 다음과 같이 권고한다. "직접적으로나 간접적으로나 로마 교황청에 어떤 증서도 감히 신청하지 말아야 할 것입니다."(25) "총봉사자와 다른 모든 봉사자와 보호자들은 순종으로 이 말에 아무것도 덧붙이거나 삭제하지 말아야 합니다. 그리고 수도규칙과 이 글에 이렇게 알아들어야 한다고 말하면서 해석을 붙이지

---

[7] BF I, 68-70쪽.

말 것을 나의 모든 형제에게 단호히 순종으로 명합니다."(35, 38) 이런 지키기 어려운 「유언」의 말씀을 순종으로 지켜야 하는가?

이에 대해 교황은 다음과 같이 답변하였다. "여러분의 마음에서 의심을 제거하기 위하여 우리는 여러분이 이 명령을 지킬 의무가 없음을 확인합니다. 그것은 두 가지 이유에서입니다. 그(프란치스코)는 형제들, 특히 봉사자들의 합의 없이 모두에게 관련된 것을 의무적인 것으로 할 수 없었을 것이기 때문입니다. 그리고 동등한 권한을 지닌 이들 사이에서 한 사람이 다른 이보다 위의 권한을 갖지 않는다는 점을 고려하였기에 자기 후임자에게 어떤 식으로든 의무를 부과할 수도 없었기 때문입니다."(3항)

결국 「유언」의 명령을 수도규칙처럼 준수할 법적 구속력은 없으며, 특히 봉사자들의 합의가 없다면 「유언」은 형제들을 구속할 수 없다고 선언한 것이다.

(2) 복음 준수 의무(1,1; 12,4)

형제들은 다음과 같은 의문을 제기하였다. 수도규칙 제1장과 제12장은 복음을 실천할 의무에 대해 언급하고 있는데, 여기서 복음 전체를 지켜야 하는가, 아니면 수도규칙에 명시된 복음 구절들만 지키면 되는가?

교황의 답은 다음과 같다. "수도규칙에서 여러분에게 의무를 맡기는 것이 아니라면, 수도규칙에 근거하여 복음 권고들 이외에는 의무적이지 않다. 그 밖의 복음 구절은 다른 그리스도인들과 같은 방식으로 지켜야 하며, 주로 세상 사물에 대한 멸시를 통하여 자신을 주님께 값진 희생제물로 봉헌하였기에 선하고 의로운 사물들을 다루어야 한다."(4항)

곧 형제들은 수도규칙이 의무로 부과하는 복음 권고는 준수할 의무가 있지만, 다른 복음은 다른 신자들처럼 살면 된다는 것이다.

(3) 어떤 식으로든 돈을 받지 말라(4장)

형제들은 돈의 사용에 관해 다음과 같은 의문을 제기하였다. 형제회가 이미 돈 없이는 살 수 없게 되었는데도 돈의 사용을 계속 금지해야 하는가? 이 규정을 지키기 위하여 수도규칙을 위반하지 않고 하느님을 경외하는 사람들에게 신자들을 소개하고, 그들이 우리가 필요할 때 도와주고, 돈을 받게 되었을 때 그들에게 맡겨도 되는가?

이에 대한 교황의 답은 다음과 같다. "형제들은 필요한 물건을 사거나 이미 구매한 물건값을 내려면 그 물건을 구매해주는 일을 맡은 사람이나 자신들에게 애긍하는 사람 누구든 소개할 수 있다(형제들 자신이 스스로 또는 자기 대리자들을 통하여 그렇게 하기를 원하는 때를 제외하고). …… 그 일을 맡게 된 사람은 물건을 사주고, 애긍을 원하는 사람이 있을 때는 하나도 남기지 않고 곧바로 처리하도록 하여야 한다. 그런 다음에 다른 긴급한 필요를 위하여 소개받았다면, 그를 통하여 형제들에게 적절하게 사용되도록 그에게 건네진 애긍을 주인에게 하듯이 형제들의 영신의 친구(Amicus spiritualis)에게 맡길 수 있다. 또 형제들은 늘 긴급한 필요를 위하여, 특히 부주의로 행동하거나 자신의 필요를 알 수 없는 경우에 이 영신의 친구에게 도움을 청할 수 있다."(5항)

요약하면, 재정문제를 다룰 평신도 대리자(Nuntius)와 비상시를 위해 기부금을 맡아두는 '영신의 친구'를 두는 것은 수도규칙에 어긋나지 않는다는 것이다.

(4) 아무것도 소유하지 말 것(6장)

수도규칙에는 "형제들은 집이나 처소, 그 어떤 것도 자기 소유로 하지 말 것입니다"(6,1)라고 규정되어 있다. 형제들은 이와 관련하여 다음 사항에 대해 의문을 제기하였다. 형제들이 이미 갖고 있든지, 또 앞으로 할 수 없이 갖게 될 재산의 소유와 개인이나 단체적으로 지켜야 할 절대적인 가난을 어떻게 조화시킬 수 있는가? 아무것도 소유하지 않고 살고 싶으나 실제 우리에게는 집도 있고 물건들도 있다. 어떻게 해야 하는가?

교황은 다음과 같이 선언하였다. "공동으로나 개인적으로나 재산을 소유해서는 안 되지만, 형제회는 정당하게 소유하게 된 가구, 책, 동산들의 사용권을 지닐 수 있다. 따라서 형제들은 속하게 되는 이들의 수중에 장소와 집들의 소유권을 고스란히 남게 하면서 총봉사자나 관구봉사자가 정한 바에 따라 그것을 사용할 것이다. 형제회의 지도자인 로마 교회의 추기경을 통하여 총봉사자나 관구봉사자들의 허가나 동의를 받은 때 외에는 동산을 매매하거나 수도회 밖에서 그것을 교환하거나 어떤 방식으로든 양도하지도 말아야 한다."(6항)

교황은 개인적으로나 공동체로 소유물을 가질 수 없다고 선언함으로써 공동체 내의 재산을 형제회의 소유로 하자는 유식한 형제들의 제안을 거절하였다. 가구, 책, 동산(動産)의 사용권만을 인정하였다.

(5) 죄지은 형제들에게 주어야 할 보속(7장)

수도규칙에 "형제들 가운데 누가 원수의 충동으로 대죄를 지으면, 그 죄가 관구봉사자들에게만 가게 되어있는 죄라고 형제들이 정한 것이라면, 그 죄를 지은 형제들은 가능한 한 빨리 지체하지 말고 봉사지들에게 갈 의무가 있습니다"(7,1)라는 구절이 있다. 이 경우 공적인 죄만 해당하는 것인가, 아니면 사적인 죄도 해당하는가?

교황은 다음과 같이 답변하였다. "제7장은 오직 공적이고 드러난 죄에만 관련된다. 총봉사자가 형제들이 고해하려고 하는 곳의 봉사자들이나 보호자들에게 가기를 선호하는 때 외에는, 각 관구를 위하여 가장 성숙하고 분별력 있는 형제들 가운데에서 개인적인 죄에 관한 고해를 듣기 위하여 관구봉사자들이 보기에 적합하다고 보는 일정한 수의 사제들을 임명해야 한다는 것이 우리의 뜻이다."(7항)

요약하면, 수도규칙 제7장에서 언급한 죄는 공적이고 드러난 죄를 말하며, 관구봉사자는 성숙하고 분별력 있는 일정 수의 고해 사제를 임명해야 한다는 것이다.

(6) 설교권(9,2)

형제들은 설교 허락에 관해 다음과 같은 질문을 했다. 수도규칙에 "이 형제회 총봉사자의 시험을 거쳐 그로부터 허락을 받고 설교의 직책을 받지 않았다면, 형제 중 그 누구도 사람들에게 감히 설교하지 말 것입니다"(9,2)라고 규정되어 있다. 여기서 설교할 허락을 받기 위해 늘 총봉사자에게 가야 하는가?

교황의 답은 이러했다. "이 허가는 총봉사자가 멀리 떨어진 곳에 있는 사람에게 줄 수 없으므로, 시험이 필요하다고 생각되는 이들을 총봉사자에게 보내거나 허가를 받으러 총회에 관구봉사자와 함께 갈 것이다. 한편 설교에 대한 신학적 자격과 직무상 교육을 받았기 때문에 시험이 필요 없는 사람이나 설교하기에 성숙한 나이와 그 밖의 요건들을 갖추고 있다면 총봉사자가 반대하는 사람들 외에는 앞서 말한 방식으로 백성들에게 설교할 수 있다."(8항)

요지는 다음과 같다. 설교의 허락을 위해 시험이 필요한 사람은 총봉사자에게 가거나 총회 때에 관구봉사자와 함께 갈 것이다. 총봉사자가 반대하지 않는다면 시험이 필요 없다고 여겨지는 형제도 설교할 수 있다.[8]

---

[8] 1240년에는 총봉사자 이외의 봉사자들에게도 설교를 허락할 수 있는 권한을

(7) 지망자를 받아들일 권한(2,1)

"누가 이 생활을 받아들이려고 우리 형제들을 찾아오면, 다른 형제들이 아니라 오직 관구봉사자들에게만 그들을 받아들일 권한이 있으므로, 형제들은 그들을 관구봉사자들에게 보낼 것입니다."(2,1) 이 구절과 관련하여 관구봉사자 부재 시에 누가 지망자를 받아들일 수 있는가?

이에 대해 교황은 다음과 같이 답하였다. "이와 관련된 특별한 허가가 형제들에게 주어지지 않았다면 관구봉사자조차도 권한을 갖지 않기 때문에 지망자를 받아들일 수 없다. 그리고 그 권한을 관구봉사자에게 줄 수도 있고 주지 않을 수도 있다. 수도규칙에 따르면, 수도회에 받아들일 권한은 다른 이들에게 권한을 부여할 권한이 훨씬 적은 관구봉사자에게만 부여될 수 있다. 관구봉사자들은 다른 이들에게 이 권한을 부여할 수 없다."(9항)

요약하면, 관구봉사자가 부재중에는 다른 형제 누구도 지망자를 받아들일 수 없다는 것이다. 그러나 교황은 후에 스스로 이 선언을 수정하였다.[9]

(8) 총회 참석(8,2)

"총봉사자가 세상을 떠났을 때 관구봉사자들과 보호자들은 성령강림 총회에서 그의 후계자를 선출할 것입니다. 관구봉사자들은 총봉사자가 총회를 어디에 소집하든지 언제나 총회에 함께 모일 의무가

부여하였다(Bulla 'Prohibente regula vestra', 1240.12.12, in BF I, 287쪽.). 이는 「인준받은 수도규칙」 제9장을 완화한 것이다.

[9] 1241년에 그레고리오 교황은 관구봉사자들에게 지망자를 받아들이기에 적합한 다른 형제를 지명할 권한을 부여했다(Bulla 'Gloriantibus vobis', 1241.6.19, in BF I, 298쪽.).

있습니다."(8,2) 수도규칙의 이 구절과 관련하여 성령강림 총회에 보호자들도 참석해야 하는가?

이에 대해 교황은 "각 관구의 보호자들은 관구봉사자와 함께 총회에 보내기 위하여 그들 가운데 한 명을 뽑아야 한다"(10항)라고 답변하였다. 곧 총회에는 관구봉사자 외에 각 관구의 보호자들 가운데 선출된 한 명이 참석해야 한다.

(9) 수녀원 출입금지 조항(11,2)

수도규칙에 "사도좌로부터 특별한 허가를 받은 형제들 외에는 여자 수도원을 출입하지 마십시오"(11,2)라고 규정되어 있다. 여기서 출입금지는 클라라 수녀원만 가리키는가, 아니면 모든 수녀원을 말하는가?

교황은 이에 대해 다음과 같이 답변하였다. "이 금지는 모든 수녀원에 다 해당한다고 이해된다. 그리고 수녀원이라 할 때는 회랑, 집, 내부 작업실을 가리키며, 그 밖의 부속 부분에는 세속 사람들도 들어갈 수 있으며, 관련 장상들이 성숙하거나 적합하다고 생각되어 허락한 형제들 또한 설교나 애긍을 이유로 들어갈 수 있다. 그런데도 앞서 말한 봉쇄구역의 수녀원은 예외가 된다. 사도좌의 특별한 허가 없이는 아무도 수녀원에 들어갈 권한이 부여되지 않는다."(11항) 곧 출입하지 말아야 할 수녀원은 클라라 수녀원만이 아니라 모든 수녀원이며, 출입금지 구역은 회랑, 집, 내부 작업실을 가리킨다.

이제 「퀴 엘롱가티」 칙서의 의미와 영향에 알아본다. 교황 그레고리오 9세의 해석은 프란치스코 수도규칙에 대한 최초의 유권해석으로, 이후 후임 교황들도 해석할 수 있는 문을 열어주었다. 교황들의 해석은 작은형제회 고유법의 핵심으로 작용하였다. 그레고리오 교황은 이 칙서에서 수도규칙은 준수할 법적 의무가 있는 규범으로 보고, 「유언」은 영성 지침으로 보아서 구속력이 없다고 선언하였다. 이러한 이해는 프란치스코가 「유언」 34절에서 수도규칙과 「유언」의 관계에 대해 말하는 것과 맥을 같이 한다. 프란치스코는 「유언」을 "또 하나의 수도규칙이라고 말하지 말라"고 하면서 「인준받은 수도규칙」을 더 충실하게 실행하기를 권고한다. 「유언」 34절의 표현을 통해 「유언」이 새로운 법이나 새로운 수도규칙이 결코 아니라 수도규칙의 의미를 풀이하고 명료화하기 위한 것임을 알 수 있다.[10] 이제 형제들은 돈을 직접 관리하지 않고 '영신의 친구'(은인)를 통하여 돈을 사용할 수 있게 되었다. 또 형제회는 공동체 차원에서 재화의 소유권을 주장하지 않고, 개인들도 관구봉사자의 허락을 받아 사용권만 지닌다면 "집이나 처소, 그 어떤 것도 자기 소유로 하지 말라"(6,1)는 수도규칙 내용을 어기는 것이 아니었다.

이러한 교황의 공식 해석은 작은형제회 역사에 커다란 변환점이 되었다. 「쿼 엘롱가티」 칙서는 교황과 교회가 마련한 임무에 작은형제회의 더욱더 활발한 참여를 승인하는 역할을 하였다.[11] 형제들은 총회에서 수도규칙의 정신에 따라 복음을 구체적으로 실행하는 길을 찾기보다는, 수도규칙에 관한 교도권의 해석을 수용했다. 이로써 특전을 청하지 말라는 유언의 권위가 사라져 교황에게 특전을 청하고, 총회 결정으로 삶을 규범화하기 시작했다. 또 교황 그레고리오 9세는 프란치스코의 생각과는 달리, 작은 형제들이 설교와 수도원 설립을 제외한 거의 모든 부분에서 주교의 권한으로부터 면속될 것임을 선언하였

---

10 필자의 글, '유언 34-41절: 수도규칙의 실행과 축복', in 고계영 엮음, 「유언」을 통해서 비추어 본 아씨시 성 프란치스코의 이상, 프란치스칸 사상연구소 학술발표 모음 1, 프란치스코 출판사 2010, 141쪽.

11 M. CARMODY, 김일득 옮김, 프란치스칸 이야기, 프란치스코출판사, 2017, 118쪽.

다.[12] 프란치스코와 초기 형제들처럼 복음을 글자 그대로 살아갔던 형제들은 교황 그레고리오 9세의 유권해석을 받아들이려 하지 않았다. 성 프란치스코의 이상은 그렇게 '직관에서 제도로'의 길을 걷게 되었고, 형제회 분열의 싹이 트기 시작하였다.

이런 분열의 조짐은 점점 현실로 드러났고, 수도규칙을 엄격히 준수하려는 형제들의 개혁 운동(Observantes)으로 이어지기도 했다. 15세기 중반에 총대리로서 치스몬타나(Cismontana) 수도규칙 엄수 형제회를 이끌었던 요한 카페스트라노의 수도규칙 해설은 주목할만하다. 그에게 개혁이란 먼저 형제회 자체였다. 가난은 엄수주의 형제들 생활양식의 핵심 원리였다. 그들은 가난을 실천하는 데 기본적으로 「퀴 엘롱가티」 칙서의 노선을 따랐다. 카페스트라노는 수도규칙 6장을 다음과 같이 해설한다.[13] '형제들은 절대 돈을 만지거나 축적할 수 없다. 형제회 규정에 따라 평신도 경리와 친구들이 형제들의 일상적인 필요를 채워줄 수 있다. 모든 형제는 장상의 허락 없이 개인 사용을 위한 물품을 받을 수 없다. 공동체나 부동산, 포도밭, 과수원 등을 소유할 수 없다. 어떤 일이 있어도 구걸해서 얻은 빵과 포도주, 그 밖의 물품을 파는 것은 금지한다.' 이러한 수도규칙 엄수를 기치로 내세운 개혁 운동이 점차 힘을 얻고 활발해지면서 형제회는 피할 수 없는 분열의 길로 치달아갔다.

2) 「오르디넴 베스트룸」(Ordinem vestrum)[14]

---

12 Bulla 'Nimis iniqua', 1231.8.21., *in* BF I, 74쪽.
13 참조: 카르모디, 프란치스칸 이야기, 537-538쪽.
14 BF., I, 400-402쪽.

(1) 「오르디넴 베스트룸」 칙서의 배경

「쿼 엘롱가티」Quo elongati 칙서는 수도규칙이 요구하는 가난 생활에서 멀어지지 않으려는 노력을 보여주었다. 그러나 차츰 그것만으로는 충분치 않았고 또다시 문제들이 발생하였다. 요한 파렌티 총봉사자는 초기 이상과는 다른 방향으로 가는 형제회를 돌이킬 수 없음을 깨닫고 사임하였다. 1232년 총회에서 새로 선출된 엘리아(Elia, 1232-1239)는 수도규칙이 부여한 무한 권력에 편승하여 절대 권력을 행사하였다.[15] 이에 1239년 교황 그레고리오 9세는 형제들을 로마 총회에 소집하였다. 이 총회의 주목적은 엘리아 형제의 해임과 그에 따른 형제회와 형제회 행정의 근본적인 개혁이었다.[16] 이 총회에서 피사의 알베르토(Alberto da Pisa)가 총봉사자로 선출되었고, 독재의 전횡을 막기 위한 중요한 결정들이 이루어졌다. 가장 중요한 것은 작은형제회의 첫 회헌인 「로마 회헌」(Constitutiones Praenarbonenses)의 공포였다.[17] 이 회헌은 형제들의 생활, 특히 총봉사자의 권한 축소를 비롯한 행정에 관한 세부 규정들을 마련하였다. 그 밖에도 '옛 법규들'(ANTIQUAE)이라 부르는 여러 규정이 포함되었다.

---

15 참조: IRIARTE, *Historia Franciscana*, 74; Desbonnets, *Dalla Intuizione alla Istituzione*, 154-155.

16 BROOKE, *Early Franciscan Government*, 231.

17 참조: CESARE CENCI, OFM, "De Fratrum Minorum Constitutionibus Praenarbonensibus," *in* Archivum Franciscanum Historicum (이후 AFH로 표기) 83 (1990), 50-95. 첫 회헌의 주요내용: ① 총봉사자의 권한이 약화함. 총봉사자가 관구봉사자들을 임명하였으나, 이제는 총회에서 투표로 결정하기로 함. 관구봉사자가 속관구봉사자와 수호자를 임명하게 되어, 관구봉사자의 권한이 강화됨. ② 총회가 총봉사자 위에 있게 되고 입법권도 총회에 있으며, 총봉사자는 법을 집행하는 집행권만을 갖게 됨. ③ 총회는 의무적으로 직접, 또는 총회에서 임명된 대리자를 통하여 관구들을 방문하게 됨. ④ 방문과 순시 문제는 의무적으로 직접, 또는 총회에서 임명된 대리자를 통하여 관구들을 방문할 것. ⑤ 관구를 72개에서 32개 관구로 줄임(이탈리아 지역에 16개, 알프스산맥 너머에 16개). ⑥ 2년에 한 번씩 실시하는 총평의회가 설정됨.

피사의 알베르토(1239-1240) 총봉사자가 사망하자, 1239년 총회를 주도하였던 하이몬 데 파베르샴(1240-1244)이 그를 계승하였다. 그는 도미니코회로부터 평의회 제도를 도입하는 등 다양한 통치구조를 마련하고, 작은 형제들의 고유한 전례 생활 체계를 수립하는 등 형제회 발전에 큰 노력을 기울였다. 이제 형제회는 교회에서 가장 영향력 있는 수도단체가 되어갔다. 그러나 수도회 내부적으로는 더욱더 제도화, 성직화되어 가고, 도심의 대수도원에 정착함으로써 초기 이상과 생활 계획에서 멀어져갔다.[18] 평형제들은 모든 행정 직무에서 배제되었고, 집안일만 맡겨질 뿐 아니라 입회 허가도 제한되었다. 수도원 밖에서의 손노동을 금지하고 천한 일을 하는 하인을 고용하는 반면, 생계유지의 보충 수단이던 동냥이 이제는 주된 방법으로 바뀌어버렸다. 가난 이상의 실천에서도 이완된 모습이 드러났다. 예컨대 1240년 3월 17일부터 형제들이 물질적 도움을 받도록 허락하는 일련의 특전들이 '작은형제회'에 부여되었다.[19] 대부분 아씨시 프란치스코 대성전 건축에 필요한 재원을 마련하기 위한 것이었다. 1240년 12월 13일 그레고리오 9세는 아씨시 수도원을 위해 경리 선출을 허락하였는데,[20] 이는 형제회의 첫 '사도좌 대리인'(Syndicus apostolicus)이다. 한편 생활양식 자체가 점점 수도승 방식으로 바뀌고, 양성도 수도승적 수덕 교육이 채택되었다. 이제 수도규칙의 가난에 관한 것은 물론 생활 전반에 대한 더 세부적인 새로운 입법이 요청되었다.

1241년 총평의회는 새로운 입법 요청에 대한 방안을 찾고 수도규칙을 연구하려고 관구마다 위원회를 조직하도록 하였다. 1242년

---

18 IRIARTE, *Historia Franciscana*, 76-77.

19 BF., I, 274쪽.

20 Bulla 'Cupientes nobis', *in* BF I, 288쪽.

프랑스 관구에서 형제회 총회에 제출한 파리대학 「네 교수의 수도규칙 해설」은 그 결과물이다.[21] 이 해설집은 이후 수도규칙 해석의 주요 참고자료가 되었다. 이는 특별히 가난에 대해서 중간노선을 취하여 문제는 줄이면서도 프란치스칸 생활의 일관성은 확인하였다.[22] 일부 형제들은 이를 지지하였으나 완화된 가난 생활에 대한 신랄한 비판도 이어졌다. 하이몬 데 파베르샴의 뒤를 이은 예시의 크레센시오 총봉사자(Crescenzio de Iesi, 1244-1247)는 수도규칙 실행에 대한 완화의 문제점을 간파했으나 바로잡을 수 없었다. 당시의 이런 상황과 요인들이 형제회를 더 빨리 분리로 치닫게 하였다. 형제들은 「네 교수의 수도규칙 해설」을 기초로 1245년 다시 교황청에 수도규칙의 해석을 요청하였다. 이에 인노첸시오 4세는 「오르디넴 베스트룸」Ordinem vestrum(1245.11.14) 칙서로 응답하였다.

(2) 「오르디넴 베스트룸」 칙서 내용

교황 인노첸시오 4세는 이 칙서를 통해 두 번째 수도규칙 유권해석을 발표하였다. 그는 수도규칙을 긍정적, 부정적 또는 적극적, 소극적인 계명으로 구분하여 해석하였다. 그 주요 내용은 다음과 같다.

■ 초기 형제들은 프란치스코의 이상을 잘 표현하고 복음의 인용이 많은 「인준받지 않은 수도규칙」을 사랑의 완성에 나아가기 위한 복음 실천의 의무로 받아들였다. 그러나 교황은 "거룩한 복음의 실행"(비인준 규칙 1장; 인준 규칙 1장과 12장 4)을 수도규칙과 복음에 병행하는 의무사항으로 보았다. 교황은 수도규칙이 법적 계약이 아닌 사적 계약이므로 명령이나 금지사항으로 명백히 제시된 복음 권고만 지킬 의무가 있다고 선언한다. 그 밖의 것에 대하여는 아무런 언급이 없다. 곧 수도

---

21 Expositio quatuor Magistrorum super regulam Fratrum Minorum(1241-1242), a cura di Oliger, Roma 1950
22 카르모디, 프란치스칸 이야기, 340쪽.

규칙을 준수할 법적 의무는 없음을 선언한 셈이다. 이 칙서는 법적 측면에서 권고하는 「쿼 엘롱가티」 칙서와 달리 개인적 측면에서 권고하고 있다.

- 형제들은 필요할 때만이 아니라 평상시의 편의를 위해서도 영신의 친구(Amicus spiritualis)를 통해서 도움을 받을 수 있다.
- 형제회의 모든 재산(동산과 부동산)의 소유권은 증여자가 재산을 자신의 권한으로 보유하지 않는 한 교황청에 있다. 그 결과 재무담당 평신도 대리자(Nuntius)와 교황 대행자(Procurator)를 인정한다.
- 따라서 형제들은 '영신의 친구'뿐 아니라 은인들의 '대행자'에게도 돈을 맡길 수 있다.
- 형제회의 수도원들과 성당들에 완전한 면속 특전이 부여되었다.

이 칙서는 돈의 사용을 완화하고, 형제회 재산은 교황청의 소유이지만 실제 소유권과 사용권은 형제회에 있다고 선언함으로써 수도규칙의 정신을 지나치게 완화해버렸다. 이 칙서는 1247년 「콴토 스투디오시우스」Quanto studiosius 소칙서로 보완되었다.[23] 인노첸시오 4세 교황 때부터는 수도규칙을 명령보다는 하나의 특전으로 받아들였다. 그 결과 형제들은 수도규칙의 명령들을 지키지 않더라도 법에 저촉되지 않는 것으로 이해했다. 교황의 이 해석은 크레쉔시오 총봉사자 때 (1244-1247년) 형제회에 수용되었다.

1240-1250년 사이에 형제들에게 특권을 부여하는 무려 27개나 되는 교황청 문헌이 나왔다.[24] 이 특전들은 형제들을 물질적으로 도

---

23 Bulla "Quanto studiosius," *in* BF I, 487-488쪽. 이로써 각 관구봉사자는 교황대리 관리자를 직접 임명할 수도 있고, 면직시킬 수도 있게 되었다. 한 마디로 형제들의 재산은 형제회에 맡겨주는 것이다.

24 참조: L. HARDICK, Storia della Regola e sua osservanza agli inizi dell'Ordine

와주라는 권고로서 모두 "Quoniam, ut ait Apostolus"란 말로 시작되었다.[25] 이제는 관구마다 교황으로부터 특권들을 얻어내기도 하였다. 가령 1246년 피사(Pisa) 수도원과 1249년 라티스보나(Ratisbona) 관구는 '형제들은 필요한 것은 무엇이나 구매할 수 있다'라는 특권을 얻어냈다.[26] 이는 「인준받은 수도규칙」 4장의 내용을 전면 완화한 조처였다. 이렇듯 「오르디넴 베스트룸」 칙서는 가난 이상 실천의 이완을 더욱 부채질하였다.

1247년 8월 19일 교황 인노첸시오 4세는 관구 경리제도(Procurator, 회계 감사관 제도)를 정착시켰다.[27] 또 1253년 6월 10일에는 모든 보호자(Custos)가 성 프란치스코 대성당 건축을 위해 돈을 받을 수 있다는 특전을 주었다.[28] 이는 다른 관구로도 확대되었다. 더 나아가 교황은 형제들이 돈을 직접 받을 수 있다는 특전도 부여했다. 1253년 엄격한 파르마의 요한 총봉사자 때에 처음으로 벨레트리(Velletri) 수도원을 위한 이런 특전이 주어졌다.[29] 1253년 9월 15일 교황은 '불법적으로 획득한 돈의 반환과 변상이 불가능한 경우 형제회의 소유가 된다'라는 특전을 형제회에 부여하였다. 이 특전은 성 보나벤투라 총봉사자 재임 때에도 6개나 주어졌다.[30]

---

minorittico, 68-71쪽.

25 이런 종류의 첫 특전은 교황 그레고리오 9세가 1230년 4월 12일에 스폴레토에 있는 발레글로리아(Vallegloria)의 성모 마리아 클라라 수녀원에 부여한 것이다(참조: BF., I, 59쪽).
26 Bulla 'Paupertas voluntaria', in BF., I, 415. 530쪽.
27 Bulla 'Quanto studiosius', in BF., I, 487-488쪽.
28 Bulla 'Decet et expedit', in BF., I, 666쪽.
29 BF., I, 681-682쪽.
30 참조: BF., II, 206, 235, 275, 279, 281쪽.

(3) 원천 회귀 시도

1247년 리옹(Lyon) 총회에서 선출된 파르마의 요한(1247-1257) 총봉사자는 초기 정신으로부터 이완되어가는 형제회에 새로운 바람을 불어넣고자 하였다. 그는 초기 열정과 옛 전통으로 돌아감을 목표로 제시하였다. 그는 총회가 이탈리아와 알프스산맥 너머 지역(Ultramontana)에서 번갈아 열리도록 조정함으로써 관구들의 상호이해 증진을 통한 형제회 정신의 통합을 도모하였다. 그러나 그는 교황의 해석과 달리 유언을 수도규칙의 가장 탁월한 해석으로 보았다. 그 결과 수도규칙 준수를 공식적으로 완화하게 되었다. 형제회 밖의 반대자들에게는 작은 형제들의 모범과 겸손으로 응하기를 바랐다. 그는 걸어서 모든 관구를 방문했고, 가는 곳마다 수도규칙과 유언에 충실하기를 권고하였다.

1252년 우고 디냐(Hugo de Digna)는 「작은 형제들의 수도규칙 해설」을 작성하였다.[31] 카르모디는 우고의 해설을 다음과 같이 요약한다.[32] 우고는 보나벤투라처럼 형제회의 교회 사명을 당연한 것으로 여겼다. 그는 "글 모르는 형제들은 글을 배우려고 애쓰지 마십시오"(인준규칙 10,7)라는 구절을 문자 그대로 지켜야 한다고 강조하였다. 이는 글 아는 형제들의 학문연구와 설교를 금지하는 것은 아니었다. 우고는 가난과 관련하여 형제들이 실제로 가난해야 한다고 말했다. 또 형제들이 노동으로 생계를 유지하지 못하면 가난한 이들처럼 구걸해야 하지만, 부자가 되려고 구걸해서는 안 된다고 하였다. 그는 형제들은 사용하는 물품이나 기거하는 집에 대한 소유가 금지되며, 그 어떤 것도 남아돌아서는 안 된다고 주장했다. 나아가 초기 형제들처럼 하느님께

31　Hugo de Digna, Expositio super Regulam Fratrum Minorum, ed. D. FLOOD, Ad Claras Aquas, Grottaferrata, 1979.

32　참조: 카르모디, 프란치스칸 이야기, 341-342쪽

서 주신 것을 함께 나누고, 특히 병자와 약한 형제들에게 특별한 관심을 가져야 한다고 말한다. 그는 가난 생활이 형제애와 밀접한 관계에 있다고 보았다. 우고는 보나벤투라와 비슷한 견해를 취한다. 형제회가 교회의 사명을 받아들여야 하지만, 수도규칙의 지침대로 가난 생활에는 엄격해야 한다고 주장한 것이다.

1254년 메츠(Metz) 총회는 수도규칙 준수에 대한 걱정할만한 상황을 직시하면서 「콴토 스투디오시스」Quanto studiosis 소칙서(Brevis)를 완전히 거부하고, 「오르디넴 베스트룸」Ordinem vestrum 칙서의 적용을 중지할 것을 결정하였다. 형제들은 초기의 가난 이상을 지키려고 그레고리오 9세의 「쿼 엘롱가티」Quo elongati 칙서만을 받아들이겠다고 선언함으로써 이를 무효로 한 것이다. 그러나 일부 형제들은 이런 움직임이 오히려 형제회 발전에 걸림돌이 된다고 여겼다.

메츠 총회의 결의에도 원 이상으로의 회귀는 이루어지지 않고 오히려 멀어져갔다. 클레멘스 4세 교황은 1265년 7월 25일 성 프란치스코 관구 소속의 페루자 수도원에 세 명의 경리(Procurator)를 임명하였고[33] 이는 다른 관구로도 확산하였다. 1283년 1월 18일 마르티노 4세는 모든 수도원의 경리 임명권을 총봉사자, 관구봉사자, 수호자에게 부여하였다.[34] 1290년 11월 22일 니콜라오 4세는 모든 수도원, 형제들의 거처까지 경리를 둘 수 있다는 허락을 주었다.[35] 1296년 7월 17일 보니파시오 8세(1294-1303 재위)는 파리 수도원 형제들에게 자선사업 명목으로 은 1,000냥까지 모금할 수 있도록 허용하기도 하

---

33 Bulla 'Cum dilecti fili', *in* BF., III, 24-25쪽.

34 Bulla 'Exultantes in Domino', *in* BF., III, 501-502쪽.

35 Bulla 'Religionis favor', *in* BF., IV, 190쪽.

였다.[36] 그러나 형제회 전체를 위한 첫 문헌은 1266년 2월 12일 클레멘스 4세(1265-1268)의 Obtentu Dinvini nominis로서 도미니코회와 함께 일반적 허락을 준 것이었다.[37]

3) 「엑시이트 퀴 세미낫」(Exiit qui seminat)[38]

(1) 보나벤투라의 수도규칙 해석과 준수

먼저 보나벤투라의 구상을 요약한 것이라 할 수 있는 「엑시이트 퀴 세미낫」 칙서가 나오기까지의 배경을 살펴보겠다. 1257년 로마 총회에서 총봉사자로 선출된 보나벤투라는 작은형제회가 안팎으로 도전을 받는 상황에서 수도규칙 준수를 소홀히 하는 형제들을 격려하고, 외부 비판자들의 공격에 맞서 형제들을 보호하였다.[39] 보나벤투라 총봉사자 재임기 이전에 형제회는 이미 성직화되고 제도화된 수도회로 변했다. 형제들은 초기의 프란치스칸 이상에 응답하는 대신 교회 활동과 사제 직무에 치우치는 데 이의를 제기하였다. 보나벤투라는 영적 형제들의 비판에 대해 형제회의 변천이 성 프란치스코의 의도에 어긋나는 것이 아님을 보여주려 하였다. 그는 영적인 형제들이나 유식한 형제들 그 어디에도 치우치지 않고, 형제회의 일치와 조화를 이루려 하였다. 그는 한편으로는 수도규칙과 형제회의 변천을 조화시키고, 다른 한편으로는 성 프란치스코의 모범과 가난 이상을 강조함으로써 형제회의 고유 성소에 충실하도록 이끌려 힘썼다. 나아가 수도

---

36 BF., IV, 402-403쪽.
37 BF., III, 71쪽.
38 BF., III, 403-416쪽.
39 참조 : 카르모디, 프란치스칸 이야기, 158쪽; 수도회 밖으로부터의 도전은 크게 두 가지였다. 하나는 교구 성직자들과의 갈등이요, 다른 하나는 파리대학을 중심으로 한 '가난 논쟁'이었다.

규칙의 준수를 독려하면서 창설자의 정신에 부합하지 않는 교황들의 수도규칙 해석 문제를 해결하려 했다. 그는 총봉사자에 선출된 다음 곧바로 '회람편지'를 보내(1257.4.23) 형제회 내의 영성을 약화하는 열 가지 남용을 제시하였다. 그리고 '작은형제회' 내부 최초의 수도규칙 해설서를 펴냈다.

① 보나벤투라의 회람편지

보나벤투라는 총봉사자에 선출된 뒤 곧바로 모든 관구봉사자에게 '회람편지'(1257.4.23)를 보내 기존의 법을 적용하여 남용을 방지하고, 맞닥뜨릴 수 있는 어떤 방해에도 단호히 대처하겠다는 결의를 알렸다.[40] 그는 프란치스코 수도규칙에 어긋날 뿐 아니라 수도회의 평판을 떨어뜨린다고 여겨지는 형제들의 남용 열 가지에 대하여 따져 물으며 주의를 촉구하였다.

- 돈을 열망하고, 아무렇지 않게 돈을 받고 나아가 더욱 무분별하게 돈을 다루는 상거래 행위.
- 살아있는 영혼들의 피를 잔인하게 빨아먹으며 활동과 관상의 중간 형태로 보이는 기괴한 삶의 형태를 정당화하는 게으름.
- 타인을 매우 놀라게 하는 안락한 생활.
- 여행자들이 형제들을 노상강도보다 더 무섭게 여기고, 그래서 형제들을 피하게 하는 집요한 구걸.
- 호화롭고 화려한 건물의 건축.
- 많은 구설수와 의심과 추문을 자아내는, 수도규칙이 금하는 여성과의 육체관계.
- 원숙함과 능력이 떨어지는 형제들의 형제회 내부 직무수행.
- 성직자들, 특히 본당 사제들을 매우 괴롭히는 신자들의 장례와

---

40 BONAVENTURA, Opera omnia VIII, 468-469쪽.

유언에 대한 관여.
- 잘 알려진 변덕으로 인해 비용이 많이 드는 잦은 거주지 이동.
- 아무것도 소유하지 않는 삶에 만족하지 않음을 드러내고, 즉각 개선되지 않으면 더 악화하기만 할 기이한 수준의 지출 증가.

이 밖에도 보나벤투라는 지망자의 입회 허락에 신중할 것과 그 밖의 형제회를 위협하는 요인들을 지적하면서 그것을 극복하고 성 프란치스코의 이상에 충실하도록 권고한다. 물론 그는 형제들이 프란치스코와 초기 형제들이 살던 초기로 돌아가기를 바란 것이 아니었다. 그는 프란치스코의 수도규칙과 유언에 대한 교황들의 해석을 모두 받아들였다. 그는 작은 형제들이 프란치스코의 가난과 복음 생활에 충실한 가운데 교회의 일꾼으로 살아가기를 바랐다. 그 결과 작은형제회는 조직적, 법률적으로 동화되고 성직화가 가속되는 한편, 프란치스코의 이상 실현도 다양해지고 풍부해졌다고 할 수 있다.

② 수도규칙에 관한 보나벤투라의 해석
교황들의 칙서를 통한 특전은 형제회 원래의 가난 이상에 큰 영향을 미쳤다. 물론 프란치스코의 가난 이상이 심각하게 쇠퇴하지는 않았으나 가난 이상의 실천에 관해 형제회 안팎으로부터 논쟁과 도전을 받았다. 보나벤투라는 가난의 이상을 실천하는 문제에 관한 '작은형제회'의 갈등과 어려움을 학문적·법적으로 재정비함으로써 형제회를 수도회로 정립시켜 놓았다. 그는 이러한 문제를 법적으로 안정되고 현실에 맞는 가난의 이상으로 정립했다고 할 수 있다. 이런 점에서 그의 수도규칙 해설은 현실적인 해설로 긍정적으로 평가된다.
보나벤투라는 공동체 형제들에게 속해 있었기에 수도회의 발전을 고려하여 수도규칙을 해석하였다. 그는 파르마의 요한과는 달리 「쿠 엘롱가티」Quo elongati 칙서를 수도규칙의 참된 해석으로 보았다. 교황이 교회와 형제회의 최고 목자이므로 이 점에 대해서 형제들은 양심에 거리낌이 없어도 되었다. 그는 수도규칙에 어긋나는 악행을 준엄하게 비판하지만, 모두가 잘못이라고 보지는 않았다. 그에게 정당성의 기준은 파르마의 요한이 아니라 주로 「유언」에 비추어 해석되는 수도규칙의 본문이었고, 교황들의 선언문, 특히 「쿠이 엘롱가티」 칙서의 관점에서 수도규칙을 해석하였다.[41]

③ 수도규칙 준수에 대한 보나벤투라의 태도[42]

보나벤투라는 가난 정신을 충실히 수호하려고 애썼고 그 의미를 정의하려고 노력했다. 그는 가난을 형제회의 영광이며 주요한 특징으로 보았다. 그는 가난 실행에서 근본적으로 프란치스코와 뜻을 같이 했다. 그는 사도좌 대리인(Procurator 또는 Syndicus) 제도는 유지했지만, 돈을 받는 문제에서는 절대 타협하지 않았다. 그는 동냥으로 받은 것에서 소량을 떼어 저축하는 것은 허락했다. 그는 고정 수입원을 못 갖도록 했다. 그러나 유산을 받는 것과 순전히 파리의 학원을 위한 목적으로 영구 기증을 받는 것은 허용했다. 그는 재물의 사용에 대한 그레고리오 9세의 해석을 지지했으므로 1260년에 인노첸시오 4세의 완화된 「오르디넴 베스트룸」 칙서를 따르지 않는다는 형제회의 결정을 재천명했다. 그는 도심 안에 있는 대수도원을 더 좋아했는데 형제들이 사목활동을 하는 데 도움이 되고, 규칙 생활, 시간의 적절한 사용, 장엄한 전례의 아름다움 등이 수반될 것이기 때문이었다. 그러나 그 집들은 소박하고 가난해야 했다. 보나벤투라는 이 모든 것들보다도 성 프란치스코와 더불어 정체성에 충실할 것을 강조하였으며, 기도야

---

41   참조: Gratien de Paris, *Histoire de la Fondatión et de L'Évolutión de l'Ordre*, 268.
42   참조: IRIARTE, *Historia Franciscana*, 84-85.

말로 수도생활 특히 프란치스칸 생활의 영혼임을 확신하였다.[43]

④「나르본 회헌」[44]

보나벤투라는 수도규칙을 철저히 실행하고 형제들을 일치의 길로 이끌기 위하여 통일 규범인 「나르본 회헌」(Constitutiones Narbonenses, 1260)을 작성하였다. 이 회헌은 1239년 「로마 회헌」을 보완하고 더욱 체계화시킨 것으로, 이후 700년 동안 작은형제회 법률 제정의 가장 중요한 기초가 되었다. 이 회헌은 창설자 프란치스코에 관해 언급하지 않지만, 수도규칙과의 긴밀한 연관성 안에서 구체적인 규정들을 정리하여 제시하였다. 나아가 수도규칙을 회헌규정의 확고한 토대로 삼음으로써 수도규칙이 회헌에 대해 특전적 위치에 있음을 분명히 하였다.

「나르본 회헌」은 크게 다음 두 가지 내용으로 요약된다. 첫째는 가난 문제에서 그레고리오 9세 교황의 지침을 준수하는 것이고, 그다음은 초기 형제들로부터 당대에 이르기까지의 전통을 통합시키며, 행정을 조직화하고 법률화하는 것이었다. 곧 생활양식과 복음과의 관계 규정, 가난의 법적인 관점, 가난의 구체적인 실천 등에 관한 것이다. 이 회헌은 프란치스코 수도규칙의 정신을 상기하면서 철저한 준수를 촉구하고, 삶 전반에 걸쳐 가난 실천을 구체적으로 규정함으로써 근원적인 쇄신을 이루려 한 것이다. 「나르본 회헌」은 수도규칙 자체였던 프란치스코의 이상과 보나벤투라의 규칙이 이상적으로 조화를 이루어 하나의 생활 규범으로 구성된 것이다.

---

43 참조: Gratien de Paris, *Histoire de la Fondation et de L'Évolution de l'Ordre*, 291.

44 S. BONAVENTURA, Constitutiones Generales Narbonenses, *in* Opera omnia, t.VIII, 449-467쪽.; 「나르본 회헌」에 관한 상세한 소개는 기경호, '총봉사자 보나벤투라', 프란치스칸 사상연구소 학술발표모음 10, 2019, 137-205쪽 참조.

(2) 「엑시이트 퀴 세미낫」 칙서의 작성과 내용

작은형제회의 보호자 추기경이었고(1261-1277) 보나벤투라와 돈독한 사이였던 니콜라오 3세 교황은 「엑시이트 퀴 세미낫」Exiit, qui seminat(1279. 8.14) 칙서를 통하여 보나벤투라의 이상을 반영하였다. 1277년 교황은 "보나그라치아(Bonagrazia da Bergamo, 1279-1283) 총봉사자의 요청을 받아들여 작은형제회 수도규칙과 관련한 미해결 문제들을 해결하고, 또한 외부인들의 지속적인 형제회에 대한 반대 역시 영원히 해결하기로 합의하였다."[45] 보나그라치아는 이전 교황의 해석을 바로잡으려고 아스콜리의 제롤라모(Gerolamo d'Ascoli), 피에트로 올리비에(Pietro Olivie) 등 여러 전문가와 함께 직접 「엑시이트 퀴 세미낫」 칙서 초안을 준비한다. 그리고 이를 교황청 사서 베네데토 가에타니(Benedetto Gaetani)가 최종 수정 완료했다. 교황 니콜라오 3세는 이를 「엑시이트 퀴 세미낫」 칙서로 공표하였다.

교황 니콜라오 3세는 그레고리오 9세의 방식대로 문제를 해결하려고 하였다. 가난 서원에 관한 실질적인 해석에 강조점을 둔 이 칙서는 두 가지 의도로 작성되었다. 하나는 공동 가난의 원칙을 법적으로 권위 있게 확정함으로써 외부의 적들로부터 프란치스칸 이상을 변호하려는 것이었고,[46] 다음은 특별히 수도규칙의 계명들을 더 분명히 함

45　카르모디, 프란치스칸 이야기, 355-356쪽.

46　참조: IRIARTE, *Historia Franciscana*, 87.; 1254년부터는 형제들의 존재 이유와 형제회의 기반이 되는 기본 원리들이 도전을 받았다. "탁발수도자들은 가난하고 겸손하신 그리스도를 따라야 한다고 주장했고, 세속 교수들은 탁발수도자들이 자기들의 이상을 깨뜨렸다고 비난하였다. ... 보나벤투라가 자신의 글들에서 강조한 것은 가난과 겸손의 영적인 의미는 그리스도를 닮는 것이라는 것이었다. 가난이 아닌 겸손은 다른 모든 덕의 뿌리이고 수호자라고 그는 주장했다."[김찬선 역, '간추린 보나벤투라. 그의 생애, 사상, 글에 대한 소개(7)', 프란치스칸 삶과 사상 42호(2016년 봄), 38-39. 이 글은 다음 저서의 번역 일부분: IliA DELIO, *Simply Bonaventure: An Introduction to His Life, Thought, and Writings*, 2nd ed. (NY: New City Press, 2003).]

으로써 형제회 안에서 제기되었던 의문들을 해소하려는 것이다. 이는 인노첸시오 4세의 「오르디넴 베스트룸」Ordinem vestrum 칙서 내용을 무효로 하는 데 필요한 것이었다. 교황은 이 칙서로 프란치스코 수도규칙의 거룩한 본질을 확인하였다.[47] 곧 프란치스코 수도규칙은 복음에 근거한 것으로서 그리스도의 모범으로 확인되었고, 지상에서 현세의 악과 싸우는 교회의 창설자인 거룩한 사도들의 말과 행실이 옹호하는 것이었다. 따라서 교황은 그 누구도 작은 형제들의 수도규칙이나 형제들의 신분에 대해 공적으로나 개인적으로 불리한 의견, 집필, 논쟁, 설교 등을 펼치는 것을 금하였다.

보나벤투라 사후에 작성된 "이 중요한 문서는 성 보나벤투라의 모든 계획의 요약이며 완성"[48]이라 할 수 있다. 이 칙서의 주 원천은 보나벤투라의 작품, 「가난에 대한 변론」(Apologia Pauperum)이다. 이 글에서 보나벤투라는 복음을 철저히 따른다는 것이 무엇인지 밝히고, 가난 서원에 대한 실제적인 해석을 제시함으로써 탁발수도회의 가난을 방어하는 논쟁을 펼친다. 이 칙서는 보나벤투라의 이상이 반영된 것으로 오늘날까지도 회헌 작성의 기준이 되고 있다. 이 칙서로 이전의 모든 칙서는 효력을 잃게 되었다. 이 칙서는 형제들을 혼란하게 하던 많은 의문을 명확히 했을 뿐 아니라 외부의 적들을 거슬러 프란치스칸 이상을 변호하는 데 이바지하였다. 그러나 형제들은 이 칙서를 거부하였다.

이 칙서는 주로 세 가지 문제에 집중한다. 복음과 수도규칙에 제시된 복음 생활양식 사이의 관계를 분명히 하는 것, 프란치스칸 가

---

47 카르모디, 프란치스칸 이야기, 356쪽.
48 참조: IRIARTE, *Historia Franciscana*, 87.

난의 법적 양식과 그 가치, 필요한 물질 사용의 정당한 방법 등이 그 것이다.

① 복음과 수도규칙

프란치스코는 수도규칙에서 복음적 생활에 대해 언급하지만 그렇다고 형제들에게 복음의 모든 권고를 다 준수해야 할 의무를 부과한 것은 아니었다. 수도규칙 서두에서 언급하고 있듯이 서원을 통한 세 가지 복음 권고만은 준수할 의무가 있다. 프란치스코는 복음에서 다른 구절들도 뽑아 서약을 보충하였다. 이러한 복음 권고에는 그 준수 의무에서 등급이 다른 것들이 있다. 교황 니콜라오 3세는 이 칙서를 통해 분명히 표현된 복음적 권고 가운데 긍정 명령이나 부정 명령, 금지사항들은 의무이고, 그 밖의 권고들은 의무는 아니지만, 열심히 실천하려 노력해야 한다고 하였다. 한편 수도규칙에서 언급되지 않은 복음 권고들은 다른 크리스천들처럼 실행해야 한다고 보았다. 이는 교황이 보나벤투라의 해설서 가운데 12장의 "이 수도규칙은 수많은 명령을 포함하며, 권고나 훈계 외에는 거의 모두가 계명이어야 한다"[49]라는 내용을 근거로 반포한 것이다. 보나벤투라는 수도규칙 해설서에서 "단호히 명합니다"라고 규정한 때 외에는 장상이 관면을 줄 수 있다고 한다. 그는 수도규칙의 그런 규정을 지키지 않으면 대죄라고 규정하지는 않는다.

② 프란치스칸 가난의 현실적 적용

프란치스칸 가난이란 보편적 형제애를 살기 위한 복음적 가난으로서 법적인 소유권까지 완전히 포기하는 것을 뜻한다. 형제들은 실제로는 생활에 필요한 만큼의 적절한 사용권이 있다. 개인적으로든 공

---

49 S. Bonaventura, Opera Omnia, t. VIII, 436.

동체적으로든 재산권 포기는 하느님 사랑의 행위요 하느님 앞에서 고귀한 행실이며 공로가 된다. 이는 동냥과 노동을 통해서 생계유지의 수단을 마련하는 인간다운 삶을 고려하면서 하느님 섭리에 의존하는 것을 뜻한다. 곧 소유권의 완전한 포기가 생활에 필요한 재물의 포기까지 강요하지는 않는다.

교황 니콜라오 3세는 이 칙서로 수도규칙이 요구하는 철저한 가난을 어떻게 현실에 적용해야 하는지에 대한 형제들의 문제 제기에 답한다. 교황은 이 칙서에서 '법적인 사용'(usus iuris)과 '실제적 사용'(usus facti)을 구분하고, '실제적 사용'만이 허용되는데 이것도 가난해야만, 곧 분수에 맞아야만 한다고 선언한다.

교황은 다음과 같이 선언한다. "형제들은 재화를 제한 없이 사용해서는 안 될 것입니다. 따라서 각종 용품이나 육체의 필요를 채우기 위한 물품도 받아서는 안 됩니다. 과도하다 싶을 정도로 가난을 경멸하는 부나 풍요를 누리며 형제들의 신분에서 발생하는 의무를 저버려서는 안 됩니다. 또 미래 대비에 대한 구실이나 다른 변명으로 재산을 양도하거나 판매해서는 안 되며, 재화를 축적해서도 안 됩니다. 반대로, 형제들이 가지고 있는 모든 것은 소유권의 완전한 포기와 사용의 필요성만을 드러내야 합니다."[50] "그 필요성의 결정은 관구봉사자들의 신중한 판단에 내맡긴다. 그러나 이 경우 형제들은 수도규칙에 서약한 대로 거룩한 가난을 자신과 자신의 삶 안에서 늘 빛나도록 결정하고 행동할 것이다." 이렇게 교황은 형제들의 생활과 사도직에 필요한 재화 사용을 허락하면서도 가난한 사람답게 물건을 사용할 것을 촉구한다. 그러나 '가난한 사용'(usus pauper)이라는 이 이론은 그 뒤 수십 년

---

50 카르모디, 프란치스칸 이야기, 356-357.

간 논쟁거리가 되었다.

「엑시이트 퀴 세미낫」 칙서에서처럼 소유권과 사용권을 늘 구별할 수 있는가? 사회적 측면에서는 수용되기 어려운 점이 있으나 그리스도교적 의미에서는 구별된다. 곧 남을 위해 자기 것을 내놓는 사람은 그리스도의 계명을 실천하는 것이고 하느님 나라를 얻게 된다. 이러한 의미에서 소유자가 소유물의 사용권을 포기하는 것과 자발적 가난을 사는 자가 생활에 필요한 것 외의 물질 사용을 포기하는 것은 그리스도를 따르는 데서 각자의 신분에 합당한 방법이 된다.

수도규칙은 형제들이 생활과 그들의 성소에서 나오는 의무를 수행하는 데 필요한 모든 것을 사용하도록 허용한다. 형제들은 노동의 대가로 자신과 형제공동체가 살아가는데 필요한 것을 얻을 수 있다. 또 형제들은 교회 안에서 가난한 그리스도의 형제이기에 신뢰심을 갖고 동냥을 청할 수 있으며, 성무일도서를 가질 수 있다. 형제들은 설교를 위해서나 또 그 준비를 위해서도 필요한 것들을 가질 수 있다. 봉사자들은 장소와 추위에 따라 형제들의 의복과 병자들에게 필요한 것을 마련해주어야 한다.

돈 문제와 관련하여 이 칙서는 돈의 주인 역할을 하는 '영적 친구'와 형제들 소유로 돈을 대신 받아주는 '대리인'을 구별한다. 이로써 형제들은 직접 돈을 받지 않을 수 있게 되었다. 자유 증여자는 돈을 직접 혹은 대리인을 통하여 다 소비할 때까지 증여 재산권을 갖는다. 나아가 형제들은 어떤 식으로든 증여자나 대리인을 거슬러 법적 소송을 제기할 수 없음을 명시한다. 이 칙서의 보완으로 1283년에 형제회 차원에서 '사도좌 대리인'(Syndicus apostolicus) 제도가 생기게 되었다. 이들은 수도자들을 위해서 사도좌의 이름으로 돈과 동냥을 관리하였으며, 형제들에게 금지된 계약들과 수도규칙에 반대되는 법적인 일들을 처리하였다.[51] 일부 형제들은 이 칙서를 거부하였다.

4) 「엑시비 데 파라디소」(Exivi de Paradiso, 1312.5.6)[52]

교황 클레멘스 5세는 「엑시비 데 파라디소」 Exivi de Paradiso 칙서로 니콜라오 3세의 「엑시이트 퀴 세미낫」 칙서를 재확인하였다. 이후 1517년 작은 형제들과 콘벤투알 작은 형제들이 분리되기까지 수도규칙의 유권해석은 없었다. 이 칙서가 발표되기까지 다음과 같은 논쟁들이 있었다.

(1) 수도규칙 해설에 대한 반론

니콜라오 3세는 인노첸시오 4세가 발표한 두 개의 칙서(Ordinem vestrum, 1245.11.14; Quanto studiosus, 1247.8.17)를 폐지하였다. 재물 사용에서 필요하고 유익하다고 생각하면 언제나 가능하다고 했던 것을, 형제들의 생활과 성소에 필수 불가결한 것으로 부분적으로 엄격히 제한하고 경리 임명권도 폐지하였다. 이에 형제들은 니콜라오 3세의 「엑시비 데 파라디소」칙서를 거부하였다. 형제들은 교황이 '필요한 경우에'라고 표현한 것을 가난의 완화로 보아 거부한 것이다.

그러나 형제회의 발전과 더불어 실제로는 인노첸시오 4세의 노선을 쉽게 벗어날 수 없었다. 모든 재산은 형제회가 아니라 사도좌에 속한다는 의식과 '생활에 필요한 것'이란 개념도 점점 확대해석하였다. 같은 맥락에서 마르티노 4세는 1283년 모든 관구에 경리를 두도록

---

51 IRIARTE, Historia Franciscana, 87.
52 Seraphicae Legislationis Textus Originales, Quaracchi 1897, 229-231쪽.

허락해 주었다. 그는 물건의 사용 제한이 수도규칙의 본질이 아니라고 천명하였다. 이제는 각 관구가 가난 생활의 정도를 스스로 규정할 수 있게 변해 갔다. 형제회 일부에서는 수도규칙의 '지극히 높으신 가난'을 순전히 법적인 관점에서 소유권이 없다는 뜻으로만 해석하기도 하였다. 또 물질 사용의 제한은 프란치스칸 가난 서원 및 수도규칙의 계명과는 무관하다고 믿기까지 하여 적어도 본질적인 것은 아니라는 의식도 확산하였다.

1305년 클레멘스 5세는 아비뇽에 유배되고, 1379년 형제회는 '영적인 형제들'과 '유식한 형제들'(공동체 형제들)로 나뉘었다. 이런 상황에서 형제회 행정부는 보나벤투라의 노선을 따라 중도적인 입장을 견지하였다. 곧 영적 형제들의 엄격주의와 공동체 형제들의 지나친 이완주의 모두 배척하였다. 그러나 이완주의가 너무 득세함에 따라 중도 입장을 계속 유지할 수 없었다. 이에 베드로 올리비에(Pietro Olivie) 등을 중심으로 한 '영적 형제들'(Spirituales)이 반기를 들고 공적 투쟁에 들어갔다. 클레멘스 5세는 영적 형제들에게 호의적이었으나 중립을 지켰다. 그는 형제회 내의 논쟁을 규명하려고 추기경 위원회를 구성하였다. 이 위원회는 영적인 형제인 베드로 올리비에 학설의 정통성과 수도규칙의 준수 문제를 토의하였다. 이 위원회는 영적인 형제들에 속하는 우베르티노(Ubertino da Casale), 라이문도, 발보아의 곤살보 총봉사자와 4명의 신학자로 구성되었다.

보나그라치아를 비롯한 '유식한 형제들'은 수도규칙 준수에 관한 올리비에의 학설을 반박하였다. 이들의 논쟁은 3년간 계속되었고, 클레멘스 5세는 타협을 시도했으나 실패하였다. 그 결과 영적인 형제들의 무리는 타격을 받아 분열되었다. 그들은 교황의 수도규칙 해설 칙서를 거부하였다. 우베르티노는 「작은 이들의 가난」(Pauperta minoritica)

이란 저서를 통해 '영적인 형제들'을 변호하였다. 이 저서는 재산 포기를 의미하는 법률적 표현과 논리적인 결과를 담고 있다. 그는 이 책에서 '물건의 가난한 사용'Usus pauper rerum을 사는 것이지, '절제 있는 사용'Usus moderatus을 사는 것이 아님을 강조한다. 사실 이 논리는 정당한 것이었으나, 실제로는 올리비에의 제자들이 이를 프란치스칸 서약의 본질이 되는 부분이므로 교황 칙서 안에 포함할 것을 요구하여 문제가 되었다.

니콜라오 3세는 유식한 형제들 무리(발보아 총봉사자)의 주장인 '절제 있는 사용'을 권고한다. 이에 우베르티노는 가난 이상을 완화해버릴 가능성이 있다고 반박하였다. 베드로 올리비에는 법적 재산 포기가 되지 않을 때 지극히 고귀한 프란치스코의 가난 이상은 허울 좋은 말뿐이라고 주장한다.

(2) 비엔나 공의회의 수도규칙 준수에 관한 문제

'영적인 형제들'과 '유식한 형제들' 사이의 논쟁에 따라 클레멘스 5세는 공의회를 소집하고(1312.5.6), '유식한 형제들'(공동체 형제들)을 참석시킨 가운데 이미 발표된 칙서들에 기초하여 가난 문제를 토의하였다. 공의회에서 '공동체 형제들'은 교황 선언들과 그에 따른 허가에 힘입어 그들의 입장이 합법적임을 강변하였고, 반면 '영적 형제들'은 수덕(修德) 차원에서 수도규칙의 충실한 준수 태도를 고수하였다.

교황은 양쪽의 절충안으로 새로운 칙서 「엑시비 데 파라디소」Exivi de Paradiso를 발표하였다. 이에 공동체 형제들은 물론 영적 형제들마저도 모두 승리했다고 여겼다. 결국 교황의 입장은 상호절충이었던 셈이다. 교황은 교회 내에서 형제회의 위치를 고려하여 공동체 형제들의 수고에 칭찬을 아끼지 않음으로써 공동체 형제들을 변호해 주었다. 한편 복음서에 담긴 완전한 삶에 관한 모든 권고를 따라야 하며 그렇지 않으면 대죄를 짓게 된다는 '영적 형제들'의 주장은 받아들이지 않았지만, 가난 생활에 대한 의무도 강조함으로써 그들의 입장도 변호해 준 셈이다.

이렇게 논쟁은 일단락되었으나, 초기 이상을 고수하던 '영적인 형제들'은 극단적인 금욕주의를 준수하고 옹호하면서 수도규칙 그대로의 준수를 주장하였다. 「엑시비 데 파라디소」 칙서는 우베르티노의 견해를 많이 받아들여 구체적이고도 현실적인 가난 실천안을 제시하였다.

(3) 「엑시비 데 파라디소」 칙서의 내용

이 칙서는 유식한 형제들과 영적인 형제들 사이의 절충을 꾀한 것인데 명료한 문체와 정확한 표현을 사용하는 특징이 있다. 칙서는 수도규칙과 복음의 관계에서 의무성을 밝히고, 재산에 관한 법적인 포기를 분석한다. 그리고 프란치스코의 가난을 해석한 개혁 부분을 제시하였다. 허락된 재산 가운데 필수품을 절제 있게 사용하라(Usus moderatus)는 문제도 언급한다.

<주요 내용>

서론에서 클레멘스 교황은 형제회의 업적을 칭찬하면서 목자로서의 애정과 관심을 표명한다. 이어 본론에서 수도규칙과 복음 그리고 그 의무성을 언급한다. 복음적 생활양식이 형제회의 수도규칙이다. 그러나 복음과 수도규칙을 동일시하는 '영적인 형제들'은 수도규칙을 확대해석하여, 서약자는 특별한 형태로 모든 복음을 준수할 의무가 있다고 한다. 그러나 이 칙서는 "단호히 명한다", "순종으로 명한다"라는 부분의 엄격한 명령들은 복음과 함께 지킬 의무가 있다고 해석한다. 그리고 수도규칙의 모든 명령이 계명은 아니라고 한다. 이 점에서 니콜라오 3세의 해석과 본질적인 차이는 없다. 곧 작은 형제는 수

도규칙에 포함된 내용의 제한과 의무성의 정도에 따라서만 복음을 지킬 의무가 있다. 다시 말해 세 복음적 권고와 그에 관해 수도규칙에서 명시적으로 언급한 것만 의무라는 것이다. 이 점에 관해 '영적 형제들'은 복음에 얼마나 충실한 삶이냐의 문제보다는 수도규칙에 얼마나 충실한 삶이냐의 문제에 초점을 맞추었기에 큰 반발을 사지 않았다. 이 칙서는 복음에 충실해야 하는 의무를 전제하면서도, 서약은 수도규칙에 명시된 특정 의무만을 지도록 하는 것이라고 함으로써 공동체 형제들의 입장을 그대로 반영하였다.

클레멘스 5세는 이 칙서에서 수도규칙 준수 의무 여부를 가리는 구분과 등급을 두지 않고 수도규칙을 일괄적으로 해설하였다. 이러한 해설은 보나벤투라의 해설과 비슷했다. "지킬 의무가 있습니다"(제8장 총회 관련)나 "명합니다"라는 부분은 법적 의무로 규정하였다. 이로써 의무 논란은 일단 종식되었다. 또 이 칙서는 수도규칙의 분명한 의무규정 외에도, 프란치스코의 「유언」 34절을 근거로 수도규칙 자체는 의무라고 규정하였다. 이는 '작은형제회'가 가톨릭교회 안에 충실히 머물기를 권고한 것이다. 수도규칙에서 언급하고 있는 다른 모든 복음 권고들도 그 강도에 따라 양심적인 의무를 수반한다고 하면서 수도규칙의 명령 중 계명적인 것과 형제회의 관례에 따라 명령으로 볼 수 있는 것을 나눠 정리하고 있다.

수도규칙에서 계명의 성격을 지니는 명령은 제2장 입회와 서약에 관한 규정, 수도복 수와 신발에 관한 규정, 말을 타지 말라는 규정, 제3장의 단식재에 관한 규정, 성무일도에 관한 규정, 제9장의 설교 허락에 관한 규정, 제6장의 앓는 형제들을 돌봄에 관한 규정, 영신의 필요성이 있을 때 관구봉사자에게 달려가야 할 의무에 관한 규정 등이다. 한편 형제회 관례에 따라 명령적 의무로 볼 수 있는 것은 총봉사자로 형제 한 분을 모시라는 규정, 총봉사자가 공익에 부당하다고 여길 때 다시 선출하라는 규정, 총회 소집에 관한 규정, 권한이 부여되었으면 관구봉사자에게 달려가라는 규정 등이다.

발보아의 곤살보 총봉사자는 외적인 계명 8, 비유 12, 법적 규정 7, 권고 12, 훈계 7, 자유 6, 받아들임 규정 12개로 제시하였다. 이러한 구분은 형제회 안에서 불확실하고 의문이 제기된 것들을 분명하게 해주는 데 이바지하였고, 그리하여 안정적인 발전의 길을 도모하는 데 도움을 주었다. 그러나 한편으로는 수도규칙의 심오한 이상을 계명의 형식적 준수로 축소할 위험의 소지를 주었다고 할 수 있다.

두 번째 핵심적인 사안인 가난 실천 문제와 관련해서 교황은 형제들의 양심에 호소한다. 수도규칙의 규정에 충실해지려고 힘쓰고 유산(상속), 돈놀이 등을 금하며, "서원을 추문 없이 온전히 지키라"고 권고한다(절제 권고). 또 전례용품은 소박한 것들을 사용하라고 권고한다. 이는 프란치스코의 이상과는 차이가 있다. 물질 사용과 관련해서는 '물건의 가난한 사용'(Usus Pauper rerum) 문제를 명시적으로 언급하지 않으나, 수도규칙에 정해진 대로 가난한 자답게 사용하도록 호소함으로써 '영적 형제들'의 입장을 보완해 주고 있다.

3. 교황들의 수도규칙 해석의 가치

교황들의 수도규칙 해석의 중심에는 가난 이상과 형제회에 제기된 문제들과 의문들에 관한 실천적 해결을 위한 성찰이 자리한다. 수도규칙에 관한 해석을 담은 칙서들은 지침을 담은 법적인 문서로만 볼 수 없기에 그 가치가 법적인 특징에 한정되는 것이 아니다. 교황 대부분은 프란치스코의 이상을 이해했고, 형제회를 보호하려 했다. 그들은 가난한 그리스도의 추종에 집중한 프란치스코가 추구하려는 이상과 고유한 사명을 이해하였다. 따라서 그들은 작은 형제들이 프란치스코의 복음적 생활양식을 통해 가난과 형제애의 이상을 살아냄으로써 교회쇄신에 이바지하도록 권고하였다.

교황들은 프란치스코 수도규칙의 유권해석을 통해 '작은형제회'의 가난 실천에 도움을 주고자 힘썼다. 특히 「인준받은 수도규칙」이 정당하고 넓은 관점에서 작은 형제들의 실생활에 유익한 지침서가 되도록 해주었다. 교황들의 해설은 일종의 특전으로 받아들여졌고(유언 25), 가난에 대한 점진적이고 공개적인 완화의 수단이 되어버렸다. '작은형제회'에 크나큰 영향을 미쳤던 교황 그레고리오 9세도 프란치스코의 이상을 보호하려고 했지만, 수도규칙을 엄격히 지키려는 형제들의 뜻을 거슬러 돈 금지 규정을 수정할 것을 형제들에게 권고한 것으로 보인다.[53]

프란치스코 수도규칙 해석에 관한 교황 칙서들은 수도규칙에 관한 형제들의 자의적인 해석을 막기 위한 것이다. 그런데 형제들의 지나친 해석은 막아주었으나, 프란치스코의 수도규칙을 실행하는 데는 오히려 어려움을 주기도 하였다. 그러나 이 교황 칙서들은 가난 실천을 위한 합법적인 규정으로 받아들여져서 수도규칙이 강조하는 복음적 자유의 정신을 놓친 점이 있음을 부인할 수 없다. 프란치스코의 이상을 생활양식이 아니라 법적인 면에서만 수용한 결과였다. 이에 대한 우리베(F. Uribe)의 지적은 적확하다. 곧 "프란치스코가 작성한 규칙이

---

53 BF., I, 69쪽에서 'et ipsi hoc in perpetuum observare desiderent'(그리고 이것을 항구히 실행하기를 원할 것이다.)라고 강한 원의를 표현한다.

법적인 규범의 특성을 지니면서 영적으로 강하게 충전된 영감적인 문헌이라는 특성에 대한 몰이해로 말미암아 프란치스칸 제1세기의 형제들은 교황청 칙서들을 요청하게 되었으며, 이 칙서들은 규칙을 납득하고자 이를 조각조각 나눠 놓았을 뿐 아니라, 이후 여러 세기를 거치면서 적잖게 과도한 해석을 초래하는 빌미를 주기도 하였다."[54]

13세기 말경 수도규칙 내에 지킬 의무가 61개가 있었으며, 20세기에도 25개나 되었다. 이 25개의 의무는 다시 적극적인 의무와 소극적인 의무로 구분되는데, 모두 어기면 대죄가 되고 그 외의 것은 권고로 보았다. 명령과 권고를 구분하여 수도규칙에 '명합니다'라고 된 것은 명령으로서 어기면 대죄였으며, '권고'나 '격려'는 권고로 보았다. 그러나 글자만을 보고 글자 그대로 해석하는 것은 금물이다.

서약할 때 우리는 수도규칙을 지키기로 선서한다. '작은 형제들'은 프란치스코 수도규칙의 정신을 깊이 이해하여 이 시대와 환경에 적응시켜나가야 한다. 수도규칙 준수에 관해 법적 의무인지 아닌지를 따지기보다 하느님의 부르심에 대한 응답이라는 관점에서 더 적극적으로 실행하도록 힘써야 할 것이다. 수도규칙 해석사가 말해주듯이 수도규칙을 프란치스코 영성의 뿌리에서 시작하여 한마음으로 실행하였다면, 형제회의 분열과 투쟁도 없었을 것이다.

교황들의 수도규칙 해석 칙서들은 정체성을 찾으려 힘썼던 작은 형제들의 영적 여정을 보여주면서 그들을 그리스도 추종의 길로 인도해 준 계기가 되었다고 할 수 있다. 니콜라오 3세의 「엑시이트 퀴 세

---

54 F. Uribe, 정장표·고계영 옮김, 아씨시 성 프란치스코의 영성, 프란치스칸 사상 연구소 학술발표 모음 2, 프란치스코출판사, 2010, 22쪽.

미낫」 칙서와 클레멘스 5세의 「엑시비 데 파라디소」 칙서는 신빙성 있는 해설서로 남아있다. 이 칙서들은 프란치스코의 이상을 현실에 적응시키려 힘썼고, 시대 상황에 적응시킬 방법을 제시해주었다. 이들은 성 프란치스코가 남겨준 유산을 시대변화에 따라 적용하려는 노력의 하나이다. 이제 이 두 칙서는 효력이 없다. 왜냐면 이 칙서들의 본질적인 지침들이 교회법과 다른 칙서에 포함되었기 때문이다. 수도규칙에 대한 교황들의 해석이 이어지는 가운데서도 작은 형제들은 프란치스코의 이상에 충실해지려 힘썼다. 그래서 더 논쟁이 많았다고 할 수 있다. 수도규칙을 실행하는 한 이상과 현실 사이의 갈등을 피할 수는 없을 것이다. 그런 가운데서도 우리는 복음을 철저히 살면서 가난과 보편적 형제애를 실행하였던 프란치스코의 길을 가도록 불렸음을 잊지 말아야 한다.

제2편

인준받은 수도규칙 해설

❖ 인준받은 수도규칙 입문 ❖

1. 인준받은 수도규칙의 친저성

프란치스코 수도규칙은 구두로 승인받은 첫 수도규칙으로부터 시작하여 최종 추인을 받은 수도규칙에 이르기까지 프란치스코 성인의 작품으로 여겨진다. 그러나 프란치스코 수도규칙의 작성자에 관하여 여러 주장이 있다.

① 수도규칙 작성에 관하여 폴 사바티에(Paul Sabatier)는 성 프란치스코가 수도규칙을 작성하지 않았다고 주장한다. 로마 교황청이 좋은 의미에서 교회 개혁을 위하여 새로 생긴 '작은형제회'의 힘을 이용하려고 수도규칙을 작성하여 프란치스코에게 받아들이게 하였고, 프란치스코는 순종의 정신으로 이를 받아들였다는 것이다. 그 결과 프란치스코의 복음적 이상은 로마 교황청의 개입과 압력 때문에 사라지고 말았다고 주장한다. 그러나 이러한 주장은 프란치스코의 글 전체에 드러난 교회 정신을 지나치게 편협하게 이해한 것이고, 수도규칙의 작성을 단순히 사회학적인 구도에서 교계제도와 권력의 상관관계에 국한해 봄으로써 프란치스코의 '거룩한 복음을 실행'하고자 하는 열정과 영성을 오해했다고 할 것이다.

② 주로 프로테스탄트 측에서는 성 프란치스코가 수도규칙을 작성하기는 했지만 '유식한 형제들'이 그대로 받아들이지 않아 그들의 요청에 따라 수도규칙을 수정하였다고 본다. 이 견해는 나름

대로 설득력이 있긴 하지만 수도규칙의 작성에서 '유식한 형제들'의 영향을 지나치게 크게 봄으로써 수도규칙을 프란치스코의 영성 지침으로 받아들이는 데 어려움을 줄 수 있다. 형제회의 제도화 과정에서 '유식한 형제들'의 영향을 무시할 수는 없지만, 그보다 더 본질적인 것은 표현은 달라졌다 해도 변하지 않은 프란치스코의 복음적 이상이다.

③ 한편 프란치스코가 수도규칙을 작성하기는 했으나 로마 교황청과 우골리노 추기경의 의견을 받아들여 그가 직접 수정하였다는 주장도 있다. 이는 교회의 개입과 식별과 보호가 아니었으면 프란치스코의 은사는 제 위치를 찾지 못했을 것으로 보는 견해이다.[1] 물론 우골리노 추기경의 도움이(astiterimus) 있었던 것은 사실이다.[2] 그러나 이 주장은 우골리노 추기경의 영향력에만 초점을 맞춤으로써 마치 수도규칙이 프란치스코와 우골리노의 합작품인 것으로 오해할 여지를 주고 있다.

이 세 가지 주장 가운데 하나만을 받아들인다면, 우리가 이 수도규칙을 프란치스코의 정신 그대로 받아들이고 전달해주고 있는가 하는 문제가 생긴다. 또 우리가 한 가지 주장에 따라 우리 수도규칙을 그대로 받아들이고 실천해도 좋은가 하는 문제, 곧 수도규칙 수용의 문제가 생긴다. 만약 성 프란치스코가 이 수도규칙을 작성한 것이 아니라면 어떻게 할 것인가?

대부분의 수도회가 다른 수도회와 관계없이 생기거나 발전되지 않

---

1   프란치스코의 예언적인 은사와 교회 제도에 관하여는 배의태, '프란치스칸 카리스마와 교회', 프란치스칸 삶과 사상, 제1호(1992), 29-31쪽 참조.
2   이 사실은 교황 그레고리오 9세가 Quo elongati 칙서에서 언급하고 있다(참조: BF., I, 68-70쪽.).

고, 각기 독특한 면을 가지면서도 다른 수도회의 전통을 따른다. 그러나 프란치스코만은 다른 수도회와 관계없이 '작은형제회'(Ordo Fratrum Minorum)를 창설하였고, 바로 그 형제회가 다른 수도회와 구별된다는 것을 인식하고 있었다. 자신의 생활양식은 다른 사람이나 다른 수도회로부터 받은 것이 아니라고 알아들었다. 이러한 확신 때문에 그는 "내가 해야 할 것을 아무도 나에게 보여주지 않았다"(유언 14)라고 말한다. 그리고 "형제들을 나에게 주셨다"라는 말씀은 수도회 이전에 이미 형제체(Fraternitas)가 존재했음을 말해준다.

1222년 또는 1223년 개최된 돗자리 총회에서 '유식한 형제들'은 우골리노 추기경에게 프란치스코를 설득해달라고 청했다. 기존의 수도규칙 중에서 선택하도록 해달라는 것이었다. 프란치스코는 다음과 같이 말했다. "나의 형제들이여! 주님께서는 단순과 겸손의 길을 통해 나를 부르셨고 이 길을 통해 나와 나를 믿고 따르기로 선택한 모든 사람에게 당신을 드러내 보이셨습니다. 따라서 나는 여러분이 나에게 성 베네딕토나 성 아우구스티노 또는 성 베르나르도의 수도규칙이라며 다른 수도규칙을 거론하거나 주님께서 당신의 자비로 계시하시고 전해주신 이 길 외에 다른 생활 형태나 양식을 권하지 않기를 바랍니다."(완덕의 거울 68)

「완덕의 거울」이 '영적인 형제들'의 의도를 반영하고 있는 점을 고려하더라도, 이 일화는 프란치스코가 기존의 다른 생활양식과는 다른 고유한 생활양식에 따라 살고자 했음을 말해준다. 당시 형제회의 '복음적 생활양식'은 중세기의 수도승적인 생활양식과 너무나 다른 새로운 생활양식이었다. 그 당시 교회법은 교황의 해석도 필요 없는 법규의 성격을 지닌 「베네딕토 수도규칙」과는 달리 프란치스코의 이 새로운 생활양식을 규정지을 수 없었다. 왜냐면 프란치스코 수도규칙은 완전한 법규가 아니고 영성 지침이기 때문이다. 당시 프란치스코는 하느님께서 거룩한 복음에 따라 살아야 할 것을 계시해주셨다고 하였는데, 이는 수도규칙에 표현된 '복음적 생활양식'이 곧 하느님으로부터 받은 은사라는 의미이다.

그러나 「인준받은 수도규칙」이 직접 계시를 통해 하늘로부터 온 것이 아님은 분명하다. 직접 계시를 받았다고 주장하는 후대의 논쟁을 불러일으키는 사료들(참조 : 완덕의 거울 1)이 있고, 예컨대 1645년 피사의 요한 형제가 새긴 폰테 콜롬보의 극적인 목각 부조 작품도 있다.

에써(K. Esser)의 철저한 연구 결과가 말해주듯이 프란치스코 자신이 수도규칙을 썼다는 것은 확실하다.[3] 그러나 「인준받은 수도규칙」의 최종 편집은 프란치스코 혼자 한 것이 아니다. 「완덕의 거울」(1)에 따르면 그는 아씨시의 레오와 볼로냐의 보니치오(Bonizio da Bologna) 형제와 함께했다. 곧 법학자 또는 고대 수도규칙 전문가와 함께 작성했다고 보는데, 그 이유는 「인준받은 수도규칙」에서 다른 수도회들의 수도규칙과 병행하는 본문들이 발견되기 때문이다.[4]

이 전문가는 누구였을까? 여러 사람이 거론될 수 있을 것이다. 먼저 카타니의 베드로 형제의 개입을 생각할 수 있지만, 그는 1221년 3월에 이미 세상을 떠났다. 스피라의 체사리오(Cesario da Spira)는 성서학자였지 법학자가 아니었다. 오스티아의 우골리노 추기경은 수도규칙을 작성하던 해에 시간적 여유가 없었고, 그토록 논란의 여지가 많았

---

3 참조: K. Esser, La Orden Franciscana. Origenes e Ideales, 141-147쪽.

4 L. Oliger, 'Regula S. Francisci anni 1223 fontibus locisque parallelis illustrata', *in* 같은 저자, Expositio Quattuor Magistrorum super Regulam Fratrum Minorum (1241-42), Roma 1950, 171-193쪽.

던 수도규칙의 초고를 검토할 가능성도 없었다. 그런데도 그는 의심할 여지 없이 수도규칙의 인준을 받을 수 있도록 교황께 제출하는 데서 권고와 보호를 아끼지 않았다.[5] 교황 그레고리오 9세가 된 우골리노는 1230년 「쿼 엘롱가티」Quo elongati 칙서에서 다음과 같이 말한다. "우리와 성인은 오랜 친분이 있었기에 우리는 그의 의도를 더 잘 알고 있었습니다. 앞서 언급한 수도규칙을 작성하는 동안 그리고 추인받으려고 교황청에 그것을 가져왔을 때도 그의 곁에 있었습니다. 우리가 더 낮은 직분에 있을 때도 여러분은 수도규칙의 의심스럽고 모호한 점을 명확히 해주고 다른 어려운 점들에 대해서도 답변해 달라고 끈질기게 요청하였습니다."(칙서 3) 이는 우골리노 추기경이 프란치스코의 수도규칙 작성과 추인을 받는 과정에서 적지 않은 역할을 했음을 말해준다. 「인준받은 수도규칙」 1장 2절, 2장 2절, 7장 1-3절, 11장 2절은 그가 작성한 것으로 보인다.

우골리노 추기경은 프란치스코의 은사와 복음적 직관을 법과 제도의 그릇에 담는 데 도움을 줄 수 있는 충분한 식견을 갖추고 있었다. 그는 프란치스코의 의도를 잘 알고 있었고 「인준받은 수도규칙」이 추인되기까지 실질적인 도움을 주었다. 프란치스코와 우골리노 추기경의 만남은 수도규칙이 공적으로 인정되고 항구한 생활양식으로 자리매김하는 계기가 되었다. 그러나 다른 한편으로는 프란치스코의 순수한 초기 이상과 직관이 고정되고 삶의 방향이 수정되는 발판을 제공하였다고도 볼 수 있다. 결국 우골리노 추기경과 봉사자들이 수도규칙 작성에 여러모로 영향을 미친 것은 사실이지만, 그 어떤 것도 프란치스코의 뜻과 정신을 질식시킬 정도는 아니었다.

프란치스코는 이와 같은 영향을 받고 법률전문가의 도움을 받아

---

5   R. MANSELLI, San Francesco, 269쪽.

「인준받은 수도규칙」을 작성했지만, 다음과 같은 표현들에서 첫 번째 사람으로서 그의 힘 있는 현존이 드러나는 것을 알 수 있다. 왜냐면 이런 표현들은 법률문서에는 적합하지 않기 때문이다.

- "권고하며 충고합니다."(2,17 moneo et exhortor)
- "조언하고 권고하며 충고합니다."(3,10 consulo vero, moneo et exhortor)
- "모든 형제에게 단호히 명합니다."(4,1; 11,1 praecipio firmiter fratribus universis)
- "형제들에게 권고하며 충고합니다."(9,3 moneo quoque et exhortor eosdem fratres)
- "단호히 명합니다."(10,3 unde firmiter praecipio eis)
- "주 안에서 권고하며 충고합니다."(10,7 moneo vero et exhortor in Domino)
- "나는 순종으로 봉사자들에게 명합니다."(12,3 per obedientiam iniungo ministris)
- "굳게 서약한 …… 실행할 것입니다."(12,4 quod firmiter promisimus, …… observemus)

이 표현들은 프란치스코의 다른 글들, 특히 「유언」에서도 나타난다. 그리고 그가 「인준받은 수도규칙」의 본문에서 여전히 형제단(fraternitas)이라는 표현을 사용한다는 점도 그의 친저성의 한 근거가 된다. 이런 점들을 고려하면 친저성과 중요성에 그 어떤 이의도 제기할 필요가 없어진다. 카에탄 에써는 형제들과 우골리노 추기경 편에서의 문체적, 법률적 기여를 인정하는 한편 로마 교황청 편에서의 법률적 조력을 배제하면서 다음과 같이 주장한다. "작은 형제들의 수도규칙은 그 내용이나 형식에서 성 프란치스코의 진정한 작품이다. 오직 그만이 자신의 사고방식에 따른 특징적인 작품을 쓸 수 있었다."⁶ 그의 본문 분석으로부터 다음과 같이 결론지을 수 있다. "우리는 후대의 전기들에 의해 확신할만한 사실들에 따라 매우 다양한 방식으로 「인준받은 수도규칙」의 최종안에서 형제들의 협력을 감지해야만 한다. 이 협력 형제들 또는 로마 교황청이 성인의 중대한 선언들을 수도규칙으로부터 삭제해버렸을 것이라는 사실이 가능할까? 후대의 전기가 암시하는 이러한 의문은 결코 정당화될 수 없다. 프란치스코 자신이 「유언」에서 자신의 수도규칙을 있는 그대로 인정한다. 우리는 「유언」에서 함부로 삭제한 아무런 징후를 찾을 수 없는데, 어떤 사람은 '수도규칙을 거슬러 항의하는 것'으로 전적으로 생각하고자 했었다. 우리는 원래의 본문이 말하고자 하는 바를 충실히 지키자."⁷

이 수도규칙을 작성하는 데 협력한 우골리노 추기경과 형제들이 어떤 것은 삭제하였거나 짧게 만들었을지도 모르며, 당시 효력이 있었던 교회의 여러 법규에서 특별한 세칙을 채택하였는지도 모른다. 표현도 세련되고 우아하게 고쳤을 수 있으나, 수도규칙은 분명 프란치스코 성인의 정신과 마음의 표현이자 프란치스칸 영감을 포함하고 있다. 이 사실을 성인 자신이 「유언」에서 "주님께서 나에게 수도규칙과 이 글을 단순하고 순수하게 말하게 하고 또 기록하게 해주신 것과 같이"(39)라는 말로 확증한다. 사실 「어느 봉사자에게 보낸 편지」와 두 개의 수도규칙을 통해서 알 수 있듯이 프란치스코의 의도는 수도규칙의 본문을 매우 간명하고 조리 있게 편집하는 것이었다.⁸

---

6   K. Esser, 'La regola definitiva dei Frati Minori alla luce delle indagini più recenti', *in* Documenti di vita Francescana, raccolti da K. Esser e E. Grau, tr. di A. Calufetti, Milano 1980, 82쪽.

7   K. Esser, La regola definitiva, 83-84쪽.

8   K. Esser, La Orden Franciscana. Origenes e Ideales, 150쪽.

또 프란치스코 성인은 「유언」에서 "나는 그것을 몇 마디 말로, 그리고 단순히 기록하게 했고"(15)라고 단언한다. 그러나 그렇다고 해서 수도규칙에 관한 직접적인 계시나 영감을 받았다고 이해해서는 안 된다. 성인은 현대의 우리가 올바르게 평가할 수 없을 정도의 깊은 신앙과 내적 감각으로써 수도규칙을 작성하였는데, 다른 이들로부터 받은 협조 중에 하느님의 손길을 인정한다. 프란치스코는 평범한 생활환경을 통하여 하느님 손길의 움직임을 매우 깊이 알아차리고 있었기에 수도규칙이 프란치스코에게는 하느님의 손길 안에서 기록된 것이었다.

이상에서 살펴본 것처럼 수도규칙의 본문이 확정되기까지 다양한 단계에 법학자 보니치오 형제, 우골리노 추기경, 봉사자들, 교황 호노리오 3세 등의 개입을 인정할 수 있다. 그러나 「인준받은 수도규칙」은 「인준받지 않은 수도규칙」의 단순한 수정이나 축약이 아니라 프란치스코의 은사와 복음적 직관을 법적으로 재해석한 것이라 할 것이다. 암스트롱(R. J. Armstrong)은 다음과 같은 여러 요인이 수도규칙 작성에 영향을 미친 것으로 본다. 곧 "우리는 「인준받지 않은 수도규칙」과 「인준받은 수도규칙」이라는 두 개의 문헌을 갖고 있는데, 이는 프란치스코가 다른 사람들의 도움을 받아 작성한 것이다. 곧 자신들이 살았던 시대 상황에 비추어서 자신들이 선택한 복음적 가치들을 분명하게 표현하고, 명확하게 규정하며 확고히 하려고, 틀림없이 프란치스코를 도와주었을 형제들과 다른 사람들, 이를테면 형제들의 모임에 참석한 시토회 수도자들과 우골리노 추기경, 교황 인노첸시오 3세와 호노리오 3세, 아마도 클라라와 클라라 자매들 그리고 이미 우리가 살펴보았듯이 제4차 라테라노 공의회 등이다."[9] 그런데도 수도규칙의

---

9 R. J. ARMSTRONG, '아씨시의 성 프란치스코, 복음적 삶에 대한 글(III)', 프란치스칸 삶과 사상 제14호(2000년 봄), 146쪽.

본질과 근본정신과 양식은 입법자로서의 프란치스코에게서 유래함이 분명하다. 결국 「인준받은 수도규칙」은 프란치스코의 글이라고 확정할 수 있다.

2. 인준받은 수도규칙의 작성장소

전승은 「인준받은 수도규칙」이 리에티의 폰테 콜롬보에서 작성되었다고 전한다. 그런데 13세기의 프란치스칸 일부 사료들은 수도규칙 작성장소에 대해 언급하지 않고, 14세기에 들어서면서부터 수도규칙 작성장소로 폰테 콜롬보를 명시하는 기록이 나타난다. 그렇다면 「인준받은 수도규칙」은 어디에서 작성되었을까? 먼저 수도규칙 작성장소와 관련된 기록을 살펴보자.

① 1246-1260년 사이에 작성된 것으로 보이는 「아씨시 편집본」은 프란치스코가 '어떤 산에 머물면서'(esset in quodam monte) 수도규칙을 썼다고 한다.[10] "첫 번째 수도규칙을 잃어버린 뒤 프란치스코는 그리스도의 명에 따라 수도규칙을 작성하려고 아씨시의 레오 형제와 볼로냐의 보니치오(Bonizio da Bologna) 형제와 함께 어느 산 위에 머물고 있었다."(113항)

② 1263년에 작성된 보나벤투라 「대전기」도 '어떤 산'(in montem quemdam)에서 수도규칙을 받아쓰게 했다고 한다. "프란치스코는 복음

---

10 「아씨시 편집본」의 작성 연대에 관해 데보네(T. Desbonnets)는 1246-1247년, 비가로니(M. Bigaroni)는 1247-1260년, 어떤 이는 보나벤투라 이후로 본다. 이런 차이는 이 편집본이 1246년 이후의 '레오 형제의 본문'이라 일컫는 것과 1260년대의 '레오 형제 및 다른 동료들의 증언들', 그리고 토마스 첼라노의 제2생애에서 발췌한 내용이 1276년 이후 통합된 데서 온다. 이 편집본의 작성 연대를 1311년으로 보는 견해가 있지만, 1311년경은 「아씨시 편집본」이 포함된 Codex 1046이 필사된 해이다.

에서 많은 구절을 보태 길어진 수도규칙을 추인받기 전에 환시가 보여준 대로 더 간결한 형태로 축약하길 원했다. 그는 성령의 인도로 두 형제와 함께 어떤 산에서 빵과 물만 먹고 지냈으며 기도 중에 성령이 자기에게 영감을 주는 대로 수도규칙을 받아 쓰게 했다."(4,11)

③ 1305년 우베르티노 카살레(Ubertino Casale)는 「십자가에 못박히신 예수 그리스도의 생명나무」(Arbor vitae crucifixae Jesu Christi)에서 보나벤투라가 쓴 「대전기」 4장 11항이 전하는 일화를 설명하면서 "폰테 콜롬보라 불리는 리에티 근처의 산에서"(...in montem quemdam juxta Reate, ubi dicitur Fons Columbae) 수도규칙을 작성했다고 언급한다.[11] 이는 수도규칙 작성 장소명을 명시한 최초의 사료로 본다. "이 환시는 폰테 콜롬보라고 불리는 리에티 근처의 산에서 일어났다. 그는 성령의 인도 아래 거룩하고 덕망 있는 두 사람 루피노 형제와 레오 형제와 함께 그 곳으로 올라갔다."(제5권 5장)

④ 「완덕의 거울」(1318년)은 '산에 올라'(ascendit in quemdam montem) 수도규칙을 썼다고 한다. "복된 프란치스코가 작성했던 두 번째 수도규칙을 분실한 뒤 그는 아씨시의 레오 형제와 볼로냐의 보니치오 형제와 함께 또 하나의 수도규칙을 작성하고자 산에 올라 그리스도께서 가르쳐 주시는 대로 수도규칙을 썼다."(1장)

⑤ 안젤로 클라레노(A. Clareno)는 1321-1322년에 작성한 「수도규칙 주석」(Expositio super Regulam) 서문에서 "폰테 콜롬보라 부르는 같은 장소로 다시 돌아가 다시 작성하였다"(...iterato, ad illum eundem Fontis Columbae locum rediit)라고 하였다.[12] 또한 「작은형제회의 일곱 번 탄압의 역사」(Historia septem tribulationum Ordinis Minorum(1323-1326년)에서는 '폰테 콜롬보 은수처 아래 바위 동굴에서' 수도규칙을 썼다고 한다. "그

---

11 UBERTINO DA CASALE, Arbor Vitae 5,5; Francis of Assisi, The Prophet, Early Documents vol.III, 197.

12 A. CLARENO, Expositio super Regulam(1321-1322), Proemio 34.

는 주님에게서 받은 계시에 따라 물러나 폰테 콜롬보의 은수처 아래 바위틈에 있는 동굴에 칩거하였다. 그가 동료로 삼은 아씨시의 레오와 볼로냐의 보니치오 두 형제만이 그에게 접근할 수 있었다. 거기서 그는 그리스도의 계시로 수도규칙을 썼으며 그 안에 자신의 것은 아무것도 넣지 않았다."[13]

⑥ 다른 이들은 수도규칙을 작성한 폰테 콜롬보를 다양한 이름으로 불렀다. 코라도(Corrado) 형제는 '팔롬바'(Palomba),[14] 24 총봉사자 연대기(1374)는 '라니에로 산'(Monte Raniero),[15] 바르톨로메오(Bartolomeo Rinonico da Pisa) 형제는 '폰테 팔롬보(Fonte Palombo),[16] 루카 와딩(L. Wadding)은 '콜룸바 산'(monte Columba) 또는 '라니에로 산'(monte Raniero)이라 했다.[17]

이상에서 알 수 있듯이 수도규칙을 작성한 장소 이름은 14세기 초부터 명시적으로 언급되었다. 그런데 어떤 이들은 일부 사료가 '어떤 산'으로 언급한다는 데 무게를 두어 폰테 콜롬보를 수도규칙을 작성한 장소로 볼 수 없다고 주장한다. 그러한 견해를 검토해보자.

첫째, 「아씨시 편집본」(1246-1260)과 「대전기」(1263), 「완덕의 거

---

13 Francis of Assisi, The Prophet, Early Documents vol. III, 416; FF 2179.

14 RICORDI DI FRATE CORRADO(MF, 7(1898) 133쪽. "Regula inventa fuit in loco qui dicitur Palumba juxta Reate."

15 AF, III, 9쪽, "... ascendit [Franciscus] cum duobus fratribus, scilicet Leone de Assisio et Bonizo de Bononia, montem Ranyerii."

16 AF, IV, 371쪽, <De Conformitate vitae Beati Francisci ad vitam Domini Iesu>(1385-1390) "... ad montem Fontis Palumbae juxta Reate perrexit...".

17 Annales Minorum, II, 71쪽. "in montem Columbae seu Rainerii, ab Urbe Reatina secundo lapide ad meridiem"(리에티에서 남쪽으로 두 번째 이정표석이 있는 콜룸바 산 또는 라니에로 산)

울」(1318)이 구체적인 지명 대신 '어떤 산'이라고만 하므로 폰테 콜롬보에서 수도규칙을 작성했다 할 수 없노라고 주장할 수 있다. 그러나 이 세 가지 사료들이 '어떤 산'이라고 한 사실만 인정하고, 전승이나 다른 기록을 배제하는 것은 적절치 않다. 폰테 콜롬보에서 수도규칙을 작성했다는 우베르티노 카살레(1305)나 안젤로 클라레노(1321-1322)와 그 밖의 기록들을 부인할만한 객관적 근거나 합당한 이유를 찾을 수 없다. 앞에서 본대로 「아씨시 편집본」 113항은 수도규칙 작성과 준수를 둘러싼 어려웠던 상황을 전해주는 것이기는 하지만, 역사 기록으로는 신빙성이 떨어진다. 다른 한편 우베르티노나 클라레노가 수도규칙 준수와 관련하여 '유식한 형제들'을 비판했던 '영적인 형제들'이기에 그들의 주장을 받아들일 수 없다고 반박할지 모르겠다.[18] 그러나 「아씨시 편집본」과 「완덕의 거울」 또한 '영적인 형제들'의 배경에서 작성된 것이다. 우베르티노와 클라레노가 폰테 콜롬보를 언급하는 맥락은 '유식한 형제들'을 비판하는 맥락과는 무관하다. 토마스 첼라노 2생애 209항에 기초한 「대전기」는 직접적으로 '영적 형제들'과 연관된 것은 아니고, 수도규칙의 준수에 관해 형제들 사이에 발생한 갈등을 일치로 이끌려고 '영적 형제들'의 입장을 확인하려는 의도를 담고 있다. 수도규칙 작성장소의 구체적인 지명 문제는 '영적인 형

18　'영적인 형제들'(Spirituali)은 성 프란치스코 생전에 형제들의 수가 급증하는 과정에서 이미 나타나기 시작하였고, 시간이 흐르면서 매우 복잡하고 다양한 양상을 보였다. 14세기에 와서 클라레노와 우베르티노 카살레에 의해 일부 다른 양상이 드러났다. 이들은 프라티첼리(Fraticelli)와 '영적 형제들의 무리'(Spirituali)를 만들지는 않았다. 1307년 리베라토의 사망 후 '영적인 형제들'의 대표가 되었던 클라레노는 프라티첼리의 여러 분파 중 제라르도 세가렐리(Gerardo Segarelli)가 시작한 위-사도파에 가담하여, 1317년 프라티첼리의 총봉사자 역할을 하였다. 우베르티노는 형제회가 프란치스코의 이상을 저버렸다고 생각하였고, 프란치스코의 유언이 요구하는 대로 수도규칙에 대한 엄격한 준수를 통한 개혁이 필요하다고 믿었다. 클라레노와 우베르티노는 자기들만의 엄격한 방식으로 개혁하는 과정에서 요아킴 이단에 합류하였으나 그들과도 거리를 두었다.

제들'과 '유식한 형제들' 사이의 갈등과는 무관하다. 수도규칙은 형제들 사이의 갈등이 심각해지기 이전에 작성되었다는 사실을 유념해야 한다. 「아씨시 편집본」과 「대전기」, 「완덕의 거울」은 '수도규칙 작성'을 언급하지만, 실은 '유식한 형제들'의 수도규칙 준수에 관한 '영적 형제들'의 비판에 초점이 있다. 다시 말해 이러한 전기사료들은 수도규칙 준수에 관한 형제들의 갈등 상황을 전기작가의 관점에서 기록한 것뿐이다.

둘째, 우베르티노나 클라레노의 기록이 「아씨시 편집본」과 「대전기」, 「완덕의 거울」보다 후대의 것이므로 인정할 수 없다고 주장할 수 있겠다. 그러나 「아씨시 편집본」과 「대전기」는 프란치스코 성인 사후 20-40년 정도 지나서 작성된 것이고, 「완덕의 거울」은 우베르티노의 「생명 나무」보다 13년이나 지나서 작성되었다.

셋째, 폰테 콜롬보라는 지명은 주로 프란치스코의 눈병과 관련된 일화들에서 언급되고 수도규칙 작성과는 관계없다고 주장할 수 있다. 프란치스코의 눈병 치료와 관련하여 「아씨시 편집본」은 "리에티에서 가까운 폰테 콜롬보 은수처"(26.46)를, 「완덕의 거울」도 "리에티 인근 폰테 콜롬보 은둔소"(110.115)를 언급한다. 한편 토마스 첼라노 2생애 44항은 '폰테 콜롬보'라는 지명을 명시하지 않고 "리에티 근처의 은수처"리고만 한다. 눈병 치료와 관련해 작가에 따라 지명 표기가 다를 뿐이다. 그뿐만 아니라 눈병 치료에 관해서는 장소를 언급하지만, 수도규칙 작성과 관련해서는 지명을 명시하지 않는다고 하여 폰테 콜롬보가 수도규칙 작성과는 관계없다고 할 수 없다. 그 밖의 전승이나 후대 다른 사료들의 기록을 일방적으로 부인하는 것은 합당치 않기 때문이다. 더군다나 이미 1305년에 수도규칙 작성장소를 폰테 콜롬보로 기록한 사료가 있음에도, 1318년 「완덕의 거울」이 쓰일 때도 수도규칙을 쓴 장소와 폰테 콜롬보는 별개의 장소로 인식되어 왔다는 주장은 받아들여질 수 없다. 나아가 폰테 콜롬보는 눈병 치료뿐 아니라 다양한 기회에 프란치스코 성인이 머물던 은수처이기도 했다(아씨시 편집본 57.92 참조). 그만큼 폰테 콜롬보는 프란치스코의 생애와 밀접한 관계에 있는 곳이다. 그런데도 리에티 계곡에 이미 있었던 형제들의 은수처와 전혀 무관한 제3의 장소에서 여러 협력자와 함께 머물며 수도규칙을 작성했다고 생각할 수는 없다.

넷째, 「아씨시 편집본」에 따르면 폰테 콜롬보에 수도원 형태를 갖춘 은둔소는 성 프란치스코가 오상을 받은 이후이며, 수도규칙을 작성하던 당시에는 그런 은둔소가 있었다는 기록이 없으니 거기서 수도규칙을 작성했노라 볼 수 없다는 주장을 할 수 있다. 그러나 성 프란치스코는 어떤 고정된 거처나 수도원에 머물지 않았다. 성인은 은수처로 불리는 라 베르나, 그레치오, 포조 부스토네, 폰테 콜롬보, 몬테 루코, 카르첼리 등 어떤 곳에도 수도원 건물을 짓지 않았다. 프란치스코는 글에서 '수도원'(conventus)이란 용어를 쓰지 않고, 임시거처인 '처소'(locus)란 용어를 사용한다. '수도원'(conventus)이란 용어는 수도회 안에서 '유식한 형제들'을 중심으로 점차 현실에 적응하며, 대수도원을 선호했던 '공동체 형제들'(conventuali)이 나타나면서 사용되기 시작하였다. 수도규칙의 최종 추인이 이루어지던 당시에는 고유한 의미의 수도원이 존재하지도 않았다. 1213년경 시작된 폰테 콜롬보 은수처는 '리에티 근처의 은수처'(2첼라노 44), "리에티에서 가까운 폰테 콜롬보 은수처"(아씨시 편집본 26.46; 완덕의 거울 110.115), '라니에로 산'(24 총봉사자 연대기) 등으로 불렸다. 곧 '리에티에서 가까운 은수처'는 '폰테 콜롬보' 은수처를 가리켰다.

한편 첼라노 2생애 44항에는 수호자(guardianus), 식탁(mensa), 문

(porta) 등 고정된 공동체와 건물에 관한 용어들이 나온다. 그러나 이것이 '수도원'이 있었다는 증거일 수 없다. 초기에 폰테 콜롬보 은수처는 '수도원'으로 불린 적이 없다. '수호자'는 지역 공동체 봉사자를 일컫는 용어로 프란치스코의 글에 이미 나온다.[19] 그러나 '수호자'는 1224년 무렵에야 '지역 장상'을 부르는 명칭으로 사용되었다.[20] 또 문이나 식탁, 창고 등은 작은 은둔소에도 있었다. 따라서 건물 여부를 근거로 폰테 콜롬보에서 수도규칙을 작성하지 않았다고 보는 것은 타당하지 않다.

다섯째, 개혁파들의 근거지인 폰테 콜롬보를 '프란치스칸 시나이'라 하는 것은 옳지 않다는 주장도 있다. 곧 폰테 콜롬보를 '프란치스칸 시나이'라 함으로써 프란치스코는 새로운 모세이며, 개혁파들의 근거지인 폰테 콜롬보는 시나이산이 되고, 수도규칙은 하느님의 말씀이 된다. 그 결과 엘리아 형제와 관구봉사자들은 시나이산에서 하느님을 배신한 이스라엘 민족이며, 수도규칙을 철저히 지키는 '영적 형제들'이야말로 진정한 하느님의 백성이 된다는 것이다. 따라서 폰테 콜롬보에서 수도규칙이 작성되었다고 볼 수 없고, '프란치스칸 시나이'라 부르는 것은 합당치 않다는 것이다.

먼저 폰테 콜롬보가 개혁파들의 근거지였다는 주장을 보자. '개혁파'의 근거지였다면 개혁을 추구하는 이들의 무리가 존재했을 것이다. 그러나 폰테 콜롬보 은수처는 수도규칙을 작성한 당시에는 물론, 13~14세기에 다양한 쇄신 운동이 일어났을 때도 개혁의 중심지인 적이 없다. 역사가들이 지적하듯이 이미 1213년경에 리에티 계곡 네 곳

---

19 봉사자 편지 12.14설; 형제회 편지 47; 유언 27 이하.
20 참조: K. Esser, La Orden Franciscana. Origenes e Ideales, 245-246쪽.

에 형제들의 현존이 시작되고 거기에 작은 은둔소들이 있었다.[21] '영적인 형제들'은 성 프란치스코가 즐겨 찾고 머물렀던 작은 동굴이나 은둔소에 머무는 것을 선호하였다. 그렇다고 '영적인 형제들'이 머문 곳을 개혁파들의 근거지라고 보는 것은 역사적 사실과 무관한 지나친 비약이다. 성 프란치스코 생전부터 있었던 '영적 형제들'은 14세기부터 다양한 모습을 띠기 시작했다. 따라서 수도규칙 최종 추인 이전 이들의 움직임을 후대의 개혁 운동과 연결 지을 수는 없다. 이런 변화들은 수도규칙 작성장소를 폰테 콜롬보로 특정하는 데 전혀 문제가 되지 않는다.

다음으로, '프란치스칸 시나이' 문제를 보자. 거의 모든 초기사료가 폰테 콜롬보를 '프란치스칸 시나이'로 부르지 않는다. 이는 유비의 문제다.[22] 초기사료들은 모세-그리스도-프란치스코, 십계명-진복팔단-프란치스코의 수도규칙이라는 상징성을 분명히 드러내 주고 있다. 프란치스코와 관련된 다양한 유비는 성 프란치스코의 죽음을 알리려고 쓴 엘리아의 회람편지에서 사용한 삼중의 유비로부터 시작된다. 모세-프란치스코, 야곱-프란치스코, 그리스도-프란치스코. 이후 토마스 첼라노(1생애 108), 보나벤투라(대전기 7,13; 기적모음 10,9), 「완덕의 거울」(1) 등에서 이 유비는 이어지고 발전되어 나타난다. 이 유비가 발전하여 프란치스코가 수도규칙을 쓴 폰테 콜롬보를 모세가 하느님으로부터 십계명을 받았던 시나이에 비유한 것이다. 이런 맥락에서 보면, 후대에 폰테 콜롬보를 '프란치스칸 시나이'라 부르는 것은 특정한 개인이나 어떤 부류를 평가하고 비판하려는 의도가 전혀 없음을 알 수

---

21 J. MOORMAN, 62-63.

22 참조: MARTINO CONTI, Sinai-Fonte Colombo: Il peso do una analogia nella storia e nell'interpretazione della Regola francescana, *in* Studi e Richerche sull Francescanesimo delle origini,, Roma, Edizione Deoniane, 1994, 153-185.

있다. 그것은 성 프란치스코의 거룩함과 수도규칙의 중요성을 강조하려는 의도에서 사용된 유비요, 상징언어일 뿐이다. 더구나 사료들은 수도규칙 작성 과정과 관련지어 '프란치스칸 시나이'란 명칭을 사용하지도 않는다. 물론 '영적 형제들'의 배경에서 기록된 사료 중에 수도규칙 준수와 관련하여 '유식한 형제들'을 비판하려는 의도가 드러나는 것이 없지 않아 있지만, '프란치스칸 시나이'라는 유비 자체를 수도규칙 작성장소와 연관시키는 것은 합당치 않다고 본다.

이상의 논의를 통해 결론을 도출해보자. 13세기 초기사료들 가운데 '영적 형제들'과 '유식한 형제들' 그 어느 쪽과도 직접적인 관계가 없는 「세 동료 전기」 35항, 토마스 첼라노 「2생애」 209항, 「익명의 페루자 전기」 44항은 수도규칙 작성에 관해 언급하면서도 어디서 작성했는지는 밝히지 않는다. 왜 그럴까? 초기 형제들이나 전기작가들에게는 수도규칙을 어디서 썼느냐보다는 어떻게 교회의 추인을 받으며, 수도규칙을 어떻게 준수하느냐 하는 것이 무엇보다도 중요했기에 거기에 집중했다. 같은 맥락에서 수도회 밖의 증언 기록인 쟈노 조르다노 연대기나 야고보 비트리 추기경의 편지는 초기 형제회 상황을 생생하게 전하면서도 수도규칙 작성 과정이나 작성장소에 대해 아무런 언급이 없다. 또 전기는 엄격한 역사 기록서가 아니라 '또 다른 그리스도'(Alter Christus)로 불린 성 프란치스코의 복음적 삶에 관한 기록이다. 따라서 어디서 썼느냐는 일차적인 관심사가 아니었기에 구체적인 언급을 하지 않았다고 할 수 있다. 그런데 형제들 사이에 '수도규칙 준수' 문제로 대립이 심해져 가는 상황에서 전기나 다른 작품을 기록하면서 수도규칙 작성 장소를 다양한 방식으로 언급하기 시작했다. 그 이유는 일차적으로는 성인의 삶을 더 구체적으로 본받으려는 지향 때문이었고, 또 수도규칙 작성장소를 중요시해서라기보다는 '수도규칙 준수'와 관련된 형제들 사이의 갈등이 표출되는 과정에서 함께 언급한 것이다.

오늘날 거의 모든 프란치스칸 전문가들과 역사가들은 수도규칙을 작성한 장소가 폰테 콜롬보라는 데 동의한다.[23] 무엇보다도 전통적으로 수도규칙을 작성한 장소로 기억해온 폰테 콜롬보라는 이름의 은수처가 여전히 존재하기 때문이다. 나아가 사료들이 언급하는 '리에티에서 가까운 은수처'에 해당하는 산 위의 은수처로 '폰테 콜롬보 은수처' 외에 다른 곳을 상정할 가능성이 전혀 없기 때문이다. 1305년 처음으로 수도규칙 작성장소로 '폰테 콜롬보'가 언급되었고, 이후 프란치스코 성인에 관한 글과 생애에 관한 기록이 수집되고 체계적으로 정리되었다. 이 과정에서 '폰테 콜롬보'가 다양한 명칭으로 기록되고 이의 없이 받아들여져 왔다는 점에도 주목할 필요가 있다. 시간이 흐르면서 사용된 다양한 이름은 단순히 혼동했거나 은둔소의 위치를 폰테 콜롬보 또는 은둔소 위쪽의 라니에로 산으로 지정하는 데서 파생된 것이다. 사실 프란치스칸 연구사에서「인준받은 수도규칙」의 작성장소에 대해 드물게 논의되기는 했지만, 중요한 논쟁거리가 되지 않았다. 수도규칙의 작성장소 문제는 초기 일부 사료들의 기록과 전기작가들의 치우친 관점에 국한해 보아서는 안 될 것이다. 사료들의 배경과 전승 그리고 이와 관련된 전체 사료를 함께 고려해야 마땅하다고 본다. 따라서 결론적으로 우리는「인준받은 수도규칙」의 작성장소를 폰테 콜롬보로 본다.

---

23 A. Matanić, A. Quaglia, C. Paolazzi, D. Flood, Ducan Nimmo, F. Uribe, Gratien de Paris, J. Moorman, L. Iriarte, L. Lhemann, Lothar Hardick, M. Conti, M. Carmody, P. Etzi, Rosalind B. Brooke, T. Desbonnets, T. Matura; 프랑스어판, 영어판 등의 프란치스칸 초기사료 모음집.

3. 인준받은 수도규칙의 특징

「인준받은 수도규칙」의 전반적인 특징, 법적인 특징, 복음적 특징을 살펴본다. 이러한 특징들을 파악함으로써 「인준받은 수도규칙」의 본질이 무엇인지 올바로 이해할 수 있게 될 것이다.

1) 「인준받은 수도규칙」의 일반적 특징

암스트롱(R. Armstrong)은 「인준받은 수도규칙」의 특징을 다음과 같이 요약한다. "「인준받지 않은 수도규칙」은 그 영감과 구성에서 철저히 성경적이다. 이 수도규칙은 현실적으로 거친 세상의 한가운데에서 살아가는 어려움을 표현하는 동시에 우리에게 높은 이상을 제시해 준다. 반면에 「인준받은 수도규칙」은 우리가 갈 수 있는 한계를 규정하려고 하므로 법적인 성향을 훨씬 더 많이 띤다. 그렇다고 「인준받은 수도규칙」이 복음적인 이상을 희생시키고 있는 것은 아니며, 이를 충분히 파악하기 위해서 우리는 그러한 복음적인 이상들이 많이 담겨 있는 중세의 표현법을 파헤칠 수 있어야 한다."[24]

「인준받은 수도규칙」의 특징은 「인준받지 않은 수도규칙」과 비교해 볼 때 뚜렷이 구별된다. 「인준받은 수도규칙」은 총 12개 장으로서 총 24개 장인 「인준받지 않은 수도규칙」보다 훨씬 짧다. 그러니 법적인 성격의 규정들은 더 많다. 또한 「인준받지 않은 수도규칙」에 비해 문장이 훨씬 간결해지고 문법적으로도 단조로워졌으며, 성경 구절의 인용이 줄어들고, 법적이고 공식적인 문체적 특성이 더 두드러진

---

24   R. J. ARMSTRONG, '아씨시의 성 프란치스코. 복음적 삶에 대한 글(V)', 프란치스칸 삶과 사상 제16호(2001년 봄), 210쪽.

다. 이는 '유식한 형제들'의 요청에 따른 변화라 할 수 있다. 전체적으로 본다면, 「인준받은 수도규칙」은 「인준받지 않은 수도규칙」의 창조성과 엄격성을 완화했다고 할 수 있다. 또 권고 외에 명령과 지시의 성격을 지닌 문장들이 많이 들어감으로써 '복음적 자유'에 더 많은 제한을 하는 것처럼 보이지만, 실은 그렇지 않다. 「인준받은 수도규칙」이 표현상 딱딱하게 느껴지긴 하지만, 역시 '복음적 자유'를 강조한다. 또 법적이고 명령적인 표현들이 많이 나오지만, 내용을 보면 가난, 단식재 등 완화되거나 삭제된 부분들도 있다.

「인준받은 수도규칙」이 작성되던 시기는 형제회의 급속한 성장, 교육 수준이 높은 이들의 입회 그리고 형제들이 사회와 교회 기관에 의하여 받았던 높은 명성 등 주변 상황의 변화에 따라 초기 형제들 삶의 양식에서 꽤 멀어져 있었다. 이러한 상황은 프란치스코와 첫 동료들이 리보토르토에서 융통성 있게 개방적으로 살던 시기에는 상상하지 못하였다. 이런 상황에서 정밀하고 고정적인 수도규칙으로의 변화가 일어난 것이므로 이는 불가피한 것이었다.

「인준받은 수도규칙」은 초기 이상에서 다소 멀어진 것이 사실이지만, 프란치스코의 은사와 법적, 제도적인 측면들과의 조화를 찾고자 하는 노력의 결실이라고 할 것이다. 따라서 법적이고 제도적인 면들이 두드러지게 되었지만, 프란치스코의 '복음적 이상'이 변질된 것은 아니며, 여전히 프란치스코의 영감을 간직하고 있다고 할 수 있다. 「인준받은 수도규칙」은 「인준받지 않은 수도규칙」에 비해 오히려 형제들의 복음화 소명을 강조한다.

2) 인준받은 수도규칙의 법적인 특징

프란치스코 수도규칙은 영성 지침이라고 할 수 있으나 법적인 내용도 포함되어 있다. 「인준받지 않은 수도규칙」의 어떤 법규는 「인준받은 수도규칙」에서 삭제되었는데, 이는 완화된 성격의 것이다.

■ 단식재에 관한 내용: 「인준받지 않은 수도규칙」 3,11-12절 내용은 「인준받은 수도규칙」 3,5-9절에 규정되고 있다. 「인준받은 수도규칙」은 주님공현일로부터 시작되어 40일간 연속되는 기간의 단식에 대해 "원하지 않는 사람은 지킬 의무가 없습니다"(3,6)라고 함으로써 이전보다 완화하고 있다. 또 9절에서도 "부득이한 사정이 있으면 형제들은 육신의 단식재를 지킬 의무가 없습니다"라고 규정함으로써 복음적 자유 안에서 실행하도록 권고한다. 13절도 같은 맥락이다. 「인준받지 않은 수도규칙」의 단식재는 수도승적인데 「인준받은 수도규칙」의 맥락은 프란치스칸적이라 할 수 있다.

■ 기도에 대해: 「인준받지 않은 수도규칙」 3,1-10절과 「인준받은 수도규칙」 3,1-4절을 비교해보면, 전자의 기도 의무에 대한 명령이 후자보다 많다. 「인준받은 수도규칙」의 경우 평형제들의 기도로 밤기도, 일시경, 끝기도 때 사도신경과 영광송을 바치지 않도록 줄였다. 또한 「인준받은 수도규칙」은 '죽은 이들을 위한 기도'의 횟수나 방법을 명시하지 않으며, 형제들의 결함과 과실을 위해 매일 '주님의 기도'를 세 번(3,10) 바치라는 규정도 삭제했다.

■ 고해성사와 지극히 거룩하신 몸과 피를 받아 모심에 관해: 「인준받지 않은 수도규칙」 제20장의 내용이 「인준받은 수도규칙」에서는 삭제되었다.

■ 「인준받지 않은 수도규칙」 13장(간음한 사람의 처벌) 내용이 「인준받은 수도규칙」에서는 삭제되었다.

■ 「인준받지 않은 수도규칙」 19장(이단에 빠진 형제)의 이 내용도 「인준받은 수노규칙」에서는 삭제되었다.

■ 앓는 형제들과 앓는 형제를 돌보는 형제들의 태도에 관하여 「인

준받지 않은 수도규칙」 10장은 구체적이고 강하게 표현했는데, 「인준받은 수도규칙」에서는 대부분 삭제되고 5,9절에서 간략한 원칙만 언급한다.

- 「인준받지 않은 수도규칙」의 "어떤 방식으로도 절대로 어떤 종류의 짐승도 갖지 마십시오"(15,1)라는 구절이 「인준받은 수도규칙」에서는 삭제되고 오직 말을 타지 말라고만 한다.

- 여성들과의 교제(비인준 규칙 12장, 인준 규칙 11,1)도 「인준받은 수도규칙」의 내용이 더 짧고 간단하다. 그 대신 '남자나 여자의 대부가 되지 마시오'와 같은 그 당시 교회법을 인용한다.

이런 법규들은 프란치스칸 생활에서 그다지 중요한 것이 아니라고 여겨져 삭제한 것으로 보인다.

반면에 「인준받은 수도규칙」에는 「인준받지 않은 수도규칙」에 없던 몇 가지 법규들이 포함되었다.

- 지망자들의 시험(2,2)
- 결혼한 지망자들에 대한 규범(2,4)
- 기도에서 강론을 제외하고 로마 성무일도서를 사용함(3,1)
- 글 모르는 형제는 배우려 하지 말라(10,7).
- 죄지은 형제들의 보속(7,1-2)
- 수녀원을 출입하지 말라(11,2)
- 보호자 추기경을 모셔라(12,3)
- 이외에 「인준받은 수도규칙」은 장상들의 권한에 대해 정확하게 말한다(2,1; 7,1; 8,2; 9,2; 12,1 등).

이런 새로운 법규들은 프란치스칸 생활에 걸림돌이 되지 않았다.

우리 수도규칙은 형제들의 생활을 규정하는 규칙이 아니고, 프란치스코가 복음에 따라서 형제들의 생활이 올바로 실행될 수 있게 하려고 놓은 영적 기초라 할 수 있다.

3) 인준받은 수도규칙의 복음적 특징

(1) 「인준받은 수도규칙」의 두 기둥인 '복음을 실행하는 삶'

「인준받지 않은 수도규칙」에 비해 「인준받은 수도규칙」에서는 복음 구절의 빈도가 많이 줄어들었다. 복음 구절들은 「인준받지 않은 수도규칙」을 확인해 주고, 힘을 실어주고, 풍요롭게 하고 진실하게 했다. 그리고 우리는 복음을 살라는 소명을 받았다. 따라서 복음은 시작과 마침에서 그리고 목적에서도 「인준받은 수도규칙」의 기본 틀이다. 「인준받은 수도규칙」은 다음과 같은 구절로 시작되고 끝난다. "작은 형제들의 수도규칙과 생활은 이러합니다. 곧 순종 안에, 소유 없이, 정결 안에 살면서 우리 주 예수 그리스도의 거룩한 복음을 실행하는 것입니다."(1,1) "그리고 우리가 굳게 서약한 가난과 겸손과 우리 주 예수 그리스도의 거룩한 복음을 실행할 것입니다."(12,4) 이처럼 복음은 수도규칙의 가장 중요한 두 기둥을 이루고 있다. 프란치스코에 따르면, 형제들의 생활은 "거룩한 복음을 실행하는 것" 바로 그것이다!

(2) 복음 인용과 참조

「인준받은 수도규칙」은 복음을 5회 참조한다(1,1; 2,5; 3,6; 3,13; 12,4.). 그리고 공관복음에서 취한 5차례의 직접 인용도 있다(요한복음의 인용은 없다). 곧 2,13: 루카 9,62; 3,13: 루카 10,5; 10,10: 마태 5,44; 10,11-12: 마태 5,10. 10,22. 그런데 매우 흥미로운 것은 「인준받은 수도규칙」의 중심인 제4장과 9장에서 복음의 인용이나 참조도 발견되지 않는다는 점이다. 한편 본문을 따라 복음의 몇 가지 비유, 시편과 신약성경의 서간들이 발견된다.

> 제3장 10절: 2티모 2,14 참조.
> 제6장 2-8절: 1베드 2,11; 시편 38,13; 2코린 8,9; 야고 2,5; 시편 141,6; 1테살 2,7 참조.
> 제9장 3-4절: 시편 11,7; 17,31; 로마 9,28 참조.
> 제12장 4절: 콜로 1,23 참조.

우리는 복음 구절의 이러한 인용들 안에서 "우리 주 예수 그리스도의 거룩한 복음을 실행"(1,1; 12,4)하고자 하는 프란치스코의 분명한 의도를 볼 수 있다. 이는 또한 「인준받은 수도규칙」은 "복음을 실행하는 것"[25] 이외에 그 무엇으로도 초대하거나 권고하는 것이 아니라고 말할 수 있다.

(3) 수도규칙을 법의 지배 아래 두려는 시도

프란치스코와 그의 동료들 그리고 수많은 형제에 따르면, 그들은 신자들 사이에서 생생하고 구체적인 복음주의의 활발한 단계를 인식하고 있었다. 나아가 하나의 수도규칙 또는 다른 수도규칙이 의미가 없고 실제로는 대단한 것이 아니라는 것도 알고 있었다. 수도규칙은 늘 생각해왔던 나머지 부분, 곧 각자가 자신의 힘에 따라 도달할 수 있는 높이를 향하여 도약하는 발판과 같은 최소한의 것으로 생각되었다.[26] 수도규칙의 추인으로 프란치스코의 복음적 운동의 독창적 정신을 유지하지 않고 법률문서로 생각하던 사조는 막을 내렸다. 교황의 최종 추인은 그 이후로 수도규칙의 모든 수정을 위해서는 배타적으로

---

[25] 참조: A. MATANIĆ, Adempiere il Vangelo. Commento letterale e spirituale della Regola di S. Francesco, Vicenza 1967, 42-44쪽.

[26] R. MANSELLI, San Francesco, 356쪽.

교황에게 가야만 한다는 것을 뜻했다. 「인준받은 수도규칙」의 합법성은 해석과 주석의 필요성을 촉진하였다. 따라서 프란치스코는 「유언」에서 수도규칙에 대한 모든 해석적 주석에 반대를 선언했으며, 새로운 수도규칙이 아니라 삶의 증언인 바로 그 「유언」을, 법률가의 해석 요청을 피하도록 해주는 명확한 수단으로 언급하였다.[27]

그 때문에 「인준받은 수도규칙」은 복음적 특성을 상실하지 않았다. 그러나 13세기에 법률 정신에 종속되면서 수도규칙은 법률 수단들의 통제 아래 떨어지게 되었다. 이미 13세기에 형제들은 엄격하게 또는 덜 의무적인 '6개의 서원'과 '6개의 계명'을 정하려는 의도에서 「인준받은 수도규칙」의 해설을 내놓았다. 에서는 우리에게 특히 치명적인 결과를 가져오는 법의 지배, 끔찍한 법률주의에 대하여 말한다.[28]

(4) 복음적 삶에 대한 보장

「인준받은 수도규칙」을 「인준받지 않은 수도규칙」과 프란치스코의 다른 글들에 비추어보면, 프란치스코가 자신의 "복음적 생활"에 신약성경 또는 성경 전체를 실행하려는 의도를 덧붙이지 않았음을 알 수 있다. 가리도(J. Garrido)가 밝히듯이 프란치스코의 복음적 전망은 주로 "하느님의 종"인 그리스도의 추종에 관하여, 부차적으로는 산상설교만큼이나 사도들의 파견에 집중되고 있다.[29] 「인준받은 수도규칙」은 '작은 이들의 원형'이 된 프란치스코의 인격 안에서 육화된 복음적 삶의 지지 요소들을 재생시키도록 우리를 돕고자 한다.

---

27 참조: 같은 책, 356쪽.
28 K. Esser, La Regola definitiva, 15쪽; J. Garrido, La forma de vida franciscana, ayer y hoy, Aránzazu 1985, 17-19쪽.
29 참조: J. Garrido, La forma de vida franciscana, 43-50쪽.

4. 인준받은 수도규칙의 본질

수도규칙의 본질이 무엇인지 올바로 이해하는 것은 매우 중요하다. 왜냐면 수도규칙을 법률문서로 보는 경우와 영성 지침으로 보는 경우는 그 내용에 대한 이해가 근본적으로 달라질 수밖에 없기 때문이다. 먼저 수도규칙의 본문을 수도승적 맥락으로 이해하는 문제를 살펴본 다음 그 본질에 대해 알아본다.

1) 수도규칙 본문을 수도승적 맥락에서 이해하는 문제

우리 '작은형제회'는 프란치스코 성인 사후에 특히 총봉사자 하이몬 데 파베르샴(Haymon de Faversham)과 보나벤투라 시대에 일부 수도승적인 생활양식을 받아들였다. 그러나 우리 수도규칙을 프란치스칸적으로 접근해야만 성 프란치스코의 의도를 올바로 알아들을 수 있다. 이런 이유로 프란치스칸 개혁 운동이 일어날 때마다 우리 회의 고유한 생활양식으로 돌아가려는 경향이 있었다(제6장의 '어머니다운 사랑'). 형제회의 생활방식에 관하여 어느 형제가 밤에 배가 고프다고 울부짖을 때 모두 깨워 함께 먹도록 한 일화가 전해온다. 그러나 「완덕의 거울」에서는 프란치스코가 형제들을 깨워 함께 음식을 먹은 다음 형제들에게 "나는 이를 다시 반복하고 싶지 않습니다. 그것은 일반적이지도 적절하지도 않기 때문입니다"(27)라고 말했다고 전한다. 그러나 이는 다분히 수도승적인 표현으로서 성인의 말씀이 아닐 것이다.

이런 과정을 거치면서 이후 형제회는 자주 초기의 이상으로 돌아가자고 쇄신을 주장하였다. '수도생활의 쇄신 적응에 관한 교령' 제1장 2항의 '쇄신의 원리'에서 수도생활의 이상은 늘 초기 창설자의 이상으로 돌아가는 것이 기본 원리라고 지적하듯이 초기 형제들도 쇄신을 위해 초기 이상으로 돌아가고자 하였다.

　형제들은 수도규칙을 형제회의 이상보다는 '수도승 생활'의 배경에서 법적 관점으로 이해하고, 계급적이고 조직적으로 보기도 했다. 예컨대 「인준받은 수도규칙」 제5장의 일하는 자세(생계유지를 위한 수단)에 대하여 「완덕의 거울」 제27장은 육체를 제어하기 위한 수단으로 이해한다. 이는 「베네딕토 수도규칙」의 다음 구절을 인용한 것이다. "한가함은 영혼의 원수이다. 그러므로 형제들은 정해진 시간에 육체노동을 하고 또 정해진 시간에 성독(聖讀)을 할 것이다."(48,1)

　우리 수도규칙에 다른 수도규칙의 영향을 받은 흔적이 일부 남아있는 것이 사실이지만, 수도규칙의 본문을 수도승적인 맥락으로 이해한다면 중요한 줄기와 영성의 핵심을 놓쳐버리는 결과를 가져올 것이다.

2) 인준받은 수도규칙의 본질

　수도규칙에 법적인 문체가 나타나긴 하지만 그 본질이 법적이라고 판단해서는 안 될 것이다. 왜냐면 이 수도규칙은 권고적인 내용과 법률적인 내용이 상호 교차적으로 존재하며, 어느 한쪽을 배제할 수 없기 때문이다. 프란치스코는 모든 복음적 영감을 이 수도규칙에 형상화하고자 한 것이 아니며, 동시에 복음을 법률 규정들의 축적으로 축소하려는 의도도 없었다. 수도규칙은 입법자로서의 권위에서 나온 것이 아니라 오직 주님께서 거룩한 복음의 양식에 따라 살도록 계시해주신 데 대한 예언자적 의식으로부터 나온 것이다.[30]

　수도규칙은 작은 형제의 외적 생활뿐 아니라 외적 생활에 대응하

30　F. Uribe, La Regla de San Francisco, 37쪽.

여 간직해야 할 내적 정신과 태도도 묘사한다. 따라서 작은 형제들의 영성 생활과 정신적 시야를 형성하고 인도하는 데 다른 무엇보다도 중요한 것이다. 수도규칙은 다른 여러 수도회의 수도규칙들과는 대조적으로 공동생활을 위하여 하나하나 세밀한 사항까지 규정하지 않는다. 수도규칙은 일반 원리를 제공하여 구체적 생활을 정하려는 안내서가 아니고, 형제회가 존재하기 시작한 최초의 십 년 동안 형제들의 실생활에서 얻어진 경험과 필요한 지침들을 글로 표현한 것이다. 또 수도규칙은 프란치스코 성인의 영적이며 정신적인 생활의 결실이다.

한편으로 수도규칙은 준수해야 할 의무규정이며, 법적인 성격을 지니고 있다. 그런데도 본질은 성 프란치스코의 거룩한 복음에 따른 삶의 체험이 담긴 영성 지침이기에 복음 생활의 실천을 위한 지침으로 받아들여야 한다. 수도규칙 규정상의 구체적 생활과 프란치스코의 근본적 이상 사이에는 많은 차이가 있고, 그의 이상을 일방적으로 법률로 규정하기도 어려운 일이다.[31] 「인준받은 수도규칙」 본문의 표현은 대부분 명령적이 아니고 부탁이나 권고로 되어있다. 그 가운데 복음적 이상에 관해 강하게 권고하는 표현들도 있다.

- "단호히 명합니다."(praecipio firmiter): 3번 - 4, 10, 11장.
- "의무가 있습니다."(teneantur): 4번 - 3,12; 7장, 8,1-2.4.
- "~할 것입니다."(debere): 4번 - 3, 6, 7, 10장.
- "순종으로 명합니다."(per obedientiam iniungo): 1번 - 12,3.

이들은 법적인 성격이 있긴 하지만, 법적 제재가 아니라 프란치스코의 영성적 의도와 본질을 드러내는 표현들이다. 성 보나벤투라는

---

31 I. RODRÍGUEZ HERRARA & A. ORTEGA CARMONA, Los escritos de san Francisco de Asís, Comentario filológico, Publicaciónes Instituto Teológico de Murcia OFM., 2003, 510쪽에서도 "가장 중요한 제1장과 12장의 원리와 목적으로 언급된 것처럼 법률 작품이 아니라 오히려 영성 생활에 관한 문서이자 복음의 추종에 관한 권고라 할 수 있다"고 본다.

수도규칙을 계명(Praecepta)과 권고(Monitiones 또는 Consilia)로 구분하여 해설서를 썼다. 그런데 교황들은 이에 대해 언급하지 않았다. 수도규칙은 프란치스코의 영성적 의도를 표현한 것이므로 그 문자에 매이지 말고, 그 정신을 새겨 생활에 적용해야 한다. 이렇게 볼 때 시대나 환경은 바뀌어도 수도규칙의 정신만은 변함없는 것이라 할 수 있다.

수도규칙과 「유언」은 그 표현방식과 범위에 차이가 있긴 하지만, 모두 성 프란치스코의 복음적 생활 이상을 요약하여 담고 있다. 그렇다고 해서 성인의 복음적 삶의 이상과 전망을 모두 표현하고 있는 것은 아니다. 둘 다 성인의 영성 지침 성격을 지니고 있다. 그리고 「인준받지 않은 수도규칙」은 법적인 내용이 있지만, 영성 지침의 성격이 더 강하다고 할 수 있다. 그런데 「인준받은 수도규칙」의 경우는 영성 지침의 성격이 있지만, 「인준받지 않은 수도규칙」에서보다는 법적인 성격이 더 강조되고 있다. 이처럼 수도규칙들은 법적인 성격과 영성 지침의 성격을 띠고 있다. 반면에 「유언」은 수도규칙이 제시한 생활 양식을 실제 삶에서 어떻게 적용하며 살아야 하는가를 더욱 구체적으로 해석하고 있는 영성 지침이자, 초기의 이상에 대한 회상이라고 할 수 있다.

프란치스코는 수도규칙을 법적으로 해설하지 말 것을 강조한다(유언 38.39). 이처럼 성 프란치스코는 수도규칙과 「유언」을 똑같은 수준에서 영성 지침으로 본다(유언 39 참조). 그러나 1230년 그레고리오 9세는 「쿼 엘롱가티」Quo elongati 칙서에서 수도규칙을 법규로 보아 지킬 의무가 있다고 하고, 「유언」은 법규가 아닌 영성 지침으로 보았다. 결론적으로 프란치스코 수도규칙은 단순한 법규나 규칙이 아니고 영성 지침이라고 할 수 있다. 따라서 수도규칙을 올바로 이해하려면, 그것이 영성 지침임을 선제해야 한다.

수도규칙은 거룩한 복음에 따라 우리 예수 그리스도의 발자취를 따르기 위한 생활양식을 제시하고자 한 것이다. 프란치스코는 수도규칙의 발전과정에서 자신이 품었던 초기 이상을 포기한 것이 아니라 현실에 폭넓게 적용하고 조직화시켰다. 수도규칙은 개인의 복음적 자유를 충분히 존중한 하나의 생활양식이었다. 프란치스코는 자신과 형제들이 수도규칙에 저촉되지 않고 법의 정신에 충실하면서도, 성령의 인도에 따르는 확신 가운데서 복음적 자유를 누려야 함을 강조한다. 수도규칙은 형제 개인의 개성과 인격을 존중하는 까닭에 자유와 민주주의의 기념비라고 할 수 있다. 프란치스코는 이 모든 것을 자신의 수도규칙에 적용하였다.

5. 인준받은 수도규칙의 문체

「인준받은 수도규칙」은 「인준받지 않은 수도규칙」과 내용상으로는 큰 차이가 없지만, 그 표현방식에서 큰 차이가 있으며 법적인 요소들도 더 들어갔다. 이미 앞에서 보았듯이 분명 프란치스코가 작성한 이 수도규칙에 다른 사람의 손질이 더해졌다고 할 수 있다. 그 결과 「인준받은 수도규칙」에서 프란치스코의 단순하고 투박한 문체를 찾기 어렵긴 하지만, 대신에 유연함과 조화를 발견할 수 있다. 예컨대 이 수도규칙에는 프란치스코의 단순하고, 무겁고, 반복되는 문장이 그다지 많지 않다.

수도규칙의 원문을 보면, 오히려 프란치스코가 다른 글에서 사용하지 않는 문구와 아름다운 문장을 자주 접할 수 있다. 예컨대 "지극히 사랑하는 나의 형제 여러분"(6,4 vos carissimos fratres meos), "지극히 사랑하는 형제들"(6,6 cui, dilectissimi fratres) 등의 표현은 "축복받은 나의 형제들" 혹은 단순히 "나의 형제들"(비인준 규칙 4,3)이란 표현보다 훨씬 아름답게 손질되어 있다. 특히 "물질에 가난한 사람이 되게 하면서도, 덕행에 뛰어나게 하는 지극히 높은 가난의 극치입니다"(6,4)와 같은 표현은 프란치스코의 다른 글에서는 찾아볼 수 없는 장엄한 표현이다. 이는 웅변적이고 수사학적인 특성이 강하게 드러나는 것으로서 프란치스코의 단순성이 빠져 있다. 또한 "어머니가 자기 육신의 자녀를 기르고 사랑한다면 각자는 자기 영신의 형제들을 한층 더 자상하게 사랑하고 길러야 하지 않겠습니까?"(인준 규칙 6,8)라는 표현도 "마치 어머니가 자기 자녀를 사랑하고 기르듯이, 각자는 하느님께서 자신에게 베풀어주시는 은총에 따라 자기 형제를 사랑하고 기를 것입니다"(비인준 규칙 9,11)라는 표현보다 훨씬 더 수사학적으로 꾸며져 있다.

프란치스코는 '그리고'(et)라는 접속사를 많이 쓰는데, 「인준받은 수도규칙」에는 별로 나타나지 않는다. 그래서 원문에서 'et'가 나오는 곳은 이전의 것으로부터 수정되지 않은 것으로 본다. 제2장 4절 "아내가 없거나, 있을 경우에는 아내가 이미 수녀원에 들어갔거나, 아내가 이미 정결 서원을 발한 후 교구 주교의 권한으로 주교가 그에게 허락을 주었거나, 그 아내가 의심받을 수 없는 나이면"이라는 문장은 법적인 특징을 드러내는 대표적인 표현으로서 프란치스코의 것이 아닌 것 같다. 또한 「인준받지 않은 수도규칙」 9장과 「인준받은 수도규칙」 6장 2.4절은 같은 내용인데, 「인준받지 않은 수도규칙」의 내용은 간단하고 단순한 데 비해 「인준받은 수도규칙」에서는 너무나 정리가 잘 되어 있다.

이 수도규칙은 일부 새로이 도입된 부분이 있지만, 「인준받지 않은 수도규칙」을 요약하고 있다. 또 단순하면서도 정교한 방식으로 프란치스코의 영성과 수도생활을 규정하는 데 역점을 두고 있다. 「인준받은 수도규칙」의 문체는 「인준받지 않은 수도규칙」에 비해 우아하면서도 정확하며, 반복이 거의 없고 성경 인용이 현저히 줄어들었다.

1) 프란치스코의 글들에 나타나는 문체

프란치스코가 쓴 라틴어 본문에서 그 목적과 요점이 다른데도 다음과 같은 일정한 문체를 발견할 수 있다.

① 접속사 'et'의 빈번한 사용으로 인한 병렬접속 : 괴츠(W. Götz)와 에써(K. Esser)가 이미 밝혀낸 것처럼, 특히 「유언」에서 그리고 다른 글들 예컨대 「어느 봉사자에게 보낸 편지」, 「신자들에게 보낸 편지」(I, II), 「인준받은 수도규칙」, 「은수처를 위한 규칙」에 나온다. 'et'의 잦은 사용으로 수도규칙 본문은 단순하고 세련되지 못한 특징을 보여준다. 그러나 일부 미화하는 부분도 있긴 하다. 예컨대 「인준받은 수도규칙」 6장 4절과 6절에서는 미사여구를 사용한다.

② 성인의 영성과 밀접한 특징적인 표현들도 나타난다. '모든'이란 말은 그의 열정적 성향, 관대한 마음, 모든 것을 포용하는 전체적이고 신비적인 시각을 드러낸다. 예컨대 프란치스코의 보편성은 그의 글에서 선택한 어휘들만 보아도 알 수 있다. 곧 '모두, 전적으로'(omnino 400회), '온, 전체적인, 보편적인'(universus 18회), '모두'(totus 48회), '항상'(semper 48회), '누구든지'(quicumque 32회), '어디서나'(ubicumque 31회), '홀로'(solus 29회), '아무 ~도 아니'(nullus 49회) 등을 보면, 프란치스코가 전체성과 보편성을 얼마나 중요시했는지 잘 알 수 있다. 이 어휘 사용의 빈도로 보아 보편성이란 면모가 성 프란치스코의 대표적인 면이라고 말하는 것이 합당하다는 결론에 이를 수 있다. '모든'이란 단어가 가장 많이 사용된 것으로 보아 성 프란치스코는 심리적으로 전체성을 지향하는 특이한 능력, 곧 전체성 보편성이 있음을 알 수 있다. 또한 '선'(bonum 또는 bene), '영'(Spiritus, 93회), '주님'(Dominus, 373회) 등을

자주 사용한다. 그리고 성체를 '지극히 거룩하신 몸과 피'라고 표현하며, '형제'(273회)라는 단어도 매우 많이 쓰고 있다.

③ 단조로운 단어 겹침이 자주 나타난다. 예컨대 비인준 규칙 17,9-19; 21,2; 22,5-10; 23,1.8-11; 성직자 편지; 2신자 편지 54-56.61-71; 시간경 찬미 11.

④ 명사절의 반복: 권고 말씀에 특히 많이 나타남.

⑤ 경어적 형식의 풍부함에도 의문형이 거의 없는 점. 예컨대 2신자 편지.

⑥ -ter로 끝나는 부사 사용의 빈번함.

- '간단히'(breviter): 레오 편지 2; 시에나 유언 2.
- '확고히', '굳게', '간곡히'(firmiter) : 봉사자 편지 4; 비인준 규칙 17,7; 20,2; 24,4; 유언 20.25.27.32.33.38; 2신자 편지 34; 지도자 편지 6; 1성직자 편지 10; 형제회 편지 43; 권고 1,21.
- '마찬가지로', '이처럼'(similiter) : 봉사자 편지 16; 1성직자 편지 12; 비인준 규칙 3,11; 5,9; 8,12; 9,16; 권고 5,7.
- '영적으로'(spiritualiter) : 비인준 규칙 2,4; 4,2; 5,4; 5,8; 7,15; 16,5.
- '육적으로'(carnaliter) : 비인준 규칙 5,4.5; 22,5.
- '것처럼'(taliter) : 비인준 규칙 6,2.
- '겸손하게'(humiliter) : 권고 22,2-3; 1보호자 2; 비인준 규칙 5,5; 11,3; 23,6.7.11.
- '성실하게'(fideliter) : 비인준 규칙 20,2.
- '육신적으로'(corporaliter) : 성직자편 3; 1신자 편지 2,5; 2신자 편지 65; 유언 10.
- '대죄를 지었을 때'(mortaliter) : 봉사자 편지 14.
- '다르게'(aliter) : 권고 1,7.
- '단순하게'(simpliciter) : 유언 4.15.39(2회).

■ '기꺼이'(libenter) : 권고 22,2; 유언 18.

⑦ 하느님께 대한 봉사 또는 사랑의 철저함에 대한 배타적인 강조를 위하여 "다른 아무것도"(nihil aliud)를 사용한다. 비인준 규칙 9,1; 22,9; 23,9(3회); 이 23장 9절은 "우리 창조주이시고 구세주이시고 구원자이며 홀로 진실하신 하느님 외에는 다른 아무것도……., 다른 아무것도……., 다른 아무것도……., 다른 아무것도……."와 같은 대조 또는 반대 명제 문체로 확인하고 있다.

2) 인준받지 않은 수도규칙과의 비교

이러한 어휘적, 문체적 특징들은 「인준받은 수도규칙」에서도 나타나고 있으나 「인준받지 않은 수도규칙」에 비해 그 빈도가 상당히 줄어들었다.

① 한 문장의 서두에서 접속사 'et'는 「인준받지 않은 수도규칙」이나 「유언」에서보다 더 드물게 나타난다. 실제로 「인준받은 수도규칙」 1,3; 2,3.7.12.14-16; 3,5.12.14; 6,2.7-9; 7,3; 8,4; 9,2; 10,4에서 발견된다.

② 용어의 중복 사용이 매우 줄어듦
- '수도규칙과 생활'(Regula et vita 1,1; 2,11)
- '순종과 존경'(obedientia et reverentia 1,2)
- '권고하며 충고합니다'(moneo et exhortor 2,17; 9,3; 10,7)
- '평화롭고 순박하고 양순하고 겸허해야'(pacifici et modesti, mansueti et humiles 3,11)
- '순례자나 나그네처럼'(peregrini et advenae 6,2; =유언 24)
- '상속자와 왕'(heredes et reges 6,4)
- '악습과 덕행, 벌과 영광'(vitia et virtutes, poenam et gloriam 9,4)

- '근심과 걱정'(cura et sollicitudo 10,7 = 지도자 편지 6; 비인준 규칙 22,26)
- '주님의 영과 그 영의 거룩한 활동'(Spiritus Domini et sancta eius operatio 10,9; 참고 2신자 편지 53; 유언 39)
- '가난과 겸손'(paupertas et humilitas 12,4; = 비인준 규칙 9,1)
- '사랑과 친절'(caritative et benigne 10,5) 등.

③ 명사구에 의한 진술은 드물다.

④ 의문문은 「인준받은 수도규칙」에는 없다.

⑤ -ter가 붙은 부사의 반복은 존재하지만, 다음 표현들에 한정된다.
- '면밀히'(diligenter) : 2,2; 6,8; 참조 비인준 규칙 2,3; 4,3; 5,3; 5,5; 7,15.
- '단호히', '철저히'(firmiter) : 2,3; 4,1; 8,1; 10,3; 11,1; 12,4; 참조 비인준 규칙 17,7; 20,2; 24,2.
- '충실하게'(fideliter 2,3) et devote(5,1; 참조 비인준 규칙 20,2).
- '겸손하게'(humiliter) : 5,4.
- '완전히'(totaliter) : 인준 규칙 6,6에만 나옴.
- '대죄를 지으면'(mortaliter) : 7,1.
- '영적으로'(spiritualiter) : 10,4.

⑥ "다른 아무것도"(nihil aliud) : 인준 규칙 6,6.

⑦ 수도규칙에는 단절되거나 이질적인 표현도 나타난다. 단절된 표현의 예로는 「인준받은 수도규칙」 2,3-6을 들 수 있다. 그리고 이질적인 표현은 「인준받은 수도규칙」 6,4-6에 나온다. 아마도 이 구절은 교황청 문서의 형식을 삽입한 듯하다. "지극히 사랑하는 나의 형제 여러분."

프란치스코의 문체에 관한 비교 고찰을 통해서 볼 때, 「인준받은 수도규칙」에 프란치스코의 전형적인 표현이 많이 나옴을 알 수 있다. 바로 이러한 점이 「인준받은 수도규칙」의 친저성을 확증해준다.

「인준받지 않은 수도규칙」에서나 「인준받은 수도규칙」과 「유언」에서 "단호히"(firmiter)의 반복에 주목할 필요가 있다. 프란치스코가 생애의 말년에 쓴 글들에서 자신의 마지막 뜻을 강조하기 위하여 "단호히"(firmiter)라는 부사를 사용했기 때문이다. 다른 한편 의심의 여지 없이 제삼자가 수도규칙의 확정적인 본문을 손질했음이 분명하다. 본문에서 프란치스코의 문체와는 동떨어진 여러 법적 문제를 볼 수 있다. 특히 「인준받은 수도규칙」 2,4; 7,1-2; 8; 9,1-2. 11장 등이다.

3) 인준받은 수도규칙의 복합적인 문체

프란치스코의 글에는 법적인 문체, 수사적인 명문, 상용어구의 사용, 일인칭 단수 동사를 사용한 문장, 짤막한 성경 구절의 인용 등과 같은 복합적인 문체들이 나타난다.[32]

(1) 법적인 문체

「인준받은 수도규칙」에는 법적인 문체의 단락들이 나타난다. 그 대표적인 예로는 제2장이다.

> "그들이 이 모든 것을 믿고 충실히 고백하며 끝날까지 굳게 지키기를 원하면, 그리고 아내가 없거나, 있으면 아내가 이미 수녀원에 들어갔거나, 아내가 이미 금욕을 서원하여 교구 주교의 권한으로 주교가 그에게 허락을 주었거나, 그 아내가 의심받을 수 없는 나이가 되었으면 그때 봉사자들은 '가서 너희의 모든 것을 다 팔아 가난한 사람들에게 나누어 주도록 힘쓰라'라고 하신 거룩한 복음의 말씀을 이야기해 줄 것입니다. 만일 이렇게 할 수 없으면 좋은 뜻만으로도 넉넉합니다."(2,3-6)

---

32 참조: F. Uribe, La Regla de San Francisco, 34-36쪽.

(2) 장엄한 수사적 문체

프란치스코에게는 낯선 수사적인 장엄한 문체는 매우 우아한 어조를 띠는데, 예컨대 제6장의 '가난의 찬가'라 부르는 것이 그것이다.

> "이것이 바로 지극히 사랑하는 나의 형제 여러분을 하늘나라의 상속자요 왕이 되게 하고, 물질에 가난한 사람이 되게 하면서도, 덕행에 뛰어나게 하는 지극히 높은 가난의 극치입니다. 이것이 '살아 있는 이들의 땅으로' 인도하는 여러분의 몫이 되었으면 합니다. 지극히 사랑하는 형제들, 이 가난에 완전히 매달려 우리 주 예수 그리스도의 이름을 위하여 하늘 아래서는 평생토록 결코 다른 어떤 것도 가지기를 원치 마십시오."(6,4-6)

(3) 중요 상용구의 사용

제2장 17절과 제9장 3절에 나타난 것처럼, 언어의 주 지배를 받는 종속문을 배열하는 몇 가지 형식이 있다.

> "나는 모든 형제에게 권고하며 충고합니다."(2,17)
> "나는 설교하는 형제들에게 권고하고 충고합니다."(9,3)

그리고 적절히 배열된 '그러나'(sed), '그렇지만, 비록 ~하지만'(tamen), '그리고, 그런데'(autem), '왜냐면, 물론, 한편'(nam), '어디로부터, 왜'(unde), '~도 또한'(quoque) 등과 같은 다양한 접속사들의 존재도 주목된다.

'모든 형제'와 같은 수신자를 언급하는 형식은 그 라틴어에 상응하는 좀 더 법률적인 어조를 띤다. "모든 형제"(fratres omnes), "모든 형제"(universi fratres), "다른 형제들"(fratres alii) 등. 다른 경우를 보면 '지극히 사랑스러운 나의 형제들'(carissimos fratres meos), '지극히 사랑하는 형제들'(dilectissimi fratres)과 같은 표현을 들 수 있다. 이런 표현들은 프란치스코가 사용한 단순한 어법보다 훨씬 깍듯하게 예의 바른 표현으로서 명백한 교회적 수사법을 보여준다. 프란치스코는 그와 달리 '나의 형제들', 또는 '축복받은 나의 형제들'과 같은 표현을 사용한다.

(4) 1인칭 단수 동사를 사용한 문장

입법자는 1인칭 단수 동사를 사용하여 수신자들과의 직접적인 만남으로 들어간다. 이런 표현은 수도규칙 본문 편집에서 프란치스코의 직접적인 개입에 관한 매우 웅변적인 증언들이다. 이런 문장은 총 8개인데, 그 가운데 권고적 성격의 동사들과 함께한 것이 넷이고, 나머지 넷은 명령적인 동사들과 함께한 것이다.

- 권고적 성격의 동사와 함께한 것은 2,17(권고하며 충고합니다. moneo et exhortor), 3,10(조언하고 권고하며 충고합니다. Consulo, moneo et exhortor), 9,3(권고하고 충고합니다. moneo quoque et exhortor), 10,7(권고하며 충고합니다. moneo vero et exhortor).

- 명령적 성격의 동사와 함께한 것은 4,1과 11,1(모든 형제에게 단호히 명합니다. Praecipio firmiter fratribus universis), 10,3(그들에게 단호히 명합니다. firmiter praecipio eis), 12,3(순종으로 명합니다. per obedientiam iniungo).

(5) 짤막한 성경 구절의 인용

「인준받은 수도규칙」의 문체적 특징 가운데 하나는 짤막한 성경 구절들을 인용한다는 점이다(2,13; 3,13; 10,10-12). 이렇게 인용된 구절들은 특히 신약성경에서 유래한 본문들을 다양하게 되새겨 받아들인 것이다. 이 구절들은 전체적으로 본문에 신학적 성격을 부여하는 구조를 형성하는데, 특히 권고적인 어조의 문장들 주변에 이루어진다. 성경 구절에 의지할 때 이 권고들은 일종의 특별한 도덕적인 힘을 얻을 뿐 아니라 수도규칙에 영감을 준 핵심적인 진리에 관한 특징을 띠게 된다.

이 영감을 주는 핵심은 진복팔단, 예수 추종에 관한 복음적 요구들 그리고 주님이 하늘나라를 선포하라고 제자들을 파견하며 하신 말씀들과 밀접한 관계에 있다. 이러한 복음 구절들의 존재는 짤막한 인용 본문들, 특히 암시와 복음적 반향이 드러난 형태 안에서 알아볼 수 있다. 인용된 복음 구절이 직설법 현재로 표현된 동사들과 밀접한 관계에 있을 때 그 권고적 의미는 비교할 수 없는 힘을 지닌다. 이런 식으로 복음 구절을 포함하는 본문은 입법자 프란치스코의 심오한 의도와 지대한 관심을 생생하게 드러낸다.

6. 인준받은 수도규칙의 구조와 내용

1) 인준받은 수도규칙의 구조

「인준받은 수도규칙」은 축복과 도입으로 이루어진 교황의 수도규칙 인준 칙서와 본문 12개 장으로 되어있다.

(1) 인준 칙서 'Solet annuere'[33]

「인준받은 수도규칙」은 교황 칙서 안에 끼워져 있다. 서두에 교황 호노리오의 이름이 있다. 끝부분에는 인준 날짜가 다음과 같이 적혀 있다. "라테라노에서 교황 재임 제8년 11월 29일."(Datum Laterani tertio kalendas decembris, Pontificatus nostri anno octavo) 칙서 본문을 보면, 교황청 관료들이 적합한 본문을 작성하는 노고마저 하지 않고, 대신에 시토 회원들의 특권들을 위해 사용된 양식을 활용하였다.[34]

---

33   BF., I, 15쪽.

34   K. ESSER, La Regola definitiva, 83쪽.

(2) 축원과 시작 양식

「인준받은 수도규칙」 자체는 축원의 양식과 더불어 소개된다. "주님의 이름으로!"(In nomine Domini!) 이러한 하느님의 축원은 프란치스코의 법률적 본문이라 할 수 있는 다른 글들에서도 나타난다. 곧 비인준 규칙 1,1(좀 더 길다); 4,1; 24,1; 1신자 편지 1,1; 2신자 편지 1; 형제회 편지 1(좀 더 길고 장엄함)등인데, 하느님의 축원으로 '도입'(Incipit)이 이루어진다. "작은 형제들의 생활이 시작됩니다."(Incipit vita Minorum Fratrum) 이러한 도입은 「인준받지 않은 수도규칙」에는 빠져 있다.

(3) 12개 장으로 구분되는 본문

현재의 장 구분은 원래의 것이 아닐 수 있다. 「인준받지 않은 수도규칙」과는 달리 「인준받은 수도규칙」은 각 부분의 제목이 포함되어 있다. 이는 아마도 사도적 창설을 상징하도록 12개의 장으로 나누기를 원했던 교황청에 의해 강요되었을 것이다.[35] 제목들은 특히 2장, 6장, 10장, 11장, 12장에서 보듯이 본문을 논리적으로 나누는 그 이상으로 각 장의 내용에 대한 충분한 표시를 제공해주지는 않는다.

「인준받지 않은 수도규칙」 또한 장으로 나뉘어 있었음을 고려해 보더라도, 「인준받은 수도규칙」이 교황의 추인 이전에 장으로 구분되지 않았다는 것은 거의 불가능한 일이다. 어쨌든 제목들은 이미 칙서에도 있으므로 성문화한 본문에 속한다. 따라서 현대의 모든 판과 거의 모든 주석은 12개 장으로 구분하는 것을 따른다. 그러나 분명 12개 장의 구분은 각 장의 상징적 역할에 무게를 둔 것이지, 내용 중심의 구분은 아니다. 이런 점에 착안하여 에서는 「인준받은 수도규칙」의 본

---

35 참조: R. J. ARMSTRONG OFM. Cap., J. A. WAYNE HELLMANN OFM. Conv. & WILLIAM J. SHORT, OFM. (ed.), Francis of Assisi: Early Documents, vol. I, New City Press 1999, 100쪽 각주 a.

문을 40항으로 구분하고 거기서 다음과 같이 다섯 부분으로 형성되는 구조를 발견하였다.[36]

　1-2항(1장): 복음의 실행을 의무화하는 규정
　3-13항(2장-3장 9절): 형제체의 성장, 외적인 형태, 공동 기도에 관한 규정
　14-27항(3장 10절-7장): 축성생활에 대한 활기
　28-39항(8장-12장 2절): 이상의 결합을 위한 이전 수도규칙과 연결된 일련의 새로운 가르침들
　40항(12장 3-4절): 복음의 실행에 관한 결론적인 위대한 권고

여기서 독서의 두 가지 열쇠는 1장 1절과 12장 4절에 나오는 "복음의 실행"이다.

에써(K. Esser)의 분류를 고려하면서 다음과 같은 구조로 볼 수도 있겠다.
- 시작 칙서와 제1장
- 2,1-3,9 : 형제회 생활을 받아들임과 삶의 원칙들
- 3,10-7,3 : 세상을 다닐 때
- 8,1-12,4(형제회의 조직); 마침 칙서 : "…… 교황 재임 제8년"

한편 수도규칙의 본문 내용에 더 착안하여 전체를 8개 부분으로 나누어볼 수 있겠다.[37]
　제1-3부: 수도생활의 모든 형식에 관한 구성적인 요소들(1,1-3,9).
　　- 제1부(1장): 복음적 교회적 기초
　　- 제2부(2장): 새로운 형제들의 받아들임과 시작, 서약과 의복 형태

36　참조: K. Esser, La Regola definitiva, 81쪽.
37　참조: F. Uribe, La Regla de San Francisco, 38-43쪽.

- 제3부(3,1-9): 형제들의 공동 기도와 단식재
제4부: 세상 안에서 순례자와 가난한 자로서 형제들의 생활(3,10-6,6)
제5부: 형제적 생활, 순종을 위해 필요한 것들과 조직(6,7-8,5; 10,1-6), 주님의 영을 지님(10,7-12)
제6부: 설교의 봉사(9장)와 이교인들에 대한 선교(12,1-12)
제7부: 형제들의 애정적 관계라는 독립된 주제(11장)
제8부: 수도규칙의 결어(12,3-4)

이러한 구분을 통하여 다음과 같은 5가지 핵심 권고를 발견할 수 있다. 이 핵심 권고들은 신학적이거나 추상적인 용어가 아니라 프란치스코가 형제들의 생활을 위하여 기본으로 여긴 권고들과 지침들로 짜인 것들이다. 바로 이런 점에서 수도규칙이 프란치스칸 수도생활의 원칙에 관해 이론화하려는 의도가 아니라 무엇보다도 복음의 실행을 권고하고 있음이 명백하게 드러난다.[38] 이 핵심 권고의 본문이 복음을 많이 인용한 것을 보아도 알 수 있다.

- 2,17 : 나는 형제들에게 권고하며 충고합니다. 부드럽고 화려한 옷을 입은 사람이나 맛 좋은 음식을 먹고 마시는 사람들을 볼 때, 그들을 멸시하거나 판단하지 말고 오히려 각자 자기 자신을 판단하고 멸시하십시오.
- 3,10-14 : 또한 나는 주 예수 그리스도 안에서 나의 형제들에게 조언하고 권고하며 충고합니다. 세상을 두루 다닐 때, 형제들은 남과 다투거나 언쟁을 벌이거나 남을 판단하지 말고, 오히려 마땅히 모든 이에게 정직하게 말을 하면서 온유하고 평화롭고 순박하고 양순하고 겸허해야 합니다. 그리고 형제들은 꼭 필요한 경우나 아픈 경우가 아니면 말을 타서는 안 됩니다. 어느 집에 들어

---

38 같은 책, 42쪽.

가든지 먼저 '이 집에 평화를 빕니다' 하고 말할 것입니다. 그리고 거룩한 복음에 따라, 차려 주는 모든 음식을 먹어도 됩니다.

- 6,4-6 : 이것이 바로 지극히 사랑하는 나의 형제 여러분을 하늘나라의 상속자요 왕이 되게 하고, 물질에 가난한 사람이 되게 하면서도, 덕행에 뛰어나게 하는 지극히 높은 가난의 극치입니다. 이것이 살아 있는 이들의 땅으로 인도하는 여러분의 몫이 되었으면 합니다. 지극히 사랑하는 형제들, 이 가난에 완전히 매달려 우리 주 예수 그리스도의 이름을 위하여 하늘 아래서는 평생토록 결코 다른 어떤 것도 가지기를 원치 마십시오.

- 10,7-12 : 진정 나는 주 예수 그리스도 안에서 권고하며 충고합니다. 형제들은 모든 교만과 헛된 영광, 질투와 탐욕, 이 세상 근심과 걱정, 그리고 중상과 불평에 빠져들지 않도록 조심하고, 또한 글 모르는 형제들은 글을 배우려고 애쓰지 마십시오. 오히려 우리가 무엇보다 먼저 갈망할 것에 마음을 쏟읍시다. 곧 주님의 영과 그 영의 거룩한 활동을 마음에 간직하고, 주님께 깨끗한 마음으로 항상 기도하고 박해와 병고에 겸허하고 인내하며, 또한 우리를 박해하고 책망하고 중상하는 사람들을 사랑하는 일입니다. 왜냐면 주님께서 이렇게 말씀하시기 때문입니다. "너희는 원수를 사랑하여라. 그리고 너희를 박해하고 중상하는 자들을 위하여 기도하여라. 행복하여라, 의로움 때문에 박해를 받는 사람들! 하늘나라가 그들의 것이다. 끝까지 견디는 이는 구원을 받을 것이다."

- 9,3-4 : 또한 나는 설교하는 형제들에게 권고하고 충고합니다. 설교할 때 그들의 말은 백성들에게 유익하며 감화를 줄 수 있도록 숙고되고 순수해야 합니다. 또한 설교자들은 그들에게 간결한 설교로 악습과 덕행, 벌과 영광을 선포할 것이니, 이는 주님께서 이 세상에서 간결하게 말씀을 하셨기 때문입니다.

나아가 우리베(F. Uribe)는 에써가 제안한 내적 구분을 따르면서[39] 수도규칙 본문을 22개 단락으로 나누어 폭넓은 이해를 시도한다. 이러한 접근은 매우 설득력이 있고, 수도규칙의 본문 내용을 깊이 이해하는 데 큰 도움을 준다고 본다.[40] 이를 도표로 하면 다음과 같다.

단락	장절	제목	부제목
1	서문, 1,1	예수 그리스도의 복음을 실행함	프란치스칸 삶의 복음적 기초
2	1,2-3	교회에 대한 순종	프란치스칸 삶의 교회적 기초
3	2,1-6	"이 생활을 받아들임"	회개의 첫째 요구들
4	2,7-8	재산 포기에서의 자유	가난한 이들에게 나누어줌
5	2,9-10	시련기	의복 형식의 변화
6	2,11-13	"순종에 받아들여짐"	서약과 그 결과들
7	2,14-17	형제들 의복의 형식	다양한 방식으로 사는 이들 사이에서
8	3,1-4	형제들의 공동 기도	성무일도
9	3,5-9	육신의 단식재	다른 신자들처럼
10	3,10-14	작은 이들과 평화의 건설자들	세상을 두루 다닐 때
11	4,1-3	돈이나 금품도 없이	그러나 형제들 때문에 마음을 쓰는
12	5,1-4	충실하고 헌신적으로 일함	생계유지
13	6,1-6	하늘나라의 상속자요 왕	무소유와 순례
14	6,7-9	서로 가족처럼	영적인 형제들
15	7,1-3	자비롭게 보속을 줄 것	형제들의 죄 때문에 흥분하지 말 것
16	8,1-5	총봉사자와 총회들	
17	9,1-4	"숙고되고 순수한 말"이어야	형제들의 설교
18	10,1-6	형제체에서의 권위와 순종	봉사자들과 구성원들의 관계
19	10,7-12	주님의 영을 지님	작은 형제의 기본적인 태도와 행동
20	11,1-3	형제들의 애정적 관계	조심과 분별
21	12,1-2	이교인들을 향한 선교	
22	12,3-4	충실성의 기초들	

우리는 이 구분에 따라 장별로 해설할 것이다.

---

39 K. Esser, La Regola definitiva, 46-80쪽에서 40항으로 나눠 해설한다.

40 참조: F. Uribe, La Regla de San Francisco, 45-47쪽.

2) 인준받은 수도규칙의 내용

에써(K. Esser)는 「인준받은 수도규칙」이 지니는 의미를 다음과 같이 요약한다. "교회의 최고 권위에 의해 승인되고 추인된 수도규칙은 형제들을 외부로부터 보호하고 안전하게 해주었을 뿐만 아니라 구성원들의 단일성과 일치도 폭넓게 보장해주었다. 그리고 이는 형제들이 순종으로 어디에 파견되든지 간에 공통의 양식과 방법이라는 측면에서 고유한 공동생활을 살 수 있도록 해주었다. 존재와 삶의 이런 공통의 양식은 공동체에 진전된 방식으로 모두가 일치된 특징을 부여해주었다. 나아가 프란치스코가 교회의 최고 권위에 오로지 조건 없는 순종으로 수도규칙에 따라 이 생활을 영위하겠다는 결심을 처음부터 그리고 나중에는 계속 반복해서 표현했다는 사실은 미래를 위해 새롭고 의미 있는 일이었다. 이러한 사실들은 가톨릭의 보편성과 교회의 미래를 보장해주었다."[41]

「인준받은 수도규칙」 본문은 어떠한 수도규칙도 완전히 기록할 수 없는 충만한 복음적 삶의 길을 제시한다. 이 수도규칙은 하나의 프란치스칸 신앙고백이자, 영성 지침이며 형제회의 근본이다. 또 작은 형제들의 복음적 생활 실천에 관한 구체적인 규정들을 포함하고 있는 법적인 문헌이기도 하다. 그 핵심 내용은 '형제들은 순례자로서 순종 안에 소유 없이 정결 안에 살면서 우리 주 예수 그리스도의 거룩한 복음을 실행해야 한다'(1,1)라는 것이다. 그리고 수도규칙은 첫 장부터 마지막 장까지 모두 가난이라는 주제가 계속되고 있다. 이처럼 예수 그리스도의 가난과 겸손에 근본을 두고 있는 형제들의 삶은 '교회 안에서' '작

---

41 K. Esser, La Orden Franciscana. Origenes e Ideales, 159쪽.

음'(Minoritas)과 '형제애'(Fraternitas)의 정신으로 이루어져야 한다.[42]

「인준받지 않은 수도규칙」과 「인준받은 수도규칙」은 내용과 전체적인 맥락에서 볼 때 근본적으로 일치한다. 「인준받은 수도규칙」은 요약된 「인준받지 않은 수도규칙」이라고 해도 지나친 말이 아니다. 물론 「인준받지 않은 수도규칙」에 없는 몇 가지 면이 「인준받은 수도규칙」에 있긴 하다. 다음과 같은 차이점도 발견된다.

- 「인준받지 않은 수도규칙」에는 영적인 권고가 많다. 예컨대 무엇을 지키라 할 때 그것을 지켜야 하는 이유나 동기를 자세히 말한 다음 부탁하는 식으로 말한다. 「인준받은 수도규칙」은 반대로 같은 내용을 말할 때도 원인, 동기, 이유 등의 설명이 없다.

- 「인준받은 수도규칙」의 문장은 「인준받지 않은 수도규칙」의 문장보다 짧다.

- 「인준받은 수도규칙」에는 비교적 성경이 훨씬 적게 인용되어 있는데 이는 작성 과정에서 유식한 형제들의 요청에 따라 뺀 것이다.

결국 「인준받은 수도규칙」과 「인준받지 않은 수도규칙」은 같은 내용이면서도 차이가 있다. 「인준받은 수도규칙」의 작성 동기는 형제들의 복음적 생활양식의 요체를 보다 정확하고 간략하게 표현하려는 것이다. 「인준받은 수도규칙」에서 내용상 가장 중요하고도 근본적인 정신은 "기도와 헌신의 정신"(5,2)과 "주님의 영과 그 영의 거룩한 활동을 마음에 간직하는 것"(10,8)이다. 복음을 실행하는 형제들의 삶은 모

---

[42] E. Leclerc는 수도규칙의 세 가지 기본 주제를 다음과 같이 파악한다. ① 복음이 참된 삶의 길(1장과 12장). ② 재물에 대한 탐욕과 힘의 추구를 버리고 겸손을 지키고 그리스도를 본받는 가운데 가난한 삶을 사는 것은 사람들 사이에서 진정한 형제적 공동체를 이루어내는 것(6장) ③ 형제애가 충만한 관계를 맺고 삶으로써 주님의 영 안에 머무는 것(10장). 참조: Francisco de Asís, El retorno al Evangelio, 115-118쪽.

두가 이 근본정신 위에서 이루어져야 한다. 이를 기초로 하면서 「인준받은 수도규칙」의 기본 정신을 다음 몇 가지로 요약할 수 있다.

■ 복음의 정신 : 작은 형제들의 삶은 복음에서 영감을 받아 복음을 실행하는 삶이다. 복음은 수도규칙 위에 있으므로 결국 복음은 우리의 수도규칙이다(1장). 따라서 복음 정신이야말로 수도규칙의 가장 중요한 정신이다

■ 교회 정신 : 형제들은 교회 안에서 교회와 함께, 교회 의식을 가지고 복음을 살도록 불렸다(1. 12장). 교회는 형제들에게 생명을 주는 어머니이기에 형제들은 교회에 충실해야 한다. 프란치스코는 교회 안에서 복음을 삶으로써 교회를 쇄신하려고 하였다.

■ 가난과 작음 : 프란치스코는 비우고 낮추어 오신 가난하신 그리스도를 만남으로써 하느님 사랑을 체험하였다. 그는 형제들이 자신을 떠나 하느님께 모든 것을 맡기며, 이 세상에서 순례자나 나그네처럼 가난과 겸손 안에서 주님을 섬기기를 바랐다(6,2) 가난은 그의 형제들을 가장 겸손하고 가장 보잘것없는 이들로 만들려는 방편이었으며, 상처받은 인간의 형제가 되기 위한 길이었다. 그는 '벌거벗은 채 벌거벗으신 그리스도를 따라'(nudus nudum Christum sequi) 삶으로써 복음을 선포하였다. 그는 수도규칙에서 돈과의 단호한 결별(4,1), 자기 것으로 하지 않음(6,1), 더 작아지는 태도를 규정함으로써 사랑으로 연대하며 형제애를 실현하려고 하였다.

■ 자유와 지율 : 작은 형제들의 수도규칙은 최소한의 법과 극대화한 영성, 최소한의 제도와 최대한의 복음을 표현함으로써 자유의 탁월함을 드러내었다. 프란치스코 수도규칙은 각 개인의 자유와 창의성, 결정을 최대한 존중한다. 곧 '하느님의 뜻에 맞는다고 생각되는 때'(2,10), '필요한 경우'(3,9; 4,2), '어쩔 수 없는 경우'(2,15), '원하는 때'(3,6)에는 달리 할 수 있다. 프란치스코는 상황에 대한 적절한 고려, 각자의 고유한 처지와 인격을 존중하는 개방성과 유연함을 폭넓게 보

여준다. 2장 6절의 "만일 이렇게 할 수 없으면 좋은 뜻만으로 넉넉합니다"라는 규정도 같은 취지이다. 그는 삶의 전반에 걸쳐 이처럼 각자의 자유 결정에 맡겼다.

■ 평등 : '작은 형제'라는 명칭은 평등성의 기초 위에 모두가 존엄한 존재임을 드러내 준다. 프란치스코의 자유 사상은 평등과 형제성을 통하여 실현되었다. 프란치스코는 당시의 폐쇄적인 신분제와 불평등한 위계적 질서를 철저히 거부하였다. 그는 성직, 학식, 재산, 장상직, 귀족과 평민 등 그 어떤 이유나 조건으로도 차별하지 않았다. 그는 이렇게 말한다. "너희는 모두 형제다. 또 이 세상 누구도 너희의 아버지라고 부르지 마라. 너희의 아버지는 오직 한 분, 하늘에 계신 그분뿐이시다."(비인준 규칙 22,33-34) "모든 형제는 형제들 서로 간에 어떤 권한이나 지배권도 가져서는 안 됩니다."(비인준 규칙 5,9) "아무도 장상이라고 부르지 말고, 반대로 모두 똑같이 작은 형제들이라 부를 것입니다."(비인준 규칙 6,3)

■ 형제애 : 형제애는 "필요한 것을 서로 간에 거리낌 없이 드러내 보이고, 육신의 형제보다 한층 더 자상하게 사랑하고 기르는"(6,8) 사랑이다. 프란치스코가 자유와 평등의 기초 위에서 살아냈던 '형제애'(fraternitas)는 그 보편성과 시대적 요청에 따라 작은 형제회를 넘어 모든 인간관계와 창조물과의 관계에까지 확산하였다. 그는 나환자들과 함께하고(유언 1-2절), 낮은 사람이 되어 남의 집에서 일하며(비인준 규칙 7,1-3), 천한 사람들과 멸시받는 사람들, 힘없는 사람들과 가난한 사람들 가운데서 사는(비인준 규칙 9,2) 연대를 통하여 형제성을 드러내고 형제애를 실천하였다.

이렇듯 프란치스코는 복음에 뿌리를 두고 자유와 평등과 형제애를 실현함으로써, 수직적인 위계질서와 그에 따른 종속과 지배 체제를 무너뜨리고, 연대하여 사회적 우애를 실현하는 '복음의 혁명'을 이뤄냈다. 그는 수도규칙의 이러한 정신을 통하여 교회쇄신뿐 아니라 인간과 세상을 바라보는 시각을 바꿨으며, 사회, 정치, 사상, 문화, 예술 등에도 지대한 영향을 미쳤다.

이제 우리는 이러한 입문적 고찰을 바탕으로 성 프란치스코의 「인준받은 수도규칙」의 본문을 고찰해보고자 한다. 이미 보았듯이 우리는 수도규칙이 하나의 '법적인 지침'이자, '영성 지침'임을 인식하면서 본문에 접근해야 한다. 그리고 그 의미를 깊이 이해하려면, 「인준받지 않은 수도규칙」은 물론 프란치스코 성인이 남긴 글들과 작은형제회의 초기사료 등과 연결하여 총체적으로 접근할 필요가 있다. 또 프란치스코 당대의 시대적 배경과 형제회의 역사적 맥락을 고려하며 읽어야 한다.

본문의 의미를 가능한 깊이 그리고 올바로 이해하도록 먼저 개요를 제시하고, 필요한 부분에서 본문의 배경을 서술한 다음 본문의 구조를 제시하고 본문을 해설하겠다. 그리고 핵심 단어들에 대한 언어적 분석과 성 프란치스코의 정신을 더욱더 본래의 형태로 잘 담고 있는 1221년의 「인준받지 않은 수도규칙」과 비교 분석함으로써 수도규칙 본문의 '혼'을 찾으려 시도할 것이다. 각 장의 끝에서는 현대적 적용을 언급하고자 한다.

❖ 인준받은 수도규칙 본문 해설 ❖

교황의 수도규칙 추인 칙서

[¹ 하느님의 종들의 종인 호노리오 주교는 사랑하는 아들들인 프란치스코 형제와 작은형제회의 다른 모든 형제에게 인사하며 사도적 축복을 내립니다. ² 사도좌는 청원인들의 경건한 청원을 승인하고 진실한 원의에 너그러운 호의를 베푸는 것은 관례입니다. ³ 그러므로 주님 안에 사랑하는 아들들, 우리는 여러분의 경건한 간청에 귀를 기울여, 우리의 선임 교황인 인노첸시오께서 승인하신 여기에 실려 있는 귀 회의 수도규칙을 사도적 권한으로써 여러분에게 추인해 드리며, 이 칙서(勅書)의 보호 아래 인증(認證)하는 바입니다. 이는 다음과 같습니다.]

1. 칙서의 양식

수도규칙의 본문은 교황 호노리오 3세의 「솔렛 안누에레」(Solet annuere, 1223.11.29일)¹ 칙서로 시작한다. 이 칙서의 표현들은 매우 장엄하고 품위가 있지만, 실은 교회 공식 문헌에 흔히 사용되던 양식으로서 시토회 회원들의 특권을 위해 사용된 양식을 거의 그대로 빌려다 쓰고 있다. 교황은 자신을 '하느님의 종들의 종'(Servus sevorum Dei)이라는 호칭으로 부르는데, 이는 그레고리오 1세(590-604)가 처음 사용한 공식 호칭이다.²

---

1   BF, I, 15쪽.

2   그레고리오 1세 교황은 599년 콘스탄티노폴리스 총대주교 키아리코스 2세가 자신을 '세계 총대주교'라 칭하자, 이에 반발하여 교황이야말로 교회 최고 권위임을 재확인하려고 이 호칭을 썼다. 후대 교황들은 겸손하게 섬기는 목자

당시 수도규칙을 승인하는 칙서의 양식은 '수도생활'(Religiosam Vitam)이라는 장엄한 형태와 단순한 '솔렛 안누에레'Solet annuere 양식문이 통용되었다.³ 그런데 장엄한 양식을 통해 수도회 승인을 받은 도미니코회와는 달리 프란치스코의 수도규칙은 단순한 양식문으로 추인되었다. 데보네가 그 이유를 잘 설명해준다.⁴ 다음과 같은 조건을 충족시킬 때 '수도생활'(Religiosam Vitam) 칙서를 받는 특전을 얻게 된다고 말할 수 있다. 첫째, 문서가 종교단체에 보내진다. 둘째, 종교단체가 수도회가 되려는 의사가 있다(수도규칙 준수 조항이 규정 형식으로 표현된다). 셋째, 재산의 소유가 다루어진다. 넷째, 수도회는 사도좌의 보호 아래 놓이게 된다. 이 마지막 조건은 면속 특전과 관련되어 있으므로 근본적이다. 그런데 작은 형제들은 이 조건들 가운데 첫 번째 조건만을 충족하고 있었다. 프란치스코는 모든 이의 저항에도 '형제단'(fraternitas)이란 이름의 사용을 옹호하면서 두 번째 조건을 반대했다. 세 번째 조건과 관련해서는 형제들의 가난에 대한 충실성은 논의의 필요성조차 없었다. 마지막으로 프란치스코는 네 번째 조건을 확실

임을 인식하며 이 호칭을 사용하게 되었다.

3   교황청은 수도자들이 청원할 때 "수도생활을 선택한 이들"(Religiosam Vitam Eligentibus)이라는 서식을 썼다. 이 장엄한 서간 양식문은 우르바노 3세(1088-1099) 재임 때로 소급된다. 서문에서 교황은 그가 수도생활을 선택한 사람들을 도울 의무가 있음을 상기시켰다. 그 결과 교황은 기꺼이 그들의 청원을 받아들이고 그들의 교회를, "복되신 베드로의 보호 아래" 받아들였다. 다음 단락은 지켜야 할 수도규칙을 다루고, 이어 수도원의 재산이 얼거리는데 봉건사회의 법에 따라 이후로는 교황청이 유일한 소유자로 여겨진다. 끝으로 서간은 교황과 추기경 회의에 참석하였던 모든 추기경의 서명이 따른다. 한편 덜 중요한 사안을 다룰 때는 "청원자들의 올바른 소망"(Justis Petentium Desideriis)이나 "우리에게 청원해 온"(Cum a Nobis Petitur), 또는 다른 서식들이 사용되었다. 이 경우 교황청 고위 성직자만 서명하였다. 아마도 인노첸시오 3세의 재임시 생겼던 "경건한 서원에 사도좌의 관례"(Solet annuere Sedes apostolica piis votis) 서식이 작은 형제들의 수도규칙 추인에 사용되었다. 흔히 사용된 이 행정 서식은 성대하지 않고 통상적이었으며 교황청 고위 성직자의 서명조차 요구되지 않았다.

4   T. DESBONNETS, Dalla Intuizione alla Istituzione, 137-138쪽.

히 반대했다. 교황청은 '수도생활'(Religiosam Vitam) 칙서가 주는 특전을 공포할 수 없게 되자, 다른 마땅한 선택이 없었고 단순한 양식의 서간을 보낼 수밖에 없었다. 호노리오 3세는 '솔렛 안누에레' 양식문을 선택했다. 그는 이 서식의 건조한 형식을 이용하면서 다른 것을 덧붙이지 않는다. 분명 교황은 작은 형제들에게 또 다른 수도규칙을 규정해 주지 않았으며, 수도회 내부 활동을 인준하는 그 이상을 하지 않았다.

더 정확히 말하자면, 교황은 1209년에 구두로 승인한(approbatio) 수도규칙을 추인(confirmatio)한 것이다. 이러한 호노리오 3세의 행위는 이 문서에 중복해서 교회적 중요성을 부여하지 않았음을 보여준다. 「솔렛 안누에레」 칙서를 교황청에 요청한 사람은, "호노리오 주교는 프란치스코 형제와 작은형제회의 다른 모든 형제에게"라는 칙서 서두의 표현에서 알 수 있듯이 프란치스코 자신이다. 칭호를 생략하는 것은 교황청 관습에 어긋나는 것인데도 단순히 '프란치스코 형제'라고 한다. 그것은 프란치스코가 3년 전에 총봉사자직을 사임했기 때문에 더는 칭호를 가지지 않았고, 칭호를 가질 의사도 없었음을 드러내 준다.

2. 수도회 명칭

인준 칙서에는 '작은형제회'라는 공식 명칭이 나온다. 프란치스코는 「원수도규칙」에서 자신을 단순히 '이 형제들'이라고만 불렀다. 프란치스코는 자신의 글에서 수도회를 지칭하면서 '형제단'(fraternitas, 10회), '수도회'(religio, 13회), '회'(ordo, 6회)라는 용어를 사용한다. 「인준받지 않은 수도규칙」에서는 '형제들'도 '회'도 아직 특정한 명칭을 갖지 않고 '형제단'(fraternitas, 3회) 또는 '수도회'(religio, 5회)라고 하는데, 「인준받은 수도규칙」에서는 '형제단'(4회), '수도회'(2회), '회'(ordo, 2회)라는 명칭

외에 '작은형제회'(교황 칙서 1절)라는 공식적인 명칭이 나타난다.⁵

형제단(fraternitas)이라는 용어는 그리스도교에서 뻗어 나온 것인데, 4세기부터 수도승들의 회 또는 종교단체들에 적용되기 시작하였다.⁶ 13세기에 'societas'와 'fraternitas'라는 용어는 수도자들의 그룹에 적용되었던 'ordo'와 'religio'라는 용어와 달리 평신도들과 회개자들 종교단체들의 고유한 용어들이다.⁷ 'Religio'라는 단어는 항상, 또는 거의 항상, '수도생활' 또는 '수도생활을 살아가도록 인정되고 승인받은 단체'를 의미한다. 그러나 종종 결사(結社)에 대한 동의어로도 사용된다.

---

5   '작은형제회'라는 명칭의 일련의 발전과정에 관하여는 K. Esser, La Orden Franciscana. Origenes e Ideales, Aránzazu 1976, 56-59쪽; G. Giovanni Merlo, 백준호 역, '아씨시의 이름으로(II)', 프란치스칸 삶과 사상, 제30호(2008년 봄), 213-214쪽 참조.; 프란치스코의 추종자들은 처음에 자신들을 '아씨시의 회개자들'(익명의 페루자 19; 세 동료 37)이라 불렀다. 프레몽트레회의 수도원장인 Burchard de Ursperg의 연대기에서는 나중에 '작은 형제들'이라고 명칭이 바뀌어야 했다고 확언하지만, 좀 변경이 가해져 '가난한 작은 자들'(pauperes Minores)이라 불렀다(Testimonia Minora 17 참조). '회개'라는 용어는 프란치스코의 영성에 부합되는 것으로서 초기 형제들의 정체성을 말해주는 데 사용되었다. 창설 당시의 정체성에 관하여는 Commissione Interfrancescana, '창설 당시의 프란치스칸 수도회의 정체성', 프란치스칸 삶과 사상, 제16호(2001년 봄), 6-46쪽 참조.

6   참조: I. Rodríguez Herrara & A. Ortega Carmona, Los escritos de san Francisco de Asís, 587-588쪽.

7   중세에 fraternitas라는 단어의 내용은 오늘날과는 매우 달랐다. 고대 로마에서 fraternitas는 같은 일에 종사하는 사람들의 단체, 같은 거룩한 신봉자들의 결사, 공동으로 구입한 묘지에 자신들의 품위 있는 매장을 준비하기를 원하는 가난한 사람들의 연합 등을 뜻했다. 이들 그룹은 단(collegium), 협회(consortium), 조합(societas)과 같은 용어들을 사용한다. 이들 다른 단체들은 장소와 시대에 따라 다양한 이름을 지녔다. 그러나 fraternitas라는 단어는 그리스도 안에서 세례를 받은 이들이 이루는 공통적 영적 혈통을 가리켰다. 이들 실체에 대해서는 사회법이나 교회법이나 시민권을 부여하지 않았다. 이들의 공통점은 다음과 같다. ① '형제'(frat-)라는 같은 어근에서 유래하는 특징적 이름, ② 물질적 또는 영적 자원의 공유, ③ 그룹의 표현으로서 공동체 식사의 중심적 위치, ④ 꽤 자주, 또한 평신도와 성직자 또는 남자와 여자의 혼합. 요약하면 fraternitas는 종교적이거나 세속적인 공봉의 활동을 동하여 결합한 본질에서 평등한 그룹이다(참조: T. Desbonnets, Dalla Intuizione alla Istituzione, 87-89쪽.).

'회'(ordo)라는 단어 역시 여러 가지 뜻을 갖는데, 12세기부터는 종교 조직에 적용되었다.[8] 수도자들 사이에서 사용되는 용어 '회'(ordo)는 생활방식을 의미한다. 예컨대 '클뤼니회'(Ordo Cluniacensis)는 단순히 클뤼니에서 생활방식을 의미한다. 이 단어 '회'(ordo)가 현재의 의미를 지니게 된 것은 '같은 관습', 곧 '같은 ordo'를 따르는 수도원 그룹을 지칭하기 위해 사용되면서부터다.[9]

자신의 수도회에 'fraternitas'라는 용어를 보존하고자 했던 프란치스코는 이 평신도 단체들과의 공통 기원을 드러내었다. '우리는 아씨시 출신의 회개자들입니다.'(익명의 페루자 19)라는 표현을 통해 그 유사성이 확인되었다.[10] 초기에 형제들의 그룹은 자신들을 회(ordo)가 아니라 형제단(fraternitas)으로 조직화하기 시작하였다. 그 조직화는 '수직적'이 아니라 '수평적'이었다. 이 형제단은 동등한 권리와 완전한 권리에 기초한 삶의 친교를 중시했고, 어떠한 구별이나 차별도 없었다. 'Fraternitas'라는 말은 프란치스코의 글들에서 10회 나오는데 항상 형제들의 무리를 가리킨다. 다시 말하면, 그리스도교적 사랑의 전형인 애정의 감정과 선의라는 차원이 아니라 실제적인 삶의 차원에서 진정한 형제들로서 성취를 키워가는 복음적 형제체인 인격적이고 인격화된 실재를 뜻한다.[11] '형제단'(fraternitas)이 '회'(ordo)로 변모되어 가는 과정에는 다양한 그룹들을 수도회 반열에 올리고자 했던 교황 인노첸시오 3세의 의도가 상당한 영향을 미쳤다. 그는 수도생활과 관련하여 결

---

8   I. Rodríguez Herrara & A. Ortega Carmona, Los escritos de san Francisco de Asís, 588쪽.

9   Religio와 Ordo의 의미 변천에 관하여는 T. Desbonnets, Dalla Intuizione alla Istituzione, 90-92쪽 참조.

10   J. Micó, 'El Carisma de Francisco de Asís', in SelFran n.75(1996), 391쪽.

11   참조: T. Desbonnets, 'Dalla Fraternita all' Ordine', in AA.VV. Lettura delle Fonti francicane, Temi di vita franciscana-La Fraternita, Roma 1983, 70쪽 이하.

정적 중앙 집중 정책을 추구하였고, 이런 맥락에서 수도승 또는 참사회 수도회들과 삼위일체회 등 여러 수도회에 고유한 수도규칙을 수여하였다.[12]

프란치스코가 1223년 수도규칙을 추인받을 무렵 대다수 형제는 형제단(fraternitas)보다는 '회'(ordo)라는 고전적인 구조를 선호하고 있었고, 로마 교황청도 '형제단'의 구조에 대해서 여전히 불신하고 있었다. 이런 상황에서 작은 형제들의 수도규칙도 법적으로 방향 전환을 할 수밖에 없었던 것으로 보인다. 수도규칙 서문(칙서)에 나오는 '회(ordo)'라는 단어가 본문에는 나오지 않는데, 이는 교황청의 의도가 반영된 것이다. 프란치스코는 이런 변화를 받아들이면서도 여전히 형제단(fraternitas)이라는 용어를 회(ordo)나 수도회(religio)보다 더 많이 사용한다. 여기에 프란치스코가 복음에 바탕을 두고 추구하고 선호하였던 형제회 조직과 형제 관계에서의 '수평적 지평'이 뚜렷이 나타나 있다. 그는 이 단어를 사용하여 수도규칙의 본질을 밝힌 것이고, 본문에 혼을 심어놓은 것이라 할 수 있다. 그러나 "프란치스코를 제외한 다른 형제들은 형제체가 수도회가 되기를 강렬히 원했기 때문에 '수도회'가 통용 어휘가 되는 것은 시간문제였다. 초기 동료들 가운데 그들의 초기 조직이 '형제단'이었음을 기억하는 이가 하나도 없고, 수도규칙에서 그 단어가 발견되지 않음은 범상한 일은 아닐 것이다."[13]

'작은형제회'라는 명칭은 상류층 사람들(maiores)과 하층민들(minores) 사이에서 하층민들 편에 서려는 정치적 또는 사회적인 동기가 아니라 복음적 동기(마태 25,40; 루카 7,16 등)에서 겸손과 형제애라는 영적인 기

---

12 참조: T. Desbonnets, Dalla Intuizione alla Istituzione, 107-108쪽.

13 T. Desbonnets, 같은 책, 111쪽.

초 위에 터 잡고 있음을 말해준다.[14] 프란치스코는 이미 1209년에 자신의 형제회를 '수도회'로 언급하고 자신의 글에서 그런 표현을 분명히 사용한다. 이렇듯 그는 초기부터 형제회를 교회 안의 수도회로 보았고, 자신과 형제들을 기존의 수도회들과 법적으로 대등한 형제회로 인식하였다. 에써의 깊이 있는 연구 결과가 잘 지적하듯이 당대인들에 의해서 작은 형제들의 생활은 '수도생활'로, 그들의 공동체는 '수도회'(ordo)로 여겨졌다는 사실은 논란의 여지 없이 명백하다.[15]

중세에 살아야 할 대상들의 이름을 공식적으로 언급하면서 수도규칙을 시작하는 것은 드문 일이었다. '작은형제회'(Ordo fratrum minorum)라는 수도회 명칭은 프란치스코의 원의에 따른 것으로서(1첼라노 38) 수도생활 역사상 새로운 것이었다. 왜냐면 당시에는 수도자를 구분할 때 수도복의 색깔(흑색: 베네딕토회, 백색: 프레몽트레회 등)이나 수도회가 창설된 모원(母院)이 있는 곳의 지명(Cluny: 클뤼니 수도원, Chartreux: 카르투시오회, Camadoli 'Campus와 Maldoli'의 합성어: 카말돌리회 등), 또는 활동(병원수도회, 자선수도회 등) 등 외적인 것을 기준으로 삼았다.

---

14 F. URIBE, La Regla de San Francisco, 52쪽; K. Esser, La Orden Franciscana. Origenes e Ideales, 56-59쪽; 참조: 동방역사, 32,3; 1첼라노 38; 토마스 첼라노가 쓴「성무일도용 전기」5항.

15 「인준받은 수도규칙」에서는 'ordo'(칙서; 7,2)와 'religio'(2,12; 8,1)를 모두 사용한다. 따라서「인준받지 않은 수도규칙」의 'religio'(머리말 3; 2,10; 13,1; 19,3; 20,1)가「인준받은 수도규칙」에서 'ordo'로 변화된 것으로 볼 수는 없으며, 공식명칭에서 'ordo'를 사용한 것이다. 오히려 Fraternitas에서 ordo로의 변화가 중요한 의미가 있다고 봐야 할 것이다. 에써와 데보네의 일치된 연구 결과에서 알 수 있듯이 당시에 'religio'와 'ordo'는 동의어로 사용되었다(K. ESSER, La Orden Franciscana. Origenes e Ideales, 39쪽; T. DESBONNETS, Dalla Intuizione alla Istituzione, 92쪽). 'ordo'라는 말은 1221년 수도규칙이 확정되기 전, 곧 로마에서 돌아오기 전에 이미 나타난다. 그 당시 교회의 공식 용법에서는 'religio'가 더 널리 사용된 용어였던 것 같다. 제4차 라테라노 공의회 결정 제13조에서 새로운 수도회의 설립을 금할 때는 'religio'만 사용하였다. Fraternitas는 religio나 ordo와는 다른 실체이며, 결코 동의어가 아니다. ordo는 계층 또는 관습을 지칭하기도 한다.

이와 달리 프란치스코는 삶의 고유한 영성적 차원인 '작은'과 '형제'라는 내용을 수도회 이름으로 삼아 예수 그리스도의 가난과 겸손, 형제애가 회의 근본 소명임을 표현하였다(비인준 규칙 9,1; 2첼라노 148 참조). "'형제'(frater)라는 명사는 프란치스코회의 윤곽을 가장 분명하고 신빙성 있게 드러내면서 그 안에 창설자인 프란치스코의 전반적인 목적과 의향을 담고 있었다. 프란치스코의 복음적 논리 안에서 '형제'라는 명사는 'minor(더 작은)'라는 매우 중요한 형용사에 의해 수식된다. 'Minor'라는 말의 참뜻은 매우 풍요롭고도 복잡하다. 우리가 만일 프란치스코의 어휘와 감수성에 어느 정도 접근한다면, 우리는 'minor'란 말의 복음적 영감 뒤에 겸손, 영 안에서의 가난, 물질적 가난, 자발성, 유순함, 상호 사랑 안에서의 순종, 인내와 봉사의 정신 등이 내포되어 있음을 보게 된다. 그것은 '형제'가 되는 데 필요한, 없어서는 안 되는 태도들과 덕들의 한 묶음이다."[16]

프란치스코에 의해 시작된 형제회는 '형제애'(fraternitas)에 바탕을 둔 가정적 형제체이며[17] '작은형제회'이다. 「인준받지 않은 수도규칙」은 서두에서 '작은 형제'라는 명칭을 쓰지 않고 6,4절에 가서야 쓰고 있다. 따라서 '작은형제회'라는 명칭은 일종의 영성 프로그램의 성격을 표현한 것이다. 이 수도회는 점차 소포니아 예언서 3,12에 나오는 이스라엘의 남은 자들, 가난한 자들, 겸손한 자들에 대한 예언적 신학에 그 뿌리를 두는 신학적 성찰을 하게 되었다.[18]

---

16 Commissione Interfrancescana, '창설 당시의 프란치스칸 수도회의 정체성', 19쪽.
17 참조: 비인준 규칙 제9장; 인준 규칙 제6장; 2첼라노 148. 180; 은수처 규칙.
18 참조: J. GARRIDO, La forma de vida, Ayer y Hoy, colección Hermano Francisco n.15, Aranzazu 1985, 138쪽.

3. 교황 칙서의 의의

프란치스코의 수도규칙에 담긴 생활양식은 교회의 법적 승인과 추인을 통하여 확고한 '복음의 길'로 확인된 셈이다. 이 칙서의 틀에서 발생한 변화는 분명하다. 곧 이 칙서의 틀에서 수도회 '승인'과 수도규칙 '추인'이라는 이중적인 법률행위가 수도회에 이중성을 추가해준 셈이다.[19] 이제 인준 칙서로 프란치스코에게 주어진 은사와 그의 복음적 직관이 제도라는 그릇에 담기게 되었다. 또 수도규칙이 영성 지침이면서 동시에 법적인 절차를 거친 법적인 성격도 지니고 있음을 말해준다. 이 문서의 법적인 본질은 '승인'(approbatio)과 '추인'(confirmatio)이라는 말에서 명확히 드러난다. 곧 이 수도규칙이 구두로 '승인'받은 1209년의 수도규칙에 근거하고 있음을 명확히 선언한 것이다.

이 칙서에서 교황은 '예수 그리스도의 대리자'요 '으뜸 사도의 후계자'로서 새로운 생활양식에 따라 살게 될 형제들을 축복하면서, 어떤 형제도 수도규칙을 단순한 기록으로 여기지 말 것을 공식적으로 표명한다. 교황의 축복은 프란치스코 수도규칙의 교회 차원을 드러내준다.

이 칙서는 프란치스코가 장엄한 칙서 대신 단순한 양식문으로 수도규칙을 인준받으려 하였고, 공식적인 호칭의 사용을 원하지 않았음을 말해준다. 이로써 프란치스코가 교회에 순종을 서약하면서도 복음을 철저히 살려는 결의가 강했음을 알 수 있다.

---

19 참조: A. Quaglia, La vera Genesi della Regola Francescana, Ed. Porziuncola, Assisi, 2002, 13쪽.

제1장
주님의 이름으로! 작은 형제들의 생활이 시작됩니다

¹ 작은 형제들의 수도규칙과 생활은 이러합니다. 곧 순종 안에, 소유 없이, 정결 안에 살면서 우리 주 예수 그리스도의 거룩한 복음을 실행하는 것입니다. ² 프란치스코 형제는 호노리오 교황님과 교회법에 따라 선출되는 그의 후계자들과 로마 교회에 순종과 존경을 서약합니다. ³ 그리고 다른 형제들은 프란치스코 형제와 그 후계자들에게 순종할 의무가 있습니다.

인준받지 않은 수도규칙의 병행 구절
[머리말]
¹ "성부와 성자와 성령의 이름으로, 아멘." ² 이것은 프란치스코 형제가 교황님께 허락과 추인을 요청한 생활입니다. 이에 교황님께서는 프란치스코 형제와 현재와 미래의 그의 형제들에게 이것을 허락하시고 추인해 주셨습니다. ³ 프란치스코 형제와 이 수도회의 머리가 될 형제는 누구나 인노첸시오 교황님과 그의 후계자들에게 순종과 존경을 서약할 것입니다. ⁴ 그리고 다른 형제들은 프란치스코 형제와 그의 후계자들에게 순종할 의무가 있습니다.

[제1장 1절]
이 형제들의 수도규칙과 생활은 순종 안에, 정결 안에, 소유 없이 살면서 우리 주 예수 그리스도의 가르침과 발자취를 따르는 것입니다.

개요

수도규칙 제1장은 수도규칙 전체의 요약이요, 프란치스칸 이상과 생활의 요약이다. 제1장에는 프란치스코가 추구하였던 프란치스칸 본질적 삶의 핵심이 담겨 있다. 그리고 로마 교회에 대한 탁월한 신뢰심과 순종, 교회의 아들로 남으려 했던 프란치스코의 뜻이 잘 표현되어 있다.

제1장의 본질(핵심)은, 첫째로 '수도규칙'은 법적인 규범이 아닌 생활양식이고, 둘째로 '생활'은 거룩한 복음을 따르는 것이며, 셋째로 형제들은 거룩한 로마 교회에 순종해야 한다는 점이다. 성 프란치스코는 예수께서 선포하신 복음을 살고, 제자들이 예수님과 함께했던 삶을 살고자 했다. 제2장부터 제11장은 제1장을 발전시켜 전개한 것이며, 형제들이 추구해야 할 복음적 생활이 구체적으로 제시되어 있다. 그리고 12장에서 다시 1장이 말하는 깊은 의미를 요약해서 말해주고 있다. 따라서 1장과 12장은 가장 중요한 대목이고, 수도규칙을 올바로 이해하는 열쇠가 되므로 수도규칙의 다른 부분과 연관시키지 않으면 잘못 이해할 수 있다.

「인준받은 수도규칙」과 「인준받지 않은 수도규칙」의 다른 점을 보자. 먼저 제1장에서는 「인준받지 않은 수도규칙」에 나오는 복음 인용이 사라졌다. 그리고 "이 형제들의 수도규칙과 생활은……"이라는 양식문이 "작은 형제들의 수도규칙과 생활은……"으로 변경되었다. 이제부터 형제들은 "작은 형제들"이라 불리게 된다. 또 다른 변화는 「인준받지 않은 수도규칙」에서 프란치스코의 어법을 따라 "우리 주 예수 그리스도의 가르침과 발자취를 따르는 것"이라 하는데, 이 수도규칙에서는 "우리 주 예수 그리스도의 거룩한 복음을 실행하는 것"으로 바뀐다. 이는 영성의 미묘한 진화를 보여주는 것이다.

제1장은 내용상 두 부분으로 이루어져 있다.

1. 예수 그리스도의 복음을 실행하는 삶(1절)
2. 교회에 대한 순종(2-3절)

본문 해설

1. 예수 그리스도의 복음을 실행하는 삶

¹ 작은 형제들의 수도규칙과 생활은 이러합니다. 곧 순종 안에, 소유 없이, 정결 안에 살면서 우리 주 예수 그리스도의 거룩한 복음을 실행하는 것입니다.

제1장의 제목으로 제시되는 "주님의 이름으로!"라는 표현은 가끔 '주님' 대신 삼위일체가 언급되기도 한다.[1] 이는 프란치스코의 다른 법적인 문서들에서 흔히 발견된다.[2] 이런 표현은 예전에 특히 중세에 중요한 문서를 시작하는 데 사용되었다. 여기서 '주님'(Dominus)은 삼위일체이신 하느님을 가리킨다.

프란치스코는 이 첫마디를 통해 이 수도규칙이 주님의 계시에 의한 것이요, 주님의 말씀임을 강조한다. 이렇게 신학적 어조를 띤 수도규칙 전체의 간략한 도입을 제시한다. 주님의 이름을 부르며 시작함으로써 이 문서가 전례적인 특성을 띠게 되고 전체 문서가 신학적으로 집중되도록 해준다.

서두에서 '작은 형제들의 생활양식'은 '거룩한 복음을 실행하는 생

---

1   2신자 편지 1.88; 형제회 편지 1 등.
2   비인준 규칙 머리말; 4,1; 24,1; 1신자 편지 도입.

활'(1,1)이라고 정의하면서 그 핵심을 표현한다. 1절은 복음이 삶의 참된 원칙임을 선언하고 있는데, 이는 수도규칙 12장 전체에 영감을 주는 근본적인 생각이다. 이러한 생각은 제12장에 이르러 또다시 요약되어 제시되면서 '항구하게 살아야 할 것'을 상기하고 촉구한다.

1) 생활(vita)

(1) 작은 형제들

프란치스코로부터 시작된 새로운 복음적 생활양식은 순례자와 나그네로서 살아가는 복음적 불안정, 소유 없이 단순하게 생활함, 도시의 가난한 사람들의 처지에 함께함, 형제애 등의 특징을 지니고 있었다. 그러나 당대의 다른 복음적 운동들과 구분 짓는 결정적 특징은 '보다 더 작아지는 작음'이었다. '작은 형제들'이란 표현은 1절의 주어를 확정한다. 이렇게 주어를 구체적으로 정하는 것은 '수도규칙과 생활'의 대상이 누구인가에 대하여 공식적으로 지칭하는 것이므로 중요하다.

일부 전기에 따르면, '작은 이들'(minores)이라는 용어는 프란치스코가 교황 인노첸시오 3세께 제출한 첫 수도규칙에 기록되어 있던 것이다(아씨시 편집본 67). 야고보 비트리 추기경도 1216년 자신의 편지에서 '작은 형제들'에 관하여 증언한다(8항). 또 1219년 6월 11일 교황 문헌에 처음으로 형제들을 '작은 형제들'(fratres minores)이라고 명명한다.[3] 토마스 첼라노는 말한다. "어느 날 그들이 수도규칙을 읽고 있을 때, 그는 '그들을 모든 이들 가운데 가장 작은 이들로 있게 하라'(ut sint minores)는 말을 들었다. 프란치스코는 수도규칙을 읽는 것을 중단시키고 말했다. '나는 이 형제회가 작은형제회(Ordo Fratrum Minorum)라 불리

---

3   HONORIUS III, Cum dilecti filii, in BF I, 2쪽.

기를 원합니다.'"(1첼라노 38) "작은 형제들"이라는 호칭은 프란치스코가 추구하고자 했던 형제들의 삶과 복음적 소명에 빛을 던져 주면서 분명하게 했다.

프란치스코는 그의 글에 minoritas(작음)라는 용어를 사용하지 않는다. 반면에 minor(더 작은)란 단어를 14회 그리고 minors(더 작은 이들)라는 단어를 9회 사용한다. 그의 이런 표현방식을 통하여 한없이 낮추시고 비우시고 작아지신 그리스도의 가난을 추상적인 관념이 아닌, 역동적이고 구체적인 방법으로 따라야 함을 알 수 있다.

'더 작은'(minor)이라는 용어는 성 프란치스코의 복음적 가난을 사는 태도와 깊은 연관이 있다. 그것은 그 자체로 절대적이거나 고정적인 상태가 아니며, 상대적으로 늘 '다른 어떤 존재보다' 더 작고 낮아지는 역동성이 요구되는 전인적 삶의 태도다. 작음의 태도는 프란치스칸 정신에서 독창적이고 계획된 점이다.[4] '더 작은 이들'(minores)은 새로운 자치도시에서 경제적, 정치적 힘을 지닌 부유한 중산층(maiores)과 달리 하층민이나 시골 주민을 가리켰다. 프란치스코는 그의 형제들에게 '미노레스minores'라는 이름을 부여함으로써, 그들을 사회적으로 도시의 서민들과 명확히 연관 지으려는 의도를 지니고 있었다.[5] 형제들은 '더 작은 이들'답게 어디에서든 지배적 힘을 행사하지 않았다. 프란치스코는 말한다. "같은 집에서 거주하는 모든 이들보다 더 낮은 사람이 되고 아랫사람이 되어야 합니다."(비인준 규칙 7,2) 또한 「유언」에서 "우리는 무식한 사람들이었으며 모든 이에게 복종하였습니다"(19)라고 회상한다.

---

4   참조: J. MICÓ, 'Menores y al servicio de todos. La minoridad franciscana', *in* SelFran 60(1981), 436-449쪽.

5   E. LECLERC, Francisco de Asís, El retorno al Evangelio, 81쪽.

여기서 우리는 작은 형제들의 특징적인 삶의 태도를 알 수 있다. '작음'이란 그리스도 안에서 드러난 하느님을 체험한 사람과, 동시에 십자가 위에서 죽기까지 낮추신 예수님 그리고 섬기는 종으로서 관계를 맺는 인간의 고유한 실존으로부터 드러나는 지평이다. '작음'은 형제애를 위해 가난을 사는 태도이다. '작음'은 하느님 사랑에서 우러나오는 자세로서 다른 이를 존중하는 태도이며, 가난, 겸손, 순종, 내맡김 등의 덕행을 포함한다. 작은 형제들은 가난하시고 겸손하신 예수님의 제자로 살아가는 것을 삶의 본질로 여긴다. 그래서 실제로 가난한 자가 되어 가난하고 소외된 이들의 삶에 끼어들어 하느님을 드러냄으로써 정체성을 살려고 한다.

프란치스코에게 '더 작아짐'은 권력과 특권과 지위를 자기 것으로 소유하지 않는 것이다. 그것은 자발적으로 가난하고 무력하며 무방비 상태에 있는 하느님의 백성들, 곧 성서가 말하는 "야훼의 가난한 자"처럼 되려는 바람이었다. 그것은 봉사 받지 않고 봉사하려는 바람이고, 함께 즐거워하고 함께 고통을 겪고 함께 나누며, 서로 관심을 두고 도와주며 서로 유용한 자가 되려는 몸짓이다. 또 다른 사람 위에 군림하려는 욕망, 곧 인간의 가장 악한 경향을 극복하려는 바람이다. 작은 형제들의 '더 작아지는' 삶의 성소는 우리 사회의 보잘것없는 이들, 가난한 이들, 자신을 지킬 힘이 없는 이들, 우는 이들, 고통받는 이들 가운데 자리하도록 한다. 그들과 함께하는 자로 남는 것은 그들의 음식과 머물 곳을 함께 나누는 것을 배우면서 그들의 삶, 그들의 기쁨과 슬픔을 나누는 것을 뜻한다. 프란치스코는 말한다. "형제들은 천한 사람들과 멸시받는 사람들 가운데에서, 또한 가난한 사람들과 힘없는 사람들, 병자들과 나병 환자들, 그리고 길가에서 구걸하는 사람들 가운데에서 살 때 기뻐해야 합니다."(비인준 규칙 9,2)

'형제들'이라는 명칭은 중세에 매우 흔히 사용된 것으로 당대의 회개 운동을 하던 이들과 여러 수도승 수도규칙과 기사수도회와 성전수도회의 회원들 사이에서도 사용되었다. 「인준받은 수도규칙」의 본문에서 53회 나오는 '형제들'이란 용어는 수도규칙의 수신인들을 지칭한다. 이는 '형제애' 또는 '형제체'라는 요소를 가리키는 실체로써 지배적인 의미를 지닌다.

프란치스코는 '형제체'(fraternitas)라는 새로운 형태의 삶을 시작하였다. 형제체 삶은 '거처 없이 세상을 다니며' 땅이나 그 어떤 것에도 애착하지 않고, 다른 이들에게 복종하며, 형제들끼리의 관계에서 모든 형태의 지배를 거부하고 평등을 추구함으로써 진정 복음의 표지가 되었다. 프란치스코는 「인준받지 않은 수도규칙」에서 이렇게 적었다. "모든 형제는 이 점에 있어서 특히 형제들 서로 간에 어떤 권한이나 지배권도 가져서는 안 됩니다."(5,9) 그는 대수도원의 수직구조와 봉건적 가부장제를 거부하면서 그 시대에 신선한 자극을 준 복음적 형제체를 탄생시켰다.

따라서 '형제'(frater)라는 말은 더불어 살아가는 형제체 모든 구성원의 '복음적 신원'을 가리키는 말이 되었다. 그뿐만 아니라 '형제'라는 말은 수도원인 '온 세상' 사람들을 바라보고 관계를 맺는 근원적인 방식이기도 했다. 프란치스코는 형제체 안의 사람들과 더불어 세상 안의 사람들, 나아가 모든 피조물까지도 형제로 받아들였다. 따라서 '형제'(frater)라는 이름은 자신들을 '수사'(monachus)라고 불렀던 수도승들이나 공주 사제단들과 구별해 주었다. 프란치스코의 이런 선택은 매우 근본적이다. 이는 '수도회'(religio 또는 ordo)라는 명칭보다는 '형제단'(fraternitas)이라는 명칭을 선호했다는 사실과 맥을 같이한다. 통치 방식과 신자들에 대한 처신이 봉건적이었고 위계 제도적인 채로 남아 있던 교회의 한복판에서, 그 당시의 관점으로 복음을 읽은 이 자치도시의 아들은 무언가 새로운 것을 창조해냈다. 그는 새로운 형식의 공동체 생활을 창안해 냈다. 이렇듯 서로가 차별 없이 '형제'가 되는 삶은 당시 사람들에게 인간관계 형태를 다시 보도록 해주었고, 그들을 참된 해방으로 이끌었다. 여기서 우리는 프란치스코의 탁월한 독창성에 놀라게 된다.[6]

앞에서 살펴본 바와 같이 '작은 형제들'과 '작은형제회'라는 명칭은 형제들과 수도회의 정체성을 함축하는 말이다. 이는 프란치스코가 추구하고자 했던 이상과 삶의 본질의 총체라 할 수 있다. 그 두 축은 가난을 사는 태도로서의 작음과 형제애이다. 작음과 형제애는 프란치스코가 '최초의 르네상스인'이 되게 했다.[7] 프란치스코는 늘 더 작아지는 삶을 통해 고통받는 동료 인간에게로 눈길을 돌려 타자를 존중하였다. 그 결과 신학을 참 인간학이 되도록 하였고, 사람들 안에 계시는 하느님의 아픔과 약함에 공감할 수 있었다. 그는 수직과 초월의 세계에 계신다고 믿었던 하느님을 사람들 안에서 생생하게 보고 만났다. 그는 스스로 낮아지고 아낌없이 내어줌으로써 모든 피조물을 동등한 형제로 맞아들였다. 그의 삶과 영성을 받아들인 많은 이들이 르네상스의 중심에 있게 된 것은 우연이 아니다. 단테, 페트라르카, 조토, 미켈란젤로, 라파엘로 등은 모두 재속프란치스코회원이었다.

(2) 수도규칙과 생활

우리 수도규칙을 역사적으로 보면, 형제들의 생활을 규정하는 '수도규칙' 이전에 먼저 '생활'이 있었다. 초기 형제들은 프란치스코를 따를 때 프란치스코와 같은 생활을 하려는 이상을 품고, 다른 것은 바라지 않았다. 그들의 이상은, 프란치스코가 받은 은사(charisma)에 참여하여 사는 것이다. 프란치스코의 생활이 그들에게 하나의 살아있는 규

---

6 참조: E. LECLERC, 같은 책, 165쪽.

7 참조: 시오노 나나미, 김석희 옮김, 르네상스를 만든 사람들, 한길사, 2001, 27-48쪽.

범이 되었으므로 다른 규칙, 조직, 법칙이 필요하지 않았다. 그들은 프란치스코가 실천하는 삶의 매력에 끌려갔다. 그러므로 수도회 시초에 수도규칙이 아닌 생활이 먼저 있었고, 이 새로운 형제회에 입회하고자 원하는 사람들이 영위해야 할 새롭고 결정적인 그리스도교적 생활양식이 교회 안에 있었다.[8]

새로 이 생활을 받아들인 형제들은 프란치스코와 형제들이 하는 생활을 그대로 따랐다. 이 사실은 수도규칙을 작성할 때 그대로 보존되었다. "누가 이 생활을 받아들이려고 우리 형제들을 찾아오면 (중략) 이 생활과 수도규칙을 항상 지키기로 서약함으로써 순종으로 받아들여집니다."(인준 규칙 2,1-11) 프란치스코는 「유언」에서 "이 생활을 받아들이려고 찾아오는 사람들"(16)에 대해 회상한다.

'수도규칙'(regula)이라는 용어는 프란치스코의 글에서 26회 사용되었는데, 그 가운데 「인준받지 않은 수도규칙」에서 2회, 「인준받은 수도규칙」에서 5회, 「유언」에서 12회나 사용되었다. 한편 '생활'(vita)이라는 용어는 프란치스코의 글에 63회 나오는데, 그 가운데 24번은 '수도규칙'과 관계있고, '수도규칙'이란 말과 동의어로 쓰인 때도 있다. 이는 「인준받지 않은 수도규칙」에서 11회, 「인준받은 수도규칙」에서 3회가 사용되었다. 이런 용례를 보면, 「인준받은 수도규칙」에서 '생활'이라는 용어는 줄어든 반면, '수도규칙'이라는 용어가 늘어났음을 알 수 있다.

왜 이러한 변화가 일어났을까? 그것은 수도규칙을 심의했던 총회와 로마 교황청의 영향 때문인데, 특히 새로운 수도규칙의 승인을 금한 제4차 라테라노 공의회의 결정 때문이다.[9] 그때 당시 '수도규칙'이

---

8   K. ESSER, Melius Catholice Observemus, *in* The Marrow of the Gospel. A Study of the Rule of Saint Francis of Assisi by the Franciscans of Germany, tr. Ignatius Brady ofm., Franciscan Herald Press, Chicago 1958, 108쪽.

9   F. URIBE, La Regla de San Francisco, 54-55쪽.

라는 말은 한 수도회(religio) 안에서 고유한 생활양식을 의미했었다.[10] 프란치스코는 이 용어를 사용함으로써 이미 존재하고 있던 교회의 굵직한 수도규칙들과 같은 범주에 들도록 하였고, 동시에 자신의 형제회가 진정한 '수도회'(religio)로 인식되도록 하였다.

'수도규칙과 생활'이라는 표현은 한 그룹, 일정한 조직체의 정체성을 정의하기 위한 일종의 중세적인 형식이다. 곧 이 중복된 표현은 작은 형제들의 정체성을 가리킨다. "프란치스코는 이 짝을 이루는 표현으로 자신의 메시지의 핵심과 교회 안에서 자기 사명의 모태를 파악하고 있다."[11] '수도규칙과 생활'은 우리 생활을 위한 규칙을 말하고자 하는 것이 아니라 오히려 우리 삶을 특징짓는 가치들과 행실들, 원칙들에 대한 설명이다. 달리 말해 우리는 실천적인 규범이 아니라 우리의 행실을 특징짓도록 해야 할 마음가짐에 우위를 부여하는 영적인 문서를 대면하고 있다.

'수도규칙'은 복음의 요약이자, 하느님께로 나아가는 방향을 제시해주는 핵심 규범을 뜻한다. 그리고 '생활'은 작은 형제들의 삶에서 가장 중요한 생활방식과 삶의 태도를 말한다. 작은 형제들은 '수도규칙과 생활'을 서약하는데, 이는 단순한 통과의례가 아니라 전 존재로 '거룩한 복음을 실행'할 것을 하느님과 교회 앞에 약속하는 것이다. 이처럼 수도규칙은 어떤 법적인 규범이 아니라 프란치스코처럼 복음을 살도록 이끄는 '총체적인 생활양식'이다.

'생활'과 '수도규칙', 이 두 용어는 프란치스코의 어법에서 볼 때 순수한 의미에서 구분된다. 특히 '생활'이란 단어는 그리스도의 모범

---

10 A. Boni, Gli Istituti religiosi e la loro potestà di governo, Pontificium Athenaeum Antonianum, Romae 1989, 250쪽.

11 A. Quaglia, La Regola Francescana. Lettura storico-esegetica, Assisi 1987, 71쪽.

과 가르침에 영감을 받은 일종의 삶이고, '수도규칙'이란 용어는 좀 더 규범적인 색깔을 제시해준다. 체코바오는 두 수도규칙 사이 용어 사용의 빈도수 변화를 기초로, "앞선 본문이 실존적이고 영적인 계획 속에 아래로부터 생동하는 삶의 역동성이 지배적이었다면, 1223년의 본문은 법률적 용어의 엄격한 설정 속에서 규범의 안정성이 지배적으로 나타난다"[12]고 본다. 마라네시도 "두 번째 수도규칙이 두드러지게 법률적이며 교회의 공식적인 변화를 주고자 했기 때문에, 앞선 본문의 실존적이고 영적인 계획을 포기하려는 것처럼 보인다"[13]고 분석한다. 그러나 여러 차례 '수도규칙'이란 용어 대신 '생활'이란 용어를 사용하고, 또 그 반대의 경우도 나타나므로 성인의 글에서 둘을 구분하기가 어렵다. 나아가 "함께 나타나든 혹은 각각 나타나든, 이 두 용어가 나타나는 모든 구절을 분석해 보면, '규칙'과 '생활'이라는 두 용어가 프란치스코의 글 안에서는 서로 보완적이고 거의 동의어라는 결론을 얻을 수 있다. (...) 규칙은 카리스마가 흐르고 있는 체계적인 양식(forma)으로, 이는 바로 복음을 따르는 생활이다."[14] 결국 체코바오와 마라네시의 견해는 프란치스코의 글 전체를 함께 고려하지 않음으로써 성인의 의도를 제대로 파악하지 못하였다고 할 수 있다.

프란치스코가 신자들에게 보낸 편지들(1신자 편지 2,21; 2신자 편지 3)에서 상기하고 있듯이 주님의 말씀들은 '영과 생명'인 이상 '작은 형제들의 생활과 수도규칙은 거룩한 복음을 실행하는 것'이 행위규범을 담은 난순한 법선으로 축소될 수는 없다. 프란치스코에 따르면, '생활'이라는 용어는 그가 회개 초기부터 체험했던 하느님 생명의 연장을

---

12 참조: S. Ceccobao, '수도규칙: 프란치스칸 여정의 정체성', 56-57쪽.

13 P. Maranesi, Il sogno di Francesco : rilettura storico-tematica della Regola dei Frati Minori alla ricerca della sua attualità, Assisi, 2011, 12쪽.

14 F. Uribe, 아씨시 성 프란치스코의 영성, 프란치스칸 사상연구소 학술발표 모음 2, 21쪽.

의미한다. 생활과 수도규칙 사이의 통합은 성령께서 이 수도규칙을 서약하는 사람들 안에 계속해서 작용한다는 확신을 가리킨다. 수도규칙은 활동을 규율하는 제도에 한정되는 것이 아니라 자신의 수도서약을 받아들이려고 하는 사람들의 구원 계획에 영감을 주는 것이다.

프란치스코는 '수도규칙'과 '생활'을 본질에서 같은 것으로 이해했다. 프란치스코가 "수도규칙과 생활"을 「인준받지 않은 수도규칙」과 「인준받은 수도규칙」 제1장에서 의도적으로 동의어로 사용한 것을 보아도 알 수 있다. 여기서 '생활'은 권고와 같은 의미로 받아들여진다. 「인준받지 않은 수도규칙」에서 사용하고 있는 '생활'이란 용어는 '수도규칙'(3,12; 24,1; 24,4), '형제회'(6,3의 '형제들'), '생활양식의 정신'(8,9), '넓은 의미의 생활'(4,3. 이는 「인준받은 수도규칙」에서 '수도규칙'으로 변경됨) 등의 다양한 의미로 사용되었다. 이렇게 다양한 어조로 사용된 '생활'이란 단어는 작은 형제들의 전체 삶에 스며들고 모양을 갖추게 해주는 거룩한 복음에 대한 설명들이다.[15]

'수도규칙이 시작됩니다'라는 표현 대신에 '생활이 시작됩니다'라는 표현을 사용한 것도 매우 중요한 의미를 지닌다. 왜냐면 '생활'이란 단어가 수도규칙 이해의 바탕을 제공해주기 때문이다. 사실상 '생활'이라는 개념은 수도규칙을 이해하는 데 근본적이다. 우리는 이 개념으로 수도규칙이 세부적인 것까지 규율하려는 규정집이 아니라 더 나은 방식으로 쉽사리 거룩한 복음의 삶을 살아가도록 해주는 지침, 권고, 명령의 총체임을 알 수 있다. 수도규칙에 적용된 '생활'이란 용어가 프란치스코의 독창적인 것은 아니지만, 그가 자신의 글들에서 이 용어를 선호한 것으로 보인다.[16] 곧 '생활'이란 용어가 「인준받지 않은

---

15 참조: K. Esser, La Orden Franciscana. Origenes e Ideales, 289-291쪽.
16 '생활'(vita)이라는 용어는 그 시대의 여러 문헌에 나온다. 예컨대 교황 칙서 'Cum secundum consilium'(1220.9.22)에도 'vitae vestrae'라는 표현이 나온다

수도규칙」에서 13회, 「인준받은 수도규칙」에서 5회 '수도규칙'이란 의미로 사용되고 있다. '생활과 수도규칙' 사이에는 같은 가치가 존재하는데, 이는 복음과 수도규칙의 관계로 확장된다. 작은 형제들의 '생활'과 수도규칙은 제도적인 것이 아니라 복음에 의해 인도된 '생활'의 작용 안에 있다.

프란치스코가 실천하려는 생활은 "거룩한 복음을 실행하는 것"이다. 프란치스칸 생활양식은 프란치스코의 회개 생활을 본받고 따르는 생활(인준 규칙 제2장; 유언 16)이며, "교회와 더불어 느끼며(sentire cum ecclesia) 교회를 위해서 교회와 함께" 사는 그리스도교적인 생활양식이다. 프란치스코는 '회'(Ordo)라고 불리기 전까지 삶을 중심으로 한 형제들의 모임을 '형제체'(Fraternitas)라 하였고, 하느님 앞에서 모두가 '형제'라는 점을 매우 중요하게 여겼다.

'형제체'(Fraternitas)는 '공동체'(Communitas)와 본질에서 구별된다. '형제체'가 기본적으로 지향하는 것은 제도가 아니라 '형제'의 인격이며, 획일주의가 아니라 각자의 고유한 인격을 존중하면서 형제적 통교를 이루는 복수주의를 목표로 한다. 또 형제체는 효과가 아닌 복음에 일치되려는 충실성을 추구하며, 주종의 수직 관계가 아니라 형제 대 형제라는 수평적 관계를 전제로 한 삶이다.

하느님의 인도와 교회의 지도로 발전된 은사적 생활은 형제들을 한마음 한뜻이 되게 하였다. 프란치스코는 빈말이 아니라 참된 의미에서 그 형제회를 수도회라 하였다. 이것은 오늘날에도 중요하다. 작은 형제들에게는 활동이나 사업이 아니라 복음대로 사는 생활이 중요하다. 곧 '작은형제회'는 에써(K. Esser)가 잘 지적했듯이 "생활의 단

(BF., I, 6쪽).

일성에 의해 구성된 형제회이며 공동생활 위에 세워진 참된 결합체이다."[17]

'작은형제회'는 교회 안에서 어떤 목적이나 잘 계획된 활동을 위해 모인 단체가 아니다. 프란치스칸 사명은 프란치스코의 시대처럼 오늘날에도, 주님 친히 프란치스코에게 계시해주신 복음적 생활양식을 교회와 세상 안에서 이루는 것이다. 그래서 우리는 주님께서 프란치스코를 통하여 교회에 주신 은사를 매일 생활화한다. 우리는 교회가 작은 형제들의 생활을 인준해 주었기에 프란치스칸 복음의 생활을 교회 안에서 보존하고 발전시켜 나가야 한다. 이 생활과 은사가 수도규칙에 명백히 표현되어 있다. 프란치스코는 '수도규칙과 생활'이 긴밀한 관계에 있음을 '생명의 책'(liber vitae)이라는 말로 표현했다.

> "프란치스코는 서원과 수도규칙에 열중하였고, 수도규칙을 생명의 책, 구원의 희망, 복음의 핵심, 완덕의 길, 낙원에 이르는 열쇠, 영원한 약속의 계약이라고 불렀다. 그는 모든 형제가 수도규칙을 소지하기를 바랐고 누구나 수도규칙을 알고 있기를 바랐으며, 고달플 때 위로를 주고, 자신들이 한 수도서원을 일깨우도록 하려고 그 수도규칙이 누구에게나 마음에서 들려오기를 바랐다. 그들이 마땅히 해야 할 생활을 생각나게 하도록 언제나 그들의 눈앞에 이것을 간직하기를 바랐으며, 더욱이 이 수도규칙을 손에 쥐고 죽기를 바랐다."(2첼라노 208)

(3) 순종 안에, 소유 없이, 정결 안에 살면서

「베네딕토 수도규칙」은 서약에 관하여, "입회가 허락된 사람은 성당에서 모든 이들 앞에서 그의 정주와 수도승답게 생활할 것과 순명을 하느님과 그분의 성인들 앞에서 서약하고, 만일 언제라

---

17 K. Esser, Melius Catholice Observemus, 109쪽.

도 다르게 행동한다면 그로 말미암아 조롱을 받으신 분에게 처벌 받을 것임을 알아야 한다"(58,17-18)라고 말한다. 중세기에 필사자들이 'conversatio'(수도승다운 생활)를 'conversio'라는 용어로 바꿔 옮겼다. 그들의 실수로 이 표현은 이해할 수 없게 되어 결국 빼게 되었다. 마찬가지로 '정주'(stabilitas)라는 용어도 더는 수정하려고 애써야 할 이유가 없어졌다. 이렇게 해서 순종만이 남게 되었다. 그 때문에 '설교자들의 회'를 포함한 몇몇 수도승적 수도회에서는 서약 양식에 오직 순종만 나타난다. 수도자의 신원을 표현하는 명확한 양식인 가난과 정결은 교회가 충만한 법적 형식을 갖추게 됨으로써 세 가지 복음적 권고로 포함되었다.

세 가지 복음적 권고가 신학적으로 체계화된 것은 12세기에 들어서다. 세 가지 복음적 권고는 13세기에 이르기까지 초대 수도원 창설자들, 곧 파코미오, 바실리오, 아우구스티노, 베네딕토 등의 수도규칙을 주석하고 토론하고 설교하는 과정에서 나온 것으로서 수도자의 내적인 자세를 정립시키기 위한 것이었다. 애초에는 하나인 '헌신 서원'을 이 세 가지로 환원시키려는 의도가 아니었고, 총체적인 관점에서 삶 자체에 영향을 미치면서 모든 덕을 포괄하는 것으로 간주하였다. 12세기의 수도규칙 주석과 토론 그리고 구체적 응용을 거치면서 세 가지 서원이라는 기본 골격이 확립되기에 이르렀는데, 특히 '작은형제회'와 도미니코회의 탁빌수도자들에게서 확립되이 오늘에 이르고 있다.

1139년 제2차 라테라노 공의회에서 의전수도회에 부과하기 위하여 처음으로 세 가지 복음적 권고 전체가 언급된다. 1153년에 인준받은 '예루살렘 성 요한 기사수도회'(일명 몰타 수도회)의 수도규칙은 서약 양식문에서 '순종, 가난, 정결'을 열거한다. 또 1198년에는 성령 수도회처럼 삼위일체 수도회의 수도규칙에도 들어가게 된다.[18] 이 마지막 두 수도규칙은 삼위일체 수도회의 수도규칙 양식을 자신이 도입했다고 증언하는 교황 인노첸시오 3세에 의해 인준된 것들이다. 또 세 가지 복음적 권고는 1202년 인노첸시오 교황이 수비아코(Subiaco)의 베네딕토 수도원 아빠스에게 보낸 편지에서 수도생활의 본질로 언급되고 있다. 이에 비추어보면, 인노첸시오 3세가 프란치스코의 수도규칙에 세 가지 복음적 권고를 넣도록 했을 가능성을 배제할 수는 없다. 어쨌든 프란치스코는 이런 흐름에 따라 수도규칙에 이를 규정하였다.

2절은 작은 형제들의 수도규칙과 생활에서 거룩한 복음을 실행하는 것과 세 가지 복음적 권고를 사는 것 사이의 긴밀한 관계를 언급한다. 「인준받지 않은 수도규칙」을 보면, 복음의 권고들과 예수 그리스도에 대한 추종이 결합접속사 'et'로 연결된다. 그러나 「인준받은 수도규칙」은 '우리 주 예수 그리스도의 거룩한 복음을 실행한다'라는 종속구와 또 다른 종속구, 곧 '순종 안에, 소유 없이, 정결 안에 살면서'를 사용함으로써 좀 더 소박하고 요약적으로 표현한다. 이로써 세 가지 복음적 권고들은 어의(語義)로 보아 '복음의 실행'에 포함되게 된다.

사실 프란치스코의 글들에서 보면, 세 가지 복음적 권고에 관한 언급은 이 서두에만 나오고 심지어 서약에 대해 말할 때조차 언급되지 않는다(2,11-14 참조). 곧 세 가지 복음적 권고는 서약함으로써 부과되었던 것이 아니라 오히려 초기부터 형제들의 삶에 속했다. 여기서 우리는 세 가지 복음적 권고에 대한 언급이 매우 개방성을 띤 특별한 요소임을 알 수 있다. 프란치스코에 따르면, 서약하는 것은 세 가지 복음

---

18 S. LÓPEZ, 'La vida del Evangelio de Jesucristo. Comentario a la Regla de los Hermanos Menores', *in* SelFran 29(1981), 306쪽.

적 권고의 완수가 아니라 복음의 실행이다. 다시 말해 '복음의 실행'의 결과로 세 가지 복음적 권고의 삶이 구체적으로 드러난 것이지, 세 가지 복음적 권고가 복음적 생활의 출발점은 아니었다. 순종, 가난 그리고 정결은 복음 안에 상정된 중요한 덕들이지만, 프란치스코가 이해한 인격적인 방식을 표현하지는 않는다.[19]

「원수도규칙」에는 세 가지 복음적 권고가 분명 포함되어 있지 않았다. 그런데 「인준받지 않은 수도규칙」과 「인준받은 수도규칙」에 세 가지 복음적 권고가 존재한다. 이로써 그 안에 복음적 권고들이 포함되게 된 때로부터 작은 형제들의 생활이 수도생활로 받아들여졌음을 알 수 있다. 그런데도 그 의미는 교회 안에서 실현된 복음에 따른 생활이라는 표현에 나타난 문학적인 맥락으로부터 설명되어야 할 것이다.

세 가지 복음적 권고의 순서가 「인준받지 않은 수도규칙」에서는 '순종 안에, 정결 안에, 소유 없이'로 나온다. 이 작은 변화를 어떻게 이해할 것인가? 이에 대하여 다양한 설명들이 시도되었지만, 만족할 만한 결론에 이르지는 못했다. 우선 이런 변화는 세 가지 서원의 순서를 고정하는 것이 수도규칙을 쓴 사람에게는 결정적인 문제가 아니었음을 말해주고 있다. 논리적으로 「인준받지 않은 수도규칙」은 아마도 세 가지 복음적 권고의 명확한 형태가 이미 표현되었던 당대의 다른 수도규칙들에서 영향을 받았을 수 있다.[20]

---

19 J. Micó, 'El Carisma de Francisco de Asís', *in* SelFran n.75(1996), 398쪽.

20 예컨대 인노첸시오 3세에 의해 개혁을 이룬 삭시아(Saxia)의 '성령의 형제들'의 수도규칙에서는 "ut sub obedientia, in castitate et sine proprio vivant"라는 표현이 나온다(Migne, PL, 217, 1137). 비슷한 경우로는 지극히 거룩한 '삼위일체 수도회'의 수도규칙에서도 같은 순서로 언급된다(Migne, PL, 214, 445).

그런데 '소유 없이'가 '정결 안에'보다 앞으로 온 것은 단순한 생각의 변화가 아니라 그간 형제회 안에 있었던 '공동체 형제들'과 '영적인 형제들' 사이에 있었던 가난 논쟁과 형제회 전반에 걸쳐 드러났던 현실과 이상의 조화 문제에 대한 영성적 답변이라고 볼 수도 있을 것이다.

또 이런 순서의 변경에도 '순종 안에'가 첫 자리에 남게 되었다. 이는 분명 이동성(mobilitas)이 중요시되는 형제들의 순례자 생활과 관련해 순종이 중요시되었을 뿐만 아니라 사랑이신 하느님의 뜻을 따르는 것을 그 무엇보다 앞자리에 두었음을 말해준다. 곧 프란치스코는 수도규칙의 서두에서부터 순종의 탁월성을 언급한다. 그는 가난하게 되고, 낮추고, 비우신 예수 그리스도의 사랑에 대한 응답은 사랑으로 그분의 뜻을 따르는 것이라고 여겼다.

'순종'이라는 명사는 첫 단계로 순종 서원에 관한 언급을 한 것이다. 그러나 이 경우에 「인준받은 수도규칙」 제2장 11절에 나오는 서약과의 관계 안에서 보면, 그 의미를 확장할 수 있을 것이다. 곧 순종은 좀 더 심오한 신학적 의미를 지닌 "우리 주 예수 그리스도의 거룩한 복음을 실행"한다는 표현과 매우 밀접한 것으로 이해할 수 있다. 왜냐면 프란치스코는 자신의 글들이나 심지어 수도규칙 안에서조차도 획일화된 방식으로 순종을 언급하지 않기 때문이다. 그의 글에서 '순종'(obedientia)이란 단어는 총 48회 사용되었는데, 「인준받지 않은 수도규칙」에 13회, 「인준받은 수도규칙」에서 5회 나타난다. 오직 몇 차례, 예컨대 「인준받은 수도규칙」 2,11절의 경우처럼 더 깊은 신학적 의미로 사용되었다. 그리고 나머지 경우에는 상호 간의 순종, 장상들에 대한 순종, 교회에 대한 순종 그리고 모든 사람과 피조물에 대한 순종을 가리킨다.[21] '순종'이라는 단어는 「인준받지 않은 수도규칙」제

---

21 참조: F. URIBA, La vida religiosa según san Francisco de Asís, Col. Hermano

1장의 일부를 이루는 "누구든지 내 뒤를 따라오려면, 자신을 버리고 제 십자가를 지고 나를 따라야 한다"(마태 16,24)라는 말씀을 어떤 식으로든 떠올리게 해준다. '자신을 버리라'라는 복음의 요청은 순종생활에서 그 중심이 된다.

프란치스코는 성령의 역사하심을 제한하거나 거스르기를 원치 않았으므로 매우 유연한 순종을 허용하였다. 그는 각자의 고유한 처지나 상황에 따라 '필요한 경우', '복음에 따라' 변화와 예외를 허용하였다. 그는 형제들에게 '단식해야 한다'라고 하면서 '복음에 따라 먹어도 된다'(비인준 규칙 3,13; 인준 규칙 3,13)고 말한다. 따라서 순종은 복음을 향해 있음이 분명하다. 나아가 이에 따르면, '필요한 경우'에는 복음 정신에 따라 교회의 규범들도 변경할 수 있다. 이것이 프란치스코가 그의 형제들에게 바란 '복음적 자유 안에서의 순종'이다.

프란치스코에게 복음적 가난은 목적 자체가 아니었고, 수덕적인 초연함만을 가리키는 것도 아니었다. 가난은 그의 형제들을 가장 겸손하고 가장 보잘것없는 이들로 만들려는 방편이었으며, 상처받은 인간의 형제가 되기 위한 길이었다. 프란치스코는 자신의 글에서 '소유 없이'(sine proprio)라는 말을 3번,[22] '가난'(paupertas)이라는 표현을 14번 사용하였다. '소유 없이'라는 표현은 '가난'이라는 표현보다는 훨씬 더 역동적인 의미를 내포하며, 그의 정신에 더 잘 일치되는 표현이다. 물론 이 용어가 프란치스코의 독창적인 것은 아니지만,[23] 그에 의해서 매우 결정적인 의미로 표현되었으며, 가난한 삶을 살았던 그의 생활과

Francisco, 12, Oñati 1982, 148-160, 197-204쪽.
22 인준 규칙 1,1; 비인준 규칙 1,1; 권고 11,3.
23 'sine proprio'라는 표현은 식시아의 '성령 형제회'의 수도규칙과 '지극히 거룩하신 삼위일체 수도회'의 수도규칙에 나온다.

더불어 언급되었다. '가난뱅이'(Poverello)라는 표현은 다만 재물의 결핍만이 아니라 하느님 외에 모든 애착이 없는 사람을 말한다. 곧 "어떤 일로 말미암아 분개하거나 흥분하지 않는 하느님의 종이 진정 소유 없이 사는 사람입니다"(권고 11,3)라고 말씀하신 것처럼 마음 저 깊은 곳으로부터 온갖 소유를 통째로 버리는 사람을 가리킨다. 이런 가난의 영성은 프란치스코의 영적 권고 말씀들에 잘 나타나 있다. 수도규칙의 '소유 없이'라는 이 구절에도 「인준받지 않은 수도규칙」 제1장에서 "네가 완전한 사람이 되려거든, 가서 가진 것을 다 팔아 가난한 이들에게 나누어주어라. 그러면 하늘에서 보물을 차지하게 될 것이다. 그리고 와서 나를 따라라"(마태 19,21)라는 복음 구절의 내용이 반향을 일으키고 있다.

프란치스코는 그의 글에서 '정결'(castitas)이란 단어를 2회 사용하는데, 모두 정결 서원을 가리킨다. 다른 세 경우에는 형용사 'casto'(순결한, 순수한, 정결한)를 사용한다.[24] 정결에 관한 프란치스코의 가르침을 이해하려면, '마음의 깨끗함'에 관한 그의 「권고」에 주목해야 한다. 그뿐 아니라 다양한 가치 기준에 따라 애정들을 질서 지움으로써 복음화 소명에 대한 전적인 순응성을 확보하도록 예수께서 제자들에게 하신 요구들에 응해야만 한다. 이런 요청들은 「인준받지 않은 수도규칙」 두 군데에 분명히 표현되어 있다. 첫 번째는 애정의 질서가 예수님의 제자들에게 불가결한 조건으로 제시된 구절이다(1,4). 곧 "누구든지 나에게 오면서 자기 아버지와 어머니, 아내와 자녀, 형제와 자매, 심지어 자기 목숨까지 미워하지 않으면, 내 제자가 될 수 없다."(루카 14,26). 두 번째는 종말론적인 관점에서 무소유의 선택을 언급하는 구절이다(1,5). "나

---

24   태양 노래 15절(순결한 자매 물); 인준 규칙 9,3(순수한 말); 2신자 편지 14(정결한 육신).

때문에 아버지와 어머니, 형제나 자매나 아내나 자녀, 집이나 토지를 버린 사람은 백배의 상을 받고, 또 영원한 생명을 얻을 것이다."²⁵

　작은 형제들은 '거룩한 복음'을 '순종 안에, 소유 없이, 정결 안에 살면서' 실행하여야 한다. 여기서 현재분사 '살면서'(vivendo)는 항구한 움직임을 가리킨다. 복음을 실행한다는 것은 마땅히 복음의 이 세 가지 권고에 대한 충실성을 드러내게 된다. 따라서 '거룩한 복음을 실행'하는 것과 '순종 안에, 소유 없이, 정결 안에 사는 것'은 모두 하느님을 향한 '항구한' 생명의 움직임이자, 은총의 약속으로 드러난다.

2) 복음적 생활

　¹절 후반 우리 주 예수 그리스도의 거룩한 복음을 실행하는 것입니다.

(1) 우리 주 예수 그리스도

　프란치스코의 글에는 '주님'(Dominus), '아드님', '하느님의 아드님', '살아계신 하느님의 아들', '예수 그리스도', '우리 주 예수 그리스도', '아버지의 말씀', '이스라엘의 주 하느님', '지극히 높으신 아드님' 등 48가지(명사형 29, 형용사형 19) 예수 그리스도의 다양한 이름이 나온다.²⁶ 프란치스코는 예수 그리스도의 발자취를 따르는 것을 이상으로 삼고 있는데, 그리스도는 언제나 아버지 하느님의 지극히 사랑하는 아들이시다. 예수 그리스도는 거룩한 순종과 완전한 사랑과 탁월한 가난 안에서 아버지 하느님과 결합하여 있다. 그래서 프란치스코는 그리스도를 '주님'(Dominus)이라 부른다. 프란치스코는 자신의 글

25　참조: 마태 19,29; 마르 10,29; 루카 18,29.
26　권고에 11번, 비인준 규칙에 13번, 2신서 편지에 9번, 형제회 편지에 9번, 동정녀 인사에 4번, 시간경 찬미에 1번, 주님 기도에 1번.

에서 하느님(Deus, 258번), 아버지(Pater 92번), 예수(Jesus, 81번), 그리스도 (Christus, 83번), 아들(Filius, 89번) 등 하느님에 관한 호칭들 가운데 '주님'(Dominus)을 가장 많이 쓰고 있다(410번). 그는 '주님'이란 호칭을 지극히 높으시고 전능하시고 자비하신 하느님과 같은 뜻으로 사용하기도 한다(주님 기도 2; 태양 노래 1; 찬미 권고 2). 그런데 프란치스코는 한 인간이나 구원역사 안에서 활동하시며 선을 이루시는 분을 '하느님'(Deus)이라 하지 않고 '주님'(Dominus)이라 한다. '주님'(Dominus)은 인간 안에서 말씀하시고 선을 이루시는 하느님이시다(권고 2,3; 8,3; 17,1).

프란치스코는 인간에게 주어지고 인간으로부터 흘러나오는 선은 그 사람 안에 인격적으로 현존하시는 주님께서 선을 이루어 주시기 때문이라고 본다. '주님'은 인간을 위하여 이 세상에서 스스로 가난한 자가 되셨고(인준 규칙 6,3; 9,4), 십자가의 수난을 감수하셨다. 프란치스코에 따르면, 모든 선의 주인은 주님이므로 인간이 가진 모든 선은 주님에게 돌려드려야 한다. 그런데 인간은 그 선을 자기 것으로 소유함으로써 하느님과 멀어지게 되었고, 죄와 악에 빠지게 되었다. 이런 인간을 구원하여 영원한 생명을 주려고 주님은 스스로 약한 인성을 취하여 "가난한" 인간의 모습으로 오셨다. 이렇게 무한하고, 영원하며, 시간과 공간을 초월하여 존재하시는 완전하신 하느님께서 인간을 구원하려고 유한하고 시·공간에 제한되어 결점과 악에 물들어 있는 불완전한 인간의 형상을 취하셨다. 그분이 바로 '주님'이신 하느님이시다. 프란치스코에게 주님은 추상적인 분이 아니라 인간과 역사 안에서 현존하시며 인격적으로 인간과 관계를 맺으시는 하느님이시다(권고 1,22).

'주님'은 구체적으로 인간 역사 안에서 강생하시어 수난당하시고 십자가에서 피 흘리며 돌아가신 후 사흘 만에 부활하신 예수 그리스도이시다. 프란치스코는 많은 경우에 예수 그리스도와 '주님'을 함께

쓴다. 이는 예수 그리스도가 곧 "우리 주님"이라고 본 것이다. 그에게 예수 그리스도는 하느님께서 가장 사랑하시는 아드님이시다(비인준 규칙 23,6). 그래서 그는 성자(Filius) 앞에 "사랑하시는"이라는 관형어를 즐겨 사용한다.[27] 프란치스코는 그리스도에게서 거룩한 순종과 완전한 사랑, 탁월한 가난을 보고 있다. 그에게 주 예수 그리스도의 말씀은 아버지의 말씀과 동일하고(2신자 편지 3), 아버지의 말씀과 동일한 주님의 말씀은 향기로운 말씀이다(1신자 편지 1,19). 주님의 말씀만이 아니라 주님 그분 자신이 지극히 좋으시고 감미로운 분이시다(2신자 편지 16). 주님의 말씀은 향기롭고 주님은 지극히 감미로운 분이셨기에 프란치스코에게는 주님의 말씀과 주님의 업적을 떠나 구원을 얻는다는 것은 상상하기도 어려운 일이었다.

프란치스코에게 예수 그리스도는 어떤 경우에도 하느님을 관상하고 체험하는 데 걸림돌이 되지 않았다. 오히려 그의 하느님 체험은 예수의 육화, 갈릴래아 선교, 수난과 부활과 승천의 모든 국면과 깊이 연결되어 있다. 그는 예수의 삶과 말씀과 깊고도 전인적인 관계를 맺음으로써 선이요 사랑이신 하느님을 만났다. 가난하고 겸손하시며 목숨까지 내어주는 예수님은 하느님을 만나는 길이었다. 따라서 예수님과의 깊은 인격적 만남은 곧 하느님 사랑을 체험하는 '사랑의 원체험이자 성사'였다. 프란치스코는 주님의 그 놀라운 겸손과 사랑의 신비를 다음과 같이 고백한다. "오, 탄복하올 높음이며 경이로운 공손함이여! 오, 극치의 겸손이여 오, 겸손의 극치여! 우주의 주인이시며 하느님이시고 하느님의 아들이신 분이 이토록 겸손하시어 우리의 구원을 위해서 하찮은 빵의 형상 안에 당신을 숨기시다니! 형제들이여, 하느님의 겸손을 보십시오."(형제회 편지 27-28)

---

27 참조: 유언 40; 동정녀 인사 2; 비인준 규칙 23,5; 권고 5,1; 형제회 편지 51; 주님 기도 6,7.

프란치스코가 예수 그리스도를 통하여 체험한 지극히 높으신 하느님은 역설적으로 한없이 겸손하신 분이시다. 이 헤아릴 수 없는 역설 앞에 그는 경탄을 금치 못한다(형제회 편지 25. 28-29 참조). 이 이해할 수 없는 하느님의 겸손과 가난한 하느님 앞에서 취해야 할 인간의 태도가 곧 작은 형제들의 생활양식이 되었다. 이렇게 예수 그리스도를 통하여 하느님의 겸손을 관상하고 살아가는 것이 프란치스코의 고유함이다.[28]

(2) 프란치스칸 복음적 생활의 배경

복된 프란치스코가 복음적 생활을 하게 된 배경을 살펴보자.[29] 복음적 생활은 11세기 말과 12세기부터 신앙생활의 강조점이 복음을 세상 안으로 끌어들이는 것으로 변하면서 발전하였다. 이를 위해 그리스도와 그의 사도들의 삶이 모델이 되었다. 이러한 변화는 급속도로 확산하였다. 복음으로 돌아간다는 것은 복음과 세상의 새로운 만남을 의미하였다. 이 새로운 복음적 생활은 사도행전 4,32과 루카 복음 10,1-12에 따라 강조되었다. 이 구절들에 근거한 사도적 생활의 중심점은 공동생활과 자발적인 가난이었다. 새로운 복음의 추종자들은 복음적 가난, 손노동과 동냥 등의 실천을 통하여 그리고 계명들을 글자 그대로 지키면서 하느님과 이웃을 사랑함으로써 그리스도와 그의 사도들을 본받으려 했다. 중세기에 특히 발전된 복음적 생활은 일상의 체험 가운데서 하느님을 만나볼 수 있게 되어 복음과 세속의 통합(영성의 세속화)으로 나아갔다. 이는 수도승 전통을 파괴하는 것을 의미하였다. 복음적 생활에 대한 새로운 자각으로 그리스도 인성이 강조되었고, 이는 평신도 영성의 탄생으로 이어졌다. 교부시대와 달리

---

28   참조: D. Barsitti, Le lodi di Dio altissimo, Milano 1982, 71-72쪽.

29   참조 : Ilia Delio, 김정훈 역, '오늘날의 복음적 생활: 생태적 그리스도를 살아가기', 프란치스칸 삶과 사상 제50호(2020년 봄), 119-121쪽.

12세기부터 중세 말까지는 그리스도의 인성, 특히 그분의 가난과 겸손을 강조했다. 그리스도를 형제와 벗, 정배요 어머니와 동일시하여 그리스도와의 친밀한 개인적 관계를 맺으려 했다. 발도파와 후밀리아티 등 평신도 그룹은 그리스도를 따름에서 개인적인 접근을 중시한 결과 성직자의 권위를 무시하여 교회로부터 축출되었다. 특히 지방어로 하는 순회설교 관행은 자신의 신앙과 이를 실천해 온 방식을 개인적으로 증명하려는 욕구에서 생겨났다. 이러한 새로운 복음적 생활의 활기찬 환경 안에서 복된 프란치스코가 나타났다.

프란치스코는 「아우구스티노 수도규칙」이나 「베네딕토 수도규칙」 등 다른 수도규칙에 따라 살 것을 거부하였다. 그것은 오래된 수도승적 이상이 복음으로부터 직접 영감을 받지 않은 것으로 생각했기 때문이 아니었다. 수도승적 이상은 사회 안의 다른 삶의 양식들과 다른 열망들과 일치하며, 본질에서 농촌 배경에 적합한 정주(stabilitas loci)를 특징으로 하는 것이었다.[30] 베네딕토 수도원 원장(Abbas)은 그들의 생계를 유지할 수 있게 해주는 땅과 토지와 밀접한 관계를 맺고 있었다. 왜냐면 그것은 그들이 봉건 체제에 쉽게 자리를 잡을 수 있는 형태였으며, 봉건적 사회관계에 적합했기 때문이었다. 수도원장은 존경받는 인물이었고 영주가 되었다. 그는 영적인 직무와 함께 실질적으로 세속적인 권위를 발휘했다. 그는 자기 수도승들만이 아니라 수도원장의 땅에서 거주하며 일하는 모든 농촌 가정도 다스렸다. 훗날 전 지역으로 확장되어 간 이러한 다스림은 봉건적 형태를 취하고 있었다. 그것은 영주와 신하라는 위계적 관계를 다시금 생각나게 했다.

---

30 오늘날 「베네딕토 수도규칙」의 정주(stabilitas)는 장소적이고 시간적이며 사회적인 것으로 폭넓게 해석되고 있다.(참조: 한국 베네딕도회 협의회 엮음, 베네딕도회, 코이노니아 선집 3-1, 왜관: 분도출판사, 2017, 103쪽)

한편 아씨시의 프란치스코가 살고 있었던 사회는 주어진 재산에 얽매여 있지 않았다. 당시 사회는 더는 군주에 종속되어 있지 않은 자유민들 간의 연대적 상호 결속으로 이루어졌던 도시 사회, 상인들의 사회였다. 이러한 새로운 사회 상황에서 프란치스코는 수도승 생활양식이 특정한 인간적, 복음적 가치들을 다소 경계함을 자연스레 깨달았다. 하지만 그 시대의 새로운 사회적 열망에 조화를 이루라고 말하고 있는 복음의 실천은 놀라운 것이 아니었다. 복음과 역사의 이러한 만남으로부터 이제까지 시도된 적이 없었던 종교적, 공동체적 삶이 탄생하였다.[31]

(3) 거룩한 복음의 실행

교회의 시초부터 그리스도인들에게는 근본적으로 다른 두 가지 생활양식, 곧 사도적 생활양식과 수도승적 생활양식이 있었다. 그런데 프란치스코는 주님의 계시를 받아 이 두 가지 생활양식과는 달리 당시 시대 상황에 매우 적절한 '복음적 생활'(vita evangelica)을 살기 시작하였다. 여기서 그가 추구하였던 '복음적 생활'이 무엇이고 그것이 어떻게 '수도승적 생활', '사도적 생활'과 구별되는지 명확하게 이해하는 것이 참으로 중요하다.

'수도승적 생활'(vita monastica)에서는 수도공동체가 바치는 공식적인 기도가 첫째가는 결정적 요소이므로 성체성사, 시간 전례, 공동 기도가 중요시된다. 이 생활은 질서, 일과, 규칙성, 계획성 등을 강조한다. 공동체 일원으로서 현존하고, 더불어 기도하고, 말씀을 듣고, 먹고, 잠자고, 여가를 선용하는 것 등이 공동체를 형성해 가는데 중요시된다. 이들의 삶은 정주와 독거를 통해 세상으로부터의 적절한 물러

---

31 참조: E. LECLERC, Francisco de Asís, El retorno al Evangelio, 74쪽.

남, 고요와 평화를 특징으로 한다.

"중세에 수도승들과 참사회원들은 그들의 생활양식을 정의하기 위하여 복음에 의지하지 않고 사도행전의 잘 알려진 구절을 사용하였다. '그 많은 신도가 다 한마음 한뜻이 되어 아무도 자기 소유를 자기 것이라고 하지 않고 모든 것을 공동으로 사용하였다.'(사도 4,32) 이 본문은 사도들과 그들의 제자들에 의하여 영위된 것으로서 초대 교회의 삶을 묘사하는 데 채택되었다. '사도적 생활'(vita apostolica)이라 불리는 그것이다."[32] 사도적 생활은 초기 교회의 삶, 사도들과 함께하던 교회의 시작 때부터 형성되고, 또 그것을 모델로 하는 생활양식이다. 우리는 사도행전에서 사도적 생활이 어떤 것인지 찾아볼 수 있다. 예수께서 성부께로 되돌아가시고, 사도들은 특정한 임무, 사명, 사도직을 받는다. 사도들은 예수님에 의해 특정한 무엇을 하라고 파견된다. 그들은 수행해야 할 임무, 곧 구원의 기쁜 소식을 선포하고, 새로운 그리스도인들의 공동체를 설립하고 조직하는 임무를 부여받은 이들이다. 그들에게는 사명이 중요하고, 근본적이며, 교회는 사도들을 필요로 한다. 그들은 사도적 생활을 따라 생활해 왔고, 또 앞으로도 그러할 것이다. 물론 복음이 그들 삶의 지침이다. 그들은 복음을 선포하고, 복음적 공동체를 설립하고 조직해야 하는 이들이기 때문이다.

그런데 프란치스코가 추구하였던 '복음적 생활'(vita evangelica)은 이와 다르며 그 모델도 다르다. 이에 관하여 펠더(H. Felder)는 매우 적절히 설명한다. 곧 "프란치스코 이전 신심 깊은 창설자 가운데 단 한 명도 복음에 근거를 둔 수도규칙의 준수를 명확히 추종자들에게 의무로 준 적이 없었다. 동방의 바실리오와 파코미오 그리고 서방의 서유럽과

---

32   T. DESBONNETS, Dalla Intuizione alla Istituzione, 26쪽.

아일랜드 수도자들도 그들의 제자들에게 이런 목표를 주지 않았다. 13세기 초에 배타적으로 사용된 두 유명한 수도규칙인 「베네딕토 수도규칙」과 「아우구스티노 수도규칙」이 경건한 삶의 기초로서 다른 방식 없이 복음을 구성했다. 이 수도규칙들은 어디에서도 수도회가 복음을 기초에 두고 있고, 각각의 수도자가 복음의 준수와 사도적 삶의 방식을 본받기 위하여 서원으로 묶여 있음을 언급하지 않는다."[33]

「인준받은 수도규칙」은 "작은 형제들의 수도규칙과 생활은 이러합니다. 곧 순종 안에, 소유 없이, 정결 안에 살면서 우리 주 예수 그리스도의 거룩한 복음을 실행하는 것입니다"(1,1)라고 선언한다. 여기서 '실행하다'(observare)라는 동사는 프란치스코의 글에서 늘 깊은 연관성을 가지고 29회 사용되었는데 복음, 수도규칙 또는 자신의 편지 수신자들을 향한 말과 관련된 것으로 나타난다. 이 수도규칙에서는 6회 사용되었는데, 복음 또는 수도규칙을 받아들이는 근본적인 충실성에 대한 보증을 가리킨다. 어원적으로 볼 때 '실행하다'(observare)는 '보존하다, 충실하게 유지하다, 보호하다, 손이 닿지 않게 보존하다' 등을 뜻하는 'servare' 동사에 그 움직임을 강조하는 접두어 'ob'이 결합한 말이다. 따라서 이 경우에는 특별한 관심을 가지고 듣고, 바라보고, 복음이 주는 선을 간직하고, 사랑을 나누고 실천하는 것을 의미한다. 결국 '복음'을 실행한다는 것은 복음을 매우 특별한 관심으로 바라보고, 최대로 집중하고 조심하여 실행하는 것이니, '실행한다'(observare)라는 동사는 우리의 삶을 '관상의 영역'에 두는 것이라고 할 수 있다.[34]

복음의 실행은 최초의 프란치스코 수도규칙의 신성한 출발점이었다. 거기에 규칙들을 끼워 넣은 유일한 목적은 형제들을 삶의 새로운 방식으로 이끌기 위한 것이었다. "프란치스코의 이상은 '복음을 따르

---

33   H. Felder, The Ideals of St. Francis of Assisi, 14쪽.

34   F. Uribe, La Regla de San Francesco de Asís, 57쪽.

는', '복음의 방식을 따르는', '복음의 완성을 따르는' 삶이다."[35] 프란치스코의 바람은 자신과 형제들이 복음을 기초로 생활하는 것이었다. 그에게 그리스도교 생활의 실현은 그리스도의 발자취를 따라 성부께로 순례하는 역동적인 방식으로 이해되었다.[36] 복음은 이처럼 추종의 잣대를 가리키는 규범적 표지가 된다. 왜냐면 그리스도교 생활과 수도생활은 복음 그 이상의 다른 목적을 지닐 수 없기 때문이다.

프란치스코는 복음을 실행해야 한다고 말하면서 '거룩한'이라는 형용사를 사용한다. 이는 복음에 대한 공경을 표현한 것이고, '우리 주 예수 그리스도의'라는 속격을 사용한 것은 단순한 형식주의로 취해서는 안 된다는 뜻이다. 이처럼 프란치스코에게 '복음'은 삶으로 경배해야 할 대상이며, 기도 안에서 온 마음으로 바라보고 실행해야 하는 '우리 주 예수 그리스도의' 복음이었다.

프란치스코는 자신의 글에서 성경 말씀을 자주 언급만 한 것이 아니라 첫 자리에 두었다. 복음에 관한 이러한 분명함과 꾸밈없는 언급은 우둔하거나 치우친 복음주의가 아니라 예수 그리스도의 말씀을 자기 삶의 중심에 두는 것을 말한다. 그리스도를 추종하는 것은 복음을 실행하고 서약한 수도규칙을 사는 것이다. 프란치스코는 죽음을 앞두고 초창기를 회상하면서 "주님께서 나에게 몇몇 형제들을 주신 후 내가 해야 할 일을 아무도 나에게 보여주지 않았지만, 지극히 높으신 분께서 친히 나에게 거룩한 복음의 양식(樣式)에 따라 살아야 할 것을 계시하셨습니다"(유언 14)라고 말한다.

---

35 H. FELDER, The Ideals of St. Francis of Assisi, 11쪽.

36 J. MICÓ, 'El Carisma de Francisco de Asís', *in* SelFran 75(1996), 395쪽; 참조: O. VAN ASSELDONK, 'Las cartas de san Pedro en los escritos de san Francisco', *in* SelFran 25-26(1980), 112쪽 이하; M. STEINER, 'Seguir las huellas de la humildad de Cristo', *in* SelFran 20(1978), 193-209쪽.

복음에 관한 언급이 수도규칙에 대하여 그 어떠한 배타적인 요소도 되지 않았다는 점에 주목할 필요가 있다. 복음에 관한 언급은 그리스도교의 어떤 생활양식에서든 필수조건이었다. 이미 12세기에 프레몽트레회(Canonici regolari premonstratensi)와 그랑몽(Grandmont) 공동체에서는 수도규칙과 서약문에서 복음 준수의 약속에 대해 분명하게 언급했다.[37] "복음을 따라" 생활하는 것은 그 당시 열심한 많은 그리스도교 신자와 복음적 청빈 운동을 하던 이들의 이상이었다. 복음을 따르는 생활은, 노동하면서 먹을 것을 얻고 부족하면 동냥하여 먹는 가난한 생활로 표현되었다. 그리고 그러한 이상을 추구하는 이들은 검소한 옷을 입고 주어진 것으로 만족하였다. 이들은 하느님 나라의 확장을 위해 설교도 하였고, 이들 중에 순례 생활을 하는 이들도 많았다. 어떤 이들은 주님의 가르침과 사도들의 가르침을 실천에 옮길 수 있도록 신약성경을 라틴말로 번역하였다. 여러 요인 때문에 어떤 신자들과 복음적 운동을 일으킨 이들은 고결하고 신실한 신앙이 있었지만, 교회와 대립하게 되었다. 많은 이가 교회와 성직계를 공격하는 것을 시작으로 차츰 이단자가 되어갔다. 교회의 열심한 개혁자들로 시작한 이들은 이단자가 되었고, 생활에서는 광신자가 되었다.

프란치스코의 삶은 복음 생활, 가난, 노동, 설교 등 여러 면에서 외적으로 그들과 닮은 점이 많았다. 그러나 내적으로 보면, 근본적으로 달랐다. 프란치스코는 복음을 이론적으로 추구한 것이 아니라 예수 그리스도의 삶, 곧 우리 주 예수 그리스도의 말씀과 행적을 따랐다. 당시 복음적 청빈 운동을 하던 이들은 복음을 이론적으로 추구하였으나 실제로는 초대 교회 공동체의 이상을 따르는 수준에 머물렀다. 프란치스코와 이들의 근본적인 차이점은 교회에 대한 태도에서도 드러났

---

37 참조: F. Uribe, La Regla de San Francesco de Asís, 58쪽 각주 31.

다. 프란치스코는 그리스도 친히 사도들을 기초 삼아 교회를 세우셨으므로 교회를 통해서 확인되지 않는 삶이란 곧 그리스도로부터 인정받지 못한 삶이라 생각했다. 여기에 그의 철저한 그리스도 중심적인 교회관을 볼 수 있다.

'복음적 생활'은 아씨시 성 프란치스코의 특징적 생활양식이다. "복음적 생활은 예수 그리스도를 따르고, 그리스도를 세상에 살아 계시도록 만드는 데 중심을 두는 생활이다. (...) 이 생활의 중심점은 활동이나 기도가 아니라 사람이다. 복음적 생활은 하느님의 계시로서 사람에게 주의를 기울이는 것이다. 그러니 육화가 곧 생활이다."[38] '복음적 생활'의 모델은 사도행전에 나오는 사도들의 삶이 아니라 복음에서 예수님의 제자들이 일상에서 예수님과 함께한 삶이다. "사도들이 작은 형제들의 가난한 삶의 모델로 우연히 한 번 언급되는 것이 사실이나(비인준 규칙 9장), 프란치스코는 여전히 우선하여 그리고 오로지 복음을 따르는 것에 대해 말한다.[39] (...) 프란치스코는 사도들의 삶과 예루살렘의 초기 그리스도 공동체의 삶을 지향하지 않고, 하느님의 사람인 예수 그리스도께서 이 땅에서 사시고 실행하신 삶을 지향한다. 프란치스코는 우선 교회의 봉사를 위해 어떤 종류의 외적인 활동을 생각하거나, 형제회의 첫째가는 원칙으로 어떤 종류의 덕행 성취도 염두에 두지 않았고 또한 어떤 종류의 '이상들'을 이루려는 의도도 없었다. 그는 오직 한 가지 삶, 곧 전능하신 하느님께서 계시하시고 교황이 인준한 삶인 복음의 생활양식을 사는 것을 목적으로 삼았다."[40] 프란치스코는 주님의 인격과 복음에 따라 살았고, 복음으로 세

---

38 Ilia Delio, '오늘날의 복음적 생활: 생태적 그리스도를 살아가기', 118-119쪽.

39 비인준 규칙 머리말과 22장; 인준 규칙 1.3.12장.

40 K. Esser, La Orden Franciscana. Origenes e Ideales, 285-288쪽.

상과 인간을 바라보고 이해하며, 거기서 삶의 모든 답을 찾았다. 그는 복음을 근거로 하느님 아버지를 중심으로 모두가 평등한 형제가 되기를 바랐다. 그에게 복음적 생활은 자유와 평등과 형제애로 나아가는 지름길이었다.

이처럼 프란치스코가 추구한 복음적 생활양식은 특정한 사도직의 목표가 없다. 다시 말해 작은 형제들의 생활양식은 고정된 어떤 일이 아니라 복음을 사는 것이다. 하느님의 겸손에 기초한 이 생활양식은 이 세상에 그리스도의 현존이 드러나도록 복음을 사는 하나의 존재 방식이다. "중세를 거치면서, 이는 복음을 문자 그대로 이해하고 가난하고 겸손하신 그리스도의 모범을 따라, 이 세상에서 더 열심히 복음을 살아가는 것을 의미하게 되었다. (…) 프란치스코는 자기 제자들이 성령의 빛을 통해 그리스도의 발자취를 바라보고, 모든 창조의 근원이시고 흘러넘치는 선의 근원이신 지극히 높으신 분께로 나아가도록 격려하였다."[41] 복음을 실행하는 삶은 거룩한 영의 활동에 이끌려 예수 그리스도의 발자취를 따르는 삶이다. 예수님의 제자들은 그저 스승과 제자로서 함께 생활할 뿐이다. 스승이신 예수께서 생활양식, 삶의 진리, 행복의 비결을 제자들에게 가르쳐주시고, 제자들은 그것을 이해하려고 애쓴다. 그들은 매일 예수님을 바라보고, 그분의 말씀을 들으면서, 그분의 말씀과 행동을 배운다. 그들은 그것을 이해하려고 애쓰면서 예수님과 같은 것을 추구하고, 똑같이 행동하면서 생활하고 휴식을 취한다. 이것이 '복음적 생활'의 모델이다. 따라서 우리는 예수와 제자 공동체의 교과서인 복음을 듣고, 복음의 빛으로 일상의 삶을 이해하려고 애써야 한다. 우리 삶과 복음의 삶을 연결하고, 복음서의 진리를 우리 것으로 삼고, 복음의 살아 움직이는 영(靈)을 숨 쉬는 것,

---

41　ILIA DELIO, '오늘날의 복음적 생활: 생태적 그리스도를 살아가기', 115쪽.

바로 이것이 복음적 생활이다.

　이러한 복음적 생활에서는 관상과 활동의 구분이 없으며 그 연관성이 중요하다.[42] 무엇보다 우선 우리는 늘 관상 중이어야 한다. '바라보는 것'이야말로 제자들이 복음적 생활을 하면서 행한 것이다. 무엇보다 앞서 그들은 예수를 바라보고, 예수의 말씀을 들었다. 우리는 하느님의 아들이자, 사람의 아들인 예수님을 존재의 중심에 두고 그분의 혼에 젖을 때까지 끊임없이 그분을 바라보아야 한다. 관상은 또한 아주 능동적인 참여이다. 왜냐면 예수님에게서 보고, 듣고, 알아들은 것을 자기 것으로 삼아 예수님이 하신 것처럼 행동해야 하기 때문이다. "프란치스칸 복음적 생활은 일이나 활동의 문제가 아니라 어떻게 타자와의 관계가 창조된 실재 안에서 하느님의 선이 빛나도록 할 것이냐 하는 것이다. 복음적 생활의 중심은 말씀이 사람이 되심 안에서 하느님의 겸손이 드러난 육화이다."[43]

　복음은 맹목적으로 우리가 받아들여야 할 교리나 가르침이 아니다. 복음은 그리스도의 생활을 보여주는 증거이다. 복음적 생활은 모든 이에게 길이요, 진리요, 생명이신 그리스도를 보여주는 것이다. 프란치스코는 그리스도께서 지적해 주시고 가르쳐주시고, 먼저 가신 길을 걸어가려 하였다. 곧 그는 가난을 이론적으로 이해하거나 추상적으로 복음을 따르는 것이 아닌, 그리스도가 실천하신 가난과 복음을 실행하고자(observare) 했다. 프란치스코는 모든 이에게 복음의 인

42　13세기 이전에 수도생활의 주축은 관상과 활동이었다. 여기서 활동은 마음의 순결, 곧 아파테이아(Απάθεια, 모든 욕정에서 해방된 내적 평정의 상태)를 목표로 하는 수덕, 수행, 금욕 등을 말한다. 그리고 관상은 렉시오 디비나, 기도 등을 통해서 하느님과의 일치에 이르는 것을 목표로 한다. 따라서 활동과 관상 모두 오직 하느님과의 일치를 지향하는 하나의 존재 방식이었다. 그런데 13세기에 성 토마스 아퀴나스는 활동과 관상을 신학적으로 구분하기 시작하였다.

43　ILIA DELIO, '오늘날의 복음적 생활: 생태적 그리스도를 살아가기', 160쪽.

간, 하느님 말씀의 사람으로 되어간다는 전망을 가져다준 '복음의 인간'(Homo Evangelicus)이었다.[44]

디치(Dino Dizzi)는 프란치스코의 복음적 삶의 다중적 의미를 다음과 같이 설명한다.[45] 형제들의 복음적 삶은 복음에 따른 삶, 복음의 생활, 예수 그리스도의 삶이라는 세 가지 근본적이고 상호 보완적인 의미를 함축한다.

먼저 '복음에 따른 삶'은 무엇보다도 복음에서 영감을 받은 삶의 방식, 곧 예수 그리스도의 복음을 따르는 삶을 의미한다. 프란치스코에게 복음은 유일하고 절대적인 기준점이다. 복음에 따른 삶은 복음에 표시된 길을 따르는 것이고, 예수 그리스도 그분의 말씀, 가르침, 모범, 의지, 발자취, 겸손과 가난을 따르는 삶이다. 예수님의 모든 복음적 명령에 물질적으로 순종하고 그분의 발자취를 엄격하게 따르는 것보다 더 중요한 것은 예수님이 복음에서 제시하는 진리를 실천하는 믿음으로 받아들이는 것이다. 그분의 거룩한 복음을 믿음으로 받아들이고, 그것을 실행하는 두 가지 분리할 수 없는 의미를 지닌 「인준받지 않은 수도규칙」 22,41의 '간직합시다'(teneamus)라는 말씀은 형제들의 생활규칙 전체를 요약한 것이다. 예수님의 말씀이 실천하는 믿음을 통해 우리 안에 남아있을 때만 우리는 그리스도 진리 안에 머물 수 있다. 형제들의 삶은 주님의 삶과 충실하게 일치해야 한다.

다음으로 복음적 삶은 '복음의 생활'이라는 의미를 지닌다. 이는 '복음에 따른 삶'의 결과요, 이를 보완하는 것으로서 형제들의 삶이 예

---

44   참조: JOHANNES B. FREYER, 김일득, 권웅용 옮김, 프란치스칸 인간학, 프란치스칸사상연구소 학술발표 모음 9, 2018, 25쪽.

45   참조: DINO DIZZI,, 'La Regola per la vita', in AA.VV., La regola di frate Francesco. Maranesi P., Accrocca F.(a cura di), Eredità e Sfida, Padova 2012, 218-225쪽.

수 그리스도의 복음과 일치하는 한도 내에서 그 복음이 생활하는 '터' 이기도 하다. 복음은 영원한 생명으로 가는 길을 가리키는 경전이다. 누구든 그것을 참조하여 영생의 길로 나아가지 않는다면, 복음은 사실상 죽은 상태로 남아있다. 프란치스코에게 복음은 따라야 할 길이다. 복음을 알고 연구하는 것은 복음을 실천하는 데 도움이 되어야 한다. 프란치스코에게 복음은 문자가 아니라 살아계신 예수님과 성령의 '향기로운 말씀'이다. 예수님의 가르침과 발자취를 따르고 추적하고 다시 볼 수 있는 것은 구체적인 삶에서만 가능하다. 이 가르침과 발자취는 복음 안에 담겨 있다. 형제들의 삶은 복음을 따르고 보이는 길이 되고, 삶이 되고, 다시 살아나는 곳이다. 형제들의 삶은 예수 그리스도 복음의 삶을 구성하며, 그분의 복음이 살아서 열매를 맺는 곳이다.

끝으로 형제들의 복음적 삶은 예수 그리스도의 삶이다. 형제들의 삶은 복음에 따른 삶이며 복음의 삶이므로 그 안에 예수 그리스도가 살아계신다. 복음에 순종하는 것은 예수 그리스도에게 순종하는 것이고, 복음을 따르는 것은 예수 그리스도를 따르는 것이며, 복음을 따르는 것은 그리스도 안에 머무는 것이다. 「인준받지 않은 수도규칙」에서 형제들의 삶은 '그리스도를 따르는 삶'과 '영 안에서 사는 삶'이다. 성령은 우리가 실천하는 믿음으로 복음을 받아들이고 지키게 하심으로써 우리를 '그리스도 안에 머물게' 하시는 분이다. 우리가 예수님의 말씀을 실천하는 믿음으로 받아들이고, 지키게 하심으로써 복음을 다시 살려내어 '문자'의 죽음에서 성령의 생명으로 나아가게 하시는 분은 바로 그분이다. 성령은 우리에게 그분이 현존하시는 예수님의 말씀을 받아들이고, 실천하는 믿음으로 지키게 하심으로 그리스도의 생명을 회복시켜 그분이 우리 안에서 살 수 있게 하신다. 형제들의 삶은 예수 그리스도의 복음을 따르는 삶이다. 형제들의 복음적 삶은 예수 그리스도 복음의 삶이다. 형제들의 복음적인 삶은 예수 그리스도의 실재이다. 마리아의 자궁에서와 마찬가지로 형제들의 삶에서도 성령의 역사를 통해 말씀이 다시 육신이 되시면 예수님은 계속 살아서 아버지께 영광을 돌릴 수 있다. 성령 안에서 그리고 교회 안에서 복음을 실천하는 형제들은 그 자체가 교회, 곧 오늘날 살아계신 예수님의 실체이자, 길이요 진리요 생명이 된다.

(4) 교회 안에서의 복음적 생활

복음대로 그리스도의 행동과 발자취를 따르려면(Sequi vestigia eius), 그리스도가 세우신 교회를 받아들여야 한다. 프란치스코는 '교회 없이' 혹은 '교회 밖에서'의 복음 생활을 생각조차 할 수 없었다(신자들ㅈ 편지 참조). 그는 '완전히 가톨릭적이고 사도적인 사람'(Vir catholicus et totus apostolicus)이었다. 그래서 그는 형제들이 교회에 대한 순종에서 떠날까 염려하였고,「유언」에서도 형제들이 더 가톨릭적으로 생활하기를 간절히 바랐다(31). 그는 교회가 복음적 생활을 할 수 있는 터임을 깊이 인식하였다.

2. 교회에 대한 순종

수도생활은 4세기 이전까지는 교계와 직접적인 관계를 맺지 않고 순수하게 은사(charisma)를 중심으로 한 삶이었으며, 정주성(stabilitas)을 특징으로 하였기에 수도원 안에서 기도와 활동이 이루어졌다. 따라서 순종생활도 통상적으로 장상과 수도자 사이나 수도자끼리의 관계를 중심으로 정하고 생활하였다.[46] 이와는 달리 프란치스코는 봉건제도가 와해하고, 자치도시가 발달하며, 수직적인 신분 계급 질서가 무너져가는 시대를 살았다. 따라서 그는 이동성(mobilitas)을 특징으로 하는

---

46 참조: 아우구스티노 규칙 VII,1-4; 네 교부의 규칙 IV,10-18; 교부들의 제2규칙 I,7-10; 마카리우스 규칙 II,1-7. VII,1-2; 베네딕토 규칙 5장, 71장.

시대에 온 세상을 처소(locus)로 삼고 순례하며, 복음을 선포하는 새로운 형태의 수도생활을 시작하였다. 이러한 삶은 교황의 승인을 받아 더는 교구 관할 구역에 매이지 않고 설교하거나 형제들을 파견할 수 있게 되었다. 프란치스코에 의해 시작된 수도생활에서의 순종은 이제 형제체 내부에서만이 아니라 교계와의 관계까지 확장될 수밖에 없었다. 그 결과 교계에 대한 순종이 수도규칙 본문에 들어오게 된다. 이처럼 교회에 대한 순종을 수도규칙에 포함한 것은 교회 역사상 최초의 일이었다.

프란치스코의 교회에 대한 태도에 관하여 두 가지 다른 견해가 있다.[47] 하나는 폴 사바티에(Paul Sabatier)가 『프란치스코의 생애』(Vie de s. François)에서 주장한 것이다. 곧 프란치스코가 당시 교회에 대하여 독특한 응답을 한 점을 강조하고, 그것이 점차 로마 교황청에 의해 길듦으로써 제도교회 성직자들의 힘에 완전히 말려들어 가고 말았다고 보는 관점이다. 다른 하나는 프란치스코가 공번되고 사도적인 사람이었기 때문에 거룩한 어머니인 로마 교회에 절대적으로 순명하였다고 주장하고, 성인의 글과 13세기의 전기들을 근거로 프란치스코와 로마 교황청 간에 갈등이 있었다는 주장을 부인하는 관점이다. 그러나 프란치스코의 수도규칙을 비롯한 글과 전기에 더하여 당시 상황을 함께 고려하면, 폴 사바티에의 견해는 받아들여질 수 없음이 분명하다. "프란치스코 시대에 교회는 세계지배라는 뚜렷한 의도를 지니고, 최고도의 세속화를 성취하였다. 그것은 진정 제국적 교회였고, 봉건 제후적 교회였다. 유럽 전체 토지의 절반 이상이 교회 소유였다. 수도원 생활도 다분히 봉건화되어 있었다. 수도자가 된다는 것은 가난한 사람들

---

47 L. BOFF, 박정미 옮김, 정 그리고 힘. 가난한 이의 눈으로 본 아씨시의 프란치스꼬, 분도출판사, 1987, 177-178쪽.

의 처지로 들어가는 것이 아니라 토지와 물질적 재산을 갖춘 힘의 체제 속으로 들어가는 것이었다. (...) 교회의 제도성은 종교적 권한과 세속적 권한의 결합을 성취했으며, 그것을 견고히 하고, 심화시키고, 하느님과 그리스도의 축복을 보증 삼아 신성화하려고 크게 노력하였다. (...) 프란치스코는 바보스러운 생활, 철저하게 가난하고 단순하게 십자가에 못박힌 그리스도를 따르는 길을 걷는다. 그를 매혹시키는 것은 영주나 잘난 자들(maiores)의 교회가 아니라, 하인들과 보잘것없는 자들(minores)의 교회이다. (...) 그는 힘의 복음에 대항하여 복음의 힘을 제시한다."[48] 프란치스코는 교회에 순종하고 교회와의 친교 안에 머무르면서도 세속화한 교회를 거부함으로써 교회쇄신을 위한 예언자적 저항을 한 것이다.

'작은 형제들'은 도시의 가난한 사람들과 동등한 사회적 지위를 나타내었을 뿐 아니라 교회 안에서도 작은 이들이 되고자 했다. 형제들의 교회에 대한 의탁과 순종은 당대의 다른 복음적 운동을 하던 이들과는 근본적으로 달랐다. 프란치스코의 글에는 교회에 대한 어떠한 도전적인 내용도 나타나지 않는다. 오히려 그는 교계에 대한 커다란 존경심과 교회에 대한 순종을 분명히 드러냈다. 거룩한 복음을 실행하는 삶을 교회 안에서 교회를 위한 생활이라 믿었기 때문이다. 그는 형제들이 교회에 순종하고, 가톨릭 신앙 안에 견고히 뿌리내릴 때만 그리스도의 발자취를 따르고, 복음이 제시하는 생활양식을 실현할 수 있다고 생각했다. "그는 복음을 자신 안에서 듣지 않고, 오히려 교회라는 맥락 속에서 듣는다. 그는 교회를 자기 외부에 있는 것으로 보지 않고, 오히려 자기가 몸담아 호흡하고 있는 대기로 본다."[49] "프란치스

---

48   참조: L. Boff, 정 그리고 힘, 179-182쪽.

49   L. Boff, 정 그리고 힘, 179쪽.

코는 자신의 현존과 활동 양식이 고유함과 독창성을 띠는데도 교회의 구원 사명을 공유하고 교회의 일원으로서 교회에 깊이 참여하였다."[50] 프란치스코와 그의 형제들은 교회 안에서, 교회에 순종하면서 교회와 친교를 나누며 사는 복음적 삶을 원했다.

² 프란치스코 형제는 호노리오 교황님과 교회법에 따라 선출되는 그의 후계자들과 로마 교회에 순종과 존경을 서약합니다.

프란치스코는 이 부분을 자신이 선호하는 칭호들 가운데 하나인 '프란치스코 형제'로 시작한다. 그는 이 호칭을 자신의 글에서 17회 사용하였다. 자신에 대하여 이런 호칭을 사용한 것은 분명 자신의 회를 '형제회'(fraternitas)로 인식했음을 말해주는 것이다.

'약속하다', '서약하다'라는 뜻을 갖는 동사 '프로미테레'(promittere)는 「인준받은 수도규칙」에 5회 나오는데 동사 변화가 있긴 하지만, 중세시대에는 '중요한 약속' 또는 오늘날의 '수도서약'과 같은 뜻으로 일관되게 사용되었다. 따라서 프란치스코의 수도규칙에서 '순종과 존경을 약속한다'라는 것은 '순종을 서약한다'라는 뜻이다. '약속한다'라는 동사가 여기서는 직설법 현재(promittit)로 사용되고 있음에 주목할 필요가 있다. 이는 이 약속이 역사적 현재의 특징을 가지며, 자신의 약속에 항구한 효력을 부여한다는 것을 뜻한다. 여기서 '약속한다'는 것은 "이 생활과 수도규칙을 항상 지킨다"는 뜻이다. 그리고 '순종'과 '존경'이라는 서로 다른 두 가지를 서약하고 있는 것에 주목할 필요가 있다. 곧 '순종'이 복음적 권고의 한 가지 요소를 말한다면, '존경'은 그것을 사는 태도를 말한다. '순종'이란 단어는 프란치스코의 어휘를

---

50   G. IAMMARRONE, 윤지형 옮김, 프란치스칸 영성, 프란치스코출판사, 2007, 76쪽.

포함하여 그 다양한 의미 때문에 문제가 있다. 그러나 보통 그리스도 교 언어에서는 일종의 덕, 서원, 한 수도회의 약속 이행을 뜻한다. '존경'이란 단어는 그 기원에서 두려움 또는 공경의 개념과 연결된다. 이처럼 짝을 이룬 두 용어의 결합은 '순종' 개념을 차가운 법적 관계가 아니라 교황의 인격에 대한 공경의 외적 표지가 되도록 함으로써 '순종'의 의미를 확장하고 수정한다. 프란치스코는 교황 권위에 대한 존경을 '교황님'이라는 칭호를 통해 드러내고 있다.

'순종과 존경을 서약한다'라는 표현은 중세에 신하가 봉건 지주에게 순종과 존경을 서약하던 기사도 고유의 관례였다. 교회에서는 황제가 로마 교황에 대하여 했던 존경의 협약에 대한 일종의 반향이며, 그 양식은 주교들과 일부 아빠스들이 교황에게 했던 충성 서약에 매우 가까운 것이다. 이 서약은 당시 교회법 일부로 편입되었다.[51] 충성 서약은 교황청이 프란치스코의 수도규칙을 승인하기 전에 후에스카의 두란도(Durando da Huesca)와 베르나르도 프림(Bernardo Prim)에게 요구했던 신앙에 대한 선언들과 서약들 안에서도 발견된다. 이렇게 한 수도회가 교황과의 매우 강력한 관계를 중세의 신하가 왕에게 바친 순종 서약 양식을 빌려 공식적인 형식으로 수도규칙에 확고히 표현한 것은 교회 역사상 최초였다.[52]

문학 양식과 역사적 맥락에 비추어 볼 때 '교황님께 순종과 존경을 서약한다'라는 것은 그리스도의 대리자와 풀릴 수 없는 관계를 형성하는 장엄한 양식이다. 수도규칙의 본문에 이 충성 서약의 삽입을 명한

---

51 참조: DECRETUM GRATIANI, C.4, D,19 Corpus Iuris Canonici, editio Lipsiensis secunda post Aemilii Ludovici Richteri, Pars prior. Decretum Magistri Gratiani, Graz 1959.

52 J. MICÓ, 'El Carisma de Francisco de Asís', in SelFran 75(1996), 400쪽; .K. ESSER, Melius Catholice Observemus, 113쪽.

사람이 바로 인노첸시오 3세였을 가능성이 크다.⁵³ 프란치스코의 정신에 비추어보면, 이 표현은 그 기원이 지니는 법적 의미를 초월하도록 해준다. 그는 모든 사람과 피조물들에 속하기를 원하였고, 사제들과 하느님 말씀의 설교자들을 마치 자기 주인인 양 생각하였다.⁵⁴ 이러한 그의 교회에 대한 신앙과 가톨릭 정신은 교황님에 대한 순종과 존경 안에서 구체화한다. 그와 로마 교황청과의 관계는 '생활지침'(원수도규칙)을 승인받고자 했던 형제회의 기원까지 거슬러 올라간다. 교황과 그 후계자들에 대한 언급은 문자적인 의미로 보면, 총봉사자와 전 형제회가 교황과 연결되는 교계적-인격적인 순종을 나타낸다. 나아가 직접적인 의미로 보면, 이 선언은 교황의 인격 안에서 구체화한 순종 서약에 역사적 효력을 부여하기에 중요하다. 결국 2절은 형제회(fraternitas)와 교회, 또는 형제회와 교계제도의 관계를 드러내 준다.

「인준받은 수도규칙」에는 「인준받지 않은 수도규칙」에 없는 '로마 교회'에 대한 순종이 덧붙여진다. 2절은 다음 두 가지 이유에서 진전된 단계를 보여준다. 곧 한편으로는 '교회의 것'에서 '전 교회의 것'이라는 보편적인 전망으로 옮겨감으로써 그 개념이 확장되었고, 프란치스코와 형제회의 순종이 교계와 배타적인 관계로 축소되지 않았기 때문이다. 다른 한편으로 로마 교회에 대한 명기는 사도 베드로의 교회에 항구하게 일치되고자 하는 그의 명백한 원의를 표현하고 있기 때문이다.⁵⁵

또 프란치스코는 형제들을 이단으로부터 보호하려고 교회에 대한 완전한 순종을 결심하고, 로마로 가서 교황님께 수도회를 완전히 맡

---

53 참조: L. DE ASPURZ, 'El rito de la profesión en la Orden franciscana - apuntes historicos', *in* Laurentianum 8(1967), 187쪽.
54 봉사자 편지 5-12; 유언 8.13.
55 F. URIBE, La Regla de San Francisco, 71-72쪽.

졌다(비인준 규칙 서문; 유언; 인준 규칙 1, 12장). 그는 순종의 명에를 통해 교회와 일치하고자 했다. 프란치스코는 「유언」에 기록된 대로 하느님으로부터 직접 복음 생활로 부르심을 받았다는 것을 확실히 알았다(14). 그러나 교회의 축복과 인정을 받으려고 갔던 것이며, 확인을 받기 전에는 그 생활을 절대로 하지 않으려고 했다. 곧 교회가 하느님으로부터 받은 은사를 확인해 주어야 안심하고 복음적 생활을 할 수 있다고 믿은 것이다. 프란치스코는 수도규칙에서 '순종하고 존경한다'라고 표현한다. 그 당시 이 표현은 기사들이 왕이나 군주에게 하는 말이다. 프란치스코는 이 표현을 통하여 교황의 신하가 되고자 하였다. 나아가 로마 교회에 대한 순종은 프란치스코의 보편주의를 표현하는 것이기도 하다.

또한 「인준받은 수도규칙」에서는 '교회법에 따라 선출되는'이란 말을 삽입했는데, 이는 교회법적인 명확성을 기할 뿐 아니라 3세기부터 당시까지 존재했던 대립 교황에 대해 분명한 태도를 보임으로써 프란치스코의 교회 정신을 표현한 것이다.[56] 프란치스코는 깊고 신실한 교회 정신을 지녔지만, 교회의 합당한 권위와 그렇지 않은 권위를 명확히 분별하며 교회 안에 머물고자 하였다. 한편 '로마 교회에 대한 순종'이란 말도 삽입하였다. 이는 교회 정신을 더욱 명백히 표현함으

---

56 대립 교황은 히폴리토(217-235)로부터 펠릭스 5세(1439-1449)에 이르는 31명이며, 11-12세기만 해도 무려 14명이나 되었다. 3세기의 자료에 따르면, 교황은 다른 주교들처럼 그 지방의 성직자와 민중들에 의해 선출되었다. 그러나 점차 교황의 영향력이 커짐에 따라 4세기부터는 로마의 황제와 귀족, 독일 왕들이 교황선거에 강한 영향력을 행사하게 되었다. 6-8세기 교황들은 그들의 당선을 황제에게 보고하고 승인을 받기까지 했다. 9세기부터 11세기까지는 로마 귀족과 독일 왕들이 교황을 해임하고 임명하는 등 교황선거에 결정적인 영향을 미쳤다. 니콜라오 2세 교황은 1059년 이후에 교황선거를 추기경 주교들에게 국한하는 교황 선거법을 제정함으로써 교황선거에서 속인의 간섭을 완전히 배제하였다. 이어 1179년 3분의 2의 다수결이 결정됨으로써 그간 잦았던 이중선거와 대립 교황의 출현을 예방하게 되었다.

로써 자신의 교회 정신을 선언한 것으로 볼 수 있다. 그의 교황과 로마 교회에 대한 사랑은 거룩한 교회와의 친교 안에서 복음을 실행하려는 항구한 뜻을 보여준다.

프란치스코는 자신을 개혁가나 예언자로 내세우려 하지도 않았으며 말로 교회를 비판하지 않았다. 그는 성직 교회를 받아들이면서도 평신도들에 대한 광범위한 역동성을 보였고, 또한 대중 종교문화를 강조하면서도 공식적인 로마 교회 전례에 지극한 존경을 표시하였다. 그는 자주 형제들이 교회와 성직자들에게 최대한의 존경과 사랑을 드리라고 명했으며, "가톨릭 신앙과 교회의 성사"에 대한 시험을 입회 조건으로 삼기도 하였다. 작은 형제들에게는 거룩한 복음을 따르는 생활과 거룩한 교회 안에서의 생활이 분리될 수 없는 요소였다. 프란치스코는 교회의 문제점과 폐해들과 그로 인해 겪게 되는 고통을 깊이 통찰하면서 복음을 철저히 실행하는 삶을 통하여 교회쇄신에 이바지하였다. 그는 교계를 향하여 복음의 메시지를 발설하기보다는 자신과 초기 형제들이 '살아있는 복음'이 됨으로써, 교황권과 황제권 사이의 갈등이 고조되고 이단이 확산해 가는 등 안팎으로 어려움을 겪으며 복음으로부터 멀어져가던 교회에 쇄신의 씨앗이 되기를 바랐던 것이다.

프란치스코는 복음과 양심에 따라 거룩한 교회에 철저히 순종함으로써 교회를 쇄신하는 '복음의 사람'이 되었다. 그는 교회에 설대석으로 순종했지만(1장), 다른 한편 사라센인들을 적대시했던 교회의 태도를 거슬러 그들을 복음의 정신에 따라 '형제'로 대했다. 이처럼 극단적인 그의 태도는 결국 그가 추상적인 언어유희가 아닌 복음에 대한 충실성을 통해 교회를 쇄신하고자 했음을 말해준다.

³ 그리고 다른 형제들은 프란치스코 형제와 그 후계자들에게 순종할 의무가 있습니다.

프란치스코가 교황님께 순종을 서약하고 다른 형제들이 프란치스코에게 순종을 서약할 때, 교황은 프란치스코가 다른 교구 주교의 권위에 예속되지 않으면서 자신과 함께 일하도록 프란치스코를 선임코자 하였다. 이것은 분명히 프란치스코의 권위와 그의 직접적인 사법권 그리고 이 세상에서 복음을 증거하고 선포하는 자로서 형제들 삶의 틀을 염두에 둔 것이었다. 따라서 형제회 초기부터 프란치스코와 그의 후계자들의 인격에 법적인 권위 또는 권한이 특별히 집중되는 형태를 취하게 되었고, 이러한 형태는 프란치스코 이후에도 그 관계에서 실제로 같은 형태를 취하였다.[57]

3절에서는 "다른 형제들은 프란치스코 형제와 그 후계자들에게 순종할 의무가 있습니다"라고 한다. 여기서는 「인준받지 않은 수도규칙」의 '이 수도회의 머리가 될 형제'라는 말이 삭제되었다. 그 까닭은 수도규칙 추인 칙서 「솔렛 안누에레」Solet annuere에서 이미 '작은형제회'와 '여러분의 회'(Ordo vestra)로 언급했기 때문이다. 이 부분을 형성하는 구절은 "순종해야만 합니다"(teneantur obedire)라는 가정법 명령이 주는 강한 법적 강조점을 지니고 있다. 이 구절에서 '작은형제회'의 모든 구성원과 교회에 대한 충실성을 보장해주는 권위 사이의 긴밀한 관계가 프란치스코에 의해 설정된다. 에서는 다음과 같이 해석한다. "총봉사자에게 순종함으로써 다른 형제들은 교회의 권위에 복종한다. 이 순종으로 모든 작은 형제는 늘 변함없이 교회의 뜻을 따르게 되는 것이다. 그러므로 순종은 우선 작은 형제들의 생활에서 상호일치

---

57 참조: Commissione Interfrancescana, '창설 당시의 프란치스칸 수도회의 정체성', 39-40쪽.

를 도모하며 그들의 생활과 전 교회의 생활이 일치를 이루게 하는 내적인 끈이 된다."[58] 이 연계된 체계는 교계적으로 볼 때도 완벽하다. 곧 프란치스코는 교황에게 순종하고, 나머지 형제들은 프란치스코에게 순종하는 것이다. 이렇게 봉사자에게 순종하는 형식은 1198년 삼위일체 수도회의 수도규칙에 나온다. 한 수도승원이 사도좌에 속하게 되면 아빠스를 통하여 충성 서약을 하면 충분하다. 그러나 작은 형제들에게는 서로를 엉겨 붙게 하는 인격적인 힘으로 형제체를 이루도록 해주는 관계가 보장될 필요가 있다.

프란치스코가 순종 서약으로 교황과 밀접하게 연결되었던 것은 그 당시 전혀 새로운 것이었다. 그는 교계에 맞섰던 당대의 이단 운동들과 달리 교회 안에서 복음을 실행함으로써 교회의 가장자리에 이르기까지 쇄신하려 한 것이다. 이 새로움은 특히 선교하는 형제체로 여겨졌던 형제회 자체의 구조를 통하여 설명된다. 이는 전 교회의 봉사에 사도적 수도생활양식의 전형적인 것으로서 중앙집권적인 구조이다.[59] 이 단락은 프란치스코가 복음적 형제회만을 원했던 것이 아니라 교회를 떠나 이단의 길로 가버린 무리가 신앙을 위협하던 시기에도 교회 안에 머물며 진정한 교회쇄신의 도구가 되는 형제회를 원했음을 보여준다.

■ 현대적 적용 ■

수도규칙 전체의 요약인 제1장은 작은 형제들의 정체성과 고유한 복음적 생활양식의 요체를 제시한다. 제1장은 이 시대에 어떻게 살아야 하는지에 대해 근원적인 질문을 던지고 있다. 교황 호노리오 3세는 프란치스코를 통해 시작된 수도회를 '작은형제회'라 하였다. 프란

---

58 K. ESSER, Melius Catholice Observemus, 113쪽.

59 참조: A. BONI, La novitas franciscana, 223-255쪽.

치스코는 복음적 생활양식을 따라 사는 형제를 '작은 형제'라 불렀다. 이러한 명칭은 문서상의 명칭으로만 머물지 않고, 형제들의 정체성과 영성의 실천 방향을 제시해주고 있다. 그 핵심은 '작음'(minoritas)과 '형제애'(fraternitas)이다.

오늘의 시대는 가난을 사는 태도로서의 '작음'과 '형제애'를 절실히 요청하고 있다. 자본의 독점과 권력 남용, 정보 확보의 차이, 초지능-초연결사회의 새로운 변화 등이 불러온 차별과 소외는 삶의 의미와 종교의 존재 이유를 다시 보도록 촉구한다. 어디에서든 '소유'와 '권력'이 힘을 발휘하고, 감각을 자극하는 사이버 매체들에 대한 의존성이 강해지고 있다. 이런 흐름 속에서 사람들도 종교에 무관심해지는 현상이 두드러지고 있다. 이때 프란치스코가 사회적 차원에서 읽어내고 살았던 '작음'은 근원적인 답이 될 수 있을 것이다. 늘 '더 작아지는' 길을 걸었던 프란치스코는 모든 것을 변화시키는 힘, 곧 사랑, 온유함, 비폭력, 섬김, 따뜻한 우애의 힘을 지녔다. '작음'은 소유가 아닌 존재, 차별과 지배가 아닌 섬기는 동등성, 자기중심적인 이기적 사랑이 아닌 '사회적 사랑'으로 가는 열쇠인 까닭이다. 성 프란치스코가 살았던 '가난과 작음'은 관념적이거나 자신만의 세계에 갇힌 것이 아니라 사람들 사이에 깊이 끼어들어 모두를 형제로 사랑하려는 것이었다. 프란치스코 성인은 다음과 같이 권고하였다. "자기에게서 멀리 떨어져 있을 때도 자기와 함께 있을 때처럼 형제를 사랑하고 존경하는 종은 복되다."(권고 25) 이 열린 형제애는 물리적 접근성을 뛰어넘어 출생지나 거주지의 구애 없이 모든 사람을 인정하고 존중하며 사랑하는 것이다.[60] '작음'을 통해 우리는 '어머니가 자식을 사랑하는 것보

---

60 「모든 형제들」 1항, 교황 프란치스코 회칙(2020.10.3), 한국천주교중앙협의회, 2021.

다 한층 더 자상하게 기르고 사랑하는'(인준 규칙 6,8) 형제애와 사회적 우애로 공동선을 이뤄나가야겠다.

한편 프란치스코에게 '복음'은 삶을 통한 경배의 대상이며, 기도 안에서 온 마음으로 바라보고 실행해야 하는 '우리 주 예수 그리스도의' 복음이었다. 그의 복음적 생활의 토대는 하느님의 겸손이었다. 프란치스코의 이상은 복음과 복음의 방식을 따르는 삶이다. 복음의 실행은 프란치스코 수도규칙의 출발점이었고, 그 규칙은 형제들을 새로운 생활양식으로 이끌기 위한 것이었다. 프란치스코 성인은 복음의 가치가 근본적으로 도전받는 세상과 교회에서 복음이 되어 순례자와 나그네로 걸어감으로써 쇄신의 빛을 던졌다. 실천적 신앙인들이 크게 줄어들고 무교회주의 신앙인들이 늘어가며, 대다수 젊은이가 종교를 갖지 않고 생활한다. 이처럼 세속화가 급격하게 일어나는 현실에서 복음은 어떤 의미가 있으며, 어떻게 복음을 살아야 하는지 깊은 성찰이 필요하다. 그 답은 명확하다. 프란치스코처럼 복음이 되어 모든 이에게 기쁨이 되고, 좋음이 되며, 희망이 되는 것뿐이다.

오늘날 프란치스칸 복음적 생활은 계층과 신분, 문화와 종교, 언어와 인종, 국적 등 온갖 구별을 넘어 모든 피조물과 그 지체의 다양함을 포함해야 한다. 그리스도를 따르도록 불린 우리는 타자 안에서 하느님의 현존을 발견하여 그리스도를 살아있게 하고, 타자와의 관계를 통하여 하느님의 선과 자비를 드러내도록 초대받았다. 프란치스칸 복음적 생활은 형제애, 사회적 우애, 우주적 형제애로 실행되어야 한다. 이는 복음적 삶의 핵심이자 과제이며 도전이다. 오늘날 우리의 복음적 생활은 이러한 초대와 도전에 어떻게 응답하고 있는지 돌아볼 일이다.

교회 역사에서 복음에 대한 충실성과 교회에 대한 순종은 여러 시기에 상반된 현실로 제시되어 긴장을 불러일으키기도 했다. 프란치스코 성인이 교계와 갈등을 일으키고 교회를 무시하면서 자신의 은사를 실현하려고 했다는 그릇된 시각도 있었다. 그러나 제1장은 그가 은사와 제도, 복음과 교회, 예언자적 소명과 순종을 분리하거나 대립 관계에 두지 않았음을 분명히 보여준다. '작은 형제들'은 도시의 가난한 사람들과 동등한 사회적 지위를 나타내었을 뿐 아니라 교회 안에서도 작은 이들이 되고자 했다. 형제들의 교회에 대한 의탁과 순종이야말로 당대의 다른 복음적 운동을 하던 이들과 근본적으로 다른 점이었다. 프란치스코와 그의 형제들은 교회 안에서, 교회에 순종하면서, 교회와 친교를 나누는 복음적 삶을 원했다. 우리도 프란치스코처럼 교회의 문제점과 폐해들로 인해 겪게 되는 고통을 깊이 통찰하면서 말로서가 아니라 '살아있는 복음'이 됨으로써 교회쇄신에 이바지해야겠다.

제2장
이 생활을 받아들이려고 하는 이들, 그리고 이들을 어떻게 받아들일 것인가

¹ 누가 이 생활을 받아들이려고 우리 형제들을 찾아오면, 다른 형제들이 아니라 오직 관구봉사자들에게만 그들을 받아들일 권한이 있기에, 형제들은 그들을 관구봉사자들에게 보낼 것입니다. ² 그리고 봉사자들은 가톨릭 신앙과 교회의 성사들에 관하여 그들을 면밀히 시험할 것입니다. ³ 그리고 그들이 이 모든 것을 믿고 충실히 고백하며 끝날까지 굳게 지키기를 원하면, ⁴ 그리고 아내가 없거나, 있으면 아내가 이미 수녀원에 들어갔거나, 아내가 이미 금욕을 서원하여 교구 주교의 권한으로 주교가 그에게 허락을 주었거나, 그 아내가 의심받을 수 없는 나이가 되었으면 ⁵ 그때 봉사자들은 가서 너희의 모든 것을 다 팔아 가난한 사람들에게 나누어주도록 (참조: 마태 19,21) 힘쓰라고 하신 거룩한 복음의 말씀을 이야기해 줄 것입니다. ⁶ 만일 이렇게 할 수 없으면 좋은 뜻만으로도 넉넉합니다. ⁷ 그리고 주님께서 그들에게 영감을 주시는 대로 그들이 자기 재산을 자유롭게 처분할 수 있도록 형제들과 봉사자들은 그들의 재산에 대해 관여하지 않도록 조심할 것입니다. ⁸ 그러나 의견이 요청되면, 봉사자들은 하느님을 경외하는 사람들에게 그들을 보낼 수 있고, 하느님을 경외하는 사람들의 조언으로 그들이 자기 재산을 가난한 사람들에게 나누어 주도록 할 것입니다. ⁹ 그 후 봉사자들은 시련복, 곧 모자 없는 수도복 두 벌과 띠와 속바지와 허리띠까지 내려오는 겉옷을 줄 것입니다. ¹⁰ 그러나 봉사자들은 어떤 때 하느님의 뜻에 맞는다고 생각하면 달리 할 수도 있습니다. ¹¹ 그리고 그들은 시련기 일 년을 마친 후, 이 생활과 수도규칙을 항상 지키기로 서약함으로써 순종으로 받아들여집니다. ¹² 그리고 교황님의 명에 따라 이 수도회에서 절대로 나갈 수 없습니다. ¹³ 이는 거룩한 복음을 따라 "쟁기에 손을 대고 뒤를 돌아보는 자는 하느님 나라에 합당하지 않기"(루

카 9,62) 때문입니다. [14] 그리고 이미 순종을 서약한 이들은 모자 있는 수도복 한 벌을 가질 것이며, 원하는 이들은 모자가 없는 수도복 한 벌을 더 가질 수 있습니다. [15] 그리고 어쩔 수 없는 이들은 신발을 신을 수 있습니다. [16] 그리고 모든 형제는 값싼 옷을 입을 것이며, 또한 하느님의 축복을 받아 그 옷을 거친 천이나 다른 헝겊으로 기워 입을 수 있습니다. [17] 나는 형제들에게 권하며 충고합니다. 부드럽고 화려한 옷을 입은 사람이나 맛 좋은 음식을 먹고 마시는 사람들을 볼 때, 그들을 멸시하거나 판단하지 말고 오히려 각자 자기 자신을 판단하고 멸시하십시오.

인준받지 않은 수도규칙의 병행 구절
[제2장 형제들을 받아들임과 복장]

[1] 누가 하느님의 영감을 받아 이 생활을 받아들이려고 우리 형제들을 찾아오면, 형제들은 그를 친절하게 맞이할 것입니다. [2] 만일 그 사람이 우리 생활을 받아들일 마음이 확고하면, 형제들은 그의 재산 문제에 관여하지 않도록 매우 조심할 것이며, 그를 되도록 빨리 봉사자에게 보낼 것입니다. [3] 그리고 봉사자는 그를 친절하게 맞이하고 용기를 북돋아 주며, 우리 생활의 내용을 정성껏 설명할 것입니다. [4] 그리고 나서 그 지원자가 그렇게 할 원의가 있고, 또 영적으로 아무 장애 없이 그렇게 할 수 있으면, 자기의 모든 것을 "팔아 가난한 사람들에게" 모두 나누어 주도록 힘쓸 것입니다. [5] 형제들과 형제들의 봉사자는 어떤 방법으로도 그의 일에 관여하지 않도록 조심할 것이며, [6] 직접적으로나 혹은 다른 사람을 통하여 어떠한 금품도 받지 말 것입니다. [7] 그렇지만 형제들이 궁핍할 때, 그 필요성 때문에 형제들은 다른 가난한 사람들처럼 돈을 제외하고 육신에 필요한 다른 것을 받을 수 있습니다. [8] 그리고 그 사람이 돌아오면, 봉사자는 그에게 일 년간의 시련복, 곧 모자 없는 수도복 두 벌과 띠와 속바지와 허리띠까지 내려오는 겉옷을 줄 것입니다. [9] 그리고 시련기 일 년을 마친 다음, 그를 순종생활로 받아들일 것입니다. [10] 그 후에는 교황님의 명

령에 따라 다른 수도회에 들어가거나 "순종을 벗어나 돌아다닐"[1] 수 없습니다. 왜냐면 복음에 따라 "쟁기에 손을 대고 뒤를 돌아보는 자는 하느님 나라에 합당하지 않기"(루카 9,62) 때문입니다. [11] 그리고 어떤 사람이 자기 재산을 나누어 줄 영적인 원의는 가지고 있지만, 장애가 있어서 가진 것을 나누어 줄 수 없는 경우에는, 그 재산을 버리는 것만으로도 족합니다. [12] 거룩한 교회의 규범과 규정을 거슬러 아무도 받아들이지 말 것입니다.

[13] 그리고 순종을 서약한 다른 형제들은 모자 있는 수도복 한 벌과 띠와 속바지를 가질 것이며, 필요하다면 모자 없는 수도복 한 벌을 더 가질 수 있습니다. [14] 그리고 모든 형제는 값싼 옷을 입을 것이며, 또한 하느님의 축복을 받아 그 옷을 거친 천이나 다른 헝겊으로 기워 입을 수 있습니다. 왜냐면 "화려한 옷을 입고 호화롭게 사는 자들"(루카 7,25)과 "고운 옷을 걸친 자들은 왕궁에 있다"(마태 11,8)라고 주님께서 복음에서 말씀하시기 때문입니다. [15] 그리고 위선자들이라고 불릴지라도 형제들은 선행을 멈추지 말 것이며, 하늘나라에서 의복을 가질 수 있도록 이 세상에서는 값비싼 옷을 찾지 말 것입니다.

개요

수도규칙은 제1장에서 작은 형제들 삶의 복음적, 교회적 기초를 언급한 다음, 이제 형제회에 들어와 이 생활을 하고자 하는 이들의 생활에 관하여 좀 더 구체적으로 서술하기 시작한다. 제2장에서는 먼저 이 '생활을 받아들이려고 하는 이들'에게 요청되는 신앙적, 교회법적, 영성적인 조건들을 언급한다. 이어서 거룩한 복음을 실행하는 삶을 받아들인 사람들에게 교회법이 부과한 시련기, 퇴회 금지, 그들의 검소한 복장과 신발에 관해 규정한다. 그리고 끝으로 이렇게 시작된 삶

---

1 호노리오 3세의 "Cum secundum consilium"에 나오는 표현이다.

의 핵심적인 태도인 가난에 대해 언급한다.

최종 규칙을 줄이려는 경향에도, 제2장은 「인준받지 않은 수도규칙」 본문과 거의 비슷하게 유지되었으나 실제로는 두 구절이 늘어났다. 그 이유는 주로 수도규칙 초안 작성 당시 시행되던 교회법에서 제외된 4절이 삽입되었기 때문이다. 그러나 본문은 5-8절로 바로 이어져 복음과 프란치스코의 의도를 명확히 표현한다. 또 다른 추가는 10절이다. 봉사자들은 그가 하느님의 뜻에 맞는다고 생각되면 '시련복'을 바꿀 수 있다는 것이다. 끝으로 이 장의 마지막 부분에 프란치스코의 개인적인 권고가 추가된다(17절). 한편 「인준받지 않은 수도규칙」의 "거룩한 교회의 규범과 규정을 거슬러 아무도 받아들이지 말 것입니다"(12절)라는 구절은 삭제되었다. 교황청의 최종 추인 과정에서 이 부분이 빠진 것은 놀랍지만, 아마도 2절에서 "봉사자들은 가톨릭 신앙과 교회의 성사들에 관하여 후보자를 면밀히 살필 것입니다"라는 문구가 들어가는 대신 삭제되었을 것이다.

제2장에는 두 가지 변화가 나타난다. 먼저, 「인준받지 않은 수도규칙」은 「베네딕토 수도규칙」(58장)이 입회하려는 이를 푸대접하고 어려움을 줌으로써 시험한 다음 받아들이는 것과는 달리 "누가 하느님의 영감을 받아 이 생활을 받아들이려고 우리 형제들을 찾아오면, 형제들은 그를 친절하게 맞이할 것입니다"(2,1)라고 규정한다. 그런데 「인준받은 수도규칙」에서는 봉사자의 따뜻한 친절이 빠져 있다. 그리고 관구봉사자가 신앙과 성사에 관하여 후보자를 시험해야 한다는 조건부 허락을 제시한다. 또 결혼한 사람들에 관한 교회법적 조건이 덧붙여졌으며, 형제들과 봉사자들은 후보자의 재산 문제에 간섭하지 말라고 경고한다. 이는 형제들이 이 생활을 받아들이고자 하는 이들을 받아들이는 과정에서 더욱 신중해졌음을 말해준다. "봉사자들은 가톨릭 신앙과 교회의 성사들에 관하여 그들을 면밀히 시험할 것입니

다."(2,2) 형제회는 지망자의 급증에 직면하여 야고보 비트리가 이미 지적한 것들(동방역사 32항 11-12 참조)에 주의하면서 처음부터 이단과 관계를 맺었을 수도 있는 모든 후보자를 걸러낼 필요가 있었다.

다른 변화는 다음과 같다. 「인준받지 않은 수도규칙」은 루카 복음 (7,25)과 마태오 복음(11,8)을 인용하면서 "위선자들이라고 불릴지라도 형제들은 선행을 멈추지 말 것이며, 하늘나라에서 의복을 가질 수 있도록 이 세상에서는 값비싼 옷을 찾지 말 것입니다"(2,15)라고 옹호하는 어조로 권고한다. 「인준받지 않은 수도규칙」 시기의 유혹은 남루한 옷을 입은 데 대해 수치심을 느끼는 것과 좀 덜 비천하게 꾸밀 소망을 갖는 것이었다. 그러나 「인준받은 수도규칙」의 시기에는 수도회가 알려지기 시작하였고, 실제로 명성을 얻고 있었다. 그래서 "초기 문헌의 남루한 옷이나 속옷은 기꺼이 받아들일 수 있을 뿐만 아니라 존경을 받는 표시도 된다는 것을 암시하고 있다. 이는 형제들이 더는 조롱과 비난을 받지 않는다는 것을 암시하는 것이다. 형제들은 이제 사회적인 위치를 갖게 되었으며, 이로 말미암아 오히려 다른 이들을 조롱하거나 비난할 수 있게 되었다. 따라서 프란치스코는 다른 이들을 업신여기거나 판단하지 말고 오만함을 피하라고 충고하는 것이다."[2]

제2장은 다음과 같은 내용으로 구성되어 있다.

1. 이 생활을 받아들임(1-6절)
2. 재산 포기에서의 자유(7-8절)
3. 시련기(9-10절)

---

[2] R. J. ARMSTRONG, '아씨시의 성 프란치스코. 복음적 삶에 대한 글(V)', 프란치스칸 삶과 사상 제16호(2001년 봄), 214쪽.

4. 순종에 받아들여짐(11-13절)
5. 형제들의 복장 형태와 다양한 방식으로 사는 이들 사이에서(14-17절)

본문 해설

1. 이 생활을 받아들임(1-6절)

^{1} 누가 이 생활을 받아들이려고 우리 형제들을 찾아오면, 다른 형제들이 아니라 관구봉사자들에게만 그들을 받아들일 권한이 있기 때문에, 형제들은 그들을 관구봉사자들에게 보낼 것입니다. ^{2} 그리고 봉사자들은 가톨릭 신앙과 교회의 성사들에 관하여 그들을 면밀히 시험할 것입니다. ^{3} 그리고 그들이 이 모든 것을 믿고 충실히 고백하며 끝날까지 굳게 지키기를 원하면, ^{4} 그리고 아내가 없거나, 있으면 아내가 이미 수녀원에 들어갔거나, 아내가 이미 금욕을 서원하여 교구 주교의 권한으로 주교가 그에게 허락을 주었거나, 그 아내가 의심받을 수 없는 나이가 되었으면 ^{5} 그때 봉사자들은 가서 너희의 모든 것을 다 팔아 가난한 사람들에게 나누어주도록 (참조: 마태 19,21) 힘쓰라고 하신 거룩한 복음의 말씀을 이야기해 줄 것입니다. ^{6} 만일 이렇게 할 수 없으면 좋은 뜻만으로도 넉넉합니다.

자체로 문학적인 독립 단락을 이루는 이 본문은 조건법 형식의 일련의 구절들을 통해 이정표를 세우고 있다. 그 가운데 셋은 명확히 '~라면'(1.3-4)으로 이루어져 있고, 나머지는 추정하는 것들이다. 이런 조건문들로 인해 거의 모든 단락이 법적인 어조를 띤다. 곧 이 생활을 받아들이기를 원하는 이들에게 수도규칙을 작성할 당시 효력을 발하고 있던 교회법의 요구를 포함하고 있다. 수도규칙의 편집에 법률가들,

아마도 우골리노 추기경과 수도규칙의 추인 이전에 본문을 검토했던 교황청 협력자들이 개입했으리라는 것은 어려움 없이 추정할 수 있다. 5-6절만 다른 어조를 띠고 있는데, 이는 이 생활을 받아들이려고 하는 이들의 받아들임을 안내해주는 복음적 기준과 일치한다. 이것은 「인준받지 않은 수도규칙」보다 훨씬 축소된 형태로 제시되고 있다. 이는 복음에 기초하여 모든 교회 보편법의 법적인 요건들이 흘러나옴을 말해주는 일종의 결말이다.

1) 이 생활을 받아들이려고 찾아오면

¹ 누가 이 생활을 받아들이려고 우리 형제들을 찾아오면

형제회에 받아들여지기 위한 근본적인 조건은 크게 두 가지이다. 첫째는 가장 근원적인 조건으로서 '하느님의 영감을 받아' 윤리적인 방향 전환을 해야 한다는 점이다. 이는 자신의 온전한 부정이다. 둘째는 가진 것을 팔아 가난한 사람들에게 나누어주라는 조건으로서 자신의 모든 소유를 포기하고, 온전히 하느님께 의탁하는 것이다. 이 두 가지 조건을 채운다는 것은 결국 자신의 삶으로써 복음의 생활양식을 드러내는 것을 말한다.

수도생활을 원하는 이들을 받아들이는 것을 '수노승 규칙'들에서는 '합류하다'(aggregare, 파코미오 계명집 49; 동방규칙 27)나 '입회'(ingressus, 아우구스티노 수도규칙 1,4; 베네딕토 수도규칙 제58장)라고 한다. 그와 달리 여기서는 "누가 이 생활을 받아들이려고"로 표현한다. 「인준받지 않은 수도규칙」에서는 '하느님의 영감을 받아'(12,1)라는 표현이 있었다. 그런데 중세 신학자들이 계시의 기원을 언급할 때 주로 사용했던 이 용어가 여기서는 생략되었다. 그 이유는 '하느님의 부르심'이니 당

연히 '하느님의 영감을 받은 것'으로 전제된다고 보았기 때문일 수 있고, 다른 한편으로는 「인준받은 수도규칙」이 법적인 관점을 강조하려 했기 때문일 수도 있다. 「인준받지 않은 수도규칙」이 '하느님의 영감을 받아' 찾아온 사람들을 친절하게 대하라고 한 것과 달리 여기서 관구봉사자의 권한을 강조하는 것은 이런 면을 잘 보여준다. 이렇게 새로운 형제들을 받아들이기 위한 법적인 절차가 덧붙여진 것은 형제들의 수가 점차 늘어나면서 나타난 일련의 조직화에 따른 것이다. 그렇지만 「인준받은 수도규칙」은 "누가 이 생활을 받아들이려고 우리 형제들을 찾아오는 것"(2,1)을 근원적인 하느님의 부르심으로 보고 있다. 왜냐면 복음적이고 가톨릭적인 이 생활에 대한 갈망을 불러일으켜 주시는 분은 하느님이시기 때문이다. 「인준받지 않은 수도규칙」에서 말하는 '하느님의 영감을 받아'는 형제들을 받아들임에 대한 프란치스코의 관점을 잘 말해준다. 곧 프란치스코는 이 생활을 하고자 하는 자를 받아들일 권한이 하느님께 있음을 분명히 한다. 어떤 사람이 하느님의 영감을 받아 온 것이 사실이라면, 하느님의 부르심에 따라 하느님을 품고 찾아오는 것이기에, 그를 하느님의 선물이자 하느님의 현존을 알아차리도록 도와주는 도구로서 친절하게 받아들이라고 하는 것이다.

주목할 것은 프란치스코가 형제들을 받아들일 때 사회적, 문화적, 교회적 조건에 따른 계층 의식을 철저히 거부했다는 점이다. 그는 복음으로부터 영감을 받아 전 생애에 걸쳐 형제들을 받아들임에서 그 어떠한 차별도 없이 누구나 받아들였다.[3] 하느님의 영감을 받아 누가 이 생활을 받아들이려고 우리 형제들을 찾아오면 모두 받아들였다.[4]

---

3 「파코미오 수도규칙」은 "입회할 뜻을 품고 수도원 문간에 찾아오면"(계명집 49항)이라 하는데, 이는 "하느님의 영감"보다는 자기 뜻에 초점을 둔 것이다.

4 비인준 규칙 2,1; 인준 규칙 2,1; 유언 16

"너그럽고 열린 그의 환영은 사람을 차별대우하지 않으시는 하느님께 대한 존경과 가난하고 단순하건 귀하고 유식하건 모두를 똑같이 대하시는 성령께 대한 무한한 존경에서 나온 행위였다."[5]

「아우구스티노 수도규칙」에는 후보자를 받아들임에 관한 규정이 없고, 질서 있는 공동생활을 보장하기 위해 재산을 공유하는 것으로부터 삶을 시작하도록 한다.[6] 「베네딕토 수도규칙」은 입회 후보자를 맞아들이는 데 대해 다음과 같이 명확하고 상세하게 규정한다. 곧 "누가 수도생활을 하고자 처음으로 찾아오면 그에게 쉽게 입회를 허락하지 말고 사도께서 말씀하신 바와 같이 '그의 정신이 하느님한테서 왔는지 시험해 볼 것이다.' 그러므로 만일 그 찾아온 사람이 항구하게 문을 두드리고 자기가 당하는 푸대접과 입회의 어려움을 4-5일까지 참아 견디며 청원이 꾸준해 보이거든 그에게 입회를 허락하고 며칠 동안 객실에 있게 할 것이다. 그 후에 수련자들의 방에 있게 하여 거기서 공부하고 먹고 잠자게 할 것이다. 그리고 영혼들을 얻기에 합당한 노숙한 형제를 그들에게 보내어 온갖 주의를 다하여 그들을 돌보게 할 것이다. 그리고 그는 수련자가 참으로 하느님을 찾는지, 하느님의 일과 순명과 모욕을 참아 받는 데 열성을 다하는지 보살필 것이다."(58,1-7)[7]

「베네딕토 수도규칙」도 하느님의 부르심을 중요시한다는 점에서는 프란치스코의 태도와 비슷하다. 그러나 프란치스코가 지망자를 일단 친절하게 맞이하고, 시험을 거치고 나서 가진 재산을 다 팔아 가난

---

5   Commissione Interfrancescana, '창설 당시의 프란치스칸 수도회의 정체성', 13쪽.
6   참조: 아우구스티노 수도규칙 I,4: "세속에서 재산을 갖고 있던 자는 수도원에 입회할 때 그 재산을 공동 소유할 것을 기꺼이 원해야 한다."
7   이에 앞서 파코미오도 비슷한 요청을 했었다. "누가 세속을 떠나 형제들의 공동체에 입회할 뜻을 품고 수도원 문간에 찾아오면, (...) 그는 며칠간 수도원 정문의 문간에 머물러 있어야 하며, 그동안 그에게 주의 기도문과 그가 배울 수 있는 만큼의 시편들을 가르치고, 그를 주의 깊게 시험해 볼 것이다."(계명집 49)

한 이들에게 나누어 준 다음 이 생활에 받아들이는 것(비인준 규칙 2,1-12; 인준 규칙 2,1-11)과는 달리 「베네딕토 수도규칙」의 경우는 친절하게 맞이하기보다는 푸대접을 통한 시험과 준비에 더 초점을 두고 있다(58,1-14). 곧 프란치스코 수도규칙은 「베네딕토 수도규칙」이 끝부분에서 입회하려는 이를 '온갖 주의를 다하여 돌보고, 열성을 다하여 보살피는 것'을 거꾸로 첫머리에 배치하고 훨씬 더 긍정적인 방식으로 접근한다.[8] 프란치스코는 지망자가 "이 생활을 기꺼이 받아들일 것"을 강조하며, 또한 지망자를 "친절하게 맞이할 것"(비인준 규칙 2,1)을 규정한다. 맨 먼저 지망자를 하느님의 선물로 받아들이는 것은 형제들 자신이지만, 받아들이는 권한은 관구봉사자에게 있다(비인준 규칙 2,2-3; 인준 규칙 2,1)

"누가 이 생활을 받아들이려고"라는 구절을 보면, 형제회에 대한 프란치스코의 생각을 알 수 있다. 곧 형제회는 조직적인 단체나 장소의 개념이 아니라 형제들이 서로의 인격을 존중하며 평등하게 사는 형제체(Fraternitas)이다. 정주 생활을 하는 베네딕토회에서는 봉쇄된 장소 중심의 수도승원(Monasterium)이라고 한다. 탁발수도회에서는 '콘벤투스'Conventus라 부르기도 했다. 그러나 이 명칭은 프란치스코의 글에서 형제들의 거처로서 단 한 번도 언급되지 않았고, 형제회 초기에도 사용하지 않던 것으로 후대에 형제회가 조직화, 대수도원화하면서 사용되기 시작하였다.[9]

그런데 '이 생활을 받아들인다'라는 것은 세상으로부터의 떠남과 포기를 전제하며 그것과 밀접한 관계에 있다. 생활, 곧 복음을 받아들

---

[8]   참조: L. LEHMANN, 'Un percorso di iniziazione', in AA.VV., La regola di frate Francesco. Maranesi P., Accrocca F.(a cura di), Eredità e Sfida, Padova 2012, 241쪽.

[9]   이에 관하여는 필자의 글, '수도원' 항목 참조(한국교회사 연구소편, 한국가톨릭대사전 제8권, 5076-5082쪽).

인다는 것은 세상을 떠나는 전적인 방향 전환인 회개의 시작으로서 수도생활을 시작하는 것을 뜻한다. 여기서 동사 '찾아오다'(venerint)와 더불어 '원하다'(voluerint)라는 동사는 매우 자발적인 강조점을 지닌다. 두 동사 모두 남의 외적인 강요나 윤리적인 조종에 의해서가 아니라 본인의 주체적 결정을 상정한다. 형용사 '누가'는 대상을 특정하지는 않지만, 작은 형제들의 생활을 끌어안고자 하는 지망자들을 가리킨다. 이 생활을 선택할 자유는 「인준받지 않은 수도규칙」에서 '하느님의 영감을 받아'라고 표현하고 있는 그 대목에서 신학적으로 더 잘 정의되고 있다. 프란치스코의 정신과 체험에 따르면, 형제들이 이 생활을 받아들이도록 이끌어주시는 분은 성령이시다. 지망자가 자유롭게 이 생활을 받아들이는 것은 주님의 인격적인 초대에 대한 자발적인 응답과 같은 것이다. 이 응답은 주님의 영의 작용에 의한 것이다. 이처럼 성소는 하느님에 의한 것이므로 형제들은 하느님께 대한 존경심 때문에 지망자를 친절히 대하고 신중한 식별을 위해 관구봉사자에게 보내야 한다.

동사 accipere는 '받아들이다', '포옹하다'라고 번역할 수 있는데, 프란치스코는 수도승 규칙들에서처럼 '들어온다'(ingredior)라는 용어를 사용하지 않는다. 수도승원에 입회하려면 수도원 문밖에서 며칠을 지낸 다음에야 수도원 문 안으로 들어갈 수 있었다.[10] 프란치스코의 「유언」은 그의 사고를 더 잘 드러내 주는 자발적인 언어를 사용한다. 그는 「유언」에서 초기 형제들이 생활을 받아들이는 것을 현재분사 recipiendam이란 용어로 표현한다. 그에 따르면, 이 용어는 수도원이나 관구의 일원이 되기 위하여 '들어가는 것'이나 누구에겐가 정해진 생활양식을 부과하는 것이 아니라 생활을 '받아들이고' '끌어안는' 것이

---

10 파코미오 계명집 49항; 네 교부의 규칙 VII,25; 베네딕토 규칙 58장

다. 이 생활은 형제단의 생활을 구성하는 수도규칙이요 복음이다. 여기서 형제단은 지망자에게 시험을 부과하지 않고 그를 맞아들이며 형제단의 삶을 그에게 선물하는 것이다. 이는 형제단 초기에 발생할 수 있는 일부 남용을 바로 잡으려는 의도를 은연중에 드러내면서 복음적 색깔을 띤 자발성과 따뜻한 환대에서 엄격한 법적 절차로 옮겨가는 것일 수 있다. 이것은 1220년 「쿰 세쿤둠 콘실리움」 칙서로 변화하는 단계에서 중요하게 다루어졌던 부분이다. 그러나 적어도 이는 분명히 남아야 하고, 제도적인 것은 강도나 적이라 해도 청하는 이들을 환대해야 한다는 프란치스코의 가르침처럼(비인준 규칙 7,14) 결코 형제단에 대한 프란치스칸 정신의 가치 있고 특징적인 점들을 지워버릴 수는 없을 것이다.[11]

프란치스코는 회개 초기를 「유언」에서 다음과 같이 회상한다. "그 후 얼마 있다가 나는 세속을 떠났습니다."(3ㄴ) 이때가 복음을 받아들인 시점이다. "'잠시 후 나는 세속을 떠났습니다', '세속을 떠남'이라는 표현은 '세속으로부터 도피' 또는 '세상을 경멸함'이라는 주제와 연결될 수 있다. 그러나 중세에 'exire de saeculo'는 어느 한 사람이 이전의 생활 신분에서 은수 생활이든 수도승 생활이든 종교적 신분, 수도 신분의 양식을 포옹하는 것을 의미하는 전문적 표현임을 잊어서는 안 된다."[12]

초기 형제들의 목격 증인들은 '세속으로부터의 떠남'(relinquere saeculum)에 관하여 자주 언급하였다. 1216년에 비트리의 야고보 추기경은 다음과 같이 증언한다. "많은 사람이 그리스도 때문에 모든 재

---

11   F. Uribe, La Regla de San Francisco, 80쪽.

12   T. Desbonnets, Dalla Intuizione alla Istituzione, 22쪽.

산을 버리고 세속을 떠난 것을 보았기 때문입니다. 이들은 '작은 형제들'이라 불리고, 교황과 추기경들은 이들을 영예롭게 여기고 있습니다. 이들은 현세적인 어느 것에도 마음을 두지 않고 오히려 열성적인 소망과 열심히 한 노력으로 멸망의 위험에 있는 영혼들을 세속의 허영심에서 구제하며 자기들 대열에 끌어들이려고 날마다 노력합니다."(1216년 편지 8항) 이러한 사실은 1220년 수사학자 부온콤파니(Buoncompagni)나 월터 기스번(Walter Gisburn) 등도 증언하고 있다.[13]

2) 관구봉사자에게 보냄

^{1절 후반} 다른 형제들이 아니라 관구봉사자들에게만 그들을 받아들일 권한이 있기에, 형제들은 그들을 관구봉사자들에게 보낼 것입니다.

형제회 생활을 받아들이려고 찾아오는 지망자에게 형제들이 해야 하는 유일한 과제는 그를 '친절하게 맞이하고' '관구봉사자에게 보내는 것'이다. 지망자의 가톨릭 신앙과 교회의 성사들에 관하여 면밀히 살피기 위해서다. 이는 정해진 새로운 지망자를 형제회에 받아들이는 데 필요한 최소한의 제도적 질서를 보장하려는 것이다. 또한 "제4차 라테라노 공의회와 당시 이단을 막으려는 프란치스코의 관심에 따른 영향도 배제할 수 없다."[14] 수도규칙 본문 가운데 처음으로 '관구봉사자'라는 칭호가 나온다. 그의 권한은 형제단의 생활을 받아들이려는 지망자들에 대한 역할뿐이다. 지망자들을 받아들이는 고유한 직무가 관구의 초기 책임자들에게 넘겨진 것이다. 여기서 특히 교회와 복음 앞에서 그의 사목적 책임을 강조하는 데 관심을 두고 있다.

---

13 K. Esser, La Orden Franciscana. Orígenes e Ideales, Aránzazu 1976, 39쪽.

14 참조: L. Lehmann, 'Un percorso di iniziazione', in AA.VV., La regola di frate Francesco, 241쪽.

초기에는 프란치스코만이 새로운 지망자를 받아들일 수 있었는데, 이제는 새로운 형제를 받아들일 권한이 관구봉사자에게만 있다고 한다. 여기서 "다른 형제들이 아니라 관구봉사자들에게만 그들을 받아들일 권한이 있다"라고 표현상 맺고 끊음이 분명하게 규정함으로써 지망자들의 무분별한 받아들임으로 인한 남용을 피하려는 의도를 드러내는 것으로 보인다.[15]

그리고 "관구봉사자들에게만 그들을 받아들일 권한이 있기에"라는 이 구절에서 대리 범위에 대하여 살펴볼 필요가 있다. 「인준받지 않은 수도규칙」에서는 새로운 형제들을 받아들일 권한을 지닌 유일한 사람인 봉사자의 등급을 특정하지 않고 단순히 '봉사자'라고만 언급한다(2,2). 죠르다노의 쟈노가 「연대기」(11항)에서 "마태오는 포르치운쿨라의 성 마리아에 머물게 하여 형제회에 입회하려는 사람들을 받아들이게 하였고"라고 전해주는 예와 1230년 교황 그레고리오 9세의 칙서 「퀴 엘롱가티」의 선언[16]대로라면, 그때는 총봉사자가 형제들을 받아들였다고 이해할 수 있다. 사실상 작은형제회의 초기에 새로운 형제들을 받아들일 권한은 구체적이고 제한된 일부 대리자들을 제외하고는[17] 총봉사자요 창설자인 프란치스코에게 유보되었다. 「인준받은 수도규칙」이 총봉사자의 손에 집중된 이 권한을 보존하기는 하지만, 실천적인 이유로 이 권한은 관구봉사자들에게 위임되었다. 이는 당시에 형제회 관구가 여러 나라로 확장되어 12개에 이르고, 새로운 형제들의 수가 증가함에 따라 요청되었다. 수도규칙의 최종 추인 이후 18년이 지나 교황 그레고리오 9세는 수련자들을 받아들이도록 관

---

15   F. URIBE, La Regla de San Francisco, 80쪽.

16   BF., I, 70쪽.

17   쟈노 연대기 11; 익명의 페루자 24; 세 동료 41.

구봉사자들에게 부여했던 권한을 수정하였다.[18]

여기서는 관구봉사자들이 가장 높은 직책으로 나타나는데, 다른 곳에서는 관구봉사자들의 권한이 법적으로 정해져 있지 않다. 이는 형제들이 관구봉사자 직책과 권한을 알고 있었기 때문이다. 그래서 관구봉사자들이 올바로 직책을 수행해야 할 곳에서만 '관구봉사자'를 언급한다. 이 생활을 받아들이려고 하는 이를 관구봉사자에게 보내는 이유는 지망자가 받은 하느님의 부르심을 식별하도록 도와주고, 이단에 빠지지 않은 확고한 신앙을 지녔는지 확인하고 시험하기 위해서이다.

3) 관구봉사자의 시험과 식별

² 그리고 봉사자들은 가톨릭 신앙과 교회의 성사들에 관하여 그들을 면밀히 시험할 것입니다. ³ 그리고 그들이 이 모든 것을 믿고 충실히 고백하며 끝날까지 굳게 지키기를 원하면,

「인준받은 수도규칙」은 「인준받지 않은 수도규칙」에서 말하지 않는 것을 언급한다. 곧 "봉사자들은 가톨릭 신앙과 교회의 성사들에 관하여 그들을 면밀히 시험할 것입니다."(2,2) 이는 그 당시 이단에 대한 시험을 말한다. 당시에는 형제회에 이단자들이 들어올 가능성이 있었다. 이단자들과 형제회의 생활에 비슷한 점이 너무 많았고, 이단자들이 교회 성사를 부인했기 때문에 관구봉사자들은 지망자들을 받아들일 때 교회 신앙과 성사에 대하여 세밀하게 시험할 필요가 있었다. 그런데 이러한 「인준받은 수도규칙」의 규정을 보면, 「인준받지 않은 수도규칙」에서 '하느님의 영감을 받아 이 생활을 받아들이려고 오는' 이들을 친절히 맞아들이고 용기를 북돋아 주고 생활의 어려움에 관해

---

18   Bulla 'Gloriantibus vobis', 1241.6.19, *in* BF., I, 298쪽.

설명해주라고 한 인격적인 측면보다는, 입회자의 자격 심사에 대한 엄격한 조건과 절차를 강조하고 있음을 알 수 있다. 곧 여기서 입회에 관해 규정하는 내용은 무분별한 입회를 방지하고, 이단의 위험에서 보호하며, 법적인 절차를 통해 명확히 식별하라는 취지라고 할 수 있다.

수도규칙은 형제들을 받아들일 권한 외에도 '면밀히 살핌'으로써 신앙의 정통성을 밝힐 과제를 봉사자들에게 부여한다. 여기서 쓰이고 있는 "시험하다"(examinare)라는 동사는 구체적인 식별의 범위를 지닌 듯 보인다. 부사 '면밀히'(diligenter)는 프란치스코가 정해진 행동의 실행에서 주의를 당부하기 위하여 그리고 늘 애정의 표현으로서 자신의 다른 글들에서도 9회 사용하였다.[19] 여기서는 가톨릭 신앙과 성사들에 관하여 주의 깊게 살피라고 한다. 형제회의 초기 10년 동안 작은 형제들의 사도직 활동의 성장은 일찌감치 그들이 설교하러 간 지역들(이탈리아 중부와 유럽 중부의 대부분)에서 쉽사리 이단들과 혼동되어 주교들, 성직자들과 적잖이 어려운 문제들을 일으켰다. 아마도 이런 부정적 경험들은 「인준받지 않은 수도규칙」을 작성할 때 가톨릭 신앙에 관한 규정들(제19장)을 정하도록 영감을 주었을 것이다.

한편 우리는 가톨릭 신앙에 관한 '시험'(examen)에 어떤 과목들이 포함되었는지 알 수 없다. 그러나 니체아 신경에 포함된 신앙의 원칙적인 조문들에 관한 것이었으리라 추정하는 것은 어려운 일이 아니다. 이는 성사들에 관한 시험에서도 오직 성사들 가운데 일부만이 신경에 나타난다는 것을 설명해준다. 짝을 이루는 '가톨릭 신앙과 성사들'이 고백하고 실천된 신앙을 말하는 프란치스코의 교회 신앙에 관한 매우 중요한 두 가지 보충 요소들을 이루고 있다는 점에 주목할 필

---

19 형제회 편지 48; 인준 규칙 6,8; 비인준 규칙 2,3; 4,3; 5,3; 5,5; 7,15 등.

요가 있다.

> ³ 그리고 그들이 이 모든 것을 믿고 충실히 고백하며 끝날까지 굳게 지키기를 원하면,

지망자들이 "이 모든 것을 믿고 충실히 고백하며 끝날까지 굳게 지키기를 원하면"(2,3) 관구봉사자는 그런 사람만 입회시킬 수 있다. 그렇게 해서 형제회가 내적 생명을 유지하고 교회 내에서 생활할 수 있도록 하는 것이다. 그리고 여기서 '모든 것'과 '끝날까지'라는 두 단어는 서로 호응하면서 지망자들의 원의가 총체적이고 근본적이어야 함을 강조한다. 다른 한편으로 이는 하느님의 고귀한 부르심에 대한 응답의 자세가 어떠해야 하는지 잘 말해준다.

'고백하다'(confiteri)라는 용어는 첫 번째 받아들임의 조건으로서 중세 라틴어에서 그리스도교 신앙을 선서하는 것을 의미한다. 이런 관점에서 볼 때 수도규칙의 이 구절은 그리스도교 신앙의 참된 선서의 기준 안에서 쓰인 것이라고 할 수 있다. 동사 '믿다'(credere)에 다른 두 동사, 곧 '고백하다'와 '지키다'(observare)가 이어지는데, 이 동사들이 앞 문장의 '가톨릭 신앙'과 '교회의 성사들'에 차례로 메아리친다. 이는 수도규칙이 다만 이론적인 신앙을 요구하는 것이 아니라 교회가 선포하고 선언하는 실천적인 신앙을 요구하는 것임을 말해준다. '충실히'(fideliter)와 '굳게'(firmiter)라는 부사로 반복적이고 집요한 형식으로 원의를 명확히 하는 것은 표현을 강하게 하려는 것뿐만 아니라 어떤 식으로든 프란치스코가 생활했고 이 생활양식 안에서 그가 원했던 '철저함'(radicalismo)을 나타내는 것이다.[20] 이 부사들은 「인준받지 않은

---

20   F. URIBE, La Regla de San Francisco, 84쪽.

수도규칙」의 병행 구절에는 빠져 있다.

　이 단락에 들어있는 세 가지 동사, 곧 '믿다', '고백하다', '지키다'는 형제회에 지망자들을 받아들일 임무를 지닌 봉사자들에게 보낼 때 봉사자가 고려해야 할 삼중의 영역이자, 기본 규범이다.

　여기서 프란치스코 성인의 성소의 사목적 배려 원칙을 정리해 볼 수 있겠다.
- 하느님의 영감을 받은 자여야 한다. 곧 자신의 단순한 의지나 고집 또는 인간적인 동기가 아닌 성령의 이끄심에 의해 부르심을 받은 자인지 보아야 한다.
- 확고한 신앙의 소유자여야 한다.
- 성취가 아닌 '거룩한 복음을 실행'하고자 하는 응답의 자세를 지니고 있어야 한다. 세속을 떠나 복음을 실행하려는 확고함이 있어야 한다.
- 길을 찾는 이를 환대하고 생활의 어려움에 관해 설명해주어야 한다.
- 온전히 하느님께 의지하는 가운데 이 생활을 시작할 수 있도록 도와주어야 한다(재산 포기).

　3절에서는 "그들이 이 모든 것을 믿고 충실히 고백하며 끝날까지 굳게 지키기를 원하면"이라 규정한다. 이 생활에 받아들여짐과 관련하여 「인준받지 않은 수도규칙」이 지원자의 영적인 원의를 중요시하는 데 비해, 「인준받은 수도규칙」은 충실한 신앙고백과 확고한 실천 의지를 중요시한다.

　「인준받지 않은 수도규칙」은 같은 원칙을(제19장) 강하게 표현한다. "모든 형제는 가톨릭 신자이어야 하고 가톨릭 신자답게 생활하고 말해야 합니다. 만일 어떤 형제가 말이나 행동에 있어서 가톨릭 신앙과 생활에서 벗어나 있는데도, 이를 고치려 하지 않는다면 그는 우리 형제회에서 완전히 쫓겨나야 합니다."(1-2)

4) 정결 생활에 장애가 없는 자유로운 상태

⁴ 그리고 아내가 없거나, 있을 때는 아내가 이미 수녀원에 들어갔거나, 아내가 이미 금욕을 서원하여 교구 주교의 권한으로 주교가 그에게 허락을 주었거나, 그 아내가 의심받을 수 없는 나이가 되었으면

4절의 "아내가 없거나 있으면 아내가 이미 수녀원에 들어갔거나", 이런 경우는 교회법상 혼인의 인연으로부터 자유로워진 상태를 말한다. 그리고 "아내가 이미 금욕을 서원하여 교구 주교의 권한으로 주교가 그에게 허락을 주었거나, 그 아내가 의심받을 수 없는 나이가 되었으면"(2,4)은 결혼한 사람의 받아들여짐을 말하는 것인데, 이 구절은 당시의 교회법 규정이다.[21] 이 규정 뒤에 어떤 교회법 전문가, 아마도 교황청 관리 또는 우골리노 추기경의 개입이 있었음을 추정할 수 있다. 이 규정은 「인준받지 않은 수도규칙」에는 없던 내용이다.[22] 어쨌든 2-3절에서 신앙적 조건을 규정한 다음 이어서 법에 따른 조건을 언급한다. 여기서 주교가 주는 허락(licentia)이란 수도자가 될 수 있게

---

21 Decretum Gratiani, cap. 22.C, XXVII, q.2; cap.23; Decretalia Gregorii IX cap.4, III, 32; cap. 13, III, 32; cap. 18, III, 32, Corpus Iuris Canonici, editio Lipsiensis secunda post Aemilii Ludovici Richteri, Pars prior. Decretum Magistri Gratiani, pars secunda Decretalium Collectiones, Graz 1959. 시토회(Migne, PL 166, 1.482)와 성령수도회(Migne, PL 217, 1.150)와 같은 동시대의 여러 수도회에서 같은 입법례를 볼 수 있다.

22 야고보 비트리는 "이들은 또한 아무에게도 수도회의 문을 막지 않는다. 단, 결혼이나 다른 수도회에서 발한 수도서원 때문에 이미 인연을 맺은 사람들은 예외인데, 사전에 아내나 수도회 장상으로부터 허락을 받지 않고서는 이들을 받아들일 수도 없고 받아들여서도 안 되기 때문이다"(동방역사 제32장 10항) 라고 증언한다.

해주는 자유를 말하는 것으로 생각된다.

　이 삽입구의 문체와 용어는 프란치스코가 자신의 글에서 사용한 전형적인 어휘와 대조된다. 다음 세 단어에 주목해보자. 프란치스코의 글 가운데 여기에만 나오는 '서원'이란 단어는 반드시 수도 생활만을 언급하는 것이 아니며, 사적 서원일 수도 있다. 명사 '수도원'(monasterio) 역시 프란치스코의 글 모음집에서 엉뚱하게 사용된 용어로서 작은 형제들의 거처들과 관련하여 고려할 것이 아무것도 없다. 명백한 형식으로 권위와 연관될 수 있는 '권한'(auctoritate)이라는 용어 때문에 모든 절이 법적인 색깔을 띠게 된다.

　법적인 관점에서 보면, 이 규범들은 현재는 그대로 적용될 수 없다. 이 규정은 당시의 교회법에 익숙한 이들에 의하여 수도규칙에 삽입된 것이다.[23] 이와 비슷한 경우라면 현행 교회법 제642-643조를 적용해야 할 것이다. 따라서 오늘날 더 중요한 것은 한편으로는 형제들을 받아들임에서 교회의 기준에 따라 인도하려던 의도를 나타내고, 다른 한편으로는 이 생활이 함축하고 있는 새로운 가치 기준에 따라 인간적 애정을 다시 질서 짓도록 하는 정결 요청을 나타내는 규범의 정신이다. 이러한 관점에서 「인준받지 않은 수도규칙」에 나오는 예수 추종의 세 번째 요청을 떠올릴 수 있다. 곧 "누구든지 나에게 오면서 자기 아버지와 어머니, 아내와 자녀, 형제와 자매, 심지어 자기 목숨까지 미워하지 않으면, 내 제자가 될 수 없다(루카 14,26). 또 나 때문에 아버지와 어머니, 형제나 자매나 아내나 자녀, 집이나 토지를 버린 사람은 백배의 상을 받고, 또 영원한 생명을 얻을 것이다(마태 19,29; 마르 10,29; 루카 18,29 참조)."(비인준 규칙 1,4-5)

23　K. Esser, Melius Catholice Observemus, 119쪽.

⁵ 그때 봉사자들은 가서 너희의 모든 것을 다 팔아 가난한 사람들에게 나누어 주도록 힘쓰라(마태 19,21 참조)고 하신 거룩한 복음의 말씀을 이야기해 줄 것입니다. ⁶ 만일 이렇게 할 수 없으면 좋은 뜻만으로도 넉넉합니다.

5절과 6절은 지망자가 자기 재산을 어떻게 처리해야 할 것인가를 말해준다. 프란치스코는 한편으로 "완전한 포기"를 표현하지만, 다른 한편으로는 '자유'를 준다. 곧 「인준받지 않은 수도규칙」은 지망자의 '영적인 원의'를 중시하지만 「인준받은 수도규칙」은 '좋은 의지'를 강조한다. 예수께서 당신을 따르고자 하는 부자 청년에게 하셨던 요청(마태 19,16-22)을 다시 표현한 이 절은 매우 중요하다. 그 이유는 한편으로는 프란치스코와 초기 동료들의 체험을 말해주기 때문이고, 다른 한편으로 이 조건은 이 생활을 받아들이고자 하는 사람들에게 필수적인 전제조건 가운데 하나이기 때문이다. '가진 것을 다 팔아 가난한 이들에게 나누어주는 것'은 그 어떤 세상적인 편안함과 안정을 추구하지 않고 가난한 상태로 주님을 따르고 다른 이들의 '형제'가 되는 것을 뜻한다.

비록 프란치스코의 첫 전기작가들이 복음 구절을 언급하고 있지는 않지만, 프란치스코는 아씨시 주교 앞에서 자신이 입고 있던 옷마저 벗어 부모에게 돌려주고 오직 하느님 한 분만을 아버지라 부르겠다고 하며 온전히 가난한 자로서 복음의 길을 따라나섰다.[24] 이러한 복음의 요청은 얼마 후 프란치스코가 퀸타발레의 베르나르도와 카타니 베드로와 함께 아씨시의 니콜라오 성당에 가서 복음을 통해 자문

---

24 참조 : 1첼라노 15; 2첼라노 12; 익명의 페루자 8,2; 세 동료 20; 대전기 2,4.

을 구할 때 나온 구절이기도 하다.[25] 초기 동료들은 복음 말씀대로 가진 것을 모두 팔아 가난한 이들에게 나누어주었으며 형제단에 합류하는 모든 형제도 그렇게 했다. 그리고 이 복음 구절은 「유언」에서 언급한 '몇 마디 말'(15)에 포함되었을 것이 분명하며, 1209년 「원수도규칙」에 포함되어 초기 형제들 삶의 지침이 되었다. 이 복음 구절이 「원수도규칙」의 일부를 이루었다면, 우리는 어려움 없이 현재 「인준받지 않은 수도규칙」의 첫 장을 이루고 있는 복음 본문들이 수도규칙의 더 초기에 형성된 부분들 가운데 하나를 구성하고 있다고 추정할 수 있다. 「인준받지 않은 수도규칙」은 그 복음 구절들 가운데 예수께서 부자 청년에게 하셨던 말씀을 더욱더 완전한 형태로 다음과 같이 소개한다. 곧 "네가 완전한 사람이 되려거든, 가서 가진 것을 다 팔아 가난한 이들에게 나누어 주어라. 그러면 하늘에서 보물을 차지하게 될 것이다. 그리고 와서 나를 따라라."(비인준 규칙 1,2) 곧 이 구절 전반부는 마태오복음의 "네가 완전한 사람이 되려거든"(19,21)과 "가진 것을 다 팔아 가난한 이들에게 나누어 주어라"(루카 18,22)라는 두 부분을 결합하여 더 완전한 형태를 취함으로써 주님을 따르는 좀 더 근원적인 태도를 제시한다. 그 결과 프란치스코의 정신을 더 잘 반영하고 있다.

'가서'(vadant), '팔아'(vendant), '힘쓰라'(studeant) 이 세 동사의 명령형은 행하는 사람에게 큰 힘을 준다. 우리말 번역어 '힘쓰라'는 라틴

---

25 「익명의 페루자 전기」는 프란치스코가 베르나르도와 베드로와 함께 마을의 성당으로 가서 복음을 펼쳐보았다고 한다(10-11). 「세 동료 전기」는 복음을 펼쳐보았을 때 베드로라는 분이 있었다고 인정하지만, 베르나르도가 모두 가운데 첫째였다고 전한다(27-29). 그런데 토마스 첼라노는 "경건하고 단순한 정신을 지닌 아씨시 출신의 어떤 사람이 최초로 하느님의 사람을 헌신적으로 따르게 되었다. 그 사람 다음에 베르나르도 형제가 하늘나라를 획득하기 위하여 하느님의 거룩한 사람을 열심히 쫓아갔다."(1첼라노 24) "곧바로 아씨시 출신의 또 한 사람이 그를 따랐다"(1첼라노 25)고 한다. 곧 그는 이 사건과 관련하여 베르나르도만을 언급하고 있고, 2첼라노 15항에서 다시 서술한다.

어 원문으로 studeant(갈망하다, 애쓰다, 분투하다)인데, 이는 훨씬 더 요구가 많음을 의미한다.[26] 실제로 이는 그리스도 추종의 길을 아무런 장애 없이 달려가기 위하여 내적으로 자유로운 사람에게서 물질적인 것에 대한 모든 애정과 애착을 버리도록 하는 포기를 시작하라는 요청을 말한다. 따라서 형제단에 받아들여짐은 마태 19,21에 따른 재물의 포기를 요구한다. 이로써 그리스도 제자들의 회개 과정의 핵심 중 하나가 프란치스코 자신과 그 동료들이 바랐던 생활양식으로 한 번 더 제시되었다. 이를 위하여 새로운 형제들을 받아들일 권한이 있는 봉사자는 후보자들에게 이 말씀을 즉각적인 실천 결과를 지닌 말씀 전례의 일종인 특별한 예식을 거행하듯이 반복하여 말해주어야 한다.[27] 재물의 철저한 포기는 지망자가 주님의 부르심을 진지하게 받아들인다는 첫 번째 표지가 되며, 재물들을 자기 소유로 하지 않음으로써 오직 하느님에 대한 전적인 소유에 이르게 될 것이다.

가톨릭 신앙과 성사를 믿고 충실히 고백하고 끝까지 굳게 지키기를 원하고, 혼인의 인연에서 자유로운 상태에 있는 이 두 가지 조건이 채워졌을 때, "봉사자들은 '가서 너희의 모든 것을 다 팔아 가난한 사람들에게 나누어주도록 힘쓰라'라고 하신 거룩한 복음의 말씀을 이야기해 주어야 한다."(2,5) 이는 우리의 복음적인 생활에 관해 설명해주라는 뜻이며, 주님을 따르기 위하여 먼저 모든 것에 대한 애착을 버리고 온전히 하느님께 의탁하며 자유로워져야 힘을 가르쳐주라는 것이다. 이 말씀은 프란치스코가 이미 포르치운쿨라에서 들었던 것으로서 봉사자들은 "작은 형제들이 이 세상 모든 물질에서 이탈되어야 하고 자기를 위해서는 아무것도 소유하지 말아야 한다는 것"을 지망자에게

---

26   Γ. Uribe, La Regla de San Francisco, 87쪽.
27   참조: J. Garrido, La forma de vida franciscana, 150쪽.

권고해주어야 한다는 것이다. 지망자는 모든 것을 포기함으로써 결정적으로 하느님의 부르심에 응답할 수 있게 되는 것이다.

성 안토니오의 생애(Vita Antonii) 제1장에서는 수도승 생활을 원하는 사람은 그 첫 단계로 먼저 포기하고, 가지고 있는 모든 것을 가난한 사람들에게 나누어주고 난 다음 이 생활을 시작하라고 한다. 여기서 그 근거와 포기의 동기가 되는 성경 말씀은 마태 19,21절의 부자 청년 이야기이다. 사실 이 말씀은 성 안토니오 이후 성 프란치스코에 이르기까지 수도자들의 가난 생활에 대한 근본적인 요청으로 나타난다. 은수자들은 수도생활에 입문할 때 소유 포기만이 아니라 가난한 사람들과 같은 가난을 살았다. 곧 그들의 가난은 실천적이었고 상당히 엄격하였다. 그들에게는 다음 세 가지가 특히 중요시되었다. 첫째, 스스로 일하여 생계를 유지하였다. 그들의 주요한 일로는 수도원의 작은 밭을 경작, 추수 일 돕기, 갈대 바구니 짜기, 옹기 굽기 등이었다. 둘째, 그들은 자신들이 획득한 것 가운데 생계유지와 생활에 필요한 최소한의 것만을 남기고 모두 가난한 이들에게 주었다. 이렇게 하여 그들은 실제 삶에서 철저히 가난한 사람들의 처지로 내려갔다. 끝으로, 그들은 일을 하느님께 나아가는 수단으로 삼았다.

공주 생활을 하는 수도승들, 특히 파코미오와 그 제자들은 집단으로 생활하였으므로 가난 자체보다는 함께 재산을 나누는 것에 더 큰 비중을 두기 시작하였다. 한편 바실리오는 주님께서 생명을 바치셨기에 수도자는 아무것도 가져서는 안 된다고 설명하였다. 그는 "하느님께 속하려는 축성된 사람들은 그들이 가지고 있는 모든 것을 가난한 사람들에게 주어야만 한다"라고 말한다.[28] 그리고 공동체가 형성되어 형제애가 중요시되었고, 그 표시로 재물을 나누는 것을 강조하였다. 그는 개인 재산의 포기를 통해 공동체 생활의 일치를 가져온다고 생

---

28 Asceticum parvum 5,31.

각하였으며, 이를 그리스도교적 사랑의 기초로 보았다.

한편 정주 수도자들은 입회할 때 자기 소유를 공동체에 맡겼다. 그 결과 수도회에 많은 재산을 맡긴 사람들의 교만한 태도가 드러나고,[29] 퇴회하게 되는 경우 재산을 되돌려주어야 하는 문제 등 여러 문제가 발생하였다. 따라서 결국 이러한 방식은 금지되었다. 「아우구스티노 수도규칙」의 경우 "세속에서 재산을 가진 자는 수도원에 입회할 때 그 재산을 공동소유로 할 것을 기꺼이 원해야 한다"(I,4)라고 규정한다. 「네 교부의 규칙」(VII,29-34), 「스승의 규칙서」(87,1-24)와 「베네딕토 수도규칙」(58,24-25)은 입회할 때 본인이 가난한 사람들에게 재산을 주든가 수도원에 바치든가 선택하도록 하였다. 한편 도미니코 수도회 「관습서」는 이와 비슷하게 "수련자들은 서약 전에 채무에 관여하지 않도록 할 것이며, 그 밖의 것들을 완전히 원장의 발 앞에 놓을 것이다"라고 규정한다.

이 점에서 프란치스칸과 비슷한 이전의 수도승 입법은 아마 7세기 중반의 성 프룩투오소(Fructuosus)의 「공통 수도규칙」(Regula Communis)일 것이다. 그에 따르면, 그리스도의 가난한 이들 외에는 아무에게도 그리고 교회 자체에도 더는 재산을 남겨두어서는 안 된다.[30] 프란치스코는 「베네딕토 수도규칙」에서 규정하는 "법적 증서를 작성하여 수도원에 기증"(58,24)하는 경우는 아예 상정하지 않는다. 이는 '복음적 생활양식'을 살아가는 프란치스코에게 매우 중요한 점이었다. 곧 그는 지망자가 수도회에 재산을 기증함으로써 수도회와 그 사람 사이가 재

---

29 「아우구스티노 규칙」은 "자기 재산의 일부를 공동체의 생활을 위해 기증했다고 해서 교만해서는 안 되며, 세속에 남아 재산을 향유하며 살았을 경우보다 그 재산을 수도원에 기부했기 때문에 더 교만해지는 일이 없어야 한다"(I,7)라고 규정한다.

30 참조: F. URIBE, La Regla de San Francisco, 95-96쪽.

물로 이어지는 것 자체를 거부함으로써 개인 차원에서뿐만 아니라 공동체 차원에서도 복음적 가난을 철저히 살려고 한 것이었다. 재산 포기와 관련하여 프란치스코의 관심은 형제들의 가난 생활을 보호하고, 소유하려는 욕망을 피해서 필요한 그 이상의 것으로 향하게 하려는 데 있었다.

프란치스코는 성 안토니오의 생애에서 수도승 생활 시작의 근거로 삼았던 마태 19,21에 따라 '이 생활을 받아들이려는 사람'은 먼저 가난한 사람들에게 재산을 나누어 주라고 하였다.[31] 형제회에 받아들여지기 위한 전제조건인 재산 포기는 프란치스코와 초기 동료들의 원체험이다.[32] 프란치스코는 회개 때부터 실제로 그렇게 했다. 그는 아버지와 결별하면서 '앞으로는 하늘에 계신 우리 아버지를 아버지라고 부를 것'(2첼라노 12; 세 동료 19 참조)이라 하였다. 작은 형제는 자신을 하느님께 봉헌할 수 있도록 갈라짐이나 헷갈림 없이 마음을 하느님께 두는 자유로운 사람이 되는 것이다(2첼라노 12 참조).

복음을 실행하는 삶을 살기 위한 전제조건으로 가진 것을 다 팔아 가난한 이에게 주라는 요구는 초기 지망자들의 사회적 신분에 대한 흥미 있는 점을 제공한다. 퀸타발레의 베르나르도는 부유하였기 때문에 그의 재산을 가난한 이들에게 나누어주었다. 이 태도는 이후 늘 지망자들의 모범으로 여겨졌다. 카타니 베드로도 현세적 사물에는 가난하였지만, 주님으로부터 받은 권고를 실행으로 옮겼다(익명의 페루자 11). 세 번째 동료인 에지디오도 외투 외에는 나누어 줄 것이 아무것도 없었는데, 프란치스코는 그것조차도 곧바로 어떤 가난한 사람에게 주라고 요구하였다. 그는 이러한 요구를 실천할 수 없었던 것으로 보인

---

31 비인준 규칙 2,2-7; 인준 규칙 2,7-8
32 참조: 형제회 편지 29; 2첼라노 12.

다. 곧 그는 상속을 포기하였지만, 자기 몫이 아버지에게 남아있었기에 자신의 유산을 가난한 사람들에게 나누어 줄 수 없었다.

'가진 것을 팔아 가난한 사람에게 나누어 주라'는 규정은 입회자의 대부분이 나누어 줄 재산을 어느 정도 가지고 있음을 전제로 한 것이다. 이것은 초기 형제들의 사회적 기원과 관련하여 중요한 실마리가 된다. 그들은 어떤 사회적 신분 출신인가? 리에티의 안젤로 탄크레디와 마리냐노의 맛세오는 '군인', 또는 좁은 의미의 기사들이었다. 루피노는 기사를 여럿 배출한 귀족 가문 출신으로 클라라의 사촌이다. 이 세 형제 모두 엄격하게 말하면 귀족 출신이다. 퀸타발레의 베르나르도, 카타니의 베드로, 모리코, 필립보 롱고, 요한 성 콘스탄조, 비질란테의 요한은 부동산 거래와 관련되어 아씨시 공문서고에 흔적을 남긴 가문 출신이었다. 그들은 다양한 중산 계층 출신이었다. 사바티노, 요한 카펠라, 바르바로에 대해서는 알려진 것이 없고, 에지디오는 전기가 있는데 아씨시 평민층에 속했다. 그러므로 최초의 형제단은 사회적으로 이질적이었다. 야고보 비트리 추기경의 증언처럼 "신분이 낮은 사람들뿐만 아니라 부자와 귀족들을 포함해서 모든 이"(동방역사 32장 10)가 형제회에 합류하였다. 이러한 광범위한 계층의 형제회 합류는 13세기와 그 이후에도 계속되었다. 형제회에 합류한 이들 가운데 중간 계층의 우세가 뚜렷하다. 물론 가난한 사람을 위하여 내어놓을 유신을 소유한 중간 계층의 상위 계급 출신도 있었다.

이렇게 모인 형제들을 일치시킨 목적은 사회적 목적이 아니었다. 더욱이 사회적 투쟁 때문에 10년 이상 분리되어 있던 도시에서 어떤 이념에 기초한 이질적 형제단은 오래 존속되지 못할 것이다. 그 당시 도시에 화해가 있었던 것이 사실이기는 하다.[33] 그러나 아직도 화해

---

33 1203년 11월 두 도시 사이에 평화협정이 체결되었으나, 두 도시 사이의 적대

수준에서 사랑의 수준으로 진전시킬 필요가 있었다. 프란치스칸 형제단의 최초 목적은 출신이 매우 다른 사람들 사이에 사랑의 유대를 확립하는 것이었다. 이들은 자신들 모두에게 같았던 수도생활 계획 주변에 모여들었다. 이렇게 초기 프란치스칸들은 사회가 화해되는 조그만 세포 형상을 공급하였다. 적법하기까지 하였던 적대감이 극복된 것은 천상 사회의 예표이다. 그들은 자신들 사이에서 평화를 실현하였다. 이는 중세 시민들에게는 이상적 상태를 의미한다."[34]

⁶ 만일 이렇게 할 수 없으면 좋은 뜻만으로도 넉넉합니다.

지망자가 가진 것이 없어 팔아서 가난한 이들에게 나누어줄 수 없을 때는 '좋은 뜻만으로도' 넉넉하다고 가르친다. 이 단락은 '좋은 뜻만으로 넉넉하다'라는 짤막한 말로 마무리되고 있다. 이는 두 가지 면에서 매우 중요한 의미를 지닌다. 첫째, 지망자의 실제 조건에 물질적 소유 포기 요구를 적응시킨 것이고 둘째, 포기의 범위를 지시해준 것이다. 이 두 번째 관점에서 본다면, 만일에 할 수 없다면 '좋은 뜻만으로도 넉넉하다'라는 것은 적어도 지망자가 확고한 의도를 지녀야만 함을 강조하는 것이다. 이와 더불어 소유 포기가 무엇보다도 가진 사람이든 없는 사람이든 모든 사람에게 요구되는 내적 포기임을 가리키고 있다.

모든 것을 팔아 가난한 사람에게 나누어주라고 하는 복음적 요구를 언급하는 「인준받지 않은 수도규칙」의 병행 본문에서는 법적인 관점에서 볼 때 다소 분명하지 않은 형식이 나타나는데 아마도 내적 자

감은 1205년 8월 31일까지 그리고 1210년까지도 계속되었다. 1210년 11월 9일에는 아씨시의 미노레스(Minores)와 마요레스(Maiores) 사이에 평화협정이 체결되었다.

34 T. Desbonnets, Dalla Intuizione alla Istituzione, 32-33쪽.

유를 매우 강조하는 것일 것이다. "그 지원자가 그렇게 할 원의가 있고, 또 영적으로 아무 장애 없이 그렇게 할 수 있으면, 자기의 모든 것을 팔아 가난한 사람들에게 나누어 주도록 힘쓸 것입니다."(2,4) 초기의 실천을 몇 마디 말로 표현하고 있는 프란치스코의 「유언」에 비추어보면, 수도규칙의 이 절을 소유 포기 영역에 두도록 하는 데 도움을 받을 수 있다. "이 생활을 받아들이려고 찾아오는 사람들은 가지고 있던 모든 것을 가난한 사람들에게 주었습니다."(유언 16) 여기서 마지막 동사 '가지고 있는'(quae habere poterant)의 형식과 의미는 재물을 적게 지니든 많이 지니든 또는 아무것도 지니지 않았든, 모든 것을 포기하라는 폭넓은 뜻이다.[35] 6절에서 "만일 이렇게 할 수 없으면 좋은 뜻만으로도 넉넉합니다"라고 규정하는데 '이렇게 할 수 없으면'은 가진 것을 그대로 지녀도 좋다는 뜻이 아니라 가진 재산이 없어 나눌 것이 없는 경우를 말하는 것으로 봐야 할 것이다. 가진 것을 팔아 나누든 팔아 나눌 것이 없든 중요한 것은 '선의'를 통해 하느님의 뜻을 실행하는 것이다. 결국 좋은 뜻으로 넉넉하다는 말은 주님을 따름에서 전제조건인 소유 포기가 재물의 포기만이 아니라 실존적이며 내적인 포기를 포함한 훨씬 근본적이고 폭넓은 것임을 말해준다. 이는 바로 예수님을 따르기 위한 제자들의 전적인 포기의 자세이자, 봉헌이다.

프란치스코는 아버지와 결별하면서 많은 사람 앞에서 "나는 하느님께 알몸으로 가겠습니다"(2첼라노 12)라고 말하였다. 작은 형제는 재물, 명예, 지위, 지식 등 모든 것에 대한 애착에서 벗어나 자신을 하느님께 바치도록 해야 한다. 인간이 모든 것을 버리고 하느님의 것이 되었을 때 하느님도 당신 자신을 인간에게 주시는 것이다.

---

35 참조: F. URIBE, La Regla de San Francisco, 89쪽.

2. 재산 처분에서의 자유(7-8절)

⁷ 그리고 주님께서 그들에게 영감을 주시는 대로 그들이 자기 재산을 자유롭게 처분할 수 있도록 형제들과 봉사자들은 그들의 재산에 대해 관여하지 않도록 조심할 것입니다. ⁸ 그러나 의견이 요청되면, 봉사자들은 하느님을 경외하는 사람들에게 그들을 보낼 수 있고, 하느님을 경외하는 사람들의 조언으로 그들이 자기 재산을 가난한 사람들에게 나누어 주도록 할 것입니다.

이 단락(7-8)은 문학적인 관점에서 보면 앞 단락에 종속되지만, 내용상으로 보면 나름대로 중요성을 지닌 별개의 주제를 다루고 있다. 내용상 두 부분으로 나뉜다. 7절은 형제단의 형제인 지망자 입장에서 재산 처분의 자유에 관해서, 8절은 재산의 자유로운 처분을 위하여 지망자를 도와줌에 관해 다룬다.

⁷ 그리고 주님께서 그들에게 영감을 주시는 대로 그들이 자기 재산을 자유롭게 처분할 수 있도록 형제들과 봉사자들은 그들의 재산에 대해 관여하지 않도록 조심할 것입니다.

7절에서 프란치스코는 "주님께서 그들에게 영감을 주시는 대로"라는 말을 삽입함으로써 영적인 원의를 보강한다. 그리고 이 표현은 10절에서 "하느님의 뜻에 맞는다고 생각하면"과 함께 연결되어 하느님께서 보내주신 지망자의 성소와 하느님을 따르기 위한 그의 자유를 무엇보다도 먼저 하느님의 이끄심에 따라 존중해야 함을 강조한다. 또한 '주님께서 영감을 주시는 대로'라는 말은 재산 처분 행위가 단지 외적인 포기만이 아니라 주님의 발자취를 따르기 위한 전 존재적인 포기로서 '따름의 전제조건'임을 말해준다. 이로써 모든 형제와 봉사자들은 하느님의 거룩한 부르심에 이기적인 목적이나 의도를 가지고 재산 처분에 개입해서는 안 된다. 지망자들이 재산 처분을 어떻게 이행하는지는 봉사자들과 다른 형제들이 간섭해서는 안 되므로 재물 분배에 큰 자유가 주어진다. 이 점에서 프란치스코 규칙은 다른 수도승 규칙들에 비해 지망자와 봉사자 모두의 자유를 강조한다.[36]

이 점에 관해서 프란치스코는 「인준받지 않은 수도규칙」에서보다도 더 엄격하다. 「인준받지 않은 수도규칙」에는 "형제들이 궁핍할 경우에, 그 필요성 때문에 형제들은 다른 가난한 사람들처럼 돈을 제외하고 육신에 필요한 다른 것을 받을 수 있습니다."(비인준 규칙 2,7)라고 되어있다. 프란치스코는 「인준받은 수도규칙」에서 이 허가를 제외하려고 애썼다.[37] 7절의 부사 '자유롭게'(libre)와 명령형으로 표현된 '조심할 것입니다.'(caveant) 이 두 단어를 통해 우리는 프란치스코가 이 점을 얼마나 중요시하고 강하게 권고하고 있는지 알 수 있다.[38]

재산 처분에서 이러한 엄격성은 외적인 포기행위에도 불구하고 탐욕이 있을 수 있다는 데 대한 염려를 말해주는 것이기도 하다. 프란치스코는 다른 중요한 문제와 같이 이 문제에도 주님의 계시가 있을 것으로 믿고 있다. 곧 그는 이 생활로 불러주시는 주님께서 첫걸음을 어떻게 옮겨야 하는지를 알려주실 것으로 확신한다. 재산이란 하느님이 잠시 나에게 맡겨주시는 선물이며, 인간은 이것을 관리하는 청지기일 뿐이다.

⁸ 그러나 의견이 요청되면, 봉사자들은 하느님을 경외하는 사람들에게

---

36 참조: L. Lehmann, 'Un percorso di iniziazione', in AA.VV., La regola di frate Francesco, 242쪽.

37 K. Esser, Melius Catholice Observemus, 121쪽.

38 참조: F. Uribe, La Regla de San Francisco, 94쪽.

그들을 보낼 수 있고, 하느님을 경외하는 사람들의 조언으로 그들이 자기 재산을 가난한 사람들에게 나누어 주도록 할 것입니다.

재산 포기에는 많고 적음보다도 신앙이 요구되며, 하느님의 눈으로 재산을 보아야 한다. 가난한 사람들에게 돌려주는 것은 그들 안에 현존하시는 하느님께 돌려드리는 것이다. 따라서 가진 재산의 포기와 나눔은 하느님을 주님으로 경배하는 '삶의 성사'이다. 형제들과 관구 봉사자들은 지망자들의 재산에 간섭하지 말 것이며, 그들에게 조언하여 재산을 가난한 사람들에게 희사하는 것이 하느님의 뜻임을 알려주어야 하고, 그들이 의견을 물어올 때 재산 포기와 나눔을 통하여 주님께 경배드릴 수 있도록 도와주어야 한다. 다시 말해 봉사자들은 '의견을 요청할 경우'조차도 '하느님을 경외하는 사람'에게 보낼지 말지를 잘 식별하고 판단하여야 한다. "하느님을 경외하는 사람들"은 작은형제회 회원이 아닌 다른 사람을 뜻한다. 이들은 아마 재산을 소유하고 자선사업을 하던 재속프란치스코회원들일지도 모른다. 어쨌든 수도규칙은 8절에 지망자의 재산 처분에서 조언자 제도를 새로 도입하였다.

3. 시련기(9-10절)

⁹ 그 후 봉사자들은 시련복, 곧 모자 없는 수도복 두 벌과 띠와 속바지와 허리띠까지 내려오는 겉옷을 줄 것입니다. ¹⁰ 그러나 봉사자들은 어떤 때 하느님의 뜻에 맞는다고 생각하면 달리 할 수도 있습니다.

「인준받지 않은 수도규칙」과 「인준받은 수도규칙」은 시련기와 복장에 대해 거의 같이 언급한다. 그러나 「인준받은 수도규칙」은 그에 대해 좀 더 융통성을 부여하면서 간략하게 규정한다. 프란치스코는 수도규칙에 수련자의 수도복에 관하여 규정하나, 이 규정이 절대적이고 결정적인 것이 되기를 원치 않았다. 그래서 '봉사자들은 어떤 때 하느님의 뜻에 맞는다고 생각하면 달리 할 수도 있습니다'(2,10)라고 덧붙였다. 곧 봉사자들은 시련기를 보내는 이에게 9절에 정한 복장을 주어야 하지만, '하느님의 뜻에 맞는다고 생각하면' 다른 복장을 허용할 수 있다. 이것은 시련기가 일 년으로 정해짐으로써 아직은 '서약을 준비하는 단계'에 있으므로 융통성을 부여한 것으로 보인다. 그 기준은 '하느님의 뜻에 맞는다고 생각하면'이므로 봉사자의 뜻에 따라서가 아니라 지망자의 특별한 상황이나 건강 문제 등을 고려하여 '사랑의 동기와 인격을 존중'하는 데 필요한 경우라고 이해해야 할 것이다. 수도규칙에 따르면, 시련기에 받아들여진 이들의 복장은 모자 없는 수도복(tunica) 두 벌, 띠(cingulum), 속바지(bracca), 허리띠까지 내려오는 겉옷(caparo)이다.

'시련복'은 초심자와 수련자 사이의 구별을 도입하는 것을 나타낸다. 이와 달리 「베네딕토 수도규칙」은 수련자는 '수도원의 옷들'(induatur rebus monasteri, 58,26)을 입도록 규정한다. 따라서 수련자와 수도자의 의복이 차이가 없으며, 두 벌의 투니카와 두 벌의 꾸꿀라(cuculla) "그 이상의 것이 있다면 그것은 쓸데없는 것이니 처분해 버려야 한다"(55,11)고 함으로써 가난이 아니라 금욕을 강조한다. 베네딕토가 기후, 지역, 계절에 따라 옷을 갈아입을 사유를 허락한 것처럼(55,2), 프란치스코는 봉사자들에게 "하느님의 뜻에 맞다고 생각되면", 곧 하느님 앞에서 책임감으로 분별한 뒤 다른 복장을 줄 수 있도록 허락한다. 이처럼 시련복과 관련해서도 프란치스코의 고유한 관점이 드러난다.

4. 순종에 받아들여짐(11-13절)

¹¹ 그리고 그들은 시련기 일 년을 마친 후, 이 생활과 수도규칙을 항상 지키기로 서약함으로써 순종으로 받아들여집니다. ¹² 그리고 교황님의 명에 따라 이 수도회에서 절대로 나갈 수 없습니다. ¹³ 이는 거룩한 복음을 따라 "쟁기에 손을 대고 뒤를 돌아보는 자는 하느님 나라에 합당하지 않기"(루카 9,62) 때문입니다.

프란치스코는 자신의 동방 여행 중에 일어난 어려움에 대해 교황에게 도움을 청했다. 이에 호노리오 3세는 1220년 9월 22일 「쿰 세쿤둠 콘실리움」 칙서에서 다른 규정들과 더불어 시련기를 부과한다. 호노리오 3세는 죠반니 디 마타(Giovanni di Matha, 1160-1213)가 설립한 삼위일체 수도회(Ordine dei Trinitari)가 1년간의 시험기를 거쳐 지망자를 입회시키는 데 성공했기 때문에 작은 형제회에도 도입해야 한다는 충동을 느꼈을 수 있다.³⁹ 아무튼 교황의 이 칙서는 그사이 형제회에서 일어났던 문제들에 대한 직접적인 응답이다. 형제회 초기에 지망자들은 자기 재산을 나누어 준 뒤에 곧바로 서약하도록 받아들여졌는데 일부 탈회자도 있었다. 모든 이가 자기의 서원에 충실히 머무르지는 않았고, 형제회를 떠나는 이들과 수도복을 입은 채 제멋대로 밖에서 사는 이들도 있었다. 이런 모든 남용이 이 새로운 수도회의 이미지를 흐릴 뿐 아니라 내부적으로 붕괴할 우려도 있었다. 호노리오 3세 교황은 프란치스코의 요청에 따라 칙서를 내려 곧바로 서약을 발하던 것을 금하고, 일 년의 시련기를 거친 뒤에만 서약하도록 하였다. 그러나 이런 조처로 형제회에 '서약'이 도입된 것이 아니라 다만 일 년의

---

39 L. LEHMANN, 'Un percorso di iniziazione', in AA.VV., La regola di frate Francesco, 246쪽.; 지망자를 받아들임, 수련기, 수련자 복장, 서약에 받아들임에 관한 작은 형제회의 법규는 삼위일체 수도회의 법규와 조금도 다르지 않다.

기간 후에 서약하도록 늦춘 것이다.

　　교황은 칙서에서 이렇게 선언한다. "시련기 일 년을 채우지 않은 사람들은 누구도 귀 수도회의 서약에 받아들일 수 없도록 금지합니다. 이는 수도규칙 준수를 실행하려는 이들이 일정 기간 그것을 시험도 해보고 그들 자신도 그것에 의해 시험받음으로써, 나중에 후회가 없도록 하기 위함입니다. 그 후회를 경솔했었다는 변명으로 정당화할 수는 없습니다."[40] 이런 내용은 「인준받지 않은 수도규칙」에도 삽입되었다. 그리고 거기에 "거룩한 교회의 규범과 규정을 거슬러 아무도 받아들이지 말 것입니다"(2,12)라는 명령을 덧붙였다. 그러나 교황은 오직 시험기를 부과하였고, 이 기간 어떤 방식으로든 형제들이 집안에만 머무는 생활을 요구하지는 않았다.[41] 왜 프란치스코가 시련기 동안 어떻게 또 무엇을 해야 하는지에 대해 언급하지 않았는지 의문이다. 그러나 교황이 기본적인 것을 언급하였기 때문에 시련기에 대하여 별도로 말할 필요가 없었을 것으로 볼 수 있다. 프란치스코는 시련기 규정을 받아들일 뿐 아니라 그 기간에 입을 복장에 관해서도 규정한다. 시련기의 구체적인 양성 프로그램에 대한 언급이 없는 것은 시련기 동안에 '생활'을 배우는 것이므로 획일화된 프로그램이 필요 없었기 때문이다.

　　「인준받은 수도규칙」은 「인준받지 않은 수도규칙」에 포함되어 있었던 호노리오 3세의 칙서 내용을 이어받아 '일 년의 시련기를 거친 다음 서약할 수 있으며 서약 후에는 수도회에서 절대로 나갈 수 없다'(2,11-12)라고 규정한다. 또 시련복과 서원자의 복장을 규정함으로써 시련기와 더불어 서약도 법적인 의미를 지니게 되었으며, '순종

40　Cum secumdum consilium(1220년 9월 22일) 3항, *in* BF., I, 6쪽.

41　K. Esser, La Orden Franciscana. Origenes e Ideales, 190쪽.

을 떠나 돌아다니는' 형제들을 보호할 수 있는 수단도 확보하게 되었다. 「인준받은 수도규칙」이 기록될 무렵 작은형제회는 고유한 의미의 수도원(conventus)이 없었다. 형제들은 조그만 그룹이나 공동체에 모여 다른 이들을 섬기고 설교를 위한 기회를 포착하면서 지냈다. 그들을 교회와 묶어주는 끈은 특히 장상들에 대한 엄격한 순종에 달려있었다.[42] 순종은 순회설교를 하며 돌아다니는 형제들을 뭉치고 일치시키는 유일한 도구이다. 그래서 프란치스코는 "순종생활로 받아들여집니다"(2,11)라고 하였다.

"이 생활과 수도규칙을 항상 지키기로"(2,11)라는 말은 의미심장하다. 그리고 이미 지적한 것처럼 '약속하다', '서약하다'라는 뜻을 갖는 '프로미테레'(promittere) 동사는 「인준받은 수도규칙」에 5회 나오는데, '중요한 약속', '확고히 규정된 생활양식' 또는 오늘날의 '수도서약'과 같은 뜻으로 일관되게 사용되었다.[43] 우리의 서약은 수도생활의 본질인 복음적 권고뿐만이 아니라 프란치스칸 삶의 원형인 '생활과 수도규칙'을 받아들이는 것이다. 우리가 서약할 때 서약을 통해서 새로운 생활로 태어나는 것이다. 따라서 세 가지 서원뿐만 아니라 프란치스칸 삶을 완전히 받아들여 '온전히 되돌리며' 그 정신대로 살기 시작하는 것이다. "형제회 초기에는 수련기에 뒤따른 서약이 세 가지 서원의 발원과 동일시될 수 없었다. 단순히 그것은 공동체의 생활과 수도규칙의 성대한 받아들임이었다. 형제들이 교회의 뜻과 수도규칙의 본문에 따라서 세 복음적 권고를 준수해야 했지만, 초기 프란치스칸 글들에서는 세 가지 '서원들'이란 단어가 언급되지 않는다. 이 권고들은 수

---

42 참조: K. ESSER, Melius Catholice Observemus, 125쪽.

43 Constitutus in praesentia(1220.12.9일자, 1221.2.18일자), in BF., I, 7-8쪽. 이 문헌들에는 '서원하다'(vovere)라는 동사가 사용되었는데, 우리 수도규칙들은 promittere(서약하다)로 해석한다. 이는 교황청에 의해 부과된 것이다.

도규칙에 따른 생활 안으로 들어가는 것이기에 수도규칙에 대한 서약의 대상이다."[44] 세 가지 복음 권고는 서약함으로써 부과되었던 것이 아니라 오히려 초기부터 형제들의 삶에 속했다. 프란치스코는 여기서 서약에 관해 규정하면서도 세 가지 복음적 권고에 관해 언급하지 않는다. 이는 그가 서약을 발할 때 '전적인 봉헌'을 했던 수도회들의 옛 전통을 따르고 있음을 말해준다. 예컨대 「베네딕토 수도규칙」과 서원 양식문에는 세 가지 복음적 권고의 규정이 없다.

수도규칙은 어떤 방식으로 서약을 발했는지 아무것도 말해주지 않는다. 그러나 현재 서약문에 사용되고 있듯이 장상의 '손 안에'(in manibus) 서약을 발하는 방식을 사용하게 되었을 것이다.[45] 그 당시 유기서약기가 없었기에 시련기를 보내고 받아들여지는 서약은 결정적이었다. 그래서 '이 생활을 받아들인 사람'은 서약에 충실히 머물러야 하고 충실히 지켜야 한다. "이 생활과 수도규칙을 항상 지키기로 약속함으로써" 받아들여진 자는 이 회와 결합할 뿐 아니라 프란치스코에

---

44 K. Esser, La Orden Franciscana. Origenes e Ideales, 217쪽.

45 서방 교회의 수도선서 방식은 세 가지이다. ① Professio super altare: 서원을 발함으로써 제대와 성체성사에 더욱 다가간다고 생각한다. 미사 중에 서원을 발한 다음 자신이 작성한 청원서를 제대 위에 봉헌하고, 제대 위에 마련된 서약자 명부에 자신의 도장을 찍는다(베네딕토 수도규칙 58,17-23 참조). ② Professio in manibus: 11-13세기의 교회법적 움직임의 하나로 가장 오래된 흔적은 1084년 우고 주교가 성 죠르쇼 성당을 공수 사제단들에게 주면서 취한 양식이다. 13세기 장원 봉건 체제에서 immixtio manum(손을 합함: 충성을 약속)은 장원 계약의 가장 상징적인 행위였다. 이때 장원 봉주는 Commendatio(곧 보호의 약속)를 소작농들과 기사들에게 약속했다. 처음에 공주사제단들은 수도승적인 선서양식인 Professio super altare를 보존하였다. 그러나 시간이 흐르면서 거기에 professio in manibus 방식을 융합시켰다. 12-16세기에 생겨난 새로운 회들은 이 professio in manibus 방식을 받아들였다. ③ Professio super hostiam: 수도선서의 양식이 부차적이고 겉치레적인 의식을 없애고, 매우 본질적인 데 한정시키는 단순화된 방식이다. 수도선서 예식은 미사에 결합하여 있고, 미사 중에 성찬례에서 집전자가 손에 성체를 들고 있는 동안 서원을 발할 사람이 일정한 양식문을 큰 소리로 외우고 성체를 모신다.

의해 시작되고 교회가 인준한 '거룩한 복음을 실행하는 생활양식'을 자기 것으로 해야 할 의무가 있다. 여기서 우리는 '항상 지키기로 서약함으로써'(11)란 표현에서 알 수 있듯이, 이 의무가 '지속성'과 '항구성', '영원성'(불가해소성)을 지닌 복음에 따른 '삶의 성사화'임에 특별히 주목해야 한다. 또한 '절대로 나갈 수 없다'(12)란 표현에서 윤리적 '구속성'을 지님을 알 수 있다.

「인준받지 않은 수도규칙」은 루카복음 9,62절과 「쿰 세쿤둠 콘실리움」 칙서에 근거하여[46] 서약한 사람은 "교황님의 명령에 따라 다른 수도회에 들어가거나 순종을 벗어나 돌아다닐 수 없다"(2,10)라고 규정한다. 교황은 칙서에서 "순종생활을 벗어나서 돌아다닐"(extra obedientiam evagari) 수 없다고 선언하였다. 호노리오 3세는 「인준받은 수도규칙」의 칙서 이전에 이미 시토회 아빠스들에게 "작은형제회의 누구도" 그들에게 옮겨갈 수 없으며, 어떤 시토회원도 "교황의 특별한 명령 없이" 프란치스칸이 될 수 없다고 결정하였다.[47] 그런데 수도회 전적 금지조항은 프란치스코의 요청에 따라 교황이 명한 것으로서 결국 프란치스코 본인의 뜻에 따른 조처라고 할 수 있다. 그것은 수도회와 형제들의 온전한 일치와 보존을 위한 것이었다. 그러나 「인준받은 수도규칙」에서 프란치스코는 수도회에 받아들여진 후에는 "교황님의 명에 따라 이 수도회에서 절대로 나갈 수 없습니다"(2,12)라고 단호하게 선언한다.

---

46 참조: K. ESSER, La Orden Franciscana. Origenes e Ideales, 48-49쪽. 이 칙서에 "서원 후에 어떤 형제도 감히 이 수도회를 떠나지 말 것이며, 또 누구도 떠나는 형제를 받아들여서는 안 됩니다"라는 지침이 나온다.

47 K. ESSER, La Orden Franciscana. Origenes e Ideales, 45쪽. 1223년 시토회 총회는 "설교자들의 회나 작은형제회로 옮기는 수도승이나 전적자는 도망자로 간주할 것이다."(BF., I, 26쪽 참조)라는 지침을 제정하였다. 이런 조처는 우리회가 수도규칙의 최종 인준 이전에 이미 기존 수도회에 의해 교회법상 정식 수도회로 인식되었음을 증명해주는 사실이다.

프란치스칸 수도회에 더 안정성을 부여하는 경향이 있었던 이러한 금지는 호노리오 3세에게만 국한된 것이 아니라 1201년 초에 인노첸시오 3세가 후밀리아티에 부과한 것이다. 이는 장상의 정당한 허가가 있을 때, 한 수도회에서 더 엄격한 다른 수도회로 전적할 수 있었던 당시의 관습법에 따라, 더 엄격한 삶을 추구한 경우를 제외하고는 모두 적용되었다. 호노리오 3세는 도미니코회와 프란치스코회의 서약한 수도자들이 자기 수도회를 떠나는 것을 금지함으로써 전략을 변경했다. 교황이 새로운 두 탁발수도회를 가장 엄격한 수도회로 여겼음을 짐작할 수 있다. 그러나 나중에 이들 모두 더 엄격한 수도회, 특히 이단적인 수도회로 옮기는 것이 허용되었다. 이는 탁발수도회가 '완전한 복음 전파'를 실천한다는 주장과 함께 점차 신뢰를 잃었다는 사실을 반영한 것이다.[48]

프란치스칸 삶은 순례자와 나그네로서 돌아다니는 순회설교 생활이었기에 장상에게 순종하는 것은 '이 생활에 받아들여짐'과 서약의 필수조건이었다. 그런데 잊지 말아야 할 것은 프란치스코가 수도회에서 절대 나갈 수 없다고 한 이 규정이 다만 법적인 금지사항이 아니라 '순종을 떠나 돌아다니는 형제'들의 문제가 심각해져 위기를 겪게 된 형제적 일치를 어떻게든 끝까지 보존하고자 하는 고통스러운 의지의 표현이라는 점이다. 다시 말해 프란치스코가 형제회를 이끄는 문제와 더불어 발생한 양성의 위기에 대한 최소한의 해결책을 모색한 것이라 할 수 있다.

형제회가 어려움에 부닥치자 프란치스코가 호노리오 3세에게 도

48　참조: L. Lehmann, 'Un percorso di iniziazione', in AA.VV., La regola di frate Francesco, 243쪽.

움을 요청해서 나온 「쿰 세쿤둠 콘실리움」 칙서는 형제회의 문제 해결을 위한 불가피한 조처였으며, 큰 힘이 되었다. 그러나 우리는 그 결과 형제회가 더욱 강해지고 제도적으로 바뀌게 되면서 초기의 복음적 자유로움 대신 교회법적 규율의 틀이 영향력을 발휘하게 되었다는 점을 잊지 말아야 할 것이다. 이것은 형제들 스스로 복음을 사는 과정에서 복음이 되지 못하고, 복음의 선포를 기회로 삼아 자기 뜻을 추구했던 교만과 착각의 결과라 할 것이다.

5. 형제들의 복장 형태와
   다양한 방식으로 사는 이들 사이에서(14-17절)

¹⁴ 그리고 이미 순종을 서약한 이들은 모자 있는 수도복 한 벌을 가질 것이며, 원하는 이들은 모자가 없는 수도복 한 벌을 더 가질 수 있습니다. ¹⁵ 그리고 어쩔 수 없는 이들은 신발을 신을 수 있습니다.

먼저 프란치스코와 초기 형제들의 복장에 관한 에써의 종합적인 연구 결과를 요약하는 것이 도움이 될 것이다.[49] 작은 형제들은 복음(마태 10,9; 마르 6,8 참조)과 사도들의 복장 형태를 모방하려고 했던 그 당시 회개자들의 복장을 택하였다. 초기사료들의 여러 증언에 따르면, 새로운 형제들의 수도복은 제자들에게 주어진 복음의 지침과 완전히 일치한 형태를 띠고 있다. 평이하고도 단순한 그 수도복은 처음에는 다른 가난한 이들의 의복과는 거의 같았으나, 몇 년 사이에 작은 형제들의 "구별 표지"가 되었다. 그 당시 사람들은 형제들의 의복을 보고, 그것을 수도복으로 여겼다. 형제회 초기부터 형제들은 특정 복장에 의해

---

49 참조: K. Esser, La Orden Franciscana. Origenes e Ideales, 159-171쪽.

외부에 알려졌고, 이를 통해 공통 소명을 받았음을 사람들에게 증거하였다. 거친 수도복과 띠를 받고 맨발이 된다는 것은 새로운 공동체에 받아들여졌다는 외관상의 표지이다. 그들의 죄 때문에 처벌받아 수도복을 빼앗겼다는 것은 공동체로부터의 축출을 의미한다. 이처럼 초기부터 착복식이 있었고, 이를 통해 작은 형제의 수도생활이 시작되었다. 시련기가 도입된 후 수련자들은 그들이 형제회에 입회함으로써 세상과 결별했다는 것뿐만 아니라 이 새로운 생활양식에 따른 과도기를 잘 보내도록 형제들과 구별되는 복장을 받았다. 단기간에 이 수도복을 입는다는 것은 오로지 새로운 수도회의 회원들에게 허용되었고, 부당하게 이 수도복을 입으면 교회의 형벌로 처벌받을 수 있었다.

프란치스코가 자신을 위해 선택한 복장은 분명히 그의 복음적 계획에 따라 만들어진 '자신의 물건'이면서 동시에 농민이나 가난한 사람들의 물건과 비슷한 '다른 사람들의 물건'이었다. 그렇지 않고는 그가 망토, 두건, 심지어 투니카를 가난한 사람에게 그렇게 여러 번 줄 수 있었던 까닭을 설명할 수 없다. 작은 형제들이 입었던 옷은 다른 사람들에게도 유용했다. 프란치스코는 의복을 통해서도 세상 사람들과 함께 연대하며 사회적 우애를 살았다. 또 우리는 이 공통된 수도복 안에서 세상 안에 넓게 퍼진 형제들이 함께하면서 하나 되는 새로운 형제체 일치의 강력한 유대를 볼 수 있다. 그리고 형제들이 그리스도교 수도생활의 오랜 전통을 따르고 있었으므로, 이런 상황은 형제들에 의해 쉽게 받아들여졌다. 형제회 초기부터 수도복은 매우 중요시되었고, 형제들 일치의 끈이 되었음이 분명하다(비인준 규칙 13장 참조). 교황 호노리오 3세는 칙서에서 "누구라도 당신 수도회의 수도복을 입고 있는 동안 순종을 벗어나고 가난의 순수성을 저버리는 것"[50]을 강하게

---

50 Cum secundum consilium (1220, 9,22), 1,6. 교황은 여기서 이미 존재했던 수

금지하고, 이 금지를 어겼을 경우 교회법적인 처벌을 내리고 있다. 이 칙서에 따르면, 수도복은 작은 형제들의 특수한 표지이고, 형제들은 언제나 어디서나 항상 그들의 수도복을 입어야 했다. 교황은 사실 이 교도들에게 선교하러 가는 형제들에게 필요하면 다른 복장을 할 허락을 주고, 이교도들을 회두시키는 데 필요하다면 그들이 수염과 머리를 기를 수 있도록 허락하였다.[51] 따라서 프란치스코 생전에도, '작은 형제들의 수도복'(habitus fratrum minorum)은 형제들에게 특별한 관면이 있을 때만 벗을 수 있는 공식 복장으로서 교회의 권위에 의해 보호받았다. 동시에 형제들만이 그리스도교 세계에서 입을 수 있는 권리를 인정받은 것이다.

「유언」에 "그들은 안팎으로 기운 수도복 한 벌과 띠와 바지로 만족하였습니다"(16)라는 구절이 나온다. "옷 한 벌, 띠와 바지." 이것이 초기 형제들의 복장에 대한 묘사이다. 이 복장이 평신도 의복인지 수도자를 위한 복장인지 알 수 없지만, 이것은 확실히 가난한 의복에 대한 언급이다. 야고보 비트리 추기경은 다음과 같이 증언한다. "그리스도의 이 가난한 자들은 가죽옷이나 아마 천 옷을 입지 않고 오직 모자가 달린 털옷으로 만든 투니카를 입으며 가빠나 외투나 두건이 달린 망토나 다른 어떤 종류의 옷도 입지 않는다. 수도복은 몸을 가리는 값싼 투니카와 동여매는 띠로 되어있다."(동방역사 32장 7.10항)

「인준받지 않은 수도규칙」에 따르면, 순종을 서약한 다른 형제들은 '모자 있는 수도복 한 벌과 띠와 속바지를 가질 것이며, 필요하다면 모자 없는 수도복 한 벌을 더 가질 수 있었다.'(2,13) 모자는 수도복의 목

도복을 보호하며, 남용 대상이 되었던 이 수도복이 작은 형제들의 특수복장으로 남기를 원하고 있다.

51　Ex parte vestra (1226.3.17), *in* BF., I, 26쪽.

부분에 달려서 머리를 덮는 데 사용되었으며, 모자가 달린 윗도리는 13세기에 농부들이 사용하던 복장이다. "서약한 형제들은 수도복 한 벌로 만족해야 한다"라는 원칙을 말하면서도 띠와 속바지까지 언급하고 있다. 그런데 「인준받은 수도규칙」은 "이미 순종생활을 서약한 이들은 모자 있는 수도복 한 벌을 가질 것이며, 원하는 이들은 모자가 없는 수도복 한 벌을 더 가질 수 있습니다"(14)라고 규정한다. 이에 따르면, 원칙적으로 서약한 형제의 수도복은 모자 있는 수도복 한 벌이었다. 이렇게 서약자의 의복이 수련자의 의복보다 더 단순했다. 이런 점에서 보면, 「인준받은 수도규칙」의 규정은 좀 더 엄격해진 측면이 있다. 그러나 형제들의 검소한 옷이 이탈리아 밖의 다른 나라 환경에 충분하지 못하다는 것을 알게 된 프란치스코는 어머니 같은 사랑으로, 이런 생활을 시작하는 형제들에게 모자가 없는 수도복 한 벌을 더 가질 수 있도록 허락하였다. 프란치스코는 법을 적용하면서 '원하면', '필요하다면', '부득이한 경우에' 등의 표현을 통해 상황에 대한 적절한 고려, 각자의 고유한 처지와 인격을 존중하는 개방성과 유연함을 보여준다. 이것이 프란치스칸 법의 적용 원칙이다. 6절의 "만일 이렇게 할 수 없으면 좋은 뜻만으로 넉넉합니다"라는 규정도 같은 취지이다.

첫 번째 복장은 '수도복'(tunica)인데 'habitus'라는 용어를 쓰지 않는다. 그것은 틀림없이 예수께서 제자들을 파견하실 때 사용하신 복음의 난어로부터 영향을 받았을 것이다. "수도복 두 벌"은 하나하나의 두벌이 아니고 속에 입는 수도복과 겉에 입는 수도복을 가리킨다. 두 번째 수도복의 사용은 아마도 북유럽의 극심한 추위를 겪었던 형제들이 제기한 기후적 여건 때문에 1221년에 시작된 일종의 완화일 것이다.[52] 그러나 수도복의 색깔이나 모양에 대하여는 언급이 없다. 수도규

---

52 L. HARDICK, 'Storia della Regola e sua osservanza agli inizi dell'Ordine

칙이 나왔을 때는 이미 수도복 같은 것이 정해져 있었다. 호노리오 3세가 "여러분 수도회의 수도복"이라고 말한 것을 보면, 형제들의 복장은 교황청에 알려진 수도복이다. 1253년 법학자 수사(Enrique Susa)의 답변에 따르면, 수도복은 그 당시 수도자의 신원을 말해주는 세 가지 요소들 가운데 하나였다.[53] 곧 수도자는 교회 권위를 통해 인정된 수도복을 입고, 수도원에 살며, 교회로부터 「인준받은 수도규칙」을 서약해야 한다. 그뿐만 아니라 수도복은 형제회에 속함을 말해주는 외적 표지로 여겨졌다. 그래서 교황은 "형제회의 수도복을 입고 순종생활을 떠나서 돌아다니지 말라"고 하였다. 한편 모자(caputium)는 머리를 덮는 것인데, 서약한 형제들에게만 허용되었다.

복장 중 두 번째는 띠(cingulum)다. 토마스 첼라노에 따르면, 프란치스코는 포르치운쿨라에서 복음과 깊이 만나고 "허리띠는 가느다란 새끼줄로 바꾸었다."(1첼라노 22, pro corrigia funiculum immutavit) 곧 프란치스코는 은수자들이나 수도승들이 매던 혁대를 풀어버리고, 매우 단순한 '새끼줄'(funiculum)을 매었다. 이러한 단순성은 당대에 그리고 후대에 주의를 불러일으키는 프란치스칸적 독특함 가운데 하나였다.[54] 두 수도규칙과 「유언」에서는 cingulum이라는 단어를 사용한다.[55] 그런데 프란치스칸 특징인 띠는 그 밖의 다른 어떤 법적 본문에서도 발견되지 않는다. 프란치스코 시대에 존경을 받았던 은수자들은 지금의 아우구스티노 회원들처럼 허리띠나 가죽띠로 동여맨 겉옷(tunica)을 입었다. 프란치스코는 그 시대의 더 비천한 사회계급에 동참하기를 원하였으

---

minoritico', in Introduzione alla Regola Francescana, Milano 1969, 17쪽.
53 F. URIBE, La Regola de San Francisco, 105쪽.
54 같은 책, 105쪽.
55 비인준 규칙 2,8; 2,13; 인준 규칙 2,9; 유언 16.

므로 농부들처럼 거친 겉옷을 동여매는 띠를 규정한다.[56]

세 번째 복장은 '속바지'(braccae)이다. 그리스 역사가인 디오도로 (Diodoro de Sicilia, 기원전 1세기경)는 이 속바지의 기원을 갈리아 사람들에게 돌리고, 같은 그리스 역사가인 헤시키오(서기 6세기)는 켈트인들에게 돌린다. 그러나 이 표현은 게르만 기원에 속하는 말이며, 기원전 2세기부터 라틴어로 확인된다. 모든 중세의 용법에 따르면, 이는 허리에서 무릎까지 내려오는 짧은 속바지로서 남자들이 착용하는 옷이다. 곧 허리띠를 매고 밖에 입는 바지와는 다르다. 중세 라틴어에서는 fermoralia와 동의어로 사용되었다.[57]

데보네의 설명에 따르면, 속바지는 "로마인들이 1세기부터 채택한 고올 지방의 넓고 상당히 긴 바지"[58]에서 유래한 것이다. 프란치스코가 두 수도규칙과 「유언」에서만 언급하고 있는 'bracca'가 어떤 것인지 정확히 설명하기는 쉽지 않다.[59] 그러나 아마도 가랑이가 짧은 반바지 형태로서 대퇴부를 덮는 옷이었을 것이다. 이는 다른 프란치스칸 원전에서 로마인들이 물건을 가리는 데 사용한 짧은 바지를 가리키는 fermoralia라는 단어를 사용하고 있는 것을 보아도 알 수 있다. 만일 형제들이 바지를 가질 수 있다면, 그것은 아무것도 가지지 않는 이들과 구별되었다는 것을 의미한다. 아마 형제들은 이 점에서 수도승들과 구별되었을 것이다. 「베네딕토 수도규칙」은 "여행하는 사람은 창고에서 속바지(femoralia)를 받을 것이다. 그들은 여행에서 되돌아와서는 그

---

56 I. RODRÍGUEZ HERRERA & A. ORTEGA CARMONA, Los escritos de San Francisco de Asísi, Comentario filológico, Murcia 2003, 537쪽.

57 참조: 같은 책, 539-540쪽.

58 T. DESBONNETS, Dalla Intuizione alla Istituzione, tr. Lina Paola Rancati, Milano 1986, 34쪽.

59 비인준 규칙 2,8; 2,13; 인준 규칙 2,9; 유언 16.

것을 세탁하여 반납할 것이다"(55,13)라고 규정한다. 이처럼 수도승들은 보통 속옷을 입지 않았다. 그런데 이와 달리 형제들이 각자 속바지나 짧은 바지를 갖는다는 것은, 형제들은 베네딕토 수도자들의 정주와 반대로 순회하는 삶을 의미하는 것일 수 있다.[60]

또 형제들은 옷을 입는 방식에서 소농민들과 구분되었는데, 이 시기에 낮은 계층의 사람들은 바지만이 아니라 어떤 종류의 속옷도 입지 않았다. 형제들의 의복 묘사는 평신도의 의복과 같은 것이었을 것이다. 어휘의 변천은 확실히 형제들의 옷 입는 방식의 변천을 보여주는 표지이다. 그것은 또한 생활과 행동 양식 변천의 표지이기도 하다. 수도규칙과 토마스 첼라노 1생애 본문 사이에 겨우 5년이라는 간격을 생각한다면, 그것은 급속한 변천이었다.

'허리띠까지 내려오는 겉옷'(caparo)은 눈이나 추위로부터 자신을 보호하기 위하여 농부들이 착용했던 짧은 가빠, 가운 또는 어깨에 걸치는 망토를 지칭하기 위해 13세기에 사용되었던 말이다. Caparo라는 말은 13세기에 만들어진 단어인데, 중세 라틴어 capa(cappa)에서 유래한다. 투르의 그레고리오가 처음으로 이 사실을 증언하였고, 6세기에는 이시도로가 caput와의 가능한 맥락에서 이를 증언하였다. 이 겉옷은 목, 머리, 어깨를 보호하려는 것으로서 때로는 머리까지 보호하도록 모자를 붙이기도 했다. 13세기, 곧 프란치스코 시대에 이 겉옷은 첫 복장이었다. 수도규칙은 수련자들의 수도복이 모자가 없다고 한다. '겉옷'이라는 용어는 통상적인 언어로는 알려지지 않았으며, 오직 프란치스코 수도규칙의 어휘에서만 거의 기술적인 것으로 보존되었다. 수도규칙에 따르면, 이것이 모자 없는 수도복과 더불어 시련기에 받아들여진 이들이 옷 입는 방식에서 서약자와 구별되는 점이

---

60   F. URIBE, La Regola de San Francisco, 105쪽.

다(비인준 규칙 2,13 참조).

프란치스코는 복장에 관하여 추위 등 환경을 고려하고 형제들의 고유한 처지를 헤아려 자유를 주었듯이 "어쩔 수 없는 이들은 신발을 신을 수 있습니다"(15)라고 규정하였다. 여기서 말하는 신발은 천이나 가죽으로 발을 감싸게 되어있는 것을 말한다. 처음에 형제들은 마태 6,9의 말씀처럼 신발을 신지 않고 샌들만 신고 다녔다. 초기 형제들은 맨발로 다니지는 않았고, 따뜻한 신발이나 구두 같은 것은 피하는 대신 샌들을 신었다. 프란치스코는 형제들에게 너무 지나치거나 불가능한 것을 요구하지 않는다. 신발을 신고 안 신고는 형제들의 자유로운 판단에 달린 것으로서 그는 형제들의 자유와 양심을 존중하고 있다.

[16] 그리고 모든 형제는 값싼 옷을 입을 것이며, 또한 하느님의 축복을 받아 그 옷을 거친 천이나 다른 헝겊으로 기워 입을 수 있습니다.

"하느님의 축복을 받아"(2,16)라는 말은 프란치스코가 자주 쓰는 표현으로 하느님께서도 허락하신다는 뜻이다. 프란치스코는 동시에 의복의 질에 대해서도 강하게 권고한다. "모든 형제는 값싼 옷을 입을 것이며, 또한 하느님의 축복을 받아 그 옷을 거친 천이나 다른 헝겊으로 기워 입을 수 있습니다."(2,16) 프란치스코는 자신의 글에서 "값싼"(vil)이란 단어를 다양한 어조로 15회 사용한다. 여기서는 윤리적 의미를 함축하지 않고, 물질적이고 경제적인 의미로 사용되었다. '값싼 옷'은 다음 문장에서 언급되듯이 '부드럽고 화려하지 않은' 것을 뜻한다. 그리고 '기워 입을 수 있다'라는 표현에서 '기워 입다'는 원문에서 'repeciare'인데 이는 단순히 수선하는 것을 말하는 것이 아니라 '안팎으로 천을 덧대어 입는 것'을 말한다. 덧대는 데 사용되는 '거친 천'(saccus 또는 sacculus)은 고행대, 부대, 긴 자루 외에 일반적인 용법에서 아마포나 짐승 털로 된 거칠고 값싼 천'을 말한다. '하느님의 축복을 받아'라는 말로 표현되는 이 축복은 한편으로는 사용에서 입법자의 큰 관심과 형제들 편에서의 가난한 복장에 관한 관심을 드러내고, 다른 한편으로는 어떤 상황에서든 이 규정이 하느님의 뜻과 영적 기쁨의 의미와 일치되는 것임을 드러내 보이는 것이다.[61]

이전의 수도승 규칙들에 비해 프란치스코 수도규칙은 복장의 수수함에 관하여 매우 간략히 규정하는데, 프란치스코는 아마도 증거의 차원을 더 염두에 두었던 것처럼 보인다.[62] 사실 수도규칙에 제시된 복장 형식은 성인이 자신의 삶을 확정적으로 방향 지웠던 파견에 관한 복음적 권고들에 대한 해석이었음을 상기할 필요가 있다(1첼라노 21; 세 동료 25 참조). 프란치스코는 자신의 글에서 형제들의 의복과 관련하여 세 가지 형용사를 사용한다. 곧 가격이나 양을 가리키는 '빈약한', 질과 관련하여 뻣뻣하고 섬세하지 않음을 가리키는 '거친' 그리고 화려하지 않고 싼 것을 가리키는 '값싼'(vil)이 그것이다. 이 세 가지 형용사는 작음과 긴밀한 연관이 있는 세 가지 덕인 가난, 참회, 겸손을 설명하는 대표적인 형용사들이다.

형제들의 몸에 걸치는 옷이나 신발은 "수도규칙대로 우리가 서약한 가난에 맞는"(유언 14.24) 것이어야 한다. 형제들의 복장은 세상 사람들이나 다른 성직자나 수도자들보다도 더 검소하고 가난해야 한다. 형제들은 한 벌 옷으로 충분하지 않으나, 두 벌 옷을 원하지 않을 때 그 옷을 프란치스코가 여우 털을 대었듯이 굵은 천을 덧대어 꿰매 입을 수 있다. 여기서 프란치스코는 추위 때문에나 옷이 해어져 천 등을

---

61 참조: F. Uribe, 같은 책, 122-123쪽.
62 예컨대 카시아노의 「제도집(Institutiones)」첫 권은 모두 '수도승 의복'(De habitu monachorum)에 관하여 할애한다. 또 「베네딕토 수도규칙」 55장은 '형제들의 의복과 신발에 대하여'라는 제목으로 수도승 의복을 상세히 다룬다.

덧대어 입는 소박한 옷차림을 강조한다. 결국 형제들의 복장은 가난하고 소박한 차림이어야 하는데, 그 기준은 획일적으로 정할 수는 없고 지역적인 여건에 따라 달랐을 것이 틀림없다. 프란치스코는 의복과 관련하여 "하느님의 뜻에 맞는다고 생각되면"(10절)과 "어쩔 수 없는 경우"(15절), 이 두 표현에서 알 수 있듯이 신중함과 지혜로 의복을 달리 정할 수 있는 자유를 부여했다. 이런 개방성은 「베네딕토 수도규칙」에도 나타난다(55,1-6 참조). 이러한 개방성과 자유의 바탕에서 작은 형제들의 복장은 프란치스코의 뜻대로 복음의 해석이자, 표지가 되어야 할 것이다.

¹⁷ 나는 모든 형제에게 권고하며 충고합니다. 부드럽고 화려한 옷을 입은 사람이나 맛 좋은 음식을 먹고 마시는 사람들을 볼 때, 그들을 멸시하거나 판단하지 말고 오히려 각자 자기 자신을 판단하고 멸시하십시오.

17절은 다양한 생활방식으로 사는 이들 사이에서 형제들이 취해야 할 내적 가난의 자세를 언급한다. 프란치스코는 가난하고 검소한 의복을 착용하는 것뿐만 아니라 사람들 사이에서 모든 이를 존중하는 전 존재의 가난이 복음을 사는 형제들의 중요한 삶의 태도임을 권고한다. 이는 그가 형제들의 외적인 복장에 대하여 말한 다음 부드럽고 아름답게 내린 결론이다. 여기서 말하는 "부드럽고 화려한 옷을 입은 사람이나 맛 좋은 음식을 먹고 마시는 사람들"은 권세를 누리거나 부유한 사람들을 말한다. 이들은 당시 상류층 사람들(maiores)로서 하층민들(minores)과 대립하고 갈등 관계에 있던 이들이다. 프란치스코는 모두를 차별 없이 품는 예수님의 모범과 누구든 형제로 받아들이는 형제애의 중요성을 강조한다. 프란치스코는 여기서 이들을 판단하거나, "멸시하거나 판단하지 말라"는 중복 어법을 사용하여 자신의 간절한 마음을 전하려 하며, 자신이 말하려는 것을 더욱 밀도 있게 강조한

다. 가난을 사는 핵심적인 태도가 다른 이들을 있는 그대로 받아들이는 '보다 더 작아지는 것'임을 가르치는 것이다.

우리가 기꺼이 응답하기로 한 복음적 가난의 삶을 살다 보면, 자만과 교만에 빠져들 수 있다. 가난 그 자체를 목적으로 삼을 수 있고, 의식적으로나 무의식적으로 우리들의 가난을 다른 이들에게 강요할 수 있다. 자기만의 시각과 기준에 비추어 자기처럼 가난을 추구하지 않는 사람보다 자신을 더 나은 사람으로 여길 위험에 빠질 수 있는데, 이는 참된 가난이 아니다. 나아가 다른 이들을 멸시하고 판단한다면 우리가 살아야 할 복음의 핵심을 외면하는 결과를 가져온다. 프란치스코는 여기서 내적인 겸손을 강조함으로써 교구 사제들이나 다른 수도자들로부터 제기될 수도 있는 불만과 갈등을 해소할 지침을 내려주었다. 더 나아가 사랑과 연결되지 않는 가난은 무의미함을 간접적으로 말한다고 할 수 있다.

우리 형제회 역사에서 가난에 관한 투쟁과 형제들 간의 분열에서 많은 형제는 프란치스코의 가난 이상을 이해하지 못했다고 할 수 있다. 진정한 가난을 사는 사람은 더욱더 겸손하고 그 삶은 형제애로 표현되어야 한다. 이 17절은 가난뿐 아니라 우리 삶의 모든 것에 해당하는 말씀이다. 가난한 자는 남을 판단하지 않고, 자기 자신만을 판단하며 자기 결점을 보고 인정할 줄 안다. 남을 판단할 때 우리는 자신이 중심이 되어 자신의 의지를 실현하고자 하는 자기중심적인 성향을 드러내게 된다. 프란치스코의 말처럼 "죄 외에는 아무것도 못마땅해하지 않는"(권고 11) 사람만이 내적으로 가난한 사람이다. 우리가 받은 은혜를 생각할 때 우쭐하여 다른 이들을 깔보거나 배척하기보다는 그 은혜에 대한 자신의 불충실성을 생각해야 한다. 그렇기에 우리는 자신을 다른 사람과 비교해서는 안 된다. 프란치스코는 이런 점에서 우리의 본보기이다. 프란치스코는 「덕들에 바치신 인사」에서 가난을 겸손의 자매로 본다. 겸손한 사람, 곧 남을 판단하지 않고 자기가 받은 은혜와 성소에 따라서 자신을 판단하는 사람만이 영적으로 진보할 수 있다. 참으로 가난한 사람은 가지고 있는 모든 것을 하느님의 선물로 여기며, 하느님께 되돌려드리고 하느님께 감사하는 마음을 지닌 사람이다.

프란치스코는 자신을 칭찬하는 사람 앞에서 이런 말을 하였다. "지극히 높으신 분께서 이렇게 기막힌 물건들을 한 강도에게 주셨다면 프란치스코야, 그는 너보다 더 고마워했을 것이다."(2첼라노 133) 그는 어떤 경우에도 이런 내적 가난을 잃지 않았다. 프란치스코 자신이 내적인 가난을 형제들에게 심어주기 위해서 "모든 형제는 우리 주 예수 그리스도의 겸손과 모범을 따를 것"(인준 규칙 6장. 11장; 비인준 규칙 9장)이라고 격려한다. 우리의 판단 기준과 비교 기준은 개인적이든 공동체적이든 우리 주 예수 그리스도에게 두어야만 한다. 우리는 그리스도를 따르는 복음적 생활 속에서 가난과 겸손으로 모든 이의 고유함을 존중하고, 사랑으로 품도록 매일 노력하여야 한다.

■ 현대적 적용 ■

프란치스코는 형제들을 받아들일 때 사회적, 문화적, 교회적 조건에 따른 계층 의식을 철저히 거부했다. "하느님의 영감을 받아 누가 이 생활을 받아들이려고 우리 형제들을 찾아오면"(비인준 규칙 2,1), 모두 받아들였다. 너그럽고 열린 그의 환영은 사람을 차별대우하지 않으시는 하느님께 대한 존경과 모두를 똑같이 대하시는 성령께 대한 무한한 존경에서 나온 행위였다. 우리도 프란치스코의 복음적 삶을 살기 위해 찾아오는 이들을 하느님의 선물로 여기고, 그들에게 복음적 삶을 선물로 주도록 힘써야 할 것이다.

다른 한편 하느님의 부르심은 성령의 활동이지만, 그에 대해 충실히 응답할 수 있도록 성소 식별이 필요하다. 곧 하느님의 영감을 받았다고 볼 수 있는지, 그 사람의 성소 동기가 진실하며 성소에 대한 확신과 열정이 있는지를 확인해야 한다. 사실 성소의 동기가 늘 온전히 순수할 수는 없다. 하느님의 부르심에 대한 응답은 순수하지 않거나 왜곡된 동기를 정화하려고 끊임없이 노력하는 과정이기도 하다. 이는 기도와 복음의 실행, 자신에 대한 깊은 이해, 복음 안에서의 자유 등을 통해 이루어지는 긴 여정이다.

초기에 형제회에 받아들여지려면 '하느님의 영감을 받아' 윤리적인 방향 전환을 하는 자기부정, 가톨릭 신앙에 대한 확고한 고백과 정결 생활을 위한 자유, 재물의 철저한 포기가 요청되었다. 이는 이 생활을 원하는 이의 사회적 조건이나 교회 기준을 정한 것이 아니다. 프란치스코 성인이 가장 중요시한 것은 '모든 것을 다 팔아 가난한 사람들에게 나누어주고' 떠나는 것이다. 세상의 그 어떤 것에 대한 애착도 버리고, 오직 하느님께 전 존재를 맡기는 '절대 가난, 온전한 비움' 바로 그것이다. 부름을 받고 사는 이들 중에도 '하느님의 부르심'을 직업으로 여기는 이들이 적지 않다고 한다. 프란치스코의 요청은 부르심을 받은 작은 형제들이 온전히 하느님의 사람이 되는 길을 알려준 것이다. 하느님의 말씀을 무시하거나 부차적으로 여기고 교회마저도 세속화하는 오늘, 깊이 새겨야 할 점이 아닐 수 없다.

수도규칙 제2장은 복음 권고 세 가지를 언급하는데, 그 첫째가 '순종 안에' 사는 것이다. 당시 형제들은 '거처 없이 세상을 돌아다니며' 순회설교를 하며 살았다. 그러나 순종하지 않은 채 제멋대로 돌아다니는 형제들의 문제가 심각해졌다. 이에 프란치스코는 형제들의 일치를 보호하기 위하여 엄격한 순종을 요구한다. 오늘날 우리는 복음적 자유를 외치면서 무책임하게 살고 있지는 않은지 깊이 성찰해 봐야겠다. 순례자와 나그네 삶의 이유와 목적은 모두 복음을 전하고, 복음을 드러내고, 복음을 나누기 위한 것뿐임을 잊지 말아야겠다. 그뿐만 아니라 프란치스코가 살고자 한 순종은 상하관계에서 이루어지는 지배적이거나 맹목적인 것이 아니라 상호 간 사랑의 순종을 통해 함께 하느님의 뜻을 찾고 드러내기 위한 것이었음을 기억해야겠다.

또 프란치스코는 법을 적용하면서 "원하면", "필요하다면", '부득이한 경우에' 등의 표현을 통해 상황에 대한 적절한 고려, 각자의 고유한 처지와 인격을 존중하는 개방성과 유연함을 보여준다. 이것이 프란치스칸 법의 적용 원칙이다. 수도규칙, 회헌, 각종 지침을 적용할 때 법 조항에 사람을 묶어두지 않는지 돌아볼 필요가 있다. 형제회 모든 규범의 궁극적인 목적은 영혼 구원과 하느님 사랑의 실현에 있음을 잊어서는 안 될 것이다. 형제들은 하느님 사랑과 복음 정신, 성령의 이끄심에 기초한 열린 법 해석과 적용을 통해, 인격을 존중하고 서로 복음적 자유와 기쁨을 체험하고 나누도록 도와야겠다. 프란치스칸 법 적용 원리는 인간 위에 군림하여 인권을 침해하는 오늘 이 땅의 현실에서도 깊이 새겨야 할 점이다. 인간을 해방하고 공동의 선을 증진하도록 프란치스코의 정신으로 입법과 법 적용이 이루어지도록 힘써야겠다.

나아가 프란치스코 성인은 "모든 형제는 값싼 옷을 입을 것이며, 또한 하느님의 축복을 받아 그 옷을 거친 천이나 다른 헝겊으로 기워 입을 수 있습니다"(2,16)라고 권고한다. 수도규칙에 포함된 의복에 관한 조항은 분명 가난 정신을 담고 있다. 소비주의 시대를 사는 작은 형제들에게 수도복은 프란치스칸 삶의 사회문화적 모델을 상징한다. 이미 수도복은 가난의 표지라기보다는 신분이나 지위를 드러내는 때가 더 많아졌다. 그뿐만 아니라 우리는 가난 그 자체를 목적으로 삼을 수 있고, 의식적 무의식적으로 우리들의 가난을 모든 사람에게 강요할 수 있다. 이 외적인 가난 때문에 자기와 같은 가난을 추구하지 않는 사람보다 자신을 더 나은 사람으로 여길 위험에 빠질 수 있는데, 이런 교만은 참된 가난이 아니다. 작은 형제들은 복음적 가난을 살면서 그것을 드러내거나 다른 사람들과 비교하여 그들을 비판해서는 안 된다. 가난과 작음의 영성은 하느님의 영을 품은 형제들을 '있는 그대로' 받아들이도록 이끈다. 형제애를 지향하고, 형제애로 표현되지 않은 가난은 때로는 폭력이 되거나 인간다움을 해치는 도구로 변할 수 있음을 잊지 말아야 할 것이다.

제3장
성무일도와 단식재, 그리고 형제들이 세상을 어떻게 다닐 것인가

[1] 성직형제들은 시편을 제외하고는 거룩한 로마 교회의 예식에 따라 성무일도를 바칠 것입니다. [2] 따라서 성무일도서를 가질 수 있습니다. [3] 그리고 평형제들은 밤기도로 '주님의 기도' 스물네 번, 아침기도로 다섯 번, 일시경, 삼시경, 육시경, 구시경으로 각 일곱 번, 저녁기도로 열두 번, 끝기도로 일곱 번을 바칠 것입니다. [4] 그리고 죽은 이들을 위하여 기도할 것입니다. [5] 그리고 모든 성인 축일부터 주님의 성탄 축일까지 단식할 것입니다. [6] 한편 주님의 공현 축일부터 시작하여 사십 일간 지속되는 기간, 곧 주님께서 당신의 거룩한 단식으로 축성하신(참조: 마태 4,2) 그 거룩한 사순절에 자발적으로 단식하는 사람은 주님의 축복을 받을 것입니다. 원하지 않는 사람은 지킬 의무가 없습니다. [7] 그러나 주님의 부활 축일 전까지의 다른 사순절에는 단식할 것입니다. [8] 이 외에 금요일을 제외한 다른 때에는 단식할 의무가 없습니다. [9] 그리고 꼭 필요한 경우에 형제들은 육신의 단식을 할 의무가 없습니다. [10] 또한 나는 주 예수 그리스도 안에서 나의 형제들에게 조언하고 권고하며 충고합니다. 세상을 두루 다닐 때, 형제들은 남과 다투거나 언쟁을 벌이거나 남을 판단하지 말고(참조: 2티모 2,14), [11] 오히려 마땅히 모든 이에게 정직하게 말을 하면서 온유하고 평화롭고 순박하고 양순하고 겸허해야 합니다. [12] 그리고 형제들은 꼭 필요한 경우나 아픈 경우가 아니면 말을 타서는 안 됩니다. [13] "어느 집에 들어가든지 먼저 '이 집에 평화를 빕니다' 하고 말할 것입니다."(참조: 루카 10,5). 그리고 거룩한 복음에 따라, "차려 주는" 모든 음식을 "먹어도" 됩니다(참조: 루카 10,8).

[인준받지 않은 수도규칙의 병행 구절]
[제3장 성무일도와 단식재]

[1] 주님께서 말씀하십니다. "단식하고 기도하지 않고서는 이런 악령들을 쫓아낼 수 없다."(참조: 마르 9,28) [2] 그리고 또 말씀하십니다. "너희는 단식할 때 위선자들처럼 침통한 표정을 짓지 마라."(마태 6,16) [3] 그러므로 성직형제나 평형제 모두는 정해진 대로 성무일도와 찬미의 기도들과 다른 기도들을 바칠 것입니다. [4] 성직형제들은 성직자들의 관례에 따라 성무일도를 바치고 산 이들과 죽은 이들을 위하여 기도할 것입니다. [5] 그리고 형제들의 결함과 과실을 위하여 매일 "주님의 기도"와 함께 "하느님, 자비하시니"(시편 50)를 바칠 것입니다. [6] 그리고 죽은 형제들을 위하여 주님의 기도와 함께 "깊은 구렁 속에서 주님께 부르짖사오니"(시편 129)를 바칠 것입니다. [7] 그리고 성무일도를 바치는 데 필요한 책들만 가질 수 있습니다. [8] 그리고 시편을 읽을 수 있는 평형제들도 시편집을 가질 수 있습니다. [9] 그러나 글을 모르는 이들은 책을 가져서는 안 됩니다.

[10] 평형제들은 밤기도로 사도신경과 주님의 기도 스물네 번과 영광송을 바칠 것이며, 아침기도로 다섯 번, 일시경으로 사도신경과 주님의 기도 일곱 번과 영광송을 바칠 것입니다. 삼시경, 육시경, 구시경으로 각각 일곱 번, 저녁기도로 열두 번을 바칠 것입니다. 끝기도로 사도신경과 주님의 기도 일곱 번과 영광송, 그리고 죽은 이들을 위하여 주님의 기도 일곱 번과 "주님, 그들에게 영원한 안식을 주소서" 한 번, 그리고 형제들의 결함과 과실을 위하여 매일 주님의 기도 세 번을 바칠 것입니다.

[11] 이처럼 모든 형제는 모든 성인 축일부터 성탄 축일까지, 그리고 우리 주 예수 그리스도께서 단식을 시작하신 주님의 공현축일부터 부활 축일까지 단식할 것입니다. [12] 이외에 금요일을 제외한 다른 때에는 이 생활에 따라 단식할 의무가 없습니다. [13] 그리고 복음에 따라, "차려 주는" 모든 음식을 "먹어도" 됩니다(참조: 루카 10,8).

[제11장 1-3절]
¹ 그리고 모든 형제는 누군가를 중상하거나 "논쟁을 벌이지" 않도록(참조: 2티모 2,14) 조심하고, ² 오히려 주님께서 형제들에게 은총을 주실 때마다 침묵을 지키도록 힘쓸 것입니다. ³ 형제들끼리 혹은 다른 사람들과 말다툼하지 말 것이며, 오히려 "저는 쓸모없는 종입니다"(루카 17,10) 하고 겸손하게 대답할 것입니다.

[제14장 2절]
그리고 어느 집에 들어가든지 "먼저 '이 집에 평화를 빕니다.'" 하고 말할 것입니다(참조: 루카 10,5).

[제15장 2절]
그리고 아프거나 꼭 필요한 경우가 아니면 말을 타지 말 것입니다.

개요

프란치스코는 제1장에서 형제회 삶의 핵심인 '거룩한 복음을 실행하는 생활'을 언급하고, 제2장에서 입회, 서약에 관하여 언급하였다. 이제 제3장에서는 어떻게 생활해야 하는가(생활양식)에 대하여 말한다. 수도규칙의 실질적인 본문의 시작인 제3장은 형제회의 목적인 하느님 사랑과 형제애에 대해 다룬다. "수도규칙 제1장은 요한 페캄(Joannes Peckam) 대주교가 '지혜와 덕의 집'이라 불렀던 것에 기초를 놓은 것이고, 제2장은 그 집으로 들어가는 길을 배치한다. 이제 제3장을 시작하면서 프란치스코 성인은 그 도시 안에 형제들의 생활을 전개한다."[1] 이러한 본문의 기본적인 구조는 교회 안의 그리스도교적 경신

---

1 K. Esser, Melius Catholice Observemus, 129쪽.

행위 가운데 가장 기본적이고 중요한 세 가지, 곧 기도, 단식재, 자선에 일치시키고 있음을 알 수 있다. 좀 더 구체적으로 제3장의 1-9절은 시간 전례와 단식재에 관한 규정을 제시한다. 프란치스코는 서두에서 기도를 언급하고(1-9), 이어 복음선포를 위한 순례 생활(10-13)을 언급하는데, 이는 복음을 실행하는 그의 독특한 영성을 보여주는 것이다. 프란치스코는 세상 가운데서 복음을 증거하는 것에 앞서서 기도 안에서 형제체를 이루는 것을 더 중요시했다고 볼 수 있다. 순례자 나그네로서 세상을 돌아다니는 삶을 살았던 초기 형제들에게는 일치의 유대를 위한 여러 가지 방법이 필요했다. 형제들의 기도, 특히 공동으로 바치는 시간 전례(성무일도)는 수도승적·성직적 경향이 스며든 것이긴 하지만, 이러한 일치를 이루는 중요한 방법이었다.

프란치스코는 라틴어를 알고 있었으므로 의전사제들과 수도승들이 하는 성무일도를 접할 수 있었고, 일반 대중이 사용했던 다양한 기도의 영향도 받았다. 일반 신자들의 기도는 지적인 관념에 따른 기도보다는 몸을 움직이거나 몸짓으로 표현하는 데 더 치중한 기도였다. 그래서 프란치스코는 주님을 만났을 때 그리고 주님을 만나려고 온몸으로 쉼 없이 기도했다. 프란치스코의 기도에는 공식기도와 대중 신심 이 두 가지가 혼합되어 나타나고 있고, 둘 사이의 조화를 위한 움직임이 끊임없이 드러났다.[2]

제3장에서는 「인준받지 않은 수도규칙」에 비해 성직형제들의 기도 양이 상당히 줄고 '시편을 제외하고 로마 교회의 예식에 따라' 성무일도를 바치는 것으로 제한하였다. 평형제들을 위한 기도도 더 단

---

2 참조: J. Micó, 'The Spirituality of St. Francis: To Adore the Lord God. Francis's Prayer', in Grey Friars vol.9(1995) n.1 tr. Paul Barrett, 5-37쪽, 호명환 역, '하느님을 흠숭함. 프란치스코의 기도', 프란치스칸 삶과 사상 제30호 (2008년 봄), 142-151쪽.

순해졌다. 「인준받지 않은 수도규칙」에서 변경된 「인준받은 수도규칙」 본문들은 교황청의 영향력을 드러내 주고 있다. 1-3절에 규정된 성직형제들과 평형제들의 전례적 분리는 프란치스코 초기 이상의 퇴보였고, 성직화의 길로 들어서고 있음을 보여주는 것이다. 그러나 이러한 교황청의 개입은 프란치스칸 정신을 변경시키려는 의도가 아니라 중앙집권 정책을 추구하는 의도로 보아야 할 것이다.[3] 한편 단식에 관하여는 주님 공현 이후의 사순절 단식이 선택사항으로 바뀌고, 필요한 경우 단식하지 않아도 된다는 예외를 인정하였다.

제3장은 제4차 라테라노 공의회 이후 교회에 일어나고 있었던 변화를 반영하는 시간 전례 거행에 관한 매우 단순한 규정들을 보여준다. 또 제3장은, 어떻게 해서 초기 형제회가 변화되어갔으며 더욱더 조직화할 필요성이 있었는지, 또는 공의회 이후 교회의 전례 예식이 어떻게 성직 형제들과 평형제들의 일상생활에 영향을 미쳤는지를 알려주는 또 다른 예이다. 특히 이 장에서 프란치스코가 지향한 중요한 초점은 복음은 세상 안에 살도록 우리를 부르며, 형제들은 정해진 거처나 수도원만이 아니라 어디서든 머무는 바로 그 자리에서 복음을 살아야 한다는 점이다. 이 점이야말로 정주 생활양식과 다른 새로운 복음적 생활양식의 특징적인 면이다.

「인준받은 수도규칙」은 법전화 이상의 의미를 내포한다. 수도회가 조직화, 제도화되어가면서 여러 가지 면에서 수도승적 전승을 접목했던 것처럼 기도에서도 성무일도를 지녀야 한다고 규정한 것 또한 다분히 성직적, 수도승적 경향의 표현이라고 할 수 있다. 물론 이것은 프란치스코의 원의가 아니었다. 프란치스코와 동료들이 세상과 교회 안

---

3 T. Desbonnets, Dalla intuizione alla istituzione, 122쪽.

에서 사람들을 만났던 반면에 수도회는 가대 안으로 숨어드는 결과를 초래했다.

제3장은 내용상 다음 세 부분으로 이루어져 있다.

1. 형제들의 공동 기도(1-4절)
2. 단식재(5-9절)
3. 작은 이들과 평화의 건설자들(10-14절)

본문 해설

1. 형제들의 공동 기도(1-4절)

[1] 성직형제들은 시편을 제외하고는 거룩한 로마 교회의 예식에 따라 성무일도를 바칠 것입니다. [2] 따라서 성무일도서를 가질 수 있습니다. [3] 그리고 평형제들은 밤기도로 '주님의 기도' 스물네 번, 아침기도로 다섯 번, 일시경, 삼시경, 육시경, 구시경으로 각 일곱 번, 저녁기도로 열두 번, 끝기도로 일곱 번을 바칠 것입니다. [4] 그리고 죽은 이들을 위하여 기도할 것입니다.

1-4절은 1-2절(성직자들의 성무일도), 3절(평형제가 바칠 기도), 4절(죽은 이들을 위한 기도)로 구성되어 있다. 이 단락은 '바칠 것입니다'(1절 faciant), '바칠 것입니다'(3절 dicant), 수도규칙은 '기도할 것입니다'(4절 orent)라는 동사들을 통해 세 단계의 통일성을 표현한다.

「인준받은 수도규칙」은 성무일도에 관한 규정을 「인준받지 않은 수도규칙」보다 더 간략하게 규정하면서 '죽은 이들을 위한 기도'를 따로 언급한다. 이런 전반적인 변경은 프란치스코의 이상을 온전히 이

해하지 못했던 우골리노 추기경의 개입 때문으로 추정된다.[4]

프란치스코와 초기 동료들은 손노동, 설교, 여행을 기도와 통합하면서 예수 그리스도의 발자취를 따랐다. "초기 프란치스칸 공동체는 사실 구송기도와 관상기도를 체계적으로 구분하지 않았고, 개인 기도와 공동 기도 또한 그렇게 구분하지도 않았다. 이 모든 기도는 형제들의 일간 및 연간 기도 일정 전체에 걸쳐 기도와 헌신이라는 기본 구조 안에 함께 엮여있었다. 공동 기도는 전체 기도 일정의 상당한 부분을 차지하고 있었다."[5] 형제들이 바친 대표적인 공동 기도는 성무일도와 성찬례의 전례 기도였다. 프란치스코는 공동 기도에 관한 지침을 다음과 같이 구분하여 제시한다.

1) 성직형제들의 성무일도(1-2절)

[1]성직형제들은 시편을 제외하고는 거룩한 로마 교회의 예식에 따라 성무일도를 바칠 것입니다. [2]따라서 성무일도서를 가질 수 있습니다.

1-2절의 규정을 통하여 작은 형제들은 결정적으로 로마 교회의 예식을 따르게 되었고, 시간 전례를 바치려고 성무일도를 받아들였다. 당시에는 각 교구와 수도원마다 자신들의 고유한 전례 관습이 있었다.[6] '설교자들의 회'(도미니코회)의 경우 파리의 전례와 관례에 맞추어 자신들의 고유한 성무일도 관례를 발전시켰다. 이와 달리 작은 형제들은 로마 교회의 관례를 받아들여 성무일도를 바쳤는데, 이는 수도 생활 역사상 새로운 점이었다. 이런 가운데 중앙 집중화의 경향이 초

---

4   참조: T. Desbonnets, Dalla intuizione alla istituzione, 121쪽.

5   William J. Short, 김일득 옮김, 가난과 기쁨. 프란치스칸 전통, 프란치스쿠출판사, 2018, 132-133쪽.

6   참조: K. Esser, Melius Catholice Observemus, 130쪽.

기부터 이 새로운 수도회의 특징으로 나타났다.[7]

〈성직형제들〉

'성직형제들'(clerici)은 교회 예식을 통해 삭발례를 함으로써 교계 제도에 속하는 이들로서 평형제들과 구별되는 형제들이다. 3세기 이후 차부제품 이하 시종품, 구마품, 강경품, 수문품까지를 하급성직자라 불렀다. 이들은 오늘날 성직자에 들지 못하지만, 당시에는 성직자로 등록되는 삭발례를 했다. 말하자면 프란치스코 당대에는 이들도 이른바 성직자 축에 끼었다. 'clericus'란 용어는 중세에는 적어도 교회법적, 문화적인 두 가지 의미가 있다.[8] 교회법적으로는 어떤 품이든 성품을 받은 세례자의 교회적 조건을 뜻했다. 이는 현행 교회법전에도 포함되어 있다(교회법 207,1; 266,1). 이런 관점에서 보면, 성품을 받지 않은 사람이 'laicus'다. 문화적으로는 '읽을 줄 알고, 박식하고, 유식한 사람'을 'clericus'로, 그렇지 않은 이를 'laicus'로 불렀다. 11세기까지는 서유럽에서 글을 아는 이들은 광범위하게 'clericus'로 믿어졌다.[9] 식자(識者)는 교회 언어요, 법적 행정적인 기록을 하는 언어인 라틴어를 읽고 쓸 줄 아는 능력을 의미한다. 그러나 프란치스코 시대에는 Clericus와 Laicus가 오늘날처럼 엄격하게 구분되지 않았다. 따라서 양자가 성직계에 속한 사람과 그렇지 않은 사람을 구분하는 확고하고 유일한 기준으로 작용하지는 않았다. 형제체의 Clericus형제와 Laicus형제에 대한 프란치스코의 언급은 단지 사실의 선언적 가치를 가졌다. "이러한

---

[7] 참조: K. Esser, La Orden Franciscana. Origenes e Ideales, Aránzazu 1976, 175-176쪽.

[8] 참조: F. Uribe, La Regla de San Francisco, 132-133쪽; C. H. Rawrence, The Friars. The impact of the early Mendicant movement on western society, London & NewYork 1994, 8-10쪽. 이에 관한 보다 상세한 연구는 L. Hardick, Gedanken zu Sinn und Tragweite des Begrifes "Clerici", 7-26쪽 참조.

[9] C. H. Rawrence, The Friars, 8쪽.

언급들은 창설자로서 프란치스코가 뜻하거나 지향한 것이 성직과 평형제 차원을 형제회의 본질적 구성 요소로 삼으려 하였음을, 더더욱 배타적 또는 편애적으로 평형제적 형제회의 창설을 의도하였음을 가리키는 것이 결코 아니다."[10]

그리고 수도회마다 Clericus와 Laicus를 구분하는 기준이 달랐다. 예컨대 가르멜회는 글을 읽을 줄 아는가를 기준으로 하였고, 성전기사회의 경우는 시간경을 바치는 데 참석할 수 있는지가 기준이 되었으며, 성령 병원수도회의 경우는 성품을 받았는지에 따라 양자를 구분하였다. 프란치스코 수도규칙과 다른 글들에서는 일정한 기준을 제시하지 않고 다양한 용례를 보인다.[11]

10　Commissione Interfrancescana, '창설 당시의 프란치스칸 수도회의 정체성', 15쪽.

11　프란치스코의 글에 나타난 clericus와 laicus의 용례는 다음과 같다. clericus : 성무일도와 관련하여 5회(형제회 편지 41; 비인준 규칙 3,3; 3,4; 인준 규칙 3,1; 유언 18), 성무집행과 관련하여 7회(1성직자 편지 1; 1성직자 편지 13; 2성직자 편지 1; 2신자 편지 34; 비인준 규칙 20,1; 1보호자 편지 2; 2보호자 편지 4), 교계제도상의 성직자 8회(권고 26,1; 2신자 편지 1; 2신자 편지 33; 시에나 유언 5; 비인준 규칙 3,4; 19,3; 23,7; 유언 18), 그리고 명확한 분류가 어려운 경우 4회(비인준 규칙 15,1; 17,5; 유언 29.38). laicus : 성무일도와 관련하여 5회(비인준 규칙 3,3; 3,8; 3,10; 인준 규칙 3,3; 유언 18), 교계제도와 관련하여(평신도) 2회(2신자 편지 1; 비인준 규칙 23,7), 명확한 분류가 어려운 경우 3회(비인준 규칙 15,1; 17,5; 20,1).
「인준받지 않은 수도규칙」 제3장은 프란치스코는 clerici와 laici를 명확히 구별한다. 그는 clerici를 두 번 사용하는데 다른 의미로 사용한다. clerici를 언급한 후 처음에는 글을 아는 평형제에 대해서 이야기하고, 다음에 교육을 받지 않은 형제들에 관해서 이야기한다. 곧 프란치스코는 성직과 비성직에 대한 법적인 구별과 교육 정도라는 두 개의 기준을 가지고 있었다고 볼 수 있다. 따라서 프란치스코에게 clerici는 교계제도에 속한 성직자이면서 성무일도를 수행할 정도의 충분한 교육을 받은 자를 의미했다. clerici 형제들은 품과는 관계 없이 모두 교육을 받은 성직자들이다. 성인의 글에서는 성품을 받은 자, 특히 사제들을 진정한 성직자로 간주한다. 그들만이 그들의 신분과 의무에 의해서 교육을 받을 의무가 있다. 그 신분과 의무에 의하여 그들은 교회법에 구속되며 결과적으로 수도규칙에 따라 매일 성무일도를 바칠 의무를 진다. 반면에 laicus는 평형제, 평신도, 글을 모르는 모든 이로 이해했다. 결국 「인준받지 않은 수도규칙」 제3장에 따르면, 성품을 받은 성직자(clericus), 글 아는 평형제(laici scientes legere), 글 모르는 형제(laici) 이렇게 세 부류의 형제들이 있다.

<시편집을 제외하고>

1절에서 "시편집을 제외하고"(exceptio psalterio)라 한다. 왜 「인준받지 않은 수도규칙」과 달리 시편집을 제외했을까? 그 당시 시편서는 로마 시편(psalterium romanum)과 갈리아 시편(psalterium gallicum) 두 가지가 있었다.[12] 로마 시편은 라테라노 성전에서 주로 바치던 것으로 길고 아름답다. 갈리아 시편은 당시 대부분의 서유럽 지역에서 사용하던 것으로 짧고 간단하다. 프란치스코가 '시편집은 제외하고'라 한 것은 갈리아 시편이 짧고 간단하여 거의 모든 형제가 외우고 있었고, 로마 시편보다 갈리아 시편이 훨씬 많이 퍼져 있었기 때문이다. 그 당시에 갈리아 시편은 적어도 교육을 받은 사람들은 모두 익히 알고 있었고, 암기까지 하고 있었던 시편으로 생각된다. 이렇게 해서 1223년부터 갈리아 시편이 로마 시편을 대신하게 되었다. 그리고 '주님의 기도'를 몇 번씩 외우는 것으로 성무일도를 대신할 수 있었다. 이는 ① 기도를 가르쳐주시는 그리스도의 가르침을 따르는 것이며(마태 9,13), ② 글 모르는 형제들도 교회의 공식기도에 참여시키려는 것이다.

<거룩한 로마 교회의 예식에 따라>

초기에 성직형제들은 다른 성직자들처럼 성무일도를 바쳤고, 평형제들은 '주님의 기도'를 바쳤다(유언 18). 「인준받지 않은 수도규칙」에 따르면, '성직형제들은 성직자의 관례에 따라'(3,4) 성무일도를 바쳤다. 이는 교구 성직자들의 지침과 방법을 따라, 곧 각 성당의 고유한 예식에 따라 바친다는 뜻이다. 또한 "인노첸시오의 통상문집에 법전화된 교황청 궁정 사제들의 실제를 따라서"라는 뜻이다. 당시 아씨시

---

12 로마 시편은 라틴어로 번역된 것으로서 로마시와 교황청에서 사용되었다. 로마 밖에서는 성 예로니모가 오리제네스의 헥살파의 도움을 받아 번역한 것이 일반적으로 받아들여지고 있었으며, 갈리아 시편이라는 잘못된 이름으로 불리고 있었다.

의 주교 귀도와 그의 주교좌 참사회는 얼마 전부터 교황청의 성무일도를 사용하기 시작하였다. 그러나 미사경본은 아직 도입하지 않았다. 이 규정에서 프란치스코는 아씨시의 지역 전례를 채택했다는 사실을 알 수 있다. 이것으로 형제들이 각 장소와 지역의 관습에 따라 성무일도를 바쳤음을 알 수 있다. 그런데 1223년 수도규칙이 추인되었을 때 「인준받지 않은 수도규칙」의 성무일도에 관한 규정은 "거룩한 로마 교회의 예식에 따라"(3,1-4) 성무일도를 바쳐야 한다는 조건 외에는 거의 변화되지 않았다. 프란치스코는 로마 교회 성직자들의 성무일도를 받아들인 다음, 1215년 이후에 이 새로운 규정을 삽입하였다. 그전에 형제들은 「유언」과 수도규칙의 초기 본문이 언급하는 데 따라 다른 성직자들처럼 성무일도를 바쳐야 했는데, 정확한 변화 시기를 알 수는 없다.[13]

「인준받은 수도규칙」의 '로마 교회의 예식에 따라'(3,1 secundum ordinem sancte Romane Ecclesie)라는 말은 '로마 교회에서 따랐던 성무일도를 바치고 거행하는 방식에 따라'라는 뜻이다.[14] 반 다이크(S. van Dijk)에 따르면, 이는 "교황청 궁전 사제의 예식에 따름"을 뜻하는데, 교황청의 중앙집권적이고 패권적인 정책과 관련이 많은 이 문제를 장엄한 양식문으로 표현하려면 우골리노 추기경의 영향력이 필요했다.[15] 그

---

13   K. Esser, La Orden Franciscana. Origenes e Ideales, 175쪽.

14   1221년에 형제들이 성무일도를 "로마 교회 성직자들의 관례에 따라" 바쳤다면, 형제들은 "성무일도를 바치는 데 필요한 책들만" 언급할 필요는 없었을 것이다. 왜냐면 인노첸시오 3세 교황 때, 아마도 1215년에 제4차 라테라노 공의회와 관련하여 소성무일도라 부르는 시간 전례를 위한 한 권짜리 편집본이 발간되었기 때문이다. 반대로 형제들이 성무일도를 "정해진 규정에 따라"(Secundum quod debent facere) 다른 성직자들처럼 바쳤다면, 형제들은 중세 초기나 로마 전례를 수용하지 않는 이들이 오랫동안 사용했던 많은 전례 서적들이 필요했을 것이다.<K. Esser, La Orden Franciscana. Origenes e Ideales, 174쪽.>

15   참조: S. van Dijk, The Origins of modern Liturgy, Westminster - London 1960, 207-212쪽.

리고 로마 교회의 예식을 따라 바치는 것은 성무일도만 말하는 것이 아니라 주교좌 성당의 미사와 수도원 미사로 이해되는 매일의 성체성사도 의미한다. 곧 「형제회에 보낸 편지」 11-37절에서 언급된 것처럼 여기서 성체성사를 포함하여 이해하는 것은 적절하다. 1224년에 형제들은 호노리오 3세 교황으로부터 형제회 자체의 기도실을 가질 수 있는 특전을 얻었다.[16]

당시에는 각 교구나 수도원마다 자기의 고유한 전례를 가지고 있었다. 그런데 1절의 '거룩한 로마 교회의 예식에 따라'라는 구절을 보면, 프란치스코가 자신의 수도회를 로마 교회와 교황과 긴밀하게 결합하고 수도회의 국제성을 나타내고자 했음을 알 수 있다. '로마 교회의 예식에 따른' 성무일도는 인노첸시오 3세 이전부터 사용되었고, 1215년 제4차 라테라노 공의회에서 개정되었다. 우리는 프란치스코가 '로마 교회의 관습을 따랐다'라는 점에서 그의 교회적 보편주의를 알 수 있다. 또 1215년에 발행된 단권의 성무일도를 사용하도록 했다는 점에서 순회설교자로 사는 형제들의 삶에 폭넓은 융통성을 부여한 것이라 할 수 있다.

그러나 로마 교황청 담당자가 썼다는 "성 프란치스코의 성무일도"는 "로마 교회의 관습을 따르는" 성무일도였을 것이다. 이는 프란치스코가 수도규칙을 인준받은 때에야 비로소 그의 수중에 들어왔을 것이다. 그래서 형제회 전체는 성무일도에 대한 수도규칙의 새로운 규정을 제대로 준수할 수 없었을 것이다. 쟈노 조르다노가 전해주는 대로 1230년 총회에서 성무일도와 화답송집이 형제들에게 배포되어 형제들이 이를 필사하여 각 관구의 형제들에게 전하도록 하였다(연대

---

16 HONORIUS III, Quia populares tumultus, 1224.12.3, *in* BF., I, 20쪽.

기 57).¹⁷

「인준받지 않은 수도규칙」은 '모든 형제가 규정에 따라 성무일도와 찬미의 기도들과 다른 기도들을 바쳐야 한다'(3,3)라고 규정한다. 그 당시 용어로 '성무일도'라 하면 모든 공동체가 드리는 전례 기도로서 미사(매일의 주교좌 성당 미사나 수도원 미사)와 각 시간에 바쳐야 할 기도를 말한다.¹⁸ 시편을 읽는다는 표현은 성무일도를 바친다는 뜻이다.

<성무일도를 바칠 것입니다>

성무일도를 공동으로 바치는 관례는 형제회 초기부터 있었다(세 동료 38 참조). 그렇다면 작은형제회 안에서 성무일도가 어떻게 발전했을까? "함께 살기 시작하면서 초기 형제들은 성인에게 기도하는 법을 가르쳐 달라고 청하였다. '왜냐면 그들이 아직 교회의 성무일도를 바치는 법을 모르고 있었기 때문이다.'(1첼라노 45) 프란치스코는 형제들에게 '주님의 기도'와 '주 예수 그리스도님'(찬미송) 기도를 가르쳐 주었다. 그래서 형제들은 '정해진 시간(constitutis horis)뿐만 아니라 모든 때에' 성령께서 임하시도록 그것을 노래하는 것을 포함하여(1첼라노 47) '주님의 기도'를 바쳤다. 이 사실은 형제들이 시간 전례에서 성무일도를 사용하기 전에 '주님의 기도 성무일도'를 바쳤다는 것을 확실히 알려주는데, 성무일도를 바칠 수 있었던 형제들은 나중에 '주님의 기도'를 바치는 데서 면제되었다."¹⁹

---

17   J. Micó, '하느님을 흠숭함. 프란치스코의 기도', 175-177쪽.

18   참조: F. Uribe, La Reglas de san Francisco, 133쪽. 쟈노의 「연대기」 57항은 1230년 독일 관구 총회를 전하면서 "그 총회에서 수도회 고유 성무일도와 후렴 구절이 관구들에 전달되었다"라고 한다. 여기서 후렴 구절은 가대에서 노래했던 미사의 부분들을 포함한 책이었다.

19   K. Esser, La Orden Franciscana. Origenes e Ideales, 177-178쪽.

1215년경 사제들과 다른 고등교육을 받은 사람들이 입회함에 따라 형제회의 상황이 바뀌었고, 성무일도를 바치는 것이 의무가 되었다. 두 개의 수도규칙, 특히 「인준받은 수도규칙」은 이런 형식의 기도가 의무성을 띠고 있음을 강조한다. 사목적 임무의 증대와 신학을 공부할 필요성이 여기에 부합하여, 형제체의 기도는 이제 은둔 형제들이 선호했던 묵상 형태보다는 전례적인 형태를 띠어야만 했다. 형제회 내에서 전례를 구성하면서 교회의 공식기도보다는 프란치스코의 관심에 초점이 맞추어졌다. 동시에 이 전례는 그가 했던 개인 기도에 더 많은 양식을 제공해주었다. 이는 「주님의 수난 성무일도」에 잘 나타나 있고, 또 프란치스코가 미사에 참여할 수 없었을 때 그날의 복음을 읽어 달라고 요청했던 관례를 보아도 알 수 있다.

「인준받지 않은 수도규칙」은 성직형제들에게 성무일도를 바치라고 명하면서 시편집을 읽을 수 있는 다른 형제들도 시편 기도에 함께 참여하게 하였다. 그러나 글을 읽을 줄 모르는 형제들은 '주님의 기도'를 바치도록 한 것을 볼 때 이런 변화의 과정이 어떠했는지를 알 수 있다(비인준 규칙 3,4-10). 이런 규정에도 책이 매우 드물었으므로 포르치운쿨라의 형제체에는 아침기도 때 성경소구를 읽기 위한 신약성경이 단 한 권밖에 없었다. "형제들은 성무일도는 갖고 있지 않았고, 몇 권의 시편집만을 갖고 있었다."(아씨시 편집본 56)

초기 계획과 관련하여 「인준받지 않은 수도규칙」 제3장은 지망자의 받아들임과 전례 참여에 관한 중요한 발전을 보여준다. "성직자들은 성무일도를 바치는 데 필요한 책들만 가질 수 있습니다. 그리고 시편을 읽을 수 있는 평형제들도 시편집을 가질 수 있습니다. 그러나 글을 모르는 이들은 책을 가져서는 안 됩니다."(비인준 규칙 3,7-9) 이 본문은 여러 관점에서 중요하다. 첫째로 성무일도에 필요한 책 소유를 허용함으로써 절대적 가난에 대한 예외를 확정한다. 나아가 글을 읽을 수 있는 평형제들이 시편집을 가질 수 있다는 것은 그들이 성직자와 함께 시편을 낭송하였음을 뜻한다. 또 성무일도 요구가 성직자와 평신도로 구분하는 법적 신분에 달리지 않고 글을 아는지 아닌지를 기준으로 하는 문화적 차이에 있음을 뜻한다. 이것은 명백하게 형제회가 적어도 이 시기에는, 평신도 형제체(fraternitas)임을 확인해 준다.[20]

쉬무키(O. Schmucki)에 따르면, "성무일도, 찬미의 기도, 다른 기도들"은 「인준받지 않은 수도규칙」이 말하는 세 그룹에 일치하여 세 가지 형태로 바쳐졌다.[21] 물론 세 그룹이 고정적이지 않았던 것처럼 기도 또한 직무가 바뀜에 따라 유동적으로 바쳐졌던 것으로 보인다. 여기서 성무일도(Divinum officium)는 매일의 미사성제와 시간 전례 합송의 의미를 내포하고, 찬미의 기도는 '복되신 동정마리아께 바치는 찬미'와 같이 다양한 방식으로 바쳤던 전례기도이다. 다른 기도들이란 대중들이 바쳤던 쉽고 매우 단순한 기도들이다. 프란치스코는 1221년 이후 스스로 찬미의 기도와 다른 기도들을 작성하여 시간 전례에 연결하여 사용하였다.[22]

「인준받은 수도규칙」은 「인준받지 않은 수도규칙」의 내용을 단순화시켜 표현한다. 「인준받지 않은 수도규칙」의 복음 인용 구절도 삭제되었다. 그리고 「인준받지 않은 수도규칙」은 '모든 형제는 성무일도를 바쳐야 한다'라고 하면서 문화적 기준, 곧 글을 읽을 줄 아는지에 따라 성직형제들과 시편을 읽을 수 있는 평형제, 글 모르는 평형제들의 기

---

20 참조: T. Desbonnets, Dalla intuizione alla istituzione, 55-56쪽.

21 O. Schmucki, 'La Oración litúrgica según el ejemplo y la enseñanza de San Francisco de Asís', in SelFran 24(1979) 488쪽.

22 참조: K. Esser, La Orden Franciscana. Origenes e Ideales, 174쪽 각주 245.

도 부분을 구분해서 규정하였다. 그런데 「인준받은 수도규칙」은 성직자·평신도의 법적 기준에 따라 성무일도를 바치도록 규정한다.[23] 그리고 평신도들이 글을 읽을 줄 안다면 성직자들의 성무일도를 바치는 것이 허용된다는 사실이 더는 언급되지 않는다. 그 결과 평형제들의 성무일도 구조는 단순화된다.

프란치스코는 수도규칙에 성무일도를 바칠 것을 명하지만, 어떤 태도로 바쳐야 하는지를 말하지 않는다. 그 이유는 형제회 내에서 성무일도가 정착된 것이 프란치스코 자신에 의해서가 아니라 몇몇 박식한 교회법 전문가들에 의해서였기 때문이다. 그러나 전기작가들은 프란치스코가 성무일도를 바치는 데 열심이었고, 존경심을 바칠 정도로 대단히 신중했다고 전한다(세 동료 52; 2첼라노 96). 또한 「형제회에 보낸 편지」에서 "성직 형제들이 목소리의 음률보다는 마음의 울림을 깊이 살펴, 하느님 앞에서 열심히 성무일도를 바치도록 하십시오. 그렇게 하여 목소리는 마음과 마음은 하느님과 화음(和音)을 이루어 하느님을 기쁘시게 해드리고, 그리고 목소리를 곱게 내어 사람의 귀를 매혹시

---

23 유일하게 기도와 관련하여 성직 형제와 평형제의 구분을 한다(유언 18; 비인준 규칙 3장). 또한 「인준받지 않은 수도규칙」과 「어느 봉사자에게 보낸 편지」는 평형제들로 구성된 공동체를 예상하고 고려하면서 하신 말씀이다(비인준 규칙 21장; 봉사자 편지 19). 그러나 「형제회에 보낸 편지」는 한 공동체에 많은 사제가 살고 있다는 현실을 염두에 두고 하신 말씀이다(형제회 편지 14). 초기에는 대부분 평형제였으나 1220년대에 와서 성직 형제들이 많이 있게 되었다. 그 예로 「인준받지 않은 수도규칙」의 작성에 참여한 독일의 스피라의 체사리오 형제와 성직 형제 12명, 평형제 13명으로 구성된 선교단이 독일에 파견되었다(쟈노 연대기 28). 또한 에클레스톤은 성직 형제 4명, 평형제 5명으로 이루어진 영국 선교단을 영국에 파견한 사실에 대하여 증언한다. 결론적으로 프란치스코는 성직 수도회나 평형제 수도회(Ordo laicalis)를 설립할 의도를 전혀 갖지 않고, 다만 가난을 실천하기 위한 형제회를 생각하였다. 프란치스코가 성직 형제와 평형제를 기도에 관하여 구별한 것은 당시의 로마법을 따른 것이며, 당시 교회 통용어인 라틴어는 성직자들만이 배웠으므로 편의상 구별한 것이다. 곧 두 가지 의도가 있었던 것이 결코 아니다.

키지 마십시오"(41-42)라고 권고한다.[24]

프란치스코는 하느님의 현존 안에서 경건하게 성무일도를 바치는 것이 작은 형제들의 필수적인 의무라고 여겼다. 그는 형제들이 하느님과의 일치를 흩트리는 것은 어떤 것이든 피해야 함을 엄숙하게 요청하였다. 다른 모든 것에 앞서 영혼이 육신과 화합하도록 해야 했다. 그래서 그들의 목소리는 자신들의 영혼과 화합하고, 그들의 영혼은 하느님과 화합하게 할 수 있었다. 성인이 이런 권고를 한 까닭은 형제들이 다른 수도회 그룹들과 경쟁이라도 하듯 음악을 사용하여 성무일도를 노래하기 시작했기 때문이다.[25]

성무일도는 공동 기도이자 교회의 기도이고, 하느님께 바치는 기도이지만 형제애를 실천하는 것이기도 하다. 공동 기도는 프란치스코에게는 항상 깊은 관심거리였다. "우리는 그 이상 더 가지기를 원치 않았습니다. 성직자인 우리는 다른 성직자들처럼 성무일도를 바쳤고, 평형제들은 '주님의 기도'를 바쳤습니다. 그리고 우리는 아주 기꺼이 성당에 머물곤 하였습니다."(유언 17-18) 프란치스코는 공동으로 성

---

24 「아우구스티노 수도규칙」은 "시편과 찬미가로 하느님께 기도할 때 소리를 내어 기도한 것을 마음속으로 되새길 것이다"(II,3)라고 한다. 「베네딕토 수도규칙」은 "시편을 외울 때는 우리의 마음이 우리 목소리와 조화되도록 할 것이다"(19,7)라고 하며, '하느님께 겸손과 순결한 경건심으로 간청해야 하며, 하느님의 은총에서 영감을 받은 열정으로 길어지는 경우가 아니라면, 기노는 짧고 순수해야 한다'(제20장 참조)라고 한다.

25 쟈노 연대기 26 : 1222년 체사리오 형제는 수많은 형제, 곧 성직지망형제나 평형제들을 받아들였고, 인근 도시에 사는 형제들을 모두 소집하여 보름스(Worms)에서 첫 관구회의를 개최하였다. 그런데 형제들이 모인 장소가 너무 협소하여 회의 진행에도, 많은 군중을 위한 설교에도 적합하지 않기에, 주교와 성직자들의 조언을 받아들여 장소를 주교좌 성당으로 옮겼다. 성직자들은 가대(歌臺) 한쪽으로 좁혀 앉고, 다른 쪽을 형제들에게 내주었다. 이렇게 해서 형제 한 분이 미사를 드리고, 가대가 서로 경쟁이나 하듯이 화답하면서 찬미가를 불러 참으로 성대하게 성무일도를 바쳤다. T. Eccleston의 「연대기」에도 이에 관한 증언이 나온다.

무일도를 바치기를 원했다(2첼라노 197 참조). 프란치스코는 가톨릭 신자라는 것과 수도규칙에 기록된 대로 성무일도를 충실히 바치는 것을 똑같이 중요시했다.

프란치스코는 성무일도를 바쳐야 하는 의무에 대해 매우 엄격했다. "성직형제나 평형제 모두가 정해진 대로 성무일도와 찬미의 기도들과 다른 기도들을 바칠 것이다."(비인준 규칙 3,3) "형제들 가운데 누구라도 이것들을 지키려 하지 않으면, 나는 그들을 가톨릭 신자로도 나의 형제로도 여기지 않겠습니다. 또 그들이 회개할 때까지는 보는 것도 싫고, 말하는 것도 싫습니다."(형제회 편지 44) 이런 프란치스코의 의도는 「유언」에도 잘 나타나 있다. "수도규칙에 따라 성무일도를 바치지 않고 그것을 다른 형식으로 변경하려고 하는 이나 가톨릭 신자가 아닌 듯한 이를 발견하게 되면, 어디서 이런 이를 만나든, 형제들은 어디에 있든지 순종으로 모두 그를 만난 곳에서 가장 가까운 관할 보호자에게 보내야 합니다. 그리고 보호자는 단호히 순종으로, 그를 그의 봉사자의 손에 직접 넘겨줄 때까지 자기 손에서 도망갈 수 없도록 감옥에 주야로 갇혀 있는 사람처럼 엄중하게 지켜야 합니다."(유언 31-32)

프란치스코가 이토록 성무일도 바치는 것을 중요시한 이유는 무엇일까? 그것은 첫째로 하느님과 만남의 근본적 중요성을 강조하기 위한 것이고 둘째, 성무일도를 바치는 것이 가톨릭 신자다운 중요한 표지가 되기 때문이었으며 셋째, 공동으로 바치는 성무일도가 거처 없이 순회설교를 하던 형제들에게 절실히 요청되었던 형제적 일치를 위하여 매우 중요했기 때문이며 넷째, 로마 교회와의 유대를 드러내는 것이기도 했기 때문이다(유언 31 참조). 끝으로 시간 전례의 거행은 당시의 모든 사도적 운동에서 발견되었다는 점에서 알 수 있듯이 사도적 생활의 본질적인 부분이라고 여겼기 때문으로 보인다.

한편 초기 프란치스칸 문헌을 통해 명확히 알 수 있듯이, 프란치스코는 계층이나 직업을 바탕으로 한 출신의 차이를 이유로 어떠한 차별도 하지 않았다. 귀족과 농노, 부자와 가난한 자, 배운 자와 못 배운 자, 성직자와 평형제, '모두가 똑같이 작은 형제들이라 불렸다.'(비인준 규칙 6,3) 프란치스코의 새로운 형제회 안에서 계층과 출신은 아무런 역할도 하지 않았다. 이런 태도는 기존의 사회 질서를 궁극적으로 하느님께서 설정해주신 것으로 보았던 중세의 계급의식을 완전히 허물어버렸다. 따라서 프란치스코는 오직 교회의 기도, 곧 형제들의 공동기도에 관해 언급할 때만 둘을 구별한다. 이는 형제들 사이의 구별을 통해 서로를 차별하기 위한 것이 아니라 하느님과의 관계에서 모두가 기도를 바쳐야 한다는 근원적인 사실에서 비롯된 것으로서 너무나 당연하다.[26]

² 따라서 성무일도서를 가질 수 있습니다.

1절 "성직형제들은 로마 교회의 예식에 따라 성무일도를 바칠 것입니다"에 이어지는 2절의 "ex quo poterunt habere breviaria"에서 'ex quo'에 대한 번역은 1230년 이래 프란치스칸 가난의 문제사와 깊은 연관이 있다. 그 해석에 대해 다양한 모색들이 있었다.[27]

첫째, 'ex quo'를 시간(tempore)을 암시하는 것으로 보는 견해가 있다. 이는 파리대학의 네 교수가 찾아낸 해법이다.[28] 이 주장에 따르면, "성직형제들은 로마 교회의 예식에 따라 성무일도를 바칠 것입니다. '그

---

26 참조: K. Esser, La Orden Franciscana. Origenes e Ideales, 66-68쪽.

27 참조: T. Desbonnets, Dalla intuizione alla istituzione, 121-122쪽.

28 참조: '파리대학 네 교수들의 수도규칙 해설', in Oliger, Expositio, 137쪽.

때로부터' 그들은 성무일도서에 대한 권리를 획득할 수 있습니다"라고 읽는다.

두 번째 주장은 'ex quo'를 'officio'를 암시하는 것으로 본다. 이는 우고 디냐(Hugo da Digna),[29] 요한 페캄, 클라레노, 보나벤투라,[30] 그 밖의 주요 수도규칙 주석자들의 주장이다. 이에 따르면, "성직형제들은 로마 교회의 예식에 따라 성무일도를 바칠 것입니다. '그 성무일도에 대해서' 그들은 갖는 것이 허용됩니다"라는 뜻이다. 다시 말하면, '성무일도를 바쳐야 하는 그 의무의 결과 또는 그런 의무가 있으므로 성무일도를 가질 수 있다'라고 이해하는 것이다.

세 번째는 'ex quo'를 '왜냐면', '~때문에', '그러므로', '그 이유 때문에' 등의 원인을 말하는 접속사로 보아야 한다는 주장이다. 반 다이크(S. van Dijk)는 이 마지막 의미가 유일하게 가능하다고 생각한다. 후기 중세에서 ex quo는 거의 원인으로 쓰였다. 이 견해에 따르면 "형제들이 성무일도서를 가질 수 있다는 사실 때문에 그들은 거룩한 로마 교회의 예식에 따라, 곧 교황청의 궁전 사제들의 예식에 따라 성무일도를 바쳐야 한다"라는 뜻이다. 더 정확하게는, '가난의 서약에도 불구하고 값비싼 성무일도서를 소유할 수 있도록 허용된 결과로, 또는 그러한 사실의 대가로 로마 교회의 예식에 따라 성무일도를 바쳐야 한다'라는 뜻이다.

니콜라오 3세 교황은 「엑시이트 퀴 세미낫」Exiit qui seminat 칙서에서 'ex quo habere poterunt breviaria'를 인용하면서, '그러므로' 수도규칙은 절대적 가난에 대하여 몇 가지 예외를 허용한다고 해석하였다. 수도회 성장과 더불어 기도서가 부족하자, 프란치스코는 우골리노 추기

---

29 참조: D. FLOOD, Hugo of Digne's Rule Commentary, 114쪽.

30 Expositio super Regulam 3,2. Opera Omnia VIII, 407쪽에서 "Ex quo, scilicet officio, habere poterunt breviaria"로 본다.

경의 조언에 따라 성무일도의 의무를 채우는 데 필요한 책들이 준비되자마자 기도해야 한다는 절을 삽입했다. 오늘의 감각으로는 이해가 되지 않지만, 당시에는 각자가 지닐 수 있는 기도서가 매우 적었고 극도의 가난 생활을 했으므로 기도서를 지니게 되면 기도를 해야 했다.

2) 평형제들의 기도

³ 그리고 평형제들은 밤기도로 '주님의 기도' 스물네 번, 아침기도로 다섯 번, 일시경, 삼시경, 육시경, 구시경으로 각 일곱 번, 저녁기도로 열두 번, 끝기도로 일곱 번을 바칠 것입니다.

프란치스코는 예수님의 가르침대로(마태 6,9; 루카 1,2 참조) '주님의 기도'에 관한 깊은 신심을 가졌다. 그래서 그는 스스로 '주님의 기도'를 정성껏 바쳤을 뿐 아니라 「주님의 기도 묵상」을 작성하기도 하였다. 프란치스코는 '주님의 기도'에 대한 깊은 신심에서 형제들만이 아니라 신자들에게도 '주님의 기도'를 바치기를 권고하였다(비인준 규칙 22,28; 2신자 편지 21).

3절은 평형제들이 성무일도 대신 '주님의 기도'를 바치도록 규정한다. 이는 방식이나 동기는 달랐어도 성전기사회, 병원수도회 등 다른 수도회들에서도 행하던 관례로서 프란치스코의 독창적인 것은 아니었다. 여기서 프란치스코가 평형제들에게 성무일도 대신 '주님의 기도'를 바치라고 한 것은 주님께 경배와 찬미를 드리는 기도는 하느님 앞에서 절대적 사랑의 행위로서 신분이나 문화의 차이 등 어떤 이유로도 중단되어서는 안 됨을 가르친 것이다. 따라서 여기서 성무일도 대신 바치는 '주님의 기도'는 오늘날 시간에 쫓겨 바쳐야 할 기도 대신에 바치는 '대송'(代誦)이 결코 아님을 인식할 필요가 있다.

「인준받은 수도규칙」의 이러한 기도지침은 교회법적 기준에 따른 것이지, 교육 수준을 기준으로 한 것이 아니었다. 이 기도지침에 대한 저항이 강하게 일어났지만, 형제회의 성직화 과정에서 이 저항은 힘을 잃게 된다.

3) 죽은 이들을 위한 기도

⁴ 형제들은 "죽은 이들을 위하여 기도할 것입니다."

'죽은 이들을 위한 기도'는 모든 성인 통공의 신비에서 영감을 받은 것이다. 「인준받지 않은 수도규칙」에서는 죽은 이들을 위해 '주님의 기도' 일곱 번과 '주님, 그들에게 영원한 안식을 주소서' 한 번을 바치도록 명시했으나, 여기서는 바치는 방식이나 기도 내용, 횟수 등에 관해 각자의 자유에 맡긴다. 여기서 기도를 바쳐야 하는 주체를 언급하지 않고 있는데 '모두'가 바쳐야 하는 기도임이 분명하다. 이 기도는 형제들의 공동체 의식을 증진하는 데 큰 도움이 되었다. 한편 「인준받지 않은 수도규칙」에서 규정하였던 형제들의 결함과 과실을 기워 갚기 위한 기도(3,10)는 삭제되었다.

2. 단식재(5-9절)

⁵ 그리고 모든 성인 축일부터 주님의 성탄 축일까지 단식할 것입니다. ⁶ 한편 주님의 공현 축일부터 시작하여 사십 일간 지속되는 기간, 곧 주님께서 당신의 거룩한 단식으로 축성하신(참조: 마태 4,2) 그 거룩한 사순절에 자발적으로 단식하는 사람은 주님의 축복을 받을 것입니다. 원하지 않는 사람은 지킬 의무가 없습니다. ⁷ 그러나 주님의 부활 축일 전까지의 다른

사순절에는 단식할 것입니다. [8] 이 외에 금요일을 제외한 다른 때에는 단식할 의무가 없습니다. [9] 그리고 꼭 필요한 경우에 형제들은 육신의 단식을 할 의무가 없습니다.

「인준받은 수도규칙」은 「인준받지 않은 수도규칙」에 비해 더 완화되긴 했지만, 단식과 관련된 지침이라는 측면에서 크게 달라지지 않았다. 「인준받지 않은 수도규칙」에서 프란치스코는 "너희는 단식할 때 위선자들처럼 침통한 표정을 짓지 마라"(마태 6,16) 하신 예수님의 말씀을 상기시킨다.

구약성경에서의 단식은 매우 다양한 계기에 실행되었으며, 수덕 실천의 기능보다는 참회나 고통의 표시였다. 단식에 대한 예수님의 태도는 바리사이의 태도와 달랐다. 예수님은 단식을 기쁨의 시기에는 어울리지 않는다고 하시면서 당신이 떠나는 날이 오면 제자들도 단식하게 될 것이라고 하셨다(마르 2,18-20). 이런 맥락에서 보면, 단식은 수덕 실천이 아니라 종말론적 슬픔과 연관된다고 할 수 있다. 예수께서는 당신을 빼앗긴 뒤에는 제자들이 단식할 것이라고 하심으로써 단식에 관한 결정을 교회에 맡기셨다. 2세기 초에 작성된 것으로 보이는 「디다케」(Didache)에서는 그리스도인들이 월요일과 목요일에 단식하던 유다교의 전통을 버리고 유다가 예수를 배반한 수요일과 예수께서 돌아가신 금요일을 단식일로 정하였다(8,1). "오후 세 시까지 계속된 단식은 서방에서 재림하는 수님을 기다리며 특별히 깨어있는 표현으로 사용되었으며, 단식한 이들은 단식을 마치면서 때때로 성체를 모셨다. 단식하는 시간·기간·의무는 지역마다 매우 달랐다. 초기에 금욕적 동기는 그렇게 크게 작용하지 않았다. 깨어있음을 강화하기 위한 철야기도 단식과 더불어 특히 금요일에 하는 단식은 마태오복음 9장 15절을 떠올리며 슬픔의 특성을 보이게 되거나 유대교 관습과 마찬가지로 기도를 촉진하기 위한 세례 단식으로 사용되었다."[31]

한편 예로니모와 베드로 크리솔로고는 사도들이 사순절에만 단식하라고 명했던 사실을 강조하였다. 테르툴리아노, 2세기에 저술된 '헤르마스의 목자', 알렉산드리아의 클레멘스, 오리제네스, 아타나시오 등 고대의 교부들과 교회 저술가들은 대부분 단식의 실천을 권면하였다.[32]

7세기에 와서야 수 세기 동안 신자들의 삶에서 실천되어 오던 구체적인 규정들이 처음으로 나타난다. 일주일을 두 부분으로 나누어 첫 부분인 합법적 평일(월, 수, 금)에는 엄격한 단식을 하였다. 이날에는 여행 중인 때 외에는 회개 기간에 단식이 면제되지 않았다. 다만 주일에는 옛 전통대로 단식이 면제되었다.[33]

단식재에 관한 지침들은 수덕적이고 참회적인 특징을 지니고 있으므로 수도승적 입법으로 여겨졌다.[34] 이는 문화적 신학적으로도 중요한 의미를 지녔다. 작은 형제들의 생활에서 단식과 참회는 일반적으로 희생을 포함하는 더 근본적인 것으로 '복음 자체'를 삶으로써 하느님과 온전히 일치하려는 '하느님 앞에서의 전인적인 존재 방식이요

---

31 E. DASSMAN, Kirchengeschichte I. Ausbreitung Leben und Lehere der Kirche in den ersten drei Jahrhunderten, Berlin-Köln 1991, 하성수 역, 교회사 1. 초기 3세기 교회의 확장, 생활, 가르침, 왜관: 분도출판사, 2007, 339쪽.

32 참조: 이덕환, 단식, 한국가톨릭대사전 제3권, 한국교회사연구소 편 1996, 1523-1526.

33 참조: R. PAZZELLI, St. Francis and The Third Order, 김현홍·조원영 역, 프란치스코와 3회, 잔꽃송이 문고 2, OFS국가형제회 2004, 52쪽.

34 「아우구스티노 수도규칙」은 "건강이 허락하는 한도에서 너희는 식사와 음료의 단식재와 절제로 너희 육신을 제어하여라. 단식재를 지킬 수 없으면, 병자가 아닌 이상, 점심 식사 외에는 어떤 음식도 들어서는 안 된다"(III,1)라고 규정한다. 「네 교부의 규칙」은 "수도원에서 주일을 제외한 어떤 날에도 제9시 이전에는 식사하지 않도록 할 것이다"(IX,5)라고 규정한다.

태도'이다. 따라서 형제들은 희생과 참회 중에도 늘 기쁨을 간직하고, 희생을 자기 과시의 기회로 삼는 위선자 같은 표정을 피해야 한다. 또 단식이나 희생을 할 때 남보다 낫다는 교만을 버리고 기쁘게 희생을 받아들이도록 해야 한다.

「인준받지 않은 수도규칙」은 단식재의 동기로서 "이런 악령들은 기도가 아니면 다른 어떤 방법으로도 나가게 할 수 없다"(마르 9,28)라는 말씀을 인용한다(3,1). 곧 단식이 악마와 죄악의 부패에서 해방되어 하느님과 깊은 친교를 갖기 위한 것임을 말한 것이다. 우리가 하느님의 영광과 하느님의 사랑을 위해 생활하려면 죄 때문에 부패한 자기 자신을 극복하고 악마와 죄악의 부패에서 해방되어야 한다. 프란치스코는 여기서 형제들이 단식을 통해 자신에 대해 죽음으로써 하느님을 위한 자유로운 사람이 되어야 한다고 권고한다. 「인준받은 수도규칙」은 단식에 대한 복음적 연관성을 명시적으로 언급하지는 않는다. 그러나 이러한 정신이 이어지고 있음을 분명히 알 수 있다. 프란치스코는 「신자들에게 보낸 편지」에서도 복음 구절을 인용하면서 "우리는 우리 육신을 그 악습과 죄와 더불어 미워해야 합니다. 주님께서 '모든 악과 악습과 죄들은 마음에서 나옵니다'라고 복음에서 말씀하셨기 때문"이라고 말한다(2신자 편지 37).

단식은 외적으로 표현되지만, 선이신 하느님과 이웃을 향한 사랑에서 우러나와야 한다. 또 외적인 극기는 자비이신 하느님과 일치하기 위해 애착을 버리고 거짓 자아를 벗어버리기 위한 좋은 방편이 된다. 사실 프란치스코는 온 존재로 전적인 기도를 함으로써 하느님의 선 안에 머물기 위하여 자주 단식했다. 프란치스코가 복음적 자유를 존중하면서도 단식을 권고하는 까닭은 우리를 영원한 생명에 이르게 하는 또 다른 음식인 '생명의 양식', '하느님의 뜻'에 마음을 열도록 초대하려는 것이다. 그에게 단식은 온 존재로 기도함으로써 주님의 영 안에 머무는 가난한 사람이 되고, 형제들을 사랑하기 위한 준비이며, 또 다른 회개의 길이었다.

"누구든지 내 뒤를 따라오려면, 자신을 버리고 날마다 제 십자가를 지고 나를 따라야 한다"(루카 9,23)라는 말씀과 "누구든지 나에게 오면서 자기 아버지와 어머니, 아내와 자녀, 형제와 자매, 심지어 자기 목숨까지 미워하지 않으면, 내 제자가 될 수 없다"(루카 14,26) 하신 말씀처럼, 우리는 애착과 죄악에서 해방될 때 자신을 하느님께 자유로이 바칠 수 있다. 「인준받은 수도규칙」에서는 다른 동기를 말해준다. 프란치스코는 그리스도의 모든 것을 그대로 따르고자 했는데 단식에서도 주님의 모범을 본받고자 힘썼다. 그리스도께서도 단식하셨으므로 형제들도 단식해야 한다는 것이다(3,6 참조).

5-9절은 다음과 같이 구성되어 있다. 5절은 모든 성인 축일부터 성탄까지의 단식, 6절은 주님 공현부터 40일간의 단식, 7절은 부활 전 사순 시기의 단식, 8절은 금요일 단식재, 9절은 단식재의 예외를 언급한다. 5-9절의 단식재에 관한 규정을 통하여 우리는 하느님을 만나기 위하여 온몸으로 기도하였던 성 프란치스코의 부성애를 알아차릴 수 있고, 복음적 자유 안에서 하느님을 찾아가는 길을 배울 수 있을 것이다.

(1) 대림 단식

[5] 모든 성인 축일부터 주님의 성탄 축일까지 단식할 것입니다.

모든 성인 축일부터 주님 성탄 축일까지 이어지는 단식은 고대 그리스도교에서 알려진 것이다. 많은 수도자가 실천하던 것이었지만, 프란치스코 시대에는 보편적이지 않았던 것으로 보인다. 그리고 그 형식을 볼 때 당대 일부 종교단체의 규범에 소개된 것처럼, 통일된 방식으로 실행되지는 않았다.[35] 여기서 가정법 명령형 '단식할 것입니다'(ieunent)는 이전 단락의 주어 '형제들'을 상정하고 있다. 형제들은 또한 여기서 단식에 관한 규정의 대상들이다. 수도규칙은 중세의 일반적인 이해에 따라 오직 '단식하다'라는 동사를 사용하는데, 거기에는 고기, 달걀, 우유의 절제도 포함된다.

(2) 주님 공현 이후 40일간의 단식

⁶ 한편 주님의 공현 축일부터 시작하여 사십 일간 지속되는 기간, 곧 주님께서 당신의 거룩한 단식으로 축성하신 그 거룩한 사순절에 자발적으로 단식하는 사람은 주님의 축복을 받을 것입니다. 원하지 않는 사람은 지킬 의무가 없습니다.

주님 공현부터 40일간의 단식은 에테리아(Eteria)의 「예루살렘 순례기」의 증언에 따르면, 4-5세기에 실행되었다. 이것이 서방에 널리 퍼졌고, 중세에 이미 여러 수도회에서 받아들여 실행하였다.[36] 이 단식의 근거는 당시의 주님 공현 전례 안에서 찾을 수 있다. 다시 말해 그 근거는 다음과 같은 공현의 세 가지 측면에 있다. 곧 예수께서 이방 민족들에게 드러내 보이심, 가나 혼인 잔치에서의 포도주의 기적, 요르단강에서의 예수님의 세례가 그것이다. 예수님께서는 세례를 받으시고 성령에 의해 광야로 보내지시어 악마와 투쟁하기 위하여 사십 일간 단식하셨다. 프란치스코는 이렇게 광야에서 단식하신 그리스도를 본받아 형제들도 공현 축일부터 이 기간에 자발적으로 단식하면,

---

35 A. MATANIĆ, Adempire il Vangelo, 75-76쪽; 참조: L. OLIGER, Expositio, 179쪽.

36 참조: F. URIBE, La Regola de san Francisco, 143쪽; L. Oliger, Expositio, 179쪽.

주님의 축복을 받을 것이라고 한다.

그러나 주님의 축복을 받는 조건은 단식 자체에 있는 것이 아니라 '자발성'에 있다. 프란치스코는 형제들이 스스로 기쁘게 주님의 단식에 참여할 때 주님의 복, 태초의 '좋음' 안으로 들어갈 수 있음을 가르친다. 또 그는 사순절을 단지 전례적 행위나 습관적으로 치러야 하는 수덕 행위 그 이상으로 주님께서 거룩한 단식으로 '축성하신' 곧 주님의 거룩함이 드러나는 구원의 계기로 본다. 이런 내용은 「인준받지 않은 수도규칙」 3,11에도 나온다. 프란치스코의 생각에서 나온 단식의 실천은 단순히 수덕의 기능만 하는 것이 아니라 이런 형식으로 주님을 따르고자 하는 그의 이상으로 들어가도록 해준다. 성인을 통하여 제시된 유일한 단식이 그의 거룩한 단식과 더불어 주님의 축복을 받았다는 점에 주목하자.

여기서 프란치스코는 "원하지 않는 사람은 지킬 의무가 없습니다"(6ㄴ)라고 규정함으로써 「인준받지 않은 수도규칙」의 규정을 완화한다(비인준 규칙 3,11). 1221년에 이 대림절 단식은 의무였으며, 이른바 사순절 단식에 연결되어 있었다. 이 단식을 실천하는 이들은 프란치스코에 의해 '축복받은 이들의 사순절'이란 이름의 이 축복을 받을 만하다. 이 단락의 마지막에서 '원하지 않으면 하지 않아도 된다'라고 한다. 이는 이 수도규칙의 다른 여러 곳에서처럼 자발성과 복음적 자유를 인정하는 것이다.

(3) 사순절 단식

[7] 그러나 주님의 부활 축일 전까지의 다른 사순절에는 단식할 것입니다.

프란치스코 당시에는 주님의 공현일로부터 시작되는 40일간의 사순절과 재의 수요일부터 부활절까지 이어지는 40일간의 두 사순절이 있었다. 초대 교회의 박해 시기로부터 3세기 초까지는 부활 전 2-3일을 주님의 수난을 기억하며 지냈다. 그런데 313년 밀라노 칙령에 따라 로마제국으로부터 신앙의 자유를 얻고 열린 니체아 공의회(325년) 이후 부활을 준비하기 위하여 40일을 지내야 한다고 정하였다. 그때는 지금과는 달리 성삼일로부터 거꾸로 계산하여 40일을 정하였다. 사순절이 40일로 정해지고도 초기에는 사순 시기에 단식재를 지키지는 않았다. 그러나 예수 그리스도께서 단식하신 것을 본받고, 대죄를 지은 사람에게 보속의 기회를 주고, 또 세례받을 사람들을 잘 준비시키려고 단식재를 지키게 된다. 사순 시기에도 주일만은 주님의 부활을 경축하는 날로 여겨 단식하지 않았다. 그래서 주일을 제외한 34일에다 예전부터 지켜오던 성금요일과 성토요일을 포함해서 36일간 단식재를 지켰다.

7세기경 교황 그레고리오 1세(재위 590-604) 때에는 4일을 추가하여 지금과 같은 사순 시기가 확정되었다. 700년경에 서방에서는 세 번의 사순절을 지켰다.[37] 730년도 법전에는 성직자들이 신자들에게 일 년에 세 번, 곧 성탄, 부활 그리고 성령강림 전 40일간의 법적인 단식을 하도록 주지시키라는 말이 나온다. 그러나 그 법전은 정통적인 것 같지는 않다. 사실 이 관습도 다른 것들과 마찬가지로 동방교회에서 온 것이었다. 오늘날에는 없는 두 개의 작은 사순절은 꼭 40일은 아니었고, 때로는 20일이나 15일이 배정되었다. 이것은 사람을 보아서나 죄의 경중을 보아서 면제되는 것이었다. 어떨 때는 또 다른 사순절 기간이 언급되기도 하였다.

7절은 당시의 교회 규범으로서 모든 그리스도인은 주님의 부활까지의 사순절에 단식재를 지켜야 했다. 따라서 프란치스코가 더는 이

---

37 참조: R. Pazzelli, 프란치스코와 3회, 52쪽.

에 관해 상세하게 언급하지 않는다.

(4) 금요일 단식

⁸ 이 외에 금요일을 제외한 다른 때에는 단식할 의무가 없습니다.

금요일 단식도 당시 모든 그리스도인에게 의무였다. 이 규정은 1221년 수도규칙의 내용을 거의 글자 그대로 옮겨놓은 것으로서 1220년 이전의 형제회 실천보다 완화된 것이다. 곧 쟈노의「연대기」에 따르면 "형제들은 초기 수도규칙(원수도규칙)에 따라 수요일과 금요일에 단식하였고, 복되신 프란치스코의 허락을 받아 월요일과 토요일에도 단식하였다."(11) 그런데 이런 관행이「인준받은 수도규칙」에 와서는 완화되었다. 프란치스코는 늘 육화의 신비에 중요성을 부여하였으므로 만일 금요일에 성탄을 맞는다면, 형제들은 그날 단식하지 않았다.

(5) 단식의 예외

⁹ 그리고 꼭 필요한 경우에, 형제들은 육신의 단식을 할 의무가 없습니다.

프란치스코는「인준받지 않은 수도규칙」에서 "필요 앞에는 법이 없다"(necessitas non habet legem.)는 그라씨아노 법령집의 말을 인용한다.[38] "꼭 필요한 경우에는 주님께서 형제들에게 베풀어주시는 은총에 따라, '필요 앞에는 법이 없기' 때문에 모든 형제는 필요한 것을 쓸 수 있습니다"(비인준 규칙 9,16)라고 한다. 이와 같은 맥락에서 프란치스코는 "원하지 않는 사람은 지킬 의무가 없습니다"(6)라고 복음 앞에서 형제들의 양심과 자유를 존중하고 있다. 또한 "꼭 필요한 경우에 형

---

38 Decretum Gratiani P.II, c.q.1 glosa ante c.40 *in* Corpus Iuris Canonici, editio Lipsiensis secunda post Aemilii Ludovici Richteri, Pars prior. Decretum Magistri Gratiani, Graz 1959, coll. 374

제들은 육신의 단식재를 지킬 의무가 없습니다"(9)라고 규정함으로써 복음적 자유 안에서 단식을 실행할 것을 권고한다.

이는 당시 엄격한 수덕생활을 강조하던 수도승들의 생활에는 없던 것이다.[39] 「베네딕토 수도규칙」은 단식재에 대하여 상세히 규정한다(39-41장; 49장). 그런데 프란치스코가 이에 대해 상세히 규정하지 않은 것은 형제들이 복음적인 자유를 가지고 작은 형제답게 실행할 수 있도록 한 것이고, 가난 실천에서와 마찬가지로 단식을 함에서도 '자발성'을 강조한 것이다. "거룩한 복음에 따라, 차려 주는 모든 음식은 먹어도 됩니다."(3,13)[40] 이 말씀에서 알 수 있듯이 형제들은 사람들이 사랑으로 주는 것은 무엇이든지 사랑으로 받아들일 줄 알아야 한다. 이것이 바로 프란치스코가 단식과 관련하여 제시하는 복음적 중용의 길이다.

또한 「베네딕토 수도규칙」은 단식을 처벌의 수단으로 사용하기도 한다(30, 3; 44,18-19 등). 그러나 프란치스코는 단식을 하느님을 만나기 위한 길이나 기도의 방법 이외의 것으로 절대 이용하지 않았다.

앞에서 본 것처럼 「인준받은 수도규칙」은 「인준받지 않은 수도규칙」보다 더 구체적으로 규정하고 있지만, 그 내용에서는 '복음적 자유'를 강조한다. 성녀 클라라 역시 이러한 복음적 자유를 다음과 같이 강조한다. 곧 「클라라 수도규칙」에 따르면, 일 년 내내 단식하고 성탄 대축일에만 두 끼를 먹도록 관면하고 있다. 그러나 '꼭 필요한 경우에'

---

39 성 골롬바노의 「수도원 규칙」(Regula Coenobialis)에는 예외로 허락되는 음식물들의 목록이 열거된다(Migne, PL 80, 210-211).

40 이에 관해 야고보 비트리 추기경도 「동방역사」 제32장에서 형제들이 "어떤 사람의 집에 식사 초대를 받으면 주는 대로 먹고 마신다. 그리고 누가 애긍으로 자비롭게 무엇을 준다면 내일을 위해 챙겨두지 않는다"(8항)라고 증언한다.

는 단식할 의무가 없다고 한다(3,6-7.9).

3. 작은 이들과 평화의 건설자들(10-14절)

¹⁰ 또한 나는 주 예수 그리스도 안에서 나의 형제들에게 조언하고 권고하며 충고합니다. 세상을 두루 다닐 때, 형제들은 남과 다투거나 언쟁을 벌이거나 남을 판단하지 말고, ¹¹ 오히려 마땅히 모든 이에게 정직하게 말을 하면서 온유하고 평화롭고 순박하고 양순하고 겸허해야 합니다. ¹² 그리고 형제들은 꼭 필요한 경우나 아픈 경우가 아니면 말을 타서는 안 됩니다. ¹³ 어느 집에 들어가든지 먼저 '이 집에 평화를 빕니다' 하고 말할 것입니다(루카 10,5 참조). ¹⁴ 그리고 거룩한 복음에 따라, 차려 주는 모든 음식은 먹어도 됩니다(루카 10,8 참조).

10-14절은 문학적 단위로나 내용상으로나 독립된 단락으로 이루어져 있다. 프란치스코는 형제들이 사람들 가운데에서 어떻게 지내야 하는지를 "주 예수 그리스도 안에서" 가르친다. 그에 따르면, 거룩한 복음을 실행하는 것은 세상 안에서 사람들과 '하느님의 선'을 나누는 것을 뜻했다. 따라서 그는 세상 안에서의 처신을 중요시했고, 그에 관해 상세히 언급한다. 또 여기서 초기 형제들의 설교 주제 가운데 하나인 '평화'의 선포에 대한 권고가 나온다.

프란치스코는 "주 예수 그리스도 안에서 나의 형제들에게 조언하고 권고하며 충고합니다"(3,10ㄱ)라고 말한다. 그는 주 예수 그리스도 안에서 가르치면 충분한데 '조언하고'(consulo), '권고하며'(moneo), '충고합니다'(exhortor)라고 거듭 강조한다. 이는 비슷한 의미의 동사를 반복하는 프란치스코의 특징적인 '중복 문체'로서, 언급하려는 내용의 중요성을 부각하며 강조한다.

세상을 두루 '다닐'(vadere, vadunt) 때라는 표현은 요한복음 17장에서도 사용된 표현이다. 프란치스코가 「유언」에서 자신의 회개와 관련하여 "세속을 떠났습니다"(3)라고 표현하지만, 그의 어법에서는 수도승들의 특징인 '세상으로부터의 도피'(fuga mundi)나 '세상에 대한 경멸'(contemptus mundi 또는 contemptus saeculi)이라는 것은 존재하지 않는다.[41] 그는 자신의 형제들과 함께 형제체를 이루도록 불림을 받았기 때문에 자신의 삶이 '세상 안에서' 그리고 '사람들 사이에서' 실현되어야 함을 알고 있었다. 세상을 다닌다고 하지만, 사실 주님께서 우리를 세상 안으로 파견하시는 것이다. 그래서 다닌다는 것은 주님을 선포하고, 복음을 증거하는 것을 의미한다. 이러한 순례자의 삶은 프란치스칸의 특징적인 면이다. 수도원 안에 정주하는 삶을 살지 않는 작은 형제들은 복음을 안고 사랑 때문에 세상을 순례한다. 따라서 세상 안에서 그들이 보이는 태도는 곧 복음선포와 긴밀한 관계를 갖기에 매우 중요하다.

1) 세상을 다닐 때와 연관된 요소들(10ㄴ-11절)

10-11절은 오직 관련된 요소들을 강조할 목적으로 「인준받지 않은 수도규칙」에서 접했던 외직 가난에 관한 지침들을 고려하지 않는다. 이 단락에 연관된 요소들은 '오히려'(sed)라는 반의(反意) 접속사로 연결되어 있다. 이 지침들은 하나는 소극적이고 다른 하나는 적극적인 두 개의 대조되는 문장을 통하여 작음의 내적 태도를 언급한다.[42]

---

41 F. URIBE, La Regola de san Francisco, 152쪽.
42 '작음'에 관한 깊은 이해를 위해서는 F. Uribe, (정장표, 고계영 옮김), 아씨시 성 프란치스코의 영성, 프란치스칸 사상연구소 학술발표 모음 2, 105-158쪽;

(1) 다투거나 언쟁을 벌이거나 남을 판단하지 말라(10절ㄴ)

프란치스코는 여기서 작음의 내적 태도와 연관된 소극적인 세 가지 태도를 명한다. 곧 다투거나, 말다툼하거나, 남을 판단하지 말라는 것이다. '다투거나 언쟁을 벌이거나' 하는 것을 언급한 것은 당시 카타리파(Cathari) 이단이나 발도파(Valdesi) 이단 등과의 불필요한 다툼을 염두에 둔 것이다. 이는 복음이 지향하는 수용과 일치, 화해를 이루는 평화의 태도를 잊지 말아야 함을 언급한 것이다. 「인준받지 않은 수도규칙」에서는 복음 말씀을 인용하면서 다음과 같이 말한다. "악인에게 맞서지 말 것이며, 오히려 뺨을 때리는 자에게 다른 뺨을 내밀 것입니다."(14,4)

'판단하지 말라'는 것은 다른 사람의 심판관이 되는 교만을 범하지 말라는 것이다. 누구든 자신의 이성과 의지에 따라 판단하게 될 때 주님을 중심에서 몰아내는 결과를 가져온다. 그렇다면 복음이 되어 세상을 두루 다녀야 할 이유가 없어지는 것이다.

프란치스코는 "너희가 서로 사랑하면, 모든 사람이 그것을 보고 너희가 내 제자라는 것을 알게 될 것이다"(요한 13,35) 하신 예수님의 말씀처럼 "형제들은 남과 다투거나 언쟁을 벌이거나 남을 판단하지 말라"[43]고 권고한다. 프란치스코는 마음의 가난뿐 아니라 그리스도교적 가난을 충고한다. 그는 "싸우고 말다툼하는 사람"은 다른 이에게 이기려고 하므로 가난할 수가 없고, 남을 판단하는 사람도 남보다 낫다는 생각 때문에 가난한 사람이 될 수 없다고 권고한다. 그리스도와 함께,

---

L. LEHMANN, 'Minority: The Core of Poverty', *in* The Cord 52(2002) 207-219쪽;
R. J. ARMSTRONG, 'Minority: The Sacramental Intuition of Francis of Assisi', 호명환 역, '작음: 아씨시 프란치스코의 성사적 직관력', 프란치스칸 삶과 사상, 제26호(2006년 봄) 74-108쪽 참조.

43 인준 규칙 3,10; 참조 비인준 규칙 16,6

그리스도 때문에 자기 자신을 무(無)로 돌릴 줄 아는 참된 내적 가난만이 사람들 가운데서 지녀야 할 모든 덕을 낳으며 보존할 수 있도록 해준다. 남과 다투고 언쟁을 벌이거나 남을 판단하는 것은 결국 자애심과 교만에서 나온다. 그것은 한마디로 자기중심주의이다. 프란치스코는 여기서 단지 남을 해치지 않고 온건하게 머무는 의미 없는 정적주의(靜寂主義)를 요구한 것이 아니다. 오히려 예수 그리스도의 삶과 복음을 따르기 위하여 선을 거스르는 마음의 뿌리를 경계하여야 함을 가르치고 있다.

(2) 말보다는 표양으로 증거 : 정직한 말, 온유, 평화, 단정, 양순, 겸허
¹¹ 오히려 마땅히 모든 이에게 정직하게 말을 하면서 온유하고 평화롭고 순박하고 양순하고 겸허해야 합니다.

프란치스코는 10절에 이어 작음의 내적 태도와 연관된 적극적인 여섯 가지 태도를 명한다. "오히려 모든 이에게 정직하게 말을 하면서 온유하고 평화롭고 순박하고 양순하고 겸허해야 합니다"(3,11)라고 권고한다. 여기서 '오히려'(sed)라는 접속사를 사용하면서 적극적인 태도로의 반전을 강력히 요청한다. 작은 형제는 세상을 돌아다니면서 자신의 삶으로 주님을 전하고 보여주어야 할 소명을 지녔다. 프란치스코는 이렇게 권고한다. "우리는 말과 혀로 사랑하지 말고 행동으로 진리 안에서 사랑합시다(1요한 3,18) 하고 사도가 말하듯이 서로 간에 지닌 사랑을 행동으로 보여 줄 것입니다."(비인준 규칙 11,6) "모든 형제는 행동으로 설교할 것입니다."(비인준 규칙 17,3) "우리가 사랑과 순수하고 진실한 양심을 가지고 우리의 마음과 몸에 그분을 모시고 다닐 때 우리는 그분의 어머니들입니다. 다른 이들에게 표양으로 빛을 비추어야 하는 거룩한 행위로써 우리는 그분을 낳습니다."(2신자 편지 53) "주님께서 여러분을 온 세상에 파견하신 것은 여러분이 말과 행동으로 그분의 말씀을 증거하여 모든 사람이 그분 외에는 전능하신 분이 아무도 없다는 것을 알게 하시려는 것입니다."(형제회 편지 9)

여기 11절에서 제시되는 여섯 가지 태도는 '작은 형제'가 되려는 모든 이에게 근본이 되는 덕이라 할 수 있다. 이러한 덕들은 모두 그리스도교 애덕의 기초이다. 작은 이들이 지녀야 할 태도 중에 첫 번째는 '정직하게 말하는 것'이다. 세상을 다니면서 진실하지 않다면, 그 누구에게도 받아들여지기 어려워진다. 우리는 진정 낮추고 비울 때 두려움 없이 단순하게 있는 그대로를 말하고, 있는 그대로 받아들일 수 있다. 우리가 진실할 때 이기적인 자기중심주의에서 벗어날 수 있고, 이웃을 진정으로 사랑할 수 있게 될 것이다. 우리는 "서로 사랑하여라. 내가 너희를 사랑한 것처럼 너희도 서로 사랑하여라"(요한 13,34) 하신 예수님의 가르침을 실행해야 한다.

남을 사랑하기를 원한다면, 화를 내지 말고 모든 사람에게 마음을 열어야 한다. 형제들도 그리스도께서 우리를 사랑하신 것처럼 형제들을 사랑한다면 평화의 사람이 되어 평화를 위해 일할 것이다. 프란치스코의 사고에서는 평화를 간직하는 것과 그것을 선포하는 것은 매우 밀접한 관계에 있다. 자기 권리만을 주장한다면 형제체 안에서 평화를 찾을 수 없다. 그래서 프란치스코는 "온유하고 평화롭고 순박하고 양순하고 겸허해야 한다"라고 권고한다. 작은 형제들은 예수님께서 "이처럼 너희의 빛이 사람들 앞을 비추어, 그들이 너희의 착한 행실을 보고 하늘에 계신 너희 아버지를 찬양하게 하여라"(마태 5,16) 하신 것처럼 형제체에서뿐 아니라 세상 한복판에서도 그런 삶을 살아야 한다. 또 프란치스코는 "너희가 자기 형제들에게만 인사한다면 남보다 나을 것이 무엇이냐? 이방인들도 그만큼은 하지 않느냐?" 하신 예수님의 말씀처럼 형제들도 정직하고 예의 바르게 살라고 권고한다.

3장 11절 말씀은 마태 5,45의 산상설교에 그 배경을 두고 있다. 곧 하느님은 모든 사람을 사랑하시므로 우리도 모든 이를 사랑해야 한다고 가르친다. 프란치스코는 "찾아오는 사람이나 벗이나 원수, 그리고 도둑이나 강도 등 모두를 친절하게 영접할 것입니다"(비인준 규칙 7,14)라고 권고한다. 그리고 참사랑에 대하여 이렇게 권고한다. "자기에게서 멀리 떨어져 있을 때도 자기와 함께 있을 때처럼 형제를 사랑하고 존경하며, 그 형제 앞에서 사랑 때문에 말할 수 없는 것을 그 형제 뒤에서도 말하지 않는 좋은 복됩니다."(권고 25)

마태오복음 제5장의 산상설교 말씀대로, 우리도 모든 희생과 자신을 끊어버리는 가운데 늘 기뻐하고 예의를 지키며, 하느님 마음에 드는 동시에 모든 사람의 마음에 드는 작은 형제가 되어야 한다. 오늘날 우리는 모든 이에게 기쁨과 평화를 보여주어야 한다. 가난한 그리스도만이 평화를 심어줄 수 있고, 기쁨을 심어주고 사랑하는 사람만이 미움을 없애고, 사랑을 심어줄 수 있다. 사랑할 줄 아는 사람은 겸손하고, 그런 사람이야말로 가난한 사람이라 할 수 있다.
이 단락 전체의 내용은 형제들끼리 그리고 다른 이들과의 관계를 지시해주는 긴 권고인 「인준받지 않은 수도규칙」 제11장에 나타난 내용의 압축된 요약이다.

2) 작음과 연관된 외적 태도(12-14절)

(1) 부득이한 사정이나 병 때문이 아니면 말을 타지 말라(3,12).
¹² 그리고 형제들은 꼭 필요한 경우나 아픈 경우가 아니면 말을 타서는 안 됩니다.

12절은 「인준받지 않은 수도규칙」의 병행 본문에 비추어 볼 때 더 깊이 이해할 수 있다. 여기서 실행 주체로 제시된 '형제들'은 「인준 받지 않은 수도규칙」에서는 '성직형제이든 평형제이든 나의 모든 형제'(15,1)라는 매우 포괄적인 주체로 표현된다. 「인준받지 않은 수도규칙」의 이런 표현법은 프란치스코의 고유한 것으로서 중요한 것을 언급할 때 자주 사용한다. 사실 이 규정은 프란치스코의 독창적인 것은 아니며, 당대의 다른 수도규칙들에도 유사한 규범들이 있었다.[44] 그러나 프란치스코는 '꼭 필요한 경우나 아픈 경우가 아니면 말을 타지 않는 것'이 단순히 여행하는 데서 지녀야 할 가난의 태도에 그치는 것이 아니라 '거룩한 복음을 철저히 실행하는 것'과 관련되어 있음을 권고하고자 한 것이다.[45]

「인준받지 않은 수도규칙」에서는 "세상을 돌아다니거나 아니면 어느 한 곳에 머물거나 간에, 형제들의 집에서든 다른 사람의 집에서든 어떤 방법으로도 절대로 짐승들을 갖지 않도록 해야 합니다"(15,1)라고 규정한다. 여기서 짐승은 짐을 실어 나르는 짐승과 가축을 포함한다. 13세기 회헌에서는 물건을 실어 나르는 짐승이나 사냥개나 사냥매도 여기에 포함되었다. 여기서 강조점은 그런 짐승들을 '갖지 않도록 해야 한다'라는 것이다. 이어서 "꼭 필요한 경우나 아픈 경우가

---

44 참조: F. Uribe, La Regola de san Francisco, 157쪽.

45 「교부들의 규칙서」(Regula cuiusdam Patris)는 환자를 제외하고 수도자들이 마차나 말로 여행하는 것을 금지하였다. 삼위일체회 수도규칙은 오직 당나귀를 타는 것만을 허락하였다. "말을 타지 말라는 명령은 '성 베레쿤도의 전기'(Legenda S. Verecundi)에서 구체적일 때 실현된다(Testimonia minora 11). 성 프란치스코는 오상을 받아서 걸을 수 없게 된 뒤 작은 당나귀를 탔다. 비트리의 야고보는 맨발로 돌아다니고, 말을 타지 않는 규정들에 대해 명확히 언급한다(동방역사, '작은 형제들에게 한 설교' 153). 그는 다음과 같이 언급한다. 형제들은 말을 타지 않는데 그 이유는 이것이 세속적인 표시이고 멍에이기 때문이다. 그들은 종들처럼 걸어 다니는데, 그것은 맨발로 가시밭길을 걸어 영광에 이르는 것이 말로 위험한 목장을 지나 영원한 형벌로 떨어지는 것보다 낫기 때문이다."<K. Esser, La Orden Franciscana. Origenes e Ideales, 319쪽.>

아니면 말을 타서는 안 됩니다"(2)라고 한다. 그런데 「인준받은 수도 규칙」은 짐승을 소유하는 것에 대해서는 언급하지 않지만, '말을 타지 말라'고 더 강하게 요구한다. '~하지 말라'는 표현으로 'non liceat'(비인준 규칙)가 아닌 'non debeant'를 사용함으로써 명령적인 어조를 강하게 드러내고 있다. 이렇게 변화된 까닭은 「인준받지 않은 수도규칙」에서는 독립된 장(15장)에서 말을 타지 말라는 내용을 규정하는 데 비해, 여기서는 다른 규정들과 함께 언급함으로써 같은 명령적 성격을 표현하기 위해서이다.

당시 말을 타고 여행하는 것은 군주나 부자 그리고 권력가들뿐이었다. 형제들은 이처럼 하지 말고 다른 가난한 사람들처럼 걸어 다니며 순례하라는 말씀이다. 이는 순례하는데 뿐만 아니라 우리가 사용하는 모든 물건과 건물에도 적용되는 말씀이다. 프란치스코는 「유언」에서 이렇게 권고한다. "형제들은 성당과 초라한 집 그리고 형제들을 위해 세운 모든 건물이 우리가 수도규칙에서 서약한 거룩한 가난에 맞지 않다면 그것들을 절대로 받아들이지 않도록 조심할 것이며, 거기서 나그네와 순례자같이 항상 손님으로 머무십시오."(24)

(2) 평화를 전함
¹³ 어느 집에 들어가든지 먼저 '이 집에 평화를 빕니다' 하고 말할 것입니다(루카 10,5 참조).

'평화'는 '회개'와 더불어 순회설교를 하던 초기 형제들의 설교의 두 가지 중요한 주제 가운데 하나였다. '평화'는 설교의 주제였을 뿐만 아니라 복음적 삶의 표현이자, 형제들이 세상에 복음을 보여주는 데서 근본적인 동기이자 목표였다. 어느 집에 들어가든지 평화를 빌어주라는 것은 형제들이 화목하고 평화스러운 생활을 하면서 다른 사람에게도 이런 평화를 전달해주어야 한다는 뜻이다. 형제들끼리의 인사는 평화의 인사여야 하고, 사람들에게도 평화의 인사를 전해주어야 한다. 예수께서도 제자를 파견하실 때 평화를 심어주라고 하셨다(루카 10,5-6 참조).

프란치스코도 이와 같은 사명을 인식하고 복음을 실행하는 삶에서 평화의 선포와 나눔이 중요했음을 다음과 같이 회상한다. "'주님께서 당신에게 평화를 내려주시기를 빕니다'(2테살 3,16) 하고 우리가 해야 할 인사를 나에게 계시해주셨습니다."(유언 23) 프란치스코가 선포한 평화는 그저 느낌의 차원에서 쉽게 사라져버리는 무엇이 아니라 사람들이 직관적으로 깨달을 수 있을 만큼 단순한 것이었고, 서로의 인격과 권리를 인정해주는 매우 구체적인 삶이었다. 그가 추구하였던 평화는 자치도시(Comune)를 기반으로 한 당대의 주요한 정신인 자유와 평등, 형제애와 밀접한 연관이 있었다.[46] 그러한 평화는 결국 모두가 하느님 가족의 형제자매들로서 하느님의 축복 안에 머무는 것이었다. 진실하고 참된 평화는 하느님이 주시는 은총이요, 선물이다. 프란치스코는 「권고」 15에서 하느님이 주시는 선물인 평화를 전해주는 형제를 복된 사람이라고 한다.

(3) 복음적 자유의 정신으로

[14] 거룩한 복음에 따라, 차려 주는 모든 음식은 먹어도 됩니다.

---

46 코뮌(Comune, 자치도시) 운동은 다음과 같은 배경에서 시작되었다. 곧 10세기 이래의 급속한 인구 증가와 그와 결부된 도시 주거지들의 두드러진 성장. 그와 동시에 점차 시장이 중심적 지위를 차지하고 봉건적 속박이 해체됨으로써 원거리 교역이 매우 활발해졌으며, 수공업 및 영업 활동이 활발해진 점이다. 코뮌 운동으로 성취한 새로운 변화는 다음과 같다. ① 정치가 실현되는 방식이 '개방성'을 갖게 되었다. ② 통치의 정통성을 둘러싼 논의가 도시 차원에서도 전개되었다. ③ 정치적 자결권에 대한 요구가 가능해졌다. ④ 도시에서는 원칙적으로 모든 시민에게 동등하게 적용되는 고유한 인신 자유권을 요구하게 되었다. (참조: Knuf Schulz, 박홍식 옮김, 중세 유럽의 코뮌 운동과 시민의 형성, 도서출판 길, 2013, 30-31. 36-37쪽.)

프란치스코는 예수 그리스도께서 제자들에게 주신(루카 10,8) 자유를 어떤 여건에서도 보존하려고 힘썼다. 「인준받지 않은 수도규칙」에서는 이런 말씀을 세 차례나 되풀이한다(3,13; 9,13; 14,3). 그에게 이러한 복음적 자유는 절대적 가난의 생활과 연결되어 있다. 하느님의 은총으로 살아가는 작은 형제들은 주어진 것을 양순하고 겸허하게 받아들여야 한다. 우리 아버지이신 하느님의 섭리적 사랑이 사람들의 마음을 움직여 형제들을 도울 수 있도록 이끌 것이다. 이렇게 하느님으로부터 거저 받는 자는 하느님께 감사를 드릴 뿐 자신을 위해 아무런 요구도 하지 않는다. 이것이 바로 프란치스코가 「인준받지 않은 수도규칙」에서 자유에 관하여 "하느님께서 자신에게 베풀어주시는 은총에 따라"(9,11)라는 말의 뜻이다. 프란치스코의 단 하나의 중요한 관심사는 하느님께 대한 영광과 흠숭이다. 형제들은 성무일도, 단식재, 세상 안에서 형제들의 생활을 통하여 자유로워짐으로써 하느님께 영예와 영광을 드리게 된다.

프란치스코가 여기서 복음적 자유로 차려 주는 모든 음식은 먹어도 좋다고 한 것은 형제들이 '세상을 돌아다니며' 살기 때문에 가난한 순례자로서 주어지는 모든 것을 복음의 정신에 따라 받아들일 수 있다고 한 것이다. 좀 더 근본적으로는 '거룩한 복음에 따라'라는 말은 '애덕으로'라는 뜻이다. 곧 예수께서 죄인들이나 세리들과 함께 식사하시고 모든 이를 차별 없이 대하셨던 것처럼 열린 마음과 사랑의 자세로 모두를 대하며 주는 것을 받아들이라는 뜻으로 이해할 수 있다. 프란치스코는 단지 음식에 대해서만 말하는 것이 아니다. '복음에 따라' 주는 사람의 영성적, 윤리적, 사회적, 경제적 상태를 따지지 말고 모든 것을 하느님의 선으로 감사하며 받아들여야 한다는 것이다.

차려 주는 음식을 먹어도 된다고 한 것은 생명 자체인 복음에 의해 생명을 나누는 것은 그 어떠한 법규도 초월한다는 것이다. 이는 한 마디로 '복음은 언제나 어디서나 아무런 조건 없이 먹어도 됩니다'라는 뜻이다. 복음을 다른 이들에게 전하려면 복음을 받아들여야 한다. 프란치스칸 복음선포는 이렇게 '받아들임'과 '되돌림'의 긴밀한 역동 속에서 생명력을 얻게 된다. 이런 관점에서 단식 또한 절제와 극기와 희생을 넘어 훨씬 더 근원적인 형제애를 지향하고 있음을 말해준다. 프란치스코는 여기서 규칙을 준수하는 기준과 목적 그리고 특수 상황에서 애덕 실행의 요구 때문에 규칙의 적용을 유보하는 기준이 사랑임을 깊이 통찰하면서 권고하고 있다.

■ 현대적 적용 ■

제3장은 공동 기도와 단식재 그리고 세상을 다닐 때의 태도에 관한 것이다. 프란치스코는 하느님과 만남의 근본적 중요성, 순회설교를 하던 형제들의 일치, 로마 교회와의 유대 등을 위해 성무일도 바치는 것을 중요시했다. 따라서 프란치스코는 하느님의 현존 안에서 경건하게 성무일도를 바치는 것을 작은 형제들의 필수 의무로 여겼다. 무엇을 행하기에 앞서 하느님과의 일치를 우선시한 것이다. 따라서 기도를 개인적으로나 공동체적으로 최우선시하고, 가장 중요한 것으로 여겨야 함은 물론이고, 미사성제와 성무일도 등 공동 기도가 형제체를 이루고 형제적 친교를 증진하는 계기가 되도록 해야 마땅하다.

그러나 이 시대는 주변 환경의 변화로 전통적인 공동 기도 방식에 대한 근본적인 재고를 요청하고 있다. 사목의 필요성뿐 아니라 방식 면에서도 대면과 비대면 등 다양해졌다. 4차 산업혁명 시대를 맞아 전반적인 생활 여건의 변화와 노령화 등 복합적인 요인으로 수도자들의 개별화 의식도 더 강해지고 있다. 이제는 공동 기도를 같은 시간과 장소에 일치시킨다는 것이 더 어려워졌고, 개인 기도와 공동 기도 사이의 긴밀한 관계를 유지하기도 쉽지 않다. 한마디로 일정한 규범의 틀 안에서 획일적으로 공동 기도를 강조하기보다는 프란치스코가 강조했던 그 정신을 살릴 수 있는 창의성과 유연성을 적극적으로 고려해야 할 때이다. 예컨대 진지한 식별을 통해 전통적인 공동 기도의 리듬을 조정하고, 다양한 기도 방식을 찾으며, 성직형제와 평형제 모두 동등성 안에서 전례에 능동적으로 참여할 수 있는 계기와 방식을 찾아 나갈 필요가 있다. 나아가 세상을 기도 안으로 초대하고, 세상 안으로 걸어가 함께하며 기도하여야 한다. 수도원 공간에 갇힌 기도가 아니라 세상과 함께하는 '우주적 공동 기도'의 장을 마련할 때이다.

수도규칙 3장 5-9절은 단식재에 관한 것이다. 프란치스코는 온 존재로 기도함으로써 자신을 해방하고 하느님의 선 안에 머물기 위해 자주 단식했다. 단식재에 관한 규정을 통하여 우리는 하느님을 만나기 위하여 온몸으로 기도하였던 프란치스코 성인의 아버지를 향한 사랑의 열정을 알 수 있고, 복음적 자유 안에서 하느님을 찾아가는 길을 배울 수 있다. 형제들의 생활에 단식재와 보속은 일반적으로 희생을 포함하는 더 근본적인 것이며 '복음 자체'를 삶으로서 하느님과 온전히 일치하기 위한 '하느님 앞에서의 전인적인 존재 방식'이다.

오늘날은 이런 영적 차원보다는 금욕, 심신 수련, 건강, 경제적 이유 등 다양한 이유로 단식하는 이들이 많다. 이런 상황에 직면하여 오늘날 작은 형제들은 단식하는 이유와 목적, 방법을 다시 검토하여 자신의 삶에서 진정 복음적 가치를 드러내고 하느님께 영광을 드리는 길이 되도록 할 필요가 있다. 나아가 단식을 통해 보편적 형제애를 실행하고 사회 정의와 공동선을 실행함으로써 단식의 사회적 차원을 일상화하도록 힘써야겠다.

수도규칙 제3장 10-14절은 작은 형제들이 세상을 두루 다닐 때 지녀야 할 태도에 관해 언급한다. 프란치스코에 따르면, 거룩한 복음을 실행하는 것은 세상 안에서 사람들과 '하느님의 선'을 나누는 것을 뜻했다. 따라서 세상을 두루 다닐 때, 형제들은 남과 다투거나 언쟁을 벌이거나 남을 판단하지 말고 모든 이에게 정직하게 말을 하면서 온유하고 평화롭고 순박하고 양순하고 겸허해야 한다고 권고한다. 하느님 나라는 세상이 하느님의 뜻으로 변형됨으로써 실현된다. 프란치스코는 세상에 끼어들기 위해 세상을 두루 다녔다. 이렇게 세상에 끼어들 때 요구되는 것은 창의성과 복음으로부터 새로운 해답을 찾는 것 그리고 변화하는 세계에서 복음의 힘으로 적응하려는 노력이다.

오늘의 시대는 스마트 기기에 대한 의존성이 증폭되어 우리를 피상성에 젖게 하고, 따뜻한 관심과 형제애와 사회적 우애를 쉽사리 앗아가 버린다. 또 이념과 계층 간의 격차, 국가들 사이의 갈등, 거대 자본의 횡포 등으로 평화와 정의가 깨지는 상황이 이어지고 있다. 이런 상황에서도 작은 형제들은 정의와 모든 유형의 사회적 평화를 위한 전제조건인 온유, 양순, 평화, 겸손 등의 태도로 해결을 시작해야 한다. 작은 형제들은 그렇게 함으로써 우주적 평화로 이해되는 '영의 평화'가 특정한 인간 행동의 결과가 아니라 하느님의 선물이요, 파스카임을 보여주어야 할 사명이 있다.

작은 형제들은 늘 자신의 삶이 하느님의 부르심에 대한 진정한 선택과 결의를 드러내고 있는지 스스로 물어야 한다. 우리는 순례자요 나그네로서 소유 없이 하느님 사랑의 도구가 되어 세상 안으로 움직이는 사람임을 기억해야 한다. 순례자는 손님으로서 잠시 머물 수 있는 것에 감사하고, 거처에 있는 물건을 사용할 수 있는 것만으로 만족하면서, 일상사와 모든 만남을 복음선포의 계기로 삼는 사람이다. 우리는 오늘의 세계에서 시대 징표를 읽고, 어떻게 이 시대를 사는 사람들과 소통하면서 복음을 실행할 것인지 그 답을 찾아 나가야 할 것이다. 프란치스코 성인은 수도규칙에서 그 답을 제시하고 있다.

제4장

형제들은 금품을 받지 말 것입니다

¹ 나는 모든 형제에게 단호히 명합니다. 형제들은 직접적으로나 다른 사람을 통해서나 절대로 돈이나 금품을 받지 마십시오. ² 오직 봉사자와 보호자들만이 장소와 계절 그리고 추운 지방에 따라 필요하다고 판단되면 앓는 형제들에게 필요한 것과 다른 형제들의 옷가지를 위해서 영신의 친구들을 통하여 자상하게 배려할 것입니다. ³ 그러나 위에서 말한 대로 돈이나 금품은 받지 말 것을 늘 명심할 것입니다.

[인준받지 않은 수도규칙의 병행 구절]

[제8장 형제들은 금품을 받지 말 것입니다]

¹ 주님께서 복음에서 명하십니다. "너희는 주의하여라. 모든" 악의와 "탐욕을 경계하여라"(참조: 루카 12,15). ² 또 이 세속의 걱정과 "일상의 근심에 마음을 빼앗기지 않도록 조심하여라."(참조: 루카 21,34). ³ 그러므로 어느 형제라도 어디에 있든지 어디에 가든지 간에 앓는 형제들 때문에 꼭 필요한 경우가 아니라면 어떤 이유로든 옷이나 책을 위해서든 어떤 일의 보수로든 어떤 방법으로도 금품이나 돈을 갖거나, 받거나 받게 하지 말 것입니다. 실상 우리는 금품이나 돈을 돌덩이보다 더 쓸모 있다고 여기거나 생각해서는 안 되기 때문입니다. ⁴ 그리고 마귀는 금품이나 돈을 탐하거나 돌보다 더 귀하게 여기는 사람들을 눈멀게 하려 합니다. ⁵ 그러므로 모든 것을 버린 우리는(참조: 마태 19,27) 그처럼 보잘것없는 것 때문에 하늘나라를 잃지 않도록 조심합시다. ⁶ 그리고 만일 돈을 발견하게 되면, "헛되고 헛되며 세상만사 헛되니"(코헬 1,2) 우리는 그것을 발아래 밟히는 티끌처럼 여깁시다. ⁷ 그리고 이런 일이 없었으면 합니다만, 앞서 말한 대로 오로지 앓는 형제들 때문에 필요한 경우를 제외하고, 어떤 형제가 만약에 금품이나 돈을 모으거나 혹은 갖고 있으면 우

리 모든 형제는 그가 진심으로 회개하지 않는 한, 그를 거짓 형제요 배신자요 도둑이요 강도요 "돈주머니를 챙기는 자로"(참조: 요한 12,6) 간주합시다. [8] 그리고 형제들은 절대로 금품이나 금품 애긍을 받거나 받게 하지 말고, 또한 청하거나 청하게 하지 말며, 집이나 처소를 위해서도 그렇게 하지 말 것입니다. 그리고 그런 처소를 위하여 금품이나 돈을 청하는 사람과 다니지도 말 것입니다. [9] 그렇지만 형제들은 하느님의 축복을 받아, 처소를 위하여 우리 생활에 반대되지 않는 다른 봉사를 할 수 있습니다. [10] 그러나 형제들은 나병환자들 때문에 꼭 필요한 경우에 그들을 위하여 동냥을 청할 수 있습니다. [11] 그러나 금품은 매우 조심해야 합니다. [12] 마찬가지로 모든 형제는 어떤 부정(不淨)한 이득을 얻고자 이리저리 돌아다니지 않도록 조심할 것입니다.

개요

「인준받지 않은 수도규칙」 제8장은 앓는 형제들과 나환우들 때문에 '영신의 친구'에게 도움을 청할 수 있다는 예외를 인정한다. 프란치스코는 제4장에서 그러한 예외를 인정하지 않고, "나는 모든 형제에게 단호히 명합니다"(1)라고 말문을 열면서 "직접적으로나 다른 사람을 통해서나 절대로 돈이나 금품을 받지 마십시오"라고 단호하게 명한다. 이러한 변화가 왜 일어났을까? 그것은 형제들을 구속하려는 의도에서가 아니었다. 당시 자치노시의 등장에 따라 나타난 학폐경제의 부흥으로 형제회 초기의 가난 이상은 엄청난 도전을 받았다. 이런 상황에서 프란치스코는 이처럼 단호한 금지를 통해 형제들이 복된 가난의 가치를 흔들림 없이 추구하기를 간절히 바랐다. 그는 모든 사람이 공평하게 접근하지도 사용할 수도 없는 돈과의 단절을 선언함으로써 '복음의 혁명'을 일으켰다.

프란치스코는 1절에서 돈이나 금품을 받지 말라고 매우 단호하게 금한다. 그렇다고 형제들의 기본 생존 조건을 박탈당하기를 원치는 않았다. 2절에서 그는 봉사자들이 병자들과 형제들의 의복에 관해 관심을 가져야 하고, '장소와 계절 그리고 추운 지방'에서 생기는 상황적 필요도 고려해야 한다고 규정한다. 이런 배려를 통해서 알 수 있듯이 프란치스코는 어떤 경우에도 획일적인 틀 속에서 인간성이 핍박이나 구속받는 것을 절대로 원치 않았다. 그는 복음을 사는 데서도 구체적인 판단과 배려를 봉사자들에게 맡김으로써, 늘 하느님의 사랑에 모두를 열어두는 '생명을 위한 개방성'을 중요시했다. 이로써 그는 가난한 삶을 통해서도 '주님의 영'을 체험하고 발견하도록 우리를 초대한다.

이 본문은 문학적 형식에서나 그 내용에서 하나의 독립된 단락을 이루고 있다. 여기서도 일인칭으로 시작된다. 그러나 앞 단락에서는 권고적이었으나 여기서는 명령적인 어조(praecipio firmiter 단호히 명합니다)를 띠고 있다는 점이 다르다. 돈을 소유하지 않음은 그리스도 추종을 위한 조건들 가운데 하나로 언급되고 있다. 이러한 명령은 수도규칙의 규정들 가운데 가장 명확한 규정의 하나이다.

제4장은 「인준받지 않은 수도규칙」 제8장에 비해 매우 짧지만, 그 가르침은 같다. 주목할 점은 8-10절이 모두 사라졌다는 점이다. 이는 가난 생활에 관해 훨씬 엄격하게 규정한 것이다. 4장의 돈과 영신의 친구에 관한 진술은 모두 형제들이 가족과 같은 소그룹으로 살았음을 말해준다.

[8] 형제들은 절대로 금품이나 금품 애긍을 받거나 받게 하지 말고, 또한 청하거나 청하게 하지 말며, 집이나 처소를 위해서도 그렇게 하지 말 것입니다. 그리고 그런 처소를 위하여 금품이나 돈을 청하는 사람과 함께 다니지도 말 것입니다. [9] 그렇지만 형제들은 하느님의 축복을 받아, 처소

를 위하여 우리 생활에 반대되지 않는 다른 봉사를 할 수 있습니다. [10] 그러나 형제들은 나병환자들 때문에 꼭 필요한 경우에 그들을 위하여 동냥을 청할 수 있습니다.

「인준받지 않은 수도규칙」의 이 세 절에서 언급되고 있는 동냥의 금지와 허락은 모두 나환자들에 해당한다. 8절에서 말하는 집과 처소 그리고 9절에 따르면, 그 안에서 형제들이 "봉사"할 수 있는 곳은 나환자촌이다. 8절에 나오는 세 개의 pro(pro eleemosyna; pro aliquibus domibus vel locis; pro talibus locis)는 완전히 병행한다. 그러므로 이 표현에서도 '동냥'(eleemosyna)은 나환우들의 거처를 위한 것으로 보아야 한다. 이런 관점에서 8-10절이 사라진 것은 형제들 삶의 양식에 큰 변화가 있었다는 표지이다. 초기에 형제들은 나환자들 가까이 살면서 일하였다. 이 일 때문에 유혹을 받을 수 있었기에 그에 대비할 필요가 있었다. 그러나 「인준받은 수도규칙」 당시에는 형제들이 더는 나환자들 가까이에서 거주하지 않고 거기서 일하지도 않게 되어 이러한 권고들이 필요 없게 되었다.[1]

이런 변화에 이른 시대적 배경은 다음과 같다.[2] 프란치스코가 살던 12~13세기에는 농업과 상업이 혁신적으로 발전하고 자치도시가 등장하면서 무역이 증가하고 돈의 사용도 활발해졌다. 상업이 발전하면서 인구가 폭발적으로 증가하고 도시도 발전하였다. "중세 초기에 독일 하르츠Harz 산맥에서 풍부한 은 매장량이 발견되고 보헤미아에서 더 풍부한 광맥이 발견되면서 은의 사용이 크게 촉진되었다. 그리고 은은 주조에도 필요했다. 12세기 말에는 이탈리아 북부의 많은 지

---

1   참조: T. Desbonnets, Dalla Intuizione alla Istituzione, 122-124쪽.
2   참조: E. Leclerc, Francisco de Asís, El retorno al Evangelio, 18-20, 26-28, 66-67쪽.

방 자치 단체에서 자체적으로 주화를 주조하기 시작했다."³ 이제 돈과 재산에 기초를 두는 새로운 경제가 시작되는 시기를 맞았다. 경제의 중심인 도시들에서 사람들은 점점 더 은화와 금화에 의지하기 시작했다. 물건의 가치는 자주 돈의 액수로 표현되게 되었고, 이제부터는 부유함의 상징이 땅이 아닌 돈으로 바뀌었다. 점차 인간의 가치 또한 돈의 소유에 따라 평가되는 현실이 두드러졌다. 결국 새로운 사회에서 돈은 부와 힘의 상징으로 통용되었고, 인간을 물질화, 도구화함으로써 인간의 존엄을 현저히 파괴하는 중요한 통로가 되었다. 한편 도시들의 정치적 삶에서도 돈은 우위를 차지하는 유력한 수단이었다. 돈은 유산계급의 부유한 이들이 시정을 장악하는 것을 가능케 했고, 그런 이유로 그들이 권력을 획득하여 법을 휘둘렀다.

이 새로운 공동체 사회에서는 돈이 왕이었으며, 권력의 무기였다. 금과 은이 다스리는 곳에 사람들 사이의 진정한 형제애는 깊어갈 수 없었다. 돈은 계속해서 모든 것을 붕괴시켜 나갔다. 부유한 이들의 야망과 번져가는 모순들 속에서 프란치스코가 나타났다. 그는 이 새로운 사회의 이면을 보았고, 사회의 새로운 우상과 화해하는 것을 철저히 거부했다. 그는 형제들에게 돈과 금품으로 인간의 가치를 저울질하는 풍조가 급격히 퍼져가는 현실에서도 온전히 하느님께 의탁하면서 복음적 불안정을 살아가라고 요청한다. 그는 생계유지와 인간관계 모든 면에서 절대 중심을 차지하던 금과 은의 시대에 바로 그 '금과 은'을 버리고 빈손으로 가난하신 그리스도를 따르라고 강력히 권고하였다. 그는 돈의 지배와 그로써 생기는 갈등들 그리고 그것들이 만들어 내는 괴로움 앞에서 가난한 이들과 버림받은 이들에게로 방향을

---

3 DAVID FLOOD, 'La libertà dal denaro', in AAVV., La regola di san Francesco. Eredità e Sfida, a cura di Pietro Maranesi e Felice Accorocca, Padova, Editrice Francescane, 2012, 337쪽.

전환했다.

이것이 바로 복음이 프란치스코에게 계시한 것, 곧 사람들 사이에서 프란치스코가 진정한 형제적 공동체를 이끌어 나가는 것이었다. 돈의 힘과 지배에 대한 갈망으로부터 방향을 전환하면서, 그는 겸손하고 가난하셨던 그리스도의 모범을 따를 것을 결심하였다. 돈이 그들의 하느님이 되었기에 상인들의 공동체는 붕괴하였으나 그는 가난을 품어 안음으로써 성공했다. 그는 진정한 형제적 공동체를 창조하는 데 성공했고, 그것을 모두에게 개방했다. 여러 사회 계층에 속한 사람들이 마침내 서로에 대한 그 어떠한 지배도 없이 형제들처럼 한데 모여 살기 시작했다. 그들 모두는 더 큰 형제적 인간성을 불러일으키는 데서 자신의 일부분을 취함으로써 자기 자신이 더 충만해질 수 있다는 것을 느꼈다. 이것이 바로 최초의 프란치스칸 형제체가 깨달았던 것으로서, 급속하고도 엄청난 발전의 비밀이었다. 초기 형제들은 당시 성직록 제도를 시행하던 교회로부터 어떠한 수입도 받아들이지 않았으며, 재산 없이 살았다. 그들은 순례하며 사람들 사이에서 일을 찾거나 동냥을 하여 생계를 유지했다. 그들은 돈을 받지 않았다. 초기의 프란치스칸 가난은 전체적으로 부활 영성으로부터 큰 영향을 받았고, 형상화되어 있었다. 형제들에게 가난이야말로 약속된 땅으로 이끄는 길이었다. 이것이 바로 형제들이 이러한 기쁨과 해방의 느낌 속에서 살았던 원인이었다.[4]

제4장은 다음과 같은 내용으로 이루어져 있다.

1. 돈과 금품에 관한 일반 원칙(1절)
2. 영신의 친구를 통해 도움을 받을 수 있는 예외(2-3절)

---

4 참조: E. LECLERC, Francisco de Asís, El retorno al Evangelio, 76-77쪽.

본문 해설

1. 돈과 금품에 관한 일반 원칙

¹ 나는 모든 형제에게 단호히 명합니다. 형제들은 직접적으로나 다른 사람을 통해서나 절대로 돈이나 금품을 받지 마십시오.

1절은 일인칭 동사로 시작하는 형식을 통하여 강하게 권고한다(praecipio firmiter). 프란치스코는 자신의 글에서 이런 강한 표현을 6회나 사용한다.[5] 이 명령은 대단한 강조의 의미를 지닌다. 또한 '모든' 형제(frateribus universis)라는 표현으로 형제들 모두를 포함하는 보편성을 드러내고 밀도를 높이고 있다.[6] 이렇게 하는 근본적인 동기는 복음을 실행하는 삶의 뿌리를 세상의 그 무엇도 아닌 하느님께 두어야 하고, 또 다른 이들을 섬기기 위한 기본 구조가 재물을 중심으로 이루어져서는 안 되기 때문이다. 따라서 프란치스코는 돈의 위험성에 대한 분명한 뜻과 단호한 의지를 표현한다.

프란치스코는 여기서 겸손하시고 가난하신 그리스도를 따르는 이 복음적 생활에, 특히 그 시대에 중요하고 구체적인 규정을 적용한다. 그는 왜 돈을 받지 말아야 하는지에 대해 「인준받지 않은 수도규칙」

---

5   비인준 규칙 24,4; 인준 규칙 4,1; 10,3; 11,1; 유언 25. 38절.

6   프란치스코는 공통으로 '전체'를 가리키는 단어로 cuntus, omnis, totus, universus를 사용한다. cuntus는 온, 전부 등의 뜻을 갖는데 어원적으로는 coniuntus로서 부분들의 결합을 두드러지게 하는 '모두 함께'의 뜻이 있다. 'Omnis'는 어떤 예외들에 반대되는 총체성을 뜻한다. Totus는 자연스럽게 전체를 형성하는 대상을 가리키는 말로 '온전한 전부'를 뜻한다. Universus는 개인이나 특별한 대상 또는 개인적으로나 또는 흩어져 떨어져 있는 대상들과 반대되는 보편성을 뜻한다. 참조: I. RODRÍGUEZ HERRARA & A. ORTEGA CARMONA, Los escritos de san Francisco de Asís, 560쪽.

에서 성경적 근거를 제시한다.[7] 첫째, 주님의 명이기 때문이다. "주님께서 복음에서 명하십니다. 너희는 주의하여라. 모든 악의와 탐욕을 경계하여라(루카 12,15 참조). 또 이 세속의 걱정과 일상의 근심에 마음을 빼앗기지 않도록 조심하여라(루카 21,34 참조)."(8,1-2) 따라서 금품에서 결코 안전을 구하려 하지 말라는 것이다. 둘째, 돈의 헛됨 때문이다. "마귀는 돌보다 금품이나 돈을 탐하거나 더 귀하게 여기는 사람들을 눈멀게 하려 합니다. 그러므로 모든 것을 버린 우리는 그처럼 보잘것없는 것 때문에 하늘나라를 잃지 않도록 조심합시다. 그리고 돈을 발견하게 되면, 헛되고 헛되며 세상만사 헛되니 우리는 그것을 발아래 밟히는 티끌처럼 여깁시다."(8,4-6) 이와 같은 맥락에서 프란치스코는 가난을 거스르는 형제를 유다라고 하였다(8,7). 그런데 「인준받은 수도규칙」에서는 아무런 동기도 제시하지 않는다. 그러나 이렇게 해야 하는 이유는 모든 것을 하느님의 섭리에 맡기는 태도에서 찾을 수 있다. 모든 것을 하느님의 섭리에 맡기고, 그 결과 하느님 나라가 모든 이들 가운데 실현되기를 희망하는 것이다.

프란치스코 시대에 돈은 부와 권력의 상징이었으며, 가난한 이들에게는 사치품이나 마찬가지였다. 그 시대에 "재산을 소유한 이들은 이미 가지고 있던 것에 더 많은 것을 더하기를 바랐다. 따라서 1210년 아씨시 시 헌장(Carta Comunale)에서 그들은 아씨시의 성장과 부, 영광을 위해 모든 사람이 정직한 시민으로서 일할 것을 촉구했다. 사실, 이것은 노동자들이 임금이 허용하는 한, 약간의 운과 기업 연대를 통해 계속 노력해야 함을 의미했다. 부와 명예는 다른 곳에서 확립되었다. 아씨시에는 대부분의 화폐 문제를 통제하는 두 가지 통화가 있었다. 파비아 동전(moneta di Pavia)과 루카 동전(moneta di Lucca)이 그것이다.

---

7   8,8은 코헬렛 1,2; 요한 12,6을 인용하고 있다.

전자는 부자들 사이에서 유통되거나 금고에 보관되는 특권 화폐였고, 후자는 일상생활에 필요한 용도로 사용되는 가난한 사람들의 화폐였다."[8] 그런데 당시 서민은 돈을 갖지 못하고 급료도 물건(음식)으로 받았다. 이런 화폐 구조는 결국 돈의 가치에 따라 사회를 둘로 나누고, 부유한 이들이 특권 화폐는 물론 서민 화폐까지도 점유하는 사회 경제적 불평등을 초래하였다.

프란치스코는 이러한 현실을 직시하면서, 돈을 갖지 못하거나 가치가 낮은 돈을 사용할 수밖에 없는 가난하고 차별을 겪으며 사는 이들과 연대하도록 돈과 금품을 받지 말라고 한 것이다. 프란치스코 시대는 돈과 재산에 기준을 두는 새로운 시대가 시작되던 때였다. 돈 있는 사람은 권력을 잡고, 모든 문이 열려 있었다. 돈은 형제들이 복음적 청빈을 사는 데 장애가 될 뿐 아니라, 가난한 이들을 착취하고 차별을 조장하는 도구였다. 당시의 돈은 안정된 수단보다 그 자체로써 최대의 안정성이 있었다. 오늘날과 달리 돈은 교환 목적이 아니었고, 그 가치가 떨어지지 않았기에 돈과 금이 같았다. 또 돈은 가장 안정된 것이었고 부자들만 가지고 있었다. 돈은 사회적인 지위도 얻어주었다. 돈으로 사람의 인격적 가치를 평가하는 분위기도 조장되었다. 그러나 형제들은 안정성이 없고 가난한 생활을 해야 하므로 돈을 갖지 말아야 했다. 우리가 돈과 금품을 갖게 되면 힘을 지니게 되어 하느님의 뜻보다는 자기 뜻대로 살려고 하고, 또 그 힘으로 다른 이들을 지배하게 되어 '작음'의 정신을 상실하게 된다. 프란치스코는 형제들의 작음(minoritas)을 유지하기 위하여 어떤 방식이든 어떠한 돈도 예외 없이 받아들이지 않는다.[9] 그는 돈과 결별함으로써 자유롭고 평등하게 형제애를 실현하는 삶으로 모두를 초대하였다.

---

8   DAVID FLOOD, 'La libertà dal denaro', in AAVV., La regola di san Francesco. Eredità e Sfida, 337-338쪽.

9   참조: F. URIBE, La Regola de san Francisco, 167쪽.

「인준받지 않은 수도규칙」에서 프란치스코는 돈을 갖거나 받지 말라고 한다. "어느 형제라도 어디에 있든지 어디에 가든지 간에 앓는 형제들 때문에 꼭 필요한 경우가 아니라면 어떤 이유로든 옷이나 책을 위해서든 어떤 일의 보수로든 어떤 방법으로도 금품이나 돈을 갖거나 받거나, 받게 하지 말 것입니다. 실상 우리는 금품이나 돈을 돌덩이보다 더 쓸모 있다고 여기거나 생각해서는 안 되기 때문입니다."(8,3)

돈으로 자기 안정을 찾는 사람은 쉽게 탐욕의 노예가 된다(마르 10,23; 10,25). 인간은 본능적으로 가질수록 더 가지려는 소유욕으로 가득 차 있다. 그런데 마태 5,3은 "행복하여라, 마음이 가난한 사람들! 하늘나라가 그들의 것이다"라고 말한다. 프란치스코는 사람의 심리 외에도 다른 이유를 말해준다. 곧 "금품이나 돈을 돌덩이보다 더 쓸모 있다고 여기거나 생각해서는 안 되기 때문입니다"(비인준 규칙 8,3)라고 한다. 그는 "여러분은 재물과 하느님을 함께 섬길 수 없다"(루카 16,13)라는 예수님의 가르침대로 신학적인 근거를 제시한다. 그는 악마의 세계와 하느님의 세계를 비교한다. 돈을 받고 돈으로 자신을 구원하려는 사람은 하늘나라에 속하지 못하고, 악마에게 속하여 노예가 되는 것이다. "그러니 모든 것을 버린 우리는 그처럼 보잘것없는 것 때문에 하늘나라를 잃지 않도록 조심합시다"(8,5)라고 말한다. 프란치스코에게 돈은 사람을 도구화하고 노예화할 수 있는 악마와 같은 위험성을 지닌 것이다.

돈과 금품의 차이는 무엇인가?[10] 돈(Denarius)은 12동판법에도 언

---

10 참조: I. RODRÍGUEZ HERRARA & A. ORTEGA CARMONA, Los escritos de san Francisco de Asís, 560-562쪽; 이에 관한 상세한 연구는 L. HARDICK, 'Pecunia et denari'. Untesuchungen zum Geldverbot in den Regel der Minderbrüder, in Franziskanische Studien 40(1958) 193-217, 313-328; 41(1959) 268-290; 43(1961) 216-243쪽 참조.

급되는 화폐로서 고대 로마에서 유통된 은화를 그렇게 불렀다. 그것은 노동자의 하루 품삯을 지칭하는 말이었는데, 중세 서양에서는 화폐를 총칭하는 의미로 쓰였다. 금품(Pecunia)은 Pecus(짐승, 재산)에서 나온 단어로서 농경문화로부터 유래하며 원래는 가축류로 대표되는 재산의 총체를 가리켰다. 여기서 우리는 금품의 어원(pecus)으로부터 '탐욕'이라는 윤리적인 평가를 함으로써 세부적인 의미에 지나친 가치를 부여하지 않도록 유의해야 한다. 서기 3세기부터 화폐의 의미가 강조되면서 pecunia는 구리나 청동 또는 은으로 만들어진 것을 가리켰고, denarius는 금과 같은 더 고급스러운 금속으로 만들어진 주 화폐였다.[11] 이렇게 두 화폐는 등급의 차이를 보여주기도 했다. 한편 파리의 네 교수는 '금품'(pecunia)의 뜻을, 무엇인가를 팔려는 의도로 가격을 매기는 모든 것으로 확장하였다.[12] '금품'은 화폐인 돈뿐 아니라 물질적인 재화를 포함하는 더 넓은 의미의 것이다.

수도규칙의 이 용어들을 올바로 이해하려면, 프란치스코에게 영감을 주었던 복음의 언어를 살펴볼 필요가 있다. 마태오 복음 10,9절 "전대에 금도 은도 구리 돈도 지니지 마라"라는 말씀에서 '구리 돈'이란 용어는 라틴어로 pecunia로 번역된다. 복음 본문에 따르면, 그리스도는 그 제자들에게 그들의 사도직 비용으로 금, 은 또는 구리로 된 그 어떠한 종류의 화폐 사용도 금지하였다. 여기서 세 가지 금속들은 이미 호메로스(Homerus)에 의해 알려진 것인데, 셋 중에 구리의 가치가 더 떨어졌다. 수도규칙의 본문은 마태오 복음과의 관계에서 일부 변경을 보여준다. 실제로 '금과 은' 대신에 입법자는 'denarius'를 사용하고 pecunia란 단어를 보존하고 있다. 이에 비추어 볼 때 이 두 용어는 프란치스코의 금지를 더욱 명확히 하기 위하여 의도된 반복일 수 있

---

11 참조: J. Micó, 'El Carisma de Francisco de Asís', in SelFran n.79(1998), 24쪽 각주 228.

12 Expositio Quatuor Magistrorum, 142쪽.

다. 프란치스코는 부와 탐욕을 동시에 표현하려는 의도로 '돈과 금품'이라는 용어를 함께 사용하였을 것으로 보인다. 또 두 등급의 화폐를 연결해서 언급함으로써 돈이나 재물 그 어떤 것으로부터의 위험도 배제하려고 했을 것이다. 프란치스코의 명령은 예수님이 제자들에게 했던 것과 같은 범위의 것이다.

작은 형제들은 어떤 종류의 화폐도 소유하지 않고 하느님께 자신을 온전히 내맡기며 살아야 한다. 작은 형제는 인격을 돈으로 저울질하거나 사람을 도구화하는 위험을 경계하고, 돈을 사랑의 친교를 위해 나누고 되돌릴 수 있어야 한다. 유다는 돈 때문에 주님을 팔아넘겼으나 돈과 주님과 자신 모두를 잃었다.

돈과 금품에 대한 금지의 강조는 같은 맥락에서 네 차례나 사용된 (인준 규칙 4,1; 5,3) '받다'(recipere)라는 동사가 누군가의 청에 대해 '건네다, 받아들이다'라는 뜻임을 고려할 때 더 두드러진다. 이는 자선가들이 받아달라고 청한다 해도 받아서는 안 된다는 뜻이다. 반면에 '기꺼이 받아들인다는 것'(suscipere, 비인준 규칙 22,14 참조)은 자발적인 움직임을 통해서 '건네지고, 받아들여지는 것'을 말한다.[13] 그러나 여기서는 'suscipere'란 동사를 사용하지 않고 있다. 프란치스코가 '절대로 받지 말 것'이라고 한 것은 그만큼 엄격힌 명령임을 잊지 말아야 한다. 이러한 엄격성은 '직접적으로나 다른 사람을 통해서도' 받을 수 없다고 표현된다. 여기서 "'다른 사람을 통해서'(per interpositam personam)는 중개자의 의미를 지닌 유스티니아누스 법전의 문구이다."[14]

---

13   참조: I. Rodríguez Herrara & A. Ortega Carmona, Los escritos de san Francisco de Asís, 562쪽.

14   참조: F. Uribe, La Regola de san Francisco, 166쪽; I. Rodríguez Herrara & A. Ortega Carmona, 같은 책, 562쪽.

돈과 금품에 대한 프란치스코의 태도는 이미 이 세상에서 이루어지기 시작한 하느님 나라와 관련된다. 곧 형제들은 이미 하느님 나라에 속한 사람들이고, 하느님 때문에 아무런 소유 없이 사는 사람이기에 하느님 나라의 증거가 되어야 한다(마태 6,25-33 참조). 이렇게 형제들은 하느님 나라를 먼저 찾고, 하느님 사랑을 믿으면서 축복을 받으리라는 희망으로 하느님 나라에 들어와 있다는 증거를 보여주어야 한다.

2. 영신의 친구를 통해 도움을 받을 수 있는 예외(2-3절)

² 오직 봉사자와 보호자들만이 장소와 계절 그리고 추운 지방에 따라 필요하다고 판단하면 앓는 형제들에게 필요한 것과 다른 형제들의 옷가지를 위해서 영신의 친구들을 통하여 자상하게 배려할 것입니다. ³ 그러나 위에서 말한 대로 돈이나 금품은 받지 말 것을 늘 명심할 것입니다.

2절에서 '앓는 형제들에게 필요한 것과 다른 형제들의 옷가지'가 필요한지에 관한 판단은 '봉사자와 보호자'가 한다. 여기에 나오는 '봉사자와 보호자'(minister et custos)는 원래 '봉사자와 종'(minister et servus)과 비슷한 중복어일 것이다.¹⁵ 프란치스칸 봉사와 섬김의 정신을 잘 표현해주고 있는 '보호자'(custos)라는 용어는 「인준받지 않은 수도규칙」에는 나오지 않고 1220년 9월 22일자 「쿰 세쿤둠 콘실리움」 칙서에 처음으로 사용되었다.¹⁶ 이때만 해도 이 용어는 형제회의 장상을 지칭하

---

15 K. Esser, La Orden Franciscana. Origenes e Ideales, Aránzazu 1976, 109쪽.

16 'Custos'란 용어는 성인의 글에 17회<인준 규칙 4,2; 8,4; 8,2; 8,5; 1보호자 편지 1. 9절에 2회; 2보호자 편지 1절; 봉사자 편지 16. 17절; 은수처 규칙 9; 하느님 찬미 6절; 유언 31. 32. 35절; 형제회 편지 2. 47절> 나온다. 1223년 11월 29일 이후 작성된 것으로 보이는 「형제회에 보낸 편지」는 '모든 봉사자와 보호자 형제들'(2)을 언급하는데, 여기서 '보호자'(Custos)는 「인준받은 수도규

는 용어로 사용되지 않았다. 'Custos'란 용어는 원래 계급 사회 시대에 주로 가난하고, 무지하고, 권력이 없는 하층민이나 종들이 담당했던 일과 관련하여 사용되었다. 프란치스코의 글에서도 처음에는 고유한 직책을 가리키는 데 사용되지는 않았고(인준 규칙 8장 참조), 수도회의 최고 장상에게까지 폭넓게 적용되었던 것으로 보인다. 프란치스코는 대수도승원의 아빠스(Abbas)나 소수도승원의 원장(Prior)이란 용어를 사용하지 않고, 형제들에게도 '아무도 장상이라고 부르지 말고, 반대로 모두가 똑같이 작은 형제들이라 부를 것'(비인준 규칙 6,3)이라고 함으로써 가난을 통한 형제애를 살기 위한 수평의 틀을 중요시하였다. 그뿐만 아니라 이런 수평의 틀 안에서, 형제회의 모든 직책이 지배하는 '보호자'가 아니라 돌보고 섬기는 '봉사자'임을 분명히 한 것이다.

한편 프란치스코는 형제들이 기본적인 인간 조건에 대한 최소한의 배려를 받으면서 하느님께 나아가기를 바랐다. 그래서 "봉사자와

칙」의 기능적인 직책이 아닌, 일반 장상을 일컫는 것으로 보인다. 「형제회에 보낸 편지」에서는 아직 각 지역 형제체의 '형제들의 다른 보호자 및 수호자'를 언급하지 않는다. 이들은 성인의 개인 장상으로 언급되는 「유언」(27 이하) 마지막 부분에(47) 가서야 'guardianus'로 언급된다. 「은수처를 위한 규칙」 9절과 「보호자 형제들에게 보낸 첫째 편지」, 「형제회에 보낸 편지」에서도 보호자는 일반적인 장상을 뜻하는 것으로 보인다. 한편 「어느 봉사자에게 보낸 편지」에서 '보호자'(16.17)는 형제들의 영적 지도를 책임지고 있는 것으로 봐서 '관구봉사자'이다(K. Esser). 그러나 12절과 14절의 '수호자'(guardianus)는 지역 형제체의 수호자를 가리킨다. 성인이 「유언」을 썼을 때는 관구늘이 보호자에 의해 운영된 작은 행정단위로 나뉘었으므로 'Custos'(보호자)는 분명 'Guardianus'(27.30)와 더불어 규정된 직책을 뜻했을 것이다. 결국 프란치스코의 글에 나타난 '보호자'란 용어는 세 가지 뜻이 있다. 첫째, 우리를 지켜주시는 주님을 가리키고(하느님 찬미 6), 둘째, 총봉사자를 포함하는 모든 봉사자를 뜻하며, 셋째, 고유 직책으로서의 지역장상이다(유언). 보호자는 처음에는 순례하는 형제들을 맡았다. 사실 봉사자(Minister)와 보호자(Custos)란 용어는 초기 문헌에는 동의어로 쓰이다가 후에 관구를 맡은 자는 관구봉사자, 관구의 일정한 지역의 형제들을 맡은 이는 보호자(Custos)라 했다. 이러한 직무상의 보호자는 봉사자에게 종속되어 그의 방침을 따라야 했다. 어쨌든 보호자들도 자신에게 맡겨진 지역에서 자기 형제들을 회의에 소집할 수 있었다(인준 규칙 8,5).

보호자들이 장소와 절기 그리고 추운 지방에 따라 부득이하다고 판단하면, 병약한 형제들에게 필요한 것과 다른 형제들의 옷가지를 위해서, 영신의 친구들을 통하여 자상하게 배려할 것입니다"(4,2)라고 한다. 이러한 배려는 「베네딕토 수도규칙」에도 나온다. "의복은 형제들이 거주하는 지방의 여건과 그 기후에 따라 줄 것이니, 추운 지방에서는 더 많이 필요하고 더운 지방에서는 적게 필요하기 때문이다. 그러므로 이에 대한 고려는 아빠스의 소관이다. ... 아빠스는 시기하는 자들의 나쁜 뜻을 생각하지 말고 필요한 사람들의 연약함을 고려할 것이다."(55,1-3. 21)

그러나 프란치스코의 배려는 훨씬 더 유연하고 폭이 넓으며 철저하다. 「베네딕토 수도규칙」은 수도승들에게 의복을 주는 기준으로 '거주하는 지방의 여건과 기후'와 '필요한 사람들의 연약함'을 제시한다. 그러나 프란치스코는 '장소, 절기, 기후'와 '부득이하다고 판단하면'을 그 기준으로 제시함으로써 애덕의 실행에 필요한 각자의 처지와 고유함과 내면의 자유를 존중하는 유연함을 보여준다. 동시에 다른 형제들과 달리 '병약한 형제들에게는 모든 필요한 것'을 배려하라고 함으로써 애덕의 실행에 제한을 두지 않고 있다. 나아가 그 배려는 장상이 자기 권한에 따른 의무 수행으로 나타나는 것이 아니라 철저한 '타자 중심'의 배려이며, 사랑의 동기에서 우러나오는 '극단적 차별'로 표현되는 '특별한 배려'이다. '특별한 배려'의 정신은 "어머니가 자기 육신의 자녀를 기르고 사랑한다면 자기 영신의 형제들을 한층 더 자상하게 사랑하고 길러야 하지 않겠습니까?"(인준 규칙 6,8)라는 구절에 잘 나타나 있다.

프란치스코는 또한 '필요한 것'의 기준을 정할 수 없음을 알고 있었다. 그래서 필요한 것은 환경에 따라 다르다는 것을 인정한다. "지방과 계절, 추운 지방에 따라"라고 하고, '필요성'의 기준은 형제마다 다르다는 것을 알고 있었기에 '필요하다고 생각되는 대로'라고 말한다. 프란치스코가 사용한 '장소와 계절에 따라'(secundum loca et tempora) 라는 표현은 1절에서 보여준 지극히 높으신 가난에 대한 그의 사랑이 유연하고 따뜻한 형제애로 표현되고 있음을 보여준다. 여기서 우리는 그가 절대의 가난을 추구하면서도 얼마나 자유롭게 형제들을 사랑했는지 알 수 있다.

프란치스코는 봉사자들과 보호자들에게 형제들이 일의 대가로 받은 음식, 물건과 구걸하여 얻는 음식으로 형제들을 제대로 돌보아 줄 수 없을 때만 영신 친구들의 도움을 청하라고 한다. 그는 돈을 금지하면서도 봉사자들에게 앓는 형제들을 위해 조심스럽게 또 형제들의 의복을 위해서만 돈이 아닌 것으로 '영신의 친구들'(amicos spiritualis)의 도움을 받을 수 있다고 한다. 형제들은 자신만을 위해 일하지 않고 타인의 복지에 관심을 가졌다. 작은 형제들의 일은 공리주의적인 것이 아니라 사람과 관련된 것이었다. 그들은 많은 것을 베풀면서 가난한 사람들에게 다가갔고, 도움이 필요할 때 동료들의 도움에 의지했다. 형제들이 도움을 청한 이 '영신의 친구들'은 누구일까? 형제들은 다른 사람들과 나눌 준비가 되어 있었고(비인준 규칙 14장), 성공한 상인들과 권력자들이 아니라 다른 형제자매 노동자들에게 큰 도움이 될 정도로 동료 노동자들과 교류했다(7장). 노동자들은 '영적 친구'가 되기에는 형제들이 떠난 세상과 너무 많은 관계를 유지했다. '영신의 친구들'은 막연히 형제들에게 호김을 느끼는 사람들이 아니니 형제에 역학 관계의 근간이 되는 육체적인 사람과 영적인 사람의 구별에 따라 영적인 사람으로 보아야 할 것이다.[17] '영신의 친구들'은 형제들과 같은 정신으로 사는 사람들이며, 우리 생활과 수도규칙에 어긋나는 것은 절

---

17 참조: DAVID FLOOD, 'La libertà dal denaro', in AAVV., La regola di san Francesco. Eredità e Sfida, 341쪽.

대로 하지 않고 허락하지 않음으로써 우리를 영적으로 도와주는 친구들이다.[18] 카타리파나 그 외의 여러 파에도 자기 이상을 온전히 지키는 '완전한 자'(Perfecti)와 그들에게 생활필수품을 제공하는 '믿는 자들'(Credentes)이 있었다. 발도파와 당대의 그와 유사한 운동들은 '친구' 혹은 '원조자'가 있었다. '친구'는 세상 안에 살면서 순회설교자를 도왔다. 이와 매우 유사하게 수도규칙에서 말하는 '영신의 친구'는 나중에 성 프란치스코의 제3회가 된 평신도 '프란치스칸 회개자들'이었을 것으로 본다.[19] 1223년 형제들의 삶에서 '영신의 친구'의 역할로 형제들은 대중 연대의 강력한 인간화 과정에 참여할 수 있게 되었고, 이는 물질적 재화의 힘으로 다른 사람들과 거리를 두려는 부자들의 확고한 의도와는 큰 차이가 있었다.[20] '영신의 친구들'의 도움으로 재물에 매이지 않게 됨으로써 가난하고 비참한 대중들과 더 깊은 연대를 이루게 된 것이다.

'영신 친구'에 대해서는 「인준받은 수도규칙」 여기에서만 언급된다. 왜냐면 1221년의 「인준받지 않은 수도규칙」에서는 이와 같은 결정적인 형태가 언급되지 않았는데, 1221년은 '회개하는 형제'라는 그

---

18 「인준받은 수도규칙」에 나타난 영신의 친구들(amicos spiritualis)은 이후 다양한 형태로 나타난다. 1230년 Quo elongati에서는 은인 대표를 두도록 했는데, 이는 영신의 친구와 재무담당을 겸하는 형태였다. 1245년 Ordinem vestrum에서는 교황청 대리인(Syndicus Apostolicus) 제도를 도입하였고, 이 제도는 1279년 Exiit qui seminat 칙서에서 폐지되었다. 1283년에 이 제도는 부활했다. 1679년 11월 20일 인노첸시오 9세는 Sollecitudo pastoralis 칙서를 통해 형제들의 돈 사용 금지를 양심적 계명으로 규정했다. 이는 1953년 회헌까지 그대로 적용되었다. 그러나 호노리오 3세가 모로코 선교사들에게 돈 사용을 허락한 이래(1226.3.17 Ex parte vestra) 바오로 6세는 총봉사자들의 요청으로 가난한 자들에게도 돈 사용의 필요성을 이유로 형제회에서 돈 사용을 허락하였다. 그 결과 총평의회와 관구평의회가 경리 임명권을 가지게 되었다.

19 F. URIBE, La Regola de san Francisco, 169쪽; J. MICÓ, 'El Carisma de Francisco de Asís', in SelFran n.79(1998), 26쪽.

20 참조: DAVID FLOOD, 'La libertà dal denaro', in AAVV., La regola di san Francesco. Eredità e Sfida, 341쪽.

룹이 성 프란치스코에 의해 시작된 해라고 추측되기 때문이다. 따라서 형제들은 1221년 이후 영신 친구들의 도움을 받을 수 있었던 것으로 보인다.[21]

이는 두 수도규칙을 비교해 보면 분명히 드러난다. 「인준받지 않은 수도규칙」 8장에서는 돈을 받는 것을 엄격하게 금지하면서도 한 가지 예외를 인정한다. "앓는 형제들 때문에 꼭 필요한 경우가 아니라면 어떤 이유로든 옷이나 책을 위해서든 어떤 일의 보수로든 어떤 방법으로도 금품이나 돈을 갖거나 받거나, 받게 하지 말 것입니다."(8,3)

프란치스코가 「인준받지 않은 수도규칙」에서는 앓는 이를 위하여 예외적으로 돈을 받을 수 있는 여지를 두었는데, 「인준받은 수도규칙」에서는 어떤 경우에도, 어떤 식으로도 돈을 못 받게 한 이유는 무엇인가? 첫 번째 이유는 형제가 아프다는 것을 핑계로 돈을 받음으로써 탐욕에 빠질 가능성까지도 배제하고 온전히 하느님의 섭리에 맡기고자 한 것이다. 두 번째 이유는 「인준받지 않은 수도규칙」이 작성되던 때와 달리 1223년 「인준받은 수도규칙」에서는 '영신 친구들'의 도움을 받을 수 있었으므로 돈에 관한 예외 규정을 삭제한 것이다. 「인준받지 않은 수도규칙」이 작성된 1221년 무렵에는 세상에서 프란치스코의 이상을 따라 살려는 무리가 생겨났지만, 그때는 제삼자의 도움을 받을 여지가 없었기에 예외를 설정했었다.

프란치스코는 2절에서 '필요하다고 판단되는 경우' 앓는 이들을 위하여 필요한 것과 다른 형제들을 위한 옷가지를 받을 수 있다는 예외를 허용한다. 그러나 3절에 와서는 1절에서 단호히 명했던 바를 다시 상기하면서 금품과 돈을 받지 말아야 한다는 엄격한 원칙을 되풀이하여 강조한다. 1절과 3절의 이 되풀이를 통해 프란치스코는 '복음

---

21   참조: K. ESSER, Melius Catholice Observemus, 142쪽.

이 되고', '주님의 영'을 지니며, 형제애로 일치하기 위한 가장 중요한 길로 우리를 초대한다. 프란치스코는 가난을 사는 데도 세상 안에서 같은 이상을 살아가는 형제자매들의 형제적 사랑과 배려에 기꺼이 의지하는 겸손을 보였다.

"「인준받은 수도규칙」 제4장은 노동자들과의 연대가 정의로운 사회와 평화로 이어진다는 확신을 표현한 것이다. 정의로운 사회는 무엇보다도 분배적 정의를 통해 드러나는데, 분배적 정의는 한마디로 편리한 삶의 방식을 위한 도구이다. 이것이 세상의 빈곤 상태를 물리칠 수 있는 길이다."[22] 그런데 수도규칙의 최종 추인 후 몇 년 지나지 않아, 「쿼 엘롱가티」(1230년) 칙서는 재정문제를 다룰 평신도 대리자(Nuntius)와 긴급한 필요를 위해 기부금을 맡아두는 '영신의 친구'를 두는 것은 수도규칙에 어긋나지 않는다고 선언하였다. 그 결과 「인준받은 수도규칙」 제4장의 정신과 달리 형제들은 가난한 노동자와의 연대에서 멀어져갔다. 프란치스코는 볼로냐에 연구소를 열었을 때 어떤 결과가 초래될지 잘 알고 있었으며, 자신의 손으로 연구소를 허물고 싶을 정도였다. 돈의 사용이 당연시되는 오늘날, 초기 형제들의 삶과 수도규칙 제4장의 근본정신을 되살려 가난한 이들과 연대하며 분배적 정의를 실현하도록 힘써야겠다.

■ 현대적 적용 ■

수도규칙 제4장에서 프란치스코 성인은 매우 단호하고도 엄격하게 절대로 돈이나 금품을 받지 말라고 한다. 돈을 받고 사용하는 문제는 작은형제회 역사에서 오랜 기간 논쟁거리가 되었으며, 교황의 개

---

22 DAVID FLOOD, 'La libertà dal denaro', in AAVV., La regola di san Francesco. Eredità e Sfida, 347쪽.

입에도 내부 분열로 치닫는 중요한 요인이 되기도 했다. 초기에 작은 형제들은 교회로부터 어떠한 수입도 받아들이지 않았으며 재산 없이 살았다. 그들은 순례하며 사람들 사이에서 일을 찾거나 구걸을 하여 생계를 유지했다. 그 까닭은 당시 새로운 사회에서 돈은 부와 힘의 상징으로 통용되었고, 인간관계를 파멸시켰기 때문이다. 새로이 생겨난 자치 도시들은 돈에 의해 속박되었는데, 그런 세상에서 프란치스코와 그의 동료들은 기쁨에 찬 가난으로 진정한 젊음과 세상의 참된 해방이 어디에 놓여 있는지를 보여주었다.

수도규칙의 돈에 관한 엄격한 금지는 형제들이 급격히 증가하고 집과 생계유지를 위한 현실적 요구가 커가면서 현실 적응의 어려운 문제를 드러냈다. 그레고리오 9세 교황의 칙서를 시작으로 교황들의 해석은 기본적으로는 프란치스코의 정신을 존중했지만, 현실에 적응시키려는 방법들을 허용하였다. 1970년에는 작은형제회와 카푸친 작은형제회 봉사자들의 요청에 따라 교황 바오로 6세가 프란치스칸들이 돈을 사용하는 것을 합법화한다고 선언하기에 이르렀다. 이제 더는 돈 사용과 관련하여 논쟁할 필요가 없어졌다.

오늘날 우리는 직접적으로나 간접적으로 돈을 받지 않고 살 수 없는 현실을 살고 있다. 특히 돈이 사회에서 인정받는 한, 삶의 필요를 제공하는 유일한 교환 수단인 이상 수도규칙을 문자 그대로 살기는 불가능하다. 그러나 그 근본정신을 잃지 않도록 해야 한다. 작은형제회 회헌은 이렇게 규정한다. "모든 형제는 주님의 종이며 지극히 거룩한 가난을 따르는 사람답게 가난한 사람들에게 어울리는 방법과 공동체에 대한 연대책임을 가지고 돈을 사용할 것이다."(82,1) 나아가 소비주의와 재화의 소유를 중시하는 세상에서, 우리 스스로가 '필요성'을 앞세워 무감각하게 돈을 대하지 않도록 경계하고, '더 나은 것', '더

편리한 것'을 추구하기보다 '최소한으로 만족'하려고 힘써야 할 것이다. 돈과 생계유지를 위한 수단은 사도들의 방식으로 이루어져야 한다. 곧 예수님은 제자들에게 돈의 사용을 금지하지는 않으셨으나, 그들이 복음선포 임무에서 수행에 따른 보상에 집착하지 않기를 바라셨다. 돈에 집착하고 돈을 우상시하는 한 복음이 들어설 자리는 사라지는 까닭이다.

프란치스코 성인은 바로 여기서 영감을 받았기에 '엄격한 금지'라는 계율의 관점이 아니라 하느님 나라 실현을 위해 소유와 재산 소유에 대한 갈망으로부터의 자유에 초점을 두고 가난을 실행했다. 그는 돈에 대해 엄격하게 금지하면서도 형제들과 가난한 이들을 돌보는 사랑의 배려에는 깊은 관심을 보인다. 형제의 인격과 형제애의 가치는 금전적 가치에 우선함을 분명히 한 것이다. 진정한 형제애는 호화로운 식탁, 빈번한 외식, 쓸데없는 물건으로 가득 찬 창고와 식품 저장고, 음료와 간식이 가득한 휴게실, 자발적인 노동과 절제의 노력 없이 다른 이들의 도움을 청하는 행위 등으로 만들어지는 것이 아님을 명심할 필요가 있다.

돈 관리와 관련하여 개방성, 투명성, 공정성은 매우 중요하다. 이는 개인적으로나 공동체적으로 늘 염두에 두어야 할 점이다. 개방성은 초기 형제들이 돈에 대해 표현했던 단호한 거리 두기를 상기하고 존중함으로써 오늘날의 경제적 불의에 맞서 싸우는 방법을 찾는 데 도움이 될 것이다. 투명성은 또 다른 탐욕과 불의를 막는 기본적인 방편이다. 한편 청빈 서원을 한 수도자는 자신에게 생긴 재물과 금전은 모두 수도회에 내놓아야 하고, 수도회는 소속 회원들이 수도생활을 하는 데 필요한 모든 것을 제공해야 한다. 이 상호 의무와 배려가 잘 이루어지지 않을 때 복음적 청빈을 실행하기는 어려워질 것이다. 장상이 가난을 지나치게 강조하며 구성원들의 필요를 채워주지 않을 때 청빈 생활과 관련된 개방성과 투명성을 살 수 없게 된다. 돈과 재물의 사용과 관리에 관한 개방성이 충실히 보장되려면 형제 개인에게는 책임 있고 성숙한 식별이 요청되고, 장상에게는 형제들을 사랑으로 기르는 따뜻한 배려의 자세가 요청된다.

오늘날 돈은 새로운 우상이 되어 삶 전반을 뿌리째 뒤흔들고 있다. 인간을 소유욕의 존재로 전락시키고, 소모품처럼 여기는 문화가 인간의 존엄과 품위를 훼손하는 일이 일상화하고 있다. 그런 가운데 물신주의와 심각한 빈부격차, 실업 등으로 배척되어 사회 밖으로 밀려난 이들, 버려지고 착취된 이들이 늘어간다. 돈이 사랑과 선을 실현하는 데 쓰이기보다 새로운 독재 권력이 되어 삶을 피폐하게 하는 현실이 펼쳐지고 있음을 부인할 수 없다. 이러한 자본의 폭력이 낳은 불평등 앞에 프란치스코 성인의 '소유 없이'(Sine proprio), 곧 '자기 것 없이 사는' 삶은 우리를 인간 회복의 길로 이끄는 등불이다. 우리는 '소유 없이'의 삶과 애정 넘치는 형제애를 통해 온 세상에 하느님의 선을 실현하도록 힘써야겠다.

제5장
일하는 자세

¹ 주님께서 일하는 은총을 주신 형제들은 충실하고 헌신적으로 일할 것입니다. ² 이렇게 함으로써 영혼의 원수인 한가함을 쫓아내는 동시에 거룩한 기도와 헌신의 정신을 끄지(1테살 5,19 참조) 않도록 할 것입니다. 현세의 다른 모든 것들은 이 정신에 이바지해야 합니다. ³ 그리고 일의 보수로 자기와 자기의 형제들을 위하여 돈이나 금품을 제외하고 육신에 필요한 것들을 받아들이되, ⁴ 주님의 종이며 지극히 거룩한 가난을 따르는 사람답게 겸손히 받아들일 것입니다.

[인준받지 않은 수도규칙의 병행 구절]
[봉사와 일하는 자세]
¹ 모든 형제는 남의 집에서 봉사하거나 일하기 위하여 어느 곳에 가든지 감독관이나 관리인이 되지 말아야 하며, 봉사하는 이들의 집에서 주 책임자가 되지 마십시오. 또한 추문을 일으키거나 자기 영혼에 해를 입히는 (참조: 마르 8,36) 어떤 직책도 맡지 말 것입니다. ² 오히려 같은 집에 있는 모든 이들보다 더 낮은 사람이 되고 아랫사람이 되어야 합니다.
³ 그리고 일을 할 줄 아는 형제들은 일을 할 것이며, 알고 있는 기술이 영혼의 구원에 해가 되지 않고 올바르게 쓸 수 있다면, 그 기술을 사용할 것입니다. ⁴ 예언자가 "네 손으로 벌어들인 것을 네가 먹으리니 너는 행복하여라, 너는 복이 있어라"(시편 127,2) 하고 말하고, ⁵ 또 사도는 "일하기 싫어하는 자는 먹지도 마라"(참조: 2테살 3,10)고 하며, ⁶ 또 "저마다 부르심을 받았을 때의 기술과 일을 그대로 유지하십시오"(참조: 1코린 7,24)라고 말하기 때문입니다. ⁷ 그리고 형제들은 일의 보수로 금품을 제외하고 필요한 모든 것을 받을 수 있습니다. ⁸ 그리고 필요하다면 다른 형제들처럼 동냥하러 다닐 것입니다. ⁹ 그리고 각자의 기술에 필요한 공구와

연장을 가질 수 있습니다.
¹⁰ "네가 일에 몰두해 있는 것을 마귀가 보게 항상 좋은 일에 종사하라"[1]고 적혀 있으니, 모든 형제는 땀 흘려 "좋은 일을 하도록 힘쓸 것"입니다. ¹¹ 또 다른 곳에는 "한가함은 영혼의 원수다"[2]라고 적혀 있습니다. ¹² 그러므로 하느님의 종들은 언제나 기도나 어떤 좋은 일에 열중해야 합니다.
¹³ 형제들은 은수처들이나 다른 처소들 어디에 있든지 간에, 어떤 곳도 자기 것으로 소유하지 말고, 또 누구와 다투면서 그것을 지키려 하지 않도록 조심할 것입니다. ¹⁴ 그리고 찾아오는 사람은 누구나, 벗이나 원수든, 도둑이나 강도든 모두를 친절하게 맞을 것입니다. ¹⁵ 그리고 어디에 있든지 또 어느 곳에서 만나든지 형제들은 서로 영적으로 정성껏 대하며, "불평불만 없이 서로"(1베드 4,9) 존경해야 합니다. ¹⁶ 그리고 형제들은 위선자들처럼 겉으로 침통한 표정을 짓거나 찌푸린 얼굴을 하지 않도록 조심할 것이며(참조: 마태 6,16), 오히려 "주님 안에서 기뻐하고"(참조: 필리 4,4) 명랑하며, 적절히 쾌활한 모습을 보일 것입니다.

개요

프란치스코의 운동은 손노동을 복음적 선택에 통합된 한 요소로서 받아들였던 청빈 운동 전통과 연결되어 있다. 우리는 1209년 「원수도규칙」(Protoregula, Propositum)에 일에 관한 어떤 지침이 있었는지 알지 못한다. 그러나 분명한 것은 이미 초기부터 오래된 노동 체험을 했을 것으로 짐작되는 지침들이 1221년 「인준받지 않은 수도규칙」에 존재한다는 사실이다. 「인준받지 않은 수도규칙」 제7장은 "모든 형제는 남의 집에서 봉사하거나 일하기 위하여 어느 곳에 가든지 감독관이나

---

[1] Hieronymus, Epist, 125,11; S. Gregorius Magnus, Hom., in Ev., XIII.
[2] 「베네딕토 수도규칙」 48,1

관리인이 되지 말아야 하며, 봉사하는 이들의 집에서 주 책임자가 되지 마십시오. 또한 추문을 일으키거나 자기 영혼에 해를 입히는 어떤 직책도 맡지 말 것입니다. 오히려 같은 집에 있는 모든 이들보다 더 낮은 사람이 되고 아랫사람이 되어야 합니다"(1-2)라고 규정한다. 그런데 이 규정에는 남의 집에서 오랫동안 일함으로써 생기는 지배, 소유와 같은 부정적인 결과가 전제되어 있다. 따라서 그에 대한 경계를 구체적으로 명시하고 있다.

제5장의 내용은 「인준받지 않은 수도규칙」 제7장의 일에 관한 지침들로부터 영감을 받은 것으로 이전 수도규칙의 내용을 요약한 것이 아니라 형제체의 발전을 보여주는 일부 측면들 안에서 일의 개념을 받아들이고 있다. 먼저 제5장을 잘 이해하기 위하여 「인준받지 않은 수도규칙」과의 차이점을 살펴볼 필요가 있다.

첫째, 「인준받지 않은 수도규칙」에서는 일하는 주체가 "모든 형제"(7,1)인데, 「인준받은 수도규칙」에서는 "주님께서 일하는 은총을 주신 형제들"로 바뀌었다. 이는 커다란 변화가 있었음을 시사해주는 대목이다. 대부분 남의 집에서 봉사하거나 손노동에 종사하던 초기와는 달리 1223년 「인준받은 수도규칙」을 작성할 무렵에는 이미 세 그룹, 곧 기도하는 형제들, 설교하는 형제들, 노동하는 형제들로 나뉘고 노동하는 형제들은 현저히 줄어들었다. 제5장은 이 생활을 받아들이려고 찾아오는 사람들에 관하여 「인준받지 않은 수도규칙」에 반영되었던 상황과는 달리 이제는 성직자들의 입회가 예외가 아니라 다수가 되었음을 말해주는 증거이다.

둘째, 「인준받지 않은 수도규칙」은 프란치스코와 그의 첫 동료들이 남의 집에서 일하면서 작은 자로서의 태도를 잃지 말아야 한다는 유의사항을 언급한 다음, 일의 보수로 돈을 받지 말라고 한다. 그러나 「인준받은 수도규칙」은 먼저 돈을 받지 말라는 금지가 나오고, 이어서 일에 대한 유의사항이 언급된다. 이 점 또한 돈의 위력 앞에 직접 노출되어 유혹을 받게 된 여건을 반영하고 있다.

셋째, 「인준받지 않은 수도규칙」은 '일을 할 줄 아는 형제들'에 대해 언급하면서, "알고 있는 기술이 영혼의 구원에 해가 되지 않도록 올바르게 쓸 수 있다면 그 기술을 사용하라"(3)고 권고한다. 이는 손노동에 대한 이해와 존중을 드러내는 본문이다. 반면에 「인준받은 수도규칙」은 "일하는 은총"에 대해 언급하면서 형제들에게 일하는 자세로서 "충실하게 또 헌신적으로" 일하고 무엇보다도 기도와 헌신의 정신을 잃지 말라고 권고한다. 여기서 일이 우리의 정체성을 규정하는 것은 아니지만, 하느님과 사랑의 관계를 굳건히 해주는 은총임을 상기시켜주고 있다. 그러나 주님께서 일할 은총을 주시지 않은 형제들은 무엇을 하는지 질문할 수 있다.

제5장은 가난과 작음의 관점에서 일의 본질과 가치, 목적, 일하는 태도, 일의 보수 등에 관하여 규정한다. 특히 손노동을 하는 형제들이 현저히 줄어든 상황에서 '현세의 모든 것은 기도와 헌신의 정신에 이바지해야 한다'라고 한 것은 우리 삶에서 무엇이 가장 중요한지를 잘 말해준다.

일하는 자세에 관한 수도규칙 제5장을 깊이 이해하려면, 일에 관한 역사적 배경을 살펴볼 필요가 있겠다. 호세 메리노는 나음과 같이 설명한다.[3] 고대 그리스에서는 모두가 육체노동을 천한 것으로 여기지는 않았다. 그러나 플라톤-아리스토텔레스 철학 및 이 사상들과 비슷한 귀족 정치에 의해 육체노동의 가치는 평가절하되었고 그것은 노

---

[3] 참조: J. A. Merino, 김현태 옮김, 프란치스칸 휴머니즘과 현대사상, 가톨릭대학교 출판부, 1992, 321-323. 329쪽.

예들의 특별한 과제로 여겨졌다. 프란치스칸 운동이 발생한 중세시대에 와서 노동은 자유 예술 내지는 자주성이 모자란 예술로 구분, 정의되었고 또 그렇게 불렸다. 이는 사회적인 일에 종사하는 두 개의 계층, 곧 지적인 일에 몰두하여 큰 호평을 받던 사람들 그리고 육체노동과 보잘것없는 일에 종사한 사람들과 일치한다. 특히 후자는 거의 제2 계급의 시민들로 여겨졌으며 경원시 되거나 교양이 없는 자들로 취급되었다. 이런 상황에서 노동은 성경의 영향으로 교회의 특성을 띠게 되고, 수덕적인 전망에서 한가함을 피하고 보속하며 육체를 업신여기는 방편과 생계유지의 수단으로써 나타났다. 이러한 사회, 문화적인 맥락에서 일하는 가운데 성 프란치스코는 노동 세계 안에서 새로운 관계들을 창조하며 생활하게 된다.

11-12세기의 이단적 청빈 운동들은 일반적으로 자신들 선택의 기본적인 요소들 가운데 하나로 손노동을 받아들임으로써 그것을 재평가하였다. 자신의 필요를 충족시키려고 필요 이상으로 벌어들이지 않고, 자기 손으로 일하며 사는 것은 이미 그들의 사도적 이상에 속하는 것이었다. 11세기에 아라스(Arras) 그룹은 자신들의 손으로 일하여 생활비를 버는 것을 사도적-복음적 규범으로 여겼다. 12세기에는 땅을 대규모로 개간하고 새로운 상업 경제가 발달하면서 노동이 더 큰 중요성을 띠게 되었다.[4] 12세기에 '그리스도의 가난한 자들'(Poveri di Christo)이라고 불린 쾰른 그룹은 사도들과 순교자들처럼 생활하기에 충분한 것을 지니는 데 만족하면서 여기저기 돌아다니며, 기도하고 일하면서 살았다.[5] 후밀리아티(Humiliati)는 생계유지 수단으로 손노

---

4 참조: P. RIVI, Francis of Assisi and The Laity of His Time, 조원영·권숙애 역, 프란치스코와 당대의 평신도, 잔꽃송이 문고 1, OFS국가형제회, 2004, 35쪽.

5 참조: H. GRUNDMANN, Movimenti religiosi nel Medioevo, (tr. italiana di M. Ausserhofer & L. N. Santini), Bologna 1970, 19. 411쪽.

동을 하는 관습을 받아들이고, 그것을 가난한 이들을 돕는 수단으로 여겼다. 그들은 종교적 관점에서 일에 대해 더 긍정적인 고려를 하려는 흥미로운 첫 시도를 하였다.[6] 발도파(Valdesi)는 생계수단인 손노동의 수용에 관한 기준들을 통일시키는 데 이르지 못했다. 리용의 '가난한 이들'은 신자들의 애긍에 의존하며 살았고, '가난한 롬바르디아인들'(Poveri Lombardi)은 빵을 얻기 위하여 손노동을 하였다.[7] 이 모든 것으로부터 우리는 손노동이 수도생활 조직에 거의 통합되긴 했지만, 중세 청빈 운동에서 더 두드러졌던 것으로 볼 수 있다.

「베네딕토 수도규칙」은 일에 관한 수도승 전통을 잘 말해준다.[8] 노동은 수도승 생활에서 특별한 위치를 차지하였다. 수도승에게 가장 우선적인 일은 기도이며, 노동은 더욱 근본적인 기도에 도움이 되기 위한 것이다. 원칙적으로 한가함은 영성 생활에 해로우니 피해야 하며, 노동과 독서가 균형 있게 배정되도록 주의를 기울여야 한다(48,1). 일을 선택하기 위한 주된 기준은 필요(48,3)와 순종(48,11)이다. 수도승들은 자신에게 맡겨진 다양한 일을 직접 했지만, 덕행의 모범이 되어야 했기에 일종의 고용된 노동자에 의해 이루어지는 것이 더 일상적이었다. 수도승들은 아주 힘든 노동에는 익숙하지 않았다. 일은 공동체의 유익을 위해 필요하며, 그 일을 하는 형제의 수도 정신에 해가 되지 않아야 한다고 생각했기에 자기가 선택하는 것이 아니라 주어졌다(7,40; 25,3; 31,15; 48,11 등). 그리고 노동은 기도와 덕행의 삶에 유익할 수 있을 때 비로소 의미를 지닌다고 보았다(7,63). 또 노동은 공동체에서 연대감을 이루는 하나의 방법으로 여겨졌기에 혼자 일하는 벌을

---

6 P. Rivi, 프란치스코와 당대의 평신도, 35쪽.

7 참조: H. Grundmann, Movimenti religiosi nel Medioevo, 75-112쪽.

8 참조: 마이클 케이시, 채진영 옮김, '베네딕토 규칙서와 그 전통 안에서 본 육체노동', (원문: Tjurunga, 78(2010), 38-63쪽), 70-75쪽.

받으면, 일 자체보다는 공동체로부터 제외되는 것을 뜻했다(25,3). 베네딕토 성인 이후 변화된 환경에 따라 후대 수도승들의 노동에서 많은 변화가 일어났다.[9] 전반적으로 수도승들이 교육과 사목 그리고 선교 활동에 더 많이 관여하게 되었고, 상대적으로 육체노동에 종사하는 수도승 수는 적어졌다. 수도승들은 사제로 서품되어 개인 미사를 집전하게 되면서 높은 사회적 지위를 얻게 되었다. 소수의 수도승만이 건축일과 생계와 수입을 위한 일에 종사하였다. 더 힘든 일은 주로 수도원 밖의 노동자들에게 맡겨지다가 결국에는 평수사들의 몫으로 돌아갔다.

프란치스코도 일의 가치를 수덕적, 금욕적인 데서 찾았던 대수도원 전통의 영향을 받았다. 그러나 그는 일에 관하여 당대인들과 비교할 때 더 복음적이고 현대적인 이상을 가지고 있었다.[10] 곧 형제들의 일은 형제애(Fraternitas)와 작음(Minoritas)의 정신과 깊이 연관되어 있다 (비인준 규칙 7장 참조). 그는 자발적으로 가난을 살려고 하였으며, 일과 관련해서도 모든 이에게 순종함으로써(유언 19) 모든 이와 사회적 연대를 이루고 사회적 우애를 실행하였다. 프란치스코에게 일은 생계유지와 한가함을 피하기 위한 수덕의 방편 그 이상의 것이었다. 그는 일터 한복판으로 들어가 모든 이에게 순종함으로써 평등한 관계 안에서 하느님의 선과 인간의 존엄함, 정의와 평화를 드러내고 복음을 선포하였다. 그는 자신의 동료들뿐 아니라 수도자가 아닌 이들까지 포함하여 누구든 '형제'라 부르며 일을 통하여 형제적 관계를 드러내고 형제애를 실천하였다. 프란치스코는 형제회가 생기기 전이나 초창기에

---

9   참조: 마이클 케이시, '베네딕토 규칙서와 그 전통 안에서 본 육체노동', 83쪽.
10 L. IRIARTE, 프란치스칸 소명, 167쪽.

도 손수 일했다(유언 20절 참조).[11] 그때나 지금이나 노동자는 멸시당하고, 사람들은 노동의 존엄성을 믿지 않았다. 프란치스코는 생계유지와 작음의 덕성을 키우도록 일하라고 가르친다. 그는 손노동과 허드렛일을 중요시하며 땀 흘려 열심히 일하고 작은 자와 낮은 자의 자세로 일하기를 바랐다. 그는 일을 자신과의 관계에서 보았을 뿐 아니라 이웃과의 관계에서 그들을 섬기는 데서 복음의 가치를 실현해 나갔다. 사도들, 특히 사도 바오로는 노동하면서 살았다. 그는 "우리는 여러분과 함께 있을 때 무질서하게 살지 않았고, 아무에게서도 양식을 거저 얻어먹지 않았으며, 오히려 여러분 가운데 누구에게도 폐를 끼치지 않으려고 수고와 고생을 하며 밤낮으로 일하였습니다"(2테살 3,7-8)라고 말한다. 사도 바오로의 모범처럼 프란치스코와 초기 형제들은 손수 일하였으며 돈 대신 다른 음식 등을 받았고, 부족할 때 동냥을 청하였다. 노동은 형제회 초기부터 사람들을 섬기는 일반적이고 주된 방법이자 사도직 생활의 일부였다. "당시 제단에서 생활할 권리는 성직자들에게만 유보되었다. 그리고 발도파와 같은 일부 평신도 청빈 운동은 성직자와 같은 원천에서 그 존재 의미를 찾음으로써 설교에 종사하려고 손노동을 거부하였다. 그러나 초기 프란치스칸 형제체는 이를

---

11 보나벤투라는 프란치스코가 손으로 일하여 12페니도 벌지 않았음을 확신한다고 말한다. 보나벤투라는 자기 증언에 신뢰도를 높이려고 형제회 안에서 손노동에 대한 기피를 정당화하는 데 과도한 관심을 둔다. 우리는 보나벤투라도 손으로 일하여 12페니도 벌지 못했다고 생각하게 된다.<성 보나벤투라, Epistola de tribus quaestionibus, *in* Opera omnia VIII (Quaracchi 1898) 334.> 프란치스코가 '일'에 대하여 「유언」에서 사용한 단어는 'laboritium'이다. 이 것은 중세 라틴 사전에는 나타나지 않고 오로지 프란치스칸 본문에만 언급된다. 이 단어의 일차적 의미는 '단조롭고 지루한 일' 또는 '매일의 일' 흔히 농촌에서 일하는 것을 지칭한다. 그러나 C. Cenci는 세 권으로 된 Documentazione di vita assisiana에서 laboritium이 기능공의 일을 의미하는 예도 많음을 지적한다. 「인준받지 않은 수도규칙」은 일을 하는 데 필요한 도구의 소유를 허용할 때 이 사실을 확인하고 있다.

받아들이지 않았으며, 오히려 손노동을 생계의 원천으로 삼았다."[12] 나아가 전통적 대수도원과 당대의 후밀리아티 등의 단체들과 달리 생계를 위해 수도원 안팎에 생산 조직체를 설치하지 않고, 다른 이들을 고용하지 않았으며, 형제들 스스로 일을 찾았다.[13] 형제회 역사를 보면, 한때 기도와 헌신의 정신만이 강조되어 손노동이 뒷전으로 밀려난 적도 있었다. 손노동을 위해 사람이 필요한 경우에 평형제를 입회시키는 때도 있었고, 수도자들의 노동을 대신할 봉헌자들(Oblati)이 생겨나기도 했다. 작은형제회에서 손노동이 잊힌 적은 없었지만, 그 중요성이 다시 주목받은 것은 1973년 작은형제회 회헌에 와서다.

제5장은 다음과 같은 내용으로 이루어져 있다.

1. 일의 기본적인 기준들(1-2절)
2. 일의 보수(3-4절)

본문 해설

1. 일의 기본적인 기준들(1-2절)

¹ 주님께서 일하는 은총을 주신 형제들은 충실하고 헌신적으로 일할 것입니다. ² 이렇게 함으로써 영혼의 원수인 한가함을 쫓아내는 동시에 거룩한 기도와 헌신의 정신을 끄지(참조: 1테살 5,19) 않도록 할 것입니다. 현세의 다른 모든 것은 이 정신에 이바지해야 합니다.

---

12   J. Micó, 'El Carisma de Francisco de Asís', in SelFran n.79(1998), 27쪽 각주 235.

13   참조: L. Iriarte, 프란치스칸 소명, 168쪽.

1) 일의 본질

¹ 주님께서 일하는 은총을 주신 형제들

본문은 이 규정의 주체를 확정하면서 시작된다. 일의 주체는 수도 규칙을 따라야 하는 모든 형제가 아니라 신학적 범주에서의 성직형 제이든 평형제이든 '일하는 은총'을 받은 일부 형제들이다(fratres illi).¹⁴ 여기서 사용된 '일하다'(laborare)란 동사는 이 단어가 중세에 지녔던 전형적인 의미에 따라 손 또는 육체의 동작을 실행하는 것으로 알아들어야 할 것이다.¹⁵ 「인준받지 않은 수도규칙」에서는 '일하다'라는 동사가 '섬기다'(servire)라는 동사와 함께 나타나는데 이는 좀 더 복음적인 의미를 부여한다.

프란치스코는 모든 것을 은총으로 받아들였다(봉사자 편지 2 참조). 그는 노동을 부정적인 관점에서 원죄의 고통스러운 결과로 여기지 않고, 인간을 위한 은총이며 선물로 봄으로써 그 긍정적, 영성적 가치를 분명히 하였다. 그는 사회적으로 차별을 받는 가장 보잘것없는 이들의 차지였던 육체노동 또한 '하느님의 은총'으로 재평가한 것이다. 그는 소외되고 차별받는 이들을 위해 그들 가운데 끼어들어 그들과 함께 살면서 차별을 극복하려 하였고 하느님의 선(善)을 드러내고자 하였다. 아울러 일할 수 있는 능력도 주님으로부터 받은 은총으로 보았다. 곧 일은 하느님의 은총이지만, 손노동이 모든 형제의 의무는 아니었다. 그런데 우리 인간은 활동하고 일하는 데서 자주 개인적인 이익과 개인적인 만족감만을 찾게 되는데, 일이 은총인 만큼 하느님의 뜻

---

14 참조: F. URIBE, La Regola de san Francisco, 176-177쪽.

15 여기서 전형적인 의미라고 한 것은 이미 13세기에 일이 육체노동, 지적 또는 영적인 노동으로 명확히 구분된 것을 볼 수 있기 때문이다.

을 이행하는 데에만 그것을 사용해야 한다. 따라서 일할 줄 아는 형제들은 그것이 하느님의 은총임을 깨달아 그 은총에 충실하게 응답하여야 한다. "모든 형제는 땀 흘려 좋은 일을 하도록 힘쓸 것입니다."(비인준 규칙 7,10)

그런데 일이 형제회가 실행할 선택인 '거룩한 복음의 양식'에 통합된 하나의 은총이라고 하면서도 모든 형제에게 그것을 적용하지 않고, 오직 '주님으로부터 일하는 은총을 받은 형제들'에게만 적용하는 것은 매우 흥미로운 사실이다. 원래는 손노동이 생활양식의 복음적 요소로서 모든 형제에게 적용되었으나, 손노동을 하는 형제들의 수가 현저히 줄어들어서일까? 당시 기도와 일이 형제들에게 항구한 업무나 양립할 수 없는 '직무'가 아니라 '생활양식'을 사는 대체적인 모델이었다는 점은 분명하다.[16] 설교자들에 관하여 보면, 봉사자들의 허락이 요구되는 직무로 여겨졌다는 점을 고려해야만 한다. 설교는 도미니코 회원들처럼 조직적인 것이 아니라 다른 일을 겸하면서 하였고 설교만을 위한 준비와 헌신이 요청되지는 않았다. 형제들에게 공식적이고 정통한 설교라는 관점에서 보면, 다소 걱정스러운 면이 있었으며, 그러한 설교가 형제들의 배타적인 업무나 가장 중요한 것도 아니었다.

「인준받지 않은 수도규칙」은 "나의 모든 형제 곧 설교하는 형제들, 기도하는 형제들, 노동하는 형제들에게 간청합니다"(17,5)라고 하면서 세 부류의 형제들을 언급한다. 그러나 이런 구체적인 언급에도 세 부류의 형제들이 따로 있었다는 말이 아님에 유의할 필요가 있다.[17] 설교, 기도, 노동이라는 형제체의 세 가지 영역은 자질과 개인적 은사를

16　참조: 아씨시 편집본 71; 2첼라노 163. J. Micó, 'El Carisma de Francisco de Asís', in SelFran n.79(1998), 32쪽.

17　J. Micó, 같은 논문, 32쪽.

존중하면서 모든 형제에게 맡겨진 것이었다. 이렇듯 틀림없이 현실에 부합되지 않았을 1221년 「인준받지 않은 수도규칙」에 소개된 일에 대한 이러한 개방은 의도적이었는지 또는 법을 현실에 적용하기 위한 것이었는지 알 수 없다. 그러나 「인준받은 수도규칙」에 와서는 모든 형제가 손노동을 한 것이 아니라 '주님의 은총을 받은 형제들'만이 일을 했을 것으로 보인다.

프란치스코는 「유언」에서 "나는 내 손으로 일을 하였고 또 지금도 일하기를 원하며 다른 모든 형제도 올바른 허드렛일에 종사하기를 간절히 바랍니다. 일할 줄 모르는 형제들은 일의 보수를 받을 욕심 때문이 아니라 모범을 보이고 한가함을 쫓기 위해서 일을 배울 것입니다"(20-21)라고 권고한다. 여기서 그는 '일하는 은총'에 대한 언급을 하지 않은 채 '일할 줄 모르는 형제들은 일을 배워야' 한다고 말한다. 그는 일이 은총이지만, 일을 완성하고 일을 배우려면 인간 편에서의 관심과 능력 또한 요구됨을 상기하고 있다. 그는 생애 말년의 병고와 연약함 때문에 손노동뿐 아니라 다른 업무를 허락하면서 손노동에 대한 계획된 모델을 소개한다. 프란치스코는 바로 「유언」의 이 대목에서 초기 형제체에 대한 회상을 하면서 그러한 삶의 계획을 허용하지 않는 새로운 수도회에 손노동이 적용되기를 간절히 바라고 있다.

어쨌든 1절 본문은 교회 안에서 위치를 찾는 발전과정에서, 작음의 성소의 특징적 요소인 손노동에 대해 프란치스코가 부여한 의미를 함축하고 있다. 「인준받은 수도규칙」이 작성될 때 수도규칙에서 일에 관하여 규정하였다. 그런데 얼마 가지 않아 모든 형제가 노동하지는 않았고, 소수의 한 그룹만 있었거나 아니면 아무도 없었을 수도 있다. 손노동이 점차 사라지는 것은 대수도원적인 양식을 향한 형제회의 발전과정과 일치한다. 분명한 사실은 형제들을 위해 지은 집이나 거처에 점차 형제체가 정착하고 좀 더 성직적인 사도직이 증가하며, 손노동의 유지가 작음을 실행하고 생계유지에 필요한 것을 얻기 위한 고유한 방식으로 조건 지워졌다는 것이다. 그 결과 '다른 이들을 위하여' 일하는 의미를 상실하게 되었고, 아마 틀림없이 평신도들이었을 형제들의 일정한 그룹이 형제체에 주님을 통하여 주어진 '일하는 은총'을 받은 형제들로 남게 되었을 것이다.[18]

교회 안에서 형제회가 자신의 위치를 찾으면서 획득한 구조적 틀 안에서 일의 가치는 무엇이었을까? 프란치스칸 '생활양식'의 요소인 일은 교회 안에 복음을 읽고 사는 새로운 양식의 창설자요, 조명자인 프란치스코가 교회에 던진 의미심장한 내용으로 되돌아가기 위하여 우리가 일을 떠맡을 때만 생활 규범이 될 수 있다. 주님으로부터 받은 일하는 은총이 생활 규범이 된다는 것은, 일 자체보다도 일하는 형제 자신이 복음이 되어야 함을 뜻한다. 따라서 교회 안에서 작은 형제들의 일이 갖는 의미는 복음을 보여주는 계기이며, 삶의 본질적인 부분에 속했다.

2) 일하는 태도

^{1절 후반} 충실하고 헌신적으로 일할 것입니다.

1절 후반부에서 프란치스코는 일하는 태도에 관하여 "충실하고 헌신적으로"(fideliter et devote) 일해야 한다고 가르친다. 이 두 단어는 프란치스코가 복합적인 의미를 지니는 한 가지 내용을 표현하기 위하여 자주 사용하는 일종의 중복어법으로서 동의어라 할 수 있다. 'fideliter'

---

18 같은 논문, 33쪽.

에는 곧 하느님께 대한 신앙, 하느님 안에서의 충실성, 하느님 안에서의 신뢰 이 세 가지 언어적 색조가 포함되어 있다. 따라서 'fideliter'은 '신앙으로' 또는 '충실하게'로 번역할 수 있다. 한편 devote는 온 마음을 다해서, 정성을 다하여 일에 전념하는 것을 말한다.[19] 헌신의 태도는 에페소서의 다음 말씀과 통한다. "사람들의 비위를 맞추기 좋아하는 자들처럼 눈가림으로 하지 말고, 그리스도의 종으로서 하느님의 뜻을 진심으로 실행하십시오. 사람이 아니라 주님을 섬기는 것처럼 기쁘게 섬기십시오."(6,6-7)

하느님의 은총에 대한 유일한 태도는 '충실성'과 '헌신'이다. 이런 태도는 하느님께 의탁하는 자세와 하느님께 봉헌하는 자세이다. 곧 일하는 자세가 기도하는 자세와 같아야 한다는 뜻이다. 하느님의 은총을 받은 사람의 태도는 주님을 바라보고, 그분께 찬미와 감사를 드리는 기도의 자세여야 한다. 그러나 '헌신적'인 태도가 오늘날의 '신심'이란 용어와는 거리가 멀다는 사실을 유념해야 한다.[20] 프란치스코는 1절 본문을 통하여 일이 단순한 삶의 태도를 넘어서서 우리가 있어야 할 '기도 자체'이며, 기도와 일이 분리되는 실체가 아님을 가르쳐 준다.

이런 관점에서 프란치스코 성인은 종종 주님께서 일과 친숙하지 못한 미지근한 수도자들을 "당신 입에서 비께 뱉어버리신다"(2첼라노

---

19 'Devote'의 동사형 devoveo는 '헌신하다, 전념하다, 몸을 바치다, 정진하다, 몰두하다, 자신을 잊다.' 등의 뜻을 갖는다. 프란치스코의 축성적 어휘는 축소되어 나타난다. 그는 consecrare, sacer, devote를 두 번씩, devotio를 세 번 사용한다. 반면에 devovere, dicare, sacrare, vovere는 한 번도 사용하지 않는다. Devotio는 동사 devovere의 동작이고 결과이다. 곧 '신들에게 전적으로 몸 바치는 것 또는 봉헌하는 것'을 말하는데 이처럼 devote는 '전적으로 바치는 것'을 뜻한다.

20 참조: J. Micó, 'El Carisma de Francisco de Asís', in SelFran n.79(1998), 34쪽.

161)라고 말하였다. 그는 게으른 수도자들을 보면 곧바로 야단을 쳤다. 그는 늘 헌신적으로 일하면서 형언할 수 없는 보배인 시간을 조금도 헛되이 보내지 않고, 사랑의 완성을 위해 모범을 보여주었다.

3) 일의 목적(2절)

² 이렇게 함으로써 영혼의 원수인 한가함을 쫓아내는 동시에 거룩한 기도와 헌신의 정신을 끄지(참조: 1테살 5,19) 않도록 할 것입니다. 현세의 다른 모든 것들은 이 정신에 이바지해야 합니다.

(1) 영혼의 원수인 한가함을 쫓아냄

2절은 '이렇게 함으로써'(ita quod)라는 말로 시작되는데 이는 단지 연결 역할만 하는 것이 아니라 1절과 2절의 긴밀한 상호관계를 잘 말해준다. 곧 '충실하고 헌신적으로 일함으로써' 한가함을 쫓아내고 기도와 헌신의 정신을 끄지 않을 수 있게 되며, 거꾸로 기도와 헌신의 정신을 지닐 때 충실하고 헌신적으로 일할 수 있게 된다. 여기서 내적 통일성과 깊이를 부여해 주는 고리는 '헌신적'이라는 단어이다. 은수자들은 한가함과 헛된 생각을 피하고 때로는 그저 시간을 보내기 위하여 일했다. 그리고 파코미오 수도승들에게 일은 수덕의 목적뿐만 아니라 생계유지를 위해 필수적이었다.

프란치스코는 파코미오처럼 일의 두 가지 측면을 함께 고려하면서도 한 걸음 더 나아가 어떤 일을 어떻게 할 것인가, 곧 '일에 대한 영성적 태도'를 매우 중요시한다. 일에서 또 하나의 관점은 영혼의 원수인 한가함을 피하는 동시에 땀 흘려 올바른 일을 하라는 것이다.[21] 초

---

21 「베네딕토 수도규칙」 48,1 : "한가함은 영혼의 원수이다(Otiositas inimica est animae). 그러므로 형제들은 정해진 시간에 육체노동을 하고 또 정해진 시간

기 형제들은 생계유지와 수덕을 위해서 일하였다. 형제들에게 일은 생계유지의 수단으로서만이 아니라 영혼을 돌보는 길이기도 하다. 우리는 현세적인 이익이나 재물에 대한 탐욕을 버리고 늘 좋은 일에 종사해야 한다.[22] 본질에서 올바른 것은 그 자체로 올바른 목표를 지닌다. 올바른 일을 해야 한다는 것은 일 자체가 좋다는 것뿐만 아니라 일의 목표와 방법, 일하는 과정 모두가 올바르고 정의로워야 함을 뜻한다. 「인준받지 않은 수도규칙」은 이에 관해 아주 적절히 권고한다. "'네가 일에 몰두해 있는 것을 마귀가 보도록 항상 좋은 일을 하여라'라고 적혀 있으니, 모든 형제는 땀 흘려 좋은 일을 하도록 힘쓸 것입니다."(7,10) 한가할 때는 마음과 혀가 탈선적인 일로 방황하게 된다(2첼라노 161). 한가함이야말로 악덕이 침입하는 문이다. 프란치스코에 따르면, 일의 가치는 모범을 보여주는 데 있다. 형제들은 사람들 가운데에서 일하면서 세상 사람들에게 완전한 그리스도교적 사랑을 증거하였다. 형제들은 일을 통하여 지나치게 일이나 물질만을 아는 사람들에게 하느님의 사랑을 알려주어야 할 것이다.

(2) 기도와 헌신의 정신을 끄지 않도록 할 것

형제들은 일하는 가운데에서도 거룩한 기도와 헌신의 정신을 끄지 않도록 해야 한다(5,2). '기도'와 '헌신'이란 말은 서로 아주 다른 의미를 지닌 말이다. 프란치스코에 따르면, '기도'는 영이 현존하는 양식의 하나이며, 형제가 되기 위한 하느님과의 대화이다. 명사형 'devotio'(헌신)는 부사 'devote'와 같은 어근을 갖는데 주님께 대한 전적인 봉헌을 뜻한다. "'헌신'은 클레르보의 베르나르도가 성령과 관련된 하느님의 선물과 같은 실재라는 것을 설명하려고 사용한 말이다. 이는 기도에

에 성독(聖讀)을 할 것이다."

22 참조: 비인준 규칙 7,10.12; 유언 20.

대한 강한 열심, 곧 하느님을 사랑하려는 열망에서 흘러나오는 열심이 표현된 일종의 열정 체험이다."[23] 이 경우에 '기도'와 '헌신'의 결합은 고유의 의미를 서로 풍요롭게 해주면서 새로움을 창출한다. '기도와 헌신'이라는 언어적 새로움은 둘을 가를 수 없게 만든다. 따라서 여기서 기도는 전례나 신심 행위를 위한 기도나 신심으로 축소될 수 없다. 결국 이 두 단어의 결합을 통해 주님께 대한 영원한 봉헌과 유사한 특징을 지니게 해주는 영의 특별한 작용을 알아차리게 된다.

본문은 '끄지 않도록 할 것입니다'(non extinguant)라는 가정법 형식을 취하는데, 이는 기도와 헌신의 정신을 불태우듯이 계속 지니도록 '밀어붙이는 듯한' 특징을 지니게 하여 마치 명령처럼 받아들일 것을 요청한다.[24] 그러나 한편으로 '끄다'(extinguere)라는 동사의 실제 의미가 은유의 특징을 지니고 있다는 점도 고려된다. 여기서 강조되는 것은 기도와 헌신 정신의 '지속성'과 '항구성'이다. 인간은 자칫 일에만 몰두하거나 집착할 수 있으므로 늘 거룩한 기도와 헌신의 정신을 잃지 않도록 하여야 한다. 이런 정신에 따라 현세의 모든 일을 하여야 한다. 곧 기도 안에서 일하도록 해야 하며, 일 자체가 바로 기도가 되도록 해야 한다. 이는 단순히 기도와 일의 조화 문제를 넘어서는 하느님과 내 삶의 근원적인 통합을 말하는 것이다. 그렇게 해야만 일 자체가 하느님의 뜻을 따르고, 하느님께 영광을 돌려드리는 것이 된다. 이런 관점에서 프란치스코는 「안토니오 성인에게 보낸 편지」에서 신학 연구를 허락하면서도 기도와 헌신의 정신을 강조한다.

²절 후반 **현세의 다른 모든 것들은 이 정신에 이바지해야 합니다.**

---

23   R. J. Armstrong, '아씨시의 성 프란치스코. 복음적 삶에 대한 글(V)', 프란치스칸 삶과 사상 제16호(2001년 봄), 227쪽.
24   참조: F. Uribe, La Regola de san Francisco, 180쪽.

'현세의 다른 모든 것들'(cetera temporalia)은 한정되지 않는 복수의 것으로 거의 모든 것을 가리킨다. 프란치스코는 '현세의 다른 모든 것들이 기도와 헌신의 정신에 이바지'하는 것이 그 무엇보다도 중요하다는 것을 강조한다. 이는 그에게 가장 중요한 관심사였다. 기도를 무엇보다도 먼저 영의 활동으로 파악한다는 것은 기도야말로 가장 근본적인 욕망의 표현임을 깨닫는 것이다. 여기에서 프란치스코는 단순히 기도와 노동이나 사도직을 적절히 균형 있게 추구하라고 말하는 것이 아니다. 이는 노동에 구속되지 않고 어떤 일이든 기도 안에서 함으로써 노동 자체가 하느님을 만나는 계기가 되어야 함을 말한 것이다. 프란치스코는 '하느님을 만나고 그분께 전적으로 자신을 바치는 것'이 복음을 사는 사람들의 삶의 중심이 되고, 우선되어야 함을 강조해서 가르친다. 그는 이것을 「인준받은 수도규칙」에서 "오히려 우리가 제일 먼저 애써 추구해야 할 것은 주님의 영과 그 영의 거룩한 활동을 마음에 간직하는 일"(10,8)이라고 다시 강조한다.

대부분 사람에게서 일의 목적은 수익을 올리기 위해서인데, 우리는 하느님 때문에 모든 이에게 봉사한다. 형제들은 일하는 데서 "오히려 같은 집에서 거주하는 모든 이들보다 더 낮은 사람이 되고 아랫사람이 되어야 한다."(비인준 규칙 7,2) 일은 봉사의 한 방법이 되고, 사랑을 실천하고 증거할 수 있는 길이다. 노동이 경제 논리로 다루어지는 현대에 우리는 참으로 작은 형제로서 '이익이 없는' 일을 통하여서도 사람들에게 봉사해야 한다. 이런 의미에서 일은 더불어 일하는 사람들을 쇄신의 길로 인도하고, 하느님을 체험하도록 도와주는 중요한 계기라 할 수 있다.

「인준받지 않은 수도규칙」 7장에서 알 수 있듯이, 프란치스코는 노동을 노동하는 인간과 깊이 연관된 가치로 보았다. 그는 노동이 종교적인 가치를 중시하면서 모든 일은 부르심에 대한 봉사로 보았다.

프란치스코의 복음적 사명은 가난한 이들과 보잘것없는 이들을 위해 모든 이를 섬기는 것이었다. 따라서 작은 형제들은 감독관이나 관리인이 되거나 주관하는 직책을 맡지 않고 모든 이보다 더 낮은 사람이 되어 기쁘게 봉사해야 한다(비인준 규칙 7,1-2). 이렇게 함으로써 인간은 소유와 지배와 독재라는 유혹으로부터 해방될 수 있을 것이다. "프란치스코는 육체노동 안에서 힘겨운 과제뿐만 아니라 사회적인 차별을 바라보고 있었다. 그리고 그는 가난하게 되고 모든 이의 종이 되는 가운데 그들과 함께하기를 원하였으며 이 점을 자신의 형제들에게도 요청하였다. 육체노동에 종사하는 동안 그는 다른 사람들을 경멸하거나 비판하거나 업신여기지 않았다."[25] 이러한 복음적 몸짓이야말로 현세의 모든 일이 기도와 헌신의 정신에 이바지할 것이 분명하다.

2. 일의 보수(3-4절)

[3] 그리고 일의 보수로 자기와 자기의 형제들을 위하여 돈이나 금품을 제외하고 육신에 필요한 것들을 받아들이되, [4] 주님의 종이며 지극히 거룩한 가난을 따르는 사람답게 겸손히 받아들일 것입니다.

일의 보수는 각자의 임무, 생산성, 기업의 상황, 공동선을 고려해서 본인과 그 가족들에게 물질적, 사회적, 문화적, 정신적 생활을 품위 있게 영위할 수 있는 수단을 제공할 정도의 것이라야 한다(사목 67). 그러나 프란치스코는 일 자체를 대가를 받기 위한 것이 아니라 하느님의 선물로 받아들였다. 여기서 '보수'(merces)는 '보상', '임금'으로 번역할 수도 있다.

25　J. A. MERINO, 프란치스칸 휴머니즘과 현대사상, 329쪽.

이 구절은 일이 생계유지의 한 방법임을 명확히 말해준다. 그러나 제6장은 무엇인가를 소유하게 하는 일을 금지하면서, 재물의 축적을 금지한다. 프란치스코는 「인준받지 않은 수도규칙」에서 다음과 같이 말한다. "우리 모든 형제는 무슨 보상이나 업적이나 도움을 구실로 우리의 정신과 마음을 주님한테서 떨어지게 하거나 빼앗기지 않도록 우리 자신을 힘써 지킵시다."(22,25) "모든 형제는 어떤 부정(不淨)한 이득을 얻고자 이리저리 돌아다니지 않도록 조심할 것입니다."(8,12) 그리고 "형제들은 일의 보수로 금품을 제외하고 필요한 모든 것을 받을 수 있습니다"(7,7)라고 한다.

프란치스코는 초기 형제들의 일에 대해 「유언」에서 다음과 같이 회고하며 권고한다. "나는 내 손으로 일을 하였고 또 지금도 일하기를 원하며 다른 모든 형제도 올바른 허드렛일에 종사하기를 간절히 바랍니다. 일할 줄 모르는 형제들은 일의 보수를 받을 욕심 때문이 아니라 모범을 보이고 한가함을 피하기 위해서 일을 배울 것입니다. 그리고 우리가 일의 보수를 받지 못할 때는 집집마다 동냥하면서 주님의 식탁으로 달려갑시다."(유언 20-22) 곧 일해주고 보수를 받지 못할 때도 받을 권리를 주장하지 말고, 주님의 종처럼 겸손하게 동냥을 청하라고 가르친다. 여기서 '주님의 종'이라는 표현은 의전수도회 전통에 속하는 것이다.

「인준받지 않은 수도규칙」은 보상을 받기 위해 주님으로부터 우리 마음을 멀어지지 않게 하라는 소극적인 태도를 언급한다. 그리고 「유언」은 보수를 받지 못할 때는 주님의 섭리에 맡기라고 권고한다. 「인준받은 수도규칙」은 「인준받지 않은 수도규칙」과 마찬가지로 일의 보수로 돈을 받지 말라고 한다. 그러나 일의 보수로 육신에 필요한 것을 받아들일 때도 동냥을 청할 때와 마찬가지로 "지극히 거룩한 가난을 따르는 사람답게 겸손히 받아들이라"(4)고 한다. 곧 일의 보수와 관련지어서도 자신을 하느님의 선이 드러나도록 하는 도구로 삼아주신 하느님께 감사드리며, 생계유지를 위해 부족할 때는 「유언」의 말씀처럼 주님의 식탁으로 나아가라는 것이다. 여기서 당대의 관습에 따르면, '육신에 필요한 것'(corporis necessaria)은 정의에 비추어 노동자에게 하루 생활을 위해 필요한 임금을 말한다.[26] 「인준받은 수도규칙」은 이렇게 규정한다. 형제들은 "이 세상에서 순례자와 나그네처럼 가난과 겸손 안에서 주님을 섬기면서 신뢰심을 가지고 동냥하러 다닐 것입니다."(6,2) 여기서도 가난과 겸손은 깊이 연관되어 있다.

토마스 첼라노는 일의 보수가 아니라 일하는 모범을 강조하는 데 초점을 맞추어 초기 형제들의 삶을 상세히 전해준다. "막일을 할 줄 아는 형제들은, 낮에는 나환자들의 숙소나 적당한 곳에 머물면서 모든 사람에게 겸손하게 헌신적으로 봉사하였다. 불미스러운 일이 생길 수도 있는 직(職)을 거절하였으며 언제나 거룩하고 옳고 성실하고 유익한 일만을 행하였고, 상종하게 되는 모든 이들에게 그들의 겸허와 인내의 본보기를 따르도록 인도했다."(1첼라노 39; 세 동료 41 참조)

프란치스코의 수도규칙들에서 동냥은 항상 순례자요 나그네로 사는 삶과 가난한 삶과 깊이 연관되어 있다. 그런데 유의해야 할 점이 있다. 곧 가난한 순례자로서 동냥할 수 있지만, '필요한 경우'(비인준규칙 7,8) 곧 일의 보수를 받지 못하거나 일에 대한 정당한 대가를 받긴 했으나, 부족한 경우 또는 나환우와 앓는 형제들을 위해 필요한 경우 등에만 동냥할 수 있다. 수도규칙의 초기 주석가들은 자기 일을 통

---

26 참조: Los escritos de Francisco y Clara de Asís. Textos y Apuntes de lectura. Colección Hermano Francisco n.40, Oñati 2001, 262쪽 각주 225.

해 얻은 것을 받는 사람 중에 나환우들과 가난한 이들을 포함하곤 하였다.[27] 이는 실생활에서 일의 은총을 헛되이 하고 게으르게 지내면서 남의 도움에만 의지하려는 이들에게 강력한 자극이 될 것이다(2첼라노 75 참조).

■ 현대적 적용 ■

제5장에서 프란치스코는 오늘날의 노동 개념에 가까운 더 폭넓은 전망을 제시한다. 초기 공동체는 프란치스코를 본받아 나환자촌에서 일하였고, 다른 사람들에게 도움을 베풀었으며 여러 가지 일에 종사하였다. 프란치스칸 운동이 발생한 중세시대에 와서 노동은 자유 예술 내지는 자주성이 없는 예술로 구분되고 정의되었다. 이는 두 계층, 곧 지적인 일에 몰두하여 호평을 받던 사람들과 육체노동과 보잘것없는 일에 종사한 사람들과 일치한다. 특히 후자는 경원시 되거나 교양이 없는 이들로 취급되었다. 프란치스코는 육체노동 안에서 힘겨운 과제뿐만 아니라 사회적인 차별을 바라보았다. 그리고 그는 가난하게 되고 모든 이의 종이 되는 가운데 그들과 함께하기를 원하였으며, 이 점을 자신의 형제들에게도 요청하였다. 육체노동에 종사하는 동안 그는 다른 사람들을 경멸하거나 비판하거나 업신여기지 않았다.

프란치스코는 생계유지와 개인 및 공동체의 사명을 실현하는 데에서 인간을 돕는 모든 활동과 행위를 노동에 포함하였다. 그 안에서 육체노동에 대한 뛰어난 재평가가 있었다. 이러한 평가는 그리스도와 사도들이 손수 일하였다는 점에서 종교적인 동기뿐만 아니라 사회적인 동기에 기초를 둔 것이었다. 당시 비천한 일, 손으로 하는 일은 사회적으로 가장 보잘것없는 자들의 몫이었고, 그들은 차별 대우를 받

---

27 참조: A. CLARENO, Expositio super Regulam, 410-411쪽.

았다. 프란치스코는 그러한 이들을 위해서, 그들과 함께 그리고 그들처럼 살면서 소외된 인간 세계에 속하기를 원하였다. 그는 노동을 인간에 예속시키려 했기에 그러한 세계 안에서도 다정다감하였고, 모든 탐욕과 비인간적인 처사를 피하려고 힘썼다. 왜냐면 인간은 일을 초월하는 사명을 통하여 봉사하는 자세로 언제나 자유롭게 머물러 있어야 하기 때문이다.

프란치스코의 전망에 따르면, 일은 하느님의 은총이며 창조와 생명에의 초대이다. 프란치스코는 모든 것을 하느님께서 주시는 선(善)으로 보았고, 일 또한 하느님의 은총으로 받아들였다. 그래서 일하는 은총을 받은 형제들은 '충실하고 헌신적으로' 일하라고 한다. 오늘의 노동 현실에서 노동에 관한 프란치스코의 고유한 사고와 태도가 절실히 요청된다. 또 직무나 사도직을 어떻게 받아들이고 있으며, 어떤 태도로 일하는지 돌아봐야겠다. 특히 노동을 이기적 목적과 쾌락을 위한 도구로 삼는 태도, 활동주의나 일 중독, 인간이 아닌 노동을 목적으로 삼음으로써 초래되는 인간 소외와 차별을 경계할 필요가 있다.

프란치스코 성인은 노동이 교회 직무(성직자와 평신도)의 다름과 관계없이 형제애 실현과 긴밀한 관계가 있음을 보여주었다. 오늘날 우리는 스스로 다양한 사도직을 수행할 뿐만 아니라 수도원이나 맡은 사업체에 사람들을 고용하고 있다. 작은 형제들은 모든 노사관계에서 인간의 가치를 중심에 두고, 현세의 다른 모든 것들이 기도와 헌신의 정신에 이바지하도록 해야 한다. 인간은 일을 위해 존재하는 것이 아니라 일이 사람에게 필요한 가치임이 분명하기 때문이다. 인간은 살려고 일하는 것이지, 일하기 위해 사는 것이 아니다. 이런 점에서 작은 형제들은 게으름을 피우지 않고, 성화의 수단이자 형제애 실천의 길인 일에 기도와 헌신의 정신으로 임해야 할 것이다.

우리는 기도 안에서 일하고, 일 자체가 바로 기도가 되도록 해야 한다. 이는 기도와 일의 조화 문제를 넘어서는 하느님과 내 삶의 근원적인 통합을 말하는 것이다. 그렇게 할 때 우리의 일은 하느님의 뜻을 따르고, 하느님께 영광을 돌려드리는 것이 된다. 오늘날 자본주의 사회에서 현세의 다른 모든 것이 기도와 헌신의 정신에 이바지하도록 내 삶의 질서를 바꾸는 것은 대단한 결단과 집중이 필요하다.

프란치스코는 일의 보수를 받을 때도 가난하고 겸손한 태도로 받으라고 한다. 오늘의 현실은 '돈이나 금품을 제외하고 육신에 필요한 것들만' 받아들이며 살 수는 없다. 여기서 중요한 것은 문자에 매이는 것이 아니라 주어지는 것을 하느님의 선물로 받아들이며 감사드리고, 형제애로 다른 이들과 나누는 것이다. 취업의 어려움과 실업으로 인한 소외와 경제 문제, 빈부격차가 갈수록 심해지는 오늘날 일의 보수를 하느님의 선물로 여기고, 진심으로 감사하며 겸허한 마음으로 받아들이고 기꺼이 나눠야 한다. 이로써 노동을 통한 공동선과 사회 정의가 실현될 것이다. 나아가 작은 형제들은 어떤 경우에도 일의 보수를 자기 능력의 결과로 여기거나, 다른 이들에게 자신을 드러내는 기회로 삼지 말아야 한다. 일과 일의 보수에 대한 집착은 기도와 헌신의 정신을 소멸시킬 뿐이다. 일을 도피처로 삼지 않고 형제를 사랑하고 자유롭게 하는 것이 작은 형제들이 가야 할 길이다.

인간의 삶은 노동으로 이루어지며, 인간은 노동을 통해 그 고유한 존엄성을 얻는다. 프란치스코의 관점에서 보면, 존엄한 인간은 어떤 경우에도 부차적 대상이나 자본과 상품의 대상이 될 수 없다. 그에 따르면, 인간은 어떤 경우에도 물질화하지 않으며 노동 안에서 자신을 대상화하지도 않는다. 노동은 가난한 이들의 처지와 그들과의 연대성을 드러내 준다. 따라서 노동은 '작음'의 덕성과 가난, 형제성(fraternitas)의 의미를 드러내 보인다. 그러나 현대의 사회 체제에서 노동은 불의와 해악의 계기가 되고, 노동자들의 소외를 부추기는 때가 많다. 연대와 협력은 사라지고 노동의 도구화, 비인간화 현상이 이어지고 있다. 이렇게 우리는 인간다움과 사랑을 말할 여유도 없이 비인간화의 위협 속에 살아가는 수많은 이들 앞에 서 있다. 우리도 프란치스코의 권고와 삶의 모범을 따라 노동을 통해 인간의 존엄성을 드러내고, 인간다운 삶의 가치를 확장하며, 가난하고 소외된 이들과 함께하는 복음화의 길을 기쁘게 걸어가도록 해야 할 것이다.

제6장
형제들은 아무것도 자기의 소유로 하지 말 것입니다. 그리고 동냥을 청하는 일과 앓는 형제들에 대하여

¹ 형제들은 집이나 처소, 그 어떤 것도 자기 소유로 하지 말 것입니다. ² 그리고 이 세상에서 "순례자와 나그네처럼"(참조: 1베드 2,11) 가난과 겸손 안에서 주님을 섬기면서 신뢰심을 가지고 동냥하러 다닐 것입니다. ³ 그리고 "주님께서" 우리를 위하여 이 세상에서 "스스로 가난해지셨으니"(참조: 2코린 8,9) 부끄러워하지 말아야 합니다. ⁴ 이것이 바로 지극히 사랑하는 나의 형제 여러분을 "하늘나라의 상속자"요 왕이 되게 하고, 물질에 "가난한 사람이" 되게 하면서도(참조: 야고 2,5), 덕행에 뛰어나게 하는 "지극히 높은 가난"의 극치입니다. ⁵ 이것이 "살아 있는 이들의 땅으로"(참조: 시편 141,6) 인도하는 여러분의 몫이 되었으면 합니다. ⁶ 지극히 사랑하는 형제들, 이 가난에 완전히 매달려 우리 주 예수 그리스도의 이름을 위하여 하늘 아래서는 평생토록 결코 다른 어떤 것도 가지기를 원치 마십시오. ⁷ 그리고 형제들은 어디에 있든지 어디서 만나든지 상호 간에 한 식구임을 서로서로 보여 줄 것입니다. ⁸ 그리고 필요한 것을 서로 간에 거리낌 없이 드러내 보일 것입니다. 어머니가 "자기" 육신의 "자녀를"(참조: 1테살 2,7) 기르고 사랑한다면 각자는 자기 영신의 형제들을 한층 더 자상하게 사랑하고 길러야 하지 않겠습니까? ⁹ 그리고 형제들 가운데 누가 병이 나면 다른 형제들은 남이 자기 자신을 돌보아 주기를 바라는 것처럼 그에게 봉사해야 합니다(참조: 마태 7,12).

[인준받지 않은 수도규칙의 병행 구절]
[제7장 13절]

¹³ 형제들은 은수처들이나 다른 처소들 어디에 있든지 간에, 어떤 곳도 자기 것으로 소유하지 말고, 또 누구와 다투면서 그것을 지키려 하지 않

도록 조심할 것입니다.
¹⁵ 그리고 어디에 있든지 또 어느 곳에서 만나든지 형제들은 서로 영적으로 정성껏 대하며, "불평불만 없이 서로"(1베드 4,9) 존경해야 합니다.

[제9장 동냥을 청함]
¹ 모든 형제는 우리 주 예수 그리스도의 겸손과 가난을 따르도록 힘쓸 것이며, "먹을 것과 입을 것이 있으면, 우리는 그것으로 만족합시다"(참조: 1티모 6,8)라고 사도가 말한 대로 온 세상의 다른 어느 것도 가져서는 안 된다는 것을 기억할 것입니다. ² 그리고 천한 사람들과 멸시받는 사람들 가운데에서, 또한 가난한 사람들과 힘없는 사람들, 병자들과 나병환자들, 그리고 길가에서 구걸하는 사람들 가운데에서 살 때 기뻐해야 합니다. ³ 그리고 필요하면 동냥하러 다닐 것입니다. ⁴ 모든 형제는 부끄러워하지 말고, 오히려 전능하시고 "살아 계신 하느님의 아들" 우리 주 "예수 그리스도"께서(요한 11,27) "차돌처럼 당신 얼굴빛 변치 않으셨고"(이사 50,7) 부끄러워하지 않으셨다는 것을 기억할 것입니다. ⁵ 또한 주님 자신도 복되신 동정녀도 제자들도 가난하셨고 나그네이셨으며 동냥으로 사셨습니다.
⁶ 사람들이 형제들에게 모욕을 줄 때나 동냥을 거절할 때, 그 받은 모욕 때문에 우리 주 예수 그리스도의 심판대 앞에서 큰 영예를 받게 될 것이니, 그 일에 대해 하느님께 감사를 드릴 것입니다. ⁷ 그리고 모욕은 모욕을 받는 사람의 탓이 아니라 주는 사람의 탓이라는 점을 알아야 합니다. ⁸ 그리고 동냥은 우리 주 예수 그리스도께서 우리를 위하여 얻어주신 것으로 가난한 사람들에게 돌려주어야 할 유산이며 그들의 정당한 권리입니다. ⁹ 그리고 동냥을 하는 데 수고하는 형제들은 큰 보상을 받을 것이며, 동냥을 주는 이들에게 큰 보상을 얻어 누리도록 해줍니다. 사실 사람들이 이 세상에 남겨두는 모든 것은 사라지지만 그들이 행한 사랑과 동냥에 대해서는 주님으로부터 상을 받을 것이기 때문입니다.

¹⁰ 그리고 각자는 자신이 필요한 것을 남에게 거리낌 없이 드러내어, 그가 자신에게 필요한 것을 찾아서 줄 수 있도록 할 것입니다. ¹¹ 그리고 마치 어머니가 "자기 자녀를" 사랑하고 기르듯이(참조: 1테살 2,7), 각자는 하느님께서 자신에게 베풀어주시는 은총에 따라 자기 형제를 사랑하고 기를 것입니다. ¹² 그리고 "먹는 사람은 먹지 않는 사람을 업신여겨서는 안 되고, 먹지 않는 사람은 먹는 사람을 심판해서는 안 됩니다."(로마 14,3) ¹³ 그리고 "사제들이 아니면 아무도 먹을 수 없었던"(마르 2,26) "제사 빵을 먹은"(참조: 마태 12,4) 다윗에 대해 주님께서 말씀하신 대로, 모든 형제는 어디에 있든지 간에 필요성이 생길 때마다 사람이 먹을 수 있는 음식은 다 먹어도 됩니다. ¹⁴ 그리고 주님께서 하시는 말씀을 기억할 것입니다. "너희는 스스로 조심하여, 방탕과 만취와 일상의 근심으로 너희 마음이 물러지는 일이 없도록 하여라. ¹⁵ 그리고 그날이 너희를 덫처럼 갑자기 덮치지 않게 하여라. 그날은" 온 땅 "위에 사는 모든 사람에게 들이닥칠 것이다."(참조: 루카 21,34-35) ¹⁶ 마찬가지로 무엇이 분명히 필요할 때는 주님께서 형제들에게 은혜를 베풀어주실 것이기에, 모든 형제는 필요한 것을 쓸 수 있습니다. 필요 앞에는 법이 없기 때문입니다.

[제10장 앓는 형제들에 대하여]
¹ 만일 형제들 가운데 누가 병이 나면 그 형제가 어디에 있든지 다른 형제들은 그를 버려두지 말고, 오히려 자신들이 봉사받기를 원하는 것과 마찬가지로(참조: 마태 7,12) 그에게 봉사할 형제 한 사람 또는 필요하면 여러 형제를 정할 것입니다.

개요

이제 우리는 수도규칙 가운데 매우 중요한 대목에 와 있다. 「인준받지 않은 수도규칙」과 「인준받은 수도규칙」은 "형제들이 세상을 이떻게 다닐 것인가"에 대하여 한 장씩을 할애하고 있다. 이는 형제회 생활에서 세상을 다니는 순례자요 나그네로 사는 생활이 얼마나 중요한 것인지를 말해준다. 프란치스코는 제4장에서 금품과 돈을 받지 말 것을 명하면서 개별적인 것을 통한 가난의 근본원리를 제시하였다. 그리고 제5장에서 기도와 헌신의 정신 안에서 일해야 함을 언급하였다.

이 장은 제5장에서 시작된 주제의 연속이다. 다시 말하면, 형제체의 생계유지와 형제들이 세상을 다닐 때 발생할 수 있는 것들을 다루고 있다. 형제들은 일의 대가로 돈을 받는 것이 금지되었음에도, 순례자요 나그네로서 세상을 다닐 때 견실함을 가져다주는 삶의 거처와 땅 등을 받을 가능성에 떨어질 수 있다. 형제들은 일하여 생계유지에 필요한 것을 얻지 못할 때 임금을 요구하거나 수입을 보장받으려고 하는 대신에 동냥을 청하러 가야 한다.

제6장은 다음과 같이 이어붙이는 방식으로 「인준받지 않은 수도규칙」을 축소하고 변경하면서 편집하였다. 곧 1절은 「인준받지 않은 수도규칙」 7장 13절 '자기 소유로 하지 말 것'이라는 원칙을 가져오면서 그 대상을 '어떤 곳'에서 '집이나 처소, 그 어떤 것'에까지 확장하였다. 2-6절은 「인준받지 않은 수도규칙」 9장 1-9절 그리스도의 가난과 겸손을 가져오면서 '신뢰심을 가지고' 동냥하며 살 것을 언급한다. 7절은 「인준받지 않은 수도규칙」 7장 15절 형제들이 언제 어디서 만나든 친밀함을 보여야 한다는 원칙에서 나아가 '한 식구임'을 보여주라고 한다. 8절은 「인준받지 않은 수도규칙」 9장 10-11절 사랑하고 기르는 어머니의 이미지를 가져오면서 영신의 형제들을 한층 더 자상하게 사랑하고 기르라고 한다. 9절은 「인준받지 않은 수도규칙」 10장 1절 앓는 형제에 대한 형제들의 공동체적 봉사 대신에 남이 자신을 돌봐주기를 바라듯 앓는 형제에게 봉사하라고 한다. 이런 편집 방식

은 「인준받지 않은 수도규칙」과 「인준받은 수도규칙」의 형제들 삶의 변화와 관점의 이동을 보여준다.

「인준받지 않은 수도규칙」 제7-9장과 「인준받은 수도규칙」 제4-6장은 가난에 관하여 규정한다. 그런데 「인준받지 않은 수도규칙」은 앓는 자를 위해 조심스레 돈을 받을 수 있다는 예외를 두지만, 「인준받은 수도규칙」은 예외를 두지 않는다. 또한 「인준받지 않은 수도규칙」은 "형제들은 은수처들이나 다른 처소들 어디에 있든지 간에, 어떤 곳도 자기 것으로 소유하지 말고, 또 누구와 다투면서 그것을 지키려 하지 않도록 조심할 것입니다"(7,13)라고 규정한다. 그런데 「인준받은 수도규칙」은 "형제들은 집이나 처소, 그 어떤 것도 자기 소유로 하지 말 것입니다"(6,1)라고 규정한다. 이런 변화를 보면 프란치스코는 제4장 가난에 이어 소유에 대해서도 훨씬 엄격하게 규정하고 있음을 알 수 있다.

그런데 루카복음 9,3절을 빼버린 이유는 무엇일까? 우선 역사적으로는 제4차 라테라노 공의회의 결정에 따른 영향 때문으로 볼 수 있다. 곧 공의회는 신자들의 구원에 관련된 여러 가지 가운데 더 필요한 것은 하느님 말씀임을 확인하고, 이 말씀의 직무가 잘 수행되지 못했던 사정들을 열거하면서 "주교들은 거룩한 설교 직무를 적절히 수행할 수 있도록 자질이 있고 행실이 바른 사람을 임명할 것을 일반 규범으로 제정한다"(10항)라고 결정하였다. 따라서 이제 설교하려면 주교의 임명을 받아야만 했고, 그 결과 신학을 공부하지 않을 수 없었다. 이는 형제회의 성직화를 가속하는 한 요인이 되었다. 당시 책들은 값이 비쌌지만, 신학 공부를 위해 필요했기에 책의 소유를 허용할 수밖에 없었다. 이것이 「인준받지 않은 수도규칙」 14,1에서 인용되었던 '아무것도 지니지 말라'는 루카복음 9,3절이 빠지게 된 이유이다. 프란치스코는 이러한 변화를 원하지 않았지만 어쩔 수 없이 수용하였다. 그 결과 가난 실천에 중대한 변화가 일어나게 되었다. 이 제6장은 바로 이런 가난의 엄격화와 더불어 가난의 예외 허용으로 인한 변화의 갈림길을 보여주는 대목이다.

프란치스코는 인간에 대한 사랑 때문에 가난해지신 하느님의 가난을 깊게 체험하였으며, 그것이 바로 그가 가난을 살기 시작한 출발점이자 동기가 되었다. 그런데 1221년을 전후로, 동냥과 돈 문제 그리고 '거처 없이, 소유 없이' 사는 삶에서 고정된 거처와 생계유지를 위한 재화가 있어야 하는 삶으로 변화되어 가면서 복음적 가난을 실행하는 형제들의 삶에는 소박함과 혼란스러움이 공존했다. 「인준받지 않은 수도규칙」에는 이런 상황이 반영되어 있다. 1223년 「인준받은 수도규칙」에 이르러서는 가난에 관한 신학 체계가 더 명료해지고 확고해졌다. 한마디로 가난이 엄격해지고(4,1; 6,1-3), 가난의 탁월성과 종말론적인 차원을 강조함으로써 가난에 대한 신학이 정점에 이르렀다고 할 수 있다.

제6장에서 프란치스코는 가난을 어떻게 이해하려 했는지, 가난의 근거와 성경적 의미는 무엇인지를 형제들에게 매우 분명하고도 결정적으로 요약한다. 제6장은 제1장 1절의 '소유 없이'(sine proprio)의 삶을 시적이며, 아름다운 필치로 서술한다. 여기서는 무소유에 관한 포괄적이고 근본적인 원칙과 순례자와 나그네 생활, 동냥과 가난의 탁월성에 관해 언급하면서 프란치스칸 가난의 원리를 제시한다. 제6장에서 가난에 대한 프란치스코의 분명하고도 풍부한 전망을 발견할 수 있다. 프란치스코는 세 가지 이유로 가난을 포옹할 것을 제안한다.[1] 첫

---

1 R. J. Armstrong, 아씨시의 성 프란치스코. 복음적 삶에 대한 글(V), 프란치스

째, 우리는 가난을 통하여 "이 세상에서 스스로 가난한 사람이 되신" 그리스도와 하나가 될 수 있기 때문이다. 둘째, 가난은 우리가 하늘나라에서 차지할 우리의 유산과 분깃을 묵상하도록 우리를 도와주기 때문이다. 마지막으로, 가난은 우리 자신을 그리스도께 더 온전히 바치는 수행의 수단이기 때문이다.

이어서 7-9절은 형제애에 대해 함께 언급한다. 제6장은 무엇보다도 가난(paupertas)과 형제애(fraternitas)를 연결해서 보아야 한다. 프란치스코는 일이나 공동관심사로 맺어진 관계의 측면에서가 아니라 성령 안에서 친밀한 형제 관계를 강화하는 형제애의 추구와 서로 의존하는 가난 실천을 명확히 연결한다. 이것은 무엇보다도 우리 삶의 기초가 되는 것으로서 프란치스코가 추구하였던 삶의 핵심적 방향이다. 형제들이 형제적 사랑을 주고받지 못하면, 물질적으로 가난해도 소용이 없다. 제6장은 프란치스코가 복음이 참된 삶의 길이요, 형제애로 가득한 인간관계가 형성되는 곳에 주님의 영이 깃든다는 기본적인 생각과 더불어 우리에게 제시해주는 또 하나의 주요한 삶의 길이다.

여기서 말하고자 하는 것은 재물에 대한 탐욕과 힘에 대한 추구를 포기하고 예수 그리스도를 따르는 것이야말로 참된 형제애로 나아가는 길이라는 것이다. 자치도시를 형성한 자유와 평등의 이상은 인간들의 재물에 대한 탐욕과 힘에 대한 추구와 충돌했다. 바로 그때 복음은 프란치스코에게 참 형제애로 나아가는 길을 보여주었다. 제6장 7-8절은 「인준받지 않은 수도규칙」 9,10-11절보다 더 세련되고 문법적으로도 더 정확하며, 형제적 삶을 더 긴밀하게 자리 잡도록 해주시는 분은 바로 성령이시라는 프란치스코의 이해를 잘 표현해준다. 성

칸 삶과 사상 제16호(2001년 봄), 219쪽.

령은 우리가 한 가족이 되고, 사랑 안에 서로 일치되도록 우리에게 영감을 주신다. 형제적 관계에서 드물게 지적되고 있는 여성성은, 우리를 일치시켜주시는 성령께서 영혼과 생명을 주시는 말씀을 통해서 오신다는 프란치스코의 전망에서만 이해될 수 있다. 이와 같은 관점으로부터 우리는 제7장부터 제9장, 제10장의 전반부를 쉽게 이해할 수 있다. 제6장 전체에 나타나 있는 이 길은 겸손한 자세로 그리스도를 본받는 가운데 가난한 삶을 삶으로써 사람들 사이에서 진정한 형제적 공동체를 이루어내는 것이다.[2]

제6장은 다음과 같은 내용으로 이루어져 있다.

1. 하늘나라의 상속자요 왕이 되는 가난의 생활(1-6절)
    1) 성 프란치스코의 가난(1-2절) : 가난의 원칙
    2) 주 예수 그리스도의 가난(3절)
    3) 가난의 종말론적인 관점(4-6절)
2. 가난의 동기와 목적인 형제애(7-9절)

본문 해설

1. 하늘나라의 상속자요 왕이 되는 가난의 생활(1-6절)

[1] 형제들은 집이나 처소, 그 어떤 것도 자기 소유로 하지 말 것입니다. [2] 그리고 이 세상에서 "순례자와 나그네처럼"(참조: 1베드 2,11) 가난과 겸손 안에서 주님을 섬기면서 신뢰심을 가지고 동냥하러 다닐 것입니다. [3] 그리고

---

2   참조: E. LECLERC, Francisco de Asís, El retorno al Evangelio, 116쪽.

"주님께서" 우리를 위하여 이 세상에서 "스스로 가난해지셨으니"(참조: 2 코린 8,9) 부끄러워하지 말아야 합니다. ⁴ 이것이 바로 지극히 사랑하는 나의 형제 여러분을 "하늘나라의 상속자"요 왕이 되게 하고, 물질에 "가난한 사람이" 되게 하면서도(참조: 야고 2,5), 덕행에 뛰어나게 하는 "지극히 높은 가난"의 극치입니다. ⁵ 이것이 "살아 있는 이들의 땅으로"(참조: 시편 141,6) 인도하는 여러분의 몫이 되었으면 합니다. ⁶ 지극히 사랑하는 형제들, 이 가난에 완전히 매달려 우리 주 예수 그리스도의 이름을 위하여 하늘 아래서는 평생토록 결코 다른 어떤 것도 가지기를 원치 마십시오.

1) 프란치스코의 가난(1-2절) : 가난의 원칙

¹ 형제들은 집이나 처소, 그 어떤 것도 자기 소유로 하지 말 것입니다. ² 그리고 이 세상에서 "순례자와 나그네처럼"(참조: 1베드 2,11) 가난과 겸손 안에서 주님을 섬기면서 신뢰심을 가지고 동냥하러 다닐 것입니다.

모든 지상적인 것들의 포기로 시작되는 복음에 따른 삶으로의 부르심은, 프란치스코에게는 절대적 가난을 통해 사회적 우애와 우주적 형제애를 살라는 초대장이었다. 그런데도 그가 얼마나 가난을 사랑하였고 또 얼마나 서약에 충실하였든, 가난은 그 자체로는 목적이 될 수 없으며, 그리스도의 제자로서 삶의 본질적인 부분일 뿐이다. 프란치스코는 가난 안에서 특별히 '우리 주 예수 그리스도의 발자취'를 따랐다. 곧 지극히 높은 가난은 이 신생 수도회의 이상이 아니라 오히려 가장 중요한 '예수 그리스도의 복음의 삶'의 구체화였다.³

프란치스코와 초기 동료들의 가난한 삶을 누구보다도 잘 이해한

---

3   K. Esser, La Orden Franciscana, Origenes e Ideales, Aránzazu 1976, 312-313쪽; 형제회 초기의 가난에 관한 상세한 연구는 M. D. Lambert, Franciscan Poverty. The Doctrine of the Absoluty poverty of Christ and the Apostoles in the Franciscan Order 1210-1323, London 1961 참조.

비트리의 야고보 추기경은 다음과 같이 전한다. "그리스도의 이 가난한 자들은 길을 떠날 때 자루도 빵도 지니지 않으며 돈주머니도 지니지 않고 금이나 은도 없으며 신발도 신지 않는다. 실은 이 수도회의 형제 누구에게도 소유는 그 어떤 것도 허용되지 않는다. 이 형제들은 수도원이나 성당, 밭이나 포도원이나 동물, 집이나 어떤 재산도 가지고 있지 않고, 머리 기댈 곳조차 없다. 이들은 가죽옷이나 아마천 옷을 입지 않고 오직 모자가 달린 털옷으로 만든 투니카를 입으며 가빠나 외투나 두건이 달린 망토나 다른 어떤 종류의 옷도 입지 않는다. 어떤 사람의 집에 식사 초대를 받으면 주는 대로 먹고 마신다. 그리고 누가 애긍으로 자비롭게 무엇을 준다면 내일을 위해 챙겨두지 않는다."(동방역사 32,7-8) 이처럼 프란치스코와 초기 형제들의 철저한 가난 실천은 많은 이들의 관심을 불러일으켰다.

프란치스코가 예수 그리스도의 모범을 따라 '소유 없이'(자기 것이 없는)의 삶을 철저히 살고자 했던 목적과 이유는 분명했다. 그렇게 함으로써 온전히 하느님의 사랑에 사로잡힌 사람이 되고, 나아가 사람들과 또 모든 피조물과 친교를 이룰 수 있다고 확신하였기 때문이다. 이런 관점에서 프란치스코는 먼저 가난의 원칙을 제시한다. 가난의 첫째 원칙은 "집이나 처소나 그 어떤 것도 자기 소유로 하지 말라"는 것이다. 두 번째 원칙은 이 세상에서 순례자나 나그네처럼 가난과 겸손 안에서 주님을 섬기라는 것이다. 세 번째 원칙은 하느님께 신뢰를 두면서 동냥하러 다니라는 것이다.

"형제들의 삶은 어떤 거처나 수도원들에 매여 있지 않았을 뿐 아니라 어떠한 소유도 지니지 않았다. '그리스도의 새로운 제자들'인 그들은 주님께서 복음에서 그 전달자들에게 요청한 지극히 높은 가난을 살았다. 이 점에서 그들은 교회 내의 전통적인 수도회들과 근본적으

로 다른 새로운 수도회로 구별되었다."⁴

<가난의 첫 번째 원칙> : 전적인 무소유의 삶
¹ 형제들은 집이나 처소, 그 어떤 것도 자기 소유로 하지 말 것입니다.

이 구절은 작은 형제들의 절대적인 소유 포기의 근거가 되었다. 프란치스코와 함께하기 시작하던 시초에 형제들은 머물 곳이 없어 리보토르토의 양우리에서 지냈다. 거기서 쫓겨나자, 포르치운쿨라로 갔으나 성당에 머물 수 없어 주변에 작은 움막을 지어 머물렀다. 얼마 안 가서 포르치운쿨라와 볼로냐에 집이 지어졌다. 그러나 프란치스코는 형제들을 위한 집을 짓거나 소유하기를 원치 않았다(2첼라노 57-58; 완덕 6 참조). 초기에 형제들의 소유 없는 가난한 삶에 대해 야고보 비트리 추기경은 다음과 같이 증언한다. "이 수도회의 형제 누구에게도 소유는 그 어떤 것도 허용되지 않는다. 이 형제들은 수도원이나 성당, 밭이나 포도원이나 동물, 집이나 어떤 재산도 가지고 있지 않고, 머리 기댈 곳조차 없다."(동방역사 32장 7)

"프란치스코 형제는 단순히 구두상의 소유라 하더라도 그에게 배치되었던 은수처의 작은 독방조차 받아들일 수 없었다. 이것이 바로 모든 선을 하느님께 돌려드리고, 모든 피조물에 복종하는 프란치스칸 신학이라고 정당하게 정의할 수 있다. 여기서는 형제들에게 개인적 이익을 위한 공간은 없다."⁵ 프란치스코와 초기 형제들의 삶에서 중요한 것은 복음적 가난과 불안정한 삶이었다. 그들은 고정적 거처를 소

---

4   K. Esser, La Orden Franciscana. Origenes e Ideales, 352-353쪽.

5   G. Merlo, 안선희 역, '아씨시 프란치스코의 이름으로, 16세기 초까시의 작은 형제회의 역사, 제2장 수도회의 확장과 프란치스칸 생활에서의 변형', 프란치스칸 삶과 사상, 제32호(2009년 봄) 45쪽.

유하지 않았으며, 안정된 정착에 대한 선택으로 보이는 어떤 것도 없었다. 그런데도 시간이 흐르면서 절대적인 무소유의 삶이 온전히 실천되지는 않았기에 이런 지침을 규정하였다.

에써(K. Esser)는 형제들의 순회설교 생활이 정착 생활로 옮겨가는 과정을 다음과 같이 면밀하게 분석한다.[6] 작은 형제들은 고정 거처를 갖는 데 매우 신중했다. 분명 누구나 정착의 필요성을 부인하지 않았지만, 형제들은 이 중요한 조치를 형제회 영성과 조화시키려 애썼고 이는 단지 용어 사용에서만 아니라 이상을 보존하기 위한 구체적 방법을 선택했음에도 그렇다. 「인준받지 않은 수도규칙」의 본문들은 형제들이 무엇보다도 순회설교를 중요시하면서 고정된 거처를 갖지 않았음을 명확히 말해준다(8,1-3; 10,1-2; 12,1-2; 14,1-3). 「인준받은 수도규칙」도 순회설교를 포함하는 초기의 떠돌이 생활양식을 전제한다(3.6.7.9-11장). 그러나 「인준받지 않은 수도규칙」에는 고정된 거처를 암시하는 구절들도 나타난다(7,1-3; 7,13).

형제들이 정착하기 시작한 첫 번째 원인은 육체노동이었다. 다만 형제들이 "어떤 곳도 자기 것으로 소유하지 말고, 또 누구와 다투면서 그것을 지키려 하지 않도록 조심"(7,13)하기를 바랄 뿐이다. 형제들은 지극히 높은 가난의 삶에 어긋나지 않도록 형제적 친교와 사랑을 위해서도 장소를 지키려고 논쟁해서는 안 되었다.

형제들의 삶에 정착을 가져온 두 번째 원인은 초기부터 프란치스칸 운동의 특징을 이루었던 관상 생활로의 경향이었다(은수처 규칙 참조). 곧 프란치스코가 쓴 「은수처를 위한 규칙」은 "이 두 아들은 하나의 봉쇄구역을 갖고 그 안에서 각각 기도하고 잠자기 위한 각자의 독방을 가질 것입니다. (중략) 그들이 머무는 봉쇄구역에는 어떤 사람도

---

[6] 참조: K. Esser, La Orden Franciscana. Origenes e Ideales, 223-231쪽.

출입하지 못하게 하고 거기서는 아무것도 먹지 말 것입니다"(2.7)라고 규정한다. 여기서 형제들은 간단한 형태의 움막이었다 해도 독방을 가지고 머물렀다.

형제들의 고정적인 거처가 공식화된 세 번째 요인은 교황 호노리오 3세의 「쿰 세쿤둠 콘실리움」 칙서(1220.9.22)이다. 이 칙서는 당시 작은형제회의 문제를 해결하는 방안의 하나로 수련기 제도를 도입하도록 하였다. 결국 수련기를 지낼 수 있는 '수련소' 건물이 필요하게 되었다.

이렇게 형제들의 은수처와 처소는 순회설교 생활을 하던 형제들에게 휴식처와 숙박처로 제공되었고(1첼라노 94), 양성을 위한 집도 필요했다. 이렇게 형제들을 고정된 장소에 배치하고 원칙적으로 그들에게 장소적 안정을 제공하는 단계로 쉽게 넘어갔다(비인준 규칙 4.6장 참조). "형제들은 불안정함을 선택하였지만, 그들은 차차 정착 생활을 하도록 유도 받았다. 곧 수도회 안에 있는 '수도승적'인 갈망들뿐만 아니라 그들의 삶을 비롯하여 그들의 시간과 정착 상황들을 조건 지으며 방향 지어지게 한, 그들이 교회와 사회와 맺어갔던 관계들이 정착 생활로 향하도록 만들었다."[7]

고정 거처가 생기자, 형제들의 성당과 수도원 그리고 다른 건물들도 생겨났다. "형제들이 머무는 곳(locus)에서는 거룩한 교회의 규범에 따라 하루에 미사 한 대만 드리시오"(형제회 편지 30)라는 말씀은 이미 고정된 거처에 딸린 성당이 있었음을 말해준다. 성당이 있었기에 형제들은 미사를 드리고 성체를 모시기 위한 성물을 가질 수 있었고, 이

---

[7] G. MERLO, '아씨시 프란치스코의 이름으로, 16세기 초까지의 작은형제회의 역사, 제2장 수도회의 확장과 프란치스칸 생활에서의 변형', 52쪽.

런 성물은 값비싼 것이어야 했다(pretiosa, 보배로운). 프란치스코는 형제회의 이러한 발전을 원하지는 않았지만, 현실의 필요를 어느 정도 인정하였다. 그는 일상생활의 필요와 사도직 수행의 필요에 따라 물질적인 가난을 실천적으로 적용한다.[8]

「인준받지 않은 수도규칙」에는 순회설교의 생활양식과 정착 생활양식 사이의 갈등을 전제로 한 권고가 나온다. "어디에 있든지 또 어느 곳에서 만나든지 형제들은 서로 영적으로 정성껏 대하며, 불평불만 없이 서로 존경해야 합니다."(7,15) 「인준받지 않은 수도규칙」은 이러한 두 가지 생활양식에 관련된 본문을 다양한 맥락에서 전해준다(9.15장). 형제들의 생활은 이제 순회설교 생활에서 고정된 거처를 중심으로 하는 생활로 옮겨가게 되는데, 「인준받은 수도규칙」에서는 아직 그러한 뚜렷한 변화는 나타나지 않고, 오히려 거의 전적으로 비정착 생활양식에 관해 규정하고 있다.

이상의 배경을 고려하면, 1절은 프란치스코가 초기의 이상을 회복하려는 의도로 형제들이 일의 대가로 고정된 거처를 소유하려는 것을 금지한 것으로 보인다. 곧 형제들이 비록 고정된 거처에서 산다고 해도 순례자나 나그네처럼 온전히 하느님께만 의지하고 하느님만으로 만족하는 가난한 삶을 살아야 한다는 것이다. 여기 '집이나 처소나 그 어떤 것도'(domum nec locum)에서 'locus'는 집과 동의어로서 소박한 집, 곧 기본적인 구조만 가진 거처를 의미한다.[9] 프란치스코의 글에 형제

---

8   참조: 2첼라노 85.86.87.88.90.92장 등.

9   'locus'란 단어는 「베네딕토 수도규칙」 64장에서 '수도승원'을 지칭하며, 9세기의 여러 문헌과 1064년의 다른 문헌에도 사용되고 있다. 프란치스코 수도규칙에서 locus는 '임시처소'를 지칭하는 말로 쓰였다. 그러나 고정된 거처가 생기면서 은수처나 수도원에도 적용된 것으로 보인다. 프란치스코는 넓은 땅과 엄청난 규모의 건축물로 이루어진 수도승원들 앞에 매우 소박한 처소를 두는 것을 받아들이려 했을 것이다. F. URIBE, La Regola de san Francisco, 194쪽 참조; 이 용어에 관한 더 자세한 연구는 B. MATHIS, Die Privilegien des

들의 임시거처를 가리키는 '처소'(locus)라는 용어가 적어도 23회 사용됐지만, '수도원'(conventus)이나 '수도승원'(monasterio)이라는 단어는 전혀 나오지 않는다는 점에 주목할 필요가 있다.[10]

본문에서 '자기 소유로 하지 말라'고 하는데 '자기 소유로 하는 것'(appropriatio)이라는 용어는 프란치스코의 글에서 상대적으로 적게 사용되고 있는(16회) '가난'(paupertas)이라는 용어가 의미하는 바를 뛰어넘는 근본적인 의미가 있다. '자기 소유로 하지 않음'은 '가난'처럼 법적인 개념이 아니라 심오한 영성 개념이다. 가난이란 사회적 경제적으로 결핍된 상태에 중점이 있지만, '자기 것으로 하지 않는 것'은 성경 말씀을 반사하고, 그 범위가 매우 심원한 것으로서 하느님 외에 그 어떤 것도 소유하려 하거나 애착을 갖지 않는 근본적이고 존재적인 태도를 가리킨다.[11] 프란치스코가 유일하게 자기 것으로 삼고자 한 것은 하느님이었으며, 자기 소유로 인정한 유일한 것은 자신의 죄와 악습이었다(비인준 규칙 17,7).

프란치스코는 왜 소박한 처소마저도 자기 소유로 하지 말라고 한 것일까? 그것은 대부분 다른 이들의 일터에서 손노동을 하던 형제들이 줄고 성직자들의 입회가 늘면서 형제들이 고정적인 거처에 많은 관심을 가졌기 때문이다. 이제 형제들의 삶에서 고정된 거처는 공식화하였다(형제회 편지 30-31; 유언 24절 참조). 그 결과 형제들은 세상을 수도원 삼아 나그네요 순례자로서 자신들이 빚은 복음선포 소명을 담대하게 실행하던 초기의 이상을 살아가는 데 어려움을 느꼈다. 그러

Franziskanerordens, Paderborn 1928 참조.

10 프란치스코 수도규칙에는 머무는 곳에 관해 다음 단어들이 나온다. ① locus(처소): 비인준 규칙 7,13(2회); 8,8(2회), 8,9; 15,1; 인준 규칙 6,1. ② domus(집): 비인준 규칙 8,8; 14,2; 14,3; 23,22, 인준 규칙 3,13(2회); 6,1 ③ habitaculum(집, 주택): 비인준칙 22,27. ④ mansio(숙소, 거처, 주택): 비인준 규칙 22,27.

11 참조: F. Uribe, La Regola de san Francisco, 193쪽.

나 형제들은 이러한 변화 가운데서도 복음적 생활양식의 근본원칙에 충실하려고 힘썼다. 프란치스코에게 은수처는 하느님과 더 열렬한 인격적 관계를 갖던 곳이었지만 그 자체로 그리스도인이 애덕의 완성을 얻는 장소로는 보지 않았다.[12]

하느님의 탁월한 장사꾼인 프란치스코는 전적인 무소유의 삶을 통해 헤아릴 수 없는 하느님의 부요를 얻을 수 있음을 깨달은 지혜로운 사람이었다. 그는 세상 그 무엇과도 비교할 수 없고 바꿀 수 없는 하느님을 얻는 법을 제시한다. 그는 무소유를 통해 하느님을 소유함으로써 참된 자유의 세계로 나아갔다. 이를 위해 그는 정착 생활로 변화되어가는 현실을 보면서, 형제들이 개인적으로나 공동체적으로 집이나 어떤 물건에 대하여 권리가 없고 자기 것으로 주장할 수 없는 절대적인 가난을 살아야 한다고 권고한다. 우리는 '자기 소유'의 반대는 '다른 사람의 것'이 아니라 '하느님의 것'임을 분명히 인식할 필요가 있다. 우리 형제회가 가난 정신에서 멀어졌을 때도 프란치스코는 교황에게 이 제6장을 상기시켜 주었을 것이다. 적어도 우리가 관리하고 사용하더라도 법적인 소유를 하지 않는 삶을 살아야 한다고 확인하였을 것이다. 물론 이러한 삶이 비인격적인 것이 아니다.

프란치스코는 형제들에게 아무것도 소유하지 않는 가난을 요구하면서도, 다른 한편으로는 필요한 건물과 물건을 가질 수 있다고 한다. 그는 이것을 모순으로 보지 않았다. 형제들은 수도복에서 모자 있는 수도복 한 벌과 원하는 이들은 모자가 없는 수도복 한 벌을 더 가질 수 있고(2,14), 성무일도서를 가질 수 있으며(3,2), 도구에서도 각자가 필요한 공구와 연장을 가질 수 있다(비인준 규칙 7,9). 프란치스코는 자신이 이상으로 여긴 가난을 무조건 외적으로 실천하는 것이 아니라

---

12 참조: G. MERLO, '아씨시 프란치스코의 이름으로, 제2장 수도회의 확장과 프란치스칸 생활에서의 변형', 47쪽.

필요에 따라 현실에 적용하였다. 이러한 적응은 가난의 이완이 아니라 각자의 고유한 인격을 존중하는 '사랑의 선택'이며, 여기서 중요한 것은 나눔이다.

프란치스코는 "형제들이 적은 양의 책을 가지기를 원하였다. 그는 필요로 하는 형제들에게만 책을 쓰도록 하였다."(2첼라노 62) 이는 성무일도서 뿐만 아니라 다른 책도 공동으로 쓸 수 있도록 해야 한다는 뜻이다. 또 그는 "나는 나의 형제들이 한 어머니의 자녀들임을 보여주기를 바라며, 만약 누가 속바지나 띠나 그밖에 다른 물건들을 요구하면 다른 형제는 너그럽게 그것을 그 형제에게 주기를 바랍니다. 형제들은 책과 필요한 물건들을 돌려가며 써야 하고, 그래야만 누구도 다른 형제에게서 물건을 빼앗으려 하지 않을 것입니다"(2첼라노 180)라고 말하면서 형제들의 필요에 관심을 가지라고 하였다.

프란치스코는 필요한 것을 한 가족처럼 나누며 사는 것을 강조하였다.[13] 그는 자신의 수도복, 모자, 책들을 자기보다 더 필요로 하는 사람이나 가난한 사람을 보면 자유로이 주었고, 형제들도 그렇게 하기를 바랐다. 왜냐면 자신이 지니게 되는 그 어떤 것도 자기 것이 아니라 하느님께서 빌려주신 것으로 생각했기 때문이다. 누구든 사물을 자기의 것이라고 주장할 수 없다. 다만 그것을 보관하고 있을 뿐이며 본래의 소유자, 수여자인 하느님의 뜻대로 나누고 되돌리지 않으면 안 된다. 모든 것은 인간의 탐욕에 장애 받지 않고 하느님께서 언제든지 쓰실 수 있게 해야 한다.

프란치스코는 가난을 하나의 법적인 것으로 보지 않았고 필요한 대로 물건을 서로 주고받으면서 복음적 자유로 사랑을 주고받았다.

---

13 참조: K. Esser, Melius Catholice Observemus, 150-155쪽.

이처럼 프란치스코는 생활과 노동에 필요한 것을 허락하더라도 늘 하느님의 지극히 높은 권리를 최우선시하였다. 작은 형제는 사랑이 조금이라도 손실된다면 완전히 이탈함으로써 재물의 사용을 포기해야만 한다. 이렇게 하여 사용권의 포기를 통하여 하느님께 영예와 영광을 드리는 것이다.

프란치스코의 가장 충실한 제자였던 성녀 클라라도 이와 같은 복음적 자유를 잘 받아들였다. 클라라는 수도규칙에서 다음과 같이 권고한다. "친척이나 다른 사람이 어떤 자매에게 무엇을 보내면 원장은 그것을 그 자매에게 줄 것입니다. 그 자매에게 그것이 필요하면 그가 사용할 수 있고 그렇지 않으면 필요한 자매에게 사랑으로 나눌 것입니다."(클라라 규칙 8,9-10)

가난과 모순되는 것 같은 말씀과 행동에서 프란치스코와 그의 동료들의 가난을 잘 볼 수 있다. 하느님은 모든 것을 선물로 인간에게 주시며, 인간은 필요한 대로 이 선물을 사용할 수 있다. 그러나 모든 것은 하느님이 주시는 선(善)이므로 우리는 우리보다 더 가난한 사람을 만날 때 우리 소유를 그들과 나누어야 한다. 복음은 말한다. "옷을 두 벌 가진 사람은 못 가진 이에게 나누어 주어라. 먹을 것을 가진 사람도 그렇게 하여라."(루카 3,11) 한 번은 프란치스코가 시에나에서 오다가 가난한 사람을 만나 자신의 망토를 주어버렸다. 그때 그는 이를 말리는 형제에게 다음과 같이 말하였다. "나는 도둑이 되고 싶지 않습니다. 우리보다 훨씬 더 필요한 사람에게 주지 않는다면 우리는 도둑이나 진배없습니다."(2첼라노 87) 프란치스코는 형제들에게 생활과 일과 행동에 관한 모든 것을 허락하면서도 늘 모든 것이 애긍을 베풀어주시는 그 위대하신 하느님의 것임을 강조한다. 형제들은 자기보다 더 필요한 사람을 만날 때 가지고 있는 것을 기꺼이 되돌려야 한다. "우리 것으로 하지 말아야 한다"라는 것은 법적인 관점이 아니라 깊은 종교적 의식에서 나온 것이다. 만물의 소유자는 하느님이시므로 우리는 물질에 대한 애착심과 소유욕을 버려야 한다는 것이다.

그런데 주목할 것이 있다. 프란치스코가 절대적 가난의 원칙을 제시하면서도 예외를 인정할 때는 뚜렷한 기준이 있었다는 것이다. 첫째로 하느님의 뜻에 더 적합하다고 여겨질 때 그렇게 할 수 있다. 이것은 하느님 중심의 삶을 사는 우리에게는 너무나도 당연한 기준이다. 두 번째는 '부득이한 경우', '어쩔 수 없는 경우', 본인이 '원하면' 등의 조건 아래서 예외가 인정될 수 있다. 이것은 하느님의 얼을 지닌 고유한 인격을 존중하기 위한 경우를 말한다. 이 두 가지 기준을 종합하면, 결국 절대적 가난의 예외가 인정되는 경우는 하느님의 뜻에 맞는다고 여겨지는 경우와 다른 이에 대한 형제애가 요청되는 때이다.

<가난의 두 번째 원칙> : 순례자와 나그네처럼
[2] 그리고 이 세상에서 순례자와 나그네처럼(참조: 1베드 2,11) 가난과 겸손 안에서 주님을 섬기면서 신뢰심을 가지고 동냥하러 다닐 것입니다.

가난의 두 번째 원칙은 이 세상에서 '순례자나 나그네처럼'(tanquam peregrini et advenae) 가난과 겸손 안에서 주님을 섬기라는 것이다. 프란치스코는 외국인, 손님의 뜻을 갖는 'hostis'란 단어를 사용하지 않지만, 클라라는 2회 사용한다. 「인준받지 않은 수도규칙」도 동냥에 대해 언급하면서 'hospes'(나그네)라는 단어를 사용한다. "주님 자신도 복되신 동정녀도 제자들도 가난하셨고 나그네이셨으며 동냥으로 사셨습니다."(9,5) 한편 「인준받은 수도규칙」은 제5장 일하는 자세에 관해 규정한 다음, 이를 언급하는데 둘 다 가난의 맥락에서 이 용어를 사용하고 있음을 알 수 있다. 그런데 「인준받지 않은 수도규칙」이 스피라의 체사리오(Cesario da Spira) 형제의 도움으로 복음 구절을 많이 삽입했다는 점을 고려하면, 오히려 「인준받은 수도규칙」의 '순례자와 나그네'라는 표현보다는 「인준받지 않은 수도규칙」 제9장의 '나그네'(hospes)라는 용어가 프란치스코 고유의 표현이라고 보아야 할 것이다.

그렇지만 「유언」에도 '나그네와 순례자'(24)라는 표현이 나오는 것을 보아도 알 수 있듯이, 이러한 변화가 「인준받지 않은 수도규칙」에 비해 프란치스코의 이상을 축소해버렸다는 단서가 되지는 못한다. 왜냐면 '나그네와 순례자'라는 표현은 성경의 표현이지만, 프란치스코가 중요한 내용을 언급할 때 사용한 중복어법이기도 하기 때문이다. 그뿐만 아니라 그는 이 표현을 통하여 거룩한 복음을 실행하는 가난한 순례자로서 형제들 삶의 모습을 함축적으로 서술한다. 순례자요 나그네임을 의식하면서 가난과 겸손 안에서 주님을 섬기는 것이야말로 프란치스칸 은사의 핵심이다.[14] "다른 사람이 어떤 장소를 확실하게 소유하고 있지 않으면, 프란치스코는 그곳이 어느 곳이든 자기 형제들이 거기에 거주하는 것을 원치 않았다. 그는 자기 아들들이 순례자의 신분을 지키기를 늘 염원하였다. 말하자면 다른 사람에게 속해 있는 지붕 밑에 숙박을 구한다든가, 평화롭게 거닐어야 한다든가, 그들의 고향을 그리워해야 한다든가 하는 것 등이다."(2첼라노 59)

'순례자'와 '나그네'는 늘 길 위에 있으며, 잠시 머무는 경우 손님으로 머문다. 따라서 이들은 늘 불안정과 불확실성 가운데 놓이게 된다. 프란치스코는 이런 처지에 자신을 두며 세상을 다니는 것이야말로 복음적 가난을 실천하기에 가장 적합한 것으로 이해하였다.

초기 형제들의 삶에서 가장 중요한 두 가지 표지는 '집 없음'과 '순회설교'였다. 형제들은 성당에 머물곤 하였고(유언 18), 하느님의 사람인 프란치스코와 두 동료 형제들은 몸을 운신할 곳이 없었으며, 성

---

14 J. Micó, 'El Carisma de Francisco de Asís', *in* SelFran n.80(1998), 214쪽.

당의 회랑이나 집들의 처마 밑에서만 따뜻한 영접을 받았다(세 동료 32.38). 그러나 프란치스코는 이렇게 '거처 없이' 사는 형제들과 더불어 은수처나 다른 장소들에 사는 형제들에게 "어떤 곳도 자기 것으로 소유하지 말고, 또 누구와 다투면서 그것을 지키려 하지 않도록 조심할 것입니다"(비인준 규칙 17,13) 라고 권고한다.

프란치스코는 이미 생전에 필요에 따라 형제들을 위한 성당과 집, 건물, 은수처 등을 받아들이는 것을 인정하였고, 스스로 받아들이기도 하였다(유언 24-25 참조). 그는 포르치운쿨라 성당에 대해 대단한 애착을 지녔으며 라 베르나 산, 폰테 콜롬보, 포죠 부스토네 등 은수처를 받아들였다. 또 그는 형제들의 수가 급속도로 증가하고 조직화하면서 '절대 무소유'가 불가능하게 된 현실을 인정하지 않을 수 없었다. 그래서 그는 이런 현실에서 형제들에게 거룩한 가난에 충실하기 위한 방법으로서 '나그네와 순례자같이 항상 손님으로 머물 수 없다면'(유언 24) 받아들이지 말라고 가르쳤다. 「인준받은 수도규칙」 이후 프란치스코가 「유언」을 쓸 때까지 시간의 흐름 속에 드러난 변화를 고려하더라도 그에게 "나그네와 순례자"로서의 생활양식은 핵심적인 본질 가운데 하나였다고 말할 수 있다.

오히려 형제들은 세상을 돌아다니면서 스스로 일해서 생계를 유지해야 했다. 나아가 자기 일에 대한 정당한 대가마저도 법적으로 요청해서는 안 되었고, 오히려 베풂을 받는 것으로 여겼다. 형제들은 땅이나 재산이나 집에서 얻을 수 있는 수입 등 어떤 종류의 수입에 의해서도 생활해서는 안 되었다. 그런데 형제들이 점차 많아지고 일하는 형제들은 줄어들면서 형제체에 필요한 것이 충분치 않게 되어 이 집 저 집 다니며 동냥하였다. '순례자요 나그네'라는 조건은 동냥을 정당화하는 근거가 되었으며, 그것은 점차 현실적인 것을 대체하는 영성적 색깔을 띠게 되었다.[15] '순례자요 나그네'로서 필요한 경우에는 동냥할 수 있었는데, 프란치스코는 형제들끼리도 동냥을 청할 수 있도록 하였다(은수처 규칙 5 참조). 또한 '나그네'와 '순례자'라는 표현이 법적인 성격을 지닌 수도규칙과 「유언」에만 나타나는 점도 이렇게 볼 수 있는 근거가 된다고 할 것이다.

에써는 초기 형제들의 '나그네와 순례자로서의 삶'을 다음과 같이 정리하였다. "형제들은 도처의 사람들에게 회개하도록 권하고 하느님의 나라를 선포하면서 순회설교가로서 온 세상을 두루 다녔다. 이런 사도직이 고정된 수도원 생활에 합치되지는 않았다. (중략) 어느 한 곳에 국한되지 않으며 활동에 따라 결정되는 이런 생활방식을 비트리의 야고보는 다음과 같이 더 정확히 묘사한다. '그들은 낮에는 영혼들을 구해 하느님께 바치기 위해 도시와 마을로 들어가 적극적인 활동에 헌신하였고, 밤에는 외지거나 한적한 곳으로 돌아와 관상에 몰두했다.' 이 때문에 그들은 이 활동에 방해가 될 때는, 그때까지 수도원 생활에 필요하다고 여겨졌던 것을 모두 포기한다. '그들은 수도원이나 성당도, 농지나 포도원이나 가축들도, 집이나 머리 둘 만한 집이나 다른 어떤 소유물도 없다.' 그 결과 형제들은 현행 구조들을 깨뜨렸다. 우리에게 표현하도록 허용된다면 작은 형제들의 수도원은 넓은 세상이다."[16] 「인준받지 않은 수도규칙」과 「인준받은 수도규칙」 어디에도 형제들의 고정적인 거처로서의 '수도원'(Conventus)이나 수도원의 장상에 대한 언급이 전혀 없다는 사실에 주목할 필요가 있다.

프레몽트레회의 창설자 노베르토(Noberto de Xant)는 자신을 '지상의

---

15 참조: J. Micó, 같은 논문, 214쪽; O. van Asseldonk, 'Las Cartas de S. Pedro en los escritos de S. Francisco', in SelFran 25-26(1980) 119쪽.

16 K. Esser, La Orden Franciscana. Origenes e Ideales, 82. 84쪽.

순례자요 나그네'로 생각하였고 모든 순회설교가도 그렇게 생각하였다. 순례하는 복음주의는 중세 복음적 청빈 운동에 고유한 것이다.[17] 그런데 프란치스코는 나그네와 순례자의 정신을 사도 바오로의 다음 말씀과 연결해 이해한다. "형제 여러분, 내가 말하려는 것은 이것입니다. 때가 얼마 남지 않았습니다. 이제부터 아내가 있는 사람은 아내가 없는 사람처럼, 우는 사람은 울지 않는 사람처럼, 기뻐하는 사람은 기뻐하지 않는 사람처럼, 물건을 산 사람은 그것을 가지고 있지 않은 사람처럼, 세상을 이용하는 사람은 이용하지 않는 사람처럼 사십시오."(1코린 7,29-31)

프란치스코는 사도 바오로의 이 정신을 "나그네나 순례자처럼 지내십시오"라고 표현한다. "형제들은 집이나 장소나 그 어떤 것도 자기 소유로 하지 말 것입니다"(1)라는 이 표현은 「인준받지 않은 수도 규칙」에서 "형제들은 은수처나 다른 처소들 어디에 있든지 간에, 어떤 곳도 자기 것으로 소유하지 말고, 또 누구와 다투면서 그것을 지키려 하지 않도록 조심할 것입니다"(7,13)라고 표현된다. 또한 "형제들은 세상을 두루 다닐 때, 여행을 위해 아무것도, 여행 보따리도 돈주머니도 빵도 돈도 지팡이도 지니지 말 것입니다"(비인준 규칙 14,1)라는 말도 같은 정신에서 나온 말이다.

프란치스코는 형제들에게 생활이나 활동에 대한 모든 필요한 것을 허락하시는 주님의 절대적 소유권을 인정하면서 물질을 사용해야 한다고 강조한다. 그리고 "이 세상에서 순례자나 나그네처럼 가난과 겸손 안에서 주님을 섬기면서 신뢰심을 가지고 동냥하러 다닐 것입니다"(6,2)라고 한다. 여기서 우리 프란치스칸 생활의 특징을 찾아볼 수 있다. 프란치스칸은 이 세상에 있는 동안 하느님께로 걸어가는 순례

---

17 참조: H. GRUNDMANN, Movimenti religiosi nel medioevo, 28쪽 이하.

자요 나그네이다. 그러기에 이 세상에서 순례자요 나그네로서 하느님 외에 다른 그 어떤 것도 갖기를 바라지 말며, 이미 지니게 된 것을 애착해서도 안 되는 것이다. 대접을 받을 때도 애착심을 느끼지 않고, 물건을 가질 때도 불만을 품지 않는 순례자와 나그네의 정신을 보존하기 위하여, 프란치스코는 형제들이 집이나 물건을 가지지 않도록 권고한 것이다.

<가난의 세 번째 원칙>

²절 후반 가난과 겸손 안에서 주님을 섬기면서 신뢰심을 가지고 동냥하러 다닐 것입니다.

'동냥'(eleemosyna)이란 말은 그리스어(ἐλημοσύνη)에서 온 말인데 중세에는 다양한 의미를 지녔었다. 그 첫 번째 의미는 그리스어 어원과 일치되는 것으로서 '자비' 또는 '동정'의 뜻으로 사용되었고, '기부'(증여)를 가리키기도 했다.[18] 프란치스코는 그 가운데 '기부'라는 뜻으로 여러 번 이 단어를 사용하는데, 이 2절과 「인준받은 수도규칙」의 병행 구절에서 2회 사용하였다(7,8; 9,3).[19] 「유언」에서는 같은 의미로 사용되었지만(22), 동냥이 형제들의 생계를 유지하기 위한 부차적인 수단이었다는 점을 분명히 하는 것이 더 나을 것이다. 동냥은 수도자들과 순회설교자들에게서 이미 행해지고 있던 것이다. 예컨대 순회설교자 베르나르도(Bernardo de Thiron)는 설교를 들은 사람들의 동냥으로 생활할 수 있도록 교황의 허락을 받았으며, 그랑몽 수도승들의 수도규칙은 형제들 가운데 두 사람이 다른 가난한 이들처럼 올리브 공장들

---

18 참조: J. F. NIERMEYER, Mediae latinitatis lexicon minus, 268쪽; A. BLAISE, Lexicon latinitatis Medii Aevii, 335쪽.

19 「은수처를 위한 규칙」에도 '동냥'이란 용어가 나오는데, 그리스어 어원의 뜻 가운데 자비 또는 동정과 매우 유사한 의미로 사용되었다(5절 참조).

과 특정한 집들에 동냥을 청하기 위하여 나가도 좋다고 규정하였다.[20] 그런데도 가난한 이들과 함께 가난해지신 그리스도의 모범에 대한 추론은 교도권에서 볼 때 교회 안의 신분에 대한 불명예로 비쳤다.[21] 동냥이 부차적인 수단이었다 해도 동냥하러 다녀야 한다는 명령은 수도회들에는 이색적인 일이었다. 그 당시에 성직자들과 수도승들에게 동냥하는 것을 금하는 법이 있었기 때문이다. 13세기 초 이러한 분위기에서의 동냥의 실천은 형제체의 다른 근본 요소들과 병행하는 발전을 겪었기에 그 발전에 관하여 분석할 필요가 있다.

초기의 형제들 그룹은 자신들의 계획에 생계수단으로 동냥을 허용하였으나 손노동에 더 지속해서 종사하였고, 순회적 이동성은 신자들에게 부담을 주지 않을 부차적인 것으로 바뀌었다. 이것은 작음의 형태를 취한 표현으로 이해될 수 있었다. 1221년 「인준받지 않은 수도규칙」은 일하는데도 생계유지에 충분한 것을 받지 못한 형제들이 필요한 동냥을 청하는 데 관하여 제9장을 할애한다. 그 결과 애긍이 가난한 이들의 권리로 바뀌는 무의탁의 종교적 의미를 받아들인다.

손노동이 생계유지의 유일한 수단이었던 형제체에서는 보상이 필요하지 않았고 지출만 있었으며, 동냥이 하나의 수단이었다. 그러나 형제체가 성직자와 평신도 모두 받아들이고, 십일조 청구와 성직자들에게 유보된 동냥을 거부하면서 엄격하게 성직적인 임무 실행에 열중

---

20 참조: J. Micó, 'El Carisma de Francisco de Asís', *in* SelFran n.80(1998), 214쪽 각주 278(Migne, PL 172,1403; 204,1145).
21 당대의 시토회의 총규정(Statuta Capitulorum Generalium)은 수도승들은 동냥하도록 보내는 아빠스를 포함하여 이 집 저 집 그리고 성당에서 동냥하는 수도승들에 대한 처벌의 다양한 경우를 예로 들고 있다. 참조: J. F. Godet, 'El papel de la predicación en la evolución de la Orden de los Hermanos Menores según los escritos de S. Francisco', *in* SelFran 22(1979) 105쪽.

하게 되었다는 사실을 상기하는 것이 좋다. 따라서 프란치스코가 단지 일한 다음에 '필요하면'이라고 권고하고 있고, '성직자들처럼'이 아니라 '다른 가난한 사람들처럼'이라고 하는 이상 형제체의 동냥 실천을 성직적인 가난 정신 안에 집어넣는 것은 옳지 않다.[22]

프란치스코는 예수님의 가난과 겸손을 따름에 동냥의 기초를 둔다. 그 추종은 꼭 필요한 것으로만 살고 그들에게 실제로 가난한 이들과의 실질적인 연대를 가능하게 해주는 분명한 것이다. 복되신 동정 마리아와 자신의 제자들과 함께 가난한 순례자요 걸인이 되신 하느님의 아들 예수님에 대한 회상은 생활하는 데 필요한 것을 동냥하면서 이 집 저 집 다녀야만 할 때 수치를 극복할 수 있는 유일한 힘이다. 프란치스코에 따르면, 동냥은 '가난한 사람들에게 돌려주어야 할 유산이며 정당한 권리'(비인준 규칙 9,8 참조)를 표현한 것이다. 우리는 우리 주 예수 그리스도를 따라야 하지만 동시에 필요한 것 이상으로 받지 말아야 한다.

필요한 경우에 필요한 만큼 동냥을 청함으로써 가난한 이들을 향한 정의의 권리는 지지를 받게 되며, 이런 의미에서 동냥은 그것을 주는 사람과 받는 사람 모두에게 행해지는 일종의 봉사이며, 영성적 활동이다. 따라서 프란치스코는 동냥하는 형제들이 큰 보상을 받을 뿐만 아니라 동냥하는 이들에게도 보상을 얻을 가능성을 준다는 점을 강조한다(9,9). 이런 사고는 신자들에게 사랑과 겸손을 지니고 자선하도록 권고하는 「신자들에게 보낸 편지」에서 되풀이된다(2신자 편지 30-31).

「인준받은 수도규칙」은 일 대신에 필요한 것을 받도록 허용하지

---

22   J. Micó, 'El Carisma de Francisco de Asís', in SelFran n.80(1998), 216쪽.

만, 그것을 동냥과 연관 짓지 않는다. 「신자들에게 보낸 편지」에서 이미 동냥을 부수적인 것으로 다룰 수 없다는 본질이 획득됐던 것 같다. 따라서 동냥 때문에 형제들이 느끼는 수치심을 극복하도록 그들에게 힘을 주기 위하여 제시되었던 그리스도의 모범이라는 복음적 근거가 단순히 지워진 것이다.[23] 「유언」은 다만 "우리가 일의 보수를 받지 못할 때는 집집마다 동냥하면서 주님의 식탁으로 달려갑시다"(22)라고 하면서 다시 일과 동냥을 연결 짓는다. 그러나 그것은 기원으로 되돌아가고자 하는 꿈이었다. 형제들이 행하였던 동냥은 이미 일과의 관계가 아니라 사목적인 이유에서 이루어졌다. 이처럼 형제회의 유지는 고유한 수단 없이 신자들의 애덕에 의존하게 되었다. 동냥에 관한 완벽한 조직은 꽤 빨리 이루어졌고, 성인의 전기들에서는 처음에 우발적이었던 것을 필연적인 관심사로 계획한 것으로 전한다.[24]

'가난뱅이' 프란치스코가 종에 대해 가진 개념은 성인이 예수 그리스도를 애정으로 바라보는 덕들인 가난과 겸손으로 쏠린다. 이 단락에서 짝을 이루는 '가난과 겸손'은 그의 다른 글들에도 나오는데 거의 항상 주님을 가리킨다.[25] 동냥은 생계유지의 보충 수단 그 이상으로 우리의 삶을 하느님의 섭리에 맡기는 가난한 자의 태도이다. 우리는 늘 '가난과 겸손 안에' 머물며, 주님을 섬기면서, 신뢰심을 갖고 동냥해야 한다. 이것은 애긍할 때 지녀야 하는 가장 기본적이고 가장 중요한 세 가지 자세이며, 수유 없이 세상을 순례하는 프란치스칸 나그네의 본질적인 삶의 태도이다. 동냥하면서 교만한 태도를 보이거나 자신의 처지에 시선을 집중하게 된다면, 불평불만으로 가득 차 분노

---

23 같은 논문, 217쪽 참조.
24 2첼라노 71 75; 세 동료 38.55.
25 인준 규칙 12,4; 비인준 규칙 9,1; 덕 인사 2. 등.

하며 열등감에 빠지게 되고, 수치심을 느낄 수 있다. 우리는 가난한 자 되어 동냥할 때도 오직 그분을 섬기는 겸손한 마음으로 해야 한다. '주님을 섬기면서' 동냥한다는 것은 주님을 늘 마음속에 모시고, 그분과 더불어 그분께 봉사하기 위하여 동냥하는 것을 말한다. 그리고 동냥할 때 주님을 신뢰하는 것 또한 매우 중요한 자세이다. 동냥할 때 형제들은 불안정과 불편을 체험할 뿐만 아니라 다른 이들로부터 비난을 받거나 거절을 당하고 심지어는 박해를 받을 수도 있다. 그럴 때 주님께 대한 깊은 신뢰가 없다면 동냥 자체를 수치스러운 일로 여기게 되고, 인간적인 관점에서만 볼 수 있다. 따라서 '가난과 겸손 안에서' 주님을 섬기면서 신뢰심을 가지고 동냥해야 하는 이유는 예수 그리스도께서 그렇게 하셨고, 동냥을 통해 그것을 주는 사람과 받는 사람 모두 하느님을 체험할 수 있기 때문이다. 이렇게 더욱더 작아지는 태도에 우리를 위하여 가난해지신 그리스도의 모범을 덧붙임으로써 동냥의 모욕을 극복하도록 한다.

지금까지 가난의 세 가지 원칙을 언급한 다음 이어서 지극히 높은 가난의 삶을 받아들인 두 가지 동기를 제시한다. 하나는 주 예수님의 가난을 본받기 위한 것이고, 다른 하나는 주님께서 다시 오실 때까지 순례자나 나그네로서 살아가는 우리가 가난을 삶으로써 살아있는 땅으로 인도될 수 있기 때문이다.

2) 주 예수 그리스도의 가난(3절)

[3] 그리고 주님께서 우리를 위하여 이 세상에서 스스로 가난해지셨으니 (참조: 2코린 8,9) 부끄러워하지 말아야 합니다.

프란치스코는 3절에서 바오로 사도의 말씀을 인용한다. "여러분은 우리 주 예수 그리스도의 은총을 알고 있습니다. 그분께서는 부유하시면서도 여러분을 위하여 가난하게 되시어, 여러분이 그 가난으로 부유하게 되도록 하셨습니다."(2코린 8,9) 이 인용은 매우 독창적인 것으로서 고대 수도규칙들 그 어디에도 나타나지 않는다.[26] 프란치스코는 그리스도의 모범, 그리스도의 가난을 자주 확인시켜 준다. 그는 자신이 자주 쓰는 이 말로 작은 형제들의 가난 생활을 잘 설명한다. 우리가 가난을 택하여 사는 것은 그리스도의 발자취를 따르고 주님을 본받기 위해서다. 우리 인간은 만물과 만인, 자기 자신까지도 하느님의 것이라는 것을 쉽게 잊어버리고 피조물과 다른 인간들을 지배하려고 하며, 주인인 양 이용하려는 경향이 있다. 이런 소유욕은 하느님의 절대적인 소유권과 주권을 인정하지 않고 자기 것으로 하려는 인간의 근본적인 죄이다. 이런 인간 구원의 원천은 사도 바오로의 말씀처럼 우리를 부요하게 해주시려고 죽음까지도 받아들이신 그리스도의 가난에 있다. 따라서 우리도 소유 없는 자가 되면 될수록 더욱더 풍부히 그리스도의 구원을 얻게 되며, 우리가 모든 물질과 우리 자신까지도 포기하면 할수록 그리스도의 구원 신비에 참여하는 것이다.

"주님 자신도 복되신 동정녀도 제자들도 가난하셨고 나그네이셨으며 동냥으로 사셨습니다"(비인준 규칙 9,5)라는 표현에 잘 드러나듯이, 나그네와 순례자로서 가난하게 살아가는 것은 우리에 대한 사랑 때문에 전 생애를 가난하게 사시고 모두를 내어주신 다음 가난히게 돌아가신 그리스도의 모범에 바탕을 두고 있다. 곧 프란치스코에게 가난한 조건의 선택은 신학적 방식이나 사목적인 방식이 아니라 일종의 참된 복음적 요청에 따른 것이었다.[27] 이렇게 복음을 실행하는 것과, 가난한

---

26 참조: M. Conti, Il Codice di comunione, 263쪽 각주 61.

27 참조: F. Uribe, La Regola de san Francisco, 199쪽.

순례자로서 복음적 불안정을 살아가는 것 그리고 주님의 영을 추구하고 그 영의 활동을 마음에 간직하는 것은 결국 프란치스코가 추구하였고, 이 시대의 우리도 실천해야 할 삶의 본질이다.

"주님께서 우리를 위하여 스스로 가난한 사람이 되셨기 때문에"(6,3) 우리도 주님에 대한 사랑으로 그리스도의 가난에 참여하여야 한다. 그리스도를 추종하는 형제들은 가난한 삶을 통하여 그리스도의 살아있는 구원의 표지가 되어야 한다. 가난의 동기와 목적은 우리를 위해 가난해지시고 죽기까지 자신을 내놓으신 그리스도의 가난이다. 프란치스코는 작은 형제들이 그리스도의 가난을 보여주고 증거하기를 바랐다. 우리의 가난은 다른 이들에게 그리스도의 가난을 보여주는 것뿐 아니라 그들이 그리스도의 가난을 실천할 기회를 열어준다. 성인은 "자기 형제들에게 동냥하러 나가라고 권하면서 다음과 같은 말을 하곤 하였다. '가보시오. 이 마지막 시기에 작은 형제들을 세상에 내놓음으로써 심판자가 하는 다음과 같은 말씀이 뽑힌 이들 사이에서 이루어질 것입니다.' '너희가 내 형제들인 이 가장 작은 이들 가운데 한 사람에게 해준 것이 바로 나에게 해준 것이다.'"(2첼라노 71) 이렇게 작은 형제들의 가난은 다른 사람들에게 사랑을 실천하게 하는 기회가 되고 우리를 도와줌으로써 물질의 소유욕을 버리게 되기에 그리스도의 구원에 참여하도록 해준다. 프란치스코는 구원의 길이 어떤 것인지 잘 알고 있었다. "가난은 구원에 이르는 특별한 길이며, 그 열매는 가지가지이다."(2첼라노 200) "그는 하느님 안에서 더욱 충만하게 모든 것을 소유하기 위해서 도무지 아무것도 소유하려 하지 않았다."(1첼라노 44)

프란치스코는 주님이 얻어주신 구원을 차지하려고 절대적인 가난을 택하였다. 따라서 우리는 가난을 통해서 그리스도의 구원에 참여하고, 우리의 가난한 삶을 통하여 다른 모든 이를 그리스도의 가난에 참여시키도록 해야 한다. 프란치스코는 형제들에게 가난을 권고할 때

"여우들도 굴이 있고 하늘의 새들도 보금자리가 있지만, 사람의 아들은 머리를 기댈 곳조차 없다"(마태 8,20)라는 복음 말씀을 자주 인용하였다. 그리고 그는 그리스도의 가난을 그대로 완전히 지킬 수 없다는 것을 알았기에 마음 아파했다(2첼라노 59).

프란치스코는 실생활에서도 가난이란 별명을 받을 정도로 그리스도의 가난을 본받았다. 그는 작은형제회를 다른 수도회와 구분하는 특징으로 가난을 꼽았다. "우리는 어느 수도회보다도 더욱 하느님 아들의 가난 모범을 따를 의무가 있습니다."(2첼라노 61)

"필요하면 동냥하러 다닐 것입니다. 모든 형제는 부끄러워하지 말고, 오히려 전능하시고 살아 계신 하느님의 아들 우리 주 예수 그리스도께서 차돌처럼 당신 얼굴빛 변치 않으셨고 부끄러워하지 않으셨다는 것을 기억할 것입니다."(비인준 규칙 9,3-4) 곧 주님이 가난을 선택하셨다면 가난은 절대로 부끄러운 것이 아니고 오히려 가난은 자랑스럽고 탁월하며 고유한 것이다. 동냥할 때도 우리를 위해 가난해지신 예수 그리스도와 하나가 되려는 마음이 중요하다. 프란치스코는 동냥이 인간적으로 비참한 행동이 아니라 가난해지신 그리스도와 하나가 되는 것이니 결코 수치스러운 일이 아니라고 가르친다. "부요하셨지만 우리를 위해 가난해지신 주님을 따르는 것이 저에게는 왕다운 위엄이 되고 특별한 고귀함이 됩니다."(2첼라노 73) 프란치스코는 "왕이신 그리스도와 어왕이신 성모님 안에서 현현하게 빛을 발한 이 가난의 덕을 왕의 덕이라고 말하곤 하였다."(2첼라노 200) 또한 가난을 겸손의 자매인 '귀부인'이라 하였다(덕 인사 2). 이렇게 그는 "탐욕과 인색과 이 세속의 근심을 부끄럽게 하는"(덕 인사 11) 가난을 귀부인으로 여겨 자기 자신을 바쳤다. 그는 인간이 되신 그리스도를 늘 묵상하고 바라보면서 외적, 내적으로 모든 것을 주님께 바치는 그런 가난에 도달하였다.

3) 가난의 종말론적인 관점(4-6절)

⁴ 이것이 바로 지극히 사랑하는 나의 형제 여러분을 "하늘나라의 상속자"요 왕이 되게 하고, 물질에 "가난한 사람이" 되게 하면서도(참조: 야고 2,5), 덕행에 뛰어나게 하는 "지극히 높은 가난"의 극치입니다. ⁵ 이것이 "살아있는 이들의 땅으로"(참조: 시편 141,6) 인도하는 여러분의 몫이 되었으면 합니다. ⁶ 지극히 사랑하는 형제들, 이 가난에 완전히 매달려 우리 주 예수 그리스도의 이름을 위하여 하늘 아래서는 평생토록 결코 다른 어떤 것도 가지기를 원치 마십시오.

'프란치스칸 가난의 찬가'라 할 수 있는 이 단락은 프란치스코의 것이라 할 수 있다. 그러나 그 편집 형식이 온전히 상응하지는 않는다. 다시 말해 프란치스코의 것이라고 하기에는 문장이 너무나 잘 다듬어졌고, 성경에서 병행구가 없을 정도로 신학적, 성경적인 밀도가 높다.[28] 이는 분명 전문가의 손길이 가해진 것이다. 이 단락은 "하늘 아래서는 평생토록 결코 다른 어떤 것도 가지기를 원치 마십시오"(6)라는 문장으로 끝난다. 이는 '그 어떤 것도 자기 소유로 하지 말라'는 1절과 상응하여 1-6절 전체 내용에 강력한 권고와 명령의 특징을 부여한다. 여기서 우리는 바로 이 내용이 프란치스코의 핵심 관심사이자, 삶의 방향이었음을 알 수 있다.

프란치스코가 자기 형제들을 이 세상에서 순례자나 나그네라고 부를 때 가난만을 지적하는 것이 아니고, 그리스도교적 생활 전체를 언급하는 것이다. 작은 형제는 일정한 거처 없이, 이 땅에 자기를 묶게 하고 속박하는 아무것도 없이 "생명의 땅"을 향하여 눈을 들면서 이

---

28   참조: F. URIBE, 같은 책, 200쪽; J. Garrido, La forma de vida franciscana, 224쪽.

세상을 두루 다니는 소명을 받았다.[29] 프란치스코는 가난을 통해 천상 고향에 이를 수 있다고 믿었다. 이 대목에서 프란치스코가 가난을 얼마나 사랑하고 얼마나 간절히 형제들에게 권하였는지 알 수 있다. 그는 가난의 종말론적인 가치를 강조한다. 그리스도인은 누구나 다 지상을 순례하는 나그네이다. 우리는 이 세상에 속하는 것이 아니며, 프란치스코의 말씀처럼 이 세상에서 뜨내기 생활을 하는 것이다. 곧 우리는 하느님께로 가는 순례 여정 중에 있다.

프란치스코는 우리가 가난을 통해서 그리스도의 가난을 본받고 하늘나라를 상속받을 수 있음을 가르친다. 작은 형제는 종말에 나타날 하느님 나라에 대한 희망 속에 산다. 곧 종말에 우리가 바라는 하느님 나라에 대한 희망의 외적 표지는 가난이다. 우리는 이 외적인 표지뿐 아니라 모든 세상의 것에 대한 애착을 버리고, 우리 자신까지 포기하는 그런 가난을 통하여 하늘나라의 상속자가 될 뿐만 아니라 하늘나라의 왕이 될 수 있다. 아무것도 소유하지 않는 이런 가난을 통하여 덕행을 얻을 수 있고, 나아가 모든 선이 드러나는 하늘나라를 소유하게 된다는 것이 프란치스코의 의도이다. 그의 의도는 하느님 안에 머물고, 하느님과 일치되는 영적인 차원 그리고 물질로부터 가난해짐으로써 얻게 되는 존재론적 자유와 '덕행에 뛰어나게 되는' 윤리적 성숙이라는 두 가지 인간적 차원을 아우른다. 이는 인간 삶의 다양한 차원을 말하는 것만이 아니라 전 존재적이고 총체적이며 통합적인 '**복음적 삶의 태도**'를 제시하고 요청하는 것이다. 이를 뒤집어 보면, 프란치스코는 복음적이며 철저한 가난의 결과, 자신에 대한 온전한 인식과 전인격적인 성숙, 영성적 통합에 이를 수 있음을 말하고 있다.

---

29   L. I<small>RIARTE</small>, 프란치스칸 소명, 배의태 역, 왜관, 분도출판사 2002, 127쪽.

우리는 외적인 가난(물질적 가난)을 실천하면서 '살아있는 이들의 땅'으로 가는 것을 표현한다. 또 기쁜 마음으로 이 세상에서 살면서 '살아있는 이들의 땅' 곧 하느님 나라를 갈망하는 우리의 마음을 나타낸다. 프란치스코는 5-6절에 이어 '살아있는 이들의 땅'이 무엇을 의미하는지를 밝힌다. 그것은 사람들 사이에서 참된 인간관계가 이루어지는 곳이라면 어디에나 존재하는 그런 진정한 형제적 공동체를 말한다.[30] 프란치스코는 이것 때문에 형제들이 사용하는 방에서도 세속적인 물건, 사치스러운 물건을 볼 때 참을 수가 없었으며 모든 살림 도구가 순례자임을 보여줄 수 있기를 바랐다(2첼라노 60 참조).

"다른 사람이 어떤 장소를 확실하게 소유하고 있지 않으면, 프란치스코는 그곳이 어느 곳이든 간에 자기 형제들이 거기에 거주하는 것을 원치 않았다. 그는 자기 아들들이 순례자의 신분을 지키기를 늘 염원하였다. 말하자면 다른 사람에게 속해 있는 지붕 밑에 숙박을 구한다든가, 평화롭게 걱정 없이 길을 가야 한다든가, 그들의 원래의 고향을 그리워해야 한다든가 하는 것 등이다."(2첼라노 59)

프란치스코는 이 지상 사물에 마음을 두는 이들에게 "단 한 시간을 위해서 주어진 봉지(封地) 때문에 영원한 유산을 포기할 수는 없노라고 대답하곤 하였다."(2첼라노 72) 그는 비우고 낮추신 예수 그리스도의 가난을 통해 하느님의 사랑을 체험하였기에 가난을 통해 하느님을 사랑하고 모든 피조물을 사랑하였다. 그는 "주님은 우리를 만족하게 하시는 온갖 보화"(하느님 찬미)이시기에 가난한 사람만이 하느님의 충만하심을 받을 수 있음을 깨달았다. 가난한 사람은 하느님께 마음을 열어드리기 때문에 하느님은 아무 걸림돌 없이 그 사람 안에서 활동하신다. 프란치스코에게 "가난은 완덕의 뿌리이고 덕행에 뛰어나게 하는 것"이었다. 그가 추구한 가난은 무엇보다도 복음적이고 자발적

---

30   E. LECLERC, Francisco de Asís, El retorno al Evangelio, 117쪽.

이며 실천적인 것이었다.

2. 가난의 동기와 목적인 형제애(7-9절)

⁷ 그리고 형제들은 어디에 있든지 어디서 만나든지 상호 간에 한 식구임을 서로서로 보여 줄 것입니다. ⁸ 그리고 필요한 것을 서로 간에 거리낌 없이 드러내 보일 것입니다. 어머니가 "자기" 육신의 "자녀를"(참조: 1테살 2,7) 기르고 사랑한다면 각자는 자기 영신의 형제들을 한층 더 자상하게 사랑하고 길러야 하지 않겠습니까? ⁹ 그리고 형제들 가운데 누가 병이 나면 다른 형제들은 남이 자기 자신을 돌보아 주기를 바라는 것처럼 그에게 봉사해야 합니다(참조: 마태 7,12).

프란치스코는 가난에 대해 말씀하신 다음에 형제애(fraternitas)에 관하여 언급한다. 이미 제1장에서 살펴본 것처럼 그는 자신의 글에서 수도회를 지칭하기 위하여 '형제회'(fraternitas, 10회)라는 용어를 선호했다. 「인준받은 수도규칙」에서는 '수도회'(2회), '회'(ordo, 2회)라는 명칭보다도 '형제회'(4회)라는 용어를 형제애의 관점에서 더 선호했다. 이 점은 「인준받은 수도규칙」 전체가 복음적 가난의 생활을 언급하면서, 동시에 그러한 삶을 사는 형제들 모임의 정체성을 제도화된 수도회로서보다는 '형제회'로 인식하고 있음을 보여준다. '형제회'라는 명칭 자체가 가난과 형제애가 내적으로나 외적으로 긴밀하게 연결되어 있음을 말해준다. 형제애는 프란치스코에 의해 새롭게 시작된 형제회의 특징이자, 예수 그리스도 모범의 본질적인 특징이다. 에써의 다음 진술은 이러한 특징을 잘 설명해준다.

"평형제와 성직형제들 사이에 하나이며 갈릴 수 없는 공동체를 이룬다는 사실이 주의를 끈다. 귀족이든 평민이든 교육을 받았든 받지 않았든 같은 종류의 옷을 입었으며, 같은 삶의 방식을 취함으로써 한 수도회 안에서 일치된 마음이 감돌았다. 가까이 있든 멀리 떨어져 있든 그들은 마치 한 가족의 구성원처럼 진심에서 우러난 우정으로 결합한 채 남아있었고, 모두가 동일한 권리를 누렸다. 옛 수도회 회원에 의해 이루어진 이러한 관찰로부터 우리는 작은형제회와 전통적인 수도회들 사이의 대조가 분명해짐을 알 수 있다. 이것은 새로운 공동체의 특색을 보여주는 대조이다. 분명히 작은 형제들의 작음(Minoritas)과 형제애(Fraternitas)는 중세 봉건제도에 젖어 든 사회 구조를 깨뜨렸으며, 동시대인들이 접한 크리스천적인 구조들을 새로운 구조로 바꿨다."[31]

「인준받지 않은 수도규칙」과 「인준받은 수도규칙」 모두 "형제들이 세상을 어떻게 다닐 것인가"에 대해 한 장을 할애한다. 이것은 형제회의 생활에서 세상을 돌아다니는 것이 얼마나 중요했는지를 깨닫도록 해주려는 것이다. 프란치스코에 따르면, 자신을 하느님 나라를 전하는 도구로 체계화하는 것은 세상으로 나아가기 위한 복음적 방편이었다. 이 둘째 부분(7-9)은 '거처 없이 가난하게' 살아가는 형제들의 삶을 의미 있게 해주고 지속하게 해주는 근원적 거처인 '사랑의 거처'를 언급하고 있다. '집 없이 떠돌아다니는 형제들의 삶'에서 필요한 거처는 물질적인 거처가 아니라 형제들끼리 사랑으로 가득 찬 가정이 되어주는, 바로 그것임을 가르쳐준다.

프란치스코는 '지극히 높으신 가난'이 형제들을 엄청난 불안정에 노출되도록 한다는 것을 깨달았다. 그런데 이런 삶의 불안정성은 단순히 불편함을 가져다주는 것이 아니라 형제애를 요청하고 새롭게 하는 계기가 된다. 따라서 프란치스코는 삶의 불안정을 복음적 불안정

---

31 K. Esser, La Orden Franciscana. Origenes e Ideales, 336-337쪽.

으로 바꾸고, 불안정한 삶의 피난처를 마련하기 위한 길로써 형제적 일치를 제시한다. 곧 여기서는 프란치스칸 형제체는 한 식구와 같은 깊은 친밀감을 형성할 필요가 있음을 말하고 있다. 프란치스코가 "나는 나의 형제들이 한 어머니의 자녀들임을 보여주기를 바랍니다"(2첼라노 180) 하고 말한 대로, 우리는 어머니인 교회의 같은 자녀들로서 그리스도 안에서 형제가 되고 그리스도와 일치되어 그리스도와 같은 영을 지니는 영신의 식구들이 된다. 프란치스코는 그리스도 안에서 같은 아버지 밑에서 한 형제가 된다는 복음 말씀을 자주 인용한다(비인준 규칙 22장 참조).

1) 형제들은 어디에 있든지 어디서 만나든지 서로 한 식구임을 드러냄(7절)

⁷ 그리고 형제들은 어디에 있든지 어디서 만나든지 상호 간에 한 식구임을 서로서로 보여 줄 것입니다.

7절의 주어는 '형제들'이다. 다시 말해 형제애를 지니고 살아야 할 주체는 '모든 형제'임을 뜻한다. 곧 사랑의 의무에서 아무도 제외되지 않음을 선언한 것이다. 부사 '어디서나'(ubicumque)는 정주(stabilitas loci)를 서약한 사람이 아니라 세상의 봉쇄를 지니는 형제들의 순회 생활과 일치한다. 또 두 개의 동사 '있든지'(sunt)와 '만나든지'(se invenerint)는 일정한 거처와 거처 없음, 이 두 가지 현존 양식을 말해주는데 형제들은 어떤 조건에서든 복음을 선포하였다. 그리고 우리는 '어디에 있든지 어디서 만나든지'라는 표현에서 '거처 없이' 살았던 형제들의 삶이 이제는 '거처 없는 삶'과 '고정적 거처에 머무는 삶'의 두 가지 형태로 바뀌고 있음을 알 수 있다.

여기서 동사 '서로 보여주다'(ostendant se)는 '서로 드러내다'로도 번역할 수 있다. 이는 형제들 관계에서 지배적이어야만 하는 투명성과 자발성을 가리키는 공현적인 뚜렷한 특징을 띠게 해준다.[32] 여기서 핵심이 되는 것은 "서로 한 식구임을 보여주어야"(ostendant se domesticos invecem inter se) 하는, 곧 서로를 품어주고 기다려주는 따뜻한 가정이 되는 형제적 삶이다. '식구'(domesticos)라는 표현은 영적인 가족, 하느님의 집인 교회에 관한 사도 바오로의 주제를 암시하고 있다(에페 2,19-22 참조). 이 주제는 형제애의 신학적 기초 가운데 하나를 이룬다. 그러나 이 경우에 수도규칙의 어휘는 동등성과 상호성의 원리를 통하여 인도되는 상호 인간관계의 한 유형에 관하여 더 강조하고 있는 것으로 보인다.[33]

우리에게 중요한 것은 건물이나 수도원이 아니라 삶의 뿌리에서 형제애로 결합한 '한 식구'로서의 형제체이다. '식구'는 단순한 혈연 공동체인 '가족'과 달리 지속해서 함께 밥을 먹고 대화하며 삶을 공유하는 '인격 공동체'요 '운명 공동체'이다. 돌아다니면서 사도직을 이행하고 안정성을 찾을 수 없던 형제들에게 '식구'와 같은 형제체는 더욱 필요했고 중요했다. 형제들이 많지 않았던 초창기에는 참된 형제애가 서로를 일치의 끈으로 묶어주어 모든 형제가 서로를 잘 알고 있었다. 그래서 외적으로는 '집 없이 돌아다니므로' 불안정했으나 형제애 안에서 안정되었다. 그러나 형제들의 수가 급격히 증가할수록 '형제애'라는 핵심적 요소는 약해질 수밖에 없었다. 이것이 바로 7-9절을 규정한 배경이다. 프란치스코는 결속력이 약해질 수 있는 형제체의 약점을 보완하기 위해 형제애의 중요성을 강조한다. 형제체야말로 복음적

---

32 참조: F. URIBE, La Regola de san Francisco, 207쪽.
33 참조: 같은 책, 208쪽.

불안정을 살아가는 순례 여정의 동반자이자, 울타리이다. 우리도 형제체 안에서 기쁨을 나누며 사랑을 체험하면 안정성을 얻게 될 것이다. 이러한 프란치스칸 형제들의 모임 안에서 기쁨을 나누며 사랑을 맛본다면 기쁨 가운데 가난을 실천할 수 있을 것이다. 곧 형제애는 정신적 물질적인 모든 어려움 가운데서도 서로를 일치시켜 주고 참 기쁨을 맛보게 해줄 것이다.

2) 필요한 것을 서로 간에 거리낌 없이 드러내 보일 것(8절)

^{8절 전반} 그리고 필요한 것을 서로 간에 거리낌 없이 드러내 보일 것입니다.

두 번째 규정은 좀 더 긴데, 필요한 것을 기꺼이 드러내 보이자는 초대로 시작한다. 동사 '드러내 보이다'(manifestare)는 앞 문장(7)의 '보여주다'(ostendare)와 상호 관련되는데, 이는 '확실함'과 '명백함'을 가리키는 부사 '거리낌 없이'(secure)를 동반함으로써 형제들 사이에 주어야만 하는 최우선적이고 심원한 관계의 수준을 매우 강력히 강조한다.[34] 입법자가 '서로 간에'(unus alteri)라는 표현을 사용하여 상호성에 관하여 다시 언급하고 있다는 사실은 중요하다. 형제들 사이의 사랑 관계는 늘 쌍방교류를 통해 친교를 이루도록 해야 한다.

형제들의 사랑이 참된 사랑이라면 실질적인 사랑이 되어야 한다. "우리는 말과 혀로 사랑하지 말고 행동으로 진리 안에서 사랑합시다(1요한 3,18) 하고 사도가 말하듯이 서로 간에 지닌 사랑을 행동으로 보여 줄 것입니다."(비인준 규칙 11,6) 이러한 사랑을 실천하려면 우리는 서로 필요한 것을 알아야 하고, 그러기 위하여 듣는 자세와 말해주는 자세를 지녀야 한다. 우리는 영신의 형제이다. 따라서 마음을 닫아버

---

34 참조: 같은 책, 208-209쪽.

린 채 혼자 고통을 견디고 문제를 해결하려는 마음은 버려야 한다. 다른 형제가 내 안에 계시는 주님의 현존을 공유할 수 있도록 그 형제에게 마음을 열어주면서 물질적·영적으로 필요한 것들을 신뢰하는 마음으로 드러내 보여야 한다. '드러내 보이는 것'은 은수자들의 수덕적인 침묵이나 수도승들의 묵언(taciturnitas)과는 완전히 구별되는 것으로서 형제체 삶에서 전형적인 요소이다.

「인준받지 않은 수도규칙」은 "각자는 자신이 필요한 것을 남에게 거리낌 없이 드러내어, 그가 자신에게 필요한 것을 찾아서 줄 수 있도록 할 것입니다. 그리고 마치 어머니가 자기 자녀를 사랑하고 기르듯이, 각자는 하느님께서 자신에게 베풀어주시는 은총에 따라 자기 형제를 사랑하고 기를 것입니다"(9,10-11)라고 규정한다. 도움이 필요할 때 다른 형제에게 마음을 여는 것은 무엇보다도 자비로우신 하느님께서 내 안에서 창조를 이어가시도록 자리를 내어드리는 것이다. 또 도움을 주고받음을 통해 사랑의 강이 흘러가도록 마음을 열어주어야 한다. 그런데 8절에서 말하는 '필요한 것'은 무엇일까? 그것을 몇 가지로 단정할 수는 없지만, 육신적인 것이나 물질적인 것만을 말하는 것이 아니라 윤리적인 것 또는 영성적인 것까지도 의미하는 것으로 볼 수 있다.

^{8절 후반} 어머니가 "자기" 육신의 "자녀를"(참조: 1테살 2,7) 기르고 사랑한다면 각자는 자기 영신의 형제들을 한층 더 자상하게 사랑하고 길러야 하지 않겠습니까?

프란치스칸 형제체는 그리스도의 이름으로 그리스도와 일치되고 하늘에 계신 아버지를 우리 모두의 아버지로 모시고 있다. 따라서 프란치스칸 형제체는 '영신의 형제들'의 모임이다. 이 형제들이 어떻게

사랑해야 하는가에 대하여 수도규칙은 어머니의 사랑보다 더 큰 사랑으로 자기 영신의 형제들을 사랑해야 한다고 권고한다. 프란치스코는 "어머니가 자기 육신의 자녀를 기르고 사랑하는 것보다 자기 영신의 형제들을 한층 더 자상하게 사랑하고 길러야 한다"(8)고 가르친다. 여기서 부모가 자녀에 대해 갖는 근원적인 사랑보다 '한층 더' 사랑하라고 한 것은 혈연을 뛰어넘어 하느님의 형제라는 영적인 존재로서 하나가 되어 서로를 조건 없이 받아들이는 그런 사랑을 하라는 것이다.

또 사랑할 뿐만 아니라 '길러야'(nutrire) 한다고 한 것은 그저 사랑하는 것에서 더 나아가 사랑을 통해 '끊임없이' 생명이 성장하도록 함께해야 한다는 뜻이다. 곧 자신의 생명을 건네주어야 하는 '사랑의 지속적인 책임'을 강조한 것이다. 형제들은 서로에게 하느님의 말씀을 먹이고, 온 마음으로 경청하고, 따듯한 사랑으로 배려하며, 아낌없이 지지해 줌으로써 서로를 기르도록 해야 할 것이다. 또 이렇게 말한다. "내가 너희를 사랑한 것처럼 너희도 서로 사랑하여라 하고 주님께서 말씀하신 대로 서로 사랑할 것입니다."(비인준 규칙 11,5) 이처럼 우리는 그리스도께서 우리를 사랑하신 그 마음으로 형제들을 사랑하여야 한다. "인간의 지각을 뛰어넘는 그리스도의 사랑"(에페 3,19)으로 모든 형제를 사랑해야 한다.

프란치스코는 여기서 '사랑하다'(diligere)라는 동사를 사용하는데, 이 동사는 이원적으로 '선택하다, 고르다'라는 뜻을 갖는 'legere'와 '탈취, 분리, 반대' 등의 뜻을 갖는 접두사 'di'가 결합한 것으로서 '각별히 사랑하다, 선택적으로 사랑하다, 선호하다'라는 뜻이 있다. 그리고 같은 어원으로부터 나오는 비교급의 'diligentius'는 '더 열심히' 또는 '더 주의를 다하여'라는 의미로 번역할 수 있다. 프란치스코가 이런 언어적 유희를 통해 의도하는 것이 무엇일까? 아마 그는 라틴어의 '사랑하다'라는 뜻의 'amare' 대신에 'diligere'라는 동사를 사용함으로써 에로스적인 사랑보다는 사랑(caritas)이라는 신약성경의 어휘에 더 비슷한

영적인 사랑을 강조하고자 한 것으로 보인다.[35]

　프란치스코는 「인준받지 않은 수도규칙」에서 그리스도의 사랑을 통해서 이루어지는 형제들과 사랑의 일치를 다음과 같이 표현한다. "'저는 이들만이 아니라 이들의 말을 듣고 저를 믿는 이들을 위해서도 빕니다.'(요한 17,17-20) '이는 그들이 완전히 하나가 되게 하려는 것입니다. 그리고 아버지께서 저를 보내시고, 또 저를 사랑하셨듯이 그들도 사랑하셨다는 것을 세상이 알게 하려는 것입니다.'(요한 17,23)"(22,53) 여기서 형제들의 사랑은 어떠한 사랑이어야 하는가를 말해준다. 형제들은 하느님의 사랑, 그리스도를 통하여 계시하신 하느님의 사랑으로 서로 사랑해야 한다.

　프란치스코가 8절에서 사용하는 어머니에 대한 이미지는 그의 일부 글들에서 사용되고 있는데[36] 상당히 섬세하고 탁월한 표현이다. 그러나 그 자체로는 「인준받지 않은 수도규칙」 9,11에 보다 더 명백한 방식으로 표현된 형제 관계의 모델로 취할 수는 없다.[37] '육신의 자녀'와 '영신의 형제' 사이에 발생하는 대조로부터 '보다 더'라는 사랑의 정도 차이가 드러난다. 이 둘은 아씨시 프란치스코 영성의 핵심에 있는 육과 영 사이의 역동적 대조와 다르지 않다. 프란치스코는 스스로 "나의 아들, 내가 그대에게 어머니로서 말합니다"(레오 편지 2)라고 하면서 이러한 이미지를 적용하였다. 그러나 성인이 자기 비서요 고해 사제였던 레오 형제와의 우정을 이끌었던 방식을 볼 때, 우리는 그들의 관계가 '어머니성' 또는 빗나간 애정적 관계로 비칠 수 있는 그 어떤 것으로도 변질하지 않았음을 잘 알고 있다. 수도규칙에서 '육신의

35　참조: I. RODRÍGUEZ HERRARA & A. ORTEGA CARMONA, Los escritos de san Francisco de Asís, 578-579쪽.

36　은수처 규칙 1-2.4. 8-10; 비인준 규칙 9,11; 레오 편지 2.

37　참조: F. URIBE, La Regola de san Francisco, 211쪽.

형제'와 대조되는 '영신의 형제'는 형제를 예수 그리스도 성령의 관점으로부터 바라보고 받아들이는 것을 뜻한다. 곧 영신의 형제는 "혈통이나 육욕이나 남자의 욕망에서 난 것이 아니라 하느님에게서 난 사람들이다."(요한 1,13) 이에 비추어볼 때 프란치스코가 그의 「유언」에서 형제를 하느님의 선물로 이해한 것(14절 참조)을 더 쉽게 이해할 수 있다. 이러한 신앙의 확신은 형제들을 향한 사랑과 봉사의 구체적인 몸짓을 실현하기 위한 충분한 동기를 부여한다.

육신을 취하여 사람이 되신 하느님의 사랑은 극단적 낮춤과 한없는 비움으로 모든 이를 '존재' 자체로 받아들이는 사랑이다. 모든 존재를 차별하지 않고 조건 없이 품으시고 사랑하시는 하느님의 사랑으로 형제들끼리 사랑하는 것(신적이며 인간적인)은 자식에 대한 어머니의 사랑과는 비교도 되지 않을 만큼 더 크고 깊고 아름다운 것이다. 프란치스코는 이러한 사랑의 실천적인 지침을 제시한다.

3) 앓는 형제들을 사랑함

⁹ 형제들 가운데 누가 병이 나면 다른 형제들은 남이 자기 자신을 돌보아 주기를 바라는 것처럼 그에게 봉사해야 합니다.

수도승 입법을 포함하여 그리스도교 전통은 앓는 이들에 대한 사랑과 특별한 돌봄이 상당히 적극적이었다. 그런데도 프란치스칸 입법에서는 자유와 가족적인 친밀감과 같은 특별한 색깔을 획득한다.[38] 프

---

38 비인준 규칙 10장; 인준 규칙 2,15; 3,12; 4,2; 6,9; 10,8 참조; 파코미오의 「계명집」 43항은 "병자는 스스로 식당에 들어가 자기가 원하는 것을 먹을 수 없고, 다만 이런 일에 책임을 맡은 봉사자의 인도를 받아 식당에 갈 것이다. 병실에서 받은 것 중에 과일 하나라도 자기 방에 가지고 갈 수 없다"라고 하며, 「스승의 규칙서」 69,9-11은 "열은 없고 지체의 고통으로 지쳐 있는 형세가 앞서 언급한 파문벌을 받기를 원치 않으면, 형제들과 함께 통상적인 시간경에 성당에 함께 들어갈 것이며, 서 있을 수 없다면 기도를 바칠 때처럼 돗자리에 누

란치스코는 그 당시에 극심한 병고를 겪은 자신의 경험에 비추어 앓는 이들에 대해 깊은 관심을 기울이고, 나아가 병중에도 오히려 하느님께 감사하라고 격려한다. 이러한 관점은 「베네딕토 수도규칙」에도 잘 나타나 있다.[39] 그러나 그는 그보다 더 근본적으로 지극히 높은 가난의 삶을 사는 것이 건강한 형제들에게도 쉽지 않은데 하물며 앓는 형제들에게는 얼마나 더 어려울지 꿰뚫어 보면서 형제애를 보인다. 곧 형제적 사랑을 드러내는 구체적인 여러 가지 방식이 있음에도, 수도규칙은 질병이 내포하는 존재적, 성사적 의미를 통해 특별한 가치를 언급한다. 프란치스코는 이런 사랑과 더불어 아픈 가운데서도 이 지고한 가난을 살도록 배려하고 격려한다. 병고는 그 자체로 축복을 가져다주며, 앓는 이들을 돌보는 이들에게도 크나큰 은총을 가져다준다. 프란치스코는 「인준받지 않은 수도규칙」에서 특히 앓는 이들이 그들의 병 때문에 하느님이나 다른 이들에게 흥분하거나 화를 내지 않도록 격려하고, 병을 치료할 약을 지나치게 안달하며 요구하는 이들에 대해서 주의를 환기한다(10,4). "이는 '육의 영'이나 악마의 현존을 나타내는 태도이다. 진실로 영적인 사람은 병을 하느님의 은총과 사랑으로 받아들인다고 프란치스코는 말한다."[40]

앓는 형제들에 대한 사랑에 관하여 「인준받지 않은 수도규칙」과

워서 시편을 바칠 것이다. 가까이 서 있는 형제는 그가 잠들지 않도록 감시할 것이다"라고 규정한다. 이는 친밀감과 폭넓은 인격적 존중을 하는 프란치스코의 태도와는 매우 대조적이다.

39 「베네딕토 수도규칙」 제36장은 주체를 특정하지 않은 채 "모든 것에 앞서 모든 것 위에 병든 형제들을 돌보아야 한다. 참으로 그리스도께 하듯이 그들을 섬길 것"(1절)이라고 하면서 모든 수도승이 병자에 대한 애덕의 연대책임이 있음을 규정한다. 이는 「베네딕토 수도규칙」의 핵심 정신인 '배려'를 잘 보여준다. 나아가 "병자 자신들도 하느님의 영광 안에서 섬김을 받고 있음을 생각하라"(4절)라고 한다.

40 R. J. ARMSTRONG, 아씨시의 성 프란치스코. 복음적 삶에 대한 글(IV), 183쪽.

「인준받은 수도규칙」 사이에는 변화가 있다. 곧 「인준받지 않은 수도규칙」은 "형제들 가운데 누가 병이 나면 그 형제가 어디에 있든지 다른 형제들은 그를 버려두지 말고, 오히려 자신들이 봉사 받기를 원하는 것과 마찬가지로 그에게 봉사할 형제 한 사람 또는 필요하면 여러 형제를 정할 것입니다"(10,1)라고 규정한다. 그런데 「인준받은 수도규칙」은 "형제들 가운데 누가 병이 나면 다른 형제들은 남이 자기 자신을 돌보아 주기를 바라는 것처럼 그에게 봉사해야 합니다"(6,9)라고 권고한다.

「인준받지 않은 수도규칙」에서는 앓는 형제가 거처하는 일정한 장소가 없다. 그런데 「인준받은 수도규칙」은 앓는 형제와 다른 형제들의 거처가 고정되었음을 말해준다. 이는 형제들의 순회적 생활방식에 변화가 일어나고 있다는 표지이다. 이는 프란치스코가 우리에게 형제적 삶의 역동성을 숙고하도록 요청하고 있다는 것을 상기시켜준다. 프란치스코는 형제체는 건물이나 구조의 문제가 아니라는 것을 우리에게 되새겨 준다.

프란치스코는 "남이 너희에게 해주기를 바라는 그대로 너희도 남에게 해주어라"(마태 7,12)라는 이른바 황금률과 "네 이웃을 너 자신처럼 사랑해야 한다"(마태 19,19)라는 말씀을 앓는 형제에게 적용한다. 그는 황금률을 영혼의 병인 죄 가운데 있는 형제들에게도 적용한다.[41] 건강한 사람도 고통을 겪어내기 어려울 때가 있는데 병중에 있을 때는 더 쉽게 실망하고 이 생활을 포기할 마음도 생길 수 있다. 그래서 형제들은 어머니보다 더 큰 사랑으로 서로 사랑해야 하듯이 앓는 형제를 더 열렬히 사랑하고 이에 봉사해야 한다. 프란치스코는 다음과 같이 권고한다. "형제가 건강하여 보답해 줄 수 있을 때 그 형제를 사

---

41 참조: 비인준 규칙 5,5-8; 인준 규칙 7,3.

랑하는 만큼, 형제가 앓고 있어 보답을 받을 수 없을 때도 그만큼 형제를 사랑하는 종은 복됩니다."(권고 24)

앓는 이들을 돌보아야 하는 또 다른 이유는 '병자는 그리스도의 상징'이고, 병은 복음을 전하게 되는 계기(갈라 4,13)이기 때문이다. 앓는 형제는 자신을 돌보아 주는 형제가 영신의 형제이므로 그 형제의 돌봄을 영적인 자세로 받아들여야 한다. 한편 앓는 형제들은 프란치스코의 다음 권고를 마음에 새겨야 한다. "모든 일에 대해서 창조주께 감사를 드리십시오. 건강하든 병약하든 건강에 있어서는 주님께서 원하시는 대로 되기를 바라십시오. 왜냐하면 '내가 사랑하는 사람들을 나는 책망도 하고 징계도 한다'(묵시 3,19)라고 주님께서 말씀하시듯이 하느님께서는 '영원한 생명을 얻도록 정하신' 모든 사람을 채찍과 병고의 자극제와 통회의 정신으로 가르치시기 때문입니다. 그리고 만일 누가 하느님이나 형제들에게 흥분하거나 화를 내고, 혹은 영혼의 원수이며 곧 죽을 육신의 건강이 회복되기를 너무 갈망한 나머지 조바심에서 지나치게 약을 요구한다면, 이는 악에서 나오는 것이며 육적인 것입니다. 그 사람은 영혼보다 육신을 더 많이 사랑하기에 형제다운 사람이 못 됩니다."(비인준 규칙 10,3-4)

■ 현대적 적용 ■

프란치스코가 삶의 중심에 두었던 '소유 없이'(sine proprio)의 삶은 하느님의 권한을 침해하고, 그분의 뜻을 거스르는 모든 것을 지니거나 품지 않는 것을 말한다. 프란치스코는 모든 애착을 거부함으로써 자유롭게 모든 피조물을 사랑할 수 있었다. 무엇이든 애착이 생기면 자유를 잃게 되고, 필연적으로 삶의 폐쇄와 정체를 불러온다. '전부'인 하느님을 차지하려면, 모든 애착으로부터 자유로워져야만 한다. 이를 위하여 프란치스코는 '거처 없음'과 '소유 없음', '나그네와 순례자의 삶', '하느님 섭리에 맡기는 동냥'을 복음적 가난의 원칙으로 제시하였다.

이 원칙들은 개인이나 형제체 모두에게 매우 중요한 지침이었다. 오늘날 돈도 받지 않고 집이나 거처, 그 어떤 것도 자기 소유로 하지 않으며 살기란 불가능하다. 그러나 물질에 대한 애착을 버리지 않는다면, 참 행복의 길로 나아갈 수 없을 것이다. '소유 없이'의 삶은 이 시대의 많은 사람을 진정한 행복과 자유의 길로 이끄는 열쇠라 할 수 있다.

가난에 관한 수도규칙의 지침들은 개인 차원이나 내적 삶에 국한되는 것이 결코 아니다. 프란치스코가 제안한 이상을 살려면 늘 변화하는 환경에 적응하려는 노력이 필요하다. 포스트모던 시대, 정보화시대, 4차 산업혁명의 시대, 초지능-초연결 사회의 독특한 특성을 고려할 때, 세상의 감각적인 현상과 즉흥적인 자극에 압도되거나 상황의 복잡성에 압도되어서는 안 된다. 그러려면 대단한 창의성과 이상을 현실화하려는 끈질긴 노력이 요청된다. 현대사회의 편중된 부, 과도한 소비, 재화의 부적절한 분배, 극심한 빈부격차와 구조악, 많은 이가 감수하는 비참한 조건들 속으로 가난하신 예수 그리스도와 더불어 들어가야 한다. 수도규칙은 가난의 사회적 차원을 직시하고, 바로 거기서 사회적 사랑을 실천하라고 촉구한다.

한편 프란치스코는 일이나 공동관심사로 맺어진 관계가 아니라 성령 안에서 친밀한 형제 관계를 강화하는 형제애의 추구와 가난 실천을 명확히 연결하고 있다. 이것은 무엇보다도 우리 삶의 기초가 되는 것이며, 프란치스코가 추구하였던 삶의 핵심적 방향이다. 가난은 그 자체로 목적이 될 수 없으며, 형제애로 표현되지 않는 가난은 아무 쓸모가 없다. 프란치스코는 형제들에게 아무것도 소유하지 않는 가난을 요구했지만, 다른 한편 필요한 건물과 물건을 가질 수 있다고 했다. 그는 이것을 모순으로 보지 않았다. 우리 모두 '소유 없이'의 삶이 형제애를 증진하는 데 도움이 되고, 서로를 기꺼이 나누는 형제애가 가난을 의미 있게 함을 기억할 필요가 있다. 가난을 빌미로 형제들을 비난하거나 형제들에 대한 관대한 사랑을 위축시키지 말아야 한다. 프란치스칸 형제회는 사업을 하는 회사나 같은 이데올로기를 공유하는 사회가 아니며, 나아가 어떤 성과를 내기 위해 일하는 팀도 아니다. 작은 형제회는 무엇보다도 주님의 영으로 결합하여, 예수 그리스도를 따르기로 헌신하는 형제들의 사랑 관계이다. 이는 세상 한복판에서 하느님 때문에 동료 인간을 위하여 결합하는 관계이다.

프란치스코는 형제애 실천을 위하여 세 가지를 제시한다. 곧 언제 어디서 만나든지 한 식구임을 보여주고, 거리낌 없이 필요한 것을 드러내 보이며, 형제들을 한층 더 자상하게 사랑하고 기르라는 것이다. 그의 이러한 지침은 가난하게 '순례자요 나그네'로서 세상을 돌아다니며 복음을 선포하도록 불린 형제들을 복음의 본질로 이끈다. 작은 형제들은 형제체 안에서뿐만 아니라 세상 안으로 들어가 형제애를 살도록 힘써야 한다. 우리는 모든 피조물과의 관계에서도 '서로를 사랑하고 기르는' 사랑의 책임이 있음을 의식할 필요가 있다. 프란치스코는 "어디에서든 평화의 씨앗을 뿌렸고, 가난한 이들과 버려진 이들, 병든 이들, 쫓겨난 이들, 가장 보잘것없는 이들과 함께 걸었다."(모든 형제들, 2항) 우리가 이렇게 살 때 하느님 보시기에 좋은 세상이 될 것이다.

프란치스코는 지극히 높은 가난의 삶을 사는 것이 건강한 형제들에게도 쉽지 않은데, 하물며 앓는 형제들에게는 얼마나 더 어려울지를 꿰뚫어 보면서 형제애를 살도록 요청한다. 그는 형제애의 관점에서 몸이 아파 육신적으로 어찌지 못하는 '가난한 형제'에 대하여 '자신을 돌보아 주기를 바라는 것처럼' 섬겨야 한다고 가르친다. 형제들은 병고의 성사적 의미를 어떻게 이해하고 있는지, 아픈 형제들을 어떻게 대하고 있는지 돌아봐야겠다.

제7장
죄지은 형제들에게 주어야 할 보속

[1] 형제들 가운데 누가 원수의 충동으로 대죄를 지으면, 그 죄가 관구봉사자들에게만 가게 되어있는 죄라고 형제들이 정한 것이라면, 그 죄를 지은 형제들은 가능한 한 빨리 지체하지 말고 봉사자들에게 갈 의무가 있습니다. [2] 봉사자가 사제라면 그에게 직접 자비롭게 보속을 줄 것이고, 사제가 아니라면 우리 수도회의 다른 사제를 통해서 하느님 앞에서 더 낫다고 판단되는 대로 그들에게 보속을 주게 할 것입니다. [3] 그리고 분노와 흥분은 자신과 다른 사람들의 사랑을 방해하므로, 남의 죄 때문에 화내거나 흥분하지 않도록 조심할 것입니다.

[인준받지 않은 수도규칙의 병행 구절]
[제20장 고해성사, 그리고 우리 주 예수 그리스도의 몸과 피를 받아 모심]
[1] 축복받은 나의 형제들은 성직형제이든 평형제이든 우리 수도회의 사제들에게 자기 죄를 고백할 것입니다. [2] 그리고 이것이 불가능할 때는 다른 사려 깊은 가톨릭 사제들에게 고백할 것이니, 어느 가톨릭 사제들로부터 보속과 사죄를 받고 나서, 자신에게 주어진 보속을 겸손하고 성실하게 이행한다면, 의심할 여지 없이 그 죄를 용서받는다는 사실을 확실히 알아야 하고 마음에 새겨야 합니다. [3] 그런데 사제를 찾지 못할 상황이면 "서로 죄를 고백하십시오."(야고 5,16)라고 야고보 사도가 말한 대로 자기 형제에게 고백할 것입니다. [4] 그러나 사제들만이 죄를 묶고 푸는 권한을 갖고 있으므로 이러한 이유로 형제들은 사제들에게 달려가야 함을 잊어서는 안 됩니다. [5] 그리고 이렇게 뉘우치고 고백하고 나서, 주님께서 하신 다음 말씀들을 기억하면서 크나큰 겸손과 공경으로 우리 주 예수 그리스도의 몸과 피를 받아 모실 것입니다. "내 살을 먹고 내 피를 마시는 사람은 영원한 생명을 얻을 것이다."(요한 6,55) [6] 또 "나를 기억하여 이를 행하여라."(루카 22,19)

[제5장 죄지은 형제들을 바로 잡음]

¹ 그러므로 "살아계신 하느님의 손에 떨어지는 것은 무서운 일"(히브 10,31) 이기에 여러분은 여러분의 영혼과 형제들의 영혼을 돌보십시오. ...... ⁵ 그리고 어디에 있든지 형제들 가운데 영에 따라 살지 않고 육에 따라 살고자 하는 어떤 형제가 있으면, 그와 함께 있는 형제들은 겸손하고 자상하게 그에게 권고도 하고 훈계도 해주어 그를 바로잡아 줄 것입니다. ⁶ 만일 세 번째 권고 후에도 스스로 고치려 하지 않으면, 되도록 빨리 그를 자기 봉사자요 종에게 보내거나, 아니면 그 일을 알릴 것입니다. 봉사자요 종은 하느님의 뜻에 더 맞다고 판단하는 대로 그 형제의 일을 처리할 것입니다.

⁷ 그리고 마귀는 한 사람의 범죄로 많은 사람을 파멸시키려 하기 때문에, 모든 형제, 곧 봉사자요 종들은 물론 다른 형제들도 누구의 죄나 나쁜 표양 때문에 흥분하거나 화내지 않도록 주의할 것입니다. ⁸ 오히려 "건강한 이들에게는 의사가 필요하지 않으나 병든 이들에게는 필요"하기 때문에, 형제들은 최선을 다해 죄를 범한 형제를 영적으로 도와줄 것입니다.

⁹ 이처럼 모든 형제는 이 점에 있어서 특히 형제들 서로 간에 어떤 권한이나 지배권도 가져서는 안 됩니다. 주님께서 복음에서 이렇게 말씀하시기 때문입니다. "통치자들은 백성 위에 군림하고, 고관들은 백성에게 세도를 부립니다."(마태 20,25) ¹⁰ 그러나 형제들끼리는 "그러면 안 됩니다." ¹¹ 형제들 "가운데에서 높은 사람이 되려는 이는" 형제들의 "봉사자"와 종이 "되어야" 합니다(참조: 마태 20,26-27). ¹² 형제들 가운데에서 "높은 사람은 낮은 사람처럼 되어야 합니다."(참조: 루카 22,26)

¹³ 어떤 형제도 다른 형제에게 악한 짓을 하거나 악한 말을 하지 말 것입니다. ¹⁴ 오히려 영(靈)에서 나오는 사랑으로 기꺼이 서로 봉사하고 순종할 것입니다(참조: 갈라 5,13). ¹⁵ 이것이 바로 우리 주 예수 그리스도의 참되고 거룩한 순종입니다. ¹⁶ 모든 형제는 "주님의 계명을 어기고"(참조: 시

편 118,21) 순종을 벗어나 돌아다닐 때마다, 그것을 알면서도 그 죄 중에 머물러 있는 한, 예언자의 말대로 자신들이 순종을 벗어난 저주받은 자임을 깨달아야 합니다. [17] 그리고 거룩한 복음과 자신의 생활을 통하여 약속한 주님의 계명을 굳게 지킬 때, 자신들이 참된 순종 안에 머물러 있게 되고, 주님의 축복을 받는 자들이 된다는 것을 모든 형제는 깨달아야 합니다.

[제13장 간음을 피할 것입니다]
[1] 형제들 가운데 누가 마귀의 충동으로 간음을 했으면, 수도복을 온전히 벗을 것입니다. 그는 자기의 더러운 죄 때문에 수도복을 입을 자격을 잃어버렸기 때문입니다. 그리고 우리 수도회에서 완전히 제명되어야 합니다. [2] 그러고 나서 그는 죄에 대한 보속을 할 것입니다(참조: 1코린 5,4-5).

개요

제6장은 육신의 병을 앓는 형제에 관하여 다룬다.(6,9) 한편 제7장은 영혼이 병든 이들에 관한 태도를 언급한다. 이들을 돌볼 사랑의 책임은 모든 형제에게 있으며, 특히 관구봉사자들에게 있다. 이 제7장은 수도규칙의 다른 어떤 본문보다도 프란치스코와 우골리노 추기경의 긴밀한 관계를 잘 보여준다. 그런데도 프란치스코의 정신을 잘 드러내 준다. 곧 죄를 지은 형제이든 봉사자이든 모두가 가난과 작음과 형제애라는 프란치스칸 정신을 지녀야 함을 말해준다. 사실 죄지은 형제들을 위한 이러한 형식은 매우 엄격한 이전의 모든 수도승 입법에 포함되었던 형벌적 통치의 일반적인 형식을 기록한 것이다. 여러 수도회에서는 어떤 경우에는 필요한 경우 다른 사제에게 고백했던 무거운 죄들이 있긴 했지만, 장상들에게 자신의 죄를 고백해야 했다. 프란치스코 시대에 고해성사의 성사적 실천에 많은 발전이 있었음에도 교

회법에 따라 보증된 일부 관습들은 여전히 보존되었다.[1]

「인준받지 않은 수도규칙」은 죄지은 형제들에 관하여 여러 곳(제5장, 13장, 19장, 20장)에서 다룬다. 먼저 영혼의 아픔을 겪는 형제들에 대해(제5장) 다루고, 육신의 병을 앓는 형제들에 대해(제10장) 다룬 뒤 성사생활(제20장)을 따로 다룬다. 이를 고려하면, 「인준받은 수도규칙」은 훨씬 간결해졌고 주제의 배치를 통해서도 프란치스코의 의도가 더 뚜렷이 드러났다고 할 수 있다. 「인준받은 수도규칙」 본문은 "이전 본문과 비교할 때 봉사자에 관한 교정 부분이 먼저 삭제되었고, 형제들의 죄에 관련된 부분은 단순한 방식으로 남게 되었다. 글의 문체는 권고의 방식이 사라지고 법률적인 방식이 더 두드러졌다. 이와 같은 변화는 죄에 대한 정의를 다르게 받아들였다는 것을 의미한다."[2] 「인준받지 않은 수도규칙」 5장과 20장을 보면, 프란치스코가 죄지은 형제들에 대해 취하는 태도가 복음 말씀(마태 18,15-18)에 그 뿌리를 두고 있음을 알 수 있다.

수도자가 규칙을 위반했을 때 부과되는 책벌이나 참회에 관한 당대 수도생활의 법률적 맥락에 비춰보면 프란치스코의 강조점과 참신성을 명확히 알 수 있다.[3] 수도승 규칙 가운데 대표적인 본문은 「베네딕토 수도규칙」 23-28장이다. '참회 법전'(codice penitenziale)으로 불리는 제23장은 "잘못한 파문에 대하여" 규정한다. 이에 따르면 형제가 "반항하거나 불순종하거나 교만하거나 불평하는" 경우와 규칙을 위반하거나 장로의 명령을 무시하는 경우 등 교정이 필요한 몇 가지 죄

---

1 참조: F. URIBE, La Regla de San Francisco, 219쪽.
2 S. CECCOBAO, '수도규칙 : 프란치스칸 여정의 정체성', 78쪽.
3 참조: CESARE VAIANI, 'La misericordia della correzione', in AAVV., La regola di san Francesco. Eredità e Sfida, a cura di Pietro Maranesi e Felice Accorocca, Padova, Editrice Francescane, 2012, 404-406쪽.

가 나열되어 있다. 베네딕토는 복음(마태 18,15-17)에서 영감을 받아 형제적 교정의 실천을 제안하는데, 첫 번째와 두 번째는 비밀리에 훈계하고, 아무런 결과가 없으면 공개적 책벌로 넘어간다. 이렇게 해서도 고치지 않으면 이들에게 예상되는 책벌은 파문인데, 베네딕토는 다음 장(24-25장)에서 두 단계로 제안한다. "가벼운 잘못"의 경우 공동 식탁에서 제외되고 혼자서 식사하지만, 공동 기도에는 참여하며, "큰 잘못"의 경우 식탁과 기도 모두에서 제외된다. 그러나 파문까지 당하고도 고치지 않는다면, 매로 때리는 벌(verberum vindicta)을 주고 이렇게 해도 고치지 않거나 교만에 들떠 변명하려 들거든 "태형"(plagarum virgae, 곧 체벌 vindicta corporalis)을 받을 수 있다고 규정한다.(28장) 이 모든 처벌 이후 가장 큰 책벌은 수도원에서 내보내는 것이다. 내보내진 사람이 회개하면 최대 세 번까지 다시 받아들여질 수 있으며 그 이상은 허용되지 않는다.(28-29장) 아빠스만이 이러한 책벌을 내릴 책임이 있으며, 파문당한 형제들을 아빠스 자신 또는 참회자를 위로하는 다른 형제들을 통해 따뜻하게 돌보아 책벌이 좋은 약효를 발휘할 수 있도록 해야 한다.(27장) 파문은 수도원 내에서 일종의 분리에 해당하는 것으로, 그 정도에 따라 심각도가 달랐으며, 가장 높은 정도는 곧 다소 가혹한 수도원 '감옥'으로 보내졌다. 베네딕토 규칙의 이분법적 분류("가벼운" 또는 "더 심각한" 잘못)에서 나온 네 가지 종류의 잘못과 처벌에 대한 분류는 중세 전반에 걸쳐 발견된다.[4] 이는 가볍고, 심각하고, 더 심각하고, 매우 심각한 잘못일 수 있다. 클뤼니(Cluny) 수도원은 베네딕토 규칙의 규정을 문자 그대로 따랐다. 시토회는 다음과 같은 경우 파문할 수 있다고 규정하였다. 곧 음모, 방화, 절도, 가난에 대한 가벼운 죄, 일상생

---

[4] 당대의 도미니코회 초기 회헌(«Liber consuetudinum» o «Consuetudinarius», 1228) XX-XXII, XXIV도 가벼운 잘못 41개, 중대한 잘못 16개, 더 중대한 잘못 6개, 가장 중대한 잘못(교정할 수 없어 내보내야 하는 경우)을 상세히 규정하고 그에 따라 책벌하도록 명시한다.

활에서 도망한 사람 또는 종교를 저버린 사람, 시토 정신에 반하는 특권을 요구하는 사람, 수도회 외부에서 소송을 제기하는 자, 총회 시찰자나 대표를 반대하는 자, 정기적인 교정과 참회를 위해 외부 당국에 호소하는 자, 수도회가 임명하지 않은 고해 사제에게 고해성사를 보는 자, 명예를 훼손하는 비방을 유포하는 이 등.

수도승 규칙들뿐 아니라 그라씨아노 법령집(Concordia discordantium canonum)에 정리된 12세기 중반까지 수도자들의 책벌에 관한 교회 법규들도 함께 적용되었다. 그리고 이 법령 이후 제3차, 4차 라테라노 공의회와 여러 교황의 개입으로 다른 규정들이 추가되어 적용되었다. 따라서 프란치스코 시대와 그 이후 수 세기 동안 수도자에 관한 형벌 제재는 크게 두 부류의 법규에 따라 이루어졌다. 하나는 모든 수도자에게 공통으로 적용되는 공의회 또는 교황의 다양한 개입에서 비롯된 교회 법규이고, 다른 하나는 개별 수도회의 고유법 규정들이다. 지금까지 살펴본 바와 같이 일부 수도승 규칙들은 잘못을 저지른 수도자를 책벌할 때 복음 정신을 고려하면서도 잘못의 상세한 목록을 제시하고 그 경중을 나누어 책벌한다. 그러나 「인준받은 수도규칙」 7장은 엄격한 비례 원칙에 따라 책벌하고, 죄와 책벌을 상세히 제시하였던 수도승 규칙들[5]과 후밀리아티나 당시 탄생한 설교자들의 회나 마리아의 종들의 회의 처벌방식과 달리 복음적 해결책에 초점을 맞추고 있

---

5 참고: 파코미오 「계명과 제도집」, "형제들 중에 누가 다투는 어떤 짓을 하거나 장상의 명령에 반항하면, 잘못의 정도에 따라 그를 책벌할 것이다."(9항) "(...) 잘못의 정도와 성질에 따라 그를 책벌할 것이다."(10항); 「네 교부의 규칙」 XV "잘못의 중대함에 따라 파문할 것이다."; 「마카리우스 규칙」 XII, "(...) 장로의 판단과 잘못의 정도에 따라 그에게 적절한 벌을 주고 잘못을 고치는데 필요한 기간만큼 그를 (공동체에서) 파문시킬 것이다."; 「동방규칙」 XV "성서의 가르침과 수도원의 규율에 반하는 모든 것을 행했다면, 아빠스가 이에 대해 들었을 때 그는 그 잘못의 정도와 결과에 따라 그 형제를 책벌할 것이다."; 「베네딕토 수도규칙」 24장. "잘못의 비중에 따라 파문이나 징계의 정도가 정해질 것이며, 이 잘못의 비중을 판단하는 것은 아빠스에게 달려있다."

다는 점에 주목할 필요가 있다. 바로 이 점이 프란치스코의 새로움이요 독창적인 점이다.

또 다른 중요한 변화는 죄를 판단하는 주체에 관한 것이다. "1221년 본문은 죄를 범한 형제에 대해 법적인 조치를 하는 주체가 형제적 공동체 전체였다. 반면 「인준받은 수도규칙」 7장은 죄를 범한 형제가 스스로 자신의 봉사자에게 달려가야 할 책임을 지고 있으며, 이 조치를 시작하는 것도 자기 자신이다. (…) 한편 프란치스코는 '달려가다'(recurrere)라는 동사를 통해서 죄를 지은 형제나 형제적 공동체에 커다란 신뢰의 관점을 담아내고 있다."[6] 제7장을 잘 이해하려면 「인준받지 않은 수도규칙」 제5장과 제20장 그리고 「어느 봉사자에게 보낸 편지」와 비교할 필요가 있다. 여기서 말하는 죄와 관련하여 분명한 변화를 읽을 수 있다. "영에 따라 살지 않고 육에 따라 살고자 하는 형제들"(5,5)이라는 보다 주관적 개념은 「어느 봉사자에게 보낸 편지」에서는 '대죄'(14)라는 보다 객관적이고 내적인 개념으로 바뀐다. 그리고 수도규칙에서는 사죄(赦罪)가 "관구봉사자들에게만 가도록 되어있는 죄"(7,1)라는 객관적이고 외적인 개념을 갖게 된다.

그리고 암스트롱의 올바른 지적처럼 「인준받지 않은 수도규칙」 제20장 본문에는 이미 형제회 성직화의 씨앗이 뿌려져 있었다.[7] 프란치스코는 제4차 라테라노 공의회 결정사항에 따라 형제들에게 고백하라고 요청하였다. 곧 "남녀 모든 신자는 분별력이 있는 나이에 이르면, 적어도 일 년에 한 번 자기 본당 신부에게 모든 죄를 충실하게 고백하

---

6 S. Ceccobao, '수도규칙 : 프란치스칸 여정의 정체성', 프란치스칸 삶과 사상 제55호(2023년 봄), 79쪽.

7 참조: R. J. Armstrong, '아씨시의 성 프란치스코. 복음적 삶에 대한 글(IV)', 198쪽.

고, 주어진 보속을 할 수 있는 한 정성껏 실행할 것이다. 자기 본당 신부가 합당한 이유로 권고한 바가 있어 본인 스스로 당분간 성체를 모시지 않는 것이 낫다고 판단되는 때 외에는, 최소한 부활 축일에는 존경심을 가지고 성체를 모셔야 한다."(21항) 이를 실행하기 위해 형제들이 더 많이 서품되어야 했고, 그 결과 성직 형제들이 늘게 되었다.

「인준받지 않은 수도규칙」 제20장은 우리 형제회의 사제들에게 성사를 볼 수 없다면 "다른 사려 깊은 가톨릭 사제들"에게 성사를 받을 수 있고, 그것도 어렵다면 형제들끼리 죄를 고백하라고 한다. 프란치스코는 성체와 일치를 이루기 위한 내적 준비의 중요성을 강조하려고 이렇게 권고한 것이다. 그런데 「인준받은 수도규칙」에는 형제회 내의 관구봉사자, 봉사자, 다른 사제를 언급하면서 수도회 밖의 사제나 형제들끼리의 고백에 대해서는 아무런 언급이 없다. 그 이유는 형제회 내에 이미 성직자들의 수가 현저히 많아졌기 때문일 것이다. 이렇듯 형제들은 우리 수도회의 사제들에게 죄를 고백했지만, 지역에 따라서는 사제 형제 파견에 어려움을 겪기도 했다.[8]

제7장은 가난의 맥락에서 형제들의 성사 생활에 관한 지침이다. 형제들의 성사 생활에 관한 발전은 세 단계를 거쳤다고 볼 수 있다.[9]

첫 번째 단계는 「인준받지 않은 수도규칙」 제5장 5-8절에 나타난다. 곧 형제들은 죄를 범한 형제에 대하여 권고와 훈계를 하고, 세 번 권고 후에도 고치려 하지 않으면 봉사자에게 그를 보내거나 그 사실을 알리고, 봉사자는 그 형제를 영적으로 도와야 한다. 프란치스코는 동방 여행 중에 드러났던 형제회 내부의 심각한 문제들을 해결하려고

---

8 참조: 쟈노 조르다노, 「연대기」 28.44항; 토마스 에클레스톤, 「연대기」 4,6.

9 참조: F. Uribe, La Regla de San Francisco, 220-222쪽; K. Esser, La Orden Franciscana. Origenes e Ideales, Aránzazu 1976, 260-261쪽.

호노리오 3세 교황에게 도움을 청하였다. 1220년 교황은 「쿰 세쿤둠 콘실리움」 칙서로 응답하였다. 그는 이 칙서 내용을 곧바로 수도규칙에 반영하였다. 그러나 몇 년 후 형제회에는 장상들이 형제들의 영적 조언자가 되는 변화가 일어나고 있었다. 처음에는 형제들이 어디서든 기회가 생기면, 심지어 평판이 좋지 않은 재속 사제들에게도 고해성사를 보았던 것 같다.(1첼라노 46) 그러나 이미 「인준받지 않은 수도규칙」에서는, 형제들이 '우리 수도회의 사제들에게 고백할 것이며, 이것이 불가능할 때는 다른 사려 깊은 가톨릭 사제들에게 고백하라'(20,1-2)고 하였다. 같은 수도규칙에 영혼을 돌보는 일이 맡겨진 봉사자들은 형제들 가운데 누군가를 잃게 된다면 심판 날에 주님 앞에서 셈 바쳐야 한다는 경고도 포함되어 있다.(4,6) 이 첫 단계는 죄에 대한 거의 주관적인 관념에서 출발한다. 곧 여기서는 유보된 죄인들에 대해서가 아니라 '영에 따라 살지 않고 육에 따라 사는' 데 대한 꽤 폭넓은 방식을 언급한다. 또 고유하게 법적인 것이 아니라 무엇보다도 예수께서 복음에서 가르치신 형제적 교정에서 영감을 받은 절차도 나타난다.

두 번째 단계는 「어느 봉사자에게 보낸 편지」 9-20절에 나타난다. 이 핵심 부분은 프란치스코가 다음 성령강림 총회에서 형제들 가운데 대죄를 지은 이들에 관한 수도규칙의 모든 장을 체계화하기 위한 제안을 언급한다. 거기서 다음 절차를 따른다. 곧 죄지은 형제는 순종으로 자기 수호자에게 달려가야만 한다.(14) 형세들은 그를 비방하지 말아야 하고, 한 동료를 딸려서 보호자에게 그를 보내야 한다.(15-16) 보호자는 그를 자비롭게 돌보아 주어야 한다.(17) 만일 소죄를 지었으면 우리 사제 형제에게 고백할 것이다.(18) 만약 그곳에 사제가 없으면, 그 형제는 교회법적으로 사죄할 수 있는 사제를 모실 때까지 자기 형제에게 고백할 것이다.(19) 그리고 이들은 다른 보속을 줄 수 있는 권한이 전혀 없고, 이 보속만 줄 수 있다. '돌아가십시오. 그리고 다시는 죄

짓지 마십시오.'(20) 비록 처음에는 이것이 얼마간 은사의 뜻을 지녔지만, 금방 현실적 관할 기능을 갖게 되었으며, 성 프란치스코의 의도도 그러했다. 여기서 좀 더 법적 절차가 확실해지고, 대죄와 소죄, 성사적 고백과 신자들끼리의 고백, 교회법적 사죄와 보속 부과 사이의 구분이 이루어진다. 이는 복음의 형제적 교정에서 영감을 받은 절차이다.

세 번째 단계는 「인준받은 수도규칙」 제7장인데, 두 번째 단계로부터 큰 영향을 받았다. 「인준받은 수도규칙」 제7장은 앞의 다른 노선들이 합쳐져서 정확한 법적 틀을 형성하게 된 결과이다. 이 장은 유보된 죄인들에 관하여 매우 집약적이고 축약된 양식으로 소개하며, 외적 법정에 대한 더 법적이고 객관적인 개념으로부터 출발한다. 교회는 수도규칙의 이 규정을 승인함으로써 형제들의 영적 지도를 형제회 봉사자들에게 맡겼다. 이렇게 함으로써 상급 장상들은 드러나는 폐단에 대처할 수 있게 되었다.

제7장은 다음과 같이 구분하여 이해할 수 있다.

1. 유보된 대죄를 지은 형제들의 태도(1절)
2. 관구봉사자들의 의무(2절)
3. 죄를 범한 형제들 앞에서의 복음적 태도(3절)

본문 해설

1. 유보된 대죄를 지은 형제들의 태도(1절)

[1] 형제들 가운데 누가 원수의 충동으로 대죄를 지으면, 그 죄가 관구봉

사자들에게만 가도록 되어있는 죄라고 형제들이 정한 것이라면, 그 죄를 지은 형제들은 가능한 한 빨리 지체하지 말고 봉사자들에게 갈 의무가 있습니다.

프란치스코는 '죄'(peccatum)라는 용어를 36회 사용하는데, 여섯 번은 형용사이고 나머지 서른 번은 명사다. 여기서 '죄'(peccatum, ἁμαρτία)는 정신적 잘못까지도 포함하는 말이다. 그리고 '원수'로 번역되고 있는 말은 '이니미코스'(inimicos)인데 in-amicus로서 in은 '반대'(anti)의 뜻을 갖는 접두어다. 이 단어는 그리스도교 라틴어에서는 악마, 마귀, 원수 등의 뜻을 갖는다. 불가타 성경 마태오복음 13,39절에서 사용되었고, 성 아우구스티노와 투르의 그레고리오 등도 이런 뜻으로 사용한다.[10] 성 프란치스코는 죄에 대하여 성경과 교회의 가르침에서 영감을 받고 자신의 개인적인 체험으로부터 다듬어진 엄격한 개념을 가지고 있었다.(권고 2 참조)[11]

제7장은 9세기부터 시행된 '유보된 경우들'에 관한 교회의 지침으로 거슬러 올라가 소개한다. 1절에서 숙고하는 것은 특별히 일부 권한을 부여받은 사제들에게 일정한 죄의 사죄가 유보되었던 적어도 11세기 이래 시행되었던 교회의 실천에 관한 것이다.[12] 수도회들에서 장상들과 총회가 이러한 권한을 지녔는데, 프란치스칸 초기 형제체에서도 그러했다.[13] 이미도 이미 1223년에 각 관구가 수도규칙과 수도

---

10 참조: I. RODRÍGUEZ HERRARA & A. ORTEGA CARMONA, Los escritos de san Francisco de Asís, 583쪽.

11 G. RACCA, La Regola dei Frati Minori, Assisi 1986, 130쪽.

12 참조: Los escritos de Francisco y Clara de Asís. Textos y Apuntes de lectura. Colección Hermano Francisco n.40, Oñati 2001, 264쪽 각주 233; F. URIBE, La Regla de San Francisco, 223쪽 각주 15.

13 1230년 교황 그레고리오 9세는 형제회의 총봉사자가 형제들의 감추어진 죄

회에 존재하는 그 밖의 공동생활의 일정한 상황을 규율하는 규정들에서 정한 유보된 죄들의 목록을 갖고 있었다고 결론지을 수 있을 것이다.[14] 그러나 아마도 더 수긍할만한 가정은 수도규칙이 이전 수도승 문학의 흔적을 떠올리게 하는 어휘를 사용하는 점으로 미루어 보아 이런 지침들은 수도자들의 보편법을 암시하는 것으로 보인다. 다른 한편 관구봉사자들에게 유보된 죄들에 관한 일반적인 언급은 「인준받은 수도규칙」에서 형제들의 생활양식을 거스르는 죄들을 언급하고, 거기에 사용된 어휘에서 짐작되듯이 봉사자들에게 특별한 방식으로 유보되었던 것이 아니라 형제체에 유보되는 것처럼 보인다. 그런데도 이것은 「인준받지 않은 수도규칙」과의 관계에서 보면 새로운 것이다.[15]

제7장을 글자 그대로 보면, 관구봉사자들에게만 적용되는 것처럼 보이나 실제로는 모든 형제를 위한 지침이다. 그리고 관구봉사자만 사해 줄 수 있는 죄만을 언급한다. 그러나 실제로 요구되는 것은 이런 경우만이 아니라 어느 죄든지 모두 적용된다. 관구봉사자나 그 대리자가 자비롭게 보속을 주는 것은 그 형제가 주님께 되돌아가게 하기 위해서이지, 그를 추방하거나 단죄하여 비참한 처지에 내몰려는 것이 아니다. 장상들은 자기 의지나 감정에 따라 벌하지 말고, 보속을 줄 때 권한을 행사하는 자로서가 아니라 자비심을 지닌 하느님의 대리

의 고백을 들을 임무를 띤 성숙하고 사려 깊은 형제회 사제들의 일정 그룹을 충분히 구성하고 구성하도록 명해야만 한다는 것을 지시하면서 수도규칙의 이 구절을 분명한 형식으로 언급하였다(참조: Bulla 'Quo elongati', 7, *in* BF., I, 69쪽). 참조: K. ESSER, Documenti di vita francescana, 69쪽 각주.

14　F. URIBE, La Regla de San Francisco, 223쪽.

15　같은 책, 223-224쪽 참조; 예컨대 「인준받지 않은 수도규칙」에서 봉사자들에 대한 불순종(5,2.16-17), 돈의 부당한 사용(8,7), 간음(13,1), 가톨릭 신앙에서 빗나감(19,1-2).

자, 변호자로서 보속을 주어야 한다. 영혼의 아픔을 겪고 있는 형제를 치유하는 길은 자비로운 사랑임을 잊어서는 안 된다. 앞에서 언급하였듯이 죄지은 형제에 대한 프란치스코의 태도는 엄격한 비례 원칙에 따른 책벌이 아니라 복음적 사랑으로 영혼을 돌보는 것이다. 이는 「인준받지 않은 수도규칙」 5장 1-2절을 통해 잘 알 수 있다. 곧 프란치스코는 죄의 문제에 관하여 죄의 경중에 따른 책벌이 아니라 영혼을 돌보고 상호 간 형제적 순종의 맥락에서 접근하였다.[16]

그렇다면 관구봉사자만이 풀어줄 수 있는 대죄는 어떤 것일까? 1230년 교황 그레고리오 9세는 「퀴 엘롱가티」Quo elongati 칙서에서 "오직 일부 드러난 죄들 특히 중죄(重罪)만이 유보될 수 있으며, 그 죄들은 총봉사자가 임명한 고해 사제들에 의해서만 사죄받을 수 있다"라고 선언하였다. 그러나 우리는 그 이상의 구체적인 목록을 정확히 알 수는 없다. 그 대표적인 죄들이 프란치스코의 글에 나타난다. 곧 "수도규칙을 영적으로 실행할 수 없다는 것을 알게 되고 깨닫게 될 때, 자기 봉사자들에게 달려가야 하며"(인준 규칙 10,4), '가톨릭 신자가 아닌 듯한 사람', '간음의 죄를 범한 자'는 형제회에서 제거되어야 한다.(비인준 규칙 13,1) 그리고 형제회 전체에 공적 모욕이나 경멸을 가져오는 죄도 대죄에 해당한다고 볼 수 있다. 그런데 프란치스코의 죄에 대한 태도는 이단에 빠진 경우와 간음의 경우 외에는 자비의 정신으로 일관한다.

1절은 어떤 형제가 대죄를 지은 경우 그 형제 스스로 지녀야 할 태도에 관하여 언급한다. 먼저 형제들은 어떤 형제의 죄가 관구봉사자에게 가게 되어있을 경우 관구봉사자에게 가야만 하고 '가능한 한 빨리' '지체하지 말고' 가야 할 의무가 있다. 이는 단지 의무감에서 마지

---

16 참조 : S. Ceccobao, '수도규칙 : 프란치스칸 여정의 정체성', 74-75쪽.

못해 가는 것이 아니라 하느님과 멀어졌음을 알아차리고 뉘우치는 겸허한 자세로 곧바로 하느님과의 일치를 이루라는 권고이다. 이러한 태도는 하느님 앞에서 자신의 어두움을 바라보고 인정하는 가난함을 지닐 때 우러나온다. 영혼의 아픔 앞에서 하느님의 주도권을 '곧바로' 인정하고, 그분의 선 안에 머무르려는 태도야말로 하느님 앞에 선 인간의 가장 인간다운 모습이라 할 수 있다. 이처럼 가난한 영을 지닐 때 그분이 우리 안에 머무르실 수 있게 된다.

죄를 짓지 않고 늘 그분의 영 안에 머무는 것도 중요하지만, 넘어지고 멀어졌을 때 겸손한 마음으로 그분을 바라보며 바로 일어서는 것도 그에 못지않게 중요하다. 여기서 '가능한 한 빨리' 가야 하는 대상은 봉사자이지만, 실은 봉사자는 중재자요 협력자일 뿐 하느님께 달려가는 것이다. 그리고 여기서 봉사자에게 가야 하는 것을 '의무'로 규정한 것은 자유를 구속하려는 것이 아니라 우리가 그분과의 일치를 통하여 행복한 삶을 살기를 바라는 마음이 담긴 '강력한 사랑의 촉구'이다.

프란치스코는 「어느 봉사자에게 보낸 편지」에서 이와 비슷한 가르침을 주었다. "형제들 가운데 어떤 형제가 원수의 충동으로 대죄를 지으면, 그 형제는 자기 수호자 형제에게 갈 순종의 의무가 있습니다."(14)

2. 관구봉사자들의 의무(2절)

² 봉사자가 사제라면 그에게 직접 자비롭게 보속을 줄 것이고, 사제가 아니면 우리 수도회의 다른 사제를 통해서 하느님 앞에서 더 낫다고 판단되는 대로 그들에게 보속을 주게 할 것입니다.

2절은 제4차 라테라노 공의회 법령 21을 확장한 것이다.[17] 이는 교정 방식이 마태 18,15-17처럼 세 번 권고하던 복음적 권고에 더하여 고해성사 관습이 받아들여지게 되었음을 보여준다. 프란치스코는 여기서 '자비롭게'와 '하느님 앞에서 더 낫다고 판단되는 대로'를 기준으로 언급하면서 법률적 접근이 아니라 복음적 도움에 초점을 맞춘다.

1) 봉사자가 사제인 경우의 보속

형제회 안에 일어난 성직화 과정은 많은 성직자가 들어옴으로써 시작되었다. 그런데 그들에게 사목권을 부여하고 사제들만이 봉사자로 선출될 수 있다는 정점에 도달하게 되었음에도 아직은 궁색하였다.[18] 초기의 봉사자 중에는 파치피코, 퀸타발레의 베르나르도, 요한 파렌티, 엘리아 형제와 같은 평형제 또는 적어도 사제가 아닌 형제들이 있었다. 토마스 에클레스톤의 「연대기」에 따르면, 사제로서 첫 번째 봉사자는 1239년의 피사의 알베르토 형제였다. 따라서 우리는 이런 성직화를 향한 변화에 놀랄 필요가 없다.

보속을 주는 것은 관계를 나쁘게 하는 것이 아니라 이것이 '하느님에 의해' 진행된다고 신뢰하면서 그리고 충동을 불러일으키도록 놔두지 않고 자기 봉사자의 분별에 내맡기는 것이다. 보속을 주는 것과 관련하여 '봉사자'가 나오는데, 여기서는 관구봉사자를 일컫는 것으로 보인다. 본문의 의미로 볼 때 관구봉사자는 성직형제든 아니든 누구나 될 수 있었다. 본문은 보속을 주는 두 가지 경우를 가정하는데, 첫

---

17 법령 21 : "모든 남녀 신자들은 분별력을 가질 나이가 되면 일 년에 적어도 한 번 고유한 사제에게 자신의 모든 죄를 성실하게 고백하고 주어진 보속을 능력껏 이행하도록 애써야 한나."

18 J. Micó, 'El Carisma de Francisco de Asís', in SelFran n.80(1998), 224쪽.

번째는 봉사자가 사제인 경우이다. 이때는 봉사자가 죄를 지은 형제에게 직접 자비롭게 보속을 주라고 한다.

프란치스코가 말하는 보속을 주는 기준은 '자비롭게'이다. '자비'(misericordia)라는 용어는 「인준받은 수도규칙」에서는 단 한 번 나오고, 프란치스코의 다른 글들에서는 23회나 나온다.[19] '자비롭다'라는 말은 어원적으로는 '연민을 지닌다'라는 뜻의 '미세레레'(miserere)와 '심장' 또는 '마음'이란 뜻의 '코르'(cor)가 결합한 말로서 '가엾은 이에게 심장을 주다'라는 뜻이 있다. 따라서 '자비롭게' 보속을 준다는 것은 단죄하는 심판관으로서가 아니라 죄를 지은 형제의 회복을 위하여 하느님에 대한 사랑을 깊이 헤아리도록 '심장을 주는' 사목적 직무로서 행하는 것을 뜻한다.[20] 또 '자비롭게'(cum misericordia)에서 전치사 'cum'은 수단과 동반 또는 수반을 가리킨다. 프란치스코는 늘 연민과 동정과 자비를 가지고 형제들을 대했다.

프란치스코는 「어느 봉사자에게 보낸 편지」에서 죄지은 형제 앞에서 취해야 할 태도에 대해 언급한다. "그대는 이런 것들을 원하고 다른 것을 원하지 마십시오. 그리고 이것이 그대가 따라야 할 주 하느님의 참다운 순종이요, 나의 참된 순종이 됩니다. 나는 이것이야말로 참다운 순종임을 확실히 알고 있기 때문입니다. 그리고 그대에게 이런 것들을 하는 이들을 사랑하십시오. 그리고 주님께서 그대에게 주시는 것이 아니면, 그들에게서 다른 것을 바라지 마십시오. 그리고 이러한 상황에서 그들을 사랑하고, 그들이 더 훌륭한 그리스도인들이었으면 하고 바라지 마십시오. 그러면 이것이 그대에게는 은수생활보다 더 좋은 것이 될 것입니다. 그리고 얼마나 큰 죄를 지었든, 죄를 지은

---

19 23회 가운데 2신자 편지에 5회, 봉사자 편지에 5회, 수난 성무에 8회가 나온다.

20 참조: F. URIBE, La Regla de San Francisco, 227쪽.

형제가 그대의 눈을 바라보고 자비를 청했는데도 그대의 자비를 얻지 못하고 물러서는 형제가 이 세상에 아무도 없도록 하십시오. 나는 그것으로 그대가 주님을 사랑하고 있고 또 그분의 종이며 그대의 종인 나를 사랑하고 있는 것으로 알고 있겠습니다. 그리고 그 형제가 자비를 청하지 않으면 그대는 그가 자비를 원하는지를 물어보십시오. 그리고 그런 다음에도 그가 그대의 눈앞에서 수천 번 죄를 짓더라도 그를 주님께 이끌기 위하여 나보다 그를 더 사랑하고, 이런 형제들에게 늘 자비를 베푸십시오."(3-11)

이 편지에 따르면, 이 모든 과정에서 '하느님의 자비를 발생시키도록 죄를 지은 형제와 보속을 주는 형제의 내적 위치가 역전된다.(종이 주인처럼) 프란치스코는 이 편지에서 죄지은 형제를 다시 주님께 인도하고, 그 형제가 좀 더 나은 그리스도인이 되도록 자기 자신을 업신여기는 조건 없는 사랑을 봉사자에게 요구한다. 봉사자는 한 영혼의 어둠과 죄를 빛과 선으로 바꿀 수 있을 만큼의 낮춤과 경청, 자비를 지녀야 한다. 하느님을 사랑한다면 길 잃은 사람을 되찾기 위하여 온갖 노력을 할 것이다. 그리스도께서 우리 죄인을 위하여 사람이 되셨고, 멸시와 십자가 수난을 당하셨는데 프란치스코는 주님이 사랑한 것처럼 그 정도로 죄인을 사랑하지 않으면 그리스도의 친구라고 생각하지 않았다.(2첼라노 182 참조)

2) 봉사자가 사제가 아닌 경우의 보속

프란치스코의 말대로 "봉사자가 사제가 아닌 경우에는 다른 사제를 통해서 하느님 앞에서 더 낮다고 판단되는 대로"(7,2) 보속을 준다. 여기서는 보속을 부여하는 직무를 가리키기 위해서 평형제나 글 모르는 형제라는 표현을 쓰지 않고, 부정적인 표현으로 사제가 '아닌' 경우를 언급한다. 이렇게 하는 까닭은 아마도 이 경우에 언어적 유희를 하는 관념이 보속을 부여하는 직무적인 기능이기 때문일 것이다.[21]

이 경우에 죄지은 형제들에게 보속을 주는 기준은 '하느님 앞에서 낫다고 판단되는 것'이다. 이 기준은 「인준받지 않은 수도규칙」에서 거의 글자 그대로 취한 것이다. 거기서 '하느님의 뜻에 더 맞다고 판단하는 대로'(5,6)는 자비의 실행으로 해석될 수도 있다. 여기서는 큰 가치를 갖는 한 가지 요소를 덧붙이는데, 곧 형평과 복음적 식별로 초대하는 것이다.[22] 관구봉사자는 자비하신 하느님의 대리자이기에 인간적이고 개인적인 의견이 아니라 하느님 앞에서 숙고한 다음에 보속을 주어야 한다. 인간은 누구나 교만의 유혹에 빠질 수 있고, 특히 죄지은 형제 앞에서 판단의 잣대를 들이대며 교만을 드러낼 수 있다. 윗사람인 경우는 더구나 이 교만에 빠지기 쉽다. 가난하고 겸손한 장상은 자기 개인의 의견을 강하게 주장해서도 안 되며 흥분을 피해야 한다. 프란치스코는 장상의 영혼에 대한 책임을 매우 중요시하며 다음과 같이 권고한다. "봉사자요 종들은, …… 만일 자신들의 잘못이나 나쁜 표양 때문에 형제들 가운데 누군가를 잃게 된다면, '심판 날에' 우리 주 예수 그리스도 앞에서 '셈 바쳐야' 한다는 사실을 기억해야 할 것입니다."(비인준 규칙 4,6)

한편 이 본문에서 보속과 관련하여 '준다'(iniungere)라는 동사를 2회 사용하고 있다. '보속을 준다'라는 것이 무엇을 의미하는가? 성사 실천에 관한 공통적인 어휘는 '어떤 것을 다른 것에 끼워 넣다'라는 의미를 지닌 그리스도교 라틴어 'iniungere'가 주는 폭넓은 의미를 따름으

---

21 참조: 같은 책, 225쪽.
22 같은 책, 227쪽.

로써, 일반적으로 지은 죄를 기워 갚는 행동의 실행을 가리킨다. 또 보속 행위를 명백한 방식으로 늘리려고 '보속을 완수하다'와 일치하는 '보속을 주다'라는 표현을 사용한다. 그러나 이 일은 성품을 통하여 죄를 사해 줄 능력을 부여받은 사제의 지명만으로 해결되지는 않을 것처럼 보인다. 그 때문에 '준다'라는 표현은 성사적 의미를 지니는 것으로 보아야 한다.

보속을 주는 두 가지 기준은 '자비롭게'와 '하느님 앞에서 더 낫다고 판단되는 대로'이다. 이 두 가지 기준은 철저히 인간 편에서의 판단이 배제되고, 하느님의 사랑과 뜻에 초점이 맞춰져 있다. 그뿐만 아니라 죄를 고백하고 보속을 주는 일련의 과정 전체가 하느님 체험의 장, 하느님의 자비가 드러나는 장임을 말해준다.

3) 죄지은 형제들에 대한 도움

수도규칙 본문은 죄지은 형제들에 대하여 어떤 도움을 주어야 하는지 구체적으로 말하지 않고, 오직 '자비롭게'와 '하느님 앞에서 더 낫다고 판단되는 대로'라는 두 가지 기준만 제시한다. 이제 프란치스코의 글과 초기사료를 통하여 죄지은 형제에 대해 형제들이 지녀야 할 중요한 태도를 살펴본다.

(1) 비밀을 지킴

프란치스코는 권고한다. "어떤 형제가 죄를 지은 줄을 알고 있는 모든 형제는 그에게 창피를 주거나 비방하지 말고, 오히려 그에게 큰 자비심을 지녀야 하며, 자기 형제의 죄를 철저히 비밀에 부치십시오."(봉사자 편지 14-15) 형제의 죄를 비밀에 부치는 것은 죄를 덮고 모른 체하는 것이 아니다. 그 형제가 스스로 죄를 직면하고, 그 죄를 통해 이루실 하느님의 창조를 기다리는 것이다. 즉흥적인 비난은 자비가 스며들 여백을 없애고, 영혼의 상처를 회복하기 어렵게 할 수도 있다. 피상적인 비난이나 뒷담화는 아무런 도움이 되지 않는다. 자신의 죄는 보려 하지 않고 심판관처럼 죄 중에 있는 형제를 비난하는 사람은 교만한 사람이다. 상처받은 영혼의 소리를 들으려 하지 않고 교만한 마음으로 떠벌리는 태도로는 형제를 하느님께 이끌 수 없다. 프란치스코 성인은 비밀을 지키는 것만이 아니라 하느님의 사랑 때문에 형제들의 어떤 잘못에 대해서 하는 이야기를 들었을 때 곧바로 자리를 피했다. 형제의 죄를 보며 사랑 때문에 가슴 아파하되, 비밀을 지켜줄 때 죄지은 형제가 새롭게 시작할 수 있을 것이다.

(2) 가슴을 태우는 사랑

프란치스코는 다음과 같이 권고한다. "자기 원수를 진정으로 사랑하는 사람은 자기가 당하는 해(害)로 말미암아 괴로워하지 않고, 오히려 그의 영혼의 죄로 말미암아 하느님의 사랑 때문에 가슴 태우는 사람입니다."(권고 9,2-3) 작은 형제는 형제의 죄를 볼 때 그 안에서 하느님을 보아야 하고, 그 형제를 하느님의 사랑으로 가슴 태우며 대해야 한다. 우리는 하느님을 사랑하면 할수록 더욱 형제들을 사랑하게 될 것이며, 영혼의 어둠 가운데 있는 형제를 더욱더 사랑할 것이다. 순수하고 진심 어린 사랑만이 죄를 지은 형제가 하느님 사랑으로 돌아가는 데 힘이 될 것이다. 그런 형제를 위하여 기도하고 하느님의 축복을 빌어주어야 한다. 그러나 죄지은 형제에 대한 사랑이 감상적이거나 정의 없는 공허한 자선이 되어선 안 된다.

(3) 부축하는 동행

프란치스코는 다음과 같이 권고한다. "이웃 안에 있는 연약함을 보고, 비슷한 경우에 처해 있을 때 그 이웃으로부터 부축을 받기를 원하는 것처럼 그 이웃을 부축해 주는 사람은 복됩니다."(권고 18,1) '부축한다'라는 표현은 프란치스코가 쓴 사랑의 다른 언어이다. 우리 모두 하느님의 사랑을 받는 소중한 존재이자, 연약한 존재임을 깊이 알아차려야 한다. 우리는 같이 살면서 관점, 성격, 기질 등의 차이로 다른 사람의 십자가가 될 수 있다. 그러나 죄를 지었을 때 서로를 부축해 줄 수 있어야 한다. 그 형제의 영혼의 병인 죄를 보며 기도할 뿐 아니라 다시 하느님의 선 안에 머물고 주님의 영을 호흡할 수 있도록 사랑으로 돌보는 태도가 요청된다. 값싼 동정이 아니라 영혼의 아픔에 따뜻한 사랑으로 동행하는 것이다.

(4) 형제적 충고

프란치스코는 다음과 같이 권고한다. "어디에 있든지 간에 형제들 가운데 영에 따라 살지 않고 육에 따라 살고자 하는 어떤 형제가 있으면, 그와 함께 있는 형제들은 겸손하고 자상하게 권고도 하고, 훈계도 해주어 그를 바로 잡아줄 것입니다."(비인준 규칙 5,5) 형제들을 충고하고 격려할 책임은 봉사자들만이 아니라 모든 형제에게도 있다. 이것이 '혈연의 가족보다 더한 영적인 형제로서 서로를 한층 더 길러야 할' 사랑의 책무이다. 우리는 이런 책무 때문에 영혼의 병을 앓고 있는 형제에게 충고해주어야 한다. 그러나 오직 사랑으로 겸허하고 성실한 자세로써 육적으로 가난한 사람답게 충고해야 한다.(마태 18,15-16 참조)

(5) 선으로 대함

프란치스코는 "누가 하느님께 대해 악한 말을 하거나 악한 짓을 하거나 그분을 모독하는 것을 보거나 들을 때, 우리는 좋은 말을 하고 좋은 일을 행하며 영원히 찬미 받으실 하느님을 찬양합시다"(비인준 규칙 17,19)라고 말힌다. 이는 "악에 굴복당하지 말고 선으로 악을 굴복시키십시오"(로마 12,21)라는 사도 바오로의 말씀에 대한 프란치스코의 해석인 셈이다. 악을 악으로 갚는 것은 악에게 승리를 주는 것이며, 폭력의 악순환을 불러온다. 우리는 말이나 행동으로 하느님께 감사와 찬미와 찬양을 드림으로써 악을 무력하게 할 수 있을 것이다. 죄는 개인적이면서도 사회적 차원이 있다. 곧 한 형제의 죄는 모든 형제에게 영향을 준다. 형제체 안에서 다른 형제들의 좋은 표양은 약하고 죄지은 형제가 하느님께 돌아갈 수 있는 자극제가 되고, 연약한 형제가 선으로 나아가는 데 힘이 될 것이다.

3. 죄를 범한 형제들 앞에서의 복음적 태도(3절)

> ³ 그리고 분노와 흥분은 자신과 다른 사람들의 사랑을 방해하므로, 남의 죄 때문에 화내거나 흥분하지 않도록 조심할 것입니다.

3절의 '조심할 것입니다'(cavere)라는 표현은 '피하다'라는 표현보다 훨씬 더 능동적이고 신랄한 표현이다. 이는 우리의 행동과 태도를 총괄적으로 말해주는 것으로서 소극적으로 피하는 것보다 훨씬 더 적극적으로 마음을 다해 조심하라는 뜻이다. 프란치스코는 「권고」에서 죄인 앞에 선 작은 형제의 가난 태도를 잘 설명한다. "하느님의 종은 죄 외에는 아무것도 못마땅해해서는 안 됩니다. 그리고 누가 어떻게 죄를 짓든, 하느님의 종이 이 때문에 사랑이 아닌 다른 이유로 흥분하거나 분개한다면, 스스로 과오를 쌓는 것입니다. 어떤 일로 말미암아 분개하거나 흥분하지 않는 하느님의 종이 진정 소유 없이 사는 사람입니다. 그리고 황제의 것은 황제에게 돌려주고 하느님의 것은 하느님께 돌리면서 자기에게는 아무것도 남겨두지 않는 사람은 복됩니다."(권고 11) 프란치스코는 '분노와 흥분'은 자신과 다른 사람들의 사랑을 방해하기 때문에 화내거나 흥분하지 않도록 조심하라고 한다.(7,3) 여기서 주목할 것은 분노와 흥분은 우리가 사랑 안에서 일치하고 성장하는 것을 가로막는 걸림돌이라는 점이다. 형제의 죄를 보고 흥분하여 화를 내는 것은 하느님의 자비와는 무관하다. 어떤 말이나 행동도 사랑에서 나오지 않는다면, 죄지은 형제를 자비하신 하느님 사랑으로 인도할 수 없다. 프란치스코는 "봉사자요 종들은 물론 다른 형제들도 누구의 죄나 나쁜 표양 때문에 흥분하거나 화내지 않도록 주의할 것입니다"(비인준 규칙 5,7)라고 명한다.

다른 형제의 죄 때문에 화를 내는 것은 자기 뜻에 대한 애착과 소유 때문이다. 곧 자기 자신이 죄지은 사람보다 낫다는 것을 내세우고, 제 뜻대로 이루어지지 않기에 흥분하는 것이다. 흥분과 분노는 자기중심적인 태도로서 가난한 자의 삶이 아니다. 우리는 죄지은 이들을 가난한 마음으로 사랑해야 한다. 곧 「권고」 11에서처럼 자기 자신을 위하여 아무것도 남겨두지 않고, 하느님의 것을 하느님께 돌려드리는 사람만이 형제적 사랑으로 죄지은 형제를 사랑할 수 있다. 프란치스코는 죄인 앞에서 작은 형제의 태도를 말할 때 바리사이들에 비유하여 말한다. 실제로 복음에서는 바리사이보다 감사할 줄 아는 죄인이 더 나았다. 하느님의 종은 자신의 모든 것을 하느님의 것으로 돌려드리는 사람이다. 죄지은 사람을 판단하는 것은 우리 몫이 아니라 하느님의 권리이므로 우리가 할 수 있는 것은 그 죄지은 형제를 받아들이고 사랑하는 것뿐이다.

프란치스코는 다음과 같이 권고한다. "부드럽고 화려한 옷을 입은 사람이나 맛 좋은 음식을 먹고 마시는 사람들을 볼 때, 그들을 멸시하거나 판단하지 말고 오히려 각자 자기 자신을 판단하고 멸시하십시오."(인준 규칙 2,17) 아무도 치벌하거나 판단하지 말라는 수도규칙의 이 말씀은 죄지은 형제에게도 적용된다. 마음이 가난한 사람은 죄지은 사람에 관한 판단을 하느님께 맡길 줄 안다. 우리가 우리 죄를 인식한다면, 화내지 않고 겸손한 태도로 그 죄지은 형제를 사랑할 수 있을 것이다.

프란치스코는 제7장에서 작은 형제들의 가난과 겸손을 죄지은 형제들에게 적용한다. 이는 우리가 죄지은 형제를 어떻게 대하고 도와주어야 하는지를 보여준다. 우리는 작은 형제로서 곧 겸손과 형제애 그리고 그리스도가 죄인을 대하신 태도로 죄지은 형제를 대해야 한다. 우리는 그리스도의 이름으로 모인 영적인 형제들이다. 작은형제회는 하느님의 선으로 이루어졌으나, 부족한 점이 많은 '죄인들의 거룩한 공동체'이다. 따라서 그리스도의 사랑과 형제애, 서로를 품는 관대함을 통하여 영적으로 성장할 수 있다. 우리 형제체는 사랑과 봉사로 성장해나가야 하며, 또 성장해 나갈 것이다.(에페 4,15-16 참조)

■ 현대적 적용 ■

죄에 관한 제7장은 오늘날 죄의 의미에 관해 다시 숙고하도록 우리를 초대한다. 오늘날은 대죄와 소죄의 명확한 정의와 구분에 직면하여 모든 것을 상대화하고 정당화하려는 경향이 있다. 이제 죄 개념에 대한 진지한 수정, 윤리적인 데 국한하지 않는 이해, 양심에 따른 책임, 죄를 대하는 자세 등을 새롭게 그리고 깊이 성찰할 때이다.

시간이 지남에 따라 '유보된 죄' 개념이 변화하고 형벌 실행이 극복되긴 했지만, 수도규칙이 언급하는 죄의 형제적 차원은 여전히 신학적 타당성을 지닌다. 사회적 죄의 구체적인 적용과 죄의 형제적 차원에 대한 성찰은 형제 각자의 신앙생활과 밀접한 관계에 있다. 프란치스코의 가르침에 비추어볼 때, 죄는 하느님의 자비를 남용하지 않는 회개로 이어지고, 패배주의와 고뇌와 절망 가운데 희망을 키우는 계기가 됨을 알 수 있다.

2절은 죄지은 형제들에게 보속을 주는 두 가지 기준을 제시한다. 그것은 '자비'와 '하느님 앞에서 낫다고 판단되는 것'이다. 이 기준들은 인간의 판단이 아니라 하느님의 사랑과 뜻에 초점이 맞춰져 있다. 그뿐만 아니라 죄를 고백하고 보속을 주는 일련의 과정 전체가 하느님 체험의 장, 하느님의 자비가 드러나는 장임을 말해준다. 여기서 보속은 정의의 회복을 전제로 하며, 진정으로 자비를 체험하도록 해주는 하느님을 향한 '사랑의 응답'임을 잊지 말아야 한다. 사랑 없는 정의는 폭력과 인간성 말살을 초래할 수 있고, 정의 없는 사랑은 맹목적이고 무책임한 사랑이 될 수 있다. 작은 형제들은 모든 피조물과 연결되어 있고, 모든 이의 형제가 되도록 불렸음을 기억해야 한다.

제7장에 영감을 준 「인준받지 않은 수도규칙」의 형제적 교정에 관한 내용도 되새겨볼 필요가 있다. 죄의 고백과 보속을 주는 과정은 형벌을 부과하기 위한 절차가 아니라 하느님의 자비를 체험하는 장이다. 형제적 교정의 출발점은 형제회가 연약한 죄인이지만 하느님 나라 건설에 투신하도록 불린 이들로 구성되어 있다는 확신이다. 형제적 교정은 회심 상태에서 주어지는 은혜이며, 교정을 위한 공동 식별의 기준은 "하느님 앞에서 더 낫다고 판단되는 것'이다. 자비는 죄의 상황에 부닥쳤을 때 가장 많이 청하는 하느님 본성의 하나다. 실제 삶에서 자비는 다른 사람이 죄를 지었을 때 늘 올바로 이해되고 적용되지는 않는다. 죄가 사랑에 관한 범죄라면, 죄인의 회복은 사랑이 회복되는 방식으로 사랑의 분위기에서 이루어져야 한다. 형제들은 죄지은 형제를 대할 때 분노하거나 흥분하지 않고, 그 형제에 대한 사랑 때문에 진심으로 마음 아파해야 한다. 우리는 이런 복음적 사랑으로 세상 모든 사람을 만나도록 초대받았다.

제8장
형제회의 총봉사자 선출과 성령강림총회

[1] 모든 형제는 이 수도회의 형제들 가운데 한 사람을 전 형제회의 총봉사자와 종으로 늘 모셔야 하고 그에게 철저히 순종할 것입니다. [2] 그가 세상을 떠났을 때 관구봉사자들과 보호자들은 성령강림 총회에서 그의 후계자를 선출할 것입니다. 관구봉사자들은 총봉사자가 총회를 어디에 소집하든지 언제나 총회에 함께 모일 의무가 있습니다. [3] 이것은 삼 년에 한 번 또는 총봉사자가 정하는 대로 늦추거나 앞당길 수 있습니다. [4] 그리고 만일 어느 때 관구봉사자들과 보호자들 전체가, 총봉사자가 형제들에 대한 봉사와 공동이익에 부합하지 않다고 여기면 선거하도록 위임된, 위에 말한 형제들이 주님의 이름으로 다른 형제를 보호자로 선출할 의무가 있습니다. [5] 그리고 성령강림 총회 후, 봉사자들과 보호자들은 자신들이 원하고 또 적절하다고 생각한다면 같은 해에 관할 지역들 안에서 한 차례 자기 형제들을 회의에 소집할 수 있습니다.

[인준받지 않은 수도규칙의 병행 구절]
[제18장 봉사자들의 모임]
[1] 각 봉사자는 하느님에 관한 일을 다루기 위해 자기 형제들과 같이 매년 성 미카엘 대천사 축일에 형제들이 원하는 곳에서 함께 모일 수 있습니다. [2] 그리고 전 형제회의 봉사자요 종이 달리 결정하지 않는 한, 바다 건너 지방과 산맥 너머 지방의 모든 봉사자는 삼 년에 한 번, 다른 봉사자들은 일 년에 한 번, 포르치운쿨라 성 마리아 성당에서 열리는 성령강림 총회에 모일 것입니다.

개요

프란치스코는 제7장에서 형제회의 영적인 기초를 놓았다. 이제 제8장에서는 형제회의 조직과 체계에 대하여 언급한다. 우리 수도규칙은 형제회 조직에 대하여 매우 간략하며 미흡하고 불분명하게 말한다. 이 장은 대부분 새로운 내용으로서 지금까지 접하지 않았던 새로운 문제들에 대한 해결책을 제시한다. 여기서 형제회에 봉사하는 가장 중요한 두 주체인 봉사자(장상)와 회의에 관해 규정한다. 그러나 형제회 발전에 매우 중요한 역할을 한 총회의 권한과 역할에 대한 언급이 너무나 부족하고, 다른 장상들에 대해서도 언급하지 않는다. 그 이유는 초기에는 기본 조직들이 형성되기는 했지만, 프란치스코의 은사와 관습에 의해 형제들의 삶이 이루어졌기 때문이다.

「인준받은 수도규칙」은 형제들의 두 가지 모임, 곧 총봉사자가 소집하는 성령강림 총회와 봉사자들과 보호자들이 성령강림 총회 후 삼년에 한 번 '자신들이 원하고 또 적절하다고 생각할 때' 형제들과 함께 개최하는 회의이다.

수도규칙은 총봉사자와 관구봉사자, 보호자에 대하여 규정한다. 그러나 총봉사자 선거에 대해서는 간략히 언급할 뿐 선거방법이나 장소에 대한 구체적인 내용이 없으며, 관구봉사자 선거에 대하여도 언급하지 않는다. 그리고 총봉사자의 권한과 책임 등에 대한 언급도 구체적이지 않다. 수도규칙만으로는 총회를 소집하는 권한이 있을 뿐 총봉사자의 권한을 알 수 없다.

한편 관구봉사자의 권한에 관하여는 어느 정도 언급하고 있다. 관구봉사자는 새로운 지망자를 받아들이는 권한(2,1), 죄지은 형제에 대하여 보속을 줄 권한(7,1-2), 총회에 참석하여 총봉사자를 선출하고 자기 관구에서 관구회의를 소집하는 권한(8,3-5) 등이 있다. 그러나 그 밖에 폭넓은 책임이 있다. 관구봉사자의 의무에 대해서는 선교하러 가려는 형제들에게 그들이 줄 수 있는 허가에 관해 다룬다.(12,1-2)

제8장 본문 해설에 앞서 작은형제회 행정 구조의 형성과정과 고유한 특성을 살펴본다. 작은형제회는 프란치스코를 중심으로 거의 자발적으로 성장했으며, 초기에는 잘 짜인 공동체의 표지들이 거의 없었다. 프란치스코가 새로이 시작된 수도회의 살아있는 구심점이었을 때는 '집 없음'과 '세상을 두루 돌아다니는 생활'이 문제가 되지 않았다. 처음에 형제들을 묶어주는 기초는 어떤 집이나 봉쇄 수도원이 아니라 프란치스코와 형제들 사이의 인격적인 유대였다. 모든 형제는 어느 곳에서건 한 공동체를 이루고 살았으나, 아직 수도공동체의 형태를 띠지 않았다. 그러나 형제들이 늘어나자 공동체 규율의 부재, 순종을 떠나 돌아다님, 이단의 위험 등 여러 가지 폐단들이 드러났다.[1] 특히 1219-1220년 프란치스코의 동방 여행 중에 일어났던 심각한 문제들을 해결하는 과정에서 형제체를 재편성하고 규율을 강화하는 큰 변화가 일어났다. 호노리오 3세의 「쿰 세쿤둠 콘실리움」(1220.9.22) 칙서는 당시 발생한 문제에 대한 일종의 해결책을 제시했으나, 그것은 형제회 제도화의 신호탄일 뿐이었다. 프란치스코는 이렇듯 교회의 도움을 받아 '주님께서 주신' 형제회와 거룩한 복음을 실행하는 삶을 계속하고자 하였고, 그러기 위해 조직과 체제의 재편을 통해 형제회를 서로 견고하게 일치시켜 주는 새로운 방법을 모색하였다.[2]

첫 번째 방법은 '봉사자와 종'이라고 부르는 한 명의 공통 장상이다. 그는 '봉사자'라는 고유 칭호로 불렸고, 수하 형제들의 형제로서

---

1   당시 형제회 내부의 폐단에 관한 상세한 연구는 K. Esser, La Orden Franciscana. Origenes e Ideales, Aránzazu 1976, 186-208쪽 참조.

2   참조: K. Esser, La Orden Franciscana. Origenes e Ideales, 183-184쪽.

봉사하기 시작했다. 일정한 거처 없이 세상을 돌아다니면서 복음을 선포하던 형제들은 그들 모두에게 영감을 불어넣어 주는 사람과 강한 유대가 필요했다. 그래서 모든 형제를 포함하는 단체가 한 사람에 의해서 지도되는 새로운 체제가 도입되었다. 따라서 처음에는 모든 형제에게 영감을 주는 한 사람이 전권으로 그들을 이끌었고, 형제들이 급증하자 다른 봉사자들을 임명하였다. '봉사자'는 수도승들의 장상과 달리 형제들을 섬기는 협조자였다. "봉사자들의 책임은 특정한 한 수도원이 아니라 어떤 구역 내에 머무는 형제들에 대한 돌봄이다. 따라서 그의 권한은 무엇보다도 인격에 관한 것이다."[3] "프란치스코는 형제회 구조 안에 몇 가지 직책들, 예를 들어 다른 형제들에 대한 형제적 봉사의 책임이 있는 형제들(관구봉사자들, 보호구봉사자들, 수호자들)의 직무들을 삽입하고, 그들이 의무를 수행하는 데 필요한 권한을 직접 또는 간접으로 주었다."[4] 봉사자들은 형제들의 최고 장상을 대리하는 이들이었으며, 영감을 주는 전권자에 의해 임명되고 면직되었다. 모든 형제는 전체 형제들의 머리요 중심인 최고 봉사자에게 온전히 순종해야 했고, 그를 통하여 형제회가 순종이라는 새로운 형태의 관계 안에서 로마 교회와 일치할 수 있었다.

두 번째 방법은 자주 개최되었던 회의였다. 이는 형제들의 공동생활을 발전시키는 데 도움이 되었으며, 소속감을 상기시켜주었다.

세 번째 방법은 장상들의 형제적 방문의 의무와 어려운 상황에 부닥칠 때 봉사자에게 달려갈 형제들의 권리로서 그것은 일치의 유대로서 중요하였다.

네 번째 방법은 수도규칙인데, 수도규칙은 모든 형제를 결속시켜

---

3   K. ESSER, La Orden Franciscana. Origenes e Ideales, 113쪽.

4   Commissione Interfrancescana, '창설 당시의 프란치스칸 수도회의 정체성', 42쪽.

주었으며, 일치된 생활양식을 지탱시켜 주는 데도 도움이 되었다.
　나아가 그들의 하나 됨은 외적으로는 같은 수도복으로, 내적으로는 로마 교회와도 동시에 긴밀하게 결속시켜 주는 같은 기도 양식으로 표현되었다.

　프란치스코는 은수자나 수도승이나 의전수도자를 위한 복음적 생활계획을 의도하지 않았다. 그의 계획의 독특함은 조직이나 법의 측면이 최소한으로 줄어든, 특수하고 꼭 필요한 구조로 출발하였다는 데 있다. 형제회 장상직은 수도승원의 개별 수도원 장상직과 비슷하다. 그러나 그 직무와 역할은 본질에서 달랐고, 새롭게 탄생한 그 형제체의 독특한 복음 정신으로 배어있고 고취되어 있었다. "프란치스칸 형제체의 정신과 그 구조는 형제체의 본질적 특색들 안에서 형제체 구성원들 사이에 형제애가 성장하도록 자극했고, 형제회를 실제로 구성하는 '작은 형제들'의 진실성을 반영한 것이었다. 사실 '작은 형제들'로 산다는 것은 그리스도교적 사랑, 존경, 봉사, 상호 순종과 복종으로 가장 높은 수준의 가족 정신을 구체화하고, 형제공동체의 신학적, 법적 모든 차원에서의 평등성을 구체화하려는 끊임없는 도전이 된다."[5]

　제8장의 내용은 다음과 같이 이루어져 있다.

　1. 총봉사자(1절)
　2. 총회(2-4절)
　3. 관할지역 회의(5절)

5　같은 글, 20-21쪽.

본문 해설

1. 총봉사자

¹ 모든 형제는 이 수도회의 형제들 가운데 한 사람을 전 형제회의 총봉사자와 종으로 늘 모셔야 하고 그에게 철저히 순종할 것입니다.

1절은 형제들이 그들의 으뜸으로 "형제회의 총봉사자"를 늘 가질 것이라고 규정한다. 여기서 '늘'(semper)이라는 부사가 갖는 의미상의 비중은 매우 큰데, 1절 전체의 명령에 근본적이고 항구한 효력을 갖는 특징을 부여한다.[6] 프란치스코는 「인준받지 않은 수도규칙」에서 총봉사자를 가리켜 '수도회의 머리'(caput istius religionis, 머리말 3) 또는 '전 형제회의 봉사자요 종'(ministro et servo totius fraternitatis, 18,2)이라 했다. 이처럼 장상을 '봉사자요 종'으로 부른 예는 옛 수도회에서는 찾아볼 수 없는 새로운 요소이다.[7] 「인준받은 수도규칙」에서는 더는 수도회의 '머리'라는 표현을 쓰지 않고 '총봉사자요 종'(minister generalis et servus)(8,1)이라 한다. 그리고 '총봉사자'는 '총'(generalis)이란 형용사가 덧붙여짐으로써 형제회의 최고 권위를 지니게 되었다. '총'이라는 형용사는 맨 먼저 「형제회에 보낸 편지」(2.40.47)에 나타나고, 다음으로 이 수

---

6 참조: F. URIBE, La Regla de San Francisco, 236쪽.

7 장상(superior)이란 말은 그 사람의 자연적 우월함이나 법적, 사회적, 경제적, 정치적인 높은 지위 때문에 다른 이들에 대하여 일정한 권위를 지니는 사람을 뜻한다. 중세 장원법에서는 일정한 기간과 조건으로 다른 이들에게 종속되어 그들의 농지를 경작해주는 봉신(封臣)에 대하여 지배권(dominium directum)을 행사하는 주인을 봉건 지주(Superior)라 불렀다. 공주 또는 공동생활 형태의 수도생활이 시작되면서 제도화가 시작된 수도 장상은 아빠스(Abbas), 원장(Prior) 장상(Superior) 등 여러 명칭으로 불렸다. 초기에 수도 장상은 권력과 지배를 본질로 했던 고전석 정치에서와는 달리 '사랑의 봉사를 위한 권위와 영적 길잡이'를 뜻했다. 그러나 차츰 축성된 이들의 공동체에서 권위나 권한을 지님으로써 우월성을 갖는 사람을 일컫게 되었다.

도규칙에 나오며, 마지막으로 「유언」(27.35)에 나온다. 이 기능적인 형용사는 봉사의 범위인 '전체적으로', '전반적으로'를 가리키고, 지위를 차지하는 군대 위계적인 의미는 지니지 않으며, 특히 프란치스칸 안에서는 직책 이름이 아니라 봉사를 가리킨다.[8] 여기서 총봉사자가 부여받는 것과 같은 광범위한 권한을 갖는 직책이 설정된 것은 교회의 수도생활에서 최초였다. 수도승원 안에서 아빠스는 힘이 있었는데, 그들 가운데 어떤 아빠스들은 자치권을 상실하지 않은 여러 수도승원들도 포함하여 법적인 권한을 지녔다. 그러나 프란치스코의 수도규칙이 있기 전까지는 모든 형제회에 대하여 권한을 지니는 장상을 상정하지 않았다.

여기서 프란치스코는 '총봉사자요 종'이라는, 그가 좋아하는 단어의 중복으로 의미를 강화하고 강조하려는 의도를 드러낸다. 곧 총봉사자의 정체가 '모두를 위한 봉사자'이자 '종'이라는 사실을 통해 그에게 직무를 수행하기에 앞서 분명한 자기 인식을 요청한다. 그리고 여기서 사용된 '수도회'(religio)라는 표현은 적어도 12세기 중반부터 교회 언어에서 '수도승원'(monasterio) 또는 '수도회'를 가리키는 말로도 사용되었다.[9] 프란치스코는 자신의 글에서 '작은형제회'를 언급하기 위하여 여러 번 사용하였다.

당시 수도승원들이 클뤼니 수도원처럼 일종의 연합을 이루는 경우가 있기는 했다. 그러나 모두가 독립된 체제의 자치수도원(sui iuris)이었다는 점에 비추어보면, 작은형제회의 총봉사자직은 새로웠다. "총봉사자의 인격과 직책은 프란치스칸 형제 공동체의 전체 권력 구조의 중심으로 남아있었다. 프란치스칸 법규들이 규정한 대로 선출의 순간

---

8 참조: F. URIBE, La Regla de San Francisco, 238쪽.

9 참조: J. F. NIERMEYER, Mediae latinitatis lexicon minus, 906쪽.

에 총봉사자의 교황에 대한 순종은 전제되었으며, 동시에 전체 형제 공동체의 총봉사자와 종으로서 그의 직책을 수행하는 데 필요한 교황권의 참여를 법 그 자체로부터 받았다."[10] 수도승원에서 한 번 아빠스가 되면 종신 아빠스인 것과는 달리 총봉사자 임기는 종신직이 아니었다. 2절에서 총봉사자가 "세상을 떠났을 때" 선출한다고 되어있으나, 4절에 따르면, "총봉사자가 형제들에 대한 봉사와 공동이익에 부합하지 않다고 여길 경우" 다른 형제를 총봉사자로 선출할 수 있다.(인준 규칙 8,4) 따라서 에써가 종신직이었다고 주장하는 것과는 달리 총봉사자의 임기가 정해진 것은 아니었지만, 그렇다고 종신직도 아니었음이 분명하다.[11] 또한 "이 수도회의 형제들 중에 한 사람"이라는 표현에서 알 수 있듯이 수도규칙은 총봉사자의 교회법적 자격조건으로 성직자여야 하는지 평형제여야 하는지를 특정하지 않는다.

프란치스코는 총봉사자가 형제회의 전체 권력 구조의 중심에 있었기에 그 권력을 지배하는 것으로 잘못 사용할 수 있다고 보아 '사랑의 봉사'와 '상호 간의 순종'을 매우 강조하였다. "그는 '봉사자와 종'(minister et servus)이라는 표현을 일종의 직함이나 직책의 칭호로 사용하지 않고, 오히려 온전히 문자 그대로의 의미로 사용하였다. 그래서 「인준받은 수도규칙」에서는 '아랫사람이 된' 형제들에게 그들의 봉사자들에게 온전히 순종할 것을 명한 뒤, 봉사자 형제들에게 '주인이 하인을 대하는 것처럼 이 형세도 봉사자에게 대할 수 있을 정도로' 형제들에게 그러한 '가족성'(familiaritas)을 보여주라는 매우 진지한 훈계를 준다. 이 권고가 말하는 그 정확한 뜻은 의심의 여지 없이 뒤이은 논거로 증명된다. '사실 봉사자들은 모든 형제의 종이 되어야 하고 또

---

10 Commissione Interfrancescana, '창설 당시의 프란치스칸 수도회의 정체성', 42쪽.

11 참조: K. Esser, Melius Catholice Observemus, 174쪽.

그렇게 되어야 합니다.'(인준 규칙 10,6) 여기서 장상과 그에게 딸린 이들 간의 관계가 온전히 복음의 빛 안에서 견지된다. 프란치스코가 언급한 바대로, '그리스도의 위치에서'(2첼라노 186 참조) 형제들을 인도하는 장상은 진정 '종으로서 그들 가운데에 머물러야'만 한다.(루카 22,28 참조) 형제들의 관계는 그들이 장상들이건 수하 형제들이건, 모두 형제가 되는 '가족성'으로 고무되어야 한다. 장상직의 '봉사'는 또한 장상이 실제로 계속 '작은 형제'로 남고, 그와 더불어 전체 공동체의 영으로 충만하도록 보장해주어야 했다."[12]

총봉사자는 이 '수도 가족의 스승'(2첼라노 184)으로서 물질적 영성적으로 형제들을 돌보아 주어야 하는 의무를 지니고 있고(형제회 편지 38절 이하), 형제들이 어려운 처지에 놓여 있을 때 그들에게 마지막 피난처가 되어주어야 한다. 그런데 이런 정신을 망각한 엘리아 형제는 수도규칙이 허락하는 총봉사자의 권한을 최대한으로 이용하여 관구봉사자, 보호구봉사자 등을 자기 마음대로 전임시키거나 면직시켰다. 총봉사자는 총회를 소집하고(8,2) 설교자를 시험하고 설교할 허락을 줄 권한이 있다.(9,2) 그러나 무엇보다도 총봉사자직은 모든 형제를 아버지다운 사랑으로 보살피고 봉사하는 직책이다. 그래서 '총봉사자'인 동시에 '종'이라고 한다.

프란치스코는 총봉사자에게 그리스도의 대리자로서 형제들을 섬기고, 모든 형제는 그리스도에게 순종하듯이 총봉사자에게 '철저히 순종해야 한다'(teneantur firmiter obedire, 1,3; 8,1)고 요구한다. 여기서 '철저히'와 명령적 가정법인 '~해야 한다'(teneantur)를 결합하면서 일종의 장엄한 선언을 하고 있다. 이러한 어조는 「유언」 27절에서도 되풀이

---

12   K. Esser, La Orden Franciscana. Origenes e Ideales, 105쪽.

된다. 그러나 앞에서 언급하였듯이 이 순종은 결코 군대식의 수직적인 권한 행사에 따른 순종이 아니라 '상호 간 사랑의 순종'이다.

한편 수도규칙은 총봉사자의 피선 자격이나 자격 요건 등은 규정하지 않는다. 여기서 총봉사자에게 순종해야 할 사람은 '모든 형제'(universi fratres)로서 그 범위를 최대로 확장한다. 사랑 실천에서 아무도 제외되어서는 안 되는 것처럼 사랑의 표현이자 통로인 순종 실천에서도 아무도 제외되어서는 안 된다는 것이다. 프란치스칸 순종의 특징은 평등을 바탕으로 한 '사랑의 순종'이다. "아무도 장상이라고 부르지 말고, 반대로 모두가 똑같이 작은 형제들이라 부를 것입니다. 그리고 서로서로 발을 씻어 줄 것입니다."(비인준 규칙 6,3-4) 이러한 상호 간 사랑의 순종을 통하여 형제들은 형제애 안에 머물게 되고, 형제회가 바로 총봉사자를 통해서 교회와 연결된다.(비인준 규칙 머리말, 인준 규칙 1장 참조)

2. 총회[13]

²절 후반 관구봉사자들은 총봉사자가 총회를 어디에 소집하든지 언제나 총회에 함께 모일 의무가 있습니다. ³ 이것은 삼 년에 한 번 또는 총봉사자가 정하는 대로 늦추거나 앞당길 수 있습니다.

「인준받지 않은 수도규칙」은 세 가지 종류의 모임을 규정한다. 곧

---

[13] 총회에 관한 전반적인 이해에 관하여는 필자의 글, '총회' 항목 참조(한국교회사연구소 편, 한국가톨릭대사전 제11권 8210-8218쪽). 한편 작은형제회 총회에 관하여 교황청 문서에 처음으로 기록된 것은 1230년 5월 16일 교황 그레고리오가 '총회에 모인 작은형제회의 봉사자들과 형제들에게 보낸 특별 서한'(Mirificans misericordias, in BF., I, 64-65쪽)에서이다.

각 봉사자가 성 미카엘 대천사 축일(9월 29일)에 자기 형제들과 함께 하는 모임, 성령강림 대축일에 이탈리아의 봉사자들이 포르치운쿨라에서 열리는 연례 모임, 성령강림 대축일에 모든 봉사자가 포르치운쿨라에서 삼 년마다 열리는 모임이다. 제4차 라테라노 공의회가 규정하는 수도회 총회는 이 세 번째 모임이다. 이 모임은 전 세계 모든 관구봉사자가 총봉사자와 함께하는 모임이었다. 다시 말해 지역적으로는 보편성을 지녔지만, 봉사자들만 참여할 수 있었다. 한편 「인준받은 수도규칙」은 두 가지 모임, 곧 삼 년마다 성령강림 대축일에 개최되는 봉사자들 모임과 봉사자들이 총회 후에 자신이 관할하는 형제들과 함께하는 모임도 규정한다.

작은 형제들의 총회는 언제 시작되었는지 확정할 수는 없으나 사실상 거의 저절로 생겨났다고 할 수 있다.(쟈노 연대기 16 참조) 프란치스코의 글에 비추어보면, 성령강림 총회는 역사적 발전의 결실이라 할 수 있는데, 다음과 같은 세 단계가 있었다.[14]

첫째 단계는 1220년경에 작성된 「어느 봉사자에게 보낸 편지」가 전해주는 것이다. 이 편지는 형제회가 성령강림 대축일에 총회를 거행하였던 형식에 대해 말해주는 데 다음과 같은 특징을 지닌다. 성령강림 대축일에 개최된 총회에는 봉사자들과 모든 형제가 참석하였으며, 그 목적 가운데 하나는 정해진 날에 수도규칙을 상정하고 형제적 생활과 관련되는 문제들을 해결하려는 것이었다.(참조: 봉사자 편지 13-21)

둘째 단계는 1221년 「인준받지 않은 수도규칙」에 나타난다.(18장) 이때의 총회에 대해 다음과 같이 요약할 수 있다. 봉사자들이 성령강림 축일에 모였고, 바다 건너 지방과 산맥 너머 지방의 모든 봉사자는

---

14 참조: F. URIBE, La Regla de San Francisco, 242-243쪽.

삼 년에 한 번 모였으며, 다른 봉사자들은 일 년에 한 번 모였다. 다른 형제들의 참여는 명시적으로 금지되지는 않았다. 총회는 총봉사자가 소집하였고, 그가 다른 방식으로 정하지 않는 한 포르치운쿨라에서 개최되었다.

셋째 단계는 1223년 「인준받은 수도규칙」에서 규정하는 것이다. 여기서는 두 가지 총회의 가능성이 예상되었다. 하나는 삼 년마다 성령강림 축일에 열리는 정기총회로서 총봉사자가 소집하고 관구봉사자들이 참석해야 했다. 다른 하나는 임시총회로서 총봉사자의 사망 또는 해임의 경우에 개최되며 관구봉사자들이 참석한다. 「인준받은 수도규칙」은 '바다 건너 지방과 산맥 너머 지방의 모든 봉사자는 삼 년에 한 번, 다른 봉사자들은 일 년에 한 번 성령강림 총회에' 모여야 했던(18,2) 「인준받지 않은 수도규칙」과 달리 총회와 총회 사이의 기간을 3년으로 늘렸다. 이는 아주 멀리 떨어진 지방에 사는 형제들이 오가는 수고를 덜기 위한 것이었다.(익명의 페루자 44항)

작은 형제들의 총회는 이전의 수도생활에서 나타났던 총회 제도와 수도회들이 삼 년에 한 번 총회를 소집해야 한다는 제4차 라테라노 공의회의 결정에 영향을 받기는 했으나,[15] 본질에서 새로운 제도였다. 작은 형제들의 총회는 수도승들의 회의와는 다음과 같은 점에서 달랐다.[16]

첫째, 회의 구성이 달랐다. 수도승들의 총회에는 통상 같은 지역의 수도승원들을 관할하는 아빠스나 장상(prior)들만이 참여하였다. 그러나 작은 형제들의 총회에는 적어도 1221년까지는 '모든 형제'가 참여하였다. "수련자들까지 포함해서 모든 형제가 총회에 참석했다는 사실은 작은형제회의 특징적인 새로움이다."(쟈노 연대기 16 참조)

---

15 참조: Constitutio 12, Mansi, XXII, coll. 999-1002.

16 참조: T. DESBONNETS, Dalla Intuizione alla Istituzione, 47-49쪽.

둘째, 수도승 회의는 소수의 수도승에게 권한이 집중된 과두제(寡頭制)이지만, 작은 형제들의 회의는 형제들의 폭넓은 참여를 통해 권한이 나누어지는 민주적 방식이었다.(「봉사자 편지」 참조)

셋째, 회의의 목적도 달랐다. 시토회원들은 조직하고 감독하고 인준하려고 모였다. 그러나 작은 형제들은 야고보 비트리 추기경이 기록한 대로, 주님 안에서 기뻐하며 함께 먹고(친교) 중요한 결정을 하며 법규를 제정하고 공포하기 위해서 모였다.(1210년 10월의 편지 11항) 작은 형제들의 총회는 형제적 친교, 선교 등 중요한 안건의 처리, 필요한 법 제정 등을 위한 중요한 모임이었다. 총회에서는 초기 계획의 규정들도 변경하였고, 점차 이것이 회의의 가장 본질적인 역할이 되어갔다. 적어도 1223년까지 총회는 집중적인 입법 활동의 장소였다. 그러나 작은 형제들 총회의 독특한 점은 무엇보다도 총회를 형제적 친교의 계기로 삼았다는 것이다.

총회는 처음에는 매년 성령강림 축일에 한 번 열렸으나,[17] 1212년부터는 매년 두 차례, 곧 성령강림 축일과 9월 29일 성 미카엘 대천사 축일에 포르치운쿨라에서 개최되었다. 이처럼 총회가 자주 개최되었던 것은 형제애를 확인하고 나누기 위하여 그리고 생활양식을 새 환경과 필요에 따라 적응시키기 위해서였다. 특히 관구 제도를 설정하였던 1217년 총회와 프랑스, 독일, 헝가리, 스페인, 이탈리아 내의 형제들이 현존하지 않는 지역 등에 대한 선교 결정을 한 1219년 총회(쟈

---

17 비트리의 야고보 추기경의 편지 11 (1210년 10월) : "이 수도회의 남자들은 1년에 한 번 정해진 장소에 모여 주님 안에서 기뻐하며 함께 음식을 먹는데, 이러한 모임은 그들에게 매우 유익합니다. 이때 전문가들의 도움을 받아 거룩한 법규를 작성하고 공포하며, 다음에 인준을 받기 위해 교황님께 제출합니다. 회의가 끝나면 그들은 1년 동안 롬바르디아, 토스카나, 풀리아와 시칠리아 지방으로 흩어져 지냅니다." 성령강림축일에 총회를 개최한 것은 프란치스코가 처음이 아니며, 이미 성령의 병원수도회 수도규칙에서 그때 개최했었다.

노 연대기 3), 서약자만이 아니라 수련자까지 포함하여 3,000여 명이 참석한 1221년 총회(쟈노 연대기 15)는 중요한 총회들이었다. 1224년 총회 이후에는 1215년 제4차 라테라노 공의회의 결정에 따라 삼 년마다 한 번 소집되었다.[18] 1224년에 가서야 3년마다 총회를 개최하게 된 이유는 형제회 초기에는 총회의 통합 기능이 매우 중요한 것이어서 공의회가 예견한 시기 간격에 따라서만 개최할 수는 없었기 때문이다.[19] 초기의 형제들은 아직 고정된 거처가 없었으므로 총회는 형제들의 일치와 공동의 유대를 더 잘 인식시키려는 방편으로서 큰 중요성을 띠었다. 1230년까지의 총회는 모두 아씨시의 포르치운쿨라에서 개최되었다.

초기의 총회들은 다음과 같은 공통 요소가 있었다. 곧 형제들은 만남에 대하여 하느님께 감사를 드리고, 하느님께서 자신들을 도구 삼아 이루신 선에 관하여 이야기하였다. 그리고 저지른 잘못에 대하여 용서를 청했으며, 큰 기쁨 가운데 함께 먹고, 프란치스코 형제의 권고를 들었으며, 거룩한 이들의 조언을 받아 법규를 제정하였고, 백성에게 설교하도록 형제들을 여러 지방으로 나누어 보냈다. 이러한 실천은 형제회 초기로 거슬러 올라가는데, 교회의 각 수도회 모든 장상은 삼 년마다 총회를 소집할 것이라는 제4차 라테라노 공의회의 특별한 자극을 접하게 된다. 이것은 당시에 큰 성장을 이룬 시토회의 실천에서 영감을 받은 결정이었다. 그러나 그것은 시토회 회원들의 '공동'의 총회 또

18　Constitutio 12: "지금까지 그렇지 못한 수도회들은 모든 관구나 나라에서 3년마다 총회가 소집되어야 한다……. 대수도원장들과 대수도원장이 없는 경우에는 장상들의 총회를 소집할 것이다. 물론, 이들은 그러한 총회를 개최하는 데 익숙하지 않을 것이다. 시토회 총회들은 그 모델이 될 것이다……. 이러한 총회들에 두 명의 선출된 사람과 함께 회의를 주재하기 위해 두 명의 시토회 아빠스가 초대될 것이다. 왜냐하면 그들은 그러한 총회를 오랫동안 개최해 왔기 때문이다."

19　참조: 앞의 비트리의 야고보 추기경의 편지 11(1210년 10월).

는 '연합' 총회가 작은 형제들의 본성과 더 일치되는 '전체'(generale) 총회로 바뀐 것이었다.[20]

총회는 「인준받은 수도규칙」 이전에도 수도회의 통치에 참여했다. 「인준받은 수도규칙」은 제4차 라테라노 공의회에서 규정한 총회 형식을 엄격하게 따른다. 「인준받은 수도규칙」은 총회의 권한이 무엇인지 총괄적으로 언급하지 않는다. 그러나 총회는 총봉사자를 견제하는 권한을 가지고 있다. 「인준받지 않은 수도규칙」에서는 한마디로 총회가 "하느님에 관한 일을 다루어야 한다"(18,1)라고 한다. 이 점은 매우 중요한데 총회가 수행하는 모든 일은 '하느님에 관한 일'로서 영적인 성격을 띠며, 형제들은 총회가 하느님의 일이 되도록 힘써야 한다는 사실을 말해준다. 「인준받지 않은 수도규칙」은 「베네딕토 수도규칙」에서 19회나 사용된 '하느님의 일'(opus Dei)이라는 표현과는 달리 '하느님에 관한 일'(quae ad Deum pertinenet)이라는 표현을 사용한다. 「베네딕토 수도규칙」에서 규정하고 있는 '하느님의 일'은 수도규칙 본문에서는 주로 시간경을 가리키지만, 기도나 전례만이 아니라 수도승 생활양식 전체를 의미한다. 프란치스코가 말하는 '하느님에 관한 일'은 형제들의 기도 전례 생활뿐 아니라 복음선포와 관련된 모든 것을 말하는 것으로서 훨씬 넓은 의미가 있다. 이는 프란치스코의 생활양식이 이동성(mobilitas)을 특징으로 하기 때문이다.

이제 이런 배경을 토대로 형제회 총회의 구체적인 역할을 알아보기로 한다.

---

20 참조: M. Conti, Il Codice di comunione, 317쪽.

1) 형제들의 영성 생활의 강화

총회는 형제체의 삶에 본질적인 역할을 하였으며, 쇄신의 중요한 계기였다. 총회는 흩어져 지내던 형제들이 다시 모였을 때 그들의 영성 생활을 강화해 주는 수단이었다. 총회는 행정기구가 아니라 형제들의 공동생활에 필요하고도 적절한 도움을 주는 통로였다. 각 총회는 형제들에게 그들의 연대성을 각인시켜 주었고, 그럼으로써 공동생활 체험을 촉진해주었으며, 일체감을 증진해 주었다. 초기 생활 경험의 알림, 과실의 고백, 가르침을 받음 이 세 가지 요소가 총회의 통상적인 틀이 되었던 것 같다.[21] 총회는 형제들이 서로 다시 만나게 됨으로써 기뻐하면서 친교를 나누고, 함께 생활을 반성하며 서로 권고와 충고를 나누고 격려하는 복된 계기였다. 또 총회에서는 기도와 찬양을 하는 데 보다 많은 시간을 할애하였다. 형제들이 모이는 모든 총회에서 수도규칙을 낭독하는 습관은 매우 일찍부터 확립된 것 같다.(유언 37 참조) "각 형제는 개별적으로 그리고 하나가 되어 그들의 공동체 생활과 그 생활의 세상 안에서의 선교 사명에 대한 책임을 인식했다. 이 총회들은 그 시대의 경제적이고도 정치적인 구조들을 본받는 수단이었으며, 형제체의 삶에 모든 형제가 참여한다는 표현이었다. 이 민주주의적인 모임들에서는 하느님 자녀의 충만한 자유가 규칙이었으며, 형제들은 그들의 문제들에 대해 논의하였고, 그들의 경험을 나누었으며 그들이 따르기로 했었던 원천들을 확고히 하였다."[22]

총회는 초기 형제들의 삶에서 형제들의 친교와 쇄신의 중요한 계기가 되었다. 그러나 형제들이 점차 고정된 거처에 정착하고 수도승

---

21 참조: K. Esser, La Orden Franciscana. Origenes e Ideales, 116. 132-133쪽.

22 E. Leclerc, Francisco de Asís, El retorno al Evangelio, 79쪽.

적인 요소가 더해지면서 그 본래의 의미를 조금씩 잃어가기 시작하였다. 곧 총회에 관한 다른 수도회 제도들을 받아들임으로써 영성 심화의 계기가 행정 기구화하고, 형제들의 수가 급증하면서 모두 모일 수 없게 됨으로써 초기와 같은 총회를 하기 어려워졌다. 에써의 통찰처럼 그렇게 된 것은 거처의 고정화와 수도원들의 정착화 때문이었다.[23]

2) 형제체 생활의 순수성 보장을 위한 견책

총봉사자는 총회에서 일종의 재판 형식으로 형제체 생활을 거스르는 형제들의 잘못을 견책하였다. 「인준받지 않은 수도규칙」은 "봉사자들 가운데 누가 올바른 우리 생활에 비추어 영에 따라 살지 않고 육에 따라 사는 것을 형제들이 발견한다면, 그리고 세 번째 권고 후에도 스스로 고치지 않는다면, 어떠한 장애를 무릅쓰고라도 성령강림 총회 때에 전(全) 형제회의 봉사자요 종에게 알릴 것입니다"(5,4)라고 규정하였다. 이러한 조치는 결국 형제체 생활의 순수성을 보존하기 위한 것이었다. 그러나 「인준받은 수도규칙」은 총회의 이러한 역할에 관하여 규정하지 않는다.

3) 삶에 필요한 지침의 마련

총회는 처음에 자문권과 입법권을 가지고 있었다.(봉사자 편지 21-22 참조) 이는 「인준받은 수도규칙」이전에 쓰인 것으로 보이는 「어느 봉사자에게 보낸 편지」를 통해 확인할 수 있다. "대죄에 관하여 언급하는 수도규칙의 모든 장(章)을 우리는 성령강림 총회에서 주님의 도우심과 형제들의 조언을 받아(cum consilio fratrum) 이렇게 한 장으로 만들

---

23   참조: K. Esser, La Orden Franciscana. Origenes e Ideales, 133쪽.

겠습니다."(13) "형제들은 지난 경험을 가지고 공동으로 숙고한 다음 그 토론의 결과로서 그들 생활을 규정하고 그들 모두에게 의무를 부과하게 될 '거룩한 지침들'(institutiones sanctas), 곧 법이나 규정들을 제정하였다. 그뿐만 아니라 이 규범들은 교황권에 의해서 승인되었다. 따라서 총회는 형제회 안에서 매우 일찍부터 법률 제정 권한을 소유하고 행사했다."[24] 형제들은 총회에서 필요한 법률들을 체계화하고 개선하였으며 공표하였다. 총회가 아니면 새로운 법을 제정할 수 없었다. 총회는 수도규칙을 추인받기 전까지 그 초안을 검토하고 확인하는 역할도 하였다. 총회 밖에서 임시법은 만들 수 있었지만, 다음 총회 때까지만 효력을 가졌다.

4) 인사이동, 직책변경

당시의 총회는 최고 장상과 동급으로서 형제들에게 특정한 직무를 부여할 권한이 있다고 간주하였다.[25] 그러나 형제들은 '하느님에 관한 일을 다루기 위해'(비인준 규칙 18,1 참조) 모였으므로 이것이 주목적이 될 수는 없었다. 그리고 선출 총회에서 일정한 직책에 필요한 후보자는 교회의 신분과 관계없이, 형제들을 위한 봉사와 전체 이익에 적합한 형제라면 누구나 가능하였다.(인준 규칙 8,1) 그러나 총회 밖에서는 총봉사지에 의해 이러한 행정적인 조처가 이루어졌던 것으로 보인다. 야고보 비트리 추기경이 이에 관해 전해준다. "총회가 끝날 때 최고 장상은 둘씩 혹은 그 이상으로 그룹을 지어 여러 지방과 관구와 도시에 그들을 다시 파견한다."(동방역사 32장 9)

---

24 같은 책, 119쪽.
25 같은 책, 121쪽.

5) 총봉사자 선출(2.4절)

^{2절 전반} 그가 세상을 떠났을 때 관구봉사자들과 보호자들은 성령강림총회에서 그의 후계자를 선출할 것입니다.
⁴ 그리고 만일 어느 때 관구봉사자들과 보호자들 전체가 총봉사자가 형제들에 대한 봉사와 공동이익에 부합하지 않다고 여기면 선거하도록 위임된, 위에 말한 형제들이 주님의 이름으로 다른 형제를 보호자로 선출할 의무가 있습니다.

관구봉사자들과 보호자들은 총봉사자가 세상을 떠나면 성령강림총회에서 새로운 총봉사자를 선출한다. 총회는 총봉사자에 대한 감시의무가 있다.(8,4) 총봉사자직은 어떤 경우에도 그 직무가 정지되거나 박탈될 수 없는 종신직은 아니었다.(4) 총봉사자라 해도 다음과 같은 경우에는 해임되고 다른 형제가 선출될 수 있다. 첫째, 관구봉사자들과 보호자들 대부분이 새로운 총봉사자를 선출해야 한다고 여겨야 한다. 둘째, 총봉사자가 형제들에 대한 봉사에 적합하지 않다고 여겨지는 경우여야 한다. 셋째, 총봉사자가 공동이익에 부합하지 않다고 여겨지는 경우여야 한다.

4절은 직책에 적합하지 않은 경우가 발생할 때 총봉사자를 교체할 수 있다고 규정한다. 여기서 '어느 때'는 '어떤 경우에'라는 의미와 같다. 그리고 관구봉사자들과 보호자들 '대부분'이 '그렇다고 여기는' 비율이 높아야만 한다는 것을 가리키는데 '대부분'에 대한 정확한 기준이 정해져 있지 않아 덜 법적인 형식이다.[26]

이런 기준들을 충족시킬 때 관구봉사자들과 보호자들은 주님의 이름으로 다른 형제를 총봉사자로 선출할 수 있다. 이것은 총봉사자의

---

26 참조: F. Uribe, La Regla de San Francisco, 245쪽.

권한 남용을 염두에 둔 것이다. 그러나 그보다 더 근원적인 의도는 형제들이 어떤 직무를 맡게 된다 해도 작음의 자세를 잃지 말아야 함을 권고하고자 한 것이다.

6) 기타 사항

총회는 선교에 관한 결정을 하였고(쟈노 연대기 3 참조), 그 밖에도 수도회의 미래와 연관된 중요한 결정을 한다.

3. 관할 지역 회의

⁵ 그리고 성령강림 총회 후, 봉사자들과 보호자들은 자신들이 원하고 또 적절하다고 생각한다면 같은 해에 관할 지역들 안에서 한 차례 자기 형제들을 회의에 소집할 수 있습니다.

1) 봉사자들과 보호자

형제회의 급속한 발전으로 총봉사자가 총괄하여 다스릴 수 없게 되자, 1217년 총회는 여러 지방과 세계 각처에 있는 형제들을 한층 더 긴밀하게 섬기기 위하여 형제회를 작은 단위로 나누어 관구(provincia)로 설정하였다. 관구는 당대 수도승원의 범위에 어느 정도 상응하는, 일정한 지역적 범위를 지닌 일종의 단위체였다. 그런데 관구가 너무 커지면, 나눈 다음 보호자들(Custos)을 임명하여 담당하게 하였다.

1217년 관구 제도가 형성되면서 관구봉사자가 임명되었으나 '관구봉사자'라는 명칭을 쓰지 않고 '봉사자요 종으로 임명된 형제들'이라 한다. 관구봉사자라는 직책은 수도규칙에서는 법적으로 정의되지 않으나, 프란치스코의 글에서는 통할의 다른 조직들 가운데 좀 더 명백한 특색을 지닌 것으로 나타난다. 또 프란치스코의 글에서 '봉사자'라는 용어에 형용사 '관구의'가 늘 수반되는 것은 아니다. "'관구봉사자'에 관한 분명한 언급은 1230년까지 나타나지 않는다. 다양한 장상들의 권한 문제를 다루고 있는 「퀴 엘롱가티」Quo elongati 칙서에서 처음으로 직책들의 명확한 구분이 이루어지게 된다."[27] 처음에 관구봉사자는 총봉사자가 임명하였으며, 그의 역할은 총봉사자의 대리자였다. 관구봉사자들은 비록 형제들에 의해 관구회의에서 선출되었다 하더라도 총봉사자로부터 직접 또는 간접으로 추인을 받아야 했으며, 임무를 수행하는 데 필요한 권한에 참여할 한 몫을 총봉사자로부터 받았다. 초기에는 많은 관구봉사자들이 평형제였으나 사제들도 있었다.(인준 규칙 7,1-2 참조) 프란치스코는 엄격하게 성사적인 영역을 제외하고는 통치 권한을 절대 사제직과 연결 짓지 않았으며, 심지어는 성직과도 연관을 짓지 않았다.[28] 형제회 내의 모든 직무와 직책들은 교회 안의 성직 또는 평신도 신분과는 상관없이 그 직무에 적합한 한 모든 형제에게 동등하게 열려 있었다. 이런 점에서 '적합하기만 하다면' 모든 형제는 관구봉사자로 선출될 수 있었다. 관구봉사자 직책도 역시 종신직도, 임기제도 아니어서 언제든지 교체될 수 있었다.[29]

"형제들에 대한 고유한 통치는 이미 관구봉사자들에게 넘어갔다. 이는 부분적으로 1219/1220년부터 줄곧 여러 질병으로 고통을 받아온 프란치스코가 점차 자신의 형제회에 대한 통치에서 물러났으며, 그래서 그것을 자신이 지명한 봉사자들에게 거의 넘겨주었다는 사실

27　K. Esser, La Orden Franciscana. Origenes e Ideales, 111쪽.

28　참조: F. Uribe, La Regla de San Francisco, 245쪽.

29　K. Esser, Melius Catholice Observemus, 176쪽.

에 기인한 것이라 할 수 있다. 그러나 그것은 또한 형제회가 여러 관구로 나뉘면서, 어떤 법적인 형식이 이러한 '새로운 체제'를 위해 고안되어야만 했다는 사실에 기인한다고 할 수 있다. 당시에 다른 수도회들의 대수도원장(Abbas)이나 소수도원장(Prior)에게 속했던 그러한 권한들이 당연히 관구봉사자에게도 귀속되었다."[30]

관구봉사자는 자기 지역 내에 있는 모든 형제의 공통 장상이었다. 관구봉사자의 중요한 역할은 자기 관구 내의 형제들을 자주 방문하고 물질적, 영성적으로 돌보는 봉사이며, 총봉사자 선출(8,2)과 그의 직분 수행 및 생활 태도에 대한 감시의 책임, 관구회의 소집권(8,5), 관할 관구나 지역 내에 자기 형제들의 배치(비인준 규칙 4,2) 등의 권한을 지녔다. 「인준받지 않은 수도규칙」에서는 모든 형제에게 관구봉사자를 감시하고 그들이 육적으로 살 때 성령강림 총회 때 총봉사자에게 고발하라(5,4)고 하였는데, 「인준받은 수도규칙」에서는 이 규정을 삭제함으로써 관구봉사자의 권한을 강화하였다.

1220년 「쿰 세쿤둠 콘실리움」 칙서에 처음으로 사용된 '보호자'란 용어는 어떤 특정 직책에 적용될 수 없었으며, 처음에는 '봉사자'처럼 수도회 직책의 일반적인 명칭이었다. 따라서 여기서 '봉사자와 보호자'는 동의어의 반복이지, 특정한 장상직을 말하는 것이 아니다. 1223년 「인준받은 수도규칙」 이후에 '원장들과 보호자들'(priores et custodes)이라는 용어가 교황 서한에 나타나는데, 이는 문맥상 수도회 내의 상급 장상들에게만 적용될 수 있는 표현이었다. 1224년경에 지역장상 제도가 도입되었으나 그때의 지역장상은 어원적으로는 라틴어 '쿠스토스'(Custos)에 해당하지만, '보호하다, 돌보다'라는 뜻의 게르만에서 기원한 '수호자'(Guardianus)로 불렸다. 수호자란 용어는 '보호

---

30 K. Esser, La Orden Franciscana. Origenes e Ideales, 102-103쪽.

자'와 같은 의미로서 직책들을 구분하기 위해 로마어의 어법에서 취한 것으로서 나중에는 형제들의 최소 단위를 책임지는 장상에 대한 공식 명칭이 되었다.³¹ 1230년 9월 28일자 「쿼 엘롱가티」 칙서는 각 장상의 권한 문제를 다루면서 처음으로 직책들의 구분을 명확히 했다. 곧 1230년에 Custos란 말은 틀림없이 한 관구의 더 작은 행정단위를 관리해야 했던 형제에게 주어진 칭호였다.

수도규칙에서 관구봉사자와 동일시되던 보호자의 권한은 1230년 총회에 참석할 수 없게 됨으로써 점차 약화하였다. 1239년에는 관구봉사자의 지역장상(수호자) 임명권과 해임권도 상실하게 되었다. 1260년 「나르본 회헌」은 총봉사자의 보호자 임명권을 박탈하고 관구봉사자에게 임명권을 주었다.

프란치스코는 봉사자들의 직책에 관해서도 가난의 정신을 강조한다. "어떤 봉사자나 설교자도 봉사 직분이나 설교의 직책을 자기의 것으로 소유하지 말 것이며, 오히려 어느 때라도 명령을 받았으면 어떤 이의도 제기하지 말고 자기의 직책을 그만둘 것입니다."(비인준 규칙 17,4) 여기서도 프란치스코는 장상들에게 면직이나 임명의 경우에 작음과 형제애의 정신대로 기쁘게 받아들일 것을 요구한다.

한편 「인준받은 수도규칙」은 봉사자와 보호자 이외에 다른 장상직에 대하여 말하지 않는다. 그 이유는 고정된 거처가 더 늦게 도입되었기 때문이다.

2) 관구회의

"성령강림 총회 후 모든 형제가 자기 봉사자와 함께하는 이 모임

31　참조: K. Esser, La Orden Franciscana. Origenes e Ideales, 245-246쪽.

이 원래의 프란치스칸 모임 형태로 굳어진다. 이 형태는 봉사자들과 보호자들의 현명한 판단에 맡겨져 있다. 이런 회의가 형제들이 안정된 거처를 갖게 됨에 따라서 그 편의성과 유용성 때문에 점점 정착되기 시작하였다. 그리고 총봉사자가 관구봉사자들과 함께하는, 곧 전체회의(capitulum generale)라는 명칭이 붙은 총회의 형식을 따라, 소위 관구회의(capitulum provinciale)도 이와 비슷하게 관구봉사자가 그 관구의 장상들과 함께하는 모임이 되었다. 일련의 변화 과정을 통해 이 또한 오로지 장상들만의 총회가 되어버렸다."[32] 그리고 이 회의는 봉사자들과 보호자들이 '원하고 또 적절하다고 생각한다면' '소집할 수 있다'라는 본문 내용을 통해서 보면, 의무적이거나 필수적인 모임이 아니라 선택적이었다. 소집권자는 해당 봉사자들과 보호자들이었고, 소집 여부에 관한 판단도 그들에게 달려있었다. "원하고 또 적절하다고 생각한다면"이라는 표현이 말해주는 또 다른 점은 프란치스코가 규범의 작성이나 적용에서 매우 유연했다는 사실이다. 프란치스코는 법규 준수를 위한 삶이 아니라 처한 상황과 각자의 고유한 인격을 존중하면서 복음적 생활을 자유롭게 해나가려 했다. 이는 관구회의와 같은 형제들의 모임에 관해서도 예외가 아니었다.

관구회의의 임무는 '하느님에 관한 일을 다루는 것'이었다.(비인준규칙 18,1) 관구회의는 총회와는 달리 총회가 폐막한 직후 총회의 결정사항이나 규정을 전달하고, 그 결정을 영적으로 실행에 옮길 방안을 마련하려고 열렸다. 이로써 형제들은 더 직접적으로 형제회와 결합하고, 전 세계의 형제들에게 같은 양식의 생활을 보증하게 되었다. 관구봉사자는 형제들이 하느님을 향한 복음의 생활을 충실히 살아가도록 촉진하고, 도우며 형제들을 섬겨야 한다. 관구회의는 형제들이 복음

---

32   K. Esser, La Orden Franciscana. Origenes e Ideales, 123쪽.

생활의 위대한 목표를 향해 굳세게 나아가려는 일종의 반성과 피정의 계기였다. 이와 같은 회의는 선거나 지시 명령에 관한 것이 되기보다 많은 형제의 영적 지도에 관심을 가졌다.[33]

■ 현대적 적용 ■

프란치스코는 당시 현실을 고려하면서도 형제적 일치의 끈을 유지하고 복음적 이상을 살아가는 데 필요한 최소한의 조직과 체제를 갖추고자 하였다. 그는 복음적 가난과 형제애의 정신을 형제들과 더불어 살아가는 데 도움이 되는 제도를 받아들이면서도 복음의 본질을 잃지 않으려 했다. 그는 은사를 조직이나 기구로 착각하거나 변질시키려는 그 어떤 시도도 받아들이지 않았으며, 제도화된 무정부 상태를 거부하였다. 작은형제회의 모든 조직과 거기서 생겨나는 모든 직책과 직무는 형제들을 섬기고, 복음을 실행하기 위한 것이었다. 이런 관점에서 프란치스코 성인은 봉사자의 영적인 임무를 강조하는 한편 형제회 직책을 맡는 형제들만이 아니라 모든 형제가 형제체 생활에 책임이 있음을 상기시켜 준다. 프란치스칸 형제체의 정신과 구조는 형제들 사이에 형제애가 성장하도록 자극했고 '작은 형제들'의 진실성을 반영한 것이었다.

이처럼 작은형제회는 명확한 계층 구조와 질서 안에서 효율과 성과를 추구하는 대다수 사회조직과는 본질과 지향하는 목적이 다르다. 그뿐만 아니라 형제회 봉사자는 권력을 가진 지배자가 아니라 모든 이를 섬기는 '봉사자요 종'이며 동등한 '형제'이다. 프란치스코에 따르면, '봉사자'의 섬김은 하느님 앞에서 온전한 동등성을 전제로 하며, 형제적 사랑으로 형제들의 고유함과 개별성을 존중하는 데서 시작한

---

33 K. Esser, Melius Catholice Observemus, 179쪽.

다. 여기서 '상호 간 사랑의 순종'이라는 프란치스칸 권위와 순종의 고유한 본질이 드러난다. 이런 고유한 구조와 삶은 종교와 상관없이 모든 영역을 다시 보게 하는 새로운 전망이자, 엄청난 힘이 아닐 수 없다. 오늘의 형제회는 복음의 혼, 은사, 형제애, 공동선을 위한 연대를 추구하는 '대조사회'로서의 모습을 보이는지 돌아볼 필요가 있다. 우리의 존재와 생활방식이 세상을 비추는 빛이 될 수 있도록 근원적인 성찰과 회개를 시작할 때이다.

다른 한편 우리의 제도와 체제가 복음적 가난과 형제애를 살아가는 데 도움이 되고 있는지, 제도와 조직은 우리의 은사를 담기에 적절한 그릇인지 검토해볼 필요가 있다. 제2의 카리스마인 제도는 카리스마에 생명력을 주도록 재편되어야 할 것이다. 우리는 변화하는 세상을 무작정 추종하고, 거기에 의존하거나 동화되어서는 안 된다. 세상의 변화를 복음과 프란치스코 성인의 눈으로 읽어 세상 안에 하느님의 얼굴이 드러나도록 힘쓰는 것이 우리의 사명이다. 이렇게 우리는 엄청난 도전의 시대에 삶의 총체적 변형(transformatio)을 요청받고 있다.

한편 작은 형제들의 총회는 수도승들의 총회와 그 구성과 목적, 성격 등에서 크게 달랐다. 형제들 모임의 첫째가는 목적은 형제적 친교였고, 그 으뜸 임무는 '하느님에 관한 일'을 다루고, 형제들의 영성 생활을 강화하며, 형제체 생활의 순수성을 보장하는 것이었다. 오늘날 우리는 각종 모임에서 이러한 핵심적 임무를 놓치지 않고 있는지 돌아볼 필요가 있다. 특히 대의원제도를 선택함으로써 회의에 참여하지 못하는 대다수 형제의 소속감이 약해지고, 수도회 삶에도 무관심해지는 현실을 간과해서는 안 된다. 이제는 모든 모임에서 긴밀한 의사소통과 공동참여를 통해 작은 형제로서의 소속감과 정체감을 키워가도록 힘써야 할 때이다.

제9장
설교자들

¹ 형제들은 주교가 금하면 그 주교의 교구에서 설교하지 말 것입니다. ² 그리고 이 형제회의 총봉사자의 시험을 거쳐(참조: 시편 11,7; 17,31) 그에게 허락을 받고 설교의 직책을 받지 않았다면, 형제들 중 그 누구도 사람들에게 감히 설교하지 말 것입니다. ³ 또한 나는 설교하는 형제들에게 권고하고 충고합니다. 설교할 때 그들은 백성들에게 유익하며 감화를 줄 수 있도록 숙고하고 순수한 말을 써야 합니다. ⁴ 또한 설교자들은 간결한 설교로 그들에게 악습과 덕행, 벌과 영광을 가르칠 것입니다. 주님께서 이 세상에서 간결하게 말씀을 하셨기 때문입니다(참조: 로마 9,28).

[인준받지 않은 수도규칙의 병행 구절]

[제17장 설교자들]

¹ 어떤 형제도 거룩한 교회의 규범과 규정을 어기면서, 또 자기 봉사자의 허락 없이 설교하지 말 것입니다. ² 그리고 봉사자는 아무에게나 분별없이 이를 허락하지 않도록 조심할 것입니다. ³ 오히려 모든 형제는 행동으로 설교할 것입니다. ⁴ 그리고 어떤 봉사자나 설교자도 봉사 직분이나 설교의 직책을 자기의 것으로 소유하지 말 것이며, 오히려 어느 때라도 명령을 받으면 어떤 이의도 제기하지 말고 자기의 직책을 그만둘 것입니다.

⁵ 그러므로 "하느님"이신 "사랑 안에서"(참조: 1요한 4,16) 성직형제이든 평형제이든 나의 모든 형제, 곧 설교하는 형제들, 기도하는 형제들, 노동하는 형제들에게 간청합니다. 모든 일에서 자기 자신을 낮추도록 힘쓰고, ⁶ 어떤 때 하느님께서 여러분 안에서 그리고 여러분을 통해서 행하시거나 말씀하시고 이루시는 좋은 말과 일에 대해서, 더 나아가 어떤 선에 대해서도 자랑하지 말고, 스스로 기뻐하지 말며, 마음속으로 자기 자신

을 높이지 않도록 하십시오. 주님께서 말씀하시는 대로, "영(靈)들이 복종하는 것을 기뻐하지 마십시오."(루카 10,20) ⁷ 그리고 우리의 것이라고는 악습과 죄밖에는 아무것도 없다는 사실을 우리는 확실히 알고 있어야 합니다. ⁸ 오히려 "갖가지 시련을 당할 때"(참조: 야고 1,2)와, 영원한 생명을 얻기 위하여 이 세상에서 영혼이나 육신의 온갖 곤궁이나 시련을 견딜 때 우리는 더 기뻐해야 합니다.

⁹ 그러므로 형제들이여, 우리 모두 온갖 교만과 헛된 영광을 조심합시다. ¹⁰ 그리고 이 세상의 지혜와 "육(肉)의 관심사에서"(로마 8,6-7) 우리 자신을 지킵시다. ¹¹ 실상 육의 영(靈)은 말마디만을 소유하기를 무척 원하고 애를 쓰지만, 실천을 하는 데에는 그렇지 않습니다. 그리고 영 안에서 신앙심과 성덕(聖德)을 추구하지 않고 ¹² 사람들에게 겉으로 드러나는 신앙심과 성덕을 얻기를 원하고 열망합니다. ¹³ 주님께서 바로 이런 사람들을 두고 말씀하십니다. "내가 진실로 너희에게 말한다. 이들은 자기들이 받을 상을 이미 받았다."(마태 6,2) ¹⁴ 이와 반대로 주님의 영은 육이 혹독한 단련과 모욕을 당하기를 원하며, 천한 것으로 여겨지고 멸시받고 수치 당하기를 원합니다. ¹⁵ 그리고 겸손과 인내, 그리고 순수한 단순성과 참된 영의 평화를 얻도록 힘씁니다. ¹⁶ 그리고 무엇보다도 언제나 성부와 성자와 성령께 대한 거룩한 두려움과 그분의 거룩한 지혜와 거룩한 사랑을 얻기를 갈망합니다.

¹⁷ 그리고 우리는 지극히 높으시고 지존하신 주 하느님께 모든 좋은 것을 돌려드리고, 모든 좋은 것이 바로 그분의 것임을 깨달으며, 모든 선에 대해 그분께 감사드립시다. 모든 선이 그분에게서 흘러나옵니다. ¹⁸ 그리고 모든 선의 주인이시며 홀로 선하신, 지극히 높으시고 지존하시며 홀로 참되신 하느님께서 모든 영예와 존경과 모든 찬미와 찬송과 모든 감사와 영광을 지니시고, 또한 돌려받으시며, 받으시기를 빕니다(참조: 루카 18,19).

¹⁹ 그리고 누가 하느님께 대해 악한 말을 하거나 악한 짓을 하거나 그

분을 모독하는 것을 보거나 들을 때, 우리는 좋은 말을 하고 좋은 일을 행하며 "영원히 찬미 받으실"(로마 1,25) 하느님을 찬양합시다(참조: 로마 12,21).

개요

아씨시 프란치스코가 살던 시대는 '말씀의 시대'라 할 만큼 '말과 말씀'이 교회 안팎을 가득 채웠다. 수도원과 학원에서 거리로 상업혁명으로 형성된 상업 루트를 따라 각자의 목소리를 내고 이익을 얻기 위한 활발한 움직임이 있었다. 새로운 말씀과 목소리들이 만나고 뒤섞이고 충돌하며 영향을 주고받는 '말씀의 공간', '구술 공간'(spazio orale)을 구축하는 듯한 시대였다. 말씀이 새로운 사회관계를 형성하기 위한 독창적인 소통 구조를 구축하는 데 중심 역할을 하는 공간이 일상화되었다. 상업, 정치, 사회, 교회 어디든 특정 계층이 독점하던 말씀은 이제 '대중어'를 쓰며 수평의 질서를 형성하는 데 풍요로운 힘을 재발견하도록 해주었다. '말'은 더는 부자나 권력가들, 성직자들의 전유물이 아니라 평신도들이 순회설교를 통해 선포되고, 초대교회 형태로 돌아가려는 증거로 받아들여졌다. 이런 시대 환경에서 프란치스코는 상인의 언어, 광장의 언어, 아씨시 축제의 활성가로서 광대의 언어, 예의의 언어 등 이 모든 언어와 소통하는 사람이었다.[1] 그는 자신의 삶을 변화시킨 말씀에 열정적이었고, 말씀 안에서 만난 하느님의 사랑을 온정 넘치는 형제애, 사회적 우애, 우주적 형제애로 모든 만남 안에서 드러냈다. 초기사료들에 따르면, 프란치스코는 평신도로서 대중적이고 밀도 있고 예리한 어조로 시청각을 활용하여 대중적인 설교를

---

[1] 참조: L. BERTAZZO, 'Il servizio della parola', *in* AA.VV., La regola di frate Francesco. Maranesi P., Accrocca F.(a cura di), Eredità e Sfida, Padova 2012, 473-474쪽.

하였다. 말씀의 새로운 활력 속에서 제4차 라테라노 공의회는 파리대학 교수들의 정교한 사목 및 신학적 제안을 통해 교회쇄신을 도모하였다. 이런 환경에서 기도하고 생각하고 정리한 거룩한 말씀이 새로운 자리를 찾게 되었다.

프란치스코가 수도규칙에 설교에 관하여 규정한 것은 수도생활 역사상 최초의 일이다. 비트리의 야고보 추기경은 "이 수도회는 십자가에 못 박히신 예수님을 따르는 참된 가난한 이들의 회이며, 작은 형제들이라고 불리는 설교자들의 회이다"(동방역사 32,3)라고 전한다. 이는 설교가 작은 형제들의 사도적 특성을 드러내 주는 중요한 부분이었다는 증거이다. 「인준받지 않은 수도규칙」의 본문들은 형제들이 무엇보다도 순회설교를 중요시하면서 고정된 거처를 갖지 않았음을 명확히 말해준다.[2] 「인준받은 수도규칙」(3.6.7.9-11장)과 「유언」(4-8)도 순회설교를 포함하는 초기의 떠돌이 생활양식을 전제한다. 순회설교는 프란치스코 생전에는 일반적으로 시행되었음이 분명하다. 초기 형제들은 설교와 기도와 노동을 분담하는 세 직분으로 나뉘어 있었다.(비인준규칙 17,5) 이는 기사 계급과 노동자 계급과 기도하는 계급으로 나뉘어 있었던 봉건사회의 영향을 받은 것으로 보인다. 그러나 제5장에서 살펴본 것처럼 형제들이 고정적으로 한 가지 직분에만 매여 있지는 않았다. 이 세 직분은 형제회 초기부터 거룩한 복음의 양식에 따른 것으로서 프란치스칸 삶은 사도적 설교와도 깊이 연관되어 있었다.(1첼라노 35 참조)

"순회설교를 하면서 그리스도를 따르는 것은 프란치스코 자신의 소명뿐만 아니라 그의 형제회 소명의 한 부분이었다. 모든 형제는 하느님 나라의 선포자 그리스도를 따르기 위하여 적어도 좋은 표양을

---

2   참조: 비인준 규칙 8,1-3; 10,1-2; 12,1-2; 14,1-3.

보임으로써 설교를 해야 했다. 왜냐면 프란치스코는 설교를 복음에 뿌리를 둔 생활양식이며, 그 생활로 회두하도록 사람들을 촉구하는 것으로 보았기 때문이었다."[3] 비트리의 야고보 추기경은 형제들이 "현세적인 어느 것에도 마음을 두지 않고 오히려 열성적인 소망과 열성으로 멸망의 위험에 있는 영혼들을 세속의 허영심에서 구제하여 자기들 대열에 끌어들이려고 날마다 노력한다"(1216년 10월 편지 8)고 증언한다.

「인준받지 않은 수도규칙」 제17장은 법적인 성격을 띤 1-2절과 권고 성격의 4절 이하로 구분된다. 1-2절은 1215년 제4차 라테라노 공의회 법령 3항과 10항에 기초한 것으로서[4] 설교 내용이 가톨릭 신앙에 적합한지에 관한 확인과 설교 직분에 대한 분별 권한이 장상에게 있음을 밝히고 있다. 2절이 공의회 법령을 수용하긴 했지만, 모든 형제가 설교할 수 있었기에 형제들에게 엄격하게 적용되지는 않았다. 4절 이하는 긴 권고로 이루어져 있다. 「인준받은 수도규칙」 제9장은 「인준받지 않은 수도규칙」 제17장을 크게 줄이는 방식으로 편집되었다. 먼저 「인준받지 않은 수도규칙」의 "모든 형제는 행동으로 설교할 것입니다"(17,3)라는 구절은 손노동 하는 형제들이 줄고 설교하는 형제들이 늘어나 삭제되었다. 특히 설교자들을 위한 긴 영적 권고인 4-19절은 법률적인 관점에서 대폭 줄였다. 이러한 변화는 단순히 양적인 축소 그 이상으로 형제들 삶의 변화를 말해준다. 그러므로 설교

---

3   J. Micó, 'The spirituality of St. Francis : The Franciscan Apostolate', in Grey Friars Review, Vol 10, n.1 1996. 이상호 역, '성 프란치스코의 영성 : 프란치스칸 사도직', 프란치스칸 삶과 사상, 제15호(2000년 가을), 248쪽.

4   제4차 라테라노 공의회 법령 3항 : "거룩하고 정통적인 가톨릭 신앙을 거슬러서 일어나는 온갖 이단을 파문한다. (...) 설교가 금지된 자들이나 사도좌나 지역의 가톨릭 주교의 권위로 파견되지 않은 자들은 누구라도 감히 사적으로나 공적으로 설교의 권한을 불법 행사하면 파문받아야 한다." 10항 : "주교들은 거룩한 설교의 구원적 직무를 수행하기에 적합한 인물을 선발해야 한다."

자들은 「인준받지 않은 수도규칙」 제17장에서 설교의 영적인 자세와 원천을 찾아야 함을 잊지 말아야 할 것이다.

제9장은 다음과 같이 구성되어 있다.
1. 교구장 주교가 금하는 설교를 하지 말 것(1절)
2. 총봉사자의 시험과 허락(2절)
3. 설교의 태도와 내용에 관한 권고(3-4절)

본문 해설

1. 교구장 주교가 금하는 설교를 하지 말 것(1절)

¹ 형제들은 주교가 금하면 그 주교의 교구에서 설교하지 말 것입니다.

중세 이전의 전 교회 역사에서 신자들에게 하는 설교는 전적으로 교계의 소관이었다.[5] 교회는 원래 수도자들에게는 설교권을 부여하지 않았다. 수도승들은 성직자가 아니었으므로 세상 안에서 설교를 포함하여 영혼들을 사목할 수 없었다. 수도승들은 수도원 안에서만 사목 직무를 수행했으나, 의전공주사제단은 더욱 밀접하게 사도직에 참여했고, 장엄한 성무 집행뿐만 아니라 '영혼의 돌봄'(cura animarum) 직무

---

5 J. Micó, 'El carisma de Francisco de Asís', *in* SelFran 81(1998), 385쪽; 그라씨아노 법령집은 수도승이든 평신도이든 아무도 사제가 아니라면 감히 설교하지 말라고 가르치는 성 레오 대교황의 인용을 모아놓고 있다(Decretum Gratiani, c.19, C. XVI, q.1). 또 같은 법령집에는 알렉산데르 2세(1061-1073)의 다음과 같은 금지가 나온다. "성 베네딕토의 규정에 따라 수도승들은 자기 수도원에 머물 것을 명하고, 그들에게 마을과 작은 도시와 도시들로 가는 것을 금하며, 백성에게 설교하는 것을 전적으로 삼가기를 바란다."(C.11, C.XVI, q.1)

를 수행했다. 그러나 차츰 수도승들 가운데 사제가 증가함에 따라 그들의 사도직 활동도 많아져 의전사제단들, 재속 성직자들과 마찰을 빚게 되었다.

미코(J. Micó)는 1절의 배경을 이렇게 설명한다.[6] 중세에는 개인과 그의 본당 신부 사이의 관계를 강조하는 풍조 때문에 수도자들이 사목 직무에 직접적으로 참여하는 데 방해를 받았다. 본당 사제는 때에 따라서 몇몇 사목적 직무, 특히 설교나 성사 집행과 같은 사목적 직무를 수행하던 수도자들을 통제했다. 이러한 부당한 제한들에 방해를 받으면서 탁발수도회들은 그들의 사도직을 발전시켜야만 했다. 작은 형제들은 순회적 생활의 특성 때문에 형제들의 정통성과 좋은 평판을 보증해주는 본당 신부를 갖지 못해서 의심을 받곤 했다. 초기 형제들은 프란치스코의 권고를 따랐기에 재속 성직자들과 경쟁하지 않았다. 그러나 형제들이 수도원에 정착하고 형제들의 성당을 갖게 되면서 교구 성직자들과 부딪혔고, 형제들은 자신들이 설교할 수 있도록 허락해 줄 것을 교황에게 요청해야 했다. 결과적으로 형제회는 재속 성직자들과 계속해서 마찰을 빚었고, 어려움을 해결하고 승인받은 탁발수도회 중의 하나가 되려고 초기 형제회의 정체성 일부를 희생해야만 했다.

한편 중세 신자들은 이단과 십자군 운동, 교황권과 황제권의 갈등, 급변하는 사회 경제의 소용돌이 속에서 영적인 갈증을 강하게 체험하고 있었다. 그러나 주교를 비롯한 성직자들의 설교는 제대로 시행되지 않았다. "12세기까지 전례 행사들에서 설교는 되도록 주교들에게 유보되었다. 후에 설교가 성직자들에게도 확대되었으나 몇몇 사제들은 효과적인 방법으로 설교하기에는 너무나도 무식했다. 실제로 본당 사제는 엄밀히 말한다면, 설교한다기보다 어쩔 수 없이 몇 개의 설

6　참조: J. Micó, '성 프란치스코의 영성 : 프란치스칸 사도직', 246-247쪽.

교집에서 매일 복음에 대한 주석을 읽어주었다. 이러한 관습을 고려하여 몇몇 신학자들은 평신도들에게 잘 알려진 성경 가운데서 복음과 시편을 기초로 해서 설교집들을 썼다. 왜냐면 설교의 목적은 청중들을 가르치기보다는 청중들이 참회하도록 하는 데 있기 때문이었다. 중세 교구 성직자의 직무는 이것과 다른 작은 일들로 이루어졌다. 좀처럼 혹은 전혀 자신의 교구나 성당을 떠나지 않는 교구 성직자들은 그리스도인 세계를 휩쓸고 있던 종교적인 흐름을 깨닫지 못하고 있었고, 그래서 복음을 이해하고 생활하는 다른 방법을 찾고 있던 더욱 적극적인 평신도 그룹들에 대하여 염려하지 않았다."[7]

12세기 말경에는 스콜라 학파의 교수법이 설교에도 영향을 주었다. 설교 주제에 논리학과 변증법이 적용되고, 문제를 제시하고 결론을 내리는 방식으로 설교를 전개해나갔다. 이런 설교는 성경 인용이 거의 없었고, 대중적이지 못했다. 이에 대한 반작용으로 이야기 방식과 실제적인 예문을 활용한 대중설교가 등장하기에 이르렀다. 이런 상황에서 12세기 말에서 13세기 초에 걸쳐 복음적 운동들과 더불어 순회설교가들이 등장하였다. 고행과 회개에 대한 촉구가 수없이 많이 일어났고, 순회설교가와 어느 정도 허가를 받은 성직자, 위임받은 또는 받지 않은 평신도들이 비교적 자유롭게 도시와 농촌을 돌아다니며 설교했다. 일부는 이단에 빠지는 때도 있었으나 교황으로부터 승인을 빌고, 거의 수도생활과 같은 공동체를 구성하기도 하였다.

1절 본문은 평형제인지 성직형제인지 특정하지 않은 채 '형제들'이라는 일반적 형식으로 규정한다. 1절은 '설교하지 말 것입니다'(non predicent)라는 가정법 명령형을 사용한 부정적이고 범주적인 규정이다. '설교하다'라는 동사는 프란치스코의 글에서 10회 사용되었는데,

---

7   J. Micó, '성 프란치스코의 영성 : 프란치스칸 사도직', 233-234쪽.

'모든 형제는 행동으로 설교할 것입니다'(비인준 규칙 17,3)라는 구절에서 그 의미를 모범으로까지 확장하고 있듯이 그 의미가 늘 분명하지는 않다. 명사형 '설교'는 7회, '설교가'라는 용어는 6회 나오는데, 일하는 형제들이나 기도하는 형제들과 비슷하게 거의 늘 구체적인 임무와 정해진 직무임을 더 명확히 해주는 것으로 보인다. 이에 따르면, 동사 '설교하다'는 '교회 안에서 말씀이 백성에게로 향하게 하거나 연설을 한다'라는 중세 설교의 전형적인 의미를 지닌다고 말할 수 있다.[8]

1209년 인노첸시오 3세 교황은 프란치스코와 초기 형제들에게 회개를 설교할(praedicare penitentiam) 권한을 부여하였다.[9] 「익명의 페루자 전기」는 교황이 형제들에게 수도규칙을 주셨을 뿐 아니라 '어디서든지 설교할 수 있는 허락을 프란치스코에게 주셨으며, 프란치스코가 설교 직무를 맡기기를 원하는 다른 형제들에게도 설교할 권한을 주셨다'(36)라고 전한다.

또 초기사료들은 교황 인노첸시오 3세로부터 회개의 설교를 할 허락을 받을 때 삭발례도 받았다고 전한다. 이 삭발례는 어떤 의미가 있는가? 「익명의 페루자 전기」에 따르면, '추기경이 프란치스코에게 바치는 자기 헌신의 표시로 형제들에게 머리를 동그랗게 깎아주었다.'(36) 이는 성직과는 무관하다. 그런데 「세 동료 전기」(52)에서 보듯이 프란치스코와 함께 교황한테 간 형제들은 모두 하느님께 축성되었다는 공적인 표시로 회개의 '수도승 삭발례'를 받았다. 한편 보나벤투라가 쓴 「대전기」를 보면, 교황은 "프란치스코 동료들 중 평신도들에게는 아무런 방해 없이 하느님의 말씀을 설교할 수 있도록 삭발례를

---

8 참조: F. URIBE, La regla de San Francisco de Asís, 258쪽.
9 참조: 1첼라노 33. 35; 세 동료 49; 익명의 페루자 36; 대전기 3,10.

베풀어주었다."(3,10) 그는 평형제들도 설교의 직무를 허락받음으로써 성직자의 삭발례를 받았다고 주장하는 것이다. 아마도 그는 사제에게만 유보된 설교권을 작은 형제들에게도 부여하기 위한 그의 주장을 뒷받침하려고 이런 해석을 한 것 같다.[10]

그런데 설교와 관련해서도 이전 수도규칙에서와는 달리 큰 변화가 일어난다. 「인준받지 않은 수도규칙」의 "모든 형제는 행동으로 설교할 것입니다"(17,3)라는 구절이 「인준받은 수도규칙」에서는 삭제되었다. 이것은 다른 사람의 집에서 손노동 하던 형제들의 수는 급격히 감소했지만, 좁은 의미에서 설교하는 형제들은 급증한 현실이 반영된 것이다. 그 결과 설교하는 지역에서 주교의 허락을 받는 것이 중요해졌다. 그뿐 아니라 "형제들이 그들의 성당에서 자유로운 직무를 실행할 당연한 필요와 더불어 세련된 설교를 하고 고백을 듣기 시작하면서 성직자와의 충돌이 일어났다. 제4차 라테라노 공의회는 적어도 일년에 한 번 신자들은 자신의 본당 신부에게 가서 고백하고 성체를 영하도록 규정했다.(결정사항 21) 그러나 본당 신부와 평신도와의 이러한 유대는 탁발수도회들이 그들의 성당을 갖게 되면서 사라졌다. 재속 성직자와의 충돌에 대한 형제들의 유일한 해결책은 공격으로부터 형제들이 피할 수 있는 특전을 로마에 요청하는 것이었다."[11]

형제들은 당시의 고위 성직자들로부터 설교할 수 있는 허락을 받아냈다. "오스티아의 주교는 교황님으로부터 형제회 보호자 추기경으로 임명을 받고 나서 훌륭한 보호자로서 형제들을 옹호하기 위하여 형제들을 위하여 손을 쓰기 시작하였다. 형제에게 박해를 가했던 많

---

10 참조: Commissione Interfrancescana, '창설 당시의 프란치스칸 수도회의 정체성', 36쪽 각주 64.

11 J. Micó, '성 프란치스코의 영성 : 프란치스칸 사도직', 254쪽.

은 고위 성직자들에게 서한을 띄워 더는 형제들을 거스르지 말라고 하였다. 그는 고위 성직자들에게 형제들을 교황청의 권위 있는 정식 인가를 받은 훌륭하고 거룩한 수도자들로 여기어, 자기들의 교구에서 설교하고 거주할 수 있도록 돕고 아낌없는 충고를 해 달라고 요구했다. 여러 추기경에 의해서 이와 비슷한 내용의 편지들이 같은 목적으로 발송되었다. 다음 총회에서 프란치스코는 봉사자들에게 새 형제들을 임의로 수도회에 받아들일 수 있는 권한을 부여했고, 추기경의 편지와 교황 칙서로 승인된 수도규칙을 봉사자들의 손에 들려서 어려움이 많았던 그들의 관구로 되돌려 보냈다. 박해를 가했던 고위 성직자들은 이러한 모든 것을 보고 나서, 형제들로부터 공식적인 증명서를 확인한 다음에, 형제들에게 자기들 교구에서 집 짓고 살면서 사람들에게 설교할 수 있는 허락을 기꺼이 내렸다."(세 동료 66)

1219년에 교황 호노리오 3세는 프란치스칸 설교자들에 대하여 주교들에게 보낸 교황 신임장에서 단지 회개의 설교에 관해서만 언급한 것이 아니라 작은 형제들이 '사도들의 모범 이후에 거룩한 말씀의 씨를 뿌리는 이들'이라는 것을 선언한다.[12] 따라서 이후 형제들은 교황의 신임장을 들고 다니면서 자신들이 교회로부터 인가를 받은 순회 설교자들임을 선포했고, 본당 사제들의 요구로부터 보호를 받았다. 형제들은 원칙적으로 제한 없이 복음을 선포할 수 있었고, 형제들의 교회법적 칭호도 제도적 관점에서 아무런 문제를 초래하지 않았다. 그런데 이런 변화 속에서 모든 형제에게 이 설교권이 남용되어서는 안 된다는 점이 분명하게 드러났다. 그래서 프란치스코는 스스로 제한을 두었다. "어떤 형제도 거룩한 교회의 규범과 규정을 어기면서, 또 자

---

[12] 참조: H. FELDEr, The Ideals of St. Francis of Assisi, 337쪽; 호노리오 3세의 칙서 Cum Dilecti filii(1219.6.11), *in* BF., I, 2쪽.

기 봉사자의 허락 없이 설교하지 말 것입니다. 그리고 봉사자는 아무에게나 분별없이 이를 허락하지 않도록 조심할 것입니다."(비인준 규칙 17,1-2) 설교권은 총봉사자만이 부여할 수 있었다.

우리는 「인준받지 않은 수도규칙」 제17장을 통하여 형제회의 설교에 관한 규정의 변화를 읽을 수 있다.[13]

- 3절 "모든 형제는 행동으로 설교할 것입니다"라는 구절은 형제회 초기의 설교 핵심을 말해준다. 이 규정은 전적으로 평신도로 구성된 최초 형제들 그룹에 적절한 말이었다.
- 그러나 성직자들과 사제들이 형제단에 들어오자, 각자의 일을 계속하는 데 대해 규정하는 수도규칙의 본문은 그들에게 예외적으로 적용되었다.
- 1절 전반부는 양성이나 수련 없이 능력으로 형제회에 입회한 이들이나 다른 성직자들에 관련된 구체적 어려움과 문제에 대한 하나의 해결책이었다. "어떤 형제도 거룩한 교회의 규범과 규정을 어기면서 설교하지 말 것입니다." 이것은 한편으로는 교도권에 대한 존경심의 표시이기도 했다.
- 관구들이 생겨나고 봉사자들에게 지역 감독 역할이 맡겨지자 "어떤 형제도 자기 봉사자의 허락 없이 설교하지 말 것입니다"(1절 후반부)라는 규정이 첨가된다.
- 어떤 봉사자들은 충분한 관심을 두어 책임을 수행하지 않았기에 다음 총회에서 이 규정이 첨가된다. "그리고 봉사자는 아무에게나 분별없이 이를 허락하지 않도록 조심할 것입니다."(2절)
- 마지막으로 이러한 진행이 설교를 어떤 사람의 손안에 든 소유지로 만드는 경향이 있었기에 세 번째 총회에서 다음 구절을

---

13 참조: T. DESBONNETS, Dalla Intuizione alla Istituzione, 54-55쪽.

덧붙인다. "그리고 어떤 봉사자나 설교자도 형제들에 대한 봉사 직분이나 설교의 직책을 자기의 것으로 소유하지 말 것입니다."(4절)

이상의 내용을 보면, 형제들은 1221년 이전에 이미 관구봉사자들의 허락을 받아야 설교할 수 있었다. 이 규정은 오래전부터 있었던 것 같다. 형제들이 교황으로부터 얻은 설교 허락은 교회법에 없는 특별 관면에 해당하는 것이었으므로 주교들과 마찰이 있을 수밖에 없었다. 중세 교회법에는 주교들과 교구 사제들만 설교할 수 있었다. 1215년 제4차 라테라노 공의회는 주교가 설교할 수 있는 적합한 사람을 임명할 수 있다고 결정하였다.(10항) 그런데 교황의 허락으로 형제들이 설교할 수 있게 된 것은 교회 역사상 혁명적인 사건으로서, 한 수도회가 전적으로 교구 주교가 아닌 교황에게 직접 종속되는 새로운 체제를 발생시킨 것이었다. 이는 형제회의 성직화를 재촉하는 계기가 되었다.

1절의 뜻은 교황의 허락으로 어디서나 설교할 수는 있지만, 교구장의 허락 없이는 설교하지 말라는 뜻이다. 프란치스코는 자발적인 순종과 겸손한 방법으로 이 세상 사제들의 뜻을 벗어나 그들이 거주하는 본당에서 설교하지 않으려 했다.(유언 7) 나아가 그는 "설교를 하기 위한 구실로도, ... 직접적으로나 간접적으로 로마 교황청에 어떤 증서도 감히 신청하지 말 것"(유언 25)이라고 한다. 프란치스코는 교구 성직자에게 겸손하게 봉사하려 노력했었다.

여기서 프란치스코의 겸손한 자세와 마음의 가난, 곧 작음(minoritas)과 형제애(fraternitas)의 정신, 평화를 위해서 자기 권한을 양보하는 마음을 볼 수 있다. "그리고 내가 솔로몬이 가졌던 그 정도의 많은 지혜를 가지고 있고, 이 세상의 가엾은 사제들을 만난다 해도, 그들의 뜻을 벗어나 그들이 거주하는 본당에서 설교하고 싶지 않습니다."(유언 7)

그런데 형제들 모두가 프란치스코만큼 겸손한 태도를 지니지는 못했다. 또 성인은 형제들이 영혼들을 구하는 일에서 성직자들을 도와주도록 파견되었으니, 그들에게서 부족한 것을 발견하면 채워주고, 잘못을 감춰주며 결함을 메워주어야 하며, 그들에게 복종하고 그들과 불화하지 않고 평화롭게 지낼 것을 강조하였다.(2첼라노 146 참조) 여기에 「인준받지 않은 수도규칙」 7장과 다른 맥락이 나타난다. 곧 그는 형제들이 모든 이에게 예속하고 작은 자들이 되어야 한다고 말한다.

프란치스코의 이런 가난하고 겸손한 처신에 비해 현실은 전혀 달랐다. "로마 교황청은 성직자들의 관할권을 부정하지 않으면서 형제들이 신자들과 직접적으로 관계하도록 하는, 수도자들을 위한 사도직 계획을 세웠다. 이러한 탁발수도자들에 대한 교황청의 특권으로 달리 실행되지 않던 사도직에서 몇 가지 사명을 가능하게 했다는 데에는 의심할 여지가 없다. 주교들의 관할권과 탁발수도자들을 위해 신중하게 판단된 면제 사이의 이러한 균형은 두 수도규칙에서 반영되고 있다."(비인준 규칙 17,1-2; 인준 규칙 9,1-2 참조)[14] 이렇게 해서 나오게 된 것이 설교를 위한 두 가지 조건이다. 곧 첫째는 주교가 금하면 그 교구 내에서 설교의 특권이 있어도 설교하지 말라는 것이고, 둘째는 설교하고자 하는 형제는 총봉사자의 승인을 받으라는 것이다.

프란치스코는 복음을 전파하는 데서 복음과 어긋나는 그 어떤 것도 원하지 않았다. 그는 모든 형제가 어느 곳에서든 봉사하거나 일할 때 더욱더 작은 자가 되고, 영혼에 해를 입히는 직책을 맡지 말며, 모든 사람에게 복종하는 사람이 되어야 한다고 권고한다.(비인준 규칙 7,1-2) 이렇게 다른 이들 앞에서 낮아지고 그들에게 복종할 때 하느님이 드러난다고 생각했기 때문이다.

---

14 J. Micó, '성 프란치스코의 영성 : 프란치스칸 사도직', 255쪽.

2. 총봉사자의 시험과 허락(2절)

> ² 그리고 이 형제회의 총봉사자의 시험을 거쳐 그에게 허락을 받고 설교의 직책을 받지 않았다면, 형제 중 그 누구도 사람들에게 감히 설교하지 말 것입니다.

2절에서도 입법자는 교회가 부여한 조건에 관하여 정하지 않고 형제들에게로 향한다. 이는 형용사 '누구도'(nullus)와 부사 '감히'(penitus) 그리고 가정법 동사 형태의 '~하지 말 것입니다'(audeat)에서 짐작할 수 있듯이 절대적이고 맺고 끊음이 분명한 부정적 규정이다. 이런 맥락에서 금지 대상인 '백성에게 설교하는 것'은 늘 권고적이고 참회적인 설교일 필요가 없는 교의적이거나 신학적인 준비를 상정하는 것으로서, 하느님 백성에게 공식적인 방식으로 행해지는 특별한 설교 유형을 가리키는 것으로 보인다.[15] 다시 말해 교황 인노첸시오 3세가 1209년에 형제들에게 부여한 그런 설교는 금지의 대상이 아니다. 프란치스코는 설교 허락에 관한 사항을 봉사자의 의무로 규정하며 분별없이 허락하지 말라고 한다. 나아가 형제들은 주님께서 허락하지 않으면 감히 이 직분을 받으려 하지 말아야 하며, 설교직을 가난한 마음으로 자기 것으로 하지 말 것이라고 한다.(비인준 규칙 17,4 참조) 「인준받은 수도규칙」의 이 구절은 설교에 대한 시험과 구체적인 허가를 담당하는 총봉사자의 모습을 중심으로 강하게 중앙 집중화된 구조를 나타낸다.

교황 인노첸시오 3세는 작은 형제들에게 회개를 설교할 권한을 주면서 형제들이 가난한 형제체 생활을 통해 따뜻하게 권면하는 설교

15　참조: F. Uribe, La regla de San Francisco de Asís, 260쪽.

를 할 것을 권하였다. 그들이 증거하는 가난한 생활 때문에, 단순하면서 때로는 투박한 이런 식의 설교는 이탈리아 사람들에게 깊은 인상을 주었다. 그러나 형제회가 확장됨에 따라 모두에게 설교를 허용할 수 없게 되어 좀 더 엄격한 식별과 준비가 필요했다. 처음의 자유로운 은사적 특성보다는 엄격한 기술적인 준비와 영적 준비가 필요하게 된 것이다. 따라서 프란치스코는 설교하기 위하여 총봉사자 앞에서 시험을 보고 승인을 받은 다음, 설교하는 직책을 받으라고 형제들에게 요구한다. 이러한 절차들은 설교를 쉽사리 하지 못하도록 까다롭게 규정하기 위한 것이 아니다. 오히려 설교에 앞서 자신이 주도권을 가지고 '하는 것'이 아니라 복음의 도구로 파견되는 것임을 깊이 상기시켜 주기 위한 것이라 할 수 있다.

「인준받지 않은 수도규칙」은 관구봉사자의 허락을 받아 설교할 수 있었는데, 「인준받은 수도규칙」에는 총봉사자의 시험과 허락을 요청한다. 이러한 변화는 설교와 관련하여 그간에 문제가 있었음을 방증해주는 것으로 보인다. 사실 중세에는 교의가 명백하고 확고하게 정립되는 중이었기에 무엇이 정통이고, 무엇이 이단인지 가려내기가 쉽지 않았다.[16] 따라서 설교에 관하여 구체적으로 규정할 필요가 있었다.

한편 총봉사자는 아무에게나 이 중책을 맡길 수 없고, 준비되고 적합한 형제에게만 설교할 수 있는 허락을 줄 수 있다. 따라서 형제들이 마치 자기 권리를 주장하듯이 설교할 수 있는 권한을 요구할 수 없음은 당연했다. 설교자는 주님의 말씀을 전하는 하느님의 도구이기에 하느님의 대리자인 총봉사자의 승인을 받을 필요가 있었다. 프란치스코는 또다시 여기서 가난과 작음의 정신을 요구한다.

---

16 J. Micó, 'El carisma de Francisco de Asís', in SelFran 81(1998), 386쪽 각주 326.

"어떤 봉사자나 설교자도 봉사 직분이나 설교의 직책을 자기의 것으로 소유하지 말 것이며, 오히려 어느 때라도 명령을 받았으면 어떤 이의도 제기하지 말고 자기의 직책을 그만둘 것입니다. (…) 모든 일에서 자기 자신을 낮추도록 힘쓰고, 어떤 때 하느님께서 여러분 안에서 그리고 여러분을 통해서 행하시거나 말씀하시고 이루시는 좋은 말과 일에 대해서, 더 나아가 어떤 선에 대해서도 자랑하지 말고, 스스로 기뻐하지 말며, 마음속으로 자기 자신을 높이지 않도록 하십시오"(비인준 규칙 17,4-6)라고 한다. 곧 설교 직책에 관해서나 설교할 때에 작음의 정신을 지녀야 한다는 것이다. 가난한 사람이라면 누구나 자기 뜻보다 하느님의 뜻에 맞는 것을 받아들이려는 자세를 취해야 한다. 하느님의 말씀을 전하는 데서 형제들은 작은 형제답게 행동해야 함을 알 수 있다.

수도승 생활은 그 기원에서 순전히 평신도 제도였으므로 그 본성상 기도와 노동을 지향하였고, 회원들이 설교직에 봉사하는 것을 고려하지 않았다.[17] 교황 알렉산데르 3세는 제3차 라테라노 공의회(1179년) 때 평신도들도 신앙을 시험해 본 뒤 사제의 요청이 있으면, 지정된 곳에서 설교할 수 있도록 하였다. 1209년 교황 인노첸시오 3세는 프란치스코와 그 동료들에게 설교할 수 있도록 허락하였다. 1215년 제4차 라테라노 공의회는 여러 가지 요인으로 교구 성직자들이 설교 직무를 다하지 못하여 신자들의 영성 생활에 어려움이 있음을 파악하

---

[17] F. URIBE, La regla de San Francisco de Asís, 256쪽. 수도승들은 성직화하게 되면서 설교를 하게 된다. 수도승들의 성직화 요인으로는 수도원 자체의 성사생활을 위한 사제의 필요성, 영혼들을 돌보는 사목 활동에의 참여, 수도원 창설자와 은인들을 위한 연미사를 봉헌할 부속 성당의 설립, 수도생활을 하려고 공동생활을 하는 성직자 수도원이 생기면서 이루어진 수도승생활과 성직자생활의 연결 등을 들 수 있다.

고, 주교들에게 이 직무의 중요성과 합당한 준비를 요청하였다.[18] 교회의 인정을 받지 않은 설교가들과 평신도들은 스스로 이런 문제를 해결하려고 나섰다. 그런데 프란치스코가 형제들의 설교에 관하여 새롭게 규정한 이 양식은 12세기 중반에 생활양식이 수도생활과 매우 비슷해진 순회설교자들의 첫 그룹들이 공동체를 형성하고, 인정을 받게 되었을 때 더 뚜렷한 방식으로 소개되었다. 같은 시기에 설교 직무와 성사 직무를 수행했던 의전사제단 공동체들이 생겨났다.

3. 설교의 태도와 내용에 관한 권고(3-4절)

³ 또한 나는 설교하는 형제들에게 권고하고 충고합니다. 설교할 때 그들은 백성들에게 유익하며 감화를 줄 수 있도록 숙고하고 순수한 말을 써야 합니다. ⁴ 또한 설교자들은 간결한 설교로 그들에게 악습과 덕행, 벌과 영광을 가르칠 것입니다. 주님께서 이 세상에서 간결하게 말씀을 하셨기 때문입니다(참조: 로마 9,28).

프란치스코는 둘 사이에 큰 차이가 없는 '권고하고' '충고한다'라는 말로 이 단락을 시작한다. 이는 수도규칙의 다른 세 가지 권고들에서 비슷하게 시작하는 것과 맥을 같이한다. 또 주어가 1인칭 단수로 나오며, 1인칭 동사형(moneo, exhortor)이 사용되었다. 이는 긴박한 용어를 반복 사용하는 프란치스코의 고유한 방식을 보여주며, 우골리노 추기경이 개입한 흔적이기도 하다.[19] 이 단락에서 프란치스코는 설교 방

---

18 법령 10항: 주교는 설교자이어야 한다. 그들 중 무지한 자는 단죄 받는다. 만약 주교가 어떤 이유로 설교할 수 없다면, 설교할 수 있는 성직자를 두어야 한다. 주교는 설교자가 필요로 하는 것을 제공히어야만 한다.

19 참조: L. Bertazzo, 'Il servizio della parola', in AA.VV., La regola di frate

식과 설교 내용에 관하여 형제들에게 권고한다. 프란치스코의 설교는 종교적 웅변의 새로운 방식은 아니었으나, 형식에 매이지 않고 복음과 직결된 새로운 양식으로 개발된 것이다. 그는 무비판적이고 단순하며, 알아듣기 쉽게 음유시인 같은 말로 매우 대중적인 설교를 하였다. 프란치스칸 설교는 프란치스코가 처음부터 그의 형제들에게 가르친 회개의 선포 형식을 띠었다. 프란치스코의 설교에는 독창적인 몇 가지 특징들이 있다. 첫째, 회개와 평화(인준 규칙 3,13)를 주제로 하면서 평화를 구하는 것을 회개의 필수적인 전제이자, 복음을 받아들이는 데에 중심으로 보았다. 둘째, 긍정적인 주제를 선택하였으며, 긍정적인 접근을 하였다. 그는 결코 이단자나 교계 그리고 다른 이를 비난하지 않으면서 자신 안에 있는 하느님의 선을 전하였다. 그의 설교는 논쟁적이지 않았다. 셋째, 낙천적이고 평온하고 간결한 설교로 형제애를 키우고, 함께 살아가는 복음적인 새로운 인간관계를 제시하였다.

프란치스코는 "모든 형제는 행동으로 설교할 것입니다"(비인준 규칙 17,3)라고 한다. 곧 말보다는 자신이 하는 일과 생활로 설교하라는 것이다. "주님께서 하느님의 나라를 선포하도록 제자들을 파견하실 때 제자들에게 주신 복음 생활, 구체적으로 생활양식의 재현은 프란치스코와 그의 동료들을 아주 자연스럽게 설교 사도직, 구체적으로 순회 설교로 이끌었다. 처음에 그것은 어떤 고정된 거처와 통상적인 의미의 수도원에 매이지 않은 순회설교였다. 작은 형제들의 설교는 그리스도교인들과 비그리스도교인들을 포함한 모든 사람에게 하느님의 길을 가르치고 하느님 나라에 봉사하기 위한 것이었다. 그러나 이 봉사는 단지 말씀의 선포를 통해서만 표현한 것이 아니라 그들의 온 삶

Francesco, 491쪽.

이 증거가 되어야 한다."[20] 우리는 말이 아니라 삶의 모범, 기꺼이 고통을 감수하거나 타인을 위해서 자신의 목숨을 내어놓는 그런 모범으로 예수 그리스도를 선포할 수 있다. 프란치스칸 설교 또한 그리스도와 같은 모범을 통해서 이루어져야 한다. 우리는 프란치스코와 더불어 우리의 삶을 통하여 하느님 나라의 실재와 복음을 사람들에게 보여주도록 힘써야 한다.

「인준받지 않은 수도규칙」 제16장은 복음선포의 두 가지 방법을 제시한다. 곧 "파견되는 형제들은 그들 가운데서 두 가지 방식으로 영적으로 지낼 수 있습니다. 한 가지 방식은 말다툼이나 논쟁을 하지 않고 '하느님 때문에 모든 인간 피조물에' 아랫사람이 되고, 자신들이 그리스도인임을 고백하는 일입니다. 다른 방식은 하느님을 기쁘게 해드리는 일이라고 볼 때 하느님의 말씀을 전하여, 그들이 성부와 성자와 성령이시고 만물의 창조주이신 전능하신 하느님과 구세주요 구원자이신 아드님을 믿도록 하여, 그들이 세례를 받아 그리스도인이 되도록 하는 일입니다. '누구든지 물과 성령으로 태어나지 않으면 하느님 나라에 들어갈 수 없기' 때문입니다."(16,5-7)

이제 「인준받은 수도규칙」 제9장에서 말하는 설교의 태도에 대해 살펴보자.

1) 숙고하고(examinata) 순수한(casta) 말로 설교

[3] 설교할 때 그들은 (중략) 숙고하고 순수한 말을 써야 합니다.

20　K. Esser, La Orden Franciscana. Origenes e Ideales, Aránzazu 1976, 352쪽.

(1) 숙고하고

'말'(eloquium)이라는 용어는 성 프란치스코의 글에서 두 번 쓰였다. 곧 「인준받은 수도규칙」(9,3)에서 설교와 관련지어, 「권고」(20,1)에서 영들의 식별과 관련하여 나온다. 「인준받은 수도규칙」에서 'eloquium' 은 '말'(verbum)과 동의어로서 형제들의 설교와 동일시된다. 수도규칙에 따라 설교자는 '숙고하고 순수한 말을 써야' 한다.[21] 이 표현은 주님의 말씀에 대해 언급하는 시편으로부터 취한 것이다.(시편 12,7; 18,31) 곧 주님의 말씀(eloquia Domini), 순수한 말씀(eloquia casta), 정제된 순은(argentum igne examinatum). 프란치스코는 시편 12,7의 인용으로 설교가 은을 불로 정제하듯 묵상한 열매여야 한다는 가톨릭 설교 전통과 연결한다. 그는 경건한 말씀은 선포되기 전에 내적으로 따뜻하게 데워져야 하며, 정열의 불로 시험하고 성령으로 정화되어야 함을 권고한다. '숙고하고 순수한 말로' 하는 설교는 하느님의 말씀에 관한 연구와 되새김 그리고 기도를 전제로 한다. 하느님의 말씀에 대한 절대적 신실, 진리, 충실이 빛나는 거기에서 그 말들은 심사숙고한 말이 된다. 하느님에 의해, 자신의 시선 아래 그리고 그리스도의 이름으로(2코린 2,17) 움직여지듯이 무관심과 신실함으로 선포되는 하느님의 바로 그 말씀 안에서 설교의 말들이 순수해진다.[22]

'깊이 생각한다'라는 것은 해박한 지식으로 이치를 파악하는 것을 말하는 것이 아니라 '깊이 되새기는 것'을 말하며, 하느님의 마음과 지혜를 느끼고 체험하며, 알아차리는 총체적인 태도를 말한다. 프란치스

---

21 I. RODRÍGUEZ HERRARA & A. ORTEGA CARMONA는 'eloquium'이란 용어가 진정한 의미에서 '말'이라기보다는 '어법', '화법'을 가리킨다고 본다(Los escritos de san Francisco de Asís, 594쪽 참조).

22 M. CONTI, "La parola di Dio 'spirito e vita' negli scritti di San Francesco", *in* Antonianum 57(1982), 22-23쪽.

코의 설교는 학문적인 것이 아니었다. 설교하는 형제는 하느님의 말씀을 전해주는 봉사자로서 자기 자신이 먼저 그 말씀을 깊이 묵상하고, 올바로 이해해야 한다. 프란치스코는 "끊임없이 묵상을 통하여 그리스도의 말씀을 되새겼고, 예리한 사고력으로 그리스도의 행적을 되새겼다. 육화(肉化)의 겸손과 수난의 사랑이 특히 그를 사로잡았으므로 그는 다른 것은 생각하고 싶지도 않았다."(1첼라노 84) 그는 "영적인 사물들을 몰두하여 연구하는 그리고 직책으로 인해 지장을 받지 않는 형제들이 하느님 말씀의 봉사자가 되기를 원하였다."(2첼라노 163) 그는 "분명 설교자에게 찬사를 보냈지만, 수시로 자기 안에서 말씀을 음미하여 맛 들이는 이에게만 그러하였다."(2첼라노 164)

이런 관점에서 프란치스코 교황의 다음 권고를 새겨볼 필요가 있다. "순전히 도덕적이거나 교리적인 강론, 또는 성경 해석 강의가 되어버린 강론은, 강론 안에서 이루어지고 거의 성사나 다름없는 특성을 가져야 하는 마음과 마음의 소통에서 멀어진다."(복음의 기쁨 142항)

(2) 순수한 말

작은 형제들은 사도직 활동에서 하는 말이 실천 없는 이론에 그쳐서는 안 되고, 내가 체험하지 않고 느끼지 못한 하느님의 신비를 전할 수 없음을 명심하여야 한다. 설교는 온전히 가난해짐으로써 '주님의 영' 안에 머물게 되는 상태에서 우러나오는 순수한 말로 해야 한다. '순수하다'라는 말의 해석은 다양한 각도에서 이루어질 수 있다. 첫째는 윤리적 의미로 '순수한', '정결한'이란 뜻으로, 둘째는 말씨나 화법에 관하여, 셋째로 참된 교의와 일치되는 것이란 뜻으로 해석될 수 있다. 이 세 번째가 프란치스코가 원했던 것에 더 접근한 것일 수 있다.[23] 물론 '가식 없는 말'이란 뜻도 포함한다.

---

23 참조: F. Uribe, La regla de San Francisco de Asís, 264-265쪽.

다음 성경 구절에서 알 수 있듯이 '순수하다'(casta)라는 말은 성경 본문에서는 하느님의 말씀에 적용된다. "주님의 말씀은 순수한 말씀, 흙 도가니 속에서 일곱 번이나 정제된 순은이어라."(시편 12,7) "하느님의 길은 결백하고 주님의 말씀은 순수하며 그분께서는 당신께 피신하는 모든 이에게 방패가 되신다."(시편 18,31; 2사무 22,31) 이 용어는 여기서는 진리를 실행하는 것 또는 모든 교리적 오류를 씻어내는 것을 의미할 수 있다. 수도규칙의 첫 주석가들은 「인준받은 수도규칙」 제17장의 맥락에서 '순수한'(casta)이 모든 어리석은 관심사, 특히 교만과 허영심으로부터의 자유를 의미하는 것으로 보았다.[24]

우리는 프란치스코가 말하는 '주님의 영'에 비추어 '순수한'이라는 말을 알아들어야 한다. 마음이 깨끗한 이는 '주님의 영'에 따라 말씀을 전하고, '육의 영'을 따라 사는 이는 자기 자신이나 자기 유익을 찾는 이다. "저의 허물에서 당신 얼굴을 가리시고 저의 모든 죄를 지워 주소서. 하느님, 깨끗한 마음을 제게 만들어 주시고 굳건한 영을 제 안에 새롭게 하소서"(51,11-12)라는 시편 말씀처럼 내면이 깨끗해져야 생명을 전하는 설교가 될 수 있다. '주님의 영'은 "겸손과 인내, 그리고 순수하고 단순하고 참된 영의 평화를 얻도록 힘씁니다. 그리고 무엇보다도 항상 성부와 성자와 성령의 신성한 두려움과 거룩한 지혜와 신성한 사랑을 얻기를 갈망합니다."(비인준 규칙 17,15-16) 결국 순수하지 않은 말로 하는 설교란 말과 행동이 어긋나고, 자신을 드러내고 남의 유익보다는 자기 것으로 삼는데 마음을 빼앗기며, 하느님의 진리와 일치하지 않고 사랑이 없는 설교로서 '육의 영'에 따른 설교를 말한다. 이러한 설교는 사람들에게 아무런 영향을 미치지 못하며 거짓 혀로

---

24 참조: Los escritos de Francisco y Clara de Asís. Textos y Apuntes de lectura, 266쪽 각주 239.

사람들을 해칠 뿐이다.

　이처럼 설교에 봉사하는 모든 형제는 사랑을 갈망해야 하며, 온갖 교만과 헛된 영광을 조심해야 한다. 순수한 말로 설교할 수 있는지는 '주님의 영'을 얼마나 마음에 간직하고 있는지에 달려있다.(10-11) 이에 관하여 「인준받지 않은 수도규칙」은 "어떤 때 하느님께서 여러분 안에서 그리고 여러분을 통해서 행하시거나 말씀하시고 이루시는 좋은 말과 일에 대해서, 더 나아가 어떤 선에 대해서도 자랑하지 말고, 스스로 기뻐하지 말며, 마음속으로 자기 자신을 높이지 않도록 하십시오. 주님께서 말씀하시는 대로, 영(靈)들이 복종하는 것을 기뻐하지 마십시오. … 우리 모두 온갖 교만과 헛된 영광을 조심합시다"(17,6.9)라고 권고한다. 프란치스코는 "헛된 찬사를 들으려고 설교를 자주 파는 설교자들을 가련하다고 하였다. 그리고 마음에서 우러나온 것이 아니고 말만 미끈하게 하여 설교자로서보다 달변가로 칭찬받기를 원하는 사람들을 별로 좋아하지 않았다."(2첼라노 164) 명예나 영광 혹은 다른 이익을 찾는 사람은 자신의 이익을 노리는 육의 노예이지, 하느님 말씀의 봉사자가 아니다. 프란치스코는 "육의 영(靈)은 말마디만을 소유하기를 무척 원하고 애를 쓰지만, 실천을 하는 데에는 그렇지 않습니다"(비인준 규칙 17,11)라고 가르친다. 이 말씀은 설교할 때 자기 명예나 이익을 찾지 말고 백성들의 이익과 성장, 하느님의 영광을 찾으라는 권고의 말씀이다.

　「인준받지 않은 수도규칙」 제21장에 비추어보면, "형제들의 설교는 특별히 교육을 잘 받지 못한 사람으로부터 기대할 수 있는 정도였다. 확실히 형제들은 지방어로 설교를 하거나, 중부 이탈리아 밖에서는 대중 웅변에 사용되었던 지방어와 라틴어를 섞어 설교했다. 형제들의 설교 형태는 대부분 비슷하게 학문적인 양식을 따르지 않았다. 의심할 여지 없이 프란치스코의 방식은 성당 안에서 하는 설교가들이 방식보다는 길모퉁이에서 하는 설교가들의 방식에 더 가까웠다."[25]

2) 유익하고 감화를 줄 수 있는 말

두 명사의 상승하는 확장은 사도적 설교의 두 가지 목적을 알려준다. '유익한'(utilitatem)이란 말은 물질적 이익이나 명예, 지위 등을 보장해주는 현세적 유익이 아니라 생명이신 말씀을 통하여 주어지는 영적 유익을 뜻한다. '감화'(aedificatio)란 단어는 프란치스코의 글에 단 한 번 나오는데(9,3), 그 변화 어미 때문에 동작을 가리킨다. 교회는 그리스도이신 바위를 토대로 삼는 영적인 건물이며, 사도들과 예언자들의 기초 위에 세워졌다. 그 건물은 은사들, 특별히 설교와 예언으로 구성된다. 설교가는 하느님의 성전에서 기중기와 흙손처럼 말씀을 다루고, 기둥들과 받침들을 들어 올리는 건축가이며, 각 신자는 그가 건축한 교회 건물 안에 있다. 따라서 정화된 말을 강조한다. 비유적으로 사용된 '건물'(οἱ κοδομή)이라는 용어는 바오로 사도가 자신의 신비체 교리를 위해 매우 즐겨 사용한 말이다. 그는 건축적이고 해부학적인 이미지로 신비체 교리를 설명한다. 반면에 요한은 포도나무 이미지를 사용한다.(15,1-17 참조)

스팔라토의 토마스의 증언에 나타난 프란치스코의 설교는 당대의 학문적 설교나 웅변술의 양식이 아니라 매우 열정적이고 사람의 마음을 움직이게 하는 양식이었다.[26] 이런 설교는 글자 그대로 보면, 백성들의 유익과 성장과 생명을 위한 설교로 볼 수 있다. 프란치스코는 설교 활동을 교회 안에서 새로운 자녀들을 낳는 것으로 본다.(2첼라노 164 참조) 그래서 그는 신학자들과 사제들을 존경하였다. 설교자는 기도하

25　J. Micó, '성 프란치스코의 영성 : 프란치스칸 사도직', 250쪽.
26　K. Esser, La Orden Franciscana. Origenes e Ideales, 296쪽.

면서 영혼 구원을 위한 투쟁에 임할 힘을 기르며, 끊임없이 좋은 표양을 보이도록 힘써야 한다.(2첼라노 172 참조) 설교에 대한 열성은 기도, 설교의 열정, 좋은 표양으로 드러나야 한다.

(1) 기도

프란치스코는 권고한다. "설교자는 거룩한 설교에서 쏟아 놓을 내용을 은밀한 기도에서 먼저 끌어내야 합니다. 의미 없는 말을 밖으로 내지 않으려면 설교자는 먼저 자신이 내적으로 뜨거워져야 합니다."(2첼라노 163) 설교자는 기도해야만 '주님의 영' 안에 머물 수 있고, 다른 이들에게 생명을 전해줄 수 있게 된다. 무엇보다도 설교자는 기도하는 자세로 말씀을 대해야 한다. 기도하지 않는 설교자는 깊은 하느님 체험 없이 '소리'만을 전하게 되므로 하느님의 말씀을 전할 수 없게 된다. 다시 말해 설교는 기도의 결과요, 기도를 지향하는 것이 되어야 한다.

프란치스코 교황은 이와 같은 맥락에서 다음과 같이 권고한다. "강론하고자 하는 이는 누구나 먼저 하느님 말씀으로 깊이 감화되어 그 말씀을 일상생활에서 실천해야 합니다. 이렇게 하면 강론은 자신이 관상한 것을 다른 이들에게 전달하는 매우 강력하고 효과적인 활동이 될 것입니다. 이 모든 이유로, 실제로 강론에서 이야기할 것을 준비하기 전에, 다른 사람들을 파고들 그 말씀이 우리 자신을 먼저 파고들도록 해야 합니다."(복음의 기쁨 150항)

(2) 좋은 표양

프란치스코는 좋은 표양을 요구하는데 교회에 좋은 표양을 보여주고, 좋은 자녀를 낳고 그들을 성장하게 하는 이는 자기 안에 이런 좋은 표양을 지닌 이라야 한다고 가르친다. 곧 우리가 "신성한 사랑과 순수하고 진실한 양심을 지니고 우리의 마음과 몸에 그분을 모시고 다닐 때 우리는 어머니들입니다. 표양으로 다른 이들에게 빛을 비추어야 하는 거룩한 행위로써 우리는 그분을 낳습니다."(1신자 편지 1,10)

하느님의 생명을 지니는 사람만이 생명을 전달할 수 있고, 사랑 안에 머무는 사람만이 사랑의 표양으로 사람들을 성장으로 이끌 수 있다. 사도적인 활동의 효과는 인간의 노력과 방법을 무시할 수 없지만, 그 자체에 있는 것이 아니고 하느님의 사업인 만큼 하느님의 은총에 달렸다. 그래서 우리는 활동도 중요하지만, 기도와 선행을 열심히 함으로써 그리스도와 일치되어야 하고, 만나는 모든 이들에게 모범을 보여주며, 그들을 위해 하느님께 기도할 때 하느님께서 나를 축복해 주시는 동시에 그들도 축복해 주실 것이다. 그래야만 우리의 사도직 활동이 복되고, 교회 안에서 풍성한 열매를 맺게 된다.

3) 간결한 설교로 악습과 덕행, 벌과 영광을 선포함(4절)

[4] 설교자들은 간결한 설교로 그들에게 악습과 덕행, 벌과 영광을 가르칠 것입니다. 주님께서 이 세상에서 간결하게 말씀을 하셨기 때문입니다(참조: 로마 9,28).

프란치스코와 초기 형제들은 순회하면서 설교하였는데, 설교는 당시의 청빈 운동을 하던 이들이나 은둔자들이 하던 윤리적이고 금욕적인 것을 강조하는 교의적인 것이 아니라 단순하고 구체적이며 실천적인 권고였다. 이러한 설교는 '평신도의 설교'로서 일상생활에 쉽게 적용할 수 있도록 악습과 덕행을 권고하는 이른바 '회개의 설교' 또는 '윤리적 설교'였다. 그러나 차츰 설교는 더 교의적이고 사목활동과 밀접한 연관이 있게 되었다. 프란치스코의 설교 주제는 회개와 평화였는데, 그는 이 두 주제를 선포했을 뿐 아니라 하느님께 감사와 찬미를 드려야 함을 강조하였다.

'설교'(sermo)라는 단어는 프란치스코의 글에 5회 나온다. 한 번은 형제들의 설교를 가리키는데, 그 가운데 「인준받은 수도규칙」에서는 주님께서 "이 세상에서 간결하게 말씀하셨기 때문에" 우리도 그리스도의 모범에 따라 "간결한 설교"를 해야 한다고 언급한다. 다른 넷은 거의 '하느님의 말씀'(verbum Dei)과 동의어이고, 예수 그리스도의 인격과 밀접하게 연관된다. 프란치스코는 형제들에게 기록된 말씀을 공경하도록 권고하면서, 주님의 말씀을 설교 안에서(in sermonibus) 공경하면서 그것을 주워 모아 적절한 곳에 모시라고 가르친다.[27]

설교는 종말론적인 지평에서 행해져야 하기에 명확하고 간결해야 한다. 제9장의 마지막 말들은 설교가 간명하고 본질적인 것이 되어야 한다고 권고한다. 묵상 중에 하느님의 말씀을 잘 이해하고, 연구하고, 인식하고, 생활화하는 사람은 하느님의 말씀을 "간결한 말로"(9,4) 전할 수 있다. 마음에서 우러나오지 않고 중언부언(重言復言)하거나, 길고 말마디만 아름다운 설교는 실제로는 그 말씀을 체험하지 못했음을 말해준다.(2첼라노 164 참조) 프란치스코가 원하는 것은 하느님 말씀의 봉사자이지, 웅변가나 달변가가 아니다. 그는 그리스도의 모범을 따라 간단명료하게 설교하라고 말한다.

'간결하고 순수한 말'로 하는 설교는 하느님께 관한 참된 지식을 드러내 주고, 그리스도와 같은 생활을 증명할 수 있을 것이다. 짝을 이루는 '악습과 덕행'이라는 대당 개념이 설교의 큰 줄기를 제시한다. 벌과 영광은 악습과 덕행의 결과이다. 설교는 현저하게 윤리적이고 훈

---

27 M. Conti, "La parola di Dio 'spirito e vita' negli scritti di San Francesco", 21쪽.

계하는 것으로서 죄인들을 회개로 이끌기 위한 것이다. 악습과 덕행, 벌과 영광은 인노첸시오 3세 교황에 형제들에게 허락한 회개의 설교의 구체적인 내용이다. '악습과 덕행'이란 말은 당시 잘 알려져 있던 'Summa vitiorum et virtutum'이란 저서명 때문에 사용하게 되었을 수도 있다. 우리는 「인준받지 않은 수도규칙」에서 성경적 권고들로 이루어진 전형적인 "권고와 찬미"의 형태인 설교의 예를 볼 수 있다.(21장) 그리고 「덕들에 바치는 인사」야말로 설교할 때 악습과 덕행을 간결하게 말하라는 수도규칙의 이 지침에 일치하는 설교이자, 기도이다. 프란치스코는 먼저 자신이 그러한 모범을 보여주면서 형제들에게 간결하고 순수한 말로 간결하게 설교하라고 권고한다.

4절에서 프란치스코는 '간결한 설교'(breviate sermonis)와 '간결한 말'(verbum abreviatum) 사이에 언어유희를 하는데, 이 두 구절은 반복 교차 대칭을 이룬다. 한편 프란치스코가 읽었던 불가타 성경 본문은 히브리 성경이나 70인역 성경과도 일치하지 않는다. 그는 이사야서 10,22의 영향을 받은 불가타 성경의 로마서 9,28(quia verbum breviatum faciet Dominus super terram. "주님께서 이 세상에서 간결하게 말씀하셨기 때문에")을 인용한다. 이는 "주님께서는 말씀을 온전히 또 조속히 세상에 실현하실 것이다"라는 그리스어 성경 본문을 융통성 있게 해석했던 교부들을 따르면서 이것을 설교와 연결한 것이다. 여기서는 하느님의 말씀을 축약하여 그분의 육화에 본문을 적용한다. 본문은 중세의 관례대로 분사로 미래를 대체하면서 불가타 성경의 로마서 9장 28절을 취한 것이다. "설교에서 간결성을 올바로 설명하기 위해 소개된 '주님께서 땅 위에서 간결하게 말씀하셨기 때문에'라는 성경 인용은 불가타 본문을 일부 각색하면서 충실히 베낀 것이다. 로마서에서 '간결한 말씀'(verbum breviatum)은 온전히 그리고 신속하게 실행될 것에 대해 말하는 거룩한 규정이다. 곧 '주님께서는 말씀을 온전히 또 조속히 세상에 실현하실 것이다.'(로마 9,28) 바오로 사도는 이스라엘의 불충실성과 복음으로 회개한 이스라엘 사람들의 아주 적은 숫자를 언급하면서 하느님의 의로운 법령이 온전히 실행되어야 한다고 주장한다. 그 이유는 '남은 자가 구원될 것'이기 때문이다. 이사야서(10,20-23 참조)와 로마서 (9,25-33 참조)의 맥락으로부터 잘린 '간결한 말씀'은 교부시대와 중세에 두드러지게 그리스도론적 열쇠로 해석되었다.[28]

프란치스코는 성경 본문을 유연하게 해석하여, '간결'을 거룩함에 관하여 인간성 안에서 간결해지고 작아지는 것으로 알아들음으로써, 설교자와 그의 설교가 예수 그리스도 안에 집중하여 일치하도록 권고한다.[29] 그러나 조속히 선포되어야 할 계시와 십자가에 대한 설교가 사람들의 마음에 파고들 수 있도록 훈계 장르의 특성인 '간단명료함'을 지녀야 하므로 이런 권고를 하였다고 이해할 수 있다.[30]

결국 주님께서 이 세상에서 간결하게 말씀하셨기 때문에 간결한 설교를 하라는 말은 다음 두 가지를 함축하고 있다고 할 수 있다. 첫째, 예수님도 '간결한 말씀'으로 설교하셨다. 프란치스코 또한 청중의 능력을 넘어서는 트집 잡기, 어려운 문장들 그리고 거칠고 추상적인 단어들을 배제하고자 하였다. 곧 간결하고 단순한 권고이다. 둘째, "주님께서 하신 간결한 말씀"은 또한 우리 구원을 위하여 생활하시고 행동하시고 말씀하신 것의 정점인 그리스도의 십자가를 언급하는 것일 수 있다. 십자가에서 하느님께 버려져 죽음에 이름으로써 살이 되신 말씀은 구원의 절정에 이른다. 바오로 사도의 말처럼 "예수 그리스

---

28 M. CONTI, Lettura biblica della Regola francescana, Problemi educativi 4, Roma 1977, 308-309쪽.

29 참조: I. RODRÍGUEZ HERRARA & A. ORTEGA CARMONA, Los escritos de san Francisco de Asís, 595-596쪽.

30 참조: F. URIBE, La Regla de San Francisco, 267-268쪽.

도 곧 십자가에 못 박히신 분 외에는 아무것도 생각하지 않기로"(1코린 2,1) 할 때 하느님의 말씀이 간결하게 전달될 수 있을 것이다. 요약하면 "이 절은 단지 설교의 간결성에 관하여서만이 아니라 또한 그분의 생애와 설교에 드러난 그리스도의 겸손을 따르는 설교의 간결한 태도에 관한 언급이기도 하다."[31] 형제들은 현재와 미래의 실재인 악습과 덕행, 복음으로의 회개 선포와 벌과 영광, 곧 하늘나라의 선포를 '말씀의 간결함으로' 실행하여야 한다.

'간결한 말씀'의 신학을 발전시킨 보나벤투라는 수도규칙의 이 구절을 다음과 같이 주석한다. "수도규칙은 간결성을 위하여 모든 인습과 윤리적 권고를 배제하면서 그리스도이신 유일한 중심에 관하여 모든 확실한 근거들을 중심으로 향하게 하려고 의도한다. 간결성은 그 자체 안에 모든 법을 포함하는 사랑이다."[32] 성 보나벤투라의 이러한 해석에 따라 작은 형제들은 간결하게 그리스도와 그분의 가르침과 사랑을 설교해야 할 것이다.

프란치스코 교황은 이렇게 권고한다. "강론은 간결하고 연설이나 강의를 닮지 않도록 해야 합니다. 강론자가 청중의 주의를 한 시간 내내 끌 수 있습니다. 그러나 이 경우에 그의 말이 신앙의 거행보다 더 중요한 것이 되고 맙니다. 강론이 너무 길어지면 전례 거행의 두 가지 특징, 곧 전례 거행의 조화와 리듬에 영향을 미치게 됩니다."(복음의 기쁨 138항)

프란치스코는 "기도에 진력하였고, 설교에 지칠 줄 몰랐으며, 표양을 보이는 데에 한이 없었다. 그는 그리스도께서 사랑했던 영혼들

---

31 Los escritos de Francisco y Clara de Asís. Textos y Apuntes de lectura, 267쪽 각주 241.

32 BONAVENTURA, Expositio super Regulam, vers. it. da P. Bertinato, Venezia 1966, 134쪽; G. RACCA, La Regola dei Frati Minori, 166쪽.

을 사랑하지 않으면 자신을 그리스도의 친구로 여기지 않았다. 이것이 그리스도와 더불어 한 가지 직책에 종사한 그리스도의 조력자들인 신학자들을 그가 특별히 존경한 주된 이유이다."(2첼라노 172) 프란치스코는 설교자를 그리스도의 협력자라 생각하였다. "주님께서 여러분을 온 세상에 파견하신 것은 여러분이 말과 행동으로 그분의 말씀을 증거하여 모든 사람이 그분 외에는 전능하신 분이 아무도 없다는 것을 알게 하시려는 것"(형제회 편지 9)이다. 따라서 우리도 예수 그리스도의 협력자로서 삶과 행동을 통하여 모범을 보여주는 설교를 하여야 한다.

■ 현대적 적용 ■

순회설교를 하면서 그리스도를 따르는 것은 프란치스코 자신의 소명일 뿐만 아니라 형제회 소명의 한 부분이었다. 모든 형제는 하느님 나라의 선포자이신 그리스도를 따르기 위하여 적어도 좋은 표양을 보임으로써 설교를 해야 했다. 왜냐면 프란치스코는 설교를 복음에 뿌리를 둔 생활양식이며, 사람들을 그 생활로 이끄는 중요한 방편으로 보았기 때문이었다.

프란치스코는 인노첸시오 3세로부터 회개의 설교권을 부여받았다. 형제들은 더 나아가 교황으로부터 신임장을 얻어내서 교구들에서 자유롭게 순회설교할 수 있었다. 따라서 이후 형제들은 교황의 신임장을 들고 다니면서 자신들이 교회로부터 인가를 받은 순회설교자들임을 선포했고, 본당 사제들의 요구로부터 보호를 받았다. 형제들에게 열려 있는 복음화 범위는 원칙적으로 제한이 없었고, 형제들의 교회법적 칭호도 제도적 관점에서 아무런 문제를 초래하지 않았다. 그러나 형제들이 얻은 설교 허락은 교회법에 대한 특별한 관면이었기에 주교들과 본당 사제들과 마찰이 생겼다. 프란치스코는 자발적이며, 참된 순종으로 겸손하게 사제들의 뜻을 벗어나 그들이 거주하는 본당에서 설교하지 않겠다고 하였다.

프란치스코의 이러한 태도는 우리에게 시사하는 바가 크다. 곧 설교란 내 방식을 고집하고 내 뜻을 실현하며, 나를 선전하는 것이 아니라는 것이다. 종교에 대해 무관심하고, 의미를 상실하여 절망하는 이들이 늘어가는 이 시대에 진정 필요한 설교는 화려하고 논리정연한 말만으로 하는 설교가 아닐 것이다. 불의와 차별, 빈곤과 소외로 고통받는 이들이 숨 쉬는 세상 한복판에서 예수님과 복음을 품고 그들과 함께하는 행동의 설교를 세상은 그리워하지 않을까. 작은 형제회 회헌은 다음과 같이 권고한다. "말씀의 봉사자들은 우리 회의 초기부터 매우 존중되어 온 대중적인 설교를 통해 보잘것없고 배우지 못한 사람들에게 각별한 주의를 가질 것이며, 그들에게 적합한 방법으로 복음의 진리를 제시할 것이다."(107조) 세상 사람들은 가난한 이들을 위해 자선을 베푸는 작은 형제들이 아니라 '가난한 형제'가 되어 함께 아파하고, 함께 우는 '공감과 동행의 설교'를 기다릴 것이다. 복음으로 세상을 읽고, 세상 안에서 참 기쁨과 선을 발견하도록 이끄는 살아 숨 쉬는 설교가 절실한 때이다.

한편 프란치스코의 설교는 회개와 평화의 설교였고, 유익하며 감화를 줄 수 있도록 깊이 생각하고 순수한 말로 하는 설교였다. '숙고하고 순수한' 말로 하는 설교가 되려면, 하느님의 말씀에 관한 연구와 되새김 그리고 기도가 필요하다. 하느님의 말씀에 대한 절대적 신실, 진리, 충실이 빛나는 거기에서 그 말들은 심사숙고된 말이 된다. 프란치스코는 주님께서 간결하게 말씀하신 것처럼 간결한 말로 설교하였다. 여기서 '간결한 말'이란 말씨의 간결함과 삶 자체가 주님 십자가의 신비와 긴밀하게 일치된 상태의 단순함을 말한다. 그의 설교는 지식의 전달이 아니라 삶으로 전해지는 생생한 감동이었다.

 '관상 없는 설교', '숙고와 연구 없는 설교'는 그 어떤 변화도 일으키지 못한다. 우리는 행동과 말로 사람들에게 회개를 자극하고 평화를 불러오며, 영적으로 유익한 설교를 하도록 불렸다. 따라서 나의 설교가 '주님의 영'이 살아 움직이는 설교가 되도록 힘써야 할 것이다. 그렇게 다른 이들이 하느님을 깊이 체험하고 성령의 선물에 참여하도록 이끄는 진실한 설교가 되어야 한다. 오늘날 형제들은 다양한 사목활동으로 이러한 설교에 집중하는 데 어려움을 느낀다. 과도한 활동을 멈추고, 하느님 앞에 머물며 말씀을 경청할 여백을 마련하지 않고 말씀을 선포할 수는 없을 것이다. 나아가 세계화, 경제 자유주의, 과도한 업무, 디지털기기 사용의 급격한 증가 등의 강력한 도전 앞에 '삶의 우선순위'를 분명히 할 필요가 있다. 그뿐만 아니라 시대 징표에 민감하고, 복음에 비추어 해석하는 힘을 기르는 것도 중요하다.

제10장
형제들에게 주는 권고와 교정

¹ 형제들의 봉사자요 종인 형제들은 자기 형제들을 방문하고 권고하며, 겸손과 사랑으로 잘못을 바로잡아 줄 것이며, 그들의 영혼과 우리 수도규칙에 반대되는 것은 어떤 것도 명하지 말 것입니다. ² 그리고 아랫사람들은 하느님 때문에 자기 의지를 포기했다는 것을 기억할 것입니다. ³ 그러므로 나는 그들에게 단호히 명합니다. 형제들은 주님께 지키기로 약속했고 영혼과 우리 수도규칙에 반대되지 않는 모든 일에서 자기 봉사자들에게 순종하십시오. ⁴ 그리고 형제들은 어디에 있든지 수도규칙을 영적으로 실행할 수 없다는 것을 알게 되고 깨닫게 될 때, 자기 봉사자들에게 달려가야 하며 또한 달려갈 수 있습니다. ⁵ 그리고 봉사자들은 사랑과 친절로 이 형제들을 맞이할 것이며, 이 형제들이 마치 주인이 종들에게 하듯이 봉사자들에게 말하고 대할 수 있을 정도로 봉사자들은 그 형제들에게 친밀감을 지닐 것입니다. ⁶ 사실 봉사자들은 당연히 모든 형제의 종이 되어야 합니다.

⁷ 한편 나는 주 예수 그리스도 안에서 권고하며 충고합니다. 형제들은 모든 교만과 헛된 영광, 질투와 탐욕(참조: 루카 12,15), 이 세상 근심과 걱정(참조: 마태 13,22), 그리고 중상과 불평에 빠져들지 않도록 조심하고, 또한 글 모르는 형제들은 글을 배우려고 애쓰지 마십시오. ⁸ 오히려 우리가 무엇보다 먼저 갈망할 것에 마음을 쏟읍시다. 곧 주님의 영과 그 영의 거룩한 활동을 마음에 간직하고, ⁹ 주님께 깨끗한 마음으로 항상 기도하고 박해와 병고에 겸허하고 인내하며, ¹⁰ 또한 우리를 박해하고 책망하고 중상하는 사람들을 사랑하는 일입니다. 왜냐면 주님께서 이렇게 말씀하시기 때문입니다. "너희는 원수를 사랑하여라. 그리고 너희를 박해하고 중상하는 자들을 위하여 기도하여라."(마태 5,44) ¹¹ "행복하여라, 의로움 때문에 박해를 받는 사람들! 하늘나라가 그들의 것이다."(마

태 5,10) ^{12} "끝까지 견디는 이는 구원을 받을 것이다."(마태 10,22)

[인준받지 않은 수도규칙의 병행 구절]
[제4장 봉사자들과 다른 형제들 간의 관계]
^{1} 주님의 이름으로! ^{2} 다른 형제들의 봉사요 종이 된 모든 형제는 자기 관구나 지역 내에 자기 형제들을 배치할 것이며, 또한 그들을 자주 방문하고 영적으로 권고하고 굳건히 해줄 것입니다. ^{3} 그리고 축복받은 나의 다른 형제들은 영혼의 구원에 관한 일과 우리 생활에 반대되지 않는 일에 있어서, 봉사자들에게 충실히 순종할 것입니다. ^{4} 그리고 형제들은 "남이 너희에게 해주기를 바라는 그대로 너희도 남에게 해주어라."(마태 7,12) ^{5} 또 네가 싫어하는 일은 아무에게도 하지 말라고(참조: 토빗 4,16; 루카 6,31) 주님께서 말씀하시는 대로 서로서로 대할 것입니다. ^{6} 그리고 봉사자요 종들은, "나는 섬김을 받으러 온 것이 아니라 섬기러 왔다"(마태 20,28)고 하시는 주님의 말씀과, 또한 자신들에게 형제들의 영혼을 돌보는 일이 맡겨져 있기에, 만일 자신들의 잘못이나 나쁜 표양 때문에 형제들 가운데 누군가를 잃게 된다면, "심판 날에" 우리 주 예수 그리스도 앞에서 "셈 바쳐야" 한다는 사실을 기억할 것입니다(참조: 마태 12,36).

[제5장 죄지은 형제들을 바로 잡음]
^{1} 그러므로 "살아계신 하느님의 손에 떨어지는 것은 무서운 일"(히브 10,31)이기에 여러분은 여러분의 영혼과 형제들의 영혼을 돌보십시오. ^{2} 그러나 만일 봉사자들 가운데 누가 어떤 형제에게 우리 생활과 반대되거나 영혼에 해가 되는 것을 명한다면, 그에게 순종할 의무가 없습니다. 범죄나 죄를 저지르게 하는 그런 순종은 있을 수 없기 때문입니다. (중략)
^{9} 이처럼 모든 형제는 이 점에 있어서 특히 형제들 서로 간에 어떤 권한이나 지배권도 가져서는 안 됩니다. 주님께서 복음에서 이렇게 말씀하시기 때문입니다. "통치자들은 백성 위에 군림하고, 고관들은 백성에게 세

도를 부립니다."(마태 20,25) ¹⁰ 그러나 형제들끼리는 "그러면 안 됩니다." ¹¹ 형제들 "가운데에서 높은 사람이 되려는 이는" 형제들의 "봉사자"와 종이 "되어야" 합니다(참조: 마태 20,26-27). ¹² 형제들 가운데에서 "높은 사람은 낮은 사람처럼 되어야 합니다."(참조: 루카 22,26)
¹³ 어떤 형제도 다른 형제에게 악한 짓을 하거나 악한 말을 하지 말 것입니다. ¹⁴ 오히려 영(靈)에서 나오는 사랑으로 기꺼이 서로 봉사하고 순종할 것입니다(참조: 갈라 5,13). ¹⁵ 이것이 바로 우리 주 예수 그리스도의 참되고 거룩한 순종입니다. ¹⁶ 모든 형제는 "주님의 계명을 어기고"(참조: 시편 118,21) 순종을 벗어나 돌아다닐 때마다, 그것을 알면서도 그 죄 중에 머물러 있는 한, 예언자의 말대로 자신들이 순종을 벗어난 저주받은 자임을 깨달아야 합니다. ¹⁷ 그리고 거룩한 복음과 자신의 생활을 통하여 약속한 주님의 계명을 굳게 지킬 때, 자신들이 참된 순종 안에 머물러 있게 되고, 주님의 축복을 받는 자들이 된다는 것을 모든 형제는 깨달아야 합니다.

[제6장 형제들이 봉사자들에게 가는 일,
그리고 아무도 장상으로 불리지 말아야 함]
¹ 형제들은 어디에 있든지 우리의 생활을 실행할 수 없으면, 되도록 빨리 자기 봉사자에게 달려가 이 사실을 알릴 것입니다. ² 봉사자는 자기가 비슷한 경우에 처했을 때, 그 형제가 자기에게 해주기를 바라는 것처럼(참조: 마태 7,12) 그를 돌보도록 힘쓸 것입니다. ³ 그리고 아무도 장상이라고 부르지 말고, 반대로 모두가 똑같이 작은 형제들이라 부를 것입니다. ⁴ 그리고 "서로서로 발을 씻어 줄 것입니다."(참조: 요한 13,14)

[제8장 형제들은 금품을 받지 말 것입니다]
¹ 주님께서 복음에서 명하십니다. "너희는 주의하여라. 모든" 악의와 "탐욕을 경계하여라."(참조: 루카 12,15) ² 또 이 세속의 걱정과 "일상의 근심에

마음을 빼앗기지 않도록 조심하여라."(참조: 루카 21,34)

[제16장 사라센들과 다른 비신자들 가운데로 가는 형제들]
¹² "행복하여라. 의로움 때문에 박해를 받는 사람들! 하늘나라가 그들의 것이다."(마태 5,10) ²¹ 또, "끝까지 견디는 이는 구원을 받을 것이다."(마태 10,22; 24,13)

[제17장 설교자들]
⁹ 그러므로 형제들이여, 우리 모두 온갖 교만과 헛된 영광을 조심합시다.

[제22장 형제들에게 주는 권고]
¹ 모든 형제여, 우리는 "원수를 사랑하고 너희를 미워하는 자들에게 잘해주어라"(참조: 마태 5,44) 하신 주님의 말씀에 귀를 기울입시다. (중략)
²⁶ 그러므로 하느님이신 거룩한 "사랑 안에서"(참조: 1요한 4,16), 나는 봉사자들뿐만 아니라 다른 모든 형제에게 부탁합니다. 온갖 장애를 멀리하고 모든 근심 걱정을 물리쳐 할 수 있는 최선의 방법으로 무엇보다도 주님께서 요구하시는 일, 곧 그분을 깨끗한 마음과 순수한 정신으로 섬기고 사랑하며 공경하고 흠숭하도록 하십시오.

개요

제10장은 형제회의 외적 구조를 다루는 제8장의 사고를 다시 취하면서 작은 형제들의 순종생활에 관하여 언급한다. 제10장은 제1장 2절과 제8장 28절이 말하는 순종에 대하여 좀 더 구체적으로 규정한다. 프란치스코는 전반부(1-6)에서 수도규칙을 영적으로 실행할 수 없는 형제들에 대하여 말하고, 후반부(7-10)에서는 복음적 삶에 대한 그의 이해를 그리스도론적 전망에서 '주님의 영'께 내맡기면서 종합한

다. 제1장과 제8장은 형제회의 총봉사자에 대한 순종을 말하는데, 여기서는 같은 관계를 다루면서도 모든 봉사자에게 바쳐야 할 순종에 대하여 말한다. '집 없음'과 '순회설교'를 하던 초기 형제들의 삶에서 한 사람의 공통 장상에 대한 순종은 서로를 결합해주는 매우 중요한 요인이었다.

수도규칙의 전체 맥락에서 볼 때 제10장은 수도규칙의 '신학적 중심'이며, 지속적인 개혁과 쇄신의 원천이라고 할 수 있다. 작은 형제들의 삶은 '성령의 인도 아래 우리 주 예수 그리스도의 발자취를 따르는 것'이다. 이런 의미에서 '우리가 제일 먼저 애써 추구해야 할 것은 주님의 영과 그 영의 거룩한 활동을 마음에 간직하는 일'이라고 밝힌 제10장 8절은 형제들 삶의 가장 핵심적인 한 축을 언급하고 있다고 할 수 있다.

제10장에 나타난 변화들은 호노리오 3세의 영향에 따른 결과로 볼 수 있다. 곧 "형제들은 우리의 생활을 실행할 수 없으면"(비인준 규칙 6,1)이 "수도규칙을 영적으로 실행할 수 없다는 것을 알게 되고 깨닫게 될 때"(10,4)로 바뀐다. 또한 "아무도 장상이라고 부르지 말고, 반대로 모두가 똑같이 작은 형제들이라 부를 것입니다. 그리고 서로서로 발을 씻어 줄 것입니다"(6,3-4)라는 충고가 사라진다. 또한 「인준받지 않은 수도규칙」 제5장의 다음 문장도 사라진다. "모든 형제는 이 점에 있어서 특히 형제들 서로 간에 어떤 권한이나 지배권도 가져서는 안 됩니다."(5,9)

제10장은 문학적인 관점에서 볼 때 권고적 어조가 두드러진다. 그러나 거의 모두가 가정법 명령형으로 이루어진 주요 동사들로부터 추정할 수 있듯이 대부분 규정적인 강조점을 지니고 있다. 엄격한 어조는 사랑과 겸손과 관련된 일련의 용어들과 더불어 약화하였다. 이 장

에서는 9회에 걸쳐 짝을 이루는 표현을 하고 있는데, 이는 입법자의 생각을 더 분명히 하고 자신의 영성, 곧 형제애와 작음을 소개하려는 것이다.[1]

본문 해설에 앞서「인준받은 수도규칙」10장의 새로움에 관한 역사적 맥락을 살펴본다.[2] 제10장은 프란치스코와 그의 복음적 운동이 형제 관계에 관해 가졌던 복음적이고 독창적인 전망을 담고 있다. 본문에는 12세기 말 일부 평신도 종교운동에 존재했고 프란치스코가 구체화하여 살았던 참신함이 명시되어 있다. 곧 '명령'과 '순종'의 수직 관계를 당연시하던 중세 봉건사회의 매개변수를 상호 섬김을 특징으로 하는 전례 없는 '순환' 모델로 바꿔 제시한다. 중세 봉건사회는 피라미드 형상대로 상하 지배 관계가 형성되었고, 신플라톤주의 사고에 따라 하느님으로부터 시작하여 최고 권위자(교황-황제)에서 하위 계급으로 질서정연하고 점진적으로 분배되는 권력의 하강 움직임이 당연시되었다. 이 사회적 모델은 당시 수도생활의 주요 형태였던 베네딕토 수도승원 조직의 이상적인 기준이 되었다. 완벽한 공간이자 하늘의 실재를 지상에서 실현할 것으로 기대되는 수도승원의 특징은 정확하고 고정된 위계질서에 따라 수도원장부터 마지막 수사에 이르는 뚜렷한 하강 질서였다. 관계의 '질서'는 천상 관계의 질서를 보여주었고 삶의 완성을 보장했다. 이러한 맥락에서 '명령'과 '복종'이라는 단어가 하강 피라미드의 구심점을 형성했으며, 이는 수도승이 장상에게 전적으로 복종하는 것을 특징으로 한다.

그러나 12세기 말과 13세기 초에 중세 사회에는 피라미드 구조를

---

1   참조: F. URIBE, La Regla de San Francisco, 272쪽.

2   참조: P. MARANESI, 'Le relazioni tra fratelli', in AAVV., La regola di san Francesco. Eredità e Sfida, a cura di Pietro Maranesi e Felice Accorocca, Padova, Editrice Francescane, 2012, 507-510쪽.

폐지하거나 도전하지 않고 피라미드 구조에 합류한 '순환성'이라는 새로운 관계 매개변수가 도입되었다.[3] 이는 다음과 같은 새로운 시대를 특징짓는 현상들과 깊은 연관이 있다. 곧 제국의 권력으로부터 정치적, 경제적 자율성을 얻고자 하는 열망으로 결집한 자치도시의 탄생, 기업 요소가 공통의 관심사와 종교적, 자선적 목적에 의해 서로 결속된 도시의 새로운 집합체인 시 형제단(confraternite cittadine), 종교나 정치 권력의 영향 없이 주기적으로 선출된 내부 구성원들에 의해 운영되는 완전히 새로운 구조인 13세기 초의 대학들, 후밀리아티나 발도파와 같은 평신도들의 복음적 청빈 운동 등. 이러한 새로운 현상들은 집단의 자유와 평등을 특징으로 하였다. 프란치스코와 그의 첫 동료들은 베네딕토회 전통에 따른 '수도회'(ordo)가 아니라, 회원들이 '형제'(frate)라는 단어로 정확하게 표시되고 특징 지워지는 상호성 안에서 자신을 인식하는 관계의 순환으로서 형제체(fraternitas)를 그들의 삶의 조직 모델로 선택했다. 앞서 상세히 살펴보았듯이 프란치스코는 전통적인 용어인 '수도회'(ordo) 대신 '형제회'(fraternitas)를 사용하였다. 그는 다른 형제들과 동등한 입장에서 권위의 선택과 봉사를 나누려고 스스로 "사부, 장상, 설립자, 스승"의 역할과 자격을 취하지 않고 단순히 '형제'로 머물렀다. 「인준받은 수도규칙」 10장 본문은 평등을 기초로 한 관계의 '순환' 요소를 피라미드형 봉건 모델을 대신하는 삶의 기준으로 삼으려는 그의 열망을 확인시켜 준다. 여기에 프란치스코의 참신성과 독창성이 있다.

제10장의 내용은 다음과 같이 이루어져 있다.

1. 형제들의 순종생활 : 봉사자와 아랫사람의 관계(1-6절)

---

3   참조: P. Maranesi, 'Le relazioni tra fratelli', 508-509쪽.

1) 순종에 관한 봉사자의 의무(1절)
2) 아랫사람의 순종 의무(2-3절)
3) 봉사자와 아랫사람 사이의 형제적 관계(4-6절)

2. 주님의 영과 그 영의 거룩한 활동을 마음에 간직하는 삶(7-12절)
   1) 주님의 영과 그 영의 활동을 지니기 위한 소극적인 방법(7절 ㄴ)
   2) 주님의 영과 그 영의 활동을 지니기 위한 능동적인 방법(8-12절)
      ⑴ 인간 마음의 우선적인 세 가지 대상들(8-10절 ㄱ)
      ⑵ 권고의 마지막 부분에 대한 복음적 바탕(10ㄴ-12절)

본문 해설

1. 형제들의 순종생활 : 봉사자와 아랫사람의 관계(1-6절)

¹형제들의 봉사자요 종인 형제들은 자기 형제들을 방문하고 권고하며, 겸손과 사랑으로 잘못을 바로잡아 줄 것이며, 그들의 영혼과 우리 수도규칙에 반대되는 것은 어떤 것도 명하지 말 것입니다. ²그리고 아랫사람들은 하느님 때문에 자기 의지를 포기했다는 것을 기억할 것입니다. ³그러므로 나는 그들에게 단호히 명합니다. 형제들은 주님께 지키기로 약속했고 영혼과 우리 수도규칙에 반대되지 않는 모든 일에서 자기 봉사자들에게 순종하십시오. ⁴그리고 형제들은 어디에 있든지 수도규칙을 영적으로 실행할 수 없다는 것을 알게 되고 깨닫게 될 때, 자기 봉사자들에게 달려가야 하며 또한 달려갈 수 있습니다. ⁵그리고 봉사자들은 사랑과 친절로 이 형제들을 맞이할 것이며, 이 형제들이 마치 주인이 종들에게 하듯이 봉사자들에게 말하고 대할 수 있을 정도로 봉사자들은 그 형제들에게 친밀감을 지닐 것입니다. ⁶사실 봉사자들은 당연히 모든 형제의 종이 되어야 합니다.

주제의 관점에서 보면, 1-6절은 '봉사자요 종'인 형제와 순종의 관계에 집중되기 때문에 제8장을 전개한 것이라 할 수 있다. 여기서는 총봉사자가 아니라 관구봉사자와 관할 지역봉사자들의 권한 행사와 그에 대한 형제들의 순종생활에 대하여 다루고 있다. 형제들의 순종생활에 관하여는 이미 1,2-3절, 8,1-5절; 9,1-4절에서도 규정하고 있다. 그러나 이런 규정들은 1221년 이전까지는 총회에서 결정되었던 것인데, 그때까지의 순종생활에 관한 규정들의 총체가 1221년 「인준받지 않은 수도규칙」 4-6장에 상세히 규정되어 있다. 곧 형제들을 방문하고 격려할 의무(4,1-2), 형제들의 봉사자들에 대한 순종의 의무(4,3), 서로를 사랑으로 이끌어야 할 의무(4,4-5), 봉사자들의 사목 책임(4,6-5,1), 순종의 한계(5,2), 봉사자들이 형제들의 형제적 교정을 따를 수 있음(5,3-4), 형제들의 형제적 교정(5,5-6), 죄지은 형제들을 도와주어야 함(5,7-8), 모두 작음의 원칙에 따라 인도되어야 함(5,9-12), 상호간의 순종(5,13-17), 어려움이 있을 때 봉사자들에게 달려가야 할 의무(6,1-2), 모두가 작은 형제가 되어야 하고 그렇게 불려야 함.(6,3-4) 「인준받은 수도규칙」 제10장 1-6절의 순종에 관한 규정은 상황의 변화를 고려하여 이런 상세한 규정들을 축약한 것이다.

본문을 더 깊이 이해할 수 있도록 먼저 프란치스칸 순종 개념의 변화 과정을 살펴보겠다. 형제회 초기에는 모든 형제가 프란치스코와 그 후계자들에게 순종하였다. 프란치스코는 자기 자신과 그 후계자들의 이름으로 "교황님과 그 후계자들에게 순종하고 존경할 것을" 서약했다.(비인준 규칙, 머리말) 또 "형제회에 받아들여진다"라는 표현 대신에 "순종생활로 받아들인다"라고 했다. 처음에는 장상이 필요하지 않았으나 형제들이 급격히 늘어나자, 형제체를 이끌 구심점이 필요했다. 프란치스코는 복음적인 전망에서 권위의 본질을 봉사로 이해하여 형제체의 구심점인 장상을 '봉사자', '보호자', '수호자'로 불렀다. 초기에는 형제들의 일치를 위해 순종이 중요하게 여겨졌고, 그들을 하나로 묶는 봉사자들의 역할이 컸다. 형제회 초기에 봉사자 형제와 다른 형제들의 관계에서 중요시되었던 원칙은 두 가지다. 곧 권위의 본질은 복음이 말하는 '봉사하는 사랑'이며, 그 봉사직은 모든 형제에게 열려 있다는 점이다. 프란치스코는 봉사자들에게 가난하고 겸손한 모습으로 섬기러 오신 예수님을 본받아 봉사직을 자기 것으로 소유하지 말고(비인준 규칙 17,4) 하느님께 대한 사랑 때문에 형제들에게 복종하라고 권고한다. 순종은 봉사자와 다른 형제들의 관계에서 '상호 간 사랑의 순종'으로 발전된다. 그리고 형제들은 성직자이든 아니든 누구나 차별 없이 형제들을 위한 장상직을 맡을 수 있었다. 이는 교회의 공식 승인을 받은 「인준받은 수도규칙」에서도 확고한 원칙이 되었다.(7,2; 8,1 참조) 모두에게 형제적 동등성을 인정한 작은형제회의 열려 있고 혁신적인 법규는 그 당시 시작된 그 어떤 수도회의 수도규칙이나 고유법에서도 찾아볼 수 없다.[4]

1217년 작은형제회에 관구 제도가 생겼고, 관구의 책임을 봉사자들에게 맡겼다. 이제 봉사자들의 역할을 정의하고 봉사자들과 형제들의 관계를 영적으로 새롭게 할 시기가 왔다. 곧 좁은 의미의 순종에 관한 것이 아니라 봉사자들과 관련된 질서의 가치를 식별하게 된 것이다. 「인준받지 않은 수도규칙」은 다음과 같이 규정한다. "모든 형제는 영혼의 구원에 관한 일과 우리 생활에 반대되지 않는 일에 있어서, 봉사자들에게 충실히 순종할 것입니다."(4,3) "봉사자들 가운데 누가 어떤 형제에게 우리 생활과 반대되거나 영혼에 해가 되는 것을 명한다면 그에게 순종할 의무가 없습니다."(5,2)

---

[4] 참조: Commissione Interfrancescana, '창설 당시의 프란치스칸 수도회의 정체성', 30쪽.

그런데 놀라운 것은 봉사자가 아닌 다른 형제들도 봉사자들의 영혼을 돌볼 의무가 있다고 한다. 곧 "봉사자들 가운데 누가 올바른 우리 생활에 비추어 영에 따라 살지 않고 육에 따라 사는 것을 형제들이 발견한다면, 그리고 세 번째 권고 후에도 스스로 고치지 않는다면, 어떠한 장애를 무릅쓰고라도 성령강림 총회 때에 전(全) 형제회의 봉사자요 종에게 알릴 것입니다."(5,4) 이는 그때까지의 다른 어느 수도회 수도규칙에서도 볼 수 없는 점이다. 작은 형제들은 전통적인 수도승 제도에서의 '순종'과 같은 의미를 부여할 의도가 없었음이 분명하다. 작은 형제들이 지향하였던 순종은 '봉사하는 사랑', '상호 간 사랑의 순종', '영혼을 돌보는 순종'을 핵심 본질로 하는 순종이었다. 이런 순종 개념과 이상은 형제들의 수가 적을 때에는 적용되었으나 형제들이 급증하자, 그대로 적용하기가 어려워졌다. 그런데 「인준받지 않은 수도규칙」은 여전히 직관 본래의 순수성을 보전하도록 봉사자들을 "감독 밑에" 두었다.(4,6) 결국 1223년 「인준받은 수도규칙」에서는 형제들의 영혼을 돌봐야 할 장상의 의무에 관한 규정이 사라지는 큰 변화가 일어났다. 그리고 어떤 경우에도 일방적이고 맹목적인 순종은 하지 말라고 초대받고 있다. 이는 매우 독창적인 점이다.

한편 초기 형제들은 순종을 더 큰 개인적 활동, 더 크고 참된 자유의 영역에 배치했다. 프란치스코는 다음과 같이 영적 방향을 제시했다. "아랫사람은 장상이 자신에게 명하는 것보다 자신의 영혼에 더 좋고 더 유익하다고 여기는 경우가 있을 때라도, 기꺼이 자기 것을 하느님께 희생으로 바칠 것입니다. 그리고 장상이 명한 것을 실행에 옮기도록 힘쓸 것입니다. 그러나 만약 장상이 아랫사람에게 그의 영혼에 거스르는 어떤 것을 하도록 명한다면, 그 장상에게 순종하지 않아도 되지만 그를 버리지는 말아야 합니다."(권고 3,5.7) 그러나 이는 환영받지 못했고, 결국 성인은 날이 갈수록 순종에 관해 더 엄격하게 표현했다.

프란치스코는 「유언」에서 다음과 같이 말한다. "나는 이 형제회의 총봉사자와 그리고 총봉사자가 나에게 정해 주고자 하는 다른 수호자에게 기꺼이 순종하기를 간절히 원합니다. 그리고 수호자는 나의 주인이기에 순종과 그의 뜻을 벗어나서는 아무 곳에도 가지 못하고 무엇을 하지도 못할 정도로 그의 손안에 매여 있기를 원합니다."(27-28) 「유언」에서 말하는 순종은 1221년 수도규칙과 1223년 수도규칙의 것보다 훨씬 단호하고 엄격하며, 초창기의 프란치스칸 색채를 전혀 찾아볼 수 없다. 이제 프란치스코는 한계가 없는 완벽한 순종을 요구한다. 「형제회에 보낸 편지」에서도 '수도규칙을 모든 형제가 어김없이 지키고 성무일도를 바칠 것'을 강하게 요구하면서 형제들 가운데 누구라도 이것을 지키려 하지 않으면, 그들을 가톨릭 신자로도 나의 형제로도 여기지 않겠다고 하였다. 이는 「유언」이 말하는 순종과 맥을 같이 하는 것이다. 이렇듯 시간의 흐름에 따라 프란치스칸 순종은 전통적 수도승적 순종과 더욱 비슷해졌다.[5]

그렇다면 프란치스코의 순종에 관한 상념이 변하게 된 까닭은 무엇일까? 이러한 변화 과정을 설명해주는 명확한 사료를 찾을 수 없다.

---

[5] '시체 같은 순종'의 비유는 5세기 시나이 지방 성 닐로(S. Nilo) 수도원으로부터 유래한다. 시체 같은 순종의 비유는 통상 이냐시오 회원들의 상징이기도 하다. 작은형제회에서 '시체 같은 순종'이 언급되기 시작한 것은 프란치스코 사후 20여 년이 지나서부터다. 2첼라노 152항에 이 비유가 수록되어 있는데, 출전은 미상이다. 초기 동료들은 프란치스코의 순종에 대한 다른 예들을 많이 제공하지만, 이 비유에 대해서는 언급하지 않는다. 바로 이 점이 이 비유의 프란치스칸적 신빙성에 의문을 제기한다. 프란치스코는 결코 이런 순종을 말하지 않았다. 제2생애는 제1생애 집필 후 거의 20년이 지나 집필되었다. 그 사이 프란치스코의 정신에 대한 해석과 수도규칙 적응 등 갈등이 많았다. 이러한 상황에서 토마스 첼라노는 총봉사자의 명을 받아 제2생애를 집필하게 되었으므로 제도화하는 수도회 행정부의 방향에 맞춰 순종, 규율, 질서 등을 강조하였다. 결국 '시체 같은 순종'은 프란치스코가 말하는 '사랑의 순종'이 후대에 수도승적 순종으로 동화되어가는 과정에서 나타난 것으로서 프란치스코의 본래 정신이라고 할 수는 없다(참조: T. DESBONNETS, Dalla Intuizione alla Istituzione, 79쪽).

그러나 다음 세 가지 요인이 작용했을 것으로 본다. 첫째, 형제들이 수도규칙을 자의적으로 해석하여 남용하였다. 「권고」 3번과 「형제회에 보낸 편지」 45-46절은 그런 움직임을 짐작하게 해준다. 곧 프란치스코는 "장상이 그의 영혼에 거스르는 어떤 것을 하도록 명한다면 그에게 순종하지 않아도 되지만 그를 버리지 말아야 한다"(권고 3,7)고 한다. 그러나 이어서 '장상이 명하는 것보다 더 나은 것을 본다는 핑계로 순종하지 않는 이들은 살인자들이며 또한 자기들의 악표양으로 많은 영혼을 잃게 한다'라고 하며 사실상 절대적 순종을 요구한다. 프란치스코는 형제들이 복음적 자유 안에서 책임 있는 순종을 하기를 바랐다. 그러나 수도규칙과 영혼을 거스르는 것이 무엇인지 자의적으로 해석하여 순종을 남용하는 형제들 때문에 형제들의 일치가 무너지고, 교구와의 충돌이 생기는 체험을 했을 것이다. 두 번째 요인은 1221년 「인준받지 않은 수도규칙」 이전부터 드러났던 '순종을 벗어나 떠돌아다니는 형제들'의 문제였다. 이에 대해 프란치스코는 "수도규칙이 정하는 규율을 제쳐놓고 떠돌아다니는 모든 형제"(형제회 편지 44)도 가톨릭 신자로도 형제로도 여기지 않겠다고 한다. 마지막으로 형제들의 수가 급증하면서 드러난 양성의 문제였다. 결국 프란치스코는 시초의 이상을 자기 뜻대로 실행하기 어렵게 된 현실에 직면하여 더는 형제회를 통제할 수 없다고 판단하여 총봉사자직을 사임하기에 이르렀다. 이제 가난을 사는 문제보다도 순종생활이 더 중요해지면서 엄격한 순종이 요청되었다.

「인준받은 수도규칙」 제10장은 이상의 변화가 일어나기 전의 프란치스코의 이상을 담고 있다. 프란치스코에게 "순종은 가난과 같은 것"이었다.[6] 순종은 프란치스칸 가난의 최고 경지로 이해된다. 모든

---

6   프란치스칸 순종에 관하여는 J. Micó, 'La obediencia franciscana como apertura

것을 버리고 포기하는 가난은 자기 의지를 포기하는 것이고, 이런 사람만이 내적으로 가난한 사람이 되는 것이다. 그러므로 프란치스칸 가난은 아무것도 자기 것으로 삼지 않는 가난(appropriatio)이고, 순종은 존재론적이며 영적인 가난이다. 제10장은 순종뿐 아니라 권한을 가지는 봉사자들에 대해서도 말한다. 순종의 본질은 교회와 형제회를 연결하게 해주는 이러한 외적인 관계에 있지 않고, 어디까지나 영적인 태도에 있다. 가난을 완전히 실천하려는 형제는 자기 의지를 자기 것으로 생각하여 자기 뜻대로 살 수 없다. 가난한 사람은 오히려 그리스도를 따라 순종할 줄 아는 사람이다. 그리스도는 "제 뜻대로 하지 마시고 아버지 뜻대로 하소서" 하면서 아버지의 뜻에 당신 뜻을 맞추려고 하셨다. 그리스도는 순종에서도 당신의 발자취를 따르라고 본보기를 남겨 주셨다.(1신자 편지 46 참조) 이처럼 프란치스코는 순종이 사랑과 믿음에 깊이 연결되어 있다고 보았다.

프란치스코는 영적 스승이나 아빠스를 당연히 의무적인 중개자와 위탁된 중재인으로 보는 전통적 경향과 달리 하느님 말씀을 직접 들음을 전제한다. 그는 프란치스칸 자유와 영성 생활의 대헌장인 「레오 형제에게 보낸 편지」 3절에서 이것을 확인하고 있다. 그리고 말씀의 들음은 영의 들음이며, 영의 들음 안에서 형제들의 마음을 듣도록 초대받는다. 영의 순종은 가난한 마음으로 형제들끼리 서로 순종하는 것이다.

프란치스코는 "어떤 형제도 다른 형제에게 악한 짓을 하거나 악한 말을 하지 말 것입니다. 오히려 영(靈)에서 나오는 사랑으로 기꺼이 서로 봉사하고 순종할 것입니다"(비인준 규칙 5,13-14)라고 한다. "이것이

---

y disponibilidad al querer de Dios', *in* SelFran n.61(1992), 77-101쪽 참조.

아마 프란치스칸 영성의 가장 근본적이고 매우 독창적인 점 가운데 하나일 것이다. 늘 영의 순종을 말하지만, 순종의 특전적 중개자들은 형제들이며 형제단이다. 이 점은 「베네딕토 수도규칙」과 비교하면 더 뚜렷이 대조된다. 「베네딕토 수도규칙」 제71장은 아빠스의 명령에 순종해야 하는 것뿐 아니라 '모든 수하가 그들의 장로들에게 순종해야 한다'라고 규정하면서 상호 순종을 말하는데 이 순종을 겸손의 첫 단계로 본다. 동시에 위계적 순종이 있는데 이 순종에서는 장상인 아빠스가 늘 특전적 중개자이다."[7]

프란치스코가 제10장 전반부(1-6)에서 규정하고 있는 형제적 방문과 봉사자에게 도움을 청하는 것은 당시 특유한 것으로서 형제애의 또 다른 유대를 보여주는 새로운 제도이다. 이 두 가지 제도는 완전히 공동체의 내적 생활에 속하는 것들로 그 내적 생활로부터만 독특성을 부여받는다. 장상들이 자기 형제들이 일하며 살게 된 거처들을 다니며, 그들을 방문한 것은 형제들 상호 간의 일치감을 깊게 하려는 것이었다. 봉사자들은 이러한 방법으로 형제들의 잘못을 고쳐주고, 형제들이 진정한 형제적 삶의 정신 안에서 굳건해지도록 권고해주면서, 공동생활과 형제체의 정신을 활기 있게 할 의무가 있었다. 작은형제회에서 순종은 형제들이 관구회의에서 자기 봉사자를 만날 때나 봉사자가 형제적 방문을 할 때만 긴급한 사안이었다. 이러한 만남의 기회들이 프란치스코에게는 순종에 대해서 말할 수 있는 구체적인 계기가 되었다. 하지만 봉사자가 모든 형제를 동시에 방문할 수 없었으므로, 프란치스코는 어려움 가운데 있을 때는 수하 형제들도 그들의 봉사자에게 찾아갈 의무가 있다고 규정했다.[8]

---

7   T. DESBONNETS, Dalla Intuizione alla Istituzione, 72쪽.
8   참조: K. ESSER, La Orden Franciscana. Origenes e Ideales, Aránzazu 1976, 133-136쪽.

1) 순종에 관한 봉사자의 의무(1절)

^{1절 전반} 형제들의 봉사자요 종인 형제들은 자기 형제들을 방문하고 권고하며, 겸손과 사랑으로 잘못을 바로잡아 줄 것이며 …

(1) 영혼을 돌보기 위한 형제적 방문

주어로 지칭되는 '형제들의 봉사자요 종인 형제'는 그 자체로 봉사자들 직무의 본질을 말해준다. 성경의 영감을 받은 '봉사자'와 '종'이라는 개념은 봉사자의 정체성을 말해줌과 동시에 직무를 수행하는 태도를 말해준다. 봉사자들의 첫 번째 임무는 형제들을 방문하여 권고하고 격려하는 것이다.[9] 「인준받지 않은 수도규칙」은 다음과 같이 말한다. "다른 형제들의 봉사자요 종이 된 모든 형제는 자기 관구나 지역 내에 자기 형제들을 배치할 것이며, 또한 그들을 자주 방문하고 영적으로 권고하고 굳건히 해줄 것입니다."(비인준 규칙 4,2) "봉사자요 종들은, 나는 섬김을 받으러 온 것이 아니라 섬기러 왔다고 하시는 주님의 말씀과 또한 자신들에게 형제들의 영혼을 돌보는 일이 맡겨져 있기에, 만일 자신들의 잘못이나 나쁜 표양 때문에 형제들 가운데 누군가를 잃게 된다면, 심판 날에 우리 주 예수 그리스도 앞에서 셈 바쳐야 한다는 사실을 기억할 것입니다."(4,6)

1절 전반부는 초기 형세들의 형제적 생활의 중요한 면을 보여준다. 봉사자는 형제들에게 다음 총회 때까지 일정한 직무를 주어 파견하였다. 그리고 그는 형제들을 도와주기 위하여 자주 방문하고 영적 권고도 하고 격려도 해주어야 했다. 이러한 의무는 제4차 라테라노 공

---

[9] 봉사자들의 이 세 가지 임무에 관하여는 J. Garrido, La forma de vida, 286쪽 참조.

의회가 요구한 것이다.[10] 법적인 성격이 아니고 영적인 성격을 띤 이 방문이 작은형제회 시찰의 기원이다. 「인준받은 수도규칙」은 "형제들의 봉사자요 종인 형제들은 자기 형제들을 방문하고 권고하며, 겸손과 사랑으로 잘못을 바로잡아 줄 것"(10,1)이라고 한다. 이는 원래의 형태를 어느 정도 보존하고 있는 것으로 보인다.

형제회의 수도규칙들 안에서 하나의 원칙으로 자리 잡게 된 이러한 것들은 프란치스코의 다른 글들 안에서 확인된다. 그러므로 봉사자와 보호자는 관상 생활을 위해 외딴 장소에서 은수생활을 하는 형제들을 "하느님의 축복을 받아 방문하고", 그 형제들 편에서는 자유로운 가운데 두려움 없이 장상과 대화를 나눌 수 있어야 한다. "아들들은 자신의 어머니들 외에는 또한 주 하느님의 축복을 받아 자신들을 방문하고자 하는 자신의 봉사자와 보호자 외에는 다른 어떤 사람과도 이야기하지 말 것입니다."(은수처 규칙 9)

봉사자들은 자신들에게 형제들의 영혼을 돌보는 일이 맡겨져 있음을 늘 의식하고 있어야 하며, 형제들이 영성 생활을 더 올바르게 하도록 도와주어야 한다. 봉사자들은 격려나 위로뿐 아니라 때로는 겸손과 사랑으로 형제들의 잘못을 바로잡아 주어야 한다. 봉사자는 장상이기 전에 '작은 형제'이므로 더 작아짐(minoritas)과 형제애(fraternitas)를 지녀야 하고, 다른 형제들의 종이며 봉사자이므로 더욱이 겸손과 사랑으로 형제들을 돌보아야 한다.(2신자 편지 2절 참조) "자기 형제들을 방문하며 권고하고, 겸손과 사랑으로 잘못을 바로잡아 주는 것"(10,1)이 바로 봉사자들의 방문 목적이다. 「인준받지 않은 수도규칙」에서는 형제들에 대한 봉사자의 교정 의무에 관하여 '겸손하고 자상하게'(5,5)

---

10   J. Micó, 'El carisma de Francisco de Asís', *in* SelFran 81(1998), 395쪽.

권고하고 훈계하라고 하는데, 여기서는 '겸손과 사랑으로'(10,1) 잘못을 바로잡아 주라고 한다. 이는 성경의 영감에 더 접근함으로써 나타난 작은 변화라 할 수 있다. 그러나 그렇게 함으로써 입법자는 봉사자가 행정적 기능이 아니라 '형제들의 영혼을 돌보는 일을 맡은' 현저하게 사목적인 기능을 지닌 사람임을 말하고자 한 것이다.[11]

프란치스코가 생각했던 방문의 의미와 목적은 「신자들에게 보낸 편지」 후본(後本)의 서두에 잘 나타나 있다. 곧 "저는 모든 사람의 종이기에 모든 사람을 섬겨야 하며 내 주님의 향기로운 말씀들을 전해야 합니다. 그래서 내 육신의 허약함과 병고로 일일이 직접 방문할 수가 없음을 고려하여, 이 편지와 인편으로 아버지의 말씀이신 우리 주 예수 그리스도의 말씀과 '영이며 생명인' 성령의 말씀을 여러분에게 전하기로 마음을 먹었습니다."(2신자 편지 2-3) 다시 말해 봉사자가 형제들을 방문하는 본질적인 의미와 목적은 한 마디로 '영이며 생명인 성령의 말씀을 전하는 것'이다.

(2) 영혼과 수도규칙에 어긋나는 명을 하지 말아야 함

^{1절 후반} 그들의 영혼과 우리 수도규칙에 반대되는 것은 어떤 것도 명하지 말 것입니다.

봉사자의 두 번째 임무는 형제들의 영혼과 수도규칙에 반대되는 것을 명하지 말라는 것이다. 이것은 프란치스코가 봉사자들에게 명한 두 가지 제한이다. 부정적 현재분사 '명하지 말 것입니다'(non praecipientes)는 봉사자들이 자신의 권한을 실행하는 데서 지니는 교정

---

11 참조: F. URIBE, La Regla de San Francisco, 276-277쪽.

의 기능을 언급하는 것으로 보인다.[12] 순종의 핵심적 의미는 자기 뜻이 아니라 하느님의 뜻을 따르는 데 있다. 봉사자들은 형제들의 영혼에 해가 되는 것과 수도규칙에 반대되는 것은 하느님 뜻에 맞지 않으므로 명령해서는 안 된다. 프란치스코는 말한다. "만일 봉사자들 가운데 누가 어떤 형제에게 우리 생활과 반대되거나 영혼에 해가 되는 것을 명한다면, 그에게 순종할 의무가 없습니다. 범죄나 죄를 저지르게 하는 그런 순종은 있을 수 없기 때문입니다."(비인준 규칙 5,2) 또 수도자들에게 "아무도 범죄나 죄가 되는 일에 대하여는 어떤 누구에게도 순종으로 순종할 의무가 없습니다"(2신자 편지 41)라고 말한다.

봉사자 자신이 모든 일에서 하느님의 거룩한 말씀과 하느님의 뜻만을 찾는다면, 형제들에게도 하느님의 뜻에 일치된 순종을 명할 것이다. 그런데 프란치스코는 하느님께서 봉사자의 뜻(양심)을 통해서 당신의 뜻을 계시하기도 하시지만, 각자의 양심을 통해서도 계시하신다는 것을 분명히 알고 있었다. 봉사자는 자기가 순종의 이름으로 명하는 모든 것이 하느님의 뜻에 맞는지 안 맞는지 먼저 주의 깊게 살피고 식별해 보아야 한다. 봉사자들은 프란치스코의 다음 말씀을 되새기며 살아야 한다. "주님의 지극히 거룩한 말씀과 업적 말고 다른 데서는 흐뭇함과 즐거움을 느끼지 못하며, 또한 그것들로써 기쁨과 즐거움 가운데 사람들을 하느님의 사랑에 인도하는 그런 수도자는 복됩니다."(권고 20,1-2)

---

12 참조: F. URIBE, 같은 책, 277쪽. J. A. GUERRA는 1절 후반부를 번역하면서 '명령하다'의 범위에 관하여 해석의 다른 가능성을 제안하였다. 곧 봉사자는 명령할 수 있는 폭넓은 권한을 가지고 있으므로 단순히 '영혼과 수도규칙'에 한하여 명령하지 말아야 한다고 해석할 수 있고, 또는 바로 앞의 '바로잡아 주다'와 연관되는 한도에서 그에 해당하지 않은 영혼과 수도규칙에 관한 것을 명령하지 말아야 한다는 해석도 가능하다는 것이다(참조: 'La autoridad y la obediencia en las dos Reglas franciscanas. Una reflexion sobre 1R 4-6 y 2R 10', *in* SelFran 29(2000) 406-407쪽).

봉사자는 형제들의 영혼에 해가 되는 것을 명하지 말아야 한다. 봉사자 스스로 하느님의 뜻과 사랑에 순종하는 사람이 되어야 하고, 무엇인가를 명하기에 앞서 하느님의 목소리를 들어야 한다. 봉사자는 각 형제 안에서 작용하는 영의 작용을 읽고, 각 형제의 양심을 존중하여야 한다. 하느님께서는 아랫사람을 통해서도 당신의 뜻을 알려주실 때가 있다. 따라서 봉사자는 먼저 하느님의 말씀에 순종하는 사람이어야 한다. 참으로 순종하는 사람은 하느님께서 원하시는 것만을 찾는 사람이며, 그렇게 할 때 '거룩한 순종'이 된다. 프란치스코는 이렇게 권고한다. "그대에게 이런 것들을 하는 이들을 사랑하십시오. 그리고 주님께서 그대에게 주시는 것이 아니면, 그들에게서 다른 것을 바라지 마십시오."(봉사자 편지 5-6) 그는 봉사자도 장상직을 하느님께 순종하는 마음과 뜻으로 받아들여야 하고, '모든 것을 있는 그대로 받아들이는' 작은 이의 태도를 지녀야 한다고 가르친다.

또 봉사자는 우리 수도규칙에 반대되는 것을 명하지 말아야 한다. 주님께서 나에게 "지극히 거룩한 복음에 따라 살아야 할 것을 계시하셨습니다"(유언 14)라고 회상하듯이, 프란치스코는 수도규칙에 담겨 있는 우리 형제들의 생활을 하느님의 계시(뜻)로 받아들였다. 봉사자는 각 형제의 영혼 안에 살아계시는 하느님 은총의 움직임을 존중해야 하므로 수도규칙에 반대되는 것을 명한다면, 하느님의 뜻에 어긋나는 행동이 된다. 이러한 순종을 실천하려고 할 때 아랫사람보다 봉사자가 더 어려울 수 있다. 아랫사람이 믿는 마음으로 봉사자에게 순종하는 것이 하느님의 뜻을 따르는 순종이 되도록 봉사자는 하느님의 뜻을 찾아 늘 기도하고 노력해야 한다.

프란치스코는 다음과 같이 가르친다. "순종을 받게 되는 사람과 높은 사람으로 여겨지는 사람은 낮은 사람처럼 되어야 하고, 다른 형제들의 종이 되어야 합니다."(2신자 편지 42) "우리는 절대로 다른 사람들 위에 있기를 바라서는 아니 되며, 오히려 '하느님 때문에 모든 인간 피조물'의 종이요 아랫사람이 되어야 합니다."(2신자 편지 47) 봉사자는 겸손해야 하며 형제들을 섬기고 사랑해야 한다. 왜냐면 봉사자는 권한을 가지고 있지만, 하느님께 순종해야 하는 한 '형제'이기 때문이다. '아무도 장상직을 자기 것으로 소유하지 말아야 한다.'(권고 4 참조)

장상은 종이요 봉사자가 되어야 하므로 아랫사람에게 '순종의 이름으로' 명을 내려야 할 때가 있지만, 그것은 최종수단이어야 한다. 그것을 자기 뜻대로 남용한다면 장상직을 자기 것으로 삼는 것이며, 그렇게 산다면 그는 더는 작은 형제가 아니며(2첼라노 153 참조), 자신의 권한으로 맡겨진 형제들에게 폭력을 행사하는 결과를 초래할 것이다.

2) 다른 형제들의 봉사자에 대한 순종의 의무(2-3절)

² 그리고 아랫사람들은 하느님 때문에 자기 의지를 포기했다는 것을 기억할 것입니다. ³ 그러므로 나는 그들에게 단호히 명합니다. 형제들은 주님께 지키기로 약속했고 영혼과 우리 수도규칙에 반대되지 않는 모든 일에서 자기 봉사자들에게 순종하십시오.

제10장에서 프란치스코는 봉사자들의 의무만이 아니라 '다른 형제들'의 의무에 대해서도 말한다. 프란치스코는 '봉사자'라는 말에는 '종'이라는 단어를 덧붙이지만, 다른 형제들에게는 '종'이라는 말을 붙이지 않는다. 이렇게 한 까닭은 봉사자들이 섬겨야 할 사람들은 같은 생활양식을 주님께 서약한 형제들이고, 봉사자이건 다른 형제들이건 다 작은 형제들이라고 보았기 때문이다.

먼저 아랫사람들은 자신들이 '하느님 때문에' '자기 의지를 포기한 사람'임을 명심하여야 한다. 아랫사람들은 자기 의지를 포기했기에, "세속을 떠난 우리에게는 이제 힘써 주님의 뜻을 따르고 그분을 기쁘게 해드리는 일밖에 다른 할 일이 없습니다"(비인준 규칙 22,9)라는 프란치스코의 말씀을 실행해야 한다. 이 말씀은 자신의 존재 전부를 하느님께 봉헌한 서약을 다시 상기하도록 해준다. 자기 의지의 포기야말로 내적 가난의 최고 표현이라 할 것이다. 프란치스코는 "자기 의지를 자기의 것으로 삼고 자기 안에서 주님께서 말씀하시고 이루시는 선을 자랑하는 바로 그 사람은 선을 알게 하는 나무에서 열매를 따 먹는 것입니다"(권고 2,3)라고 한다. 사실 아무것도 자기 것으로 삼지 않는 '소유 없이'의 상태야말로 아랫사람의 봉사자에 대한 순종의 경우에서만이 아니라, '보다 더 작아지는' 삶을 살아야 할 작은 형제들의 총체적이고 본질적인 삶의 자세이다.

동사 '포기하다'(abnegaverunt)는 강력한 비허(脾虛)의 임무를 지니며, 형제들을 그리스도의 희생 안에 자리 잡게 한다. 포기한다는 것은 무효로 하는 것이나 꺼버리는 것, 억제하는 것이 아니라 그리스도께서 하셨던 것처럼 해방하는 것이다. 아랫사람들은 장상과의 관계 이전에 하느님과의 관계가 모든 행동의 이유와 목적이 됨을 알아야 한다. '하느님 때문에'(propter Dei)는 '하느님을 위하여', '하느님의 뜻을 따르기 위하여', '하느님 사랑 때문에' 등의 뜻을 함축하고 있다. 형제들이 장상에게 순종해야 하는 이유도 목적도 다 하느님에게서 나온다. 프란치스코는 말한다. "거룩한 순종은 자신의 모든 육신 및 육의 의지를 부끄럽게 합니다."(덕 인사 14)

(1) 형제들의 봉사자에 대한 첫 번째 의무는 그들의 충고, 권고, 훈계를 겸손하게 받아들이는 것이다.

봉사자가 형제들을 방문하여 훈계와 충고를 할 의무가 있다면, 형제들은 이 충고와 훈계를 받아들일 의무가 있다. 만약 아랫사람들이 받아들이기를 꺼린다면, 봉사자들이 훈계하기를 멀리하게 된다. 프란치스코는 충고를 받아들일 마음의 자세에 대해 다음과 같이 말한다.

"다른 사람이 해주는 훈계와 문책과 꾸지람을 마치 본인이 자기 자신에게 하듯이 인내로이 견디어내는 종은 복됩니다. 꾸지람을 듣고는 그 꾸지람을 넓은 마음으로 받아들이고, 부끄러운 마음으로 순종하며, 겸허히 고백하고, 기꺼이 보속하는 종은 복됩니다. 자신을 변명하는 데 빠르지 않고, 자기 탓이 아닌 죄에 대해서도 부끄러움과 꾸지람을 겸손히 참아 받는 종은 복됩니다."(권고 22)

(2) 형제들의 봉사자에 대한 두 번째 의무는 사랑의 순종이다.

여기서 강조해야 할 것은 '하느님 때문에' 순종한다는 사실이다. 우리는 하느님 때문에 자기 의지를 포기하였다. 다시 말해 우리는 하느님을 차지하여 하느님이 나의 전부가 되도록 의지를 포기하였다. 죄가 이 세상에 들어온 것은 하느님의 뜻에 의해서가 아니라 자기 의지를 따른 인간의 불순명 때문이었다.(권고 2 참조) 인간 죄의 뿌리에는 자기 뜻의 추구와 소유가 자리 잡고 있다. 사도 바오로는 말한다. "여러분은 우리 주 예수 그리스도의 은총을 알고 있습니다. 그분께서는 부유하시면서도 여러분을 위하여 가난하게 되시어, 여러분이 그 가난으로 부유하게 되도록 하셨습니다."(2코린 8,9) 이와 마찬가지로 자기 의지를 포기하는 순종의 자세로 주님의 발자취를 따르는 '마음이 가난한 사람'은 주님의 제자가 되어 구원된 사람이 되는 것이다.(2신자 편지 45-47 참조) 비우시고 낮추시며 죽기까지 순종하신 예수 그리스도의 가난을 마음에 지니지 않고 참 순종에 이를 수는 없다.

3절의 반의(反意) 접속사 'vero'(그러나, 다른 한편)는 순종이라는 주제를 '아랫사람인 형제들'의 관점에서 보도록 변화를 시사해준다. 3절의 '형제들'은 아랫사람들을 말하는데, 이는 단순한 주어의 반복이 아니라 주어의 구체화를 통해서 아랫사람(subditus)의 뜻인 '말없이 따르는, 온순한', '지배받는', '복종하는, 종속되는' 등에서 알 수 있듯이 작음의 정신을 강조하고자 한 것이다.[13] 프란치스코가 '손아래에 있는'(sub) 형제들이라고 부를 때 그것은 '아랫사람'들과 같은 의미이다. 프란치스코는 자신의 글에서 '아랫사람'이라는 용어를 4회 사용하는데, 이는 명사이자 새로운 형용사와 같은 용어로서 늘 작음의 맥락에서 쓰고 있다.

이미 살펴보았듯이 프란치스코가 "주님께 지키기로 약속했고 영혼과 우리 수도규칙에 반대되지 않는 모든 일에서 자기 봉사자들에게 순종하십시오"라고 권고한 것은 그간에 심각하게 대두되었던 '순종을 떠나서 돌아다니는'(vagari extra oboedientiam) 형제들의 문제를 배경으로 한다. 그 심각성은 다음과 같은 그의 글들에 잘 나타나 있다. "(서약한) 후에는 교황님의 명령에 따라 다른 수도회에 들어가거나 순종을 벗어나 돌아다닐 수 없습니다. 왜냐면 복음에 따라 '쟁기에 손을 대고 뒤를 돌아보는 자는 하느님 나라에 합당하지 않기' 때문입니다."(비인준 규칙 2,10) "모든 형제는 주님의 계명을 어기고 순종을 벗어나 돌아다닐 때마다, 그것을 알면서도 그 죄 중에 머물러 있는 한, 예언자의 말대로 자신들이 순종을 벗어난 저주받은 자임을 깨달아야 합니다."(비인준 규칙 5,16) "형제들 가운데 누구라도 이것들을 지키려 하지 않으면, 나는

---

13 참조: F. URIBE, La Regla de San Francisco, 278쪽.

그들을 가톨릭 신자로도 나의 형제로도 여기지 않겠습니다. 또 그들이 회개할 때까지 보는 것도 말하는 것도 싫습니다. 수도규칙의 규율을 제쳐놓고 떠돌아다니는 다른 모든 형제에게도 나는 같은 말을 하겠습니다."(형제회 편지 44-45) 이처럼 형제회 안에 대두된 순종생활에 대한 위기 때문에 순종에 관한 강화된 규정이 수도규칙에 포함되었다.

프란치스코는 아랫사람의 순종 태도에 대해 다음과 같이 권고한다.

"자기 장상의 손안에서 순종하기 위해 자기 전부를 바치는 사람은 가지고 있는 것을 모두 버리고 [자기 영혼과] 자기 몸을 잃는 사람입니다. 그리고 장상의 뜻을 거스르지 않는다는 것을 자기 자신이 알고, 또 하는 일이 선한 것이라면, 그가 행하고 말하는 것은 무엇이나 참된 순종입니다. 그리고 아랫사람은 장상이 자신에게 명하는 것보다 자신의 영혼에 더 좋고 더 유익하다고 여기는 경우가 있을 때라도, 기꺼이 자기 것을 하느님께 희생으로 바칠 것입니다. 그리고 장상이 명한 것을 실행에 옮기도록 힘쓸 것입니다. 사실 이렇게 하는 것이 하느님과 이웃을 흡족케 하므로, 이것이야말로 사랑의 순종이 됩니다. 그러나 만약 장상이 아랫사람에게 그의 영혼에 거스르는 어떤 것을 하도록 명한다면, 그 장상에게 순종하지 않아도 되지만 그를 버리지는 말아야 합니다. 그리고 만일 이 때문에 다른 이들로부터 핍박을 당하더라도 하느님 때문에 그들을 더욱더 사랑하도록 해야 할 것입니다. 왜냐하면 자기 형제들과 헤어지기를 바라기보다는 핍박을 견디는 이가 자기 형제들을 위하여 자기의 목숨을 내놓기에 완전한 순종에 참으로 머무는 사람이기 때문입니다."(권고 3)

여기서 우리는 프란치스코가 자신의 글에서 말하는 순종을 다음과 같이 정리해 볼 수 있겠다.

■ '영의 순종'은 하느님 말씀의 들음이며, 가난한 마음으로 형제들

마음의 소리를 들으며 형제들끼리 순종하는 것을 말한다.(레오 편지 3) 이런 '영의 순종'이 형제들 사이, 특히 장상과 아랫사람 사이에 표현될 때 '상호 간 사랑의 순종'으로 드러난다.

- '참된 순종'은 장상의 뜻을 거스르지 않는 일이라는 것을 본인 자신이 알고, 또 하는 일이 선한 것일 때의 순종을 말한다.(권고 3) 또 프란치스코는 다른 각도에서 '참다운 순종'을 다음과 같이 말한다. "그대가 주 하느님을 사랑하는 데에 방해되는 것이든, 또 형제들이나 다른 사람들이 그대를 때리면서까지 방해하든, 이 모든 것을 은총으로 받아들여야 합니다. 그리고 이것이 그대가 따라야 할 주 하느님의 참된 순종이요 나의 참된 순종이 됩니다. 나는 이것이야말로 참된 순종임을 알고 있기 때문입니다."(봉사자 편지 2-4) 곧 모든 것을 하느님이 주시는 은총으로 여기고, 있는 그대로 원하는 것이야말로 참된 순종이라는 것이다.
- '사랑의 순종'은 장상이 자신에게 명하는 것보다 자신의 영혼에 더 좋고 더 유익하다고 여기는 경우가 있을 때라도 기꺼이 자기 것을 하느님께 희생으로 바치는 순종을 말한다.(권고 3)
- '완전한 순종'은 장상이 그의 영혼에 거스르는 어떤 것을 하도록 명한다면, 그 장상에게 순종하지 않아도 되지만 그를 버리지 않고, 만일 이 때문에 다른 이들로부터 핍박을 당하더라도 하느님 때문에 그들을 더욱더 사랑하는 것을 말한다.(권고 3)
- '거룩한 순종'은 자신의 모든 육신 및 육의 의지를 부끄럽게 하는 덕을 말한다.(덕 인사 14)

이러한 여러 가지 순종은 특히 아랫사람의 장상에 대한 순종의 태도를 잘 표현해주고 있다.

우리가 의지를 포기한 사람으로서 기꺼이 순종할 때 그리스도의 구원적 순종에 참여하게 된다. 그리스도는 순종을 통하여 인류를 구원하셨다.(필리 2장 참조) 따라서 작은 형제는 하느님 때문에 자기 의지를 포기했음을 기억할 것이다. 이러한 절대적 의지 포기는 우리에게 큰 신앙심을 요구한다. 프란치스코는 우리에게 매일의 삶에서 신앙으로 자기 의지를 포기할 수 있는 열쇠를 제공해준다. "순종하는 형제는 장상 안에서 인간을 볼 것이 아니라 그리스도를 보아야 합니다. 왜냐면 그리스도에 대한 사랑 때문에 자기 자신을 내놓았기 때문입니다. 장상이 부족한 사람이면 부족한 사람일수록 그에게 순종하는 형제의 겸손은 하느님을 더욱 즐겁게 할 것입니다."(2첼라노 151)

우리가 장상의 인간적인 면에만 시선을 집중한다면, 누구도 그에게 순종하기 어려울 것이다. 중요한 것은 '하느님 때문에' 그리고 의지를 포기한 사람답게 그 사람의 결점이나 잘못에도 기꺼이 순종하는 것이다. 이렇게 하지 않고 자기 뜻에 따라 행동하고 상대방에게 판단의 잣대를 들이대면서 순종하기를 거부한다면, 하느님께 불순종의 죄를 범하게 되는 것이다. 이렇게 자기 자신을 지나치게 사랑하고, 자기 뜻을 따르는 사람은 하느님을 포기하는 것이다. 곧 아무도 두 주인(자신과 하느님)을 섬길 수 없고 아무도 두 뜻을 따를 수 없다. "자기 의지를 자기의 것으로 삼고 자기 안에서 주님께서 말씀하시고 이루시는 선을 자랑하는 바로 그 사람이 선을 알게 하는 나무에서 열매를 따 먹는 것이다."(권고 2,3)

나아가 순종하려면, 하느님의 사랑 안에서 그분의 사랑을 조건 없이 나누고 그 사랑 때문에 기꺼이 희생하려는 마음이 필요하다. 프란치스코는 권고한다. "아랫사람은 장상이 자신에게 명하는 것보다 자신의 영혼에 더 좋고 더 유익하다고 여기는 경우가 있을 때라도, 기꺼이 자기 것을 하느님께 희생으로 바칠 것입니다. 그리고 장상이 명한 것을 실행에 옮기도록 힘쓸 것입니다. 사실 이렇게 하는 것이 하느님과 이웃을 흡족케 하므로, 이것이야말로 사랑의 순종이 됩니다."(권고 3,5-6)「권고」3의 말씀과 같이 자기 의지를 버리고 자기 뜻을 희생할 때 참으로 그리스도의 수난에 참여하고 사랑의 순종을 하게 되는 것이다. 순종의 목적은 하느님의 뜻을 이루는 것인데, 마치 '하늘에서와 같이 땅에서도' 형제들과 사랑을 이루는 것이다.

「인준받지 않은 수도규칙」 4장은 같은 정신으로 "축복받은 나의 다른 모든 형제는 영혼의 구원에 관한 일과 우리 생활에 반대되지 않는 일에 있어서, 봉사자들에게 충실히 순종할 것입니다"(4,3)라고 권고한다. 봉사자는 자기의 뜻을 관철하려고 위임받은 권한을 행사할 수 없으며, 아랫사람도 자기 뜻을 실천하기 위하여 순종을 거절할 수 없다. 작은형제회는 윗사람이건 아랫사람이건 하느님의 뜻을 찾고 실천하려는 형제들의 모임이다.

3) 봉사자와 아랫사람 사이의 형제적 관계(4-6절)

⁴ 그리고 형제들은 어디에 있든지 수도규칙을 영적으로 실행할 수 없다는 것을 알게 되고 깨닫게 될 때, 자기 봉사자들에게 달려가야 하며 또한 달려갈 수 있습니다. ⁵ 그리고 봉사자들은 사랑과 친절로 이 형제들을 맞이할 것이며, 이 형제들이 마치 주인이 종들에게 하듯이 봉사자들에게 말하고 대할 수 있을 정도로 봉사자들은 그 형제들에게 친밀감을 지닐 것입니다. ⁶ 사실 봉사자들은 당연히 모든 형제의 종이 되어야 합니다.

프란치스코는 4-6절에서 법적인 상호관계가 아니라 사랑에 기초한 형제 관계에 초점을 맞추어 봉사자와 딸린 형제들 사이의 관계를 깊이 있게 다룬다. 특히 복음적 삶을 사는 데 어려움을 느끼는 형제들의 태도와 그에 대한 봉사자의 어머니다운 사랑의 자세를 권고하고 있다.

먼저 수도규칙을 영적으로 실행할 수 없음을 깨닫게 된 형제들의 태도에 대해 말한다. 지역에 따라 초기 형제들은 프란치스칸 생활을 하는 데 큰 어려움을 겪기도 했다. 「인준받지 않은 수도규칙」은 "형제들은 어디에 있든지 우리의 생활을 실행할 수 없으면, 되도록 빨리 자기 봉사자에게 달려가 이 사실을 알릴 것입니다"(6,1)라고 한다. 한편 「인준받은 수도규칙」은 "형제들은 어디에 있든지 수도규칙을 영적으로 실행할 수 없다는 것을 알게 되고 깨닫게 될 때, 자기 봉사자들에게 달려가야 하며 또한 달려갈 수 있습니다"(10,4)라고 표현한다.

'영적으로 실행할 수 없을 때'란 수도규칙을 실행하는 것이 주님의 영 안에서 시작되지 않고, 주님의 영 안에 머무는 것과 무관한 삶으로 나타날 때를 의미하는 것으로 이해할 수 있다. 이럴 때 우리는 기꺼이 봉사자들에게 찾아가야 하고 그들을 통해 전해지는 하느님의 뜻에 순종해야 한다. 특히 4절에서 주목할 것은 '어디에 있든지', '알게 되고 깨닫게 될 때' '달려가야 하며 달려갈 수 있다'라는 표현이다. 곧 수도규칙을 영적으로 실행할 수 없을 때 '어디에 있든지' 자기 봉사자에게 달려가야 한다. 여기서 '어디에 있든지'는 사실 언제 어디서나 늘 그렇게 해야 한다는 뜻이다. 또한 '알게 되고 깨닫게 될 때'라는 것은 자기 밖으로부터 주어지는 것에 의해서든 자기 스스로 알아차리게 되든, 어떤 경우든 영적으로 실행할 수 없다고 식별된다면 자기 봉사자에게 가야 한다는 말이다. 그런데 이 경우 프란치스코는 봉사자에게 '달려가야 할' 사랑의 의무가 있으며, '달려갈 수 있는' 복음의 자유도 있다고 권고한다. 레오 형제가 어려움을 느꼈을 때 프란치스코를 찾아갔듯이 형제들도 수도규칙을 영적으로 실행하기 어려울 때 신뢰하는 마음으로 봉사자에게 달려가야 한다. '프란치스칸 자유의 대헌장'으로 불리는「레오 형제에게 보낸 편지」를 보자.

"레오 형제, 그대의 프란치스코 형제가 인사하며 평화를 빕니다. 나의 아들, 내가 그대에게 어머니로서 말합니다. 우리가 길에서 함께 이야기를 나눈 모든 것을 간단하게 이 글로 정리하여 권고합니다. 형제에게 이렇게 권고하니, 의견을 물으러 나에게 올 필요가 없습니다. 곧 주 하느님을 기쁘게 해드리고 또 그분의 발자취와 가난을 따르는 데에 있어 그대가 보기에 어떤 더 좋은 방법이 있으면, 주 하느님의 축복과 나의 허락으로 그렇게 하도록 하십시오. 그리고 그대의 영혼을 위하여 그대에게 또 다른 위로가 필요하여 나에게 다시 오기를 원하면, 오십시오."(레오 편지 1-4)

이 편지에는 영적으로 어려움을 겪고 있는 레오 형제에 대한 프란치스코의 자상하고도 따뜻한 사랑이 배어있다. 그뿐만 아니라 프란치스코는 형제애를 표시하면서도 결코 자기 판단이나 뜻을 앞세우지 않고, 하느님과 레오 형제와의 직접적인 관계 안에 활동하시는 성령의 이끄심을 따르도록 권고한다. 여기서 우리는 프란치스코의 하느님과 형제에 대한 탁월하고 통합적인 영적 전망을 볼 수 있다.

작은 형제들의 공동체는 가장(家長)을 중심으로 모인 가족제도가 아니라 완전히 평등한 형제들의 집단이요, 서로 섬기고 서로가 책임지는 형제들의 집단이다. 그리고 이 집단의 형제들은 어머니가 자기 자식을 사랑하는 것보다 더 깊고 친밀한 사랑으로 뭉쳐있어야 한다. 따라서 봉사자는 다른 형제들과의 관계에서 어머니의 역할을 해야 한다.(은수처 규칙 참조) 수도규칙들에서 봉사자들과 종들은 단순히 '형제'라고 불리고, 프란치스코 자신도 형제들과 '산 다미아노의 가난한 자매들'에 대하여 아버지다운 마음을 지녔지만, 자기를 '아버지'라 부르는 것을 거절하였다.

프란치스코에게 수도규칙은 곧 복음을 사는 것이므로 주님으로부터 받은 이 삶을 충실히 사는 것이야말로 그 무엇과도 바꿀 수 없는 본질적인 소명 그 자체였다. 프란치스코는 「형제회에 보낸 편지」에서 "나의 주인이신 총봉사자 형제에게 할 수 있는 한 간절히 청하오니, 수도규칙을 모든 형제가 어김없이 지키도록 하십시오."(40)라고 권고한다. 형제들이 사는 환경이나 형제가 하는 일 또는 다른 이유로 자기 이상대로 살 수 없을 때, 봉사자는 마치 부모가 자식에게 하듯이 그리고 피를 나눈 가족과 같은 친밀감(familiaritas)을 가지고 그를 도와주어야 한다. 수도규칙을 영적으로 지킨다는 것은 우리의 영혼 안에서 역사하시는 '주님의 영'의 요구에 따라 수도규칙을 실행하는 것을 의미한다.

여기서 봉사자는 단순히 개인적 차원에서의 영적 동반자나 협력자가 아니라 형제체와 교회의 이름으로 형제들이 영적인 여정을 걸어갈 수 있도록 돕는 대리자이다. 따라서 수도규칙을 실행하기에 어려움을 느끼는 형제는 자기 혼자만의 힘으로 그 어려움을 해결하려는 태도를 버리고, 하느님과 형제들에 대한 사랑과 신뢰를 바탕으로 자신의 어려움을 개방할 수 있어야 한다. 프란치스코는 죄지은 형제들에게도 관구봉사자에게 갈 의무가 있다(7,1)고 말하고, 또 세상을 다닐 때 한 가족임을 서로 보여주며 필요한 것을 거리낌 없이 드러내라(6,7-8)고 권고한다.

다음으로 수도규칙을 지키기에 어려움을 느끼는 형제들에 대한 봉사자들의 자세에 대해 상세하게 언급한다. 봉사자는 사랑과 친절, 편안함과 친밀감을 지니고 형제들을 대해야 한다. 여기서 봉사자들이 지녀야 할 태도는 곧 프란치스칸 리더십의 중요한 원칙과 방향을 말해준다.

① 봉사자들은 이런 형제들을 '사랑과 친절로' 맞아들여야 한다.

형제들을 맞아들이는 태도인 '사랑과 친절로'는 짝을 이루는 표현인데, 태도를 바꿔 복음적으로 맞아들이기를 바라는 것으로 보인다. 문제 해결이나 경청 이전에 형제를 이렇게 환대하는 것은 '존재 자체를 수용하는 표지'가 된다. 먼저 내가 누군가에게 아무런 조건 없이 받아들여진다고 느끼고, 신뢰하게 될 때 사람들은 자신의 마음을 열게 된다. 프란치스코는 여기서 프란치스칸 리더들이 갖춰야 할 매우 근원적이고도 중요한 점을 언급한다. 이러한 자세는 그 어떤 것도 문제 삼지 않는 전인격적인 태도를 말한다.

② 다음으로 친밀감을 보여주어야 한다. 이런 친밀감을 마치 '베푸는 자'처럼 행동해서도 안 되고, 문제 해결자나 가르치는 스승처럼 보여서도 안 된다. 친밀감은 한없이 낮아지고 조건 없이 같아지며, 상대방의 마음을 하느님 사랑의 마음으로 헤아리려 할 때 형성되는 것이다. 따라서 봉사자들은 프란치스코의 권고대로 "마치 주인이 종들에게 하듯이 말하고 대할 수 있도록" 자신을 낮추고 온 마음을 다해 경청하고, 마음으로부터 공감하며, 사랑으로 수용하려는 자세를 반드시 지녀야 한다.

③ 봉사자들은 모든 형제의 종이 되어야 한다.

⁶ 사실 봉사자들은 당연히 모든 형제의 종이 되어야 합니다.

6절의 말씀처럼 봉사자들은 '모든 형제의 종이 되어야 하고 또 그렇게 섬겨야' 한다. 이처럼 프란치스칸 리더십의 핵심에는 끝이 안 보일 만큼 비우고 낮아지는 예수 그리스도의 가난 정신이 자리 잡고 있다. 프란치스코는 「권고」에서 다음과 같이 가르친다. "자기의 주인들과 함께 있을 때처럼, 자기의 아랫사람들과 함께 있을 때도 겸손한 종은 복됩니다."(권고 23,1)

"초기의 작은 형제공동체는 동등한 권리와 완전한 권리에 바탕을 둔 삶의 친교요 구별과 차별이 없는 구성원들의 모임이었다."[14] 「인준받지 않은 수도규칙」에서 초기 형제들의 이러한 동등성에 관한 선언과 권고가 나온다. "아무도 장상이라고 부르지 말고, 반대로 모두가 똑같이 작은 형제들이라 부를 것입니다. 그리고 서로서로 발을 씻어 줄 것입니다."(6,3-4) 형제회가 급속하게 변화하면서 형제들이 사는 곳에는 어디든지 재물이 제공되었고, 수도원이라 불리지는 않았지만, 형제들을 위한 건물이 지어지고 사람들을 모아 그들에게 설교할 수 있는 성당들이 세워졌다. 동시에 수련소들이 문을 열었으며, 젊은 형제들에게는 신학을 공부하는 것이 권장되었다. 형제회는 점점 더 성직화 되어갔다. 교황은 작은 형제들이 능력 있는 설교가들이 되기를 원했으며, 교회의 일꾼이 되기를 원했다. 고위 성직자들은 사목적 관점에서 덕망이나 지적 능력이 떨어진 봉건적 주교들보다 작은 형제들에게 주교품을 주는 것이 낫다고 생각하였다.

그러나 이 모든 것은 프란치스코가 원하던 것이 아니었다. 그는 공부하는 것에 대해 어떠한 반대도 표명하지 않았다.(유언 13; 안토니오 편지 참조) 그러나 당시에는 여전히 소수의 특권을 지닌 사람들만이 교육을 받을 수 있었고, 그들은 사회에서 지도적 위치를 차지하였다. 프란치스코는 이러한 것이 그의 형제들 사이에서도 일어날까 봐 두려워하였다. 그는 형제적 관계가 얼마나 곡해되었고, 변질되었으며, 주종의 관계로 전락하였는지 볼 수 있었다. 그리고 이 모든 것들은 배우기 위한 책들을 개인의 소유물로 간주하거나 다른 이들을 지배하는 힘의 원천으로 여기는 데서 비롯하는 것이다. 그것이 바로 그가 그의 수도규칙 안에 "봉사자들은 당연히 모든 형제의 종이 되어

---

14 O. Schmucki, 'Inizione alla vita francescana alla luce della Regola e di altre fonti primitive', *in* L'Italia Franciscana, 60(1985) 403쪽.

야 합니다"(10,6)라고 썼던 이유이다.[15]

이러한 정신이 제2차 바티칸공의회 문헌에도 잘 표현되고 있다. "장상은 자기에게 맡겨진 영혼들을 돌보아야 하므로, 하느님의 뜻에 따라 임무를 수행하고 형제들을 섬기는 마음으로 권위를 행사하여야 한다. 또 그렇게 하여 하느님께서 형제들을 사랑하시는 바로 그 사랑을 드러내어야 한다. 또한 아래 사람들을 하느님의 자녀로서 다스리고 인격을 존중하여 그들이 자발적으로 순종하도록 하여야 한다."(수도 14)

1-6절을 다음과 같이 정리할 수 있겠다. 먼저 봉사자들의 의무는 첫째, 형제들을 자주 방문하는 것이고 둘째, 영혼과 수도규칙에 반하는 그 어떤 것도 명하지 말 것이며 셋째, 어려운 상황에서 아랫사람들을 도와주는 것이다. 한편 아랫사람들의 의무는 첫째, 자기 의지를 포기한 사람으로서 행동하고 둘째, 주님께 약속한 모든 것에서 봉사자들에게 순종할 것이며 셋째, 수도규칙의 정신에 따라 살기 어려울 때 봉사자들에게 달려가야 한다.

2. 주님의 영과 그 거룩한 활동을 마음에 간직하는 삶(7-12절)[16]

[7] 진정 나는 주 예수 그리스도 안에서 권고하며 충고합니다. 형제들은 모든 교만과 헛된 영광, 질투와 탐욕, 이 세상 근심과 걱정, 그리고 중상과

---

15 참조: E. LECLERC, Francisco de Asís, El retorno al Evangelio, 119-121쪽.

16 이 단락에 관한 상세한 이해를 위해 다음을 참조. O. VAN ASSELDONK, 'The Spirit of the Lord and Its Holy Activity in the Writings of Francis', *in* Grey Fraiers vol.5(1991) n,1, tr. Edward Hagman, 105-158쪽, 호명환 역, '프란치스코의 글에 나타나는 주님의 영과 그 영의 거룩한 활동', 프란치스칸 삶과 사상 제18호(2002년 봄), 68-100쪽 <La Lettera e lo Spirito, Roma 1985, 31-92쪽).>

불평에 빠져들지 않도록 조심하고, 또한 글 모르는 형제들은 글을 배우려고 애쓰지 마십시오.

⁸ 오히려 우리가 무엇보다 먼저 갈망할 것에 마음을 쏟읍시다. 곧, 주님의 영과 그 영의 거룩한 활동을 마음에 간직하고, ⁹ 주님께 깨끗한 마음으로 항상 기도하고 박해와 병고에 겸허하고 인내하며, ¹⁰ 또한 우리를 박해하고 책망하고 중상하는 사람들을 사랑하는 일입니다. 왜냐면 주님께서 이렇게 말씀하시기 때문입니다. "너희는 원수를 사랑하여라. 그리고 너희를 박해하고 중상하는 자들을 위하여 기도하여라."(마태 5,44). "행복하여라, 의로움 때문에 박해를 받는 사람들! 하늘나라가 그들의 것이다."(마태 5,10) "끝까지 견디는 이는 구원을 받을 것이다."(마태 10,22)

프란치스코는 7절의 첫 문장에서 뒤따라오는 모든 권고의 동기를 밝히고 있다. 곧 1인칭 주어 '나'를 내세우면서 이러한 권고를 형제들과의 직접적이고 긴밀한 관계 안에서 발설한다. 7절에 'vero'라는 짤막한 접속사가 나오는데 이 말을 어떻게 옮길 것인가 하는 문제가 대두된다. 이는 매우 어려우면서도 중요한 문제인데 다음과 같은 두 가지 번역이 가능하다.¹⁷ 첫째, 앞부분과 관련하여 권고에 대한 본문의 독립적인 특징을 분명하게 판단한다면, 단정적인 어조를 부여할 수 있다.('진정', '뿐만 아니라') 이렇게 이해한다면, '격려하다'와 결합한 '권고하다'라는 동사의 가치를 강조하는 데 도움이 된다. 둘째, 앞의 문맥 안에서 권고를 고려한다면, 곧 수도규칙 제10장 전체와 문학적으로 단일 단락을 형성하는 것으로 볼 경우, 반의(反意) 접속사를 취해야만 한다.('그러나')

여기서 우리는 전자(前者)의 주장을 따라 'vero'를 '진정' 또는 '뿐

---

17 참조: F. URIBE, La Regla de San Francisco, 289쪽.

만 아니라'로 이해한다. 이렇게 볼 때 훨씬 의미가 명백해지고, 내용상으로도 1-6절과 7-12절을 독립된 단락으로 보는 것이 자연스러우며, '권고하고 충고한다'라는 것의 단정적 의미를 잘 살릴 수 있기 때문이다. 또 그렇게 볼 때 프란치스코 영성의 핵심 줄기이자, 수도규칙의 신학적 중심인 10장 8절의 중요성과 중심성이 훨씬 더 잘 두드러진다.

'주 예수 그리스도 안에서'라는 표현은 권고하게 되는 출발점과 근거가 인간이 아닌 주님께 있다는 뜻이므로, 더 이상의 부가어나 강조가 필요 없다는 생각에 이르게 한다. 그런데도 프란치스코는 그의 고유한 어법대로 '권고하며 충고합니다'라고 중복 표현을 사용하면서 어조를 높여 강조한다. 그만큼 형제들의 삶에서 중요하고 본질적인 점이므로 깊이 새기며 살라는 그의 간절한 권고 의지가 여기에 담겨 있다. 이런 동기에서 그는 형제들이 주님의 영을 지니며 살아가는 방법을 권고한다. 7-12절은 직접적으로 순종생활과 연결되는 것은 아니라 해도 근원적으로는 연결되어 있음이 명백하다. 이런 내적 연결은 순종이 가난과 긴밀한 관계에 있고, 가난한 영을 지니려면 '주님의 영' 안에 머물러야만 한다는 점에 대한 프란치스코의 통찰을 보여준다.

「인준받은 수도규칙」 제10장은 봉사자와 수하 형제들이 모두 그들의 양심에 따라 복종해야 하는 수도규칙을 '영적으로' 지키는 것에 대해서 말한다. 프란치스코는 제10장 첫 부분(1-6)에서 프란치스칸 형제제 안에서 봉사자의 역할과 그에게 딸린 형제들의 순종에 대해 말하면서, 하느님이 자유롭게 우리 각자와 우리 형제체 안에서 활동하실 수 있도록 의지를 포기할 것을 양쪽 형제들 모두에게 요구하였다. 그런데 프란치스코는 바로 이어서 수도규칙의 영적인 준수에서 절정이 되는 점을 말한다. 곧 다른 무엇보다도 '주님의 영과 그 영의 거룩한 활동을 간직할 것'을 형제들에게 권고한다. 수도규칙의 영적인 준수와 주님의 영에 관해 말할 때 쓰는 이 단어들은 프란치스칸 개혁이 있을 때마다 삶의 쇄신을 위한 열쇠 혹은 규준으로 거듭 사용되었다. 프란치스코는 이렇게 우리 삶에서 무엇보다도 중요한 것이 '주님의 영과 그 영의 거룩한 활동을 마음에 간직하는 일'이라고 한다.

프란치스코에게 "주님의 영"은 그의 영성의 혼이라고까지 말할 수 있다. 프란치스코는 「인준받지 않은 수도규칙」에서 주님의 영에 관해 다음과 같이 말한다. "주님의 영은 육이 혹독한 단련과 모욕을 당하기를 원하며, 천한 것으로 여겨지고 멸시받고 수치당하기를 원합니다. 그리고 겸손과 인내, 순수한 단순성과 참된 영의 평화를 얻도록 힘씁니다. 그리고 무엇보다도 항상 성부와 성자와 성령께 대한 거룩한 두려움과 그분의 거룩한 지혜와 거룩한 사랑을 얻기를 갈망합니다."(17,14-16)

프란치스코는 자신은 물론 형제들도 복음을 따르고 주님한테서 오는 영감을 따르는 이들에게 주어진 이 삶에 헌신하기를 열망했다. 그는 자신이 주님의 영을 얻은 것같이 모든 형제가 주님의 영을 얻기를 바랐다. 그는 형제들이 예수 그리스도의 발자취를 외적으로만 닮기를 원치 않았고, '주님의 영'이 형제들 안에 생생하게 살아 숨쉬기를 바랐으며, 이것을 삶의 핵심으로 이해했다. 그래서 그는 형제들에게 다른 어떤 본보기를 부여하거나 그들을 다스리기를 원치 않았으며, 오히려 각자에게 주어진 하느님의 영감을 존중하였다. 그는 가장 보잘것없는 형제를 포함한 모든 형제가 하느님의 나라에 도달하기를 원했으며, 그 형제의 삶에 주님의 영이 머물기를 원했다.(2첼라노 193 참조) 그리고 그는 '주님의 영'의 이끄심에 자신을 맡겼다. 그는 "도시와 마을을 두루 돌아다니면서 인간적 지혜에서 나오는 그럴듯한 말로서가 아니라 성령께서 주시는 지식과 힘으로 하느님 나라를 선포하였고 평화를 설교하였으며 죄를 없애기 위하여 구원과 회개를 가르쳤다."(1첼라노 36)

그런데 프란치스코는 "하느님의 영"이나 "성령"이라고 언급하지 않고, "주님의 영"이라고 말한다. 이는 믿는 이들에게 주어진 영과 영원한 아들에게 고유하게 적용되는 영을 동일시하는 사도 바오로의 영향을 반영한다. 프란치스코는 바오로계 문헌의 영향을 받아[18] 그리스도의 발자취를 따르려는 열망은 하느님의 영감, 곧 성령의 작용이며, 철저히 회개했다는 표지는 그리스도 안에 계시는 바로 그 영의 활동으로 특징지어지는 하느님과의 친교라는 것을 우리에게 상기시켜 준다. "주님의 영과 그 거룩한 활동을 마음에 간직한다는 것"은 우리가 그 영이 우리 영혼과 행위 안에서 활동하시도록 해야 하고, 그 영의 현존을 투명하게 드러내야 한다는 것을 뜻한다.

「인준받지 않은 수도규칙」에서 프란치스코는 '인간적인 영의 활동들'을 형식적인 신앙과 성화를 추구하는 바리사이의 방식과 다른 사람들을 즐겁게 하려고 유창하게 말을 잘하려 함으로써 자기를 과장하는 방식을 예로 들어 설명한다. 「인준받은 수도규칙」에서 프란치스코는 이러한 특성들을 자신의 고유한 방식으로 훨씬 더 예리하게 표현한다. 곧 교만과 헛된 영광, 질투와 탐욕, 그리고 형제체에 해를 끼치는 행위들로 표현한다. 반면에, '주님의 영'은 오만하지 않고 겸손하며 오래 참고 진실한 방식으로 그분을 드러낸다. 그런데 「인준받지 않은 수도규칙」은 인간적인 육의 영을 억제되고 멸시되고 거부되어야 할 것으로 본다. 그러나 「인준받은 수도규칙」은 겸허와 인내와 사랑 그리고 무엇보다도 깨끗한 마음으로 끊임없이 기도하는 것을 강조한다. 우리는 프란치스코가 두 수도규칙에서 영은 자신을 넘어서서 에수를 드러내며, 영의 현존은 육화의 신비를 반영하는 가운데 드러난다는 사실을 표현하고 있음을 알 수 있다.[19]

---

18 참조: 갈라 4,4-6; 필리 1,9; 2코린 3,17 등.

19 참조: R. J. ARMSTRONG, '아씨시의 성 프란치스코. 복음적 삶에 대한 글(V)', 프란치스칸 삶과 사상 제16호(2001년 봄), 223-226.

프란치스코에게는 그리스도를 단순히 외적으로 따르는 것이 아니라 오히려 무엇보다도 '주님의 영'이 복음을 실행하고자 자신을 따르는 사람들 안에서 살아 움직이도록 하는 것이 중요했다. 그는 「인준받은 수도규칙」의 바로 이 부분에서 수도규칙 전체의 핵이요, 프란치스칸 삶의 가장 중요한 목표와 출발점에 대해 언급한다. 그에게는 주님의 영을 지니는 삶과 사랑하는 일이 삶의 본질이었기에, 이것을 위해 '기도 자체'가 되어버렸고, 자신의 모두를 바쳤다.

프란치스코는 육정이 만들어 내는 악습과 죄들과 자기만을 사랑하는 악습과 죄들, 특별히 교만, 헛된 영광, 질투, 중상, 불평, 불목 그리고 분열과 같은 마음으로 짓는 영적인 죄 혹은 육정이 만들어 내는 죄들에 대해 거부할 것을 형제들에게 경고한다. 영이 육에 끌려다니지 않도록 하려고, 그는 다른 무엇보다도 '주님의 영과 그 영의 거룩한 활동을 간직할 것'을 형제들에게 권고하는 것이다.

이렇게 프란치스코는 사도 바오로의 영과 육에 대한 이해 위에서 '육의 영'과 '주님의 영'을 대조시키면서 우리가 지녀야 할 삶의 핵심을 명쾌하게 제시해준다. '육의 영'과 대조되는 '주님의 영'은 우리 안에서 모든 좋은 것을 산출해 내고, 영의 거룩함을 창조해 준다. 다시 말해서 주님의 영은 우리의 온 존재를 성화시킨다. 주님의 영 안에서의 거룩함은 육의 성향과 자기애로부터 해방되는 정신과 덕행을 지니도록 해준다. 그리고 주님의 영은 주님께 대한 경외심, 거룩한 지혜, 삼위일체께 대한 거룩한 사랑의 덕을 낳아준다. 프란치스코에게는 이 덕들이 주님에게서 나오고 성령에 의해 주어지므로 이 모든 덕은 거룩하다.

프란치스코에 따르면, '주님의 영'은 하느님과 다른 이들 앞에서 내적, 외적으로 작은 자가 되는 모습을 통해 당신 자신을 드러내신다. 곧 모든 이들보다 더 쓸모없고 보잘것없는 우리 자신의 모습을 통해 드러내시는 것이다. 이처럼 '주님의 영'은 겸손의 삶과 영적인 가난을 사는 것, 원수를 사랑하는 삶, 박해와 병고 가운데서도 주님의 십자가 안에서 평화와 참된 기쁨을 간직하며 인내심을 가지는 데서 그리고 영 안에서 모든 이에게 복종하는 이들에게 당신 자신을 보여주신다. 이것이 바로 「권고」 말씀들뿐 아니라 다른 글들에서도 반복적으로 발견되는 프란치스코 고유의 메시지이다.

우리 주 예수 그리스도의 영, 곧 아버지와 아들의 영은 자신을 위해서는 아무것도 남겨두지 않고 모두 내어주시며, 우리에게 같은 일을 하도록 초대하신다. 주님의 영은 당신의 것 모두를 완전히 거둬들이시는 선과 사랑으로서 당신 자신을 계시하신다. 프란치스코에게 이런 '전적인 거둬들임'은 십자가상의 그리스도 안에서와 성체성사 안에서 특별히 표현된다. 주님의 영은 십자가에 못 박히신 완전한 기쁨 안에서 완벽한 방식으로 드러나신다.

작은 형제로서 주님의 영에 사로잡혀 살아간다는 것은, 예수 그리스도께서 십자가에서 죽기까지 당신을 내어놓으신 하느님께 대한 순종의 길을 통해서 알 수 있다. 주님의 영은 우리가 가장 작은 자, 쓸모없고 겸손한 자로서 살아갈 때, 우리를 통해서 당신을 보여주신다. 따라서 주님의 영과 거룩한 활동을 간직해서 우리의 악습과 죄악을 몰아내는 길은 인내와 겸손뿐임을 알 수 있다. 우리가 인내와 겸손 그리고 평화를 간직하고자 노력하는 바로 그때 우리는 주님의 영에 사로잡혀 살게 될 것이다.

수도규칙 제10장의 후반부(7-10)에서 핵심 문장은 "오히려 우리가 무엇보다 먼저 갈망할 것에 마음을 쏟읍시다. 곧 주님의 영과 그 영의 거룩한 활동을 마음에 간직하고"(8)라는 구절이다. "제10장의 이 구절은 수도규칙 전체를 밝혀주고 그것의 의미를 우리에게 전해준다. 이 부분은 프란치스코가 보았던 복음적 체험의 정확한 차원을 지적해 준다. 이 체험이 주님의 활동과 행동을 표면적으로 모방하는 것에 그치지 않았기 때문에, 그것은 통제될 수 있는 일련의 실천들과 규칙 준수 같은 것에 제한을 받지 않는다. 문제가 되는 것은 우리 자신을 스스로 책임지는 것이고, 성령의 인도에 따라 일하는 것이다."[20] 이 문장 첫 부분에서 프란치스코는 우리가 무엇보다 먼저 갈망할 것에 '마음을 쏟자'(attendemus)고 초대한다. 여기서 그가 자신의 글에서 12차례나 사용하고 있는 '마음을 쏟다'란 말의 라틴어 'attendere'는 일정한 대상을 향한 마음과 정신의 강렬한 경향 또는 긴장을 말한다. 그는 바로 이 대목에서 우리가 모두 온 마음과 열정을 다하고 주의를 기울여 살아야 한다고 강력하게 권고한다.

8절 후반부에 우리가 마음을 쏟아야 할 세 가지 가운데 첫 번째인 '주님의 영과 그 거룩한 활동을 마음에 간직하는 일'이 제시된다. 9-10절에는 그 두 번째와 세 번째 것이 제시된다. 곧 "주님께 깨끗한 마음으로 항상 기도하고 박해와 병고에 겸허하고 인내하며, 또한 우리를 박해하고 책망하고 중상하는 사람들을 사랑하는 일"이다. 여기서 핵심이 되는 것이 바로 8절의 '주님의 영과 그 영의 거룩한 활동을 마음에 간직하는 일'이다. 이 문장을 중심으로 해서 보면, 먼저 7절에는 주님의 영과 그 영의 거룩한 활동을 마음에 간직하기 위하여 소극적으로 하지 말아야 할 것이 언급되고 있고, 다음으로 9-10절에는 형제들이 지녀야 할 적극적인 것이 나타난다. 여기서 소극적으로 하지 말아야 할 것들(7절)은 모두 '육의 영'에서 온 것들이라 할 수 있다. 프란치스칸 회개는 '육의 영'에서 떠나 '주님의 영'을 갈망하는 데 마음을 쏟을 때 가능해진다.

---

20   E. LECLERC, Francisco de Asís, El retorno al Evangelio, 117-118쪽.

1) 주님의 영과 그 영의 활동을 지니기 위한 소극적인 방법

⁷ 진정 나는 주 예수 그리스도 안에서 권고하며 충고합니다. 형제들은 모든 교만과 헛된 영광, 질투와 탐욕, 이 세상 근심과 걱정, 그리고 중상과 불평에 빠져들지 않도록 조심하고, 또한 글 모르는 형제들은 글을 배우려고 애쓰지 마십시오.

프란치스코는 여기서 여덟 가지 죄들을 언급한다. 악습들의 목록은 자신의 아랫사람들이 다른 것들 가운데 중상과 불평의 죄를 삼가야만 한다는 것을 산 디아고의 기사수도회의 스승에게 알려준 인노첸시오 3세에게서 영감을 받은 것으로 보인다.[21] 그러나 모든 탐욕, 질투, 교만, 험담과 악의를 물리칠 것을 명하는 성령수도회 수도규칙에서 그 유사성이 명백히 드러난다.[22] 그리고 이 여덟 가지 죄들의 목록은 중세에 교부들이 많이 사용했었다는 점을 상기할 필요가 있다. 프란치스코는 강론과 교리교육을 통하여 이 죄들을 알았을 것이다. 대 그레고리오는 예컨대 보나벤투라와 같은 스콜라학자들처럼 죄의 목록을 되풀이하였다. 여덟 가지 주요한 죄의 목록은 동방 수도승, 구체적으로는 이집트 수도승들에게서 유래한다. 그 첫 번째 사료는 세라피온(Serapión)으로 알려져 있는데 카시아노는 이것을 인용하였다. 대 그레고리오로부터 동방에서는 일곱 가지 죄들이 받아들여져 그와 반대되는 일곱 가지 덕들이 만들어졌고(일부는 여덟 가지 죄를 이어갔지만) 이것이 10세기까지 이어졌다. 12세기에 성 빅토르 후고는 일곱 가지 악습들과 일곱 가지 덕들을 확정적으로 고정하였다.[23] 죄 가운데 주

---

21 J. Micó, 'El carisma de Francisco de Asís', in SelFran 81(1998), 398쪽; Migne, PL 216,209.

22 MIGNE, PL 217,1142.

23 참조: I. RODRÍGUEZ HERRARA & A. ORTEGA CARMONA, Los escritos de san

요한 죄(罪宗 peccata capitalia)로 교만, 인색, 음욕, 분노, 탐욕, 질투, 나태를 든다.[24]

프란치스코는 이 대목에서 가난 생활에 필수 불가결한 '자아 포기'와 '이기적인 소유욕'의 극복에 대해 권고한다. 그런데 여기서 '조심하다'라는 동사가 가정법 현재형(caveant)을 취하고 있어 명령의 효력을 지니게 되었다. 곧 여기서 '조심하라'는 것은 단순한 권고 이상의 명령 성격을 지닌다.[25] 7절에서 제시되는 우리가 빠져들지 말아야 할 것은 주님의 영에 의해 극복될 수 있는 것이며, 이러한 노력을 통해 주님의 영 안에 머물 수 있음을 가르치고 있다. 그 유일한 조건은 우리가 '아무것도 가지지 않는 것'이다. 우리는 이것이 바로 '영적 가난'을 사는 것이고, 다른 이들을 향한 기본적인 태도임을 깨달아야 할 것이다.

(1) 모든 교만과 헛된 영광에 빠져들지 않음

교만(superbia)과 헛된 영광(vana gloria)의 구분은 요한 카시아노의 '제도집'에 나온다. 카시아노는 이 두 가지 죄들을 그가 동방에서 들여온 여덟 가지 죄 목록에 있는 같은 악습의 두 단계로 생각했다. 그러나 프란치스코는 여기에 질투를 덧붙인다. 그에 따르면, 이 악습은 이웃의 선을 부당하게 탐하는 것만이 아니라 진정 하느님을 모독하는 것이다.[26] '육의 영'을 따르는 첫 번째 표지는 자신이 중심이 되어 스스로 만족해하며 잘난 체하는 '교만'과 하느님의 영광을 거슬러 자신만의 세속적인 영광을 찾는 일이다. 자기 자신을 소유하고 자기 자신으

Francisco de Asís, 612쪽.

24 칠죄종(七罪宗)에 대응할 수 있는 강력한 일곱 가지 덕들은 현명, 정의, 용기, 절제, 믿음, 희망, 사랑으로 보기도 하고, 겸손, 관대, 정결, 인내, 절제, 굳셈, 용서로 보기도 한다.

25 참조: F. Uribe, La Regla de San Francisco, 290쪽.

26 참조: J. Garrido, La forma de vida franciscana, 300쪽.

로 가득 차 있는 사람은 교만과 헛된 영광에 빠져든다. 그래서 그 사람 마음에 주님의 영이 들어갈 자리가 없는 것이다. 「덕들에게 바치는 인사」에서는 교만을 겸손과 반대되는 것으로 본다.(12) 교만은 프란치스코의 글에 헛된 영광과 결합하여 한 차례 더 나온다.(비인준 규칙 17,9) 프란치스코는 이를 '세상의 지혜와 육신의 현명함'(비인준 규칙 17,10)이라 부른다.

그는 다음과 같이 권고한다. "하느님의 종이 주님의 영을 지니고 있는지는 이렇게 알 수 있습니다. 육(肉)은 항상 모든 선을 거스르기에, 주님께서 그 사람을 통하여 어떤 선을 행하실 때, 그의 육(肉)이 그 때문에 자신을 높이지 않고, 오히려 자신을 더 비천한 자로 여기며 다른 모든 사람보다도 자신을 더 작은 자로 평가할 때 알 수 있습니다."(권고 12,1-3) 바로 모든 교만과 헛된 영광을 삼가는 겸손하고 마음이 가난한 사람만이 주님의 영을 지닌 사람이라 할 수 있다. 하느님께서 우리 안에서 활동하실 수 있는 근본적인 조건은 모든 것이 하느님의 선물이라는 것을 우리가 깊이 인식하는 것이다.

(2) 질투와 탐욕에 빠져들지 않음

'질투'(invidia)라는 말은 프란치스코의 글에서 유일하게 여기에만 쓰였다. 동사 형태 '질투하다'(invidere)는 같은 문장 안에서 2회 쓰였다.[27] 실부는 교만과 헛된 영광과 연결된 것으로 보인다. 왜냐면 이것은 자기 중심주의의 더 깊은 곳에 자리 잡게 되는 악습들에 더 실제적인 색깔을 띠게 해주기 때문이다. 질투는 바르지 못한 자아 개념으로 건전하지 않은 비교를 할 때 생기는 불쾌한 감정, 곧 자신보다 우월한 자를 시기하며 증오하는 감정이다. 또 질투는 어떤 사람과 바람직

---

27 권고 8,3에 나오는데, 우리말 번역본에서는 '시기하다'로 옮겼다.

한 관계가 제삼자에 의해 위협받을 때 느끼는 불쾌한 감정이다. 한편 '시기'는 자신이 바라고 있던 것을 타인이 소유하고 있다고 생각할 때 또는 자신이 소유한 것보다 남이 더 나은 것을 소유한 데 대해 느끼는 불쾌한 감정이다. '시기'는 다른 사람이 이미 소유하고 있는 어떤 것을 부러워하거나 획득하고자 하는 사람의 욕망이다. '시기'는 남에게서 그것을 빼앗으려는 욕망을 수반하며, 상대방을 향한 미움으로 표현되기도 한다. '탐욕'(avaritia)은 자신만을 채우기 위한 지나친 욕심을 말한다. 탐욕은 프란치스코의 글에서 5회 사용되었다.[28] 이는 가난에 대한 사랑, 특히 끊임없이 내적 가난을 추구하는 것과 어긋나는 악습으로 나타난다. 탐욕은 「덕들에게 바치는 인사」에서는 인색(cupiditas)과 연결되어 표현되는데, 사람의 마음에서 나오는 일종의 죄이다. 우리가 '세상을 조심하라'(cura huius saeculi)라고 할 때 세상에 속하는 세 가지, 곧 탐욕, 인색, 걱정을 조심해야 한다. 이 셋은 모두 거룩한 가난 때문에 부끄럽게 되는 것들이다(덕 인사 11).

질투와 탐욕 모두 소유와 관련되어 있다. 질투가 관계 안에서의 소유를 드러낸다면, 탐욕은 자신에게 집중된 소유이다. 이 두 가지 모두가 하느님의 것을 자기 것으로 독점하고자 하는 자기중심적인 태도로서 거기에 빠질 때 우리는 주님의 영 안에 머물 수 없게 된다. 우리가 모든 좋은 것이 하느님의 선물이라는 것을 인식한다면, 다른 형제들의 좋은 것, 뛰어난 재능, 열심한 생활을 볼 때 그들을 질투하지 않을 것이다. 본인이 가지고 있는 자연적, 초자연적인 능력이 하느님의 선물임을 안다면, 남을 위해 그 능력을 사용하는 데 인색하지 않을 것이다. 모든 좋은 것이 하느님의 것이기에 작은 형제는 질투하거나 인색하지 않고, 다른 형제들에게 마음을 열어주며 겸손한 사람이 되어

---

28 비인준 규칙 8,1; 22,7; 인준 규칙 10,7; 권고 27,3; 덕 인사 11.

야 한다. 프란치스코는 "누구든지 주님께서 자기 형제 안에서 말씀하시고 이루시는 선을 보고 그 형제를 시기하면, 모든 선을 말씀하시고 이루어 주시는 지극히 높으신 분 자신을 시기하는 것이기에 하느님을 모독하는 죄를 범하는 것입니다"(권고 8,3)라고 권고한다.

(3) 현세의 근심 걱정에 빠져들지 않음

프란치스코의 글에서 '근심'(cura)과 '걱정'(sollicitudine)은 각각 8회씩 나온다. 그리고 '근심과 걱정'이 짝을 이루어 나오는 것은 7회이다.[29] '근심'은 해결되지 않은 일 때문에 괴롭게 애쓰는 마음으로서 우울해 하는 것을 말한다. '걱정'은 안심이 되지 않아 속을 태우는 것으로서 어원적으로는 정신을 심하게 동요시키는 내면의 흔들림이 두드러지게 나타나는 것을 말한다. 따라서 현세의 근심 걱정은 참된 그리스도인들의 영성 생활에 걸림돌이 된다.

그리스도인들은 '지금'이 바로 은총의 때임을 깨달아 현재에 감사하며 살아야 한다. 그런데 '지금', '여기'에 살아계시며 생명을 주시는 주님의 사랑으로부터 눈을 돌려 미래에 애착을 두고 살아갈 때 근심 걱정에 빠지게 된다. 이 또한 '현재'의 하느님을 신뢰하지 않고 그분만으로 만족하지 못한 채 돌아올 일을 자기 뜻대로 이루고자 하는 욕망을 갖는 것으로서 가난하지 않은 모습이다. 프란치스코는 근심 걱정이 주님의 영 안에 머무는 삶에서 얼마나 큰 걸림돌이 되는지 다음과 같이 지적한다. "육적인 욕망과 세속의 근심 걱정과 살아갈 근심에 빠져 세상을 육신적으로 섬기는 남녀 모든 사람, 이들은 악마에 속아 악

---

29 **근심**(cura) : 1신자 편지 2,5; 2신자 편지 65; 지도자 편지 3.6; 비인준 규칙 22,20.26; 인준 규칙 10,7; 덕 인사 11. **걱정**(sollicitudine) : 1신자 편지 2,5; 2신자 편지 65; 지도자 편지 3.6; 비인준 규칙 22,16.26; 인준 규칙 10,7; 권고 27,4. 짝을 이루어 나오는 경우: 1신자 편지 2,5; 2신자 편지 65; 지노사 편지 3.6; 비인준 규칙 8,2; 22,26; 인준 규칙 10,7.

마의 자식들이 되고 악마의 짓을 그대로 합니다. 그들은 참된 빛이신 우리 주 예수 그리스도를 보지 않기에 소경입니다."(2신자 편지 65-66)

주님의 영과 그 영의 거룩한 활동 안에 살려는 작은 형제는 이 세상 모든 근심 걱정을 버리고, 하느님께 모든 일을 맡길 줄 알아야 한다. 우리는 세속적으로가 아니라 참 지혜이신 하느님 아드님의 눈으로 만물과 만사를 보게 되고, 현세를 참된 빛 속에서 보아야 한다. 프란치스코는 근심 걱정에서 벗어나기 위한 길을 다음과 같이 명확히 제시해준다. "온갖 장애를 멀리하고 모든 근심 걱정을 물리쳐 할 수 있는 최선의 방법으로 무엇보다도 주님께서 요구하시는 일, 곧 그분을 깨끗한 마음과 순수한 정신으로 섬기고 사랑하며 공경하고 흠숭하도록 하십시오."(비인준 규칙 22,26)

(4) 중상과 불평에 빠져들지 않음

중상과 불평은 마음의 균형이 흐트러진 상태에서 나오는 악습들이다. '중상'(detractione)은 사실무근의 악명을 씌워 남의 명예를 훼손하는 일을 말한다. 중상은 어원적으로 보면 '~로부터 떼어내다, 빼앗다, 끌어내리다, 축소하다' 등의 의미를 지닌 'detrahere'란 말에서 왔다. 중상은 다른 이를 깎아내려 손상을 입히는 악습이다. '불평'(murmuratione) 또는 '수군거림'은 유럽과 아시아 여러 나라에서 의성어 형식으로 형성된 말인데, 명확하게 말하지 않고 낮은 목소리로 단순히 입술만 움직이며 반복하는 것을 말한다. 그리고 은밀한 방식으로, 통상적으로 사악하게 다른 사람을 대하는 사람과 그러한 행동을 가리킨다. 불평은 프란치스코의 글에 3회 나오는데 늘 형제 관계에서 사용되는 말이다.[30] 그런데 유일하게 여기서는 다른 사람들과 관계에서의 악습들을 좀 더 강조하고 새로운 어조를 부여하면서 '중상'과 결합하여 나온

---

30 〈명사형〉: 비인준 규칙 7,15; 인준 규칙 10,7; 〈동사형〉: 비인준 규칙 11,8.

다. 이 두 가지 악습들은 「권고」 말씀에서 종들의 행복 가운데 하나로 구체적으로 적용되어 다음과 같이 권고된다. "자기에게서 멀리 떨어져 있을 때도 자기와 함께 있을 때처럼 형제를 사랑하고 존경하며, 그 형제 앞에서 사랑 때문에 말할 수 없는 것을 그 형제 뒤에서도 말하지 않는 종은 복됩니다."(권고 25)

초기사료들에 따르면, 프란치스코는 독사이고 육을 피폐하게 만들며 형제들의 내면을 갉아먹는 중상을 다른 악습들보다도 더 싫어하였다.(2첼라노 182; 대전기 8,4) 그는 "중상꾼과 험담꾼은 하느님의 미움을 산다"(비인준 규칙 11,8)고 경고한다. 남을 헐뜯고 비방하는 것은 무의식 중에 하는 것이지만, 무엇보다도 자신이 낫다는 것을 내세우는 교만의 결과이다. 남을 중상하고 원망하는 사람은 하느님을 배반하고, 이웃에게 상처를 주어 주님의 영을 얻지 못하게 된다. 프란치스코는 "남을 중상하지 말 것입니다. '중상꾼과 험담꾼은 하느님의 미움을 삽니다'라고 적혀 있으니, 불평하거나 남을 헐뜯지 말 것입니다"(비인준 규칙 11,7-8)라고 권고한다. 나아가 프란치스코는 자신을 합리화하면서 '육의 영'을 따라 악을 저지르는 이들에게 다음과 같이 경고한다. "판단하거나 단죄하지 말 것입니다. 그리고 주님께서 말씀하시는 대로, 다른 사람들의 지극히 작은 죄들을 생각하지 말고, 오히려 쓰라린 마음으로 자기 자신의 죄를 돌이켜볼 것입니다."(비인준 규칙 11,10-12)

(5) 글 모르는 이는 배우려 하지 않음

"글 모르는 형제들은 글을 배우려고 애쓰지 마십시오"(10,7)라는 이 말씀은 글을 모르는 형제들에 대하여 주어지는 권고 그 이상의 것이다. 이 말은 형제회 은사 안에서 어떤 것이 배움의 기능이라고 평가되는지에 대한 태도를 보여주는 것으로 보인다.[31] 이 평가는 초기 동

---

31 J. Micó, 'El carisma de Francisco de Asís', in SelFran 81(1998), 399쪽.

료들이 '무식한 사람들이 되고 모든 이에게 복종하는 것'을 선택하였음을 상기시켜주는 「유언」에서 되풀이된다.(19 참조) 작은 형제는 모든 일에서 하느님의 뜻을 찾고, 높은 자리나 직책을 찾지 않으며 하느님의 뜻대로 살려고 노력하는 사람들이다. 프란치스코 시대에 높은 자리에 올라 명성을 얻는 방법은 학문이었다. 당시 교회 내에서도(교구, 수도원) 주교나 아빠스가 되려면 공부를 해야 했고, 귀족 출신이 아니면 주교가 될 수 없었다. 따라서 사람들은 공부하는 데 관심이 많았다. 그러나 배우려는 욕망을 지닌 사람은 자기 자신을 내세우는 교만에 떨어진다. 참된 지식은 하느님의 사랑에서 비롯되는 지혜이며, 하느님의 뜻에 일치하고 다른 이들의 유익에 도움이 되는 것이어야 한다. 프란치스코는 지식에 대한 애착을 지닌 이들이 내적 가난을 잃고, 주님의 영으로부터 멀어지는 것을 보며 다음과 같이 권고한다.

"사도가 말합니다. '문자는 사람을 죽이고 영은 사람을 살립니다. 사람들 중에서 더 많은 지식을 가진 자로 인정받기 위해서 또 친척이나 친구들에게 줄 많은 재물을 획득하기 위해서 다만 말마디만을 배우기를 열망하는 이들은 문자로 말미암아 죽임을 당한 사람들입니다."(권고 7,1-2)

배우려는 욕망으로 가득 찬 형제들은 보상을 받을 날이 오면 빈손으로 나타날 것이며, 자기 자신을 찾는 그런 사람의 지식은 사도 바오로의 말씀대로 죽은 지식이다. 이런 의미에서 이 10장을 알아들어야 한다. 당시 유식한 형제들이 많이 입회하고, 성직화의 흐름에 맞물려 지식에 대한 욕망을 갖는 형제들도 생겨나면서 형제들의 삶이 가난에서 멀어지는 모습을 보이기도 하였다. 프란치스코는 공부 자체를 반대하거나 무지를 합리화하지 않았다. 다만 지식을 자기 것으로 삼는 소유의 악을 경계한 것이다.

2) 주님의 영과 그 영의 거룩한 활동을 지니기 위한 적극적인 방법

⁹ 주님께 깨끗한 마음으로 항상 기도하고 박해와 병고에 겸허하고 인내하며, ¹⁰ 또한 우리를 박해하고 책망하고 중상하는 사람들을 사랑하는 일입니다. 왜냐면 주님께서 이렇게 말씀하시기 때문입니다. "너희는 원수를 사랑하여라. 그리고 너희를 박해하고 중상하는 자들을 위하여 기도하여라."(마태 5,44) ¹¹ "행복하여라, 의로움 때문에 박해를 받는 사람들! 하늘나라가 그들의 것이다."(마태 5,10) ¹² "끝까지 견디는 이는 구원을 받을 것이다."(마태 10,22)

지금까지 7절에서는 주님의 영에서 멀어지지 않기 위한 소극적인 길이 제시되었다. 이제부터는 우리가 무엇보다 먼저 갈망해야 할 첫 번째 것인 '주님의 영과 그 영의 거룩한 활동을 마음에 간직하는 일'의 맥락에서 그것을 얻기 위한 적극적인 길에 대해 권고한다. 이것은 '주님의 영'이 가져다주는 결과이기도 하다.

(1) 깨끗한 마음으로 늘 기도함

프란치스코는 성령의 제일차적인 활동을 깨끗한 마음으로 바치는 기도로 여긴다. 주님의 영의 활동은 먼저 깨끗한 마음으로 주님께 늘 기도하도록 해준다. 프란치스코는 기도에 대해 말할 때마다 마음의 깨끗함과 연결해서 말한다.³² '주님의 영'의 활동을 마음에 지니고 하느님과 일치하여 생활하려면, 마음이 깨끗한 사람이 되어야 한다. 깨끗한 마음은 우리 안에 하느님이 살아있게 하는 변함없는 조건이다. 깨끗한 마음 자체가 늘 살아계시고 진실하신 하느님을 흠숭하고 바라보도록 프란치스코를 이끌어주었다. 여기서 '늘'이라는 말은 단순히

---

32 참조: 비인준 규칙 22,26.29; 권고 16; 2신자 편지 19.

'기도하다'라는 말에만 연결되는 것이 아니라 "깨끗한 마음으로 기도하다"에도 연결되는 것이 분명하다. 깨끗한 마음과 기도는 떼놓을 수 없는 관계에 있기에 우리는 '늘' 이 두 가지를 지녀야 한다. 깨끗한 마음을 항구하게 지녀야 참다운 기도가 될 수 있고, 참다운 기도 안에 머물게 될 때 '늘' 깨끗한 마음을 지닐 수 있게 된다는 말이다. 여기서 말하는 지속해서 깨끗한 마음을 지니는 것은 '주님의 영'의 선물이자, 그 영 안에 머물기 위한 결정적인 길이다.

깨끗한 마음으로 기도하는 것은 아버지와 아들로부터 우리 마음에 파견되신 진실하신 영, 위로자, 성령 안에서 기도하는 것을 뜻한다. 또 두 군데에서 프란치스코는 우리가 '주님의 기도'를 바쳐야 한다고 덧붙인다.(비인준 규칙 22,28; 2신자 편지 21) 이는 프란치스코에게 '주님의 기도'가 순수한 마음으로 탁월하신 진리의 영 안에서 하는 기도였음을 믿도록 해준다.

프란치스코는 다음과 같이 권고한다. "진정 마음이 깨끗한 사람들은 지상의 것들을 멸시하고 천상의 것들을 찾으며, 살아 계시고 참되신 주 하느님을 깨끗한 마음과 정신으로 항상 흠숭하고 바라보는 일을 그치지 않는 사람들입니다."(권고 16) 마음이 깨끗한 사람은 모든 지상 사물에서 해방되어 매사에 하느님을 찾고 하느님만을 사랑하며, 기쁘게 하느님을 섬기고 경배할 수 있게 된다. 모든 현세적인 것에서의 자유는 곧 하느님을 위한 자유이다. 프란치스코는 바로 이 점에 관하여 다음과 같이 가르친다.

"하느님이신 거룩한 '사랑 안에서', 나는 봉사자뿐만 아니라 다른 모든 형제에게 부탁합니다. 온갖 장애를 멀리하고 모든 근심 걱정을 물리쳐 할 수 있는 최선의 방법으로 무엇보다도 주님께서 요구하시는 일, 곧 그분을 깨끗한 마음과 순수한 정신으로 섬기고 사랑하며 공경

하고 흠숭하도록 하십시오."(비인준 규칙 22,26)

프란치스코는 하느님께서 마음이 순수한 사람 안에 머무르시며, 자기 자신에 대한 애착심 없는 사람 안에서 자유로이 활동하신다고 가르친다. 깨끗한 마음으로 늘 기도할 수 있는 것은 주님의 영의 첫 번째 열매이다. 또 늘 깨끗한 마음으로 기도함으로써 주님의 영을 지닐 수 있게 된다.

(2) 박해와 병고에 겸허하고 인내함

"박해와 병고에 겸허하고 인내하며", 이것은 주님의 영과 그 영의 거룩한 활동을 지니기 위한 적극적인 방법이자 그 두 번째 열매이다. 자기 자신만을 사랑하는 이기적인 사람은 겸손할 수 없고 어떤 박해나 병고에도 인내할 수 없다. 주님의 영은 늘 깨끗한 마음으로 기도하는 것과 더불어 원수에 대한 사랑과 겸손과 인내를 낳고, 자신의 약함을 알게 해준다. 프란치스코에 따르면, 모든 덕이 하느님과 성령 그리고 주님한테서 나오며, 덕 하나하나가 모든 덕과 연결되어 있다. "하나의 덕을 가지고 있고 다른 덕들을 거스르지 않는 사람은 모든 덕을 갖게 됩니다. 그러나 하나의 덕을 거스르는 사람은 하나도 갖지 못하고 모든 덕을 거스르게 됩니다."(덕 인사 6-7)

진정한 겸손과 인내는 주님의 영의 거룩한 활동으로 지닐 수 있다. 따라서 우리는 분노와 흥분에서 벗어나야 하고, 「인준받은 수도규칙」 제10장에서 확실히 보여주듯이 모든 것들을 특히 박해와 약함 속에서 평화롭게 참아 받아야 한다. 「인준받지 않은 수도규칙」이 이것을 더 구체적으로 말해준다. "주님의 영(靈)은 육(肉)이 혹독한 단련과 모욕을 당하기를 원하며, 천한 것으로 여겨지고 멸시받고 수치 당하기를 원합니다. 그리고 겸손과 인내, 순수한 단순성과 참된 영의 평화를 얻도록 힘씁니다. 그리고 주님의 영은 무엇보다도 항상 성부와 성자와 성령의 신성한 두려움과 신성한 지혜와 신성한 사랑을 얻기를 갈망합니다."(17,14-16) 여기서 평화의 정신은 주님의 영과 그 영의 거룩한 활동의 열매인 진정한 겸손과 인내의 증거로서 명백히 드러난다.

프란치스코는 인내와 겸손을 같이 놓고 보면서 현실에 비추어 다음과 같이 권고한다. "하느님의 종은 자기가 만족스러워할 때는 자기에게 어느 정도의 인내심과 겸손이 있는지를 알 수 없습니다. 그러나 자기를 만족스럽게 해야 할 바로 그 사람들이 자신을 반대하는 순간이 왔을 때, 그때 지닌 만큼의 인내와 겸손을 지닌 것이지 그 이상을 지닌 것이 아닙니다."(권고 13) 인내심 있고 겸허한 사람은 모든 것을 하느님한테서 나오는 것으로 받아들이며, 기쁠 때나 어려움을 당할 때도 감사할 줄 안다. 프란치스코는 권고한다. "모든 일에 대해서 창조주께 감사를 드리십시오. 건강하든 병약하든 건강에 있어서 주님께서 원하시는 대로 되기를 바라십시오."(비인준 규칙 10,3)

프란치스코는 박해 중에 인내하는 복된 길에 대해 복음 구절을 인용하면서 다음과 같이 명쾌하게 가르친다. "행복하여라. 의로움 때문에 박해를 받는 사람들! 하늘나라가 그들의 것이다."(마태 5,10) "사람들이 나를 박해하였으면 너희도 박해할 것이다."(요한 15,20) 그리고 "어떤 고을에서 너희를 박해하거든 다른 고을로 피하여라."(마태 10,23) "사람들이 너희를 미워하고(루카 6,22) "너희를 비난하고"(마태 5,11) 너희를 박해하고 "너희를 갈라지게 하고 모욕하고 너희 이름을 중상하면"(루카 6,22) 그리고 "너희를 거슬러 거짓으로 온갖 사악한 말을 하면"(마태 5,11) "너희는 행복하다."(마태 5,11) "너희가 하늘에서 받을 상이"(마태 5,12) 많기에, "그날에 기뻐하고 뛰놀아라."(루카 6,23) 또 나는 "나의 벗인 너희에게 말한다. 아무도 두려워하지 마라."(루카 12,4) "육신은 죽이는 자들을 두려워하지 마라."(마태 10,28) 그들은 "그 이상 아무것도 하지 못한다."(루카 12,4) "불안해하지 않도록 주의하여라."(마태

24,6) 사실, "너희는 인내로써 생명을 얻어라."(루카 21,19) 또 "끝까지 견디는 이는 구원을 받을 것이다."(마태 10,22; 24,13)[33]

프란치스코는 「인준받지 않은 수도규칙」의 다음 말씀을 통하여 삼위일체이신 하느님에 대한 현존 체험이 박해와 병고와 존재하는 모든 것을 그리스도를 따르는 수단으로 변모시켜 줄 수 있음을 가르친다. "원수를 사랑하고 너희를 미워하는 자들에게 잘해 주라고 하신 주님의 말씀에 귀를 기울입시다. 우리가 발자취를 따라야 할 우리 주 예수 그리스도께서 당신을 넘겨준 사람을 벗이라 부르시고 또한 당신을 십자가에 못 박은 사람들에게 기꺼이 자신을 내주셨기 때문입니다. 그러므로 우리에게 부당하게 번민과 괴로움, 부끄러움과 모욕, 고통과 학대, 순교와 죽음을 안겨주는 모든 이들이 바로 우리의 벗들입니다. 그들이 우리에게 끼치는 그것들로 말미암아서 우리는 영원한 생명을 누릴 것이기에 우리는 그들을 극진히 사랑해야 합니다."(비인준 규칙 22,1-4)

주님의 발자취를 따르려면, 주님의 박해에 대한 인내심도 본받아야 한다. 주님의 제자라면 골고타의 주님 수난을 따를 각오까지 되어 있어야 하고, 박해와 병고에서 이겨내야만 영원한 생명을 얻을 수 있다. 이러한 삶은 주님의 영 안에 머물 때 가능해진다. 주님의 영은 교만하고, 자기중심적인 사람의 '참을성 없음'을 정화해주신다. 사실 우리는 아무 일이 없고 모든 일이 자기 뜻대로 잘 되어갈 때는 그가 어떤 사람인지 잘 모른다. 그가 참으로 '주님의 영'을 지닌 사람인지는 어려움이 있을 때나 다른 사람으로부터 박해를 받거나 오해를 받을 때 그것을 기쁘게 감당하고 인내하는 것을 보면 알 수 있다. 그러한 사람은 그 모든 것을 주님에게서 온 것으로 받아들이며 박해, 모욕, 시

---

33 비인준 규칙 16,12-21.

련, 배고픔, 나약함, 유혹 등 모든 것이 예수 그리스도를 따르는 유익한 수단이자 그분을 만날 수 있는 은총의 계기로 알아차린다. '견딤'은 생명을 얻고 구원을 받는 길이다.

(3) 박해하고 책망하고 중상하는 사람들을 사랑함

[10] 또한 우리를 박해하고 책망하고 중상하는 사람들을 사랑하는 일입니다. 왜냐면 주님께서 이렇게 말씀하시기 때문입니다. "너희는 원수를 사랑하여라. 그리고 너희를 박해하고 중상하는 자들을 위하여 기도하여라."(마태 5,44) [11] "행복하여라, 의로움 때문에 박해를 받는 사람들! 하늘나라가 그들의 것이다."(마태 5,10) [12] "끝까지 견디는 이는 구원을 받을 것이다."(마태 10,22)

프란치스코는 주님의 영과 그 영의 거룩한 활동 가운데 세 번째로 원수에 대한 사랑을 언급한다. 자신을 포기하고 주님의 영을 지녔다는 표시는 원수에 대한 사랑, 곧 자기 마음에 들지 않는 사람을 사랑하는 것이다. 주님을 따르는 사람이라면 주님에 대한 사랑 때문에 원수를 사랑하는 '죽음의 가난' 단계까지 이르러야 한다. 프란치스코는 마치 주님이 당신 제자들에게 요구하신 것처럼 형제들에게 자주 이러한 사랑을 요구한다. 이는 분명 가장 어려운 것이지만, 주님의 영을 가장 확실하게 지닐 수 있는 길이다. 우리는 모든 박해와 시련을 평화롭게 참아내고 받아들임으로써 박해자들에 대한 진정한 사랑과 십자가의 기쁨과 영광, 참 행복과 완전한 기쁨으로 나아갈 수 있게 된다.

프란치스코는 우리 원수들인 '박해하고 책망하고 중상하는 사람들'을 우리에게 영원한 생명을 준비시켜 주는 친구들로 생각한다. 이는 복음적인 전망과 철저히 일치한다. 그의 이러한 전망이 성경에 기초하고 있음은 10절에 인용된 성경 구절을 보면 잘 알 수 있다. "너희는 원수를 사랑하여라. 그리고 너희를 박해하고 중상하는 자들을 위하여 기도하여라.(마태 5,44 참조) 행복하여라, 의로움 때문에 박해를 받는 사람들! 하늘나라가 그들의 것이다.(마태 5,10) 끝까지 견디는 이는 구원을 받을 것이다.(마태 10,22)"

프란치스코는 다음과 같이 말한다. "찾아오는 사람은 누구나, 벗이나 원수든, 도둑이나 강도든 모두를 친절하게 맞을 것입니다."(비인준 규칙 7,14) "끝까지 견디는 사람은 구원을 받을 것입니다." 그는 「신자들에게 보낸 편지」에서 좀 더 아름다운 말로 다음과 같이 표현한다. "우리가 사랑과 순수하고 진실한 양심을 지니고 우리의 마음과 몸에 그분을 모시고 다닐 때 우리는 어머니들입니다."(2신자 편지 53) 나아가 그는 '주님의 기도 묵상'에서 원수를 고리로 하는 기도의 차원을 안내해준다. "저희가 완전히 용서하지 못하는 것을, 주님, 저희가 완전히 용서하게 해주소서. 당신 때문에 원수를 참으로 사랑하게 하시고, 저희가 아무에게도 악을 악으로 갚는 일이 없이 원수를 위하여 당신 앞에서 열심히 전구하게 하시며, 당신 안에서 모든 것에 도움이 되도록 힘쓰게 하기 위함이나이다."(주님 기도 8)

우리를 박해하고 책망하고 중상하는 사람들을 사랑하는 것이야말로 그리스도교적 생활의 완성이요, 그리스도 안에서 하느님과 하나가 되는 길이다. 그런 사람들을 사랑하는 것은 자기부정과 희생의 극치이며, 죽음이 요구된다. 그래서 프란치스코는 '주님에게' 그리고 '주님 때문에' 원수를 사랑할 수 있게 해달라고 기도하는 것이다. 성경도 우리가 '예수님께 속하여' '성령으로 살 때' 사랑의 삶을 살 수 있음을 가르친다. "성령의 열매는 사랑, 기쁨, 평화, 인내, 호의, 선의, 성실, 온유, 절제입니다. 이러한 것들을 막는 법은 없습니다. 그리스도 예수님께 속한 이들은 자기 육을 그 욕정과 욕망과 함께 십자가에 못 박았습니다. 우리는 성령으로 사는 사람들이므로 성령을 따라갑시다. 잘난

체하지 말고 서로 시비하지 말고 서로 시기하지 맙시다."(갈라 5,22-26)

(4) 아무것도 자기 것으로 남겨두지 말 것

제10장에 나오는 모든 권고는 아무 소유도 없는 생활과 작음(minoritas)의 태도와 깊은 연관이 있다. "여러분에게 당신 자신 전부를 바치시는 분께서 여러분 전부를 받으실 수 있도록 여러분의 것 그 아무것도 여러분에게 남겨두지 마십시오."(형제회 편지 29) 이 말씀대로 우리는 주님을 완전히 얻고 그분으로 채워지기 위해서 자기 자신까지 포기하는 가난한 사람이 되어야 한다. 이 모든 여건이 이루어지고 자기 자신까지 비워버릴 때 우리는 주님의 충만하심으로 가득 차고, 주님의 영을 얻게 되어 '주님의 영'의 활동 가운데 살게 될 것이다. 마음이 가난하고 겸손한 형제들만이 매일 하느님 때문에 자신을 포기했음을 인식할 수 있다. 또 마음이 가난하고 겸손한 장상만이 형제들의 참된 봉사자와 종으로써 겸손과 사랑으로 형제들에게 봉사할 수 있다.

■ 현대적 적용 ■

오늘날 우리는 다음과 같은 변화와 요인들로 권위의 위기를 맞고 있다. ㄱ) 모든 것이 연결되는 세계화 현상 속에서 연결점을 갖지 못한 이들은 더욱 소외감을 느낀다. ㄴ) 근대 산업사회에 대해 반기를 든 포스트모더니즘은 기존의 가치를 무시한다. ㄷ) 근대 산업 문명이 인간의 행복을 보장하지 못함을 확인하면서 감성과 인간성을 중시하고 자기가 좋은 것, 자기가 하고 싶은 것을 한다는 의식이 지배적이고, 신비적이고 초월적이고 영적인 것에 쉽게 매료된다. ㄹ) 4차 산업혁명의 시대에 맞는 엄청난 변화와 그에 따른 가치와 사고의 극심한 혼란, 스마트 기기의 발달에 따른 접속을 기반으로 한 사회 여건의 거대한 변화는 권위 행사에 관한 시각을 바꾸도록 촉구하고 있다. ㅁ) 수직적인 구조가 수평적인 네트워크 구조로 바뀜으로써 공동체 안에서 권위의 행사가 어려워지고 있다. ㅂ) 개인주의가 심화하고 개별성이 강조되고, 사도직 환경의 변화와 그에 따른 적응의 필요성 공동체가 더 약해지는 양상이 나타나고 있다.

수도규칙 제10장 전반부는 오늘날 혼란과 위기에 처한 권위와 순종생활에 근원적인 영감을 준다. 프란치스코 성인은 권위를 행사하는 장상들의 정체성을 모든 형제의 '봉사자요 종'이라 한다. 곧 장상직을 맡은 형제들은 경제적 재산의 관리자나 사도직 사업의 관리자가 아니다. 수도규칙은 무엇보다도 봉사자와 종들의 역할이 사목적 성격의 것임을 말해준다. '봉사자요 종'인 장상은 형제들을 방문하여 권고하고 겸손과 사랑으로 잘못을 바로잡아 주되, 영혼과 수도규칙에 어긋나는 것을 명하지 말아야 한다. 수하 형제들도 영혼과 수도규칙에 어긋나는 것이 아니라면, 봉사자들에게 순종해야 한다. 한마디로 프란치스칸 권위 봉사의 본질은 형제적 동등성의 기초 위에 형제들 곁으로 다가가 "사랑과 친절로 형제들을 맞이하는" 환대 정신과 상호 간 사랑의 섬김이다. 이러한 프란치스칸 권위 행사는 오늘의 위기를 풀어가는 강력한 방안이 될 수 있을 것이다.

오늘날 봉사자들은 이런 자세로 행사하면서 다음과 같은 과제를 고려할 것이다.(권위의 봉사와 순종, 13-19항) 권위는 형제들이 축성된 봉헌을 충실히 증진할 수 있도록 도우며, 형제들과 일치하여 무엇보다도 하느님을 찾고 사랑하는 형제적 공동체를 이루는 영성적 봉사를 첫 자리에 두어야 한다. 또 권위자들은 공동체에 기도를 위한 시간과 기도의 질을 보장하고, 인간의 존엄을 증진해야 한다. 권위자들은 어려움 가운데에서 용기와 희망을 불어넣어 주어야 한다. 나아가 자기 수도 가족의 은사와 '교회 감각'(sentire cum Ecclesia)을 생생히 유지할 임무가 있다. 이러한 봉사는 계속 교육의 여정에 함께하는 봉사로 표현되어야 함을 기억할 필요가 있다.

물론 작은 형제들이 늘 '봉사자와 종'이라는 장상의 정체성을 잃지 않고 살았던 것은 아니다. 프란치스칸 삶에서 봉사직을 맡은 이들의 정체성을 회복하는 데 여러 단계를 거쳤다. 그러나 만족할만한 지점에 도달하지는 못했다. 늘 권력에 대한 유혹, 드러내고 싶은 욕망과 직무에 따른 특전적 지위를 남용할 우려 때문이다. 권위를 봉사가 아니라 권력으로 믿고 주인처럼 행동하는 것이 문제다. 이는 영원한 과제이지만, 초기의 정체성과 정신을 찾아 되돌아가야 하는 전환점임을 잊지 말아야 할 것이다.

제10장 후반부에서 프란치스코는 그 무엇보다도 주님의 영과 그 거룩한 활동을 마음에 간직하는 일을 우리 삶의 핵심적인 요소로 강조한다. 그는 주님의 영 안에 머무는 삶을 위하여 소극적인 요소와 적극적인 요소를 제시하였다. 소극적인 요소는 첫째, 모든 교만과 헛된 영광, 질투와 탐욕, 이 세상 근심과 걱정 그리고 중상과 불평에 빠져들지 않는 것 둘째, 글 모르는 형제들은 글을 배우려고 애쓰지 않는 것이다. 적극적인 요소는 첫째, 주님의 영과 그 거룩한 활동을 마음에 간직하는 일 둘째, 주님께 깨끗한 마음으로 늘 기도하고 박해와 병고에 겸허하고 인내하는 일 셋째, 박해하고 책망하고 중상하는 사람들을 사랑하는 일이다.

프란치스코는 여기서 개인의 내면생활에 중요한 것만을 말한 것이 아니다. 우리는 무엇을 하느냐보다 늘 어떤 정신으로 하느냐가 중요함을 잊어서는 안 될 것이다. 개인이든 공동체 차원이든 '주님의 영'을 지니지 않고 행동할 때 자기분열, 소외와 차별, 불의와 폭력의 길을 걸을 수밖에 없을 것이다. 교황청 내사원은 세계화 시대의 일곱 가지 새로운 대죄로 환경 파괴, 윤리적 논란의 소지가 있는 과학실험, DNA 조작과 배아줄기세포 연구, 마약 거래, 소수의 과도한 축재, 낙태, 소아

성애를 규정하였다. 이 모든 문제는 주님의 영과 무관한 '얼빠진 이들'로부터 시작됨을 기억하며, 늘 "주님의 영과 그 영의 거룩한 활동을 마음에 간직하고" 사랑과 정의 실현을 위해 힘써야 할 것이다.

제11장
형제들은 여자 수도원을 출입하지 말 것입니다

¹ 나는 모든 형제에게 단호히 명합니다. 형제들은 여자들과 의심스러운 교제나 담화를 나누지 마십시오. ² 그리고 사도좌로부터 특별한 허가를 받은 형제들 외에는 여자 수도원을 출입하지 마십시오. ³ 또 형제들은 남자나 여자의 대부가 되지 마십시오. 이로 인해 형제들 간에, 또는 형제들에 대한 추문이 생기지 않기 위해서입니다.

[인준받지 않은 수도규칙의 병행 구절]
[제12장 불순한 시선과 여자들과의 잦은 만남에 대하여]
¹ 모든 형제는 어디에 있든지 어디에 가든지 여자들에 대한 불순한 시선과 잦은 만남을 조심할 것입니다. ² 그리고 아무도 혼자서 여자들과 상의하지 말 것입니다. ³ 사제들은 고해성사를 주거나 영적 조언을 할 때 그들과 정숙하게 이야기할 것입니다. ⁴ 그리고 어떤 형제든지 절대로 어느 여자를 순종으로 받아들이지 말 것이며, 영적 조언을 한 후에 그 여자가 원하는 곳에서 회개 생활을 하도록 해줄 것입니다. ⁵ 그리고 우리 모두 우리 자신을 힘써 지키고 우리의 모든 지체를 깨끗하게 보존합시다. 주님께서 말씀하십니다. "음욕을 품고 여자를 바라보는 자는 누구나 이미 마음으로 그 여자와 간음한 것이다."(마태 5,28)

[제13장 간음을 피할 것입니다]
¹ 형제들 가운데 누가 마귀의 충동으로 간음을 했으면, 수도복을 온전히 벗을 것입니다. 그는 자기의 더러운 죄 때문에 수도복을 입을 자격을 잃어버렸기 때문입니다. 그리고 우리 수도회에서 완전히 제명되어야 합니다. ² 그러고 나서 그는 죄에 대한 보속을 할 것입니다(참조: 1코린 5,4-5).

개요

제11장의 제목은 교황의 칙서에서 구분한 것을 그대로 따른 것인데, 이 장 전체의 내용을 포함한 것은 아니다. 제11장의 제목은 클라라 자매회의 발전을 말해준다. 또 11장은 시토회와 프레몽트레회의 영향도 반영한다. 두 수도공동체는 그들과 가까운 수도승원이나 수도원을 설립하려고 애쓰던 많은 여성 추종자들을 끌어당겼고, 그 결과 여성 추종자들의 필요를 위한 봉사에 점차 더 의무를 지게 되었다. 이러한 발전의 결과로 1219년 우골리노 추기경이 '산 다미아노의 가난한 자매들'에게 부과한 생활양식처럼, 봉쇄에 관한 법이 역사의 이 시점에서 더욱더 분명해졌다.[1] 클라라 수도규칙은 교회 역사상 최초로 '교황 봉쇄'(Clausura papalis)를 규정하였다(11,7). 교황 그레고리오 9세는 이를 더욱 강화하여 봉쇄구역에서 나가려면 교황이나 담당 추기경의 허락을 받도록 하였다. 교황 보니파시오 8세(1294-1303)는 모든 수녀승이 이 규범을 지키도록 하였다.

제11장의 주제는 수도규칙에서 제시한 예수 그리스도를 따르는 삶을 방해할 수 있는 유대 관계로부터 형제들의 정결과 자유를 보호하는 것이다. 제11장 본문은 본질에서는 「인준받지 않은 수도규칙」 제12장을 반복하고 있는데, 거의 당대의 교회법 규정에서 취한 것이다. 제11장은 1장 1절의 '정결하게 살면서'를 보다 구체적으로 언급한 것으로 애정적 관계에 관한 형제들의 복음적 의무를 규정한다. 여기서 우리는 우리의 모든 활동과 인간관계가 '주님의 영'(10,8 참조)을 반영함으로써 하느님과 이웃에게 자신을 자유롭게 내어줄 수 있어야 한다는 프란치스코의 심오한 의도를 읽을 수 있다.

---

[1] 참조: R. J. ARMSTRONG etc(ed.), FRANCIS OF ASSIS. Early Documents I, 106쪽 각주 a.

수도규칙의 틀 안에서 이 장을 여기에 배치한 것은 교회가 받아들인 수도서원의 하나인 정결 서원에 대하여 설명하고, 그 의미를 확장하려는 것이다. 이 장의 바탕에는 혼인과 정결에 관한 신약성경 구절(마태 19,1-12, 1코린 7,1-40), 성직자의 독신 생활과 관련된 문제, 고대 및 중세의 수도승 규범,[2] 수 세기에 걸친 공의회 결정사항들,[3] 나아가 고대와 그리스도교 고대부터 중세까지 이어져 온 여성에 대한 부정적인 개념까지 거슬러 올라가는 풍부한 영향이 자리 잡고 있다.

따라서 이 장은 프란치스칸 선택의 특징적인 요소가 두드러지지는

---

[2] 참조: Regola per le vergini di Cesario, XXXVI,1-2(512-534); Terza Regola dei Padri, IV(535년); Regola di Cesario ai monaci, XI,1(534-542년); Regola di Aureliano ai monaci, XV,1(6세기 중반); Regola Tarnantense, IV,1-3(551-573년); Regola di Ferréol, IV,1-2.5-6(553-573년); Regola di Columbano ai monaci(591-630년); Regola di Isidoro, XVII,2(615-619년); Regola di Cassiano, V(640-660년); Regola comune, XV(665-680년); Regola di un padre ai monaci, XVIII,1-2(7세기); Regola di Fontevraud, VII,6(1119년); Consuetudini della Certosa, XXI,1-2(1127년경); Regola di Grandmont, XXXIX(1156-1188년) 등.

[3] 제2차 니케아 공의회(787년): "간음은 보통 동거를 수반하므로 수녀와 수사는 같은 수도원에서 살면 안 된다. 수사와 수녀는 서로 얼굴을 마주 보고 이야기하지 말아야 한다. 수사는 여자 수도원에서 잠을 자지 말고 수녀와 단둘이 밥을 먹어서는 안 된다."(20조); 제2차 라테라노 공의회 법규(1139년): "몇몇 여인들이 복되신 베네딕토나 바실리오나 아우구스티노의 규칙에 따라 살지 않으면서도, 사람들에게는 수녀로 인식되기를 바라는 해롭고 혐오스러운 관습은 폐지되어야 한다. 규칙에 따라 수도승원에 사는 여인들은 성당과 식당 그리고 숙소에서 공동생활을 영위해야 한다."(26조) "수녀들이 성무일도를 바치기 위해 의전사제들이나 수도승들과 함께 같은 성가대석에 입장하는 것을 금한다."(27조); 한편 성직자들의 성적 탈선 금지를 규정한 공의회 법령도 수도승 전통에 받아들여졌다. 제3차 라테라노 공의회(1179년) 11조: "성직자들이 자신들의 무절제로 말미암아 집에 내연의 여인을 데리고 있는 경우에, 정결하게 살기 위해 그런 여자를 내쫓지 않으면 그들은 자신의 직위와 교회록을 박탈당할 것이다. 성직자가 자연을 거스르는 죄(동성애)를 저지르는 경우에 그는 성직에서 면직되거나 보속을 이행하려고 수도원에 감금되어야 한다."; 제4차 라테라노 공의회(1215년) 법령 14조 : "거룩한 품을 받은 자들을 비롯하여 모든 성직자가 금욕적으로 그리고 정결하게 살려고 노력해야 한다. (...) 음란죄에 빠진 자는 그 죄의 비중에 걸맞게 교회법의 형벌 규정에 따라 처벌되어야 한다."

않는다고 볼 수 있다. 그렇다고 프란치스코가 정결을 중요시하지 않았다는 것은 아니다. 정결은 생활계획의 조화 속에서 두드러진 위치를 부여하지 않은 채 말없이 받아들여지고 실행된 다른 많은 것과 마찬가지로 일종의 덕이다. 성(性)에 대해 부정적이고 염세주의적이었던 중세의 전망 안에 살았던 프란치스코의 정결 개념은, 기사도적 예의에 대한 초점과 단순한 정결 그 이상의 순수 개념에 대한 확장 때문에 특별한 색조를 띤다. 중세의 성에 대한 부정적 전망 안에서 프란치스코가 늘 인식한 것처럼 정결의 덕을 긍정적으로 바꾸는 또 다른 요인은 육체적인 의미에서만이 아니라 하느님을 향한 자신의 태도에서 드러나는 인간의 총체적인 깨끗함(순수)이다.[4]

프란치스코는 당대의 통상적인 사고에 따라 여성을 단지 욕망의 대상으로 보지 않도록 강력히 명하고, 타락으로 이끌 수 있는 상황은 그 어떤 것도 피하도록 격려한다.(인준 규칙 2,4; 11,1) 그는 여성에 대해 매우 친절하고 정중한 마음을 지녔으며, 자신의 삶을 클라라와 그 자매들과 나눌 줄 알았다.[5] 프란치스코의 전기들을 통해 알 수 있듯이 그는 기사도 정신을 지닌 사람으로서 여성들을 존경하였고 정중하게 대했다. 클라라, 야고바 부인, 몇몇 형제의 어머니들, 산 다미아노 성당에서 가난한 클라라 자매 수녀원에 받아들여지도록 이끌어주었던 다섯 여성 등은 그가 관심을 주었던 소수에 지나지 않는다. 프란치스코는 처음부터 자기가 시작한 생활양식에 여성을 종속시킬 생각이 없었다. 오히려 클라라와 가난한 자매들을 평등한 자격으로 복음적 길로 받아들여 기꺼이 서로 도움을 주고받았다.[6]

4　참조: J. Micó, 'El carisma de Francisco de Asís', in SelFran 82(1999), 93쪽.

5　생활양식 1-2; 노래 권고 1-6.

6　참조: 대전기 12,2; 아씨시 편집본 45; 생활양식, 클라라 유언.

프란치스코는 순종을 하나의 가난으로 보듯이 정결도 '소유 없는' 생활로 본다. 이 장의 본문은 형제들이 설교가와 일꾼으로서 자유롭게 돌아다녔다는 것을 당연히 전제하면서, 그런 형제들이 아무런 허락도 받지 않고 본성에 따라 제멋대로 행동하는 것을 제한하려는 의도를 내포하고 있다. 다른 한편 애욕과 성욕은 하느님이 주신 선물이기 때문에 하느님의 계획과 뜻대로 사용해야 함을 알려준다. 정결 서원으로 작은 형제는 모든 면에서 육체에 매인 사랑을 포기하는 것이고, 또 부성(父性)을 희생시킨다. 이런 의미에서 정결 서원은 소유 없는 생활에 속한다. 하느님이 주신 선물인 성(性)을 자기 것으로 하지 않는 소유 없는 생활로 하느님과 하늘나라를 얻기 위한 자유를 얻는 것이다. 이는 자기 스스로 하느님 나라를 위해 결혼을 포기하는 것으로 표현된다. 수도규칙 제11장에서 지금까지 한 번도 다루지 않은 정결 생활에 대해 말하는데, 정결 생활을 위협할 수 있는 세 가지를 세 가지 범주에 따라 명한다. 곧 여성들과의 관계, 수녀들과의 관계, 신앙생활 안에서 대녀와의 관계. 그러나 결국 모두 여성들과의 관계에 대해 말한다. 프란치스코는 이 장에서 단지 어떤 주장이나 생각을 펼치기 위한 범주를 찾은 것이 아니다. 그는 이 모든 관계에서 생길 수 있는 정결의 위험으로부터 형제들을 보호하는 한편 '관계의 가난', '관계의 성사화'의 길을 제시한 것이다.

제11장의 본문을 잘 이해하기 위하여 중세에 지녔던 여성에 관한 상념, 당대의 회개 그룹들의 특징들, 교회의 법적인 요청들에 대해 알아본다.[7]

---

[7] 참조: Marco Guida, 'Le relazioni con le sorelle', in AA.VV., La regola di frate Francesco. Maranesi P., Accrocca F.(a cura di), Eredità e Sfida, Padova 2012, 553-554쪽.; J. Micó, 'El carisma de Francisco de Asís', in SelFran 82(1999), 94-96쪽..; F. Uribe, La Regla de San Francisco, 306-309쪽.

중세에 남성들은 여성의 본성이 불완전하고 연약하다는 데 동의했다. 교부들은 성경을 가부장적으로 해석함으로써 이러한 사고방식을 옹호하고 전파했다. 하와가 아담의 갈비뼈로 창조된 것과 범죄 후 아담에게 복종한 것(창세 2-3장 참조)은 1코린 14,34-35 및 1티모 2,11-12의 가르침에 따라, 율법을 가르치고 지시하는 집회에서 여성이 남자에게 말하는 것이 금지된 여성의 상태에 대한 성경적 토대이다. 여성에 대한 이러한 신학적인 관점은 사회에서 여성의 법적 지위를 결정하고, 여성을 남성의 보호 대상에 두고 공적 활동에서 배제하게 되었다. 이러한 여성 개념은 성을 불결하게 여기고 여성을 죄의 원인으로 간주하는 데 이바지하는 요소인 교회의 독신 생활과 수도원의 이상이 고양됨으로써 점점 더 강화되어갔다.

중세의 여성들은 남성들 밑에 자리했고, 공공 생활에서 배제되었다. 그리스-로마 세계에서는 여성들이 상당한 세력을 지녔지만, 역시 남성들에게 종속되었다. 그리스도교 세계에서 여성들은 남성들과 동등한 영적 지위에 있었고, 가족 안에서 그들에게 중요한 문서가 주어졌다. 그러나 실생활에서는 남편의 권위 아래 있었다. 그들은 여전히 남성들만이 권위를 행사하던 가톨릭의 교계적 권위 개념을 따랐다. 그리스도교 수도승 전통에서 여성들은 그들의 유혹의 힘 때문에 부정적 성(性)의 화신으로 인식되었다. 따라서 수도승들은 경계 대상인 그들을 멀리하라고 권고했다.

중세 후반부터 두 가지 요인들이 여성들에 대한 인식을 바꾸게 했다. 한편으로는 여성공동체들이 매우 많이 증가하였고, 다른 한편으로는 기사도 현상이 나타나 동정성에 가치를 부여하는 계기가 되었다. 역설적으로 수도원 생활은 여성들에 대한 부정적이고 고정된 시각을 극복하고 수도원을 여성(적어도 귀족 계급의 여성)이 자신을 주장할 수 있는 장소로 만들었다. 12세기에 여성 수도승 생활이 꽃피웠다. 이전의 개혁 운동들이 열어준 길 위에서 여성 수도생활이 쇄신되어 생명력을 지니고 나타났으며, 남성 수도원들과 동등한 관계에 놓이게 되었다. 수녀들은 남성 수도원들의 보호와 도움을 받았지만, 지나친 의존은 하지 않았다. 이런 발전에서 또 다른 요소는 여성 수도원에서 성소자들을 받아들일 수 있는 관용과 형평성이 주어졌다는 것이다. 그래서 많은 경우 귀족 출신이나 '지참금'은 수도원에 들어가는 데 더는 필수요건이 되지 않았다.[8]

중세의 많은 청빈 운동 단체들이 수도생활에서 여성이 참여하는 새로운 개념을 창출하였다. 이들 단체의 특징은 여성들을 추종자로 받아들이는 것이었다. 12세기부터 유럽 여러 지역에서 여성 차별적인 시각을 깨뜨리는 회개 운동들이 많이 일어났다. 곧 여성들이 종교 생활에 참여하고 사도들의 체험을 원용하는 활동을 하게 됨으로써 성 차별적인 요소를 무너뜨리게 되었다. 이러한 현상을 보여주는 것이 남녀 혼성단체였다. 예컨대, 1101년 로베르 다브르셀(Robert de Arbrissel)이 설립한 퐁트브르 수도원(Abbaye de Fontevraud), 1120년 노베르(Nobert de Xanten)가 창설한 프레몽트레회(Ordre des chanoines réguliers de Prémontré)는 이중 구조 또는 혼성 수도승원이 취하는 방식으로 구성되었다.[9] 특히 퐁트브르 수도원의 예처럼 남녀 수도자로 구성된 혼합 공동체에서 여성이 지도자가 되는 일도 있었다.

기사도에 관한 상념은 "클뤼니와 시토회의 영성으로 받아들여져

---

[8] J. Micó, 'The Spirituality of St. Francis', *in* Grey Friars, vol.7, n.1(1993), 호명환 역, '성 프란치스코 영성의 배경', 프란치스칸 삶과 사상 제24호(2005년 봄), 152-153쪽.

[9] 참조: J. Micó, 'El carisma de Francisco de Asís', *in* SelFran 82(1999), 94-95쪽.

서 마리아에 대한 신심으로, 회개의 영성으로 전환되기도 하였다."[10] 기사도 현상은 12세기 내내 최고조로 발전되었는데, 여성을 높고 고귀한 의자에 앉혔다. 그러나 과거의 흔적을 지울 수는 없었다. 일부 종교 그룹들, 특히 알비파는 삶에 대한 이중 개념을 가지고 있었고, 여성에 대한 부정적인 시각을 지니고 있었으며, 이것은 유럽의 여러 지역에 강한 영향을 미쳤다. 이러한 부정적 시각은 유럽의 그리스도교 문학에서도 나타났으며, 성 프란치스코의 초기 전기들에도 드러난다.[11] 이는 단지 문화의 영향만이 아니라 전기 장르의 특성 때문에도 그렇게 된 것이다. 그러나 수도규칙 본문들은 우리에게 프란치스코 자신이 이러한 문화의 영향으로부터 피하려고 하지 않았음을 보여준다. 이는 정신적인 면에서 성인의 또 다른 차원을 보여준다.

작은 형제들의 초기 형제체의 특징 가운데 하나는 설교하려고 집을 소유하지 않고 여러 장소에 나그네로 머물며, 생계유지를 위해 노동을 하고 마을과 도시로 형제들이 이동한 점이다. 프레몽트레회의 부르카르도(Burcardo da Ursperg +1230)는 전하기를 '작은 형제들'이라 부르는 형제들은 후밀리아티나 리용의 가난한 자들처럼 혼성그룹으로 여행하지 않았으며, 사도좌에 전적으로 종속되었다고 전한다. 비트리의 야고보 추기경도 이러한 사실을 증언한다.(첫째 편지 75-76 참조)

사도좌는 앞선 현상들 앞에 새로운 그룹들의 정결을 보호하려고 몇 가지 규범을 정했다. 예를 들면, 베르나르도 프림(Bernardo Prim)에게 준 '생활지침'(Propositum)을 들 수 있다. "그 누구도 자질 있는 증인이나 신뢰할 만한 사람 앞에서가 아니면 여성 중의 한 명과 말하기 위해서

---

10 참조: R. PAZZELLI, 성 프란치스코와 3회, 124-125쪽.
11 참조: 2첼라노 112-114항; 대전기 5장 5절.

라 해도 만나지 않음으로써 여성과 의심스러운 행동을 피할 것이다. 그런데도 남성과 여성은 결코 한 집에서 자지 말 것이며, 같은 미사에 참여하지도 말 것이다."[12] 다른 예는 1218-1219년의 우골리노 수도규칙으로 혼성이 아닌 그룹들을 위한 다음의 봉쇄 규정이다. "수녀원에 외부 사람들의 출입에 관하여 엄격하고 확고하게 명한다. 수녀원장도 어떤 수녀도 누구든, 곧 수도자나 세상 사람을 수녀원에 들여보내서는 안 된다. 아무도 교황의 허락을 받지 않으면 절대로 합법적으로 들어갈 수 없다."

이러한 상황에서 순례자의 삶을 사는 작은 형제들은 이 규정에 따른 정결을 지키기가 쉽지 않았고, 실제로 그와 관련된 문제들도 발생하였다. 따라서 당시 교회의 전통에서 영감을 받아 「인준받지 않은 수도규칙」 제12장과 13장에 이와 관련하여 규정하였다. 제12장은 형제들이 접할 수 있는 다양한 상황에서 정결의 준수에 유의하도록 가르쳐주려는 것이다. 4절은 모든 형제에게 유효한 구체적인 규정이다. "어떤 형제든지 절대로 어느 여자를 순종으로 받아들이지 말 것이며, 영적 조언을 한 후에 그 여자가 원하는 곳에서 회개 생활을 하도록 해 줄 것입니다."(4) 그런데 프란치스코는 이를 거슬러 산 다미아노의 클라라와 그 자매들을 받아들였다. 이는 당시의 보편 교회법에 어긋났기 때문에 「인준받은 수도규칙」에 포함되지 않았다.[13] 「인준받지 않은 수도규칙」 제12장 본문은 상당한 수정이 가해지긴 했지만, 첫 두 권고만이 「인준받은 수도규칙」에 포함되었다.

한편 「인준받지 않은 수도규칙」 제13장은 훨씬 짧으나 매우 다양

---

12 M<small>IGNE</small>, PL 116,649.

13 참조: A. B<small>ONI</small> OFM., La novitas franciscana nel suo essere e nel suo divenire(cc 578/631), 493쪽.

한 어조를 띠고 있으며, 간음에 떨어진 형제의 벌을 규정한다. "형제들 가운데 누가 마귀의 충동으로 간음을 했으면, 수도복을 온전히 벗을 것입니다. 그는 자기의 더러운 죄 때문에 수도복을 입을 자격을 잃어버렸기 때문입니다. 그리고 우리 수도회에서 완전히 제명되어야 합니다. 그러고 나서 그는 죄에 대한 보속을 할 것입니다."(1-2) 여기서는 매우 엄격한 벌로 수도복을 벗기고 수도회에서 내쫓으라고 한다. 프란치스코는 간음을 범한 형제를 가톨릭적으로 살지 않을 경우, 이단에 빠진 경우, 교회법을 받아들이지 않는 경우와 비슷하게 벌과 연관 지운다. 이 장은 1223년 「인준받은 수도규칙」에 포함되지 않았다.

제11장의 내용은 다음과 같이 나누어 볼 수 있다.

1. 여성들과의 관계(1절)
2. 수녀원 출입 금지(2절)
3. 대부가 되지 말 것(3절)

본문 해설

1. 여성들과의 관계(1절)

¹ 나는 모든 형제에게 단호히 명합니다. 형제들은 여자들과 의심스러운 교제나 담화를 나누지 마십시오.

먼저 제11장의 원천인 이전 수도규칙의 본문을 살펴보자. 「인준받지 않은 수노규칙」은 형제들의 정결 생활에 대해 다음과 같이 길게 서술한다. "모든 형제는 어디에 있든지 어디에 가든지 여자들에 대한 불순한 시선과 잦은 만남을 조심할 것입니다. 그리고 아무도 혼자서 여자들과 상의하지 말 것입니다. 사제들은 고해성사를 주거나 영신지도를 할 때 그들과 정숙하게 이야기할 것입니다. 어떤 형제든지 간에 절대로 어느 여자를 순종으로 받아들이지 말 것이며, 영신 지도를 한 후에 그 여자가 원하는 곳에서 회개 생활을 하도록 해줄 것입니다. 그리고 우리 모두 우리 자신을 힘써 지키고 우리의 모든 지체를 깨끗하게 보존합시다. 주님께서 말씀하십니다. '음욕을 품고 여자를 바라보는 자는 누구나 이미 마음으로 그 여자와 간음한 것이다."(제12장)

이 본문은 형제들이 주로 순례자 생활을 하던 시기를 반영한다. 교황 인노첸시오 3세 때 생긴 수도단체와 유사한 단체들의 규칙을 보면, 이와 비슷한 내용을 볼 수 있다. "고유한 수도생활의 매력에 끌린 여성 세계는 남성들의 사도적 생활을 공유하고자 하는 이들을 필요로 하지 않았다. 반면 순회설교자들에게는 여성 그룹들이 연계되어 있었다. 사도적 생활양식들이 그럴듯하게 보였을 때 있음직한 잘못들이 확실한 폐단으로 떨어졌으며, 교회와 화해하기에 이른 그룹들을 위한 적절한 수단들이 수용되었다. 프란치스칸들에게도 이러한 위험들은 도사리고 있었다."[14] 그 당시 사도적 복음 운동을 하는 많은 그룹이 생겼는데, 그들 가운데는 사도 바오로의 "때가 얼마 남지 않았습니다. 이제부터 아내가 있는 사람은 아내가 없는 사람처럼 사십시오"(1코린 7,29)라는 말씀을 잘못 해석하여 남녀 혼성단체를 만들어 함께 사는 이들이 있었다. 결국 그들의 삶은 신뢰를 잃게 되었고 교회도 이러한 그들의 삶을 반대했다.[15]

---

14 K. Esser, La Orden franciscana. Orígenes e ideales, Aránzazu 1976, 199쪽.

15 참조: K. Esser, Melius Catholice Observemus, 207쪽.

프란치스코는 이런 배경에서 이단적인 삶을 반대하였다. 그가 여성들과 의심스러운 교제를 반대한 이면에는 교회와의 친교 안에 머무는 삶을 통하여 그리스도와 온전한 일치를 이루려는 의도가 깔려있다. 가톨릭적이고 사도적인 프란치스코는 교회와 분리될 수 있는 이단으로부터 자기 형제들을 보호하려고 수도규칙에서 여자와 의심스러운 교제나 대화를 하지 말라고 엄격하게 규정하였다. 대부분 형제는 이 생활을 받아들인(입회) 뒤에도 여전히 수도원의 보호를 받지 못하고 돌아다니며 일하고, 순회설교를 하는 등 순례자의 삶을 살고 있었다. 이런 형제들에게는 정결을 거스를 기회와 위험이 더 많았으며, 때로는 중대한 위험에 처하기도 했다. 1221년 「인준받지 않은 수도규칙」은 이러한 어려움과 수년에 걸쳐 형제들이 취한 각각의 대응책에 대한 명백한 증거를 담고 있으며, 마침내 작은형제회 고유법에 통합되었다.

형제들은 분명 다른 이들을 위해 육체노동에 전념하여 개인 가정의 가족들과 접촉하고(비인준 규칙 7장), 여성들과 함께 마을과 마을을 여행하며 순회설교를 했다.(비인준 규칙 17장) 안젤로 클라레노(Angelo Clareno)는 형제들 삶의 마지막 측면(혼합 순회 여행일 것임)을 「인준받지 않은 수도규칙」 본문에서 다음과 같이 증언한다. "여성과 함께 (...) 아무도 혼자 길을 가거나 식탁에서 한 접시로 식사해서는 안 된다." 같은 취지의 규정이 '화해하는 가난한 이들'(Poveri riconciliati)의 1212년 생활지침에도 있다. "합법적인 증인과 듣고 보도록 정해진 사람 외에는 아무도 혼자서 여자에게 접근하지 말고 말조차 해서는 안 된다. 그리고 형제와 자매가 한집에서 자거나 한 식탁에 앉지 않도록 하라." 이것은 의심할 여지 없이 당시의 복음적이고 가난한 종교 집단의 공통된 관습이었는데, 로마 교황청은 용인하지 않았다.

「인준받지 않은 수도규칙」 12장은 사제 형제들의 여성과의 관계에 관해 언급한다. "사제들은 고해성사를 주거나 영적 조언을 할 때 그들과 정숙하게 이야기할 것입니다."(12,3) 곧 관계가 정숙하게 이루어진다는 전제하에 사제직 수행, 즉 고해성사와 영적 지도 등을 위한 여성과의 관계가 허용된다. 이 규칙은 모든 형제를 향한 금지 명령으로 이어진다: "어떤 형제든지 절대로 어느 여자를 순종으로 받아들이지 말 것이며, 영적 조언을 한 뒤에 그 여자가 원하는 곳에서 회개 생활을 하도록 해줄 것입니다."(12,4) 이 수도규칙은 이제 형제들이 이전에 따랐던 관습을 금지하고 있으며, 가장 상징적인 예는 클라라가 자매들과 함께 프란치스코에게 한 순종의 약속이다. 성녀 클라라는 그녀의 유언에서 다음과 같이 회상한다. "지극히 높으신 하늘의 아버지께서 지극히 복되신 우리 사부 프란치스코의 모범과 가르침으로 내가 회개 생활을 하도록 당신의 자비와 은총을 통해 황공하게도 나의 마음을 비추어 주신 후, 그분의 회심 직후에, 주님께서 나의 회심 직후에 나에게 주신 몇몇 자매들과 함께 나는 자원하여 사부님께 순종을 약속했습니다."(클라라 유언 24-25), 그리고 공식 전기에서도 증언한다. "나는 축복받은 프란치스코에게 순종을 약속했고, 그 약속에서 절대 떠나지 않았습니다."(클라라 전기 8,2)

「인준받지 않은 수도규칙」 12장은 다음과 같은 권고로 마무리한다: "우리 모두 우리 자신을 힘써 지키고 우리의 모든 지체를 깨끗하게 보존합시다. 주님께서 말씀하십니다. '음욕을 품고 여자를 바라보는 자는 누구나 이미 마음으로 그 여자와 간음한 것이다.'(마태 5,28)"(12,5) 여기에는 모든 형제가 몸과 마음의 정결을 지키는 데 헌신하라는 경고가 담겨 있다. 이는 간음하는 형제들에 대한 가혹한 책벌을 다룬 「인준받지 않은 수도규칙」 13장과 밀접한 관련이 있다. "형제들 가운데 누군가가 마귀의 충동으로 간음을 범했다면, 자기의 더러운 죄로 인해서 입을 자격을 잃어버린 수도복을 완전히 벗어야 하고, 그는 우리 수도회에서 완전히 제명되어야 할 것입니다. 그런 후에 그는 죄에 대한 보속을 해야 할 것입니다." 「아우구스티노 수도규칙」 4,9에도 회개하지 않는 수도자의 같은 운명이 정해져 있다. 「베네딕토 수도규칙」에는 수사와 여성의 관계에 관한 규칙은 없지만, 선한 일의 도구에 관한 4장에서 '간음하지 말라. 탐내지 말라. 육체의 욕망을 채우지 말라. 순결을 좋아하라'라고 권고한다. 베네딕토는 손님 환대에 관한 길고 상세한 장에서 여성을 언급하지 않지만, 제51장에서는 수사와 여성의 만남과 체류 가능성에 대한 우려를 엿볼 수 있다. "무슨 용무 때문에 외출하여 당일에 수도원으로 다시 돌아올 수 있는 형제는, 비록 어떤 사람에게 간절한 청을 받을지라도 밖에서 감히 식사하지 말아야 하나, 자기 아빠스로부터 허락을 받았을 때는 예외이다. 만일 누가 이와 달리 행하거든 파문시킬 것이다."

간음한 형제의 형제회 제명이라는 「인준받지 않은 수도규칙」 13장에 명시된 형벌은 지나치게 가혹하다는 이유로 1223년 수도규칙에서 삭제되었다. 그런데 「인준받지 않은 수도규칙」은 가톨릭 신앙을 버리는 형제들과 관련하여 이렇게 규정한다. "어떤 형제가 말이나 행동에 있어서 가톨릭 신앙과 생활에서 벗어나 있는데도, 이를 고치려 하지 않는다면 그는 우리 형제회에서 완전히 쫓겨나야 합니다. 그리고 우리는 영혼의 구원에 관한 일들과 우리 수도회의 정신에 벗어나지 않는 일들에 있어서 모든 성직자와 모든 수도자를 주인으로 모시고, 주님 안에서 그들의 성품(聖品)과 직책과 봉사 직분을 존중하도록 합시다."(19장)

간음은 배교와 동일시된다. 그러나 '사실 자체로'(ipso facto) 작은 형제의 수도복을 벗어야 하는 간음죄의 경우와 달리, 배교한 형제는 회개함으로써 수도회에서 추방을 피할 수 있다. 프란치스코는 「형제회에 보낸 편지」에서 "수도규칙을 제쳐놓고 떠도는 형제들과 성무일도를 바치지 않는 형제들을 가톨릭 신자로도 형제로도 여기지 않겠다"(44절)고 한다. 「유언」에서도 "수도규칙을 바치지 않고 그것을 다른 형식으로 변경하려고 하는 이나 가톨릭 신자가 아닌 듯한 이를 발견하면, 그를 만난 곳에서 가장 가까운 관할 보호자에게 보내야 합니다"(31절)라고 한다. 「어느 봉사자에게 보내는 편지」에서 죄를 짓는 형제들에 대한 프란치스코의 온유와 자비는 가톨릭적으로 살지 않는 사람들 앞에서 적용되지 않는 것처럼 보인다. 프란치스코는 「어느 봉사자에게 보내는 편지」에서 "대죄에 관하여 말하는 수도규칙의 모든 장(章)을 성령강림 총회에서 주님의 도우심과 형제들의 조언을 받아 한 장으로 만들겠습니다"(13절)라고 하였다. 총회에 제안하려 했던 본문은 자비로 가득하였다. 곧 "형제가 죄를 지은 줄을 알고 있는 모든 형제는 그에게 창피를 주거나 비방하지 말고, 오히려 그에게 큰 자비심을 지녀야 하며, 자기 형제의 죄를 철저히 비밀에 부치십시오. (...) 보호자는 자기가 비슷한 경우에 놓여있을 때 자기에게 해주기를 바라는 것처럼 그 형제를 자비롭게 돌보아 줄 것입니다."(15.17절) 그러나 이러한 제안은 총회에서 받아들여지지 않았다.

「인준받은 수도규칙」 11장은 앞서 살펴본 형제들의 삶과 상황의 변화를 고려하여 「인준받지 않은 수도규칙」의 지침을 삭제하면서 좀 더 간략하게 말한다. 「인준받은 수도규칙」 11장 1절은 봉쇄수녀원에 관한 당시 교회의 일반 규범이었다.[16] 1절에 나오는 "단호히 명함

---

16 참조: 축성생활회와 사도생활단성, 관상 생활과 봉쇄수녀원에 관한 훈령, 「말씀의 신부」(Sponsa verbi, 1999.5.13) 10항 : "온전히 명상 생활을 지향하는 수녀들의 수도원은 사도좌가 정한 규범에 따른 성좌 설정 봉쇄구역을 지켜야 한다." 엄격한 탈속 형태인 교황 봉쇄구역은 예수 그리스도께 대한 수녀들의 완전한 봉헌을 표현하고 실현한다.

니다"(praecipio firmiter)라는 표현은 법적인 본문들에 6회 나온다. 여기서 'praecipio'는 일반적으로 '명령하다'(mandare)와 병행하며, 때로는 '규정하다'(ordinare)라는 뜻을 갖기도 한다. 프란치스코는 제4장에서 돈과 금품을 받지 말라고 할 때(4,1), 형제들이 봉사자들에게 순종하도록 하는 제10장 3절에서 이 표현을 사용했다. 「유언」에서도 순종과 관련하여 두 차례 사용하였다.(25.38) 이러한 표현은 이 본문이 매우 강한 권고의 성격과 더불어 법규적인 성격을 지닌 것임을 말해준다. 프란치스코는 일인칭으로 모든 형제에게 자신의 분명한 뜻을 전하고 있다. 이는 프란치스코의 복음적 삶에 대한 소명 의식과 더불어 사는 형제들에 대한 그의 깊고 강한 사랑의 마음을 담고 있는 것이라 할 수 있다.

제11장 본문은 "형제들은 여자들과 의심스러운 교제나 담화를 나누지 마십시오"(1절 후반)라고 규정한다. 프란치스코는 형제들의 모든 여성 관계를 금지한 것이 아니라 오직 "의심스러운" 관계나 대화를 금지하였다. 여기서 '의심스러운 교제나 담화'(suspecta consortia vel consilia)라는 표현을 좀 더 정확히 이해할 필요가 있다. 'suspecta'는 'suspicio'의 현재분사형인데 그 어원은 '시선을 ~쪽으로 들어 올린다'라는 뜻이고, 'sub + specio'로서 주의 깊게 바라본다, 관찰한다는 뜻이다. 이는 '불순한 시선으로'(비인준 규칙 12,1)와 같은 내용이라고 할 수 있다. 그러면 이러한 뜻이 어떻게 '의심하다. 수상쩍다' 등의 뜻을 갖게 되었을까? 'suspicio'는 또한 존경스러운 존재 앞에서 '시선을 아래쪽으로 향함'으로써 '존경하다. 공경하다'를 표현하는 말로도 쓰였다. 여기서 시선을 아래쪽으로 향하는 것이 존경의 표현만이 아니라 무엇인가 감추는 것으로도 이해되어 의미가 파생되어 나간 것이다. 이 표현은 이 생활에 받아들여짐에 관해서도 나오는데, '아내가 의심받을 수 없는 나이가 되었으면'(2,4)이라는 문구에 표현되고 있다. 그리고

'consortium'은 여성과의 동거, 공동생활을 의미할 수도 있다. 이것은 당시에 교회가 교령을 통하여 사제들에게 금하던 것이다.[17] 'consorte'가 부부 가운데 한 사람을 가리키는 말임을 기억할 필요가 있다.[18] 따라서 여자들과의 교제는 단순히 의심되는 것뿐만이 아니라 동거와 같은 심각한 경우까지를 염두에 둔 것이다.

여기서 우리는 이 구절의 핵심이 '의심스러운'이라는 형용사에 있음을 주목해야 할 것이다. 곧 "교제나 담화" 이 둘이 짝을 이루면서 동시에 '의심스러운'의 수식을 받고 있으므로 결국은 총체적으로 '의심스러운 관계'라고 이해할 수 있다. 이렇게 본다면 '교제'나 '담화'는 예일 뿐이고, 그 밖의 어떤 계기라 하더라도 '의심스러운 관계'로 보일 수 있어서는 안 된다는 것이 바로 이 구절의 취지라고 알아들어야 할 것이다.[19] 프란치스코가 여성들과의 관계에서 '의심스러운'이란 형용사를 사용한 것은, 여성에 대한 불신이나 부정적인 인식에서 비롯한 여성들과의 완전한 관계 단절이나 폐쇄를 의도한 것이 아니다. '여성들과 의심스러운 교제나 담화'란 하느님을 중심에 두지 않고, 각자의 인격과 처지를 존중하지 않는 자기중심적이고 육적인 관계로서의 교제나 담화 일체를 말한다. 이런 관계를 지속할 때는 하느님이 주신 고귀한 성소를 저버릴 수 있으며, 책임 있는 사랑의 응답을 할 수 없게 된다.

'의심스러운 관계'라는 표현은 성 예로니모가 루스티코(Rustico) 수

---

17 제1차 라테라노 공의회 법령 21조: "사제, 부제, 차부제 그리고 수도승들에게는 내연의 처를 거느리거나 혼인하는 것을 완전히 금한다."

18 I. Rodríguez Herrara & A. Ortega Carmona, Los escritos de san Francisco de Asís, 618-619쪽 참조. 이 표현은 다른 맥락에서 루카복음 19,5에 나오는 표현이다. "예수님께서 거기에 이르러 위를 쳐다보시며 그에게 이르셨다. "자캐오야, 얼른 내려오너라. 오늘은 내가 네 집에 머물러야 하겠다.""

19 참조: F. Uribe, La Regla de San Francisco, 313쪽.

도승에게 보낸 편지에서 비롯된 것이다. 그러나 형제들이 수도규칙 초안을 작성할 때 로마 교황청이 동시대 종교단체에 부여한 규범을 참조했을 가능성이 더 크다.[20] 프란치스코는 특정한 경우를 다루거나 의심스러운 관계에 대한 판단 기준을 제시하지 않고 포괄적으로 주의를 환기하고 있다.

"여성들과의 담화"(consilia mulierum)란 용어는 「인준받지 않은 수도규칙」(12,2)과 「인준받은 수도규칙」(11,1)에 모두 나온다. '담화'(consilia)는 조언을 해주는 행위와 직접적으로 연관되기 때문에 우리말로 옮기기가 매우 어려운 용어이다. 중세에 이 단어(consilia)는 '공의회', '회의', '모임' 등을 의미했다. 당시의 어의(語義)를 따라 '모임'으로 이해할 수도 있다. 한편 다른 각도에서 보면, 「인준받지 않은 수도규칙」 12장 2절에서 프란치스코는 이 용어로써 형제들이 여성들 가운데서 조언을 구하는 것을 금지하고자 했다. 그런데 여기서는 '여자들과 의심스러운 교제나 담화'(suspecta consortia vel consilia mulierum)라는 좀 더 확장된 표현을 사용한다. 그것은 아마도 여성들 가운데서 조언을 구하는 것이나 그렇게 하기를 바라는 것에 대한 금지일 것으로 추측할 수 있다. 클라레노(A. Clareno)는 이 본문을 조언을 구하는 것에 대한 금지로 본다. 그러나 초기 수도규칙 주석자 대다수는 수도규칙에 대한 이러한 비슷한 주장을 무시해버린다.[21]

---

20 참조: Marco Guida, 'Le relazioni con le sorelle', in AA.VV., La regola di frate Francesco, 560쪽. '화해하는 가난한 이들'(Poveri riconciliati)의 생활지침(Propositum): "다시 금욕을 약속했으므로 여성과 의심스러운 관계를 완전히 피하십시오."(1210년) "항구한 금욕과 정결 또는 동정성을 보존하기 위해 여성들과의 의심스러운 관계를 피해야 한다."(1212년)

21 참조: Los escritos de Francisco y Clara de Asís. Textos y Apuntes de lectura. 270쪽 각주 253.

프란치스코는 간음죄를 지은 형제들에게 매우 단호하게도 완전히 수도복을 벗기고 제명해야 한다고 말한다.(비인준 규칙 13,1) 이런 그의 태도가 지나치게 무자비한 것이 아닌가 하고 생각할 수 있을 것이다. 그러나 그는 정결을 거스르지 않도록 강조하는 데 그치지 않고, 무엇보다도 형제들의 가톨릭 신앙을 보존하고 형제들이 가톨릭적으로 수도규칙을 준수하도록 하려고 그토록 단호한 태도를 보였다. 곧 여성들과의 관계에 대한 단호한 명령은 '형제들이 늘 거룩한 수도규칙과 생활을 끝날까지 실행'(인준 규칙 1,1 참조)하도록 하기 위한 강한 사랑의 권고이다. 프란치스코는 가톨릭 신앙에 문젯거리가 되는 것이라면, 무엇이든 절대로 양보하지 않았다. 결국 그가 '여자와 의심스러운 교제나 대화'를 금지한 것은 정결 생활뿐 아니라 가톨릭 신앙을 보존하려는 것이고, 가톨릭교회와의 관계를 중요시한 것이다. 수도규칙이 직관에서 제도로 나아가면서 처벌 또한 완화되어 갔다. 「인준받은 수도규칙」에는 형제가 수도회에 속할 권리를 잃는 죄에 대한 언급이 없으며, 오히려 모든 형제에게 죄인에 대한 자비와 이해의 태도를 요구한다.(7장, 10장 참조)

2. 수녀원에 들어가지 말 것

² 그리고 사도좌로부터 특별한 허가를 받은 형제들 외에는 여자 수도원을 출입하지 마십시오.

정주(stabilitas)를 기본으로 하는 삶을 추구했던 고대 수도승들의 규칙에서 수사와 여성의 관계는 수도원 출입과 밀접한 관련이 있다. 이와 관련해서 작은 형제들은 이동성(mobilitas)을 근간으로 하는 다른 생활양식을 취했다. 그들은 길에서 만나고 관계를 맺을 수 있는 떠돌이 생활을 한다. 「인준받은 수도규칙」에서는 여성이 형제들의 장소에 들어가는 것을 금지하지 않는다. 반대로 형제들이 수녀의 수도원에 들어가는 것을 금지한다. 형제들의 정결 보호에 관한 프란치스코 수도규칙의 조항은 이런 점에서 고유한 접근 방식을 취하고 있다. 다시 말해 수도규칙의 형제들과 여성의 관계, 수녀원 출입에 관한 지침은 고대 수도승 규칙과 공의회 법령 등과 기조를 같이 하지만, 이동성을 기초로 한 사도적 소명에 응답하는 프란치스코의 고유한 방식이 포함되어 있다.[22] 그는 여기서 형제들의 정결 생활을 보호하려는 조처로 수녀원 출입을 금하면서도 복음선포를 위한 사도직 실천을 함께 고려하고 있다.

먼저 프란치스코가 왜 수녀원을 출입하지 말라는 금령을 규정하게 되었는지 그 배경을 알아보자. '여자 수도원에 들어가지 말라'는 이 금지는 수도승 전통 전체에 걸쳐 나타나며 교회 보편법으로 규제되었다.[23] 1179년 제3차 라테라노 공의회는 성직자들이 명백하고 합당한 이유 없이 수녀들의 수도원에 드나드는 것을 금지하였다.(11조) 이 규정은 일반적이었던 것처럼 보인다. 1218-1219년 사이에 교황 호노리오 3세가 산 다미아노의 가난한 자매들을 위하여 쓴 수도규칙에는 이런 금지가 포함되었다. 그러나 1221년 「인준받지 않은 수도규칙」에는 전혀 언급이 없다. 그것을 빠뜨린 이유를 우리는 알 수 없다. 분명한 것은 산 다미아노의 가난한 자매들과의 관계가 대조적으로 출발하고 있다는 사실이다. 곧 프란치스코가 클라라 자매를 수도생활에

---

22 참조: MARCO GUIDA, 'Le relazioni con le sorelle', in AA.VV., La regola di frate Francesco, 557쪽.

23 DECRET, GREG. IX, c.8, III,1; 교부들의 삶(Vitae Patrum)에 소개되는 일화는 이를 잘 말해준다. 어떤 수도승들은 병들거나 죽을 위험에 있어도 수녀들의 방문을 거절하였고, 그 반대도 마찬가지였다(Migne, PL 73,758 이하). 참조: F. URIBE, La Regla de San Francisco, 314쪽 각주 18.

받아들인 뒤 1220년 형제회에 많은 어려움이 생긴 시점까지는 프란치스코와 클라라와 그 자매들과의 관계는 긴밀했다. 그러다가 1223년 「인준받은 수도규칙」에서는 사도좌의 특별한 허락 없이는 수녀원에 들어갈 수 없다고 규정한다.[24]

클라라와 가난한 자매들은 프란치스코가 복음적 생활을 시작한 초기부터 프란치스코와 그의 형제들과 영적으로 깊이 연결되었다. 따라서 작은 형제들에게 수녀원 출입 문제는 고유한 특성을 가지게 된다. 프란치스코 시대에 남자들뿐 아니라 여자들도 복음적 운동에 많이 참여하여 군데군데 모여 단체를 만들었다. 일반적으로 여성들은 그 운동의 이념에 공동생활을 결부시키고 있었다. 그리고 복음적인 생활을 하려는 이 여성들은 영적인 도움뿐 아니라 물질적인 도움도 필요했다. 따라서 남성 단체들과 동맹을 맺으면서 긴밀한 관계를 맺었다. 프란치스코도 클라라 자매들을 많이 도와주고, 자기 이름과 형제들의 이름으로 클라라에게 "나는 직접 그리고 나의 형제들을 통하여 나의 형제들에게 가지고 있는 만큼 여러분에 대해서도 애정 어린 보살핌과 특별한 관심을 늘 가질 것을 바라고 약속합니다"(생활양식 2; 클라라 수도규칙 6,3-4)하고 말하였다. 프란치스코가 형제들과 자매들의 관계에 대해 '애정이 어린 보살핌과 특별한 관심'(curam diligentem et sollicitudinem specialem)이란 표현을 쓰면서 그의 고유한 표현인 '나는 바라고 약속합니다'라고 한다. 이는 프란치스코와 형제들의 지속적이며 성실하고 애정 깊은 관계를 말해준다. 이런 약속에 따라 형제들은 산 다미아노의 클라라 자매들에게 기꺼이 형제적 도움과 영성적 도움을 제공하였다.

---

24 프란치스코와 클라라와 그의 가난한 자매들과의 관계에 대한 역사적 맥락에 관하여는 M. CARNEY, Chiara d'Assisi. La primera donna francescana e la sua forma di vita, tr. italiana di M. Sbaffi Girardet, Roma 1994, 33-47쪽 참조.

프란치스코가 클라라 자매들에게 준 생활양식이 쓰인 1212~1213년부터 호노리오 3세에 의해 「인준받은 수도규칙」이 확정된 1223년 11월까지 프란치스코의 형제회와 산 다미아노 공동체 사이의 관계는, 작은형제회의 특징적인 제도적 발전과 클라라가 원장이 되고 우골리노 추기경의 관심이 집중된 클라라의 산 다미아노 공동체의 규정에 맞추어 조정되었다. 우골리노 추기경은 주교의 권한에서 면속되어 교황에게 직접 속하는 수도승원들을 위한 생활양식(Forma di Vita)을 작성했다. 이 수도원들을 "가난한 여성들의 수도회"(religio)라고 부르기 시작했고, 후에 가난의 측면에 봉쇄라는 측면이 추가된 회가 "가난한 자매들의 회"였다. '수도회'가 된 수도승원들은 우골리노 추기경의 원의에 따라 산 다미아노 수도원과 합류했지만, 계속해서 작은형제회와 연결되어 독자적인 정체성을 갖게 되었다.

프란치스코는 다음과 같이 가르쳤다. "나는 어떤 형제도 자기 마음대로 자신을 내놓아 그들을 방문하기를 바라지 않습니다. 뜻도 없고 하기도 싫은 그런 형제들만이 그런 일을 하기를 나는 명합니다. 그러한 형제들은 영적인 사람이어야 하며, 수도생활을 오랜 기간에 걸쳐 보람되게 한 사람이어야 합니다."(2첼라노 205) 또한 프란치스코는 이런 일을 맡으려고 형제회에 입회하지 말라고 가끔 말하였다. 그는 이러한 임무를 맡은 형제들에게 '그리스도 안에서 그들을 길러내는 일'(2첼리노 205 참조)을 맡겼다. 그는 이 형제들이 클라라 자매들이 섬기고 있는 그리스도를 대신하여 그들에게 봉사하길 바랐다. 그리고 이것만이 그들의 유일한 일이자 의무라고 생각했다.

프란치스코는 클라라와 그 자매들을 자주 방문하였고 지도해주었으며, 자신과 자기 형제들의 이름으로 도움을 줄 것을 약속했고, 임종이 임박해서도 이에 대해 부탁하였다. 주님께서는 같은 이상으로 자매들을 뽑아주셨기 때문이다. 확실한 사람이 아니면 그리스도의 동정녀들과 접촉하지 못하나 '그리스도 안에 보호할' 임무를 지니고 있다고(eas in Christo fovere) 보았다. 따라서 "그의 방문은 강요된 것이었고, 또한 드물었다. 바로 이것이 그가 모든 형제에게 바라는 것이었다. 자매들도 섬기는 그리스도를 위하여 형제들이 자매들에게 봉사하기를 성인께서도 원했지만, 마치 날개 달린 새들이 그들 앞에 쳐진 덫을 항시 조심하듯이 그렇게 자매들을 조심하라고 일렀다."(2첼라노 207)

그런데 형제들과 가난한 클라라 자매들과의 긴밀한 관계는 변화의 계기를 맞게 된다. 곧 프란치스코가 1219년 총회 결정에 따라 5명의 형제를 모로코로 파견하고, 자신은 몇 형제와 함께 십자군이 포위하고 있는 다미에타로 가서 이집트의 술탄을 만났다.(쟈노 연대기 10) 프란치스코는 나르니의 마태오와 나폴리의 그레고리오 형제를 자기 대리로 임명하고 성지로 떠났다. 그런데 프란치스코의 오랜 공백은 형제회를 일종의 진공상태로 몰아넣었고, 모든 것을 악화시켰다.(쟈노 연대기 15) 여러 가지 문제가 발생했는데 그 가운데는 가난한 클라라 자매들과 관련된 문제도 있었다. 프란치스코가 동방에 머무는 사이 산 다미아노 자매들의 시찰자를 맡았던 시토회의 암브로시오가 세상을 떠났다. 이에 우골리노 추기경은 문제를 해결하고자 필립보 롱고(Filippo Longo) 형제를 가난한 자매들의 시찰자로 임명하였다. 그런데 "가난한 부인들을 돌보던 필립보 형제는 복되신 프란치스코의 뜻을 거슬러서 교황청에 편지를 써 요청했는데, 거기에는 가난한 부인들을 보호할 권한과 그들을 괴롭히는 자들을 파문시킬 권한이 있었다."(쟈노 연대기 13) 이것은 분명 프란치스코의 뜻에 어긋나는 행동이었다.

프란치스코는 자신이 부재할 때 발생한 전반적이고도 심각한 문제들을 해결하려고 교황에게 도움을 청했다. 호노리오 3세 교황은 프란치스코의 요청에 따라 형제회를 쇄신하려고 1220년 9월 22일에 「쿰 세쿤둠 콘실리움」 칙서를 반포하여 규율을 강화하였다. 이 칙서의 내용 가운데 하나는 '필립보 롱고 형제가 가난한 클라라 자매들을 보호하기 위해 얻은 특권을 취소한다'라는 것이었다. 이때 프란치스코와 가난한 자매들의 관계에 반대나 갈등이 있었으리라고 충분히 짐작할 수 있다. 이를 계기로 프란치스코는 형제들이 수녀원을 방문하는 데 대해 점차 엄격한 태도를 보이게 되고, 1223년 「인준받은 수도규칙」에 이르러서는 1221년 수도규칙에 없던 수녀원 출입 금지 규정을 당시 교회법에 따라 삽입하게 된다. '사도좌의 특별한 허락을 받지 않고는 수녀원에 들어가지 말라'(11,2)는 것이다. 그런데도 클라라 자매들과의 사이에서 발생했던 긴장을 가라앉히지는 못했다. 물론 이 시기는 프란치스코가 그간 형제회에 일어났던 문제들로 인해 형제들의 삶을 위한 규율에 마음을 더 많이 쓰고 있었기에 클라라 자매들에 대한 자신의 약속에도 이런 금지를 하게 된 것으로 보인다.

프란치스코는 형제들이 여자 수도원에 영적, 물질적인 도움을 제공하는 일, 교회법적 시찰의 의무, 그 밖에 그와 비슷한 책임을 지게 하는 어떠한 관습의 증가도 막고자 애썼다. 프란치스코 시대에는 수녀들을 위해 동냥을 다니는 형제들이 따로 있었다. 프란치스코도 그 전에는 산 다미아노 수녀원을 자주 방문했으나 차츰 방문이 뜸해졌으며(2첼라노 204), 형제들에게 수녀원 출입을 금지하면서도 한편으로는 클라라 자매들을 맡아달라는 교회의 요청을 받아들인다. 그래서 "사도좌로부터 특별한 허가를 받은 형제들 이외에는"(11,2)이라는 조건을 붙이게 된 것이다. 이 말은 '교황청이 담당사제나 영적보조자로 임명한 사람만'이라는 뜻이다.[25]

---

25 참조: F. Uribe, La Regla de San Francisco, 314쪽.

수도원 출입과 관련하여 1219년에 처음 언급된 우골리노 추기경의 '생활양식'의 문구는 나중에 「인준받은 수도규칙」 11장에서 그대로 사용된다. 곧 "수도원 출입에 대하여, 우리는 수도원장이나 수녀가 남자 수도자나 세속인 또는 어떤 존엄성을 가진 사람도 수도원에 들어오는 것을 절대로 허용해서는 안 된다고 단호하고 엄격하게 명한다(firmiter ac districte præcipimus)." 그렇다면 프란치스코가 수도규칙을 작성하고 추인을 받는 과정에서 그를 도왔던 우골리노가 바로 이런 식의 금지조항을 「인준받은 수도규칙」에 삽입하도록 했을 수도 있다. 그러나 실은 그와 반대로 프란치스코가 산 다미아노 공동체에 대해 한 약속을 우골리노 추기경이 세우고 규정한 여자수도회에 확장한 것이다. 곧 「인준받은 수도규칙」 11장의 금지는 클라라의 공동체 또는 그와 관련된 수도원에 대한 직접적인 언급으로 이해할 수 없으며, 교회법 전통이 요구한 대로 모든 여자 수도원에 적용한 출입금지로 이해해야 옳다.

1224-1226년 프란치스코의 생애 말년에 클라라는 병고를 심하게 겪게 되는데, 이때부터 프란치스코와 클라라 그리고 그의 자매들 사이의 깊은 친교가 일어난다. 프란치스코가 '클라라와 그의 자매들에게 써 보낸 마지막 원의'(1226년)는 그들에 대한 변함없는 유대감과 돌봄이 여전히 유효한 약속임을 확인해 준다. "보잘것없는 나 프란치스코 형제는 지극히 높으신 우리 주 예수 그리스도와 그분의 지극히 거룩하신 어머니의 생활과 가난을 따르기를 원하며, 끝까지 그 생활 안에 항구하기를 원합니다. 그리고 나는 여러분에게 간청하고 또 권고하니, 늘 지극히 거룩한 이 생활과 가난 안에 살아가십시오. 그리고 그 누구의 가르침이나 권고로 이 생활을 결코 떠나지 않도록 영원토록 온갖 조심을 다하십시오."(마지막 원의)

우골리노 추기경은 1227년 3월 교황으로 선출되면서 클라라 수녀원에 대한 돌봄을 더욱 공고히 했다. 교황 그레고리오 9세는 1220년대 말부터 자신의 권위와 작은형제회에 대한 친숙함과 존경을 바탕으로, 자신이 모든 수도승원의 원조로 선택한 아씨시의 클라라 수도원에서 이름을 따온 산 다미아노 수도회로 불리게 될 수도회를 돌보는 데 박차를 가했다.[26] 그레고리오 9세는 1227년 12월 14일 「퀴티에스 코르디스」(Quoties cordis) 칙서로 산 다미아노 수도회를 작은형제회에 맡겼다. "이제 다른 모든 수도회 중에서도 작은형제회가 하느님께 감사하고 받아들일 수 있다는 점을 고려하여, 여러분과 여러분의 후임자에게 순종의 미덕으로 앞서 언급한 수녀들을 돌볼 것을 위임하며, 여러분에게 맡겨진 양처럼 그들을 돌보고 보살필 것을 엄중히 명한다."[27]

그러나 프란치스코 생전부터 시작되었던 도움 제공과 관련된 클라라 자매들과의 갈등은 그의 사후 더 자주 문제가 되었다. 13세기 중반 직전 수십 년 동안 서유럽 여러 나라에서 여자 수도원의 수가 급격히 늘면서 처음에 평화롭게 받아들여지던 '수녀들의 돌봄'(cura monialium)은 곧 점점 더 부담스러운 의무로 느껴졌다. 이로 인해 교황에게 그것을 포기하거나 최소한 의무를 제한해 달라는 요청이 이어졌다. 인노첸시오 3세 교황의 재위 동안 이러한 호소는 계속되었고 시간이 지날수록 더 빈번해져 교황청은 남자 수도회의 '수녀들의 돌봄'에 관한 해결책을 모색해야 했다. 인노첸시오 3세는 시토 수도회를 활용했고, 호노리오 3세는 도미니코 수도회의 지원을 기대했으나 모두 기대했던 답을 얻지 못했다. 그레고리오 9세는 작은 형제들과 그들의 고정 거처

26　참조: MARCO GUIDA, 'Le relazioni con le sorelle', in AA.VV., La regola di frate Francesco, 571쪽.

27　BF., I,36.

그리고 프란치스코 수도회가 클라라의 아씨시 수도원과 맺은 독창적이고 근본적인 관계를 정리할 수 있었다. 실제로 작은 형제들에게도 계속 늘어나는 많은 수도원을 돌보는 일은 점점 더 버겁고 관리하기 어려운 일로 여겨지기 시작했다.

형제들은 「인준받은 수도규칙」 11장에 명시된 금지조항을 어떻게 해석해야 하는지, 출입하지 말아야 하는 '수도원'은 어떤 수도원인지에 대해 교황에게 문의하였다. 이에 교황 그레고리오 9세는 1230년 9월 28일자 「쿼 엘롱가티」 칙서로 답변했다. 이를 통해 '수녀원 돌봄'이 형제회의 사도직과 관련된 특징이 되었음을 확인하였다. 교황은 이 수도규칙에서 말하는 여자 수도원 출입금지를 모든 여자 수도원에 확대 적용하도록 명시했다. 결국 형제들이 설교를 위해서도 수녀원의 부속 부분이 아닌 봉쇄구역에 들어가는 것을 금지한 것이다.(11항) 이에 클라라는 "우리에게 꼭 필요한 음식을 얻어다 주는 형제들을 쫓아 버렸으니 형제들을 떠나도록 하시라고 하자며, 즉시 모든 형제를 봉사자에게 보냈다. 이 소식을 들은 그레고리오 교황은 요한 파렌티 총봉사자에게 위임하여 이 금지조항을 완화했다."(클라라 전기 37) 클라라는 다른 봉쇄수녀들에 비할 수 없는 자신만의 독특한 정체성을 주장한 셈이다. 그러나 「쿼 엘롱가티」 칙서에 따르면, 클라라의 반응은 의문스럽다. 교황 칙서가 형제들이 프란치스코 시대부터 총회 선언을 통해 가난한 봉쇄수도원들에 「인준받은 수도규칙」 11장의 규정을 언급했음을 인정하기 때문이다. 아무튼 클라라 수도원의 독창성과는 별개로, 여성뿐만 아니라 산 다미아노에 거주하는 수녀를 포함한 수녀들과의 관계에서도 형제들의 정결을 보장하고 보호하려는 「인준받은 수도규칙」 11장에 명시된 금지조항은 여전히 유효하다. 사실 나중에는 클라라 자매들이 형제들에게 지나치게 돈을 요구하는 때도 있었는데, 이 문제는 보나벤투라 총봉사자 시대까지 해결되지 않았다. 그런데 분명한 것은 이런 갈등을 겪으면서도 형제들은 「프란치스코가 클라라에게 준 생활양식」에 담긴 그 뜻을 존중하려고 힘썼다는 사실이다.

이러한 역사적 맥락을 고려해 볼 때 2절을 다음과 같이 이해할 수 있다.

첫째는 관계를 '성사'로 보는 관점이다. 곧 프란치스코는 수녀들을 그리스도의 정배로 여겨 그리스도에 대한 사랑 때문에 그들을 도와주어야 한다고 가르쳤다. 이는 그리스도와의 온전한 사랑의 일치를 지향하며 살아가는 동정녀들을 방해하지 않고, 그들이 자유롭게 하느님께 나아갈 수 있도록 순수한 마음과 몰아적 사랑으로 그들에게 봉사함을 말한다. 하느님의 정배를 순수하고 투명한 눈으로 바라보고 존중할 때 그 관계는 하느님을 드러내는 계기가 되고 새로운 창조의 순간이 될 것이다.

두 번째 관점은 클라라 자매들과의 관계에서 발생한 현실적인 문제를 토대로 이해하는 것이다. 곧 프란치스코가 사도좌의 허락 없이 클라라 수녀원을 방문하지 말라고 한 것은 그간의 문제에 대한 해결책이기도 하지만, 그렇게 함으로써 형제들의 정결 생활을 보호하고자 한 것이다.

세 번째 관점은 성(性)을 더 근원적이고 복음적인 전망에서 바라보고 수용하도록 초대하는 것이다. 곧 복음 안에서 어떤 것에도 매이지 않는 자유로운 삶을 보장해주려는 뜻을 읽을 수 있다.

형제들의 여자 수도원 출입을 금지한 11장 2절은 광범위하고 일반적인 의미로 이해해야 한다. 수도승 정신과 여성 수도생활의 전망에서 보면, 가난한 클라라 자매들은 우리 작은 형제들에게 중요한 역할을 한다. 2절의 금지가 제2회 클라라 자매들을 돌보지 않아도 된다는 변명이 될 수는 없다. 프란치스칸 1회 세 가족들의 고유법은 클라라 자매들과 수도 3회 수녀들과의 관계에 관한 지침을 다음과 같이 제시한다. "수사들은 양성기부터 가난한 클라라 자매들의 삶과 은사를 높이 평가하고 존중해야 한다. 그러므로 형제들은 그들에게 영적, 물질적 도움을 기꺼이 제공할 준비가 되어있어야 한다."(OFMConv., 총규정 88항) 프란치스코와 형제들이 클라라와 그 자매들을 늘 부지런히 돌보고 특별한 관심을 기울인 것을 기억하면서, 작은 형제들은 성령께서 아씨시의 프란치스코와 클라라에게 불러일으킨 것과 똑같은 복음적 소명을 발견한다.

작은 형제회 회헌은 다음과 같이 규정한다. "형제들은 동일한 은사와 상호 간의 필요성을 명심하여 성 프란치스코의 2회와 3회 수녀들에 대하여 언제나 애정 어린 보살핌과 관심을 가질 것이다. 2회와 3회 수녀들과의 영신적 일치를 보존하고 보호하며 그들의 연합을 촉진하는 것은 1회가 하는 책임이다."(56,1-2) 카푸친 작은형제회 회헌은 프란치스코와 클라라의 관계를 형제들과 여성들의 관계에 대한 모델로 삼는다. "프란치스코 형제가 클라라 자매에게 보여준 고귀한 애정의 모범을 따라, 여성에 대한 우리의 행동은 예의와 존중, 정의감으로 특징지어져야 한다."(172,2) 나아가 작은형제회 회헌은 형제들에게 가난한 클라라 자매들의 관상 생활을 돌보고 장려할 것을 요청한다. "프란치스코 2회와 3회 수녀원들의 관상 생활이 교회와 세상에서 보다 더 완전하고 보다 더 효과적으로 빛나도록 영적 보조자들은 수녀들이 기도의 정신과 살아있는 참된 가난의 생생한 증거와 선교 열성에 있어서 스스로 양성되도록 그들을 도울 것이다."(58)

제2회 클라라회 수녀들은 다음과 같이 '상호성'을 인정하며 주장한다. "세상으로부터 형제들과 가난한 자매들을 끌어낸 것은 한 가지 영이며 같은 영이었기 때문에, 우리의 관계는 영신적인 면뿐 아니라 법적이거나 물질적인 면에서도 특별히 형제적이고 긴밀하여야 한다."(클라라회 회헌 121,1) 그러므로 "성 프란치스코가 자신과 자신의 형제회에 맡긴 바를 기억하여 우리는 작은 형제들에게 영적인 도움을 청해야 할 것이다. 우리는 상주신부와 피정지도신부, 고해신부와 지속적인 수녀 양성지도자로서 작은 형제들을 우선적으로 모셔야 한다."(121,5) 제1회와 제2회 사이의 친교는 프란치스코와 클라라의 개인적인 경험뿐만 아니라, 두 수도회의 수도규칙을 하나로 묶어주는 복음적 삶의 근본 가치에 그 기초를 두고 있다. 이는 두 수도회가 하나의 원천 카리스마에서 비롯되었음을 인정하는 것이다.[28]

3. 대부가 되지 말 것

[3] 또 형제들은 남자나 여자의 대부가 되지 마십시오. 이로 인해 형제들 간에 또는 형제들에 대한 추문이 생기지 않기 위해서입니다.

3절은 앞의 두 규정과 마찬가지로 수도승 법과 전통에서 가져온 것으로서 프란치스코의 고유 규범이 아니다.[29] 이는 형제들이 다른 이

---

28 참조: 인준 규칙 1,1; 클라라 규칙 1,2; 인준규칙 10,8; 클라라 규칙 10,9).

29 참조: "수도원장이나 수도승이 세례식에서 어린이를 받아들이거나 대모를 갖는 것은 합법적이지 않다."(Conc. Antissiodorense, 578년); "수도승은 대부나 대모를 가져서는 안 되며 여성에게 입맞춤해서도 안 된다."(Capitularia, 817년); "세례를 받도록 어떤 어린이도 받아들여서는 안 된다."(Reg. ad monachos S. Aureliani Arelatensis Ep.); "독방 은수자들은 결코 대부나 대모가 되어서는 안 된다."(Grimlaicus, Reg. Solitarium, 9세기, xvi장); "수도승은 대부가 될 수 없고 수녀승도 대모가 될 수 없다."(Conc. Londinense, 1102년, xix장); "이후로는 아무도 대부가 될 수 없다. 그러므로 우리는 군인이든 신하든 일반적으로 모든 사람에게 명한다. 누구도 샘에서 아이들을 가져갈 것으로 추정하지 말고 그러한 위대한 성사에서 대부와 대모를 사부하는 것을 부끄러워하지 마십시오. 그런 부끄러움은 죄보다 더 큰 영광을 가져다주고 의

와 신앙의 가족 관계를 맺음으로써 일어날 수 있는 정결의 어려움을 보호하고 복음적 자유를 살도록 하려는 것이다. 당시 대부가 된다는 것은 어떤 부담스러운 의무와 관습에 따라 친족 관계의 보기 흉한 표현(대부와 대모, 대부와 대녀 사이의 입맞춤)을 내포했다. 형제들은 추문의 그림자를 피하고 교회의 규범에 충실해야 했으며, 결과적으로 모든 친족 관계를 포기하고 따르는 생활을 해야 했다.(비인준 규칙 1,4-5; 인준 규칙 2,4-6) 이 규정은 남녀 모두에게 해당한다.

'되지 마십시오'라는 접속법으로 지배되는 이 세 번째 문장은 아주 짤막한데, 접속사들이 많아(두 개의 nec와 두 개의 vel) 어려운 편집을 보여준다. 라틴어 명사 compatres(단수 compater는 고전 후기에 나온 말임)는 흔히 대부(代父)로 번역되는데, 중세에는 세례를 받은 아이의 생부와 대부가 서로 부르는 말로 사용되기도 했다. 어떤 지방에서는 대부가 영적인 아버지 역할을 했을 뿐만 아니라 대자(代子)의 집을 자주 방문하고 그의 개인적인 일에도 관심을 가졌다. 곧 그들의 관계는 사회적인 관계와 가족적인 친밀한 관계로까지 발전하기도 하였다.[30] 생부·생모와 대부·대모 사이에서는 입맞춤, 같은 접시에서 식사하는 것과 같이 관례상 매우 편하게 지냈다.[31] 이러한 특징들은 수도자들에게 대부가 되는 것을 금지한 당시의 다양한 규정들이 설명해준다. 남자나 여자의 대부가 되지 말라는 금지는 이미 성 대 그레고리오 교황과[32] 라테라노 공의회들의 일부 결정들에서 발견되며, 그라씨아노 법령집(Decretum Gratianii)에서 성직자와 수도자들을 위한 공통규범이 된다. 그리고 이

    심할 여지 없이 여성의 입맞춤을 얻는 대신 불명예를 없애기 때문이다."(Reg. Templariorium 1128년, Lxxi장).

30   참조: J. Micó, 'El carisma de Francisco de Asís', in SelFran 81(1998), 101쪽.

31   참조: F. Uribe, La Regla de San Francisco, 316쪽.

32   참조: Migne, PL 77, 717.

런 규정들은 프란치스코 이전과 동시대 수도회들의 수도규칙에서도 그 예를 볼 수 있다.[33] 페레올(Ferréol) 규칙에는 다음과 같은 내용이 나온다. "숙고 끝에, 우리는 다른 수도원의 경우처럼 어린아이들이 수도원에서 세례를 받는 것은 좋지 않다고 판단했다. 동시에 수도승들이 어느 사람 자녀의 대부모가 되는 데 동의하지 않는다."(15장)

왜 프란치스코는 이런 규정을 두었을까? 첫 번째 이유는 대부와 대자 또는 대녀의 관계는 세례를 기초로 한 영적인 관계인데, 수도자의 경우 고유한 생활방식 때문에 적절한 영적 도움을 줄 수 없기 때문이다. 또 다른 이유는 대부와 대녀 사이에 입맞춤으로 추문이 생기는 경우가 있었기 때문이다. 당시에는 대부와 대모를 같이 세웠는데, 이들이 서로 인사하고 지내는 사이에 불미스러운 일들이 일어났다. 이런 규정은 대부가 대자와 대녀에 대한 의무를 다할 수 없어서라기보다는 대부와 그들 사이에 특별한 관계가 생기는 예를 방지하려는 것이다. 옛 공의회 문헌들과 다른 수도회 수도규칙들은 대부와 대모 사이에 입맞춤을 피하도록 규정하였다. 프란치스코도 형제들의 정결을 보호하기 위한 취지에서 이렇게 규정하였다. 곧 대부가 되지 말라는 것은 정결 생활을 보호하려는 의도이며, 추문을 방지함으로써 형제들 사이에 걸림돌이 되지 않게 하기 위해서이다. 이 본문은 여성들과의 관계를 규정한다. 이 점에서 '여성들과 의심스러운 교제를 하지 말라'는 규정과 '수녀원 출입을 하지 말라'는 규정은 깊이 연결되어 있다.

---

33 참조: I. RODRÍGUEZ HERRARA & A. ORTEGA CARMONA, Los escritos de san Francisco de Asís, 619쪽; Expositio Quatuor Magistrorum super Regulam, 191-192쪽.; 카이사르의 동정녀 규칙(512-534년):. "누구도 부자나 가난한 사람의 딸에게 세례를 줄 생각을 해서는 안 된다."(11장); 아우렐리아노의 동정녀 규칙(546~551년)은 "누구도 세례식에서 아이를 받아서는 안 된다."(16장); 도나투스(Donatus)의 규칙(640~658년): "누구도 부자와 가난한 사람의 딸을 세례 받게 할 생각을 해서는 안 된다."(14상); 아우렐리아노(Aureliano)의 규칙: "아무도 갓 태어난 아이를 세례에 데려가는 것을 허락하지 않는다."(20장)

「클라라 수도규칙」은 수도원 외부 봉사를 하는 수녀들에 대해 다음과 같이 명시한다. "다른 사람들과 의심스러운 교제나 담화를 나누지 않도록 단단히 조심할 것입니다. 또 남자나 여자의 대모가 되지 말 것입니다. 이로 인해 수군거림이나 소란이 일어나지 않게 하기 위함입니다."(9,14-15) 문자 그대로 「인준받은 수도규칙」 11장과 밀접한 관련이 있음을 알 수 있다. 유일한 차이는 금지의 동기와 목적에 있다. 프란치스코는 형제들 사이에서 또는 형제들에 대한 추문의 위험에 초점을 둔다. 반면에 클라라는 이 추문을 "수군거림이나 소란"(murmuratio vel turbatio)으로 완화한다. "이로 인해 형제들 사이에 또는 형제들에 대한 추문이 생기지 않도록"이라는 문장은 전체 장이 아니라 3절의 금지사항에만 관련되어 있다.

프란치스코의 글에서 추문(scandalum)이라는 단어는 「인준받지 않은 수도규칙」에 한 번 더 나온다. "모든 형제는 추문을 일으키거나 자기 영혼에 해를 입히는 어떤 직책도 맡지 말 것입니다."(7,1) 추문은 나쁜 표양(malum exemplum)으로 인한 것이다. "봉사자요 종들은, 만일 자신들의 잘못이나 나쁜 표양 때문에 형제들 가운데 누군가를 잃게 된다면, 심판 날에 우리 주 예수 그리스도 앞에서 셈 바쳐야 한다는 것을 기억할 것입니다."(비인준 규칙 4,6) 프란치스코에게 '좋은 표양'(bonum exemplum)은 신자들에게 보낸 편지에 잘 묘사된 것이다. "표양으로 다른 이들에게 빛을 비추어야 하는 거룩한 행위로써 우리는 그분을 낳습니다."(1신자 편지 10) '좋은 표양'은 주님을 마음과 몸에 모심으로써, 곧 삶의 모범으로 다른 사람들에게 주님을 줄 수 있는 주님의 모성애를 실천함으로써 주님을 낳을 수 있게 하는 거룩한 일이다. 반면에 '나쁜 표양'은 예수를 따르는 길에 걸림돌이 된다. '나쁜 표양'으로 걸려 넘어지거나 넘어질 때 추문이 일어날 수 있다. 「인준받은 수도규칙」에서 말하는 추문은 수도규칙에 따라 복음을 온전하고 자유롭게 사는 데 걸림돌이 되는 것이다.

프란치스코는 수도규칙 11장에서 정결을 위협하는 세 가지 위험을 언급하는데, 형제들과 여성들 간의 교제 관계에서 일어날 수 있는 위험한 의도를 경계한 것이다. 프란치스코는 이 의도에 대해 절대적으로 부정적인 것이 아니라 여자를 조심하라는 것을 경험에 비추어 충고한 것으로 보인다. 제11장에서는 위험에 대해 제한만 하지, 건설적인 해결 방안은 제시하지 않고 있는 것처럼 보일 수도 있다. 그러나 초기사료들이 전하는 바를 보면, 그가 정결 생활과 정결의 덕에 대해 얼마나 깊고 차원 높은 이해를 하고 있는지 알 수 있다. 프란치스코는 여자 수도자를 주님께 정결을 봉헌한 주님의 신부로 보았고 따라서 여자와 간음하거나 의심스러운 교제나, 수녀원을 자주 출입하는 형제는 주님의 신부를 빼앗는다고 보았다.(2첼라노 113 참조) 결국 11장의 모든 구절은 그 자체가 목적이 아니라, 오직 형제들이 순종하며 정결하게 복음을 살도록 돕는 것을 목적으로 삼고 있다. 11장의 금지조항은 형제들의 정결을 보호할 뿐 아니라 가족 및 우정 관계의 맥락에서 정서적 영역, 순응성(disponibilità) 및 사도적 헌신에서 형제들의 자유를 보호하는 긍정적인 목표를 가지고 있다.

제11장은 단지 좁은 의미에서의 정결만을 말하는 것이 아니라 그보다 훨씬 더 근본적인 점, 곧 주님의 영에 의해 관계를 성사화하는 '복음 실행'의 또 하나의 길을 제시한다. 제11장에서 프란치스코가 의도한 것은 여성에 대한 부정적인 시각에서 나온 것이 아니었다. 나아가 성을 육체적인 차원으로 끌어내리려 하거나 여성성을 무시하려는 처사는 더더구나 아니었다. 그는 하느님의 부르심에 대한 응답을 사는 우리의 고귀한 성소 자체를 인간적인 차원으로 끌어내리려 해서는 안 된다는 것을 강조한 것이다. 프란치스코는 각자의 고유한 성소를

존중해야 함을 말한 것이고, 특히 그리스도의 정배에 대하여는 주님을 대하듯 두려운 마음으로 대하여야 함을 가르친 것이다. 그는 우리의 성소야말로 '성'의 욕구를 채우는 것이 아니라 단순한 인간관계 그 이상으로 근본적이고 최우선적임을 가르친다.

프란치스코는 영으로 충만해진다는 것은 사랑의 사람이 되는 것을 의미하며, 그런 사람은 사랑을 쉽게 받아들이고 또 자유롭게 사랑하는 사람임을 깨닫고 있었다. 그는 우리에게 형제들 상호 간의 관계는 늘 우리 마음속에 계신 영의 진정한 표현이어야 한다고 가르친다. 우리 마음속에 계시는 성령에 따라 살아야 하는 우리의 성소는, 기쁨에 넘치는 자유와 사랑은 물론이고 지성도 겸비하는 정결, 따라서 세상이 자신을 있는 그대로 느끼게 해주는 정결을 요구하는 것이다. 이러한 정결한 사랑의 삶은 우리 안에 사랑을 더 심화시켜 주며, 자아 중심적이고 소유적인 사랑으로부터 자기희생적이고 자신을 타인에게 내어주는 사랑으로 우리를 순례하게 해준다. 그래서 프란치스코가 우리와 직접적인 관계가 있는 사람들을 넘어서, 고통과 죽음이 바로 현실인 힘든 처지에서 살아가는 사람들에게 우리의 관심을 쏟도록 하는 것이다.[34]

■ 현대적 적용 ■

프란치스코는 영으로 충만한 사람은 사랑 안에 머물고 자유롭게 사랑할 수 있음을 깨달았다. 그는 형제들 상호 간의 관계를 넘어 모든 관계가 사랑이신 주님의 영의 표현이어야 한다고 가르친다. 그는 하느님으로부터 부름을 받은 각자의 고유한 처지와 위치를 소유하지 않고 철저히 존중함으로써 '관계를 성사화'하는 길을 보여주었다. 오늘

---

34 R. J. ARMSTRONG, '아씨시의 성 프란치스코. 복음적 삶에 대한 글(V)', 228-229쪽.

을 사는 프란치스칸 형제자매들은 프란치스코가 가르쳐준 '관계의 성사화'를 일상의 삶에서 실천하도록 힘써야 할 것이다. 우리의 관계가 '주님의 영'이 발생하는 터가 되고, 서로를 하느님의 선물로 존중하며 욕망의 대상으로 삼지 말아야 한다. 또 모든 인간관계를 최대한 개방적이고 포용적으로 균형 잡힌, 진정한 형제애를 키워가는 계기로 삼아야 한다. 우리는 '관계의 대가'인 프란치스코의 가르침대로 그 누구도 '자기 것으로 삼으려 하지 말고' 서로를 환대하고 하느님의 동등한 피조물로서 차별 없이 존중하도록 하여야 한다.

프란치스칸은 프란치스코의 기사도 정신으로 여성을 존중하며 그들에 대한 온갖 형태의 폭력을 행하지 말아야 한다. 나아가 남녀 차별이 있는 곳에서 여성의 편을 들고 가난하고 소외된 여성, 어려움을 겪는 여성, 불평등과 차별을 당하는 여성, 상처를 받은 여성, 사회 구조악의 희생이 된 여성들에게도 깊은 관심을 두도록 하여야 할 것이다. 프란치스코는 각자의 고유한 성소를 존중하고, 특히 그리스도의 정배에 대하여는 주님을 대하듯 두려운 마음으로 대하여야 한다고 가르친다. 나아가 그는 모든 인간관계가 성적 차별이나 이해타산을 따지는 것과는 무관하며, 그 이상으로 서로에게서 '아름다움'이신 하느님을 발견하는 '하느님의 성사'임을 가르친다. 프란치스코에게 정결 개념의 기원은 사랑의 자유에 이르는 마음의 순수성과 연결되어 있다. 곧 지상의 것에 애착을 두지 않고 천상의 것을 구하며, 늘 깨끗한 마음과 영혼으로 살아계신 하느님을 갈망하는 바로 그 정결이다. 프란치스코는 이런 관점에서 형제들에게 "사랑과 순수하고 진실한 양심을 지니고 우리의 마음과 몸에 그분을 모시고 다닐 때 우리는 어머니들입니다"(2신자 편지 53)라고 권고한다.

축성된 정결을 통해 우리 삶과 형제애는 우리 가운데 계시는 하느님 나라의 예언적 표징이 되고, 주님 안에서 미래의 삶에 대한 선포가 되어야 한다. 정결은 정결에 수반되는 고난과 어려움을 받아들이면서 충실하게 지키고 가꾸어야 할 은총의 약속이다. 성사 생활과 기도, 공동체 안에서의 형제적 삶과 형제들에 대한 아낌없는 봉사, 은총으로 살아가는 자유로운 우정과 부지런한 노동은 정결 서원에 대한 충실성을 성장시키고 유지하며, 이기적이고 소유적인 사랑에서 관대하고 자유롭고 해방적인 사랑으로 넘어가는 데 필요한 방편들이다. 작은 형제들에게 형제체 생활은 자유롭고 포용적인 깊고 진실한 우정을 키울 수 있는 계기여야 한다. 이를 통해 인간적, 영적 성장이 촉진되고 무관심, 고립, 개인주의, 편안하고 풍요로운 삶의 추구, 부당한 보상, 정서 장애 등 독신을 위협하는 위험 요소에 직면하는 데 필요한 심리적 균형이 보장된다. 정결 생활을 통해 해방적인 사랑으로 나아가려고 어떤 방편들을 활용하는가? 그리고 우리의 형제체 생활은 축성된 정결을 사는 데 활력을 주고 있는가?

오늘날 우리는 남성과 여성 사이에 장벽이 없는 사회에서 함께 일하고, 아이디어를 교환하고, 관계와 우정을 쌓고, 함께 어울리고, 기쁨과 어려움을 나누며 살고 있다. 그러나 내적, 외적 규율 없는 정결은 신화에 지나지 않음을 기억해야 한다. 우리가 직면하는 도전은 매우 복잡하고 더 까다로우며 훨씬 더 강력하다. 예컨대 인터넷과 각종 스마트 기기는 인간관계와 업무에서 필수 불가결한 조건이 되어버렸다. 그러나 거기에 지나치게 의존하게 되고, 현실과 동떨어져 가상의 세계로 피신함으로써 관계의 기계화, 인격의 도구화, 영성 생활의 왜곡 등 부정적인 결과를 초래하고 있다. 이런 상황에서 우리는 어떻게 정결의 복음적 가치를 살 수 있을까? 우리의 형제적 삶이 정결을 통한 예언자적 증거가 되고 있는가? 깊은 성찰과 구체적인 응답이 필요한 때이다.

프란치스코의 수도규칙 11장은 형제들의 정결을 보호하려는 것을 우선 목표로 한다. 그러나 오늘날 작은 형제들은 다양한 수준에서 성의 상업화, 성적 자유화, 무분별한 성문화, 쾌락주의, 개인과 사회의 통합적 가치인 가족에 대한 무지 등 수많은 도전 앞에 있다. 이런 심각한 도전을 제기하는 사회문화적 맥락에서 우리의 정결한 삶이 예언자적 표지가 되도록 깊은 성찰과 적극적인 행동이 요청된다. 또 현실 한가운데서 복음의 기쁨을 살고 날마다 새롭게 해야 할 서원에 충실하되, 성숙한 자세와 책임감으로 성(性) 차별, 성의 도구화 등 비복음적이고 반생명적인 폐해를 없애나가야 하겠다. 그뿐만 아니라 성의 가치, 여성의 존엄과 역할, 고유한 인격인 성의 상호존중, 생명을 지향하는 성문화 등을 증진하는 노력도 중요하다. 작은 형제들의 정결한 삶에 우선하는 중요한 것은, 기도 안에 살아계신 하느님의 신비로부터 양식을 얻는 일임을 잊지 말아야 할 것이다.

제12장
사라센인들과 비신자들 가운데로 가는 형제들

¹ 하느님의 영감을 받아 사라센인들과 다른 비신자들 가운데로 가기 원하는 형제들은 관구봉사자들에게 허락을 청할 것입니다. ² 그러나 봉사자들은 파견하기에 적합하다고 여기지 않으면 아무에게도 갈 허락을 주지 말 것입니다. ³ 아울러 나는 순종으로 봉사자들에게 명합니다. 이 형제회의 지도자요 보호자요 감사관이 될 분으로 거룩한 로마 교회의 추기경들 가운데 한 분을 교황님께 청하십시오. ⁴ 그리하여 형제들은 거룩한 교회의 발아래 항상 매여 순종하고, 가톨릭 "믿음의 기초 위에 굳건히 서서"(참조: 콜로 1,23) 우리가 굳게 서약한 가난과 겸손과 우리 주 예수 그리스도의 거룩한 복음을 실행할 것입니다.

[인준받지 않은 수도규칙의 병행 구절]

[제16장 사라센인들과 다른 비신자들 가운데로 가는 형제들]

¹ 주님께서 말씀하십니다. "나는 이제 양들을 이리 떼 가운데로 보내는 것처럼 너희를 보낸다. ² 그러므로 뱀처럼 슬기롭고 비둘기처럼 순박하게 되어라."(마태 10,16). ³ 그러므로 하느님의 영감을 받아 사라센인들과 다른 비신자들 가운데로 가기를 원하는 형제는 누구나 자기 봉사자요 종의 허락을 받고 나서 갈 것입니다. ⁴ 그리고 봉사자는 그들이 파견에 적합하다고 생각하면, 그들에게 허락해줄 것이며 반대하지 말 것입니다. 사실 봉사자가 이 일에 있어서나 다른 일들에서도 분별없이 일들을 처리한다면 주님께 이를 "셈 바쳐야" 할 것입니다(참조: 루카 16,2). ⁵ 그리고 파견되는 형제들은 그들 가운데서 두 가지 방식으로 영적으로 지낼 수 있습니다. ⁶ 한 가지 방식은 말다툼이나 논쟁을 하지 않고 "하느님 때문에 모든 인간 피조물에게" 아랫사람이 되고(1베드 2,13) 자신들이 그리스도인임을 고백하는 일입니다. ⁷ 다른 방식은 하느님을 기쁘게 해드리는 일이라고

볼 때 하느님의 말씀을 전하여, 그들이 성부와 성자와 성령이시고 만물의 창조주이신 전능하신 하느님과 구세주요 구원자이신 아드님을 믿도록 하여, 그들이 세례를 받아 그리스도인이 되도록 하는 일입니다. "누구든지 물과 성령으로 태어나지 않으면 하느님 나라에 들어갈 수 없기"(참조: 요한 3,5) 때문입니다.

[8] 주 하느님을 기쁘게 해드리는 이런 것들과 다른 것들을 그들과 다른 이들에게 말할 수 있습니다. 주님께서 복음에서 이렇게 말씀하시기 때문입니다. "누구든지 사람들 앞에서 나를 안다고 증언하면 나도 하늘에 계신 내 아버지 앞에서 그를 안다고 증언할 것이다."(마태 10,32) [9] 또 "누구든지 나와 내 말을 부끄럽게 여기면 사람의 아들도 자기의 영광과 아버지와 거룩한 천사들의 영광에 싸여 올 때 부끄럽게 여길 것이다."(루카 9,26)

[10] 그리고 모든 형제는, 어디에 있든지, 우리 주 예수 그리스도께 자기 자신을 봉헌했고 자신의 몸을 내맡겼다는 것을 기억할 것입니다. [11] 또한 그분의 사랑을 위하여 볼 수 있거나 볼 수 없는 원수들에게도 자기 자신을 내놓아야 합니다. 주님께서 이렇게 말씀하시기 때문입니다. "나 때문에 자기 목숨을 잃는 그 사람은 영원한 생명으로"(마태 25,46) 그것을 "구할 것이다."(참조: 루카 9,24) [12] "행복하여라. 의로움 때문에 박해를 받는 사람들! 하늘나라가 그들의 것이다."(마태 5,10) [13] "사람들이 나를 박해하였으면 너희도 박해할 것이다."(요한 15,20) [14] "어떤 고을에서 너희를" 박해하거든 "다른 고을로 피하여라."(참조: 마태 10,23). [15] "사람들이 너희를 미워하고"(루카 6,22) "너희를 비난하고"(마태 5,11) 너희를 박해하고 "너희를 갈라지게 하고 모욕하고 너희 이름을 중상하면"(루카 6,22), 그리고 "너희를 거슬러 거짓으로 온갖 사악한 말을 하면"(마태 5,11), "너희는 행복하다!"(마태 5,11) [16] "너희가 하늘에서 받을 상이" 많기에(참조: 마태 5,12), "그날에 기뻐하고 뛰놀아라."(루카 6,23) [17] 또, 나는 "나의 벗인 너희에게 말한다. 아무도 두려워하지 마라."(참조: 루카 12,4). [18] "육신을 죽이는 자들을 두려워하지 마라."(마태 10,28). "그들은 그 이상 아무것도 히지 못한

다."(루카 12,4) [19] "불안해하지 않도록 주의하여라."(마태 24,6). [20] 사실 "너희는 인내로써 생명을 얻어라."(루카 21,19) [21] 또, "끝까지 견디는 이는 구원을 받을 것이다."(마태 10,22; 24,13).

개요

제12장의 제목은 "사라센인들과 비신자들 가운데로 가는 형제들"로 되어있다.[1] 「인준받은 수도규칙」 제12장은 전반부(1-2절)에서 선교 문제를 다루고, 후반부(3-4절)에서는 제2장부터 11장까지 규정한 프란치스칸 삶의 이상을 요약한다.

「인준받은 수도규칙」 제12장의 선교에 관한 내용은 프란치스코의 의도와 거리가 있긴 하지만, 여전히 그의 향기가 담겨 있다. 결과적으로 「인준받지 않은 수도규칙」 제16장은 「인준받은 수도규칙」 제12장보다 더 본래적이고 프란치스코의 영성을 풍부히 담고 있기에 선교에 관한 프란치스칸의 독창적인 이상을 이해하는 데 특별한 중요성을 지닌다. 제16장에서 우리는 선교에 관한 프란치스코의 이해에 근본적인 측면들을 구별할 수 있다. 이 측면들은 작은 형제들의 일련의 선교 전략을 형성한다. 또 1223년 「인준받은 수도규칙」에서 「인준받지 않은

---

1 사라센이란 말은 1세기경부터 그리스인과 로마인이 아라비아인을 일컫는 호칭인 사라세니(Saraceni)에서 유래하였다. 그리스어 Σαρακηνός에서 유래한 이 말은 '동쪽에 사는 사람들'이란 뜻의 아랍어 사라킨(نيقرش)에서 온 것으로 본다. 로마 세계에서는 기원후 첫 3세기 동안 후기 고전주의 작가들의 저술에서는 '시나이반도에 사는 유목민들'을 가리켰다. 그런데 아라비아 지역에 그리스도교가 자리 잡은 뒤에는 그 지역에 사는 민족을 통칭하는 말로 쓰였다. 7세기 이슬람교가 성립된(정통 칼리프 시대 632-661년) 뒤부터 비잔틴 사람들은 칼리프의 모든 이슬람 백성을 사라센이라고 부르게 되어 사실상 이슬람교도와 같은 의미로 쓰였다. 중세에 사라센은 이슬람교도인 아랍·투르크와 그 밖의 나라 사람들을 일컬었다. 이 명칭은 비잔틴 사람들과 십자군을 통해 서유럽에 퍼져 지금도 쓰인다.

수도규칙」의 "하느님 때문에 모든 인간 피조물에게"(16,6) 복종한다는 말이 더는 인용되지 않은 사실이 형제회 내의 중요한 변화를 말해 준다. 곧 이는 성직화 과정과 깊은 연관이 있다.[2] 프란치스코의 이상은 성직자 그룹보다 평신도 그룹에 더 적합했는데, 수도회의 성직화가 시작되면서 이 이상이 순식간에 사라진 것이다. 그리스도인이 교회법에 따라 사라센인에게 복종하는 것은 부적절할 뿐만 아니라, 특히 프란치스코가 「유언」에서 형제들에게 복종하는 것은 손으로 일하는 것과 밀접한 관련이 있다고 상기하듯이(19-20절), 유식한 사제 형제들의 품위와 지위에도 어긋나는 것이었기 때문이다.

이 장은 프란치스칸 복음적 생활양식을 요약하면서 그것을 항구하게 실천해야 함을 강조한다. 우리는 제12장을 이해하고 실천하는 데 「인준받지 않은 수도규칙」 제16장의 본문으로부터 영감을 받는다.

「인준받은 수도규칙」 제12장은 수도규칙의 결론 부분에 해당하는 장으로서 다음 두 가지 내용이 핵심을 이룬다.

1. 비신자들 가운데에서의 선교(1-2절)
2. 프란치스칸 생활의 요약(3-4절)

---

[2] 참조: J. Hoeberichts, Francis and Islam, Quincy, Franciscan Press, 1997, 132쪽.

본문 해설

1. 비신자들 가운데에서의 선교[3]

프란치스코는 「인준받지 않은 수도규칙」에서 관할 봉사자와 종들에게 선교 성소를 느끼는 형제가 적합하다고 판단되는 한 선교를 떠날 허락을 주도록 하였다. 이 점에서 분별없이 처리하면 주님께 셈 바쳐야 할 것이라고 강조한다.(16,4) 그러나 「인준받은 수도규칙」 제12장에 와서는 식별에 대하여는 언급하지 않으면서도 적합하다고 판단되는 형제 이외의 사람들에게는 파견을 허락하지 말 것이라고 좀 더 제한한다.(2) 그 이유는 아마도 형제들의 수가 늘어나고 또 선교를 위한 준비도 미흡한 가운데 파견되거나 허락 없이 선교에 임함으로써 발생하게 된 폐해 때문으로 보인다. 한편 「인준받지 않은 수도규칙」 제16장의 구체적이고 풍요로운 선교지침 대부분은 사라져버렸다. 그 이유를 합리적으로 설명할 수 있는 근거는 없다. 그러나 사라센인들에 대한 프란치스코의 태도와 당시 교회 상황을 보면, 그 이유를 추정할 수 있다.

프란치스코 당대에 서방 라틴 국가들은 자신들을 폐쇄된 종교적, 정치적, 문화적 집단인 '그리스도교 사회'(societas christiana)로 이해하였다. 따라서 그리스도교 도성 경계 밖에 있는 이교인들을 개종시키는

---

[3] 현대적인 의미의 '선교'(missio)라는 단어는 프란치스코의 글이나 초기사료에 나오지 않는다. 그는 추상적 개념보다는 생기 있고 능동적인 삶의 성취에 관심을 두기 때문에 '보내다', '파견하다'(mittere)라는 동사를 비교적 자주(27회) 사용한다. '보내는 이는 하느님이시다'(11회), '보내는 이는 그리스도이시다.'(3회) 대개 하느님이 주도권을 가지고 "보내신다." 더 놀라운 것은, 프란치스코가 하느님의 복음선포 활동에 대해 말할 때 시편(6회), 요한복음(4회) 등 성경을 인용한다는 점이다. 이처럼 '보내다'라는 동사의 사용만으로도 그가 선교 개념을 어디서 끌어냈고 또 자신의 선교모델을 어디에서 찾아내는지를 보여준다(Correspondence Course on Franciscan Missionary Charism, Quezon City, Unit 3/3 참조. 이하 CCFMC로 약칭함).

것은 그들을 정복하는 것과 다름없었다. 그리스도교 문화권에 속한 유럽은 자신들과 다른 사회적, 종교적 세계에서 살아가는 사라센인들을 위협적인 존재로 여겼다. 프란치스코가 태어나기 전에 이미 두 차례 있었던 십자군 전쟁(제1차 1096-1099년, 제2차 1145-1149년)에서 십자군에 맞섰던 이들도 이민족들처럼 정복의 대상으로 여겨졌다. "교황들과 베르나르두스 수도원장 같은 전쟁 옹호자들은 '성스러운 전쟁', 즉 성전(聖戰)의 중요성을 새롭게 부각했다. 신앙을 수호하는 성전에 참여하는 것은 수도자가 되는 것 이상으로 보람 있는 일이며, 더욱이 십자군 전쟁은 악한 세력인 이슬람을 몰아내기 때문에 특별한 가치를 지닌다고 강변했다. (...) 십자군 전쟁을 주창하던 이들은 또한 중세시대에 발전한 '평화운동'의 관습도 무시했다. (...) 이렇게 신의 명령, 거룩한 의무라는 말로 전쟁의 정당성이 확보됨으로써 일반 전쟁보다 더욱 잔혹한 학살이 벌어지고 말았다."[4]

"중세의 사고방식으로 보면 회교도는 '성지를 더럽히는 불신자들'이었다. 교황 문서들은 그들을 '그리스도 십자가의 적들', '개들', '가장 사악한 군인 패거리', 사악한 백성' 등으로 명시하여 신자들에게 결코 잊어버릴 수 없는 나쁜 인상을 심어주었다. 회교는 자신을 방어하는 데 필요한 정치 군사 집단만이 아니라 가장 악마적인 반 그리스도교 세력으로 인식되었다. 교황과 주교들은 몇 번이고 십자군의 이상을 이용해서 신자들의 열심을 선동했다. 성 프란치스코가 등장한 것은 이러한 반 회교도적 상황에서였다. 그는 계시받은 예언자처럼 하느님으로부터 자기 교회에 파견되어 그리스도인이 더욱 성경의 시각으로 회교 추종자들을 바라볼 수 있게 했다."[5]

---

4   박승찬, 『중세의 재발견 현대를 비추어 보는 사상과 문화의 거울』 도서출판 길, 2017, 160-162쪽.

5   GIULIO BASETTI-SANI O.F.M., 'Muhammad and Saint Francis', The Francis

회버리히츠(J. Hoeberichts)는 프란치스코가 사라센인과의 관계에서 보여주었던 복음적이면서도 근본적으로 새로운 접근 방식에 대한 통찰을 제시한다.⁶ 프란치스코와 그의 형제들 그리고 인노첸시오 3세와 우골리노 추기경과 같은 동시대 사람들은 서로 다른 신학과 언어 체계를 가진 두 개의 다른 세계에서 살았다. 프란치스코와 동시대 교회와 사회의 많은 이에게 하느님은 성지 정복을 위한 십자군 전쟁과 폭력을 정당화하는 힘과 소유의 신이었다. 그러나 프란치스코에게 하느님은 비폭력과 평화의 정신으로 사람들 사이로 들어가 그들의 일과 삶을 나누고, 온 세상의 모든 사람을 이해하는 친교를 구축하도록 형제들을 초대하는 겸손한 섬김의 하느님이었다. 이 평화의 사명은 그리스도교인이든 회교도이든 상관없이 기본적으로 하나이며 같았다. 프란치스코는 하느님에 대한 자신의 관점을 바탕으로 교회 당국과 근본적으로 다른 복음 해석에 도달했다. 그는 십자가를 지고 예수님을 따르는 것에 관한 마태 16,24(비인준 규칙 1,3), 모든 것을 버리고 그 대가로 백 배를 받는 것에 관한 마태 19,29(비인준 규칙 1,5), 다른 뺨을 돌려대는 것에 관한 마태 5,39 또는 루카 6,29(비인준 규칙 14,4) 같은 본문을, 아무것도 소유하지 않고 비폭력적인 방식으로 행동함으로써 사라센인들 사이에서도 주님의 평화를 이루기 위해 예수님을 따르도록 초대하는 것으로 이해했다. 반면에 우르바노 2세, 인노첸시오 3세, 비트리의 야고보와 같은 교회 당국자들은 십자군이 가난한 유럽에 남긴 것의 백 배를 받을 수 있는 성지를 정복하기 위한 거룩한 전쟁에 신자들을 불러모으기 위해 똑같은 본문을 사용했다. 어떤 이들은 복음, 특히 예수님이 다른 뺨을 돌려대라고 말씀하신 산상수훈의 본문에 호소

Book(New York : Collier books 1980), 184-189쪽, 박상배 역, 마호메트와 성 프란치스코, <신학전망> 제87호(1989년 겨울), 112. 114쪽. 상세한 것은 같은 글 111-120쪽 참조.

6   참조: J. Hoeberichts, Francis and Islam, 130-132쪽.

하며 이 모든 폭력에 반대했다. 그러나 비트리의 야고보는 그들이 마귀의 영향을 받아 복음을 잘못 해석하며 남용하고 있다고 비난하면서 십자군 전쟁을 정당한 전쟁이라 하였다. 이처럼 프란치스코와 그의 형제들과 교회와 사회의 지배적인 문화 사이에는 부인할 수 없는 갈등이 존재했다.

프란치스코가 모든 논쟁을 거부한 것은 전술이나 전략의 문제가 아니라 원칙의 문제였다.[7] 그것은 하느님은 겸손하신 분이라는 깊은 인식에서 비롯된 것이다. 프란치스코의 접근 방식에서 설교는 우선순위가 아니었다. 그의 실천은 그리스도교의 진리를 전파하는 것, 곧 구원의 문제를 가장 우선순위에 두는 교회의 사고나 행동 방식과 달랐다. 이러한 실천의 차이는 그가 다른 신학에서 시작했기 때문이다. 이 신학은 하느님께서 헤아릴 수 없는 신적 기쁨으로 사라센인들 가운데 현존하시고 활동하시며 그들의 삶과 역사에서 온갖 선의 원천이 되셨다는 그의 개인적인 경험에 기초한 것이다. 따라서 프란치스코에게 규범은 구원에 필요한 것이 무엇인지에 대한 추상적인 신학 교리가 아니라 사라센인들을 포함한 하느님의 기쁨이었다. 프란치스코의 하느님 기쁨에 관한 신학은 종교 신학과 종교 간 대화에 매우 귀중한 공헌을 한다.[8] 특히 프란치스코의 경험을 통해 하느님께서 모든 사람 가운데 적극적으로 현존하시는 은혜로운 방식에 대한 경외심에서 그리스도인과 회교도가 하느님을 위해 서로에게 복종하고 새로운 세계 창조를 위해 평화롭게 협력하는 삶의 대화, 하느님의 기쁨에 관한 진정한 대화에 대한 기초를 제시해준다. 이러한 긍정적인 인식은 프란치스코가 이슬람에 대한 많은 부정적인 생각을 없애고 인류를 구원하기

---

7   J. HOEBERICHTS, Francis and Islam, 132쪽.

8   J. HOEBERICHTS, Francis and Islam, 133쪽.

위해 그리스도교의 경계를 뛰어넘어 역사적으로나 문화적으로 모든 신학 사상보다 위대하신 하느님의 신비에 더욱 깊이 침투할 수 있게 해주었다.

"프란치스코는 그리스도의 수난을 계속 묵상함으로써 하느님께서 폭력이나 물리적 힘이 아니라 당신 아들의 죽음과 자기비허를 통하여 인간 구원을 가져다주셨다고 이해했다. (...) 프란치스코에게 회교도는 칼을 잡고 싸워야 할 대상인 무서운 원수가 아니었다. 그들이 칼을 가졌다고는 하나 친절과 관용을 통해 아버지의 집으로 인도해야 할 소외당한 형제들이었다. 프란치스코는 자기에게 예언적 사명을 준 특별한 빛에 따라 멸시나 위협이나 폭력으로는 회교를 이길 수 없다고 인식했다. 그가 가장 시급히 해야 할 일 중 하나는 회교도에게 복음을 전하는 것이었다."⁹ 프란치스코와 형제들은 "모든 이에게 복종하는" 겸손한 섬김의 정신으로 점차 사라센인들 가운데서 하느님의 현존과 역사를 분별하는 법을 배웠고, 하느님께서 그들의 삶과 역사를 통해 일하시는 선하심에 감사하는 법을 배웠다. 이 '하느님의 일하심'을 감사하게 인정하면서 그들은 사라센인에게 복종해야 할 또 다른 이유를 발견했고, 하느님께서 구원의 경륜 안에서 하느님의 기쁨으로 그들을 위해 세우신 계획에 복종해야 할 이유를 발견했다.

프란치스코는 교회가 사라센인들을 적대시하는 상황에서 일련의 다른 대안이 되는 복음화 전략을 개발하여 그것을 「인준받지 않은 수도규칙」의 선교지침 안에 정형화하였다. 그러나 교황은 사라센인들에게 적대적인 교황청의 행동 방식을 암시적으로 단죄하는 「인준받지 않은 수도규칙」 구절의 삭제를 원했을 것으로 추정해볼 수 있다.¹⁰

---

9   GIULIO BASETTI-SANI, '마호메트와 성 프란치스코', <신학전망> 제87호(1989년 겨울), 114쪽.

10 T. DESBONNETS, Dalla Intuizione alla Istituzione, 127쪽; 한편 F. MARGIOTTI는

이런 점을 고려해 볼 때 프란치스코가 교회와의 관계에서 보여준 태도는 참으로 놀라운 것이다. 곧 그는 제1장에서 교황에 대한 최고의 순종을 서약하였다. 그런데 그것은 교도권의 권력에 대한 맹목적인 순종이 결코 아니었다. 그는 주님께서 복음적 삶으로 교회의 쇄신을 이루라고 주신 소명을 깊이 인식하였다. 그래서 그는 바로 이 마지막 장에 와서 교회가 적대시하고 원수처럼 취급했던 사라센인들을 교회의 태도와는 정반대로 복음적 방법으로 대하는 그만의 독창적인 '선교 원칙'을 선언한다. 물론 이에 관한 구체적인 언급은 「인준받지 않은 수도규칙」에 나오지만, 그 정신은 여기에 그대로 이어지고 있다고 볼 수 있다. 「인준받지 않은 수도규칙」 제3장 10-14절은 「인준받은 수도규칙」 제12장의 삭제된 부분에 대한 일부 보충으로 볼 수 있을 것이다.[11]

아씨시의 프란치스코는 선교를 하느님의 거룩한 부르심으로 받아들였다. 프란치스코는 그리스도 수난의 사랑에 젖어 그 사랑으로 모든 이에게 복음을 품고 다가갔다. 그는 실제로 하느님의 영감을 받아 여러 차례 선교를 시도하였다. "사라센인들과 다른 비신자들에게 복음을 선포할 임무는 프란치스코에 의해 새로운 방식으로 실험됐다. 그 방식은 십자군과 비교하여, 곧 그리스도교 '신앙'을 폭력적으로 또 유혈로써 이입시키는 식의 굳어진 습성과 비교하여, 새롭고 평화로운 방식에 따라 실험된 것이다."[12] 술탄은 끌려온 프란치스코의 말을 주

P. SABATIER의 견해를 따라 프란치스코가 형제들의 자유를 제한하지 않도록 형제회의 제도적 권한을 지지하고자 하는 교황청의 원의로 「인준받은 수도규칙」에서 선교에 관한 내용이 대폭 축소된 것으로 본다<참조: Dizionario Francescano, (ed. riveduta e ampliata), Padova 1995, coll. 1154, 'missione'>.

11 참조: M. CONTI, Studi e Ricerche sul Francescanesimo delle origini, Roma 1994, 272쪽.

12 G. GIOVANNI MERLO, '아씨시 프란치스코의 이름으로(II)', 프란치스칸 삶과 사

의 깊게 들어주었으며, 사라센인들은 작은 형제들이 그리스도의 신앙과 복음의 교리를 전할 때 그들의 설교를 기쁘게 들어주곤 했다(동방역사 32,14-15). 이는 "모든 이에게 복종하는" 프란치스코의 작음의 태도로 인한 것이었음이 분명하다. '더욱더 가톨릭적으로' 살고자 했던 프란치스코는 '주님의 거룩한 복음을 실행하며 예수 그리스도의 발자취를 따라' 스스로 선교에 나섰고, 자신의 선교 체험을 바탕으로 수도규칙을 통해 '프란치스칸 선교지침' 또는 '프란치스칸 복음화 지침'을 제시하였다.[13]

「인준받지 않은 수도규칙」 제16장은 중세의 집단적인 선교 입법의 첫 시도이며,[14] 교회 역사상 최초로 비신자들 가운데서의 선교지침을 포함하고 있다. 에써(K. Esser)가 지적한 대로 「인준받지 않은 수도규칙」 제16장은 "그리스도에 대한 큰 사랑 때문에 모든 사람에게 하느님 나라의 기쁜 소식을 알리고자 한 프란치스코 성인 정신의 반영이다."[15] 여기에서는 선교 절차와 선교의 기본자세, 선교 방법 등에 관해「인준받지 않은 수도규칙」보다 훨씬 구체적으로 규정한다. 특히 선교사 자신의 신원의식과 근본적인 소명이 무엇인지를 언급한다.

비신자들 가운데서의 선교에 관한 규정은 주님에 대한 그칠 줄 모르는 사랑으로 모든 이에게 하늘나라의 기쁜 소식을 전하도록 길을

상, 제30호(2008년 봄), 226쪽.

13 프란치스코의 선교지침 작성 배경에 관하여는 필자의 글 '수도규칙을 중심으로 살펴본 프란치스코의 선교지침', 프란치스칸 삶과 사상, 2005년 특집호, 21-24쪽 참조.

14 F. URIBE, La Regla de San Francisco, 323쪽; G. RACCA, La Regola dei Frati Minori, Assisi 1986, 221쪽 참조; H. FELDER도 "프란치스코는 수도회 모든 창설자 가운데 최초로 외국 선교를 사도직 프로그램에 포함했다. 그는 근대 선교 운동의 아버지이다"라고 말한다(The Ideals of St. Francis d'Assisi, 316쪽).

15 K. ESSER, Melius Catholice Observemus, 212쪽.

제시한다. 형제회는 그 창설 때부터 이탈리아에서 활동하였지만, 얼마 안 가서 북유럽, 성지, 북아프리카 등지에 선교단을 파견했다. 프란치스코도 여러 번 선교지에 가려 했으나 뜻을 이루지 못하였다.

「인준받지 않은 수도규칙」 제16장과 「인준받은 수도규칙」 제12장에 나타난 선교지침은 다음과 같은 공통점이 있다. 먼저, 두 수도규칙 모두 선교 성소 자체가 인간의 선택에 달린 문제가 아니라 주님께 주도권이 있는 주님의 일이라는 사실을 밝히고 있다. 곧 「인준받지 않은 수도규칙」은 "주님께서 말씀하십니다"라는 말로 시작하고 있고, 선교의 구체적인 지침들을 성경 말씀을 중심으로 제시한다. 한편 「인준받은 수도규칙」은 "하느님의 영감을 받아"라는 표현이 나오고, 선교 중에 반대자들을 사랑하고 그들을 위해 기도하고 끝까지 참고 견뎌야 하는 이유가 주님이 바라시기 때문이라고 표현한다. 이는 바로 선교 자체가 시초부터 주님께 달린 일임을 말해주는 것이다. 다음으로, 두 수도규칙에서 선교를 사라센인들과 비신자들 "가운데로 가는" 것으로 이해하고 있는 점도 같다. 끝으로, 두 수도규칙 모두 선교사 선발과 파견에 앞서 그 적합성에 관한 판단 곧 성소 식별을 잘하도록 요구하고 있고, 선교사 파견은 반드시 봉사자의 허락이 필요함을 규정하고 있다.

한편 두 수도규칙은 다음과 같은 점에서 차이를 보인다. 첫째, 「인준받지 않은 수도규칙」은 신학적으로나 영적으로 매우 풍부한 내용을 담고 있는 반면에, 「인준받은 수도규칙」은 그러한 내용을 과감히 생략하면서 제도적인 관점에서 필요한 최소한의 사항만을 언급한다. 둘째, 외형적으로 「인준받지 않은 수도규칙」은 「인준받은 수도규칙」에 비해 현저하게 길고 대부분이 성경 구절로 이루어져 있다. 셋째, 둘 다 선교에서 하느님의 주도권을 중시하면서도 「인준받지 않은 수도규칙」은 "주님께서 말씀하십니다"라고 하고(16,1), 「인준받은 수도규칙」

은 "하느님의 영감을 받아"(12,1)로 달리 표현한다. 넷째, 선교사 파견의 허락권자를 「인준받지 않은 수도규칙」에서는 "자기 봉사자요 종"이라고 하면서 충분한 권한을 부여하지 않는데, 「인준받은 수도규칙」에서는 "관구봉사자들"로 바뀌었다.[16] 이는 그간의 제도적 변화가 반영된 것으로서 1217년 처음으로 관구 제도가 설립된 이후 관구 중심적인 삶과 더불어 더욱더 제도화되어갔던 형제회의 모습이 표현된 것이다. 이러한 변화는 직책이나 권한과 관련하여 더 뚜렷하게 드러났다. 다섯째, 「인준받지 않은 수도규칙」의 경우에는 허락을 줄 수 있는 권한을 가진 주체를 명시하면서도 적합하다고 판단되는 경우 "반대하지 말 것"(16,4)이라고 소극적인 제한을 하는 데 비해, 「인준받은 수도규칙」은 "적합하다고 여기지 않으면 아무에게도 갈 허락을 주지 말 것"(11,2)이라고 적극적인 제한을 한다. 여섯째, 선교의 적합성 판단을 위한 요건에 대하여 「인준받지 않은 수도규칙」은 함축적인 요건들을 언급하고 있으나, 「인준받은 수도규칙」은 명시하지 않는다.[17] 끝으로, 선교 방법에 대하여서도 「인준받지 않은 수도규칙」은 두 가지 구체적인 방법을 제시하고 있는데, 「인준받은 수도규칙」은 선교 방법은 언급하지 않고 10장 10-12절에서 선교할 때 어려움 중에 지녀야 할 세 가지 기본자세만을 간략히 언급한다는 점이 다르다.

선교를 두 가지로 볼 수 있다.
1) 부르심과 파견으로 볼 수 있고,
2) 선교의 방법으로 볼 수 있다.

---

16   이 경우 외에도 입회 허가도 「인준받지 않은 수도규칙」의 경우에는 그 권한자가 "봉사자"라고만 하는데(2장 참조), 「인준받은 수도규칙」에서는 명백히 "관구봉사자"라고 규정한다(2장 참조).

17   참조: G. RACCA, La Regola dei Frati Minori, 223쪽.

1) 부르심과 파견

프란치스코는 형제들이 선교지에 가는 데 필요한 두 가지 요건을 요구한다.
① 하느님의 부르심
② 부르심의 진실성에 대한 봉사자의 확인과 파견 허락

① 하느님의 부르심
[1] 하느님의 영감을 받아 사라센인들과 다른 비신자들 가운데로 가기 원하는 형제들은 관구봉사자들에게 허락을 청할 것입니다.

교회의 선교 혹은 파견은 삼위일체이신 하느님의 파견(Missio Dei)에서 비롯한다. 곧 교회는 성부께서 성자를 파견하셨고, 성자께서 성부와 함께 성령을 파견하신 것에서 선교의 기원을 찾는다. 그래서 그리스도는 성부의 권위로 하느님의 뜻을 선포했고, 교회는 그리스도의 권위로 그리스도의 복음을 선포하는 것이다.

프란치스코는 모든 이의 겸손한 종으로서 "모든 사람을 섬겨야 하고 내 주님의 향기로운 말씀들을 전해야 한다"(2신자 편지 1-2)라고 생각하였다. 이는 복음선포 사명에 관한 그의 근본 의식을 보여준다. 선교는 초기 프란치스칸 은사 가운데 하나였다. 수도규칙에 따르면, 선교사 성소의 식별 기준은 두 가지이다. 곧 하느님의 부르심을 받았다는 자신의 성소 의식과 그 부르심이 진실하다는 확인이다. 「인준받지 않은 수도규칙」은 "주님이 말씀하십니다"(16,1)라는 말로 이 부르심을 표현하는데, 「인준받은 수도규칙」은 "하느님의 영감을 받아"(12,1)라는 말로 이 성소 의식을 표현한다. 표현상의 차이가 있지만 둘 다 선교 성소의 주도권이 본인 자신이 아닌 '하느님'께 있음을 진술한다는 점에서는 같다.

"하느님의 영감"(divina inspiratio)이라는 표현은 사라센인들에 대한 접근 방식과 관련한 프란치스코와 교회와 사회의 지배적인 문화 사이에 있었던 갈등의 맥락에서 이해해야 한다.[18] 지극히 높으신 하느님만이 프란치스코와 그의 형제들에게 사라센인 사이에서 평화 선교를 하도록 영감을 주실 수 있었다. 교회와 사회의 지도자들은 하느님에 대한 그들의 관점을 고려할 때 이를 달성할 수 없었다. 그러나 유식한 형제들이 늘어나면서 형제회 내에서 지배적인 문화의 영향력은 더욱 강해졌다. 이러한 상황에서 프란치스코와 그의 형제들은 사라센인들 사이에서 사는 것에 대한 프란치스코의 견해를 거의 또는 전혀 이해하지 못하는 유식한 형제들로부터 사라센인들 사이로 가려는 형제들의 '하느님의 영감'을 보호해야 할 필요성을 느꼈다.

성인은 「유언」에서 다음과 같이 말한다. "지극히 높으신 분께서 친히 거룩한 복음의 양식에 따라 살아야 할 것을 나에게 계시하셨습니다. 그리고 …… 교황님께서 나에게 확인해 주셨습니다."(유언 14-15) 그는 하느님께서 직접 복음적 생활로 불러주셨음을 알고 있었으나 교회의 축복과 허가를 받은 뒤 그 소명에 따르기를 바랐다. 형제회의 생활을 받아들이고자 하는 사람들에 대해서도 "하느님의 영감"을 받았는지를 중시했다. "하느님의 영감을 받아 누가 이 생활을 받아들이려고 우리 형제들을 찾아오면, 형제들은 그를 친절하게 맞이할 것입니다. …… 그를 되도록 빨리 봉사자에게 보낼 것입니다."(비인준 규칙 2,1-2) 이와 같은 맥락에서 프란치스코는 선교를 원하는 사람에 대해서 "성소 의식"을 요구한다. 첫 번째 식별은 선교의 기원과 동기에 관련된다. 프란치스코는 이 선교 성소를 하느님께서 가장 기쁘게 받아주

---

18 참조: J. Hoeberichts, Francis and Islam, Quincy, Franciscan Press, 1997, 131쪽.

신다고 하였다.[19] 선교사 파견을 위해서는 먼저 "하느님의 영감"을 받고 그분의 부르심을 의식하여야 한다. 이 점은 프란치스코 성인의 선교에 매우 중요하고도 근본적인 관점을 보여주는 것이라 할 수 있다.

「인준받지 않은 수도규칙」 제16장은 대부분 예수께서 직접 말씀하신 15개의 성경 말씀을 인용한다. 일곱 차례에 걸쳐 "주님"이란 단어가 반복되고, 세 차례에 걸쳐 일종의 틀처럼 "주님께서 말씀하십니다"라는 표현이 나오며, 두 번에 걸쳐 "주님을 기쁘게 해드리는"이란 표현이 나온다. 결국 선교에 대한 프란치스칸 이해는 종교적인 또는 그보다는 오히려 복음적인 영감임이 분명하다.[20] 한편 「인준받은 수도규칙」에 따르면, 선교사의 성소는 "하느님의 영감"에 대한 응답이다. '하느님의 영감'이란 중세 신학자들이 계시의 기원을 언급할 때 주로 사용했던 용어이다. 따라서 장상들은 주님의 이런 부르심과 이끄심을 받은 형제의 바람을 거절하지 말 것이며, 오직 그 형제의 적합성에만 관심을 두어야 한다.(비인준 규칙 16,3-4; 인준 규칙 12,1-2) 수도규칙의 이러한 본문은 프란치스코가 선교 소명을 얼마나 높이 평가하고 있는가를 말해준다. 선교 소명은 인간의 선택이 아니라 특별한 하느님의 부르심이다. "인간인 봉사자가 아니라 오직 주님만이 사라센인들 가운데 평화를 설교하러 가도록 어떤 형제에게 영감을 줄 수 있다."[21]

---

19 그는 "살과 피가 섞이지 않은 가장 높은 순종은 그들의 이웃을 구원하기 위해서 혹은 순교의 열망으로 하느님의 영감을 받아 비신자들에게 가는 것이라고 믿었다. 바로 이러한 허락을 요청하면 하느님께서 이를 가장 기쁘게 받아주실 것이라고 그는 생각하였다."(2첼라노 152)

20 참조: L. LEHMANN OFM Cap., 'Main Features of the Franciscan Understanding according to the Rule of 1221', in Franciscan Digest, Vol.II, No.1(Jan. 1992), 5쪽.

21 V. BROCANELLI, 'Inviati per il mondo intero', in Vita Minorum, Anno LXXIII(2003) n.1, 53쪽.

"주님이 말씀하십니다"(비인준 규칙 16,1)라는 표현이 말해주듯 프란치스코에게 사도들의 파견은 단지 역사적 사건만은 아니었다. 그는 예수님의 말씀을 주님께서 자기 자신에게 해주신 말씀으로 받아들였다. 프란치스코는 「인준받지 않은 수도규칙」 제16장 첫머리에서 "주님이 말씀하십니다"(dicit)라고 쓰면서 복음서의 "말씀하셨습니다"(dixit)의 과거형을 현재형으로 바꾸었는데, 이는 의미심장하다. 과거에 예수님이 사도들에게 하신 말씀이 프란치스코에게는 현재이고, 오늘도 여전히 살아있는 말씀이다.[22] 그는 16장의 모든 지시를 "주님의 말씀"이라고 세 차례나 거듭 언급하며(1,9, 11) 분명한 성경 구절을 인용한다.

이러한 내용은 프란치스코의 선교가 자기 뜻에서 나온 것이 아니라 "하느님의 영감을 받아" 행동한 것이며, 주님으로부터 파견되었음을 보여준다. 성인에 따르면, 선교사는 선교를 시작할 때나 선교 중에, 지속해서 자기 뜻이 아니라 그분의 주도권에 자신을 맡기려는 자세가 필요하다. 이처럼 프란치스코에게 선교의 근원과 본질은 하느님이시다. 주님께서 선교 소명으로 불러주시고 계속 부르고 계신다는 의식은 선교사로 파견되는 시점에서만이 아니라 선교에 임하는 동안에도 계속되어야 하는 중요한 의식이라 할 수 있다.[23]

사라센인들과 다른 비신자들 가운데로 '가기를 원하는' 형제들이라는 표현에서 '원하는'(voluerint)은 프란치스코가 늘 염두에 두고 강조하

---

22 L. LEHMANN OFM Cap., Main Features……, 4쪽 참조; CCFMC, Quezon City, Unit 4/6.

23 이와 비슷한 중요한 맥락을 형제회 안에서 거룩한 복음을 실행하는 삶을 살려고 찾아오는 이들에 관한 「인준받지 않은 수도규칙」 2장 1절에서도 볼 수 있다. "하느님의 영감을 받아 누가 이 생활을 받아들이려고 우리 형제들을 찾아오면, 형제들은 그를 친절하게 맞이할 것입니다."

는 것이다. 이는 자발성과 고유성에 바탕을 둔 인간 자유의 역동성을 드러내 주는 것이다. 결국 복음선포를 위한 파견에서 '하느님의 영감'으로 표현되는 하느님의 주도권과, '원하는'으로 표현되는 인간 편에서의 응답이 상응하면서 복음화와 재창조가 이루어짐을 잘 말해준다.

또 이 본문에서는 사라센인들과 다른 비신자들 '가운데로' 간다고 하는데, 여기에 프란치스코의 탁월한 복음화 전략이 담겨 있다. 곧 프란치스코는 복음선포를 지배적이거나 권위적인 태도로 하지 않았다. 그의 복음화의 핵심적인 방법 가운데 하나는 어디든 그들 '사이에 끼어들어' 현존하는 것이다. 이것은 분명 함께하는 임마누엘의 자세요, 삶을 나눌 준비를 하는 존재적인 현존방식이다.

② 부르심의 진실성에 대한 관구봉사자의 확인
² 그러나 봉사자들은 파견하기에 적합하다고 여기지 않으면 아무에게도 갈 허락을 주지 말 것입니다.

성소 식별의 두 번째 기준은 선교로 부름을 받은 형제의 성소 진실성에 대한 봉사자의 확인이다. 이것은 선교 성소에 대한 교회의 확인이자 식별을 위한 최소한의 절차이다. 하느님의 부르심을 느끼는 형제는 내면에서 부르심을 느끼는 것만으로는 부족하고, 선교에 대한 하느님의 부르심에 응답하려는 원의가 있어야 한다. 그러한 선교 원의를 가진 형제는 그 허락을 관구봉사자에게 청하여야 한다. 「인준받지 않은 수도규칙」 제16장 3절이 "그러므로"(unde)라는 말로 시작되는 데서 알 수 있듯이 당시에는 사라센인들에게 가는 것이 현명한지 불확실했기 때문에 봉사자의 허락을 받도록 한 것이다.

하느님의 부르심을 느끼는 형제의 청원을 받은 관구봉사자는 그 형제의 부르심 자체와 선교사로 적합한지에 대한 신중하고도 현명한 판단을 내려야 한다.[24] 관구봉사자가 "이 일에 있어서나 다른 일들에 있어서도 분별없이 일들을 처리한다면 주님께 이를 셈 바쳐야 할 것이다."(비인준 규칙 16,4) 식별이란 일종의 경청과 충실성의 문제이다.

「인준받지 않은 수도규칙」 제16장은 선교사로 파견되기를 청하는 형제의 적합성에 문제만 없다면, 관구봉사자가 파견을 반대해서는 안 된다고 긍정적으로 말한다. 그러나 「인준받은 수도규칙」은 「인준받지 않은 수도규칙」과 같은 취지에서 "하느님의 영감을 받아"라는 표현을 사용하면서도 '분별 있는 판단'은 언급하지 않은 채 적합한 형제 외에는 허락을 주지 말라는 일종의 법적인 제한을 가한다. 「인준받지 않은 수도규칙」 16장에 따르면, 부르심에 대한 식별은 최종적으로 성령께 달려있다. 그러나 「인준받은 수도규칙」에 따르면, 그 마지막 분별은 관구봉사자에게 있는 것으로 보인다.[25]

수도규칙이 거룩한 부르심에 대한 분별을 강조하는 까닭은 관구봉사자 자신도 그 형제를 선교로 부르시는 하느님의 뜻에 순종해야 하기 때문이다. 선교 성소에 대한 식별 과정에서 잊지 말아야 할 것은, 부르심을 받은 형제나 관구봉사자 모두가 다 하느님의 뜻을 찾고 그분의 뜻에 순종하려는 자세를 지녀야 한다는 점이다.

관구봉사자는 그리스도의 심부름꾼으로서 그 형제의 부르심을 확인하는 것이다. 관구봉사자의 허락은 교회의 인준인 셈이다. 관구봉사자의 적합성 판단에 중요한 기준은 무엇일까? 수도규칙은 더는 구체적인 기준을 제시하지 않는다. 그러나 의심할 여지 없이 가장 중요

---

24 참조: 「인준받지 않은 수도규칙」은 "관할 봉사자와 종"이라 하는데, 「인준받은 수도규칙」은 "관구봉사자"로 규정한다.

25 참조: J. GARRIDO, OFM., La Forma de Vida Franciscana, Ayer y Hoy, Madrid 1985, 219쪽.

한 판단 기준은 선교사로서의 어떤 인간적 재능이 아니라 그 형제의 선교에 대한 원의가 진정 하느님의 부르심인지 식별하는 것이다. 그리고 「인준받지 않은 수도규칙」 본문에 따르면 두 가지, 곧 '하느님으로 인하여 모든 인간에게 복종'할 수 있는가와 '하느님을 기쁘게 해드리는 일이라고 여겨질 때 말씀을 선포'할 수 있는가에 초점을 맞추어 적합성을 판단하여야 할 것이다. '관구봉사자는 개인적인 필요성이나 이익 또는 감정, 편협한 생각 때문에 부적합한데도 파견을 허락해서는 안 된다. 여기서 중요한 것은 하느님의 뜻이므로 선교지에 가려는 형제들의 부르심을 존중하되 현명하게 분별해야 한다는 점이다. 따라서 이에 대한 식별과 판단은 기도하는 가운데 본인과의 대화를 통하여 신중하게 해야 할 것이다.

이러한 식별 과정을 거친 다음에야 선교사로서 파견하게 되는데, 이때 파견하시는 분은 주님이시며 주님과 함께 선교지에 가는 것이다.

2) 프란치스칸 선교 방법

「인준받은 수도규칙」은 어떻게 선교해야 하는지 언급하지 않는다. 프란치스코의 선교 방법은 복음적이고 현대적인 선교 방법의 원형이 되었고,[26] 당시의 교회 상황에서 볼 때 매우 예언자적인 방법을 제시한 것이었다. 프란치스코의 수도규칙들에 따른 선교 방법은 다음 다섯 가지로 정리할 수 있다.[27] 첫째는 순례사요 나그네로서 세상을 두루 다니는 것이다. 둘째는 백성 가운데 사는 것이다. 셋째는 삶의 모범

26　참조: 요한 바오로 2세의 회칙, 교회의 선교사명(Redemtoris missio, 1990.12.7), 41-60항.

27　프란치스코의 수도규칙에 따른 선교 방법에 관하여는 필자의 글 '수도규칙을 중심으로 살펴본 프란치스코의 선교지침', 프란치스칸 삶과 사상, 2005년 특집호, 40-52쪽 참조.

을 보여주는 것이다. 곧 싸움이나 말다툼을 하지 않고 세상으로 나아가는 형제애와 모든 인간에게 복종하는 것이다. 당시의 여러 증언을 보면, 사라센인들에 대해 늘 호의적이지만은 않았고 많은 이가 증오를 지니고 있었다. 그러나 프란치스코의 글 어디에도 그들에 대한 부정적인 표현을 찾아볼 수 없다. 넷째는 하느님 말씀의 선포이다. 끝으로 죽음을 받아들이는 순교이다.

「인준받지 않은 수도규칙」 제16장은 두 가지 선교 방법을 제시한다. 한편 「인준받은 수도규칙」은 구체적인 선교 방법을 제시하지 않은 채 「인준받지 않은 수도규칙」에 비해 식별을 강조한다.

"파견되는 형제들은 그들 가운데서 두 가지 방식으로 영적으로 지낼 수 있습니다. 한 가지 방식은 말다툼이나 논쟁을 하지 않고 '하느님 때문에 모든 인간 피조물에게' 아랫사람이 되고 자신들이 그리스도인임을 고백하는 일입니다. 다른 방식은 하느님을 기쁘게 해드리는 일이라고 볼 때 하느님의 말씀을 전하여, 그들이 성부와 성자와 성령이시고 만물의 창조주이신 전능하신 하느님과 구세주요 구원자이신 아드님을 믿도록 하여, 그들이 세례를 받아 그리스도인이 되도록 하는 일입니다. '누구든지 물과 성령으로 태어나지 않으면 하느님 나라에 들어갈 수 없기' 때문입니다."(비인준 규칙 16,5-7)

선교의 으뜸가는 방법은 말이 아닌 표양이다. 선교에서 무엇보다도 중요한 것은 우리들의 모범과 생활이고, 이를 통해서 그리스도를 모르는 사람들에게 그리스도를 알려주는 것이다. 프란치스코는 실천을 중시하였으며 말로써 그리스도를 전하는 것보다도 '행동의 설교'(비인준 규칙 17,3)를 더 중요시하였다. 프란치스코는 우리 주 예수 그리스도의 거룩한 복음을 실행하는 생활은 말보다는 증거가 되는 생활로 더 효과적이고 풍요한 열매를 맺음을 확신하였다.(권고 7,3 참조)

둘째 방법은 "주님을 기쁘게 해드리는 일이라고 볼 때 하느님의 말씀을 전하여, 그들이 성부와 성자와 성령이시고, 만물의 창조주이신 전능하신 하느님과 구세주요 구원자이신 아드님을 믿도록 하여, 그들이 세례를 받아 그리스도인이 되도록 하는 일"(비인준 규칙 16,7)이다. 프란치스코는 당시 회교도 가운데 직접적인 설교나 선교를 하는 것이 위험했기에 하느님의 말씀을 전하기 전에 잘 판단하라고 주의를 환기한다. 그는 다음과 같이 권고한다. "모든 형제는 어디에 있든지, 주 예수 그리스도께 자기 자신을 봉헌했고 자신의 몸을 내맡겼다는 것을 기억할 것입니다."(비인준 규칙 16,10) 이는 순교를 눈앞에 둔 작은 형제가 지녀야 할 삶의 자세이다. 작은 형제들은 말로써 설교할 뿐 아니라 행동으로 모범을 보이며, 목숨을 내놓을 각오를 해야 한다. 모로코 순교의 소식을 들은 프란치스코는 '지금이야말로 참된 다섯 형제를 가졌다고 하겠습니다' 하고 기뻐하였다.

수도규칙에 나타난 선교지침을 다음과 같이 요약할 수 있겠다.

첫째, 무엇보다도 프란치스칸 선교의 본질과 동기는 선교사 자신이 아니라 "영감을 주시어 부르시는" 하느님이시며, 파견하시는 분은 예수 그리스도이심을 분명히 인식하여야 한다. 둘째, 파견은 이러한 성소에 대한 본인의 원의와 장상을 통한 교회의 확인 절차를 거쳐 그 진실성을 확인한 다음에 이루어져야 한다. 셋째, 선교에 임하는 기본자세는 선교사 자신이 선교 성소의 근본 동기를 분명히 인식하여야 하고, 어디서든 자신을 내놓으며, 박해 가운데서도 기뻐하며, 박해하고 모욕하는 이들을 사랑하고, 그들을 위해 기도하며 끝까지 견디는 것이다. 넷째, 선교 방법은 크게 다섯 가지이다. 곧 세상의 것에 애착을 두거나 일정한 장소에만 정착하지 않고 하느님께 대한 사랑으로 인하여 순례자요 니그네로서 세상을 두루 다니고, 백성들 위에 군림하여 지배하거나 다스리지 않고 그들 "가운데" "함께" 머물며, 말보다는 형제애와 모든 이에게 복종하는 삶을 통하여 복음을 선포하고, 하느님이 기뻐하실 때 말씀을 선포하며, 죽음을 받아들이고 순교하는 것이다.

프란치스칸 선교사는 이러한 지침이 단지 형식적으로 지켜야 할 규범 그 이상의 것이며, 이 지침에 충실하여 자신을 온전히 내놓을 때 프란치스칸 선교사로서의 신원의식을 갖추게 됨을 잊지 말아야 할 것이다. 프란치스코가 말하는 선교사는 선교의 근본 동기와 목표가 자신이나 그 어떤 인간적인 대상, 세상 피조물이 아닌 하느님임을 늘 기억하는 사람이다. 또 세상을 두루 다니는 순례자요 나그네로서 정착과 애착을 피하고, 오직 복음이 되어 하느님의 사랑을 품고 사람들에게 다가가야 한다. 사랑이야말로 선교의 원동력이자 목표이기 때문이다. 그뿐만 아니라 언제나 그 누구에게도 지배하고 군림하거나 동떨어져 관계없이 살아가는 사람이 아니라 그들 "가운데서" 그들과 "함께"하는 사람이 되도록 힘써야 한다. 선교사는 자신의 것을 챙기거나 자기중심적인 삶을 버리고, 모든 것을 주님께 "내맡기고" 목숨까지도 "내놓는" 삶을 사는 사람이다.

2. 프란치스칸 생활의 요약

[3] 아울러 나는 순종으로 봉사자들에게 명합니다. 이 형제회의 지도자요 보호자요 감사관이 될 분으로 거룩한 로마 교회의 추기경 중에 한 분을 교황님께 청하십시오. [4] 그리하여 형제들은 거룩한 교회의 발아래 항상 매여 순종하고, 가톨릭 "믿음의 기초 위에 굳건히 서서"(참조; 콜로 1,23) 우리가 굳게 서약한 가난과 겸손과 우리 주 예수 그리스도의 거룩한 복음을 실행할 것입니다.

[제1장] ¹ 작은 형제들의 수도규칙과 생활은 이러합니다. 곧 순종 안에, 소유 없이, 정결 안에 살면서 우리 주 예수 그리스도의 거룩한 복음을 실행하는 것입니다.
² 프란치스코 형제는 호노리오 교황님과, 교회법에 따라 선출되는 그의 후계자들과 로마 교회에 순종과 존경을 서약합니다. ³ 그리고 다른 형제들은 프란치스코 형제와 그 후계자들에게 순종할 의무가 있습니다.

「인준받은 수도규칙」은 프란치스칸 삶에 영감을 주는 원천이요, 항구한 기초가 되어왔다. 모든 프란치스칸 전통은 이 수도규칙에 담겨 있는 복음적 삶에 대한 전망이나 표현 양식 또는 교회에 대한 의식으로부터 영향을 받아왔다. 1253년 인준받은 성녀 클라라의 수도규칙은 프란치스코의 「인준받은 수도규칙」에서 모든 장과 구절들을 빌려 왔으며, 1982년 요한 바오로 2세 교황으로부터 인준받은 율수 3회 수도규칙도 마찬가지이다. 「인준받은 수도규칙」은 단순하고 직접적인 방법으로 프란치스코 이상의 본질을 포착하여 분명하게 함으로써 수많은 이에게 영감을 주었다.

「인준받은 수도규칙」의 모든 장은 '가난'이라는 근원적이고 기본적인 얼과 연결되어 있고, 그 위에서 우리의 복음적 생활양식을 제시하고자 했다. 제12장 3-4절은 수도규칙 제1장에서 규정한 것을 요약한다. 그러나 그것은 단순한 요약이 아니다. 수도규칙의 결론은 프란치스칸 생활의 근간이 되는 두 가지 전제를 요약한다. 곧 거룩한 복음에 기초한 가난과 작음의 생활 그리고 거룩한 로마 교회에 대한 온전한 순종을 사는 것이다.

「인준받은 수도규칙」은 예수님과 함께하는 항구한 기도와 헌신의 정신 안에서 가난(paupertas)과 형제애(fraternitas)의 삶을 살도록 우리를 인도한다. 또 형제들의 복음적 생활이 거룩한 교회 안에서의 생활임을 말한다.

1) 보호자 추기경[28]

³ 아울러 나는 순종으로 봉사자들에게 명합니다. 이 형제회의 지도자요 보호자요 감사관이 될 분으로 거룩한 로마 교회의 추기경 중에 한 분을 교황님께 청하십시오.

3절에서는 이미 여러 차례 사용한 '회'(ordo)나 '수도회'(religio)라는 용어 대신 교회법적인 맥락을 함축하지 않은 '형제회'(fraternitas)라는 용어를 사용한다. 그 이유는 보호자 추기경이라는 존재가 제도적인 교황청 관리임에도 그와 형제회의 관계가 그것을 뛰어넘는 형제적 관계가 되기를 바랐기 때문이다. 또한 '보호자요 감사관'이라는 표현 안에서 그의 행정적 기능보다는 사목적 기능이 드러날 수 있었기 때문이다. 다시 말하면, 프란치스코가 취한 보호자 추기경 제도는 법적이고 제도적인 차원의 선택이 아니라 형제적, 사목적인 관점에서의 선택임이 분명하다.

프란치스코는 1216년 초부터 우골리노 추기경에게 여러 가지 도움을 청하였는데, 1220년에는 호노리오 3세 교황께 보호자 추기경을 청하였고, 교황은 우골리노 추기경을 형제회의 첫 보호자 추기경으로 임명하였다. 왜 이런 변화가 일어났을까? 초기의 작고 소박한 형제체와는 비교가 되지 않을 만큼 형제들이 늘어나고 형제들의 계층도

---

28 참조: F. URIBE, Strutture e specificità della Vita religiosa secondo la regola di S. Benedetto e gli opuscoli di S. Francecsco d'Assisi, Studia Antoniana, n.24, Roma 1979, 199-201쪽; 같은 저자, La Regla de San Francisco, 334-336쪽.

다양해졌으며, 수도회가 지역적으로도 팽창하여 많은 문제가 발생하였기 때문이다. 특히 1219년 총회의 결정에 따라 선교를 위해 동방에 간 사이 심각한 문제들이 발생하여 그에 대한 해결책이 필요했다. 그래서 프란치스코는 총봉사자직을 사임했고, 이제는 창설자로서 주도적인 역할을 하기보다는 보호자 추기경이라는 교회의 손에 형제회를 맡기고자 한 것이다. 이로써 형제회는 프란치스코가 임명한 총봉사자 또는 총봉사자 대리와 보호자 추기경이라는 이중의 위계 구조를 형성하게 되었다.

프란치스코는 복음적이고 가톨릭적인 형제들의 생활을 보호해 줄 보호자 추기경에 관하여 법적 성격을 띤 글들에서 언급한다.[29] 초기사료들도 이에 관하여 전하고 있다.[30] 보호자 추기경 제도는 프란치스코가 처음 채택한 제도가 아니다. 1200년경 교황 인노첸시오 3세로부터 확인을 받은 삭시아(Saxia)의 성령수도회 수도규칙의 '보호자와 시찰자'에 관해 언급하는 부분에 이미 규정되어 있던 것이다. 그러나 거기서 '보호자'는 로마 교회를 통해 기부된 재산, 곧 병원 형제들이 관리하는 병원 재산을 감독하는 특별한 책임을 진 사람이었으므로, 프란치스코의 수도규칙에서 언급하는 보호자 추기경과는 달랐다. 다른 한편 1218-1219년에 산 다미아노의 클라라와 그 자매들의 수도원을 포함한 새로운 수녀원들을 위하여 쓰인 우골리노 수도규칙에 "여러분들을 특별히 맡을 로마 교회의 추기경 또는 주교"라는 제도가 나타난다. 클라라 자매들은 필요한 경우에 그에게 도움을 청했으나 그들의 권한을 정하지 않았다.

이 두 가지 형태가 프란치스코에게 영감을 주었을 수 있다. 그러

---

29   유언 33; 인준 규칙 12,3.

30   1첼라노 100; 2첼라노 25; 익명의 페루자 33. 43; 세 동료 61

나 분명한 것은, 프란치스코 수도규칙의 보호자 추기경은 성령수도회 수도규칙과 매우 다르고, 우골리노 수도규칙에서보다도 훨씬 명확한 책임을 지녔다는 것이다. 곧 그는 무엇보다도 작은 형제들의 보편성을 확증해야만 했다. 프란치스코는 이 제도의 기원에 대해 아무런 언급도 하지 않지만, 자신을 교회와 묶어준 이 직무를 대단히 존중하였다. 더 나아가 그는 이것을 영구적인 것으로서 수도규칙에 규정하였다. "나는 순종으로 봉사자들에게 명합니다. 이 형제회의 지도자요 보호자요 감사관이 될 분으로 거룩한 로마 교회의 추기경 중에 한 분을 교황님께 청하십시오. 그리하여 형제들은 거룩한 교회의 발아래 항상 매여 순종하고, 가톨릭 믿음의 기초 위에 굳건히 서서 우리가 굳게 서약한 가난과 겸손과 우리 주 예수 그리스도의 거룩한 복음을 실행할 것입니다."(12,3-4) 수도규칙이 열거하는 세 가지 책임, 곧 이 형제회의 '지도자', '보호자', '감사관'은 추기경이 단지 형제회를 교계와 결합하는 연결고리만이 아니라 특히 교회에 대한 충실성을 확증해 줄 사람임을 선언한 것이다.

이런 동기에서 프란치스코는 생애 마지막 무렵 자신의 「유언」(33)에서 보호자 추기경 제도를 떠올릴 때, '형제회의 주인(지도자 대신 사용된 용어)이며 보호자요 감사관'을 열거하면서 거의 같은 이 세 가지 역할을 되풀이하였다. 「유언」의 자발성과 진정성을 고려한다면, 이 단어들은 성인이 형제회를 위하여 대단히 중요하게 인정하였던 이 제도에 대하여 생애 마지막 날까지 애정을 지니고 있었음을 말해주는 것으로 볼 수 있다. 그에게 보호자 추기경은 수도회의 모든 어려움을 헤쳐 나가는 데 든든하고도 최종적인 버팀목이었고, 형제들을 가톨릭교회에 머물러 있게 해주는 보증이었다. 결국 보호자 추기경 제도는 제도 자체로서는 프란치스코 이전에 이미 존재했지만, 그 역할이나 성격이 교회와의 일치와 형제적 삶의 증진에 있었다는 점에서 본다면 최초의 제도로 볼 수도 있을 것이다.

"이 직무가 당시 교황 문헌에 언급되지 않고 있다는 것은 기묘한 일이다. 그레고리오 9세 자신이 1230년 자신의 글에서 이 직무에 대해서 언급하지 않은 채 프란치스코와 자신의 깊은 우정에 대해서 언급하며, 특히 회칙 작성 과정에서 자신이 프란치스코에게 제공하였던 도움에 대해서만 말한다. 신생 수도회의 이 '생활의 새로움'이 로마의 법적 특성 안으로 스며들기까지 시간이 걸렸음이 분명하다."[31]

오늘날 이 제도는 역사의 뒷전으로 사라져버려 아무런 효력을 지니지 않는다. 이 제도는 1588년 교황청에 수도회성이 설립되면서 그 의미를 상실하게 되었고, 1964년 확정적으로 폐지되었다. 그러나 이 제도에 영감을 불어넣어 주었던 동기들만은 계속 기억하고 이어갈 필요가 있다. 곧 프란치스코가 보호자 추기경 제도를 택한 것은 교회의 품 안에서 복음을 실행하려는 충실성을 보장받고자 했던 것 외에 다른 것이 아니었다. 보호자 추기경은 형제들이 복음적인 생활, 가톨릭적인 생활을 잘하도록 인도하고, 보호하며, 시정하는 사람이다. 보호자 추기경은 형제회의 아버지와 같은 분이다. 따라서 형제들은 그의 지도로 어머니이신 교회의 지시를 따랐다. 사실 프란치스코가 이런 제도를 취한 것은 형제들을 구속하기 위한 것이 아니라 형제들과 더불어 굳건한 신앙과 교회에 대한 순종 안에서 더욱더 철저히 '예수 그리스도의 발자취를 따르기 위함'이었다.

---

31 K. Esser, La Orden Franciscana. Origenes e Ideales, 256쪽.

2) 교회에 대한 순종과 거룩한 복음의 실행

제1장 전체를 다시 요약하고 있는 이 결문은 읽는 이들을 단지 수도규칙의 본문에 그치지 않고, 법의 문자를 넘어서는 곳으로 초대한다. 그것은 미지의 세계로 영원한 지평을 열었고, 거기에서는 제한과 계산이 더는 발견되지 않으며, 그곳이 바로 개인의 자질과 자유가 주권을 행사할 수 있는 곳이었다.[32]

(1) 교회와 더불어 느끼며(sentire cum ecclesia)
[4] 그리하여 형제들은 거룩한 교회의 발아래 항상 매여 순종하고, 가톨릭 "믿음의 기초 위에 굳건히 서서"(참조; 콜로 1,23)

프란치스코는 자신과 형제들이 복음적인 생활을 하도록 부르심을 받았고, 이러한 생활은 교회 안에서만 이루어질 수 있다고 확신하였다. 프란치스코의 글은 우리에게 우리 자신을 뛰어넘어 교회의 신비 속에 살고, 가난하고 겸손한 삶을 추구함으로써 교회의 신비를 풍요롭게 하도록 요청한다. 이는 복음의 전망을 벗어나 무조건 충성하는 것을 말하는 것이 결코 아니다. 우리는 교회에 대한 충성을 교회의 교도권에 대한 충성으로 좁혀서 이해하지 않도록 해야 한다.

우리는 말씀과 성사인 '구원의 배', '베드로의 배', '노아의 방주' 안에 속해 있음으로써, 하느님과의 관계가 원죄로 단절된 독백(monologue)의 상태에서 하느님과의 대화(dialogue)로 돌아오게 된다.(루카 15,18. 20) 교회는 예수 그리스도를 통하여 하느님께 영광과 흠숭을 드리고, 만인에게 은총과 기쁨의 선물을 전달한다. 그래서 프란치스코는

---

32 E. Leclerc, Francisco de Asís, El retorno al Evangelio, 116쪽.

자신의 의지를 포기하고, 교회를 통한 성령의 인도에 모든 것을 맡기고 따랐다(유언 7). 그는 참다운 순종의 정신으로 "거룩한 로마 교회의 규범을 따랐다."(인준 규칙 3,1; 형제회 편지 30 참조) 그는 작은 일에 충실한(마태 25,21) 교회의 충실한 아들로서 자모이신 성교회 안에서 행동의 모범과 말을 통하여 설교하였다(형제회 편지 8-9). 그는 순례하는 나그네인 하느님의 백성(1베드 2,6-11), '말씀의 정배'(에페 5,21), '하느님의 가정'(마태 23,8-9)인 교회 안에서 한 가족임을 사랑으로 드러낼 것을 권고한다.(인준 규칙 6,7-8)

거룩한 교회에 대한 순종은 '가톨릭 믿음'을 굳건히 지님으로써 확고히 표현된다. 당시 복음적 청빈 운동을 시작하였던 많은 이가 가톨릭 신앙을 버리고 교회를 떠나 이단의 길로 가버렸다. 프란치스코는 자신의 글에서 간음의 죄를 지은 형제에 대해서처럼 이단에 대해 매우 단호한 태도를 보인다. 그에 따르면, 가톨릭 신앙을 지니는 것과 교회에 순종한다는 것은 결국 같은 의미로서 이는 순종의 교회적인 두 차원을 말해준다.

(2) 거룩한 복음의 항구한 실행

⁴⁸ 후반 우리가 굳게 서약한 가난과 겸손과 우리 주 예수 그리스도의 거룩한 복음을 실행할 것입니다.

우리 생활양식의 핵심에 관하여 제1장에서는 "거룩한 복음을 실행하는 것입니다"(sanctum Evangelium obsevare)라고 단순히 그 본질을 밝히는데, 여기서는 "거룩한 복음을 실행할 것입니다"(sanctum Evangelium obsevemus)라고 하여 '거룩한 복음을 실행하는 것'이 '지금'의 문제일 뿐만 아니라 '영원성을 띤 지속적인 삶의 목표요 과제'임을 밝히고 있다. 그런데 특이한 것은 마지막 장에 정결에 관한 언급이 없다는 점이다. 그것은 정결의 삶이 중요하지 않아서가 아니라 순종과 '소유 없이'의 삶을 철저히 살게 될 때 정결하게 살아갈 수 있다고 보았기 때문일 것이다.

'프란치스칸 삶의 양식은 그리스도 생애를 재현하도록 불림을 받은 것으로서 구체적으로 프란치스코의 모범을 따라 거룩한 복음을 실행하는 삶이다.(인준 규칙 1장) 우리의 삶은 온갖 덕의 보호자요 장식인 겸손을 사는 것이다.[33] 참다운 가난과 겸손은 하느님이 모든 선의 주인이요 근원이심을 깨달음으로써 내적 외적으로 완전히 포기하는 삶이다. 우리는 하느님의 자리를 마련하기 위하여 자신을 비우고 모든 선을 주님께 되돌려야 한다. 또 남을 판단하지 말아야 한다. 우리는 하느님의 피조물임을 명심하고 다른 이들에 관한 판단을 그분께 맡겨드려야 한다. 우리가 만일 남을 판단하면, 하느님의 권한을 훔치는 것이다.(인준 규칙 2,17) 또 영으로 가난하고 겸손한 사람은 말다툼이나 논쟁을 피하고(인준 규칙 3,10-11), 정직하고 예의 바르며 온유, 화목, 겸양, 양순, 겸허하게 처신하는 평화를 나눠주는 사도가 되는 것이다.[34] 헛된 영광을 추구하지 않는 가난하고 겸손한 삶(인준 규칙 9장)은 자아 중심에서 탈피하여 주님의 영 안에 머묾으로써 가능해진다.

주님의 영을 모신 자는 참으로 가난하고 순종하며 정결한 자유인이며(요한 8,31; 갈라 5,6), 하느님 성령의 인도를 따라 사는 자는 하느님의 자녀이며 상속자이다.(로마 8,14.17) 따라서 우리는 하느님의 성령이 머무는 궁전이 되도록 마음을 비워야 한다.(묵시 3,20; 인준 규칙 10,8-9) 왜냐면 하느님은 사랑이시므로(1요한 4,16) 더 풍요롭게 채워주시기 때

---

33 참조: 덕 인사; 인준 규칙 6,4; 비인준 규칙 11,3; 2첼라노 12,1.
34 마태 5,9; 루카 10,5; 인준 규칙 3,11.

문이다. 순종 안에 살기로 서약한 우리는 예수께서 비우시고 낮추시고 죽기까지 순종하심으로써 성부의 영광을 드러내시고 우리를 부요하게 하셨듯이(요한 17,4-5), 모든 이에게 복종하고 그들을 사랑으로 섬기는 순종의 삶을 살아야 한다. 우리의 삶은 '자기를 버리고 매일 자기 십자가를 지고 예수님을 따르는 생활'(루카 9,23; 14,33)이며, 그리스도 육화의 겸손과 십자가상의 가난, 수난의 사랑을 따르는 생활이다.

수도규칙은 다음과 같은 칙서로 맺고 있다.

그러므로 어떤 사람도 우리가 확인하는 이 기록에 손을 대거나 함부로 이에 대해 무모한 반대를 할 수 없습니다. 누구든지 감히 이런 시도를 한다면 전능하신 하느님과 복된 베드로와 바오로 사도의 진노를 사게 될 것임을 명심해야 합니다. 라테라노에서 교황 재임 제8년 11월 29일

수도규칙 본문의 마지막 부분에는 교황의 추인 칙서의 끝부분이 실려 있다. 다시 말해 이 칙서는 프란치스코의 수도규칙이 교회가 공적으로 인정한 생활양식임을 선포하고 확인하며, 그것이 잘 보존되도록 보증해준다. 이러한 진술을 통하여 이 문서가 교회 일치 안에 있으며, 교회로부터 받은 중요한 성소의 길이 담긴 것임을 장엄하게 확인하고 있다.

맺는말

「인준받은 수도규칙」 제1장부터 제12장까지의 전체 내용을 정리해 보자. 수도규칙은 수도회 명칭인 '작은형제회'가 무엇인지를 깊이 있게 설명해준 해설서이자, '주님의 영'을 어떻게 추구해야 하는지를 가르쳐준 영성 지침이라고 볼 수 있다.

수도규칙을 바라보는 으뜸가는 관점은 복음을 중심으로 보고 실행하는 것이다. 그것은 곧 나 스스로 하느님 중심으로 하느님 앞에 사는 것을 말한다. 또 하나의 관점은 가난하고 겸손한 삶의 관점인데, 여기서 가난의 동기와 목표는 사랑이라는 점을 상기해야 한다. 이런 의미에서 프란치스코는 계속 거룩한 복음을 실행하는 삶과 가난하게 살아가는 삶을 연결해 이야기한다. 내가 가난해져야 하고 가난을 통해 응답한다는 것은 하느님께 되돌아가는 것을 말하는데, 이는 결국 회개의 삶을 살라는 촉구이다.

우리가 서약한 '순종 안에 소유 없이 정결하게' 사는 삶 전체가 복음의 요약이다. 우리는 행동과 말을 통하여 살아있는 복음이 되고 그리스도의 향기를 풍기도록 해야 할 것이다. 우리가 서약하는 '수도규칙과 생활'은 복음의 다양한 해석이기에 우리는 수도규칙을 더 깊이 이해하고 그것을 살아내도록 힘써야 할 것이다. 복음을 생활양식으로 산다는 것은 나의 삶 중심에 예수 그리스도를 두는 것이고, 십자가 위에서 옷 벗겨지시고 알몸이 되신 그분의 가난을 기쁘게 살아가는 것을 뜻한다. 우리의 생활양식은 사도적 생활양식도, 수도승적 생활양식도 아닌 복음적 생활양식이다. 이러한 생활방식은 어떤 것의 효과적인 성취, 임무나 역할에 초점을 맞추지 않고, 예수님의 제자들처럼 그분을 바라보며 함께 있고, 움직이고 그분이 말씀하시는 대로 사는 것이다. 우리의 삶은 자기 자신을 버리고 매일 자기 십자가를 지고 예수님을 따르는 생활이고, 그리스도 육화의 겸손과 수난의 사랑을 실천하는 삶이다. 수도규칙은 그리스도를 중심에 두고 살아야 하는 그 길을 제시하고 있다.

수도규칙을 주의 깊게 살펴보면, 첫 장부터 마지막 제12장에 이르는 전체가 우리의 삶을 복음적 가난이라는 주제에 연결하고 있음을 알 수 있다. 제1장 1절에서 '소유 없이'의 삶을 통해 복음을 실행해야 함을 소개하고, 마지막 장에서는 다시 한번 우리가 서약한 '소유 없이'의 삶을 충실히 살아야 함을 권고한다. 제2장에서는 이 삶을 받아들이기 위한 전제조건으로서 '가진 것을 팔아 가난한 이들에게 나누어 주어야 함'(2,5)을 규정한다. 제3장에서는 내적 가난을 살기 위한 기도의 중요성과 세상을 다닐 때 말을 타지 말라는 실천적 가난을 언급한다. 제4장에서는 '절대로 돈과 금품을 받지 말라'(4,1)고 구체적으로 규정함으로써 물질에 대한 애착과 물질을 우상화하고 물질로 인한 인격의 도구화를 거스르는 가난을 가르친다. 제5장에서는 일과 관련된 가난의 태도를 가르친다. 제6장은 '그 어떤 것도 자기 소유로 하지 말 것입니다'(1)라고 규정함으로써 가난의 포괄적인 원칙을 규정한다. 제7장에서는 영혼의 아픔을 겪고 있는 형제들 앞에서 흥분하지 않는 내적 가난을 언급한다. 제8장은 형제회 조직을 규정하면서 '봉사자요 종'인 장상의 정체성과 태도 그리고 봉사자에게 '철저히 순종'하는 가난을 말한다. 제9장에서는 설교하면서 지녀야 할 가난의 태도를 말한다. 제10장은 주님의 영 안에서 상호 간 사랑의 순종을 살라고 가르친다. 제11장에서는 여성들을 소유하려 하지 않고, 각자의 소명을 소중히 여기고 존중하는 '관계의 가난'을 가르친다. 이렇게 프란치스코는 수도규칙 전체에 걸쳐 가난의 주제를 다루고 있다. 이는 결코 우연한 일이 아니다. 그것은 가난하지 않고, 비우지 않고, 낮추지 않고서는 우리를 위하여 가난하게 되심으로써 절대적 사랑을 보여주신 주 예수 그리스도를 따를 수도 닮을 수도 없기 때문이다. 프란치스코는 그 어떠한 것에도 애착을 두지 않는 '소유 없이'의 삶을 통해서만 거룩한 복음의 실행이 가능하다는 것을 직관하였고, 그것을 살아냈다.

이처럼 모든 장이 가난과 연결되어 있다는 사실은 프란치스코의 핵심적인 관심이 무엇이었는지를 말해준다. 다시 말해 프란치스코가 그토록 가난을 강조한 것은 그것이 목표여서도, 그것만이 유일하게 중요한 가치여서도 아니었다. 그것은 하느님의 사랑이 그리스도를 통해 우리에게 거저 주어졌는데, 그리스도께서는 철저히 비우고 낮추고, 작아지는 가난한 모습으로 우리에게 사랑과 생명을 건네주셨기 때문에 우리도 그분에 대한 사랑의 표시로 가난하게 살아야 한다는 것이다. 이렇게 가난한 삶을 사는 것은 복음을 실행하는 것이고, 가난과 작음을 통해 우주적 형제애를 사는 것이며, 주님의 영과 그 영의 활동을 마음에 간직하는(10,8) 삶을 사는 것이다. 따라서 우리는 계속 아무것도 자기 것으로 삼지 않는 '소유 없이'의 삶을 살아야 하며, 순수하고 깨끗한 마음을 지니도록 해야 한다. 수도규칙 각 장에서 제시되고 있는 모든 권고나 지침들은 결국 우리의 삶이 가난해지고 깨끗하게 되어 주님과 일치되는, 곧 나날의 삶이 '주님의 영' 안에서 이루어지고 주님의 영을 발생시키는 그런 삶이 되도록 우리를 인도한다. 우리가 복음을 실행하는 데 더 작아지고 낮추는 '작음'과 겸손한 태도가 매우 중요하다. 내가 진정 가난해짐으로써 영의 사람이 되고, 하느님께서 나를 차지하고, 나 또한 하느님을 차지하는 부요한 사람이 되는 것이다. 프란치스코가 순종을 세 가지 복음적 권고들 가운데 맨 앞자리에 두면서도, 순종과 정결 모두 가난과 연결하는 것은 '주님의 영 안에 머무는 삶'과 '가난한 삶'이 우리가 가야 할 하나인 복음의 길임을 말해 주는 것이다. 이런 총체적이고 통합적인 전망에서 그는 나그네와 순례자가 되어 길을 걷고 또 걸었다.

우리는 수도규칙에 담겨 있는 프란치스코의 이상을 800년 전 역사 교과서의 이야기로만 남겨두지 말고, 그 의미를 이해하고, 지금의 이 사회 상황, 지금 여기의 나 그리고 세상 사람들의 고통과 가난과 상처 가운데 현존하는 교회에 적용해서 알아들어야 한다.

이 수도규칙이 우리의 어려움과 갈등과 고통 앞에서 그리고 자신의 근원적인 삶의 방향에 대해 어떤 실마리를 제공해주며, 어떻게 살라고 제시하고 있는가? 우리는 말씀에 비추어 세상을 읽고, 세상 안에서 하느님의 목소리를 들음으로써 육화의 삶을 살아내도록 할 것이다. 우리도 한 손에 수도규칙을, 다른 한 손에 신문을 들고 복음의 요약인 수도규칙의 정신이 세상에 드러나도록 해야 할 것이다.

우리는 주님께서 소명으로 주신 복음의 부르심에 대해 더 잘 응답하기 위해 '나 자신의 생활규칙'을 작성하면서 회개의 길을 다시 시작할 필요가 있다. 우리는 수도규칙이 우리가 살아야 할 바를 가르쳐주고 우리를 쇄신의 길로 촉구하는 표지이자 재찍임을 깨닫고, 끊임없이 '자아중심주의'(egocentrism)에서 벗어나도록 촉구하는 제10장 8절의 핵심을 잊지 않도록 명심하여야 할 것이다. 회심의 정신을 잃지 않고 주님의 영을 지니는 것을 중요하게 여기는 '정신 차리는 삶'을 사는 것이 중요하다. 얼을 우리 안에 심고, 얼을 지닌 사람으로서 이 세상 안에서 프란치스코처럼 복음이 되어 그리스도의 향기를 풍기는 사람이 되어야 하겠다.

이기주의와 탐욕과 물질만능주의가 팽배한 오늘의 시대에, 우리는 예수 그리스도를 통하여 하느님의 뜻을 따름으로써 하느님의 모상(imago Dei 창세 1,26)으로 재창조되도록 힘써야 할 것이다. 그리고 탐욕과 인간적 야심, 명예욕, 지위 등에 대한 애착을 버리고 자아를 포기함으로써 말씀을 선포하고 사랑으로 섬기는 복음적 삶을 실행해야 할 것이다.

우리는 "거룩하고 공번되며 사도로부터 이어 내려오는 하나로 일치된 가톨릭교회" 안에서 우리 스스로가 복음이 되어 영적인 모성애로써 그리스도를 낳아야 한다. 그럼으로써 이 시대에 그리스도인으로서 그리고 프란치스칸으로서 증인이 되고, 교회 안에서 교회를 통하여 교회와 함께 끝까지 교회의 충실한 아들로 남아 교회의 구원사업에 동참하고 이바지해야 할 것이다. 그러기 위해서 우리는 불림을 받았기 때문이다.

■ 현대적 적용 ■

오늘을 살아가는 우리가 모두 이런 복음화의 삶으로 부름을 받았다. 우리도 가정에서, 일터에서, 본당 공동체에서, 프란치스칸 형제체에서, 다른 종교인들과의 대화에서, 다른 문화와의 만남에서 아씨시의 프란치스코 성인이 남겨준 선교지침에 따라 개방적이고 보편적인 자세로 하느님의 현존이 드러나도록 해야 할 것이다.

작은형제회에서 선교는 늘 주요 관심사 가운데 하나였다. 오늘날 프란치스칸 선교 소명은 세계 여러 지역에서 점차 증가하는 비그리스도교화, 종교적 무관심, 세속주의, 물질주의 등 새로운 상황에 직면하여 도전받고 있다. 이러한 변화는 선교 개념의 재고를 요구한다. 문화의 대화, 종교간 대화, 토착화가 중요해진 오늘날에도 여전히 지배적이고 배타적인 선교관에 갇혀 있는 이들도 있다.

8세기가 지난 오늘에도 프란치스코는 예언자적 선교사로서 복음 선포를 계속하고 있다고 할 수 있다. 프란치스코는 당시 교회가 사라센인들에게 보였던 적대적인 태도와는 달리 복음 정신에 따라 겸손하게 그들을 존중하며 대화하였다. 그의 '가난과 겸손'은 전통적 복음화에 의해 자행되는 이데올로기적, 문화적 폭력에 대한 근원적인 대안이 될 수 있을 것이다.

수도규칙은 "거룩한 복음을 실행할 것입니다"라고 하여 복음 실행이 삶의 지속적인 과제임을 밝히고 있다. 우리는 생태환경 문제, 생명의 문제, 각종 중독의 문제, 사회 구조악의 문제, 가족 문제, 정보사회의 폐해, 종교적 가치의 상대화 등 수많은 문제 상황 속에서 어떻게 복음을 실행하고 있는지 확인하고 평가해볼 필요가 있다. 또 우리는 피상적이고 일시적인 삶의 흐름 속에 자신을 맡길 때가 많다. 이런 거센 흐름에서 '멈추어' 복음의 영원성을 회복함으로써 하느님 나라를 보여주는 예언자적 소명을 충실히 실행해야 할 것이다.

참고 문헌

[원천 자료들]

ALBERIGO J., DOSSETTI J.A., JOANNOU P.P., LEONARDI C., PRODI P.(Original Text established by),『보편 공의회 문헌집』, 제2권 전편, 교회문헌 2, 제1-4차 라테란 공의회•제1-2차 리옹 공의회, 김영국 외 옮김, 가톨릭출판사 2009.

ARMSTRONG R. J. OFM. CAP., J. A. WAYNE HELLMANN OFM. CONV. & WILLIAM J. SHORT, OFM. (ed.), Francis of Assisi: Early Documents, vol. I, New City Press 1999.

BONAVENTURA (s.), Constitutiones Generales Narbonenses, *in* Opera omnia VIII, Ad Claras Aquas (Quaracchi), 1898, 449-467.

Bullarium Franciscanum, Romanorum Pontificium Constitutiones, Epistolas ac Diplomata continens tribus Ordinibus S.P.N. Francisci spectantia......,(vol. I-IV, ed. J.H. Sbaraglia, Romae 1759-1768; vol. V-VII, ed. C. Eubel, Romae 1898-1904) Epitome sive Summa Bullarum dei 4 voll. con un supplemento, ed. C.Eubel, Quaracchi 1908.

Conciliorum Oecumenicorum Decreta, a cura dell'Istituto per le scienze religiose. edizione bilingue, Bologna 1991.

Corpus Iuris Canonici, editio Lipsiensis secunda post Aemilii Ludovici Richteri, Pars prior. Decretum Magistri Gratiani, pars secunda Decretalium Collectiones, Graz 1959.

ESSER C.(ed.), Opuscula Sancti Patris Francisci Assisiensis = Bibliotheca Franciscana Ascetica Medii Aevi 12 (Grottaferrata 1978).

ESSER, K. OFM., Die Opuscula des hl.Franziskus von Assisi, edidit K.Esser (Spicilegium Bonaventurianum, XIII), Grottaferrata, Ed.Collegi S.Bonaventuriae ad Claras Aquas,1976.

Fontes Franciscani, a cura di E. Menestò e S. Brufani etc. Apparati di G.M. Boccali, (Medioevo Francescano, Testi 2), Assisi 1995, 2581쪽.

Fonti Francescani. Scritti e biografie di san Francesco d'Assisi. Cronache e altre testimonianze del primo secolo francescano. Scritti e biografie di santa Chiara d'Assisi, Padova 1990.

Fonti Normative Francescana, (a cura di Robert Lambertini), Editrice Francescane, Padova 2016.

FOREVILLE R., Lateranense IV, Historia de los Concilios Ecumenicos 6/2, Vitoria 1973.

FRANCESCO D'ASSISI. Scritti, Edizione critica a cura di C. Paolazzi, Frati Editori di Quaracchi, Findazione Collegio S. Bonaventura, Grottaferrata 2009.

FRANCISCO DE ASÍS. Escritos, Biografías, Documentos de la época. Madrid 19956.

GARCÍA Y GARCÍA A., Constitutiones Concilii quarti Lateranensis una cum Commentariis glossatorum (Monumenta Iuris Canonici, series A: Corpus Glossatorum, vol n° 2), Città del Vaticano 1981.

HUGO OF DIGNE O.F.M., Expositio super regulam Fratrum Minorum, *in* Speculum Minorum, Venetiis, 1513, pars III.

JULIAN OF SPEYER O.F.M., Viat S. Franisci and Officium rhythmicum, *in* An. Franc. X, 335-371, and 375-388.

La Letteratura Francescana, vol.I. Francesco e Chiara d'Assisi. a cura di C. Leonardi, Fondazione Lorenzo Valla 2005.

Los escritos de Francisco y Clara de Asís. Textos y Apuntes de lectura. Colección Hermano Francisco n.40, Oñati 2001.

MANDIĆ D., De legislatione antiqua Ordinis Fratrum Minorum, Mostar 1924.

Patrologia Latina, ed. J.-P. Migne (221 vols.; Paris 1844–55, 1862–65).

PETER J. OLIVI O.F.M., Expositio regulae Fratrum Minorum, Venetiis, 1513, pars III.

Quattutor Magistrorum expositio super regulam Fratrum Minorum, ed. L. Oliger O.F.M., Roma 1950.

Regole Monastiche antiche, ed. G. Turbessi, Roma 1990.

Regole Monastiche d'occidente, Introduzione, trduzione e note a cura di Edoardo Arborio Mella e Cecilia Falchini della Comunità di Bose, Magnano 1989.

RODRÍGUEZ HERRARA I. & ORTEGA CARMONA A., Los escritos de san Francisco de Asís, Comentario filológico, Publicaciónes Instituto Teológico de Murcia OFM., 2003.

Seraphicae Legislationis Textus Originales, Ad Claras Aquas 1897.

VIGNA G. M., Synopsis Regularum sancti Francisci Assisiensis, Assisi 1997.

아씨시 프란치스코와 클라라의 글, (프란치스칸 원천 1, 프란치스칸 사상연구소), 프란치스코출판사, 2014.

바뇨레조의 성 보나벤투라, 한규희 옮김, 성 프란치스코 대전기, 성 보나벤투라 전기문학 선집, 작음, 2023.

성 프란치스코의 전기 모음, 작은형제회 한국관구 엮음, 프란치스코 출판사, 2016.

완덕의 거울, 작자 미상, 한규희 옮김, 프란치스코출판사, 2020.

토마스 첼라노, 이재성 역, 아씨시 성 프란치스코의 생애, 프란치스칸 원전 2, 프란치스코출판사, 2007.

베네딕토 수도규칙, 이형우 역주, 교부문헌 총서 5, 분도출판사, 1995.

'성 파코미오와 그의 수도 규칙서', 이형우 역, 코이노니아 제19집(1994년 가을), 162-192쪽.

아우구스띠누스 규칙서, 아돌라르 줌켈러 해설, 이형우 옮김, 분도출판사, 1989.

* 아씨시 성 프란치스코의 글은 프란치스칸 사상연구소의 새 번역본을 일부 수정하여 사용한다.

[수도규칙 연구 문헌]

AA.VV., La regola di frate Francesco. Maranesi P., Accrocca F.(a cura di), Eredità e Sfida, Padova 2012.

AA. VV., Vivere l'alleanza. Aproccio interdisciplinare alla Regola Bollata, Vicenza 1988.

AA. VV., Werkbuch zur Regel des hl. Franziskus, hrsg. Von den deutschen Franziskanern, Werl/Westf. 1955(이탈리어판: Introduzione alla Regola Francescana, Milano 1969; 영어판: The Marrow of the Gospel. A Study of the Rule of Saint Francis of Assisi by the Franciscans of Germany, tr. Ignatius Brady ofm., Franciscan Herald Press, Chicago 1958).

BEGUIN P.B., 'La Regla de 1221', in Cuad Fran Ren n.36 (1976) 209-228.

BONAVENTURA, 'Expositio super Regulam fratrum minorum', in Opera omnia t.VIII, 391-448(tr. di Pierdamiano Bertinato, ed. Vita Minorum, Venezia 1966).

_____, Opuscula res Ordinis Fratrum Minorum spectantia; in his Opera omnia, tom. VIII, Quaracchi, 1898.

CECCOBAO S., 황정민 옮김, '수도규칙: 프란치스칸 여정의 정체성', 프란치스칸 삶과 사상 제55호(2023년 봄), 23-86쪽.

CLARENUS A., Expositio Regulae Fratrum Minorum, edidit L.Oliger, Quaracchi 1912.

CONTI M., Il codice di comunione dei Frati Minori. Introduzione e commento alla Regola, Roma 1999.

_____, 'La parola di Dio 'spirito e vita' negli scritti di San Francesco', *in* Antonianum 57(1982), 21-25.

_____, Lettura biblica della Regola francescana, Problemi educativi 4, Roma 1977.

_____, 'Regola', *in* Dizionario Francescano, col. 1501-1540.

_____, 'Sinai-Fonte Colombo: il peso di una analogia nell'interpretazione della Regola francescana', *in* Antonianum 53 (1978) 23-55.

_____, Studi e Ricerche sul francescanesimo delle origini, EDIZIONI DEHONIANAE ROMA, Roma 1994.

Da Digna U., Expositio super Regulam Ordinis Fratrum Minorum (ed. D. Flood), Grottaferrata 1979.

Desbonnets, T., De l'intuition à l'institution, Paris 1983 (trad. it., Lina Paola Rancati, Milano 1986)

Dozzi D., Il vangelo nella Regola non bollata di Francesco d'Assisi, Roma 1989².

Esser, K., Die endgültige Regel der Minderen Brüder im Lichte der neuesten Forschung, Werl/westf. 1965. (Versione italiana: 'La regola definitiva dei Frati Minori alla luce delle indagini più recenti', *in* Documenti di vita Francescana, raccolti da K. Esser e E. Grau, tr. di A. Calufetti, Milano 1980)

_____, Melius Catholice Observemus, *in* The Marrow of the Gospel. A Study of the Rule of Saint Francis of Assisi by the Franciscans of Germany, tr. Ignatius Brady ofm., Franciscan Herald Press, Chicago 1958.

_____, Zur Textgeschichte der Regula non bullata des hl.Franziskus, *in* Franziskanische Studien, XXXIII (1951) 219-237.

Flood D., Van Dijk W., Matura T., La Naissance d'un Charisme, Une lecture de la première Règle de Saint François, Paris, éditions franciscaines, 1973 (영어판, The Birth of a Movement; A Study of First Rule of St. Francis, Franciscan Herald Press, 1975; 이탈리어판 Chiara Giovanna Cremaschi, Feliciano Oligati 역, La nascita di un carisma, Milano 1976).

Flood D.E., Die Regula non bullata der Minderbruder, Werl-Westf 1967.

Garrido, J., La Forma de vida franciscana, ayer y hoy, Aránzazu 1985.

Ghinato A., La Regola dei Frati Minori nel contesto degli scritti di san Francesco d'Assisi. Introduzione allo studio in prospettiva di vita e di spiritualità francescana, LIEF, Roma 1974.

Lehmann L., 'Main Features of the Franciscan Understanding according to the Rule of 1221', *in* Franciscan Digest, Vol.II, No.1(Jan. 1992)

LIPINSKI I. J., Rapporti fondamentali tra la regola di san Francesco e la legislazione dei frati minori nel secolo XIII, Pontificio Ateneo Antonianum, Tesi di laurea (N. 238), Roma, Vicenza 1975.

LÓPEZ, S., 'La vida del Evangelio de Jesucristo. Commentario a la Regla de los Hermanos Menores', *in* SelFran n.9 (1980) 269-292, 417-449; n.10 (1981) 293-324.

MANDIĆ D., De protoregula Ordinis Fratrum Minorum, Mostar 1923.

MARTINELLI P.(a cura di), La grazia delle origini, Bologna 2009.

MATANIĆ, A., Adempire il Vangelo. Commento letterale e spirituale della Regola di san Francesco, Vicenza 1967.

MICÓ, J., 'El carisma de Francisco de Asís. Comentario a la Regla bulada del 1223', *in* SelFran 25(1996) 376-404; 26(1997) 226-241, 453-473; 27(1998) 22-38, 211-226, 379-400; 28(1999) 93-112.

_____, 'Valores evangélicos de la Regla de S. Francisco hoy', *in* SelFran 19 (1990) 264-274.

OLIGER L., Expositio Regulae Fratrum Minorum auctore Fr. Angelo Clareno, Ad Claras Aquas 1912.

_____, (edidit), Expositio quator magistrorum super Regulum fratrum minorum, ed. Storia e Letteratura, Roma 1950.

OLIVI P. J., Peter Olivi's Rule Comentary. Edition and presentation David Flood, Wiesbaden 1972.

PAOLAZZI C., La Regula non Bullata dei Frati Minori(1221) dallo "Stemma codicum" al testo critico, Roma 2007.

_____, Lettura degli "Scritti de Francesco d'Assisi, Milano 2002, 297-384.

QUAGLIA A., La Regola Francescana. Lettura storico-esegetica, S. Maria degli Angeli - Assisi 1987. pp.203.

_____, La vera genesi della Regola Francescana, Assisi 2002.

_____, Originalità della Regola francescana, Sassoferrato 1959.

_____, Storiografia della Regola francescana nell s.XIII, Edizione francescane, Falconara M. (Ancona) 1980.

_____, Storiografia della Regola francescana, Edizione francescane, Falconara M. (Ancona) 1985.

Quatuor Magistri, Expositio super Regulam Fratrum Minorum (1241-1242), edidit L.Oliger, Romae. Ed.Storia e Letteratura, 1950.

RACCA, G., La Regola dei Frati Minori, S. Maria degli Angeli - Assisi 1986.

SCHMUCKI O., OFMCap, 'Gli scritti legislativi di san Francesco', in Approccio storico-critico alle Fonti Francescane, a cura di G.C. e M.C., Roma 1979, 73-98.

SERAFÍN DE AUSEO, 'Palabra abreviada', *in* SelFran n.23 (1979) 225-240.

URIBE F., La Regla de San Francisco, Publicaciones Instituto Teológico de Murcia OFM., Textos 3, Editorial Espigas, 2006.

_____, Strutture e specificità della Vita religiosa secondo la regola di S. Benedetto e gli opuscoli di S. Francecsco d'Assisi, Studia Antoniana, n.24, Roma 1979.

[기타 프란치스칸 연구 문헌]

기경호, 총봉사자 보나벤투라, 프란치스칸 사상연구소 학술발표모음 10, 2019, 109-251쪽.

김현태, 성 프란치스코와 프란치스칸학파의 인간학, 프란치스코출판사, 2015.

ARMSTRONG R. J., St. Francis of Assisi. Writings for a Gospel Life, 이원창 역, '아씨시의 성 프란치스코, 복음적 삶에 대한 글', 프란치스칸 삶과 사상 제12호(1999년 봄)-제16호(2001년 봄).

BOFF L., 박정미 옮김, 정 그리고 힘. 가난한 이의 눈으로 본 아씨시의 프란치스꼬, 분도출판사, 1987.

BONI A. OFM., Gli Istituti religiosi e la loro potestà di governo, Pontificium Athenaeum Antonianum, Roma 1989.

_____, La novitas franciscana nel suo essere e nel suo divenire(cc 578/631), Pontificium Athenaeum Antonianum, Roma, 1998.

BROOKE B. Rosalind., Early Francisan Goverment, Elias to Bonaventure, Cambridge 1959.

CARMODY, M., 김일득 옮김, 프란치스칸 이야기, 프란치스코출판사, 2017.

Commissione Interfrancescana, OFM., OFMConv., OFMCap, (a cura della) L'identità dell'Ordine francescano nel suo momento fondativo, «per lo studio dell'Ordine francescano come "istituto misto"» (1999.5), 김찬선 역, '창설 당시의 프란치스칸 수도회의 정체성', 프란치스칸 삶과 사상, 제16호(2001년 봄), 6-46쪽(우리말 번역은 영어본에서 한 것임).

DELIO, I., 김정훈 역, '오늘날의 복음적 생활: 생태적 그리스도를 살아가기', 프란치스칸 삶과 사상 제50호(2020년 봄), 115-164쪽.

Esser, K., La Orden Franciscana. Origenes e Ideales, (tr. J. Luis Albizu), Ananzazu 1976.

Grundmann H., Movimenti religiosi nel medioevo. Ricerche sui nessi storici tra l'eresia, gli Ordini mendicanti e il movimento religioso femminile nel XII e XIII secolo e sui presupposti storici della mistica tedesca, (trad. dal tedesco) Bologna, il Mulino, Nuova ed., 1980.

Hoeberichts J., Francis and Islam, Quincy, Franciscan Press, 1997.

Iriarte L., Historia franciscana, Nueva edición, Valencia 1979.

Leclerc E., Francisco de Asís, El retorno al Evangelio, tr. Matías Ruiz Jiménez, Oñate 1982.

Manselli R., San Francesco d'Assisi, editio maior, Milano 2002.

Merino J. A., 김현태 옮김, 프란치스칸 휴머니즘과 현대사상, 가톨릭대학교 출판부, 1992.

Merlo. G., 백준호 역, '아씨시 프란치스코의 이름으로, 16세기 초까지의 작은 형제회의 역사', 프란치스칸 삶과 사상, 제26호(2007년 봄) 22-37쪽. 제30호(2008년 봄), 210-234쪽. 안선희 역, 제32호(2009년 봄), 39-55쪽.

Micó J., The spirituality of St. Francis : The Franciscan Apostolate", GreyFriars Review, Vol 10, n.1 1996, 1-25쪽. 이상호 역, '성 프란치스코의 영성 : 프란치스칸 사도직', 프란치스칸 삶과 사상, 제15호(2000년 가을).

Moorman J., A History of the Franciscan Order. From It's Origins to the Year 1517, Chicago : Franciscan Herald Press, 1968.

Uribe F., 정장표·고계영 옮김, 아씨시 성 프란치스코의 영성, 프란치스칸 사상 연구소 학술발표 모음 2, 프란치스코출판사, 2010.

부록

인준받지 않은 수도규칙

[머리말]

¹ "성부와 성자와 성령의 이름으로, 아멘." ² 이것은 프란치스코 형제가 교황님께 허락과 확인을 요청한 생활입니다. 이에 교황님께서는 프란치스코 형제와 현재와 미래의 그의 형제들에게 이것을 허락하시고 확인해 주셨습니다. ³ 프란치스코 형제와 이 수도회의 머리가 될 형제는 누구나 인노첸시오 교황님과 그의 후계자들에게 순종과 존경을 서약할 것입니다. ⁴ 그리고 다른 형제들은 프란치스코 형제와 그의 후계자들에게 순종할 의무가 있습니다.

[제1장 형제들은 순종과 정결 안에 소유 없이 살아야 할 것입니다]

¹ 이 형제들의 수도규칙과 생활은 순종 안에, 정결 안에, 소유 없이 살면서 우리 주 예수 그리스도의 가르침과 발자취를 따르는 것입니다. ² 주님께서 말씀하십니다. "네가 완전한 사람이 되려거든, 가서 '가진 것을 다 팔아'(참조: 루카 18,22) 가난한 이들에게 나누어 주어라. 그러면 네가 하늘에서 보물을 차지하게 될 것이다. 그리고 와서 나를 따라라."(마태 19,21) ³ 또 "누구든지 내 뒤를 따라오려면, 자신을 버리고 제 십자가를 지고 나를 따라야 한다."(마태 16,24) ⁴ 마찬가지로, "누구든지 나에게 오면서 자기 아버지와 어머니, 아내와 자녀, 형제와 자매, 심지어 자기 목숨까지 미워하지 않으면, 내 제자가 될 수 없다."(루카 14,26) ⁵ 또 "나 때문에 아버지와 어머니, 형제나 자매나 아내나 자녀, 집이나 토지를 버린 사람은 백배의 상을 받고, 또 영원한 생명을 얻을 것이다."(참조: 마태 19,29; 마르 10,29; 루카 18,29)

[제2장 형제들을 받아들임과 복장]

¹ 누가 하느님의 영감을 받아 이 생활을 받아들이려고 우리 형제들을 찾아오면, 형제들은 그를 친절하게 맞이할 것입니다. ² 만일 그 사람이 우리 생활을 받아들일 마음이 확고하면, 형제들은 그의 재산 문제에 관여하지 않도록 매우 조심할 것이며, 그를 되도록 빨리 봉사자에게 보낼 것입니다. ³ 그리고 봉사자는 그를 친절하게 맞이하고 용기를 북돋아 주며, 우리 생활의 내용을 정성껏 설명할 것입니다. ⁴ 그리고 나서 그 지원자가 그렇게 할 원의가 있고, 또 영적으로 아무 장애 없이 그렇게 할 수 있으면, 자기의 모든 것을 "팔아 가난한 사람들에게" 모두 나누어 주도록 힘쓸 것입니다. ⁵ 형제들과 형제들의 봉사자는 어떤 방법으로도 그의 일에 관여하지 않도록 조심할 것이며, ⁶ 직접적으로나 혹은 다른 사람을 통하여 어떠한 금품도 받지 말 것입니다. ⁷ 그렇지만 형제들이 궁핍할 경우에, 그 필요성 때문에 형제들은 다른 가난한 사람들처럼 돈을 제외하고 육신에 필요한 다른 것을 받을 수 있습니다. ⁸ 그리고 그 사람이 돌아오면, 봉사자는 그에게 일 년간의 시련복, 곧 모자 없는 수도복 두 벌과 띠와 속바지와 허리띠까지 내려오는 겉옷을 줄 것입니다. ⁹ 그리고 시련기 일 년을 마친 다음, 그를 순종생활로 받아들일 것입니다. ¹⁰ 그 후에는 교황님의 명령에 따라 다른 수도회에 들어가거나 "순종을 벗어나 돌아다닐"¹ 수 없습니다. 왜냐하면 복음에 따라 "쟁기에 손을 대고 뒤를 돌아보는 자는 하느님 나라에 합당하지 않기"(루카 9,62) 때문입니다. ¹¹ 그리고 어떤 사람이 자기 재산을 나누어 줄 영적인 원의는 가지고 있지만, 장애가 있어서 가진 것을 나누어 줄 수 없는 경우에는, 그 재산을 버리는 것만으로도 족합니다. ¹² 거룩한 교회의 규범과 규정을 거슬러 아무도 받아들이지 말 것입니다.

¹³ 그리고 순종을 서약한 다른 형제들은 모자 있는 수도복 한 벌과 띠와 속바지를 가질 것이며, 필요하다면 모자 없는 수도복 한 벌을 더 가질 수 있습니다. ¹⁴ 그리고 모든 형제는 값싼 옷을 입을 것이며, 또한 하느님의 축복을 받아 그 옷을 거친 천이나 다른 헝겊으로 기워 입을 수 있습니다. 왜

---

1   호노리오 3세의 "Cum secundum consilium"에 나오는 표현이다.

냐면 "화려한 옷을 입고 호화롭게 사는 자들"(루카 7,25)과 "고운 옷을 걸친 자들은 왕궁에 있다"(마태 11,8)고 주님께서 복음에서 말씀하시기 때문입니다. [15] 그리고 위선자들이라고 불릴지라도 형제들은 선행을 멈추지 말 것이며, 하늘나라에서 의복을 가질 수 있도록 이 세상에서는 값비싼 옷을 찾지 말 것입니다.

[제3장 성무일도와 단식재]

[1] 주님께서 말씀하십니다. "단식하고 기도하지 않고서는 이런" 악령들을 "쫓아낼 수 없다."(참조: 마르 9,28) [2] 그리고 또 말씀하십니다. "너희는 단식할 때 위선자들처럼 침통한 표정을 짓지 마라."(마태 6,16)

[3] 그러므로 성직형제나 평형제 모두는 정해진 대로 성무일도와 찬미의 기도들과 다른 기도들을 바칠 것입니다. [4] 성직형제들은 성직자들의 관례에 따라 성무일도를 바치고 산 이들과 죽은 이들을 위하여 기도할 것입니다. [5] 그리고 형제들의 결함과 과실을 위하여 매일 "주님의 기도"와 함께 "하느님, 자비하시니"(시편 50)를 바칠 것입니다. [6] 그리고 죽은 형제들을 위하여 주님의 기도와 함께 "깊은 구렁 속에서 주님께 부르짖사오니"(시편 129)를 바칠 것입니다. [7] 그리고 성무일도를 바치는 데 필요한 책들만 가질 수 있습니다. [8] 그리고 시편을 읽을 수 있는 평형제들도 시편집을 가질 수 있습니다. [9] 그러나 글을 모르는 이들은 책을 가져서는 안 됩니다.

[10] 평형제들은 밤기도로 사도신경과 주님의 기도 스물네 번과 영광송을 바칠 것이며, 아침기도로 다섯 번, 일시경으로 사도신경과 주님의 기도 일곱 번과 영광송을 바칠 것입니다. 삼시경, 육시경, 구시경으로 각각 일곱 번, 저녁기도로 열두 번을 바칠 것입니다. 끝기도로 사도신경과 주님의 기도 일곱 번과 영광송, 그리고 죽은 이들을 위하여 주님의 기도 일곱 번과 "주님, 그들에게 영원한 안식을 주소서" 한 번, 그리고 형제들의 결함과 과실을 위하여 매일 주님의 기도 세 번을 바칠 것입니다.

[11] 이처럼 모든 형제는 모든 성인 축일부터 성탄 축일까지, 그리고 우리 주 예수 그리스도께서 단식을 시작하신 주님의 공현축일로부터 부활 축일까지 단식할 것입니다. [12] 이외에 금요일을 제외한 다른 때에는 이 생활에

따라 단식할 의무가 없습니다. [13] 그리고 복음에 따라, "차려 주는" 모든 음식을 "먹어도" 됩니다(참조: 루카 10,8).

[제4장 봉사자들과 다른 형제들 간의 관계]
[1] 주님의 이름으로! [2] 다른 형제들의 봉사자요 종이 된 모든 형제는 자기 관구나 지역 내에 자기 형제들을 배치할 것이며, 또한 그들을 자주 방문하고 영적으로 권고하고 굳건히 해줄 것입니다. [3] 그리고 축복받은 나의 다른 모든 형제는 영혼의 구원에 관한 일과 우리 생활에 반대되지 않는 일에 있어서, 봉사자들에게 충실히 순종할 것입니다. [4] 그리고 형제들은 "남이 너희에게 해주기를 바라는 그대로 너희도 남에게 해주어라."(마태 7,12) [5] 또 네가 싫어하는 일은 아무에게도 하지 말라고(참조: 토빗 4,16; 루카 6,31) 주님께서 말씀하시는 대로 서로서로 대할 것입니다. [6] 그리고 봉사자요 종들은, "나는 섬김을 받으러 온 것이 아니라 섬기러 왔다"(마태 20,28)고 하시는 주님의 말씀과, 또한 자신들에게 형제들의 영혼을 돌보는 일이 맡겨져 있기에, 만일 자신들의 잘못이나 나쁜 표양 때문에 형제들 가운데 누군가를 잃게 된다면, "심판 날에" 우리 주 예수 그리스도 앞에서 "셈 바쳐야" 한다는 사실을 기억할 것입니다(참조: 마태 12,36).

[제5장 죄지은 형제들을 바로잡음]
[1] 그러므로 "살아계신 하느님의 손에 떨어지는 것은 무서운 일"(히브 10,31)이기에 여러분은 여러분의 영혼과 형제들의 영혼을 돌보십시오. [2] 그러나 만일 봉사자들 가운데 누가 어떤 형제에게 우리 생활과 반대되거나 영혼에 해가 되는 것을 명한다면 그에게 순종할 의무가 없습니다. 범죄나 죄를 저지르게 하는 그런 순종은 있을 수 없기 때문입니다. [3] 그렇지만 봉사자요 종들의 손아래에 있는 모든 형제도 봉사자요 종들의 행동을 신중하고 자세하게 살필 것입니다. [4] 그리고 만일 봉사자들 가운데 누가 올바른 우리 생활에 비추어 영에 따라 살지 않고 육에 따라 사는 것을 형제들이 발견한다면, 그리고 세 번째 권고 후에도 스스로 고치지 않는다면, 어떠한 장애를 무릅쓰고라도 성령강림총회 때에 전(全) 형제회의 봉사자요

종에게 알릴 것입니다. ⁵ 그리고 어디에 있든지 형제들 가운데 영에 따라 살지 않고 육에 따라 살고자 하는 어떤 형제가 있으면, 그와 함께 있는 형제들은 겸손하고 자상하게 그에게 권고도 하고 훈계도 해주어 그를 바로 잡아 줄 것입니다. ⁶ 만일 세 번째 권고 후에도 스스로 고치려 하지 않으면, 되도록 빨리 그를 자기 봉사자요 종에게 보내거나, 아니면 그 일을 알릴 것입니다. 봉사자요 종은 하느님의 뜻에 더 맞다고 판단하는 대로 그 형제의 일을 처리할 것입니다.

⁷ 그리고 마귀는 한 사람의 범죄로 많은 사람을 파멸시키려 하기 때문에, 모든 형제, 곧 봉사자요 종들은 물론 다른 형제들도 누구의 죄나 나쁜 표양 때문에 흥분하거나 화내지 않도록 주의할 것입니다. ⁸ 오히려 "건강한 이들에게는 의사가 필요하지 않으나 병든 이들에게는 필요"하기 때문에(참조: 마태 9,12; 마르 2,17), 형제들은 최선을 다해 죄를 범한 형제를 영적으로 도와줄 것입니다.

⁹ 이처럼 모든 형제는 이 점에 있어서 특히 형제들 서로 간에 어떤 권한이나 지배권도 가져서는 안 됩니다. 주님께서 복음에서 이렇게 말씀하시기 때문입니다. "통치자들은 백성 위에 군림하고, 고관들은 백성에게 세도를 부립니다."(마태 20,25) ¹⁰ 그러나 형제들끼리는 "그러면 안 됩니다." ¹¹ 형제들 "가운데에서 높은 사람이 되려는 이는" 형제들의 "봉사자"와 종이 "되어야" 합니다(참조: 마태 20,26-27). ¹² 형제들 가운데에서 "높은 사람은 낮은 사람처럼 되어야 합니다."(참조: 루카 22,26).

¹³ 어떤 형제도 다른 형제에게 악한 짓을 하거나 악한 말을 하지 말 것입니다. ¹⁴ 오히려 영(靈)에서 나오는 사랑으로 기꺼이 서로 봉사하고 순종할 것입니다(참조: 갈라 5,13). ¹⁵ 이것이 바로 우리 주 예수 그리스도의 참되고 거룩한 순종입니다. ¹⁶ 모든 형제는 "주님의 계명을 어기고"(참조: 시편 118,21) 순종을 벗어나 돌아다닐 때마다, 그것을 알면서도 그 죄 중에 머물러 있는 한, 예언자의 말대로 자신들이 순종을 벗어난 저주받은 자임을 깨달아야 합니다. ¹⁷ 그리고 거룩한 복음과 자신의 생활을 통하여 약속한 주님의 계명을 굳게 지킬 때, 자신들이 참된 순종 안에 머물러 있게 되고, 주님의 축복을 받는 자들이 된다는 것을 모든 형제는 깨달아야 합니다.

[제6장 형제들이 봉사자들에게 가는 일, 그리고 아무도 장상으로 불리지 말아야 함]

¹ 형제들은 어디에 있든지 우리의 생활을 실행할 수 없으면, 되도록 빨리 자기 봉사자에게 달려가 이 사실을 알릴 것입니다. ² 봉사자는 자기가 비슷한 경우에 처했을 때, 그 형제가 자기에게 해주기를 바라는 것처럼(참조: 마태 7,12) 그를 돌보도록 힘쓸 것입니다. ³ 그리고 아무도 장상이라고 부르지 말고, 반대로 모두가 똑같이 작은 형제들이라 부를 것입니다. ⁴ 그리고 "서로서로 발을 씻어 줄 것입니다."(참조: 요한 13,14)

[제7장 봉사와 일하는 자세]

¹ 모든 형제는 남의 집에서 봉사하거나 일하기 위하여 어느 곳에 가든지 감독관이나 관리인이 되지 말아야 하며, 봉사하는 이들의 집에서 주 책임자가 되지 마십시오. 또한 추문을 일으키거나 자기 영혼에 해를 입히는(참조: 마르 8,36) 어떤 직책도 맡지 말 것입니다. ² 오히려 같은 집에 있는 모든 이들보다 더 낮은 사람이 되고 아랫사람이 되어야 합니다.

³ 그리고 일을 할 줄 아는 형제들은 일을 할 것이며, 알고 있는 기술이 영혼의 구원에 해가 되지 않고 올바르게 쓸 수 있다면, 그 기술을 사용할 것입니다. ⁴ 예언자가 "네 손으로 벌어들인 것을 네가 먹으리니 너는 행복하여라, 너는 복이 있어라"(시편 127,2) 하고 말하고, ⁵ 또 사도는 "일하기 싫어하는 자는 먹지도 마라"(참조: 2테살 3,10)고 하며, ⁶ 또 "저마다 부르심을 받았을 때의 기술과 일을 그대로 유지하십시오"(참조: 1코린 7,24)라고 말하기 때문입니다. ⁷ 그리고 형제들은 일의 보수로 금품을 제외하고 필요한 모든 것을 받을 수 있습니다. ⁸ 그리고 필요하다면 다른 형제들처럼 동냥을 하러 다닐 것입니다. ⁹ 그리고 각자의 기술에 필요한 공구와 연장을 가질 수 있습니다.

¹⁰ "네가 일에 몰두해 있는 것을 마귀가 보게 항상 좋은 일에 종사하라"² 고 적혀 있으니, 모든 형제는 땀 흘려 "좋은 일을 하도록 힘쓸 것"입니

---

2   Hieronymus, Epist, 125,11; S. Gregorius Magnus, Hom., *in* Ev., XIII.

다.[11] 또 다른 곳에는 "한가함은 영혼의 원수다"[3] 라고 적혀 있습니다.[12] 그러므로 하느님의 종들은 언제나 기도나 어떤 좋은 일에 열중해야 합니다.

[13] 형제들은 은수처들이나 다른 처소들 어디에 있든지 간에, 어떤 곳도 자기 것으로 소유하지 말고, 또 누구와 다투면서 그것을 지키려 하지 않도록 조심할 것입니다.[14] 그리고 찾아오는 사람은 누구나, 벗이나 원수든, 도둑이나 강도든 모두를 친절하게 맞을 것입니다.[15] 그리고 어디에 있든지 또 어느 곳에서 만나든지 형제들은 서로 영적으로 정성껏 대하며, "불평불만 없이 서로"(1베드 4,9) 존경해야 합니다.[16] 그리고 형제들은 위선자들처럼 겉으로 침통한 표정을 짓거나 찌푸린 얼굴을 하지 않도록 조심할 것이며 (참조: 마태 6,16), 오히려 "주님 안에서 기뻐하고"(참조: 필리 4,4) 명랑하며, 적절히 쾌활한 모습을 보일 것입니다.

[제8장 형제들은 금품을 받지 말 것입니다]

[1] 주님께서 복음에서 명하십니다. "너희는 주의하여라. 모든" 악의와 "탐욕을 경계하여라"(참조: 루카 12,15).[2] 또 이 세속의 걱정과 "일상의 근심에 마음을 빼앗기지 않도록 조심하여라."(참조: 루카 21,34).

[3] 그러므로 어느 형제라도 어디에 있든지 어디에 가든지 간에 앓는 형제들 때문에 꼭 필요한 경우가 아니라면 어떤 이유로든 옷이나 책을 위해서든 어떤 일의 보수로든 어떤 방법으로도 금품이나 돈을 갖거나, 받거나 받게 하지 말 것입니다. 실상 우리는 금품이나 돈을 돌덩이보다 더 쓸모 있다고 여기거나 생각해서는 안 되기 때문입니다.[4] 그리고 마귀는 금품이나 돈을 탐하거나 돌보다 더 귀하게 여기는 사람들을 눈멀게 하려 합니다. [5] 그러므로 모든 것을 버린 우리는(참조: 마태 19,27) 그처럼 보잘것없는 것 때문에 하늘나라를 잃지 않도록 조심합시다.[6] 그리고 만일 돈을 발견하게 되면, "헛되고 헛되며 세상만사 헛되니"(코헬 1,2) 우리는 그것을 발아래 밟히는 티끌처럼 여깁시다.[7] 그리고 이런 일이 없었으면 합니다만, 앞서 말한 대로 오로지 않는 형제들 때문에 필요한 경우를 제외하고, 어떤 형제가

---

3 「베네딕토 수도규칙」 48,1

만약에 금품이나 돈을 모으거나 혹은 갖고 있으면 우리 모든 형제는 그가 진심으로 회개하지 않는 한, 그를 거짓 형제요 배신자요 도둑이요 강도요 "돈주머니를 챙기는 자로"(참조: 요한 12,6) 간주합시다. ⁸ 그리고 형제들은 절대로 금품이나 금품 애긍을 받거나 받게 하지 말고, 또한 청하거나 청하게 하지 말며, 집이나 처소를 위해서도 그렇게 하지 말 것입니다. 그리고 그런 처소를 위하여 금품이나 돈을 청하는 사람과 다니지도 말 것입니다. ⁹ 그렇지만 형제들은 하느님의 축복을 받아, 처소를 위하여 우리 생활에 반대되지 않는 다른 봉사를 할 수 있습니다. ¹⁰ 그러나 형제들은 나병환자들 때문에 꼭 필요한 경우에 그들을 위하여 동냥을 청할 수 있습니다. ¹¹ 그러나 금품은 매우 조심해야 합니다. ¹² 마찬가지로 모든 형제는 어떤 부정(不淨)한 이득을 얻고자 이리저리 돌아다니지 않도록 조심할 것입니다.

[제9장 동냥을 청함]

¹ 모든 형제는 우리 주 예수 그리스도의 겸손과 가난을 따르도록 힘쓸 것이며, "먹을 것과 입을 것이 있으면, 우리는 그것으로 만족합시다"(참조: 1티모 6,8)라고 사도가 말한 대로 온 세상의 다른 어느 것도 가져서는 안 된다는 것을 기억할 것입니다. ² 그리고 천한 사람들과 멸시받는 사람들 가운데에서, 또한 가난한 사람들과 힘없는 사람들, 병자들과 나병환자들, 그리고 길가에서 구걸하는 사람들 가운데에서 살 때 기뻐해야 합니다. ³ 그리고 필요하면 동냥하러 다닐 것입니다. ⁴ 모든 형제는 부끄러워하지 말고, 오히려 전능하시고 "살아 계신 하느님의 아들" 우리 주 "예수 그리스도"께서(요한 11,27) "차돌처럼 당신 얼굴빛 변치 않으셨고"(이사 50,7) 부끄러워하지 않으셨다는 것을 기억할 것입니다. ⁵ 또한 주님 자신도 복되신 동정녀도 제자들도 가난하셨고 나그네이셨으며 동냥으로 사셨습니다.

⁶ 사람들이 형제들에게 모욕을 줄 때나 동냥을 거절할 때, 그 받은 모욕 때문에 우리 주 예수 그리스도의 심판대 앞에서 큰 영예를 받게 될 것이니, 그 일에 대해 하느님께 감사를 드릴 것입니다. ⁷ 그리고 모욕은 모욕을 받는 사람의 탓이 아니라 주는 사람의 탓이라는 점을 알아야 합니다.

⁸ 그리고 동냥은 우리 주 예수 그리스도께서 우리를 위하여 얻어주신 것으로 가난한 사람들에게 돌려주어야 할 유산이며 그들의 정당한 권리입니다. ⁹ 그리고 동냥을 하는 데 수고하는 형제들은 큰 보상을 받을 것이며, 동냥을 주는 이들에게 큰 보상을 얻어 누리도록 해줍니다. 사실 사람들이 이 세상에 남겨두는 모든 것은 사라지지만 그들이 행한 사랑과 동냥에 대해서는 주님으로부터 상을 받을 것이기 때문입니다.

¹⁰ 그리고 각자는 자신이 필요한 것을 남에게 거리낌 없이 드러내어, 그가 자신에게 필요한 것을 찾아서 줄 수 있도록 할 것입니다. ¹¹ 그리고 마치 어머니가 "자기 자녀를" 사랑하고 기르듯이(참조: 1테살 2,7), 각자는 하느님께서 자신에게 베풀어주시는 은총에 따라 자기 형제를 사랑하고 기를 것입니다. ¹² 그리고 "먹는 사람은 먹지 않는 사람을 업신여겨서는 안 되고, 먹지 않는 사람은 먹는 사람을 심판해서는 안 됩니다."(로마 14,3)

¹³ 그리고 "사제들이 아니면 아무도 먹을 수 없었던"(마르 2,26) "제사 빵을 먹은"(참조: 마태 12,4) 다윗에 대해 주님께서 말씀하신 대로, 모든 형제는 어디에 있든지 간에 필요성이 생길 때마다 사람이 먹을 수 있는 음식은 다 먹어도 됩니다. ¹⁴ 그리고 주님께서 하시는 말씀을 기억할 것입니다. "너희는 스스로 조심하여, 방탕과 만취와 일상의 근심으로 너희 마음이 물러지는 일이 없도록 하여라. ¹⁵ 그리고 그 날이 너희를 덫처럼 갑자기 덮치지 않게 하여라. 그 날은" 온 땅 "위에 사는 모든 사람에게 들이닥칠 것이다."(참조: 루카 21,34-35) ¹⁶ 마찬가지로 무엇이 분명히 필요할 때는 주님께서 형제들에게 은혜를 베풀어주실 것이기에, 모든 형제는 필요한 것을 쓸 수 있습니다. 필요 앞에는 법이 없기 때문입니다.

[제10장 앓는 형제들에 대하여]

¹ 만일 형제들 가운데 누가 병이 나면 그 형제가 어디에 있든지 다른 형제들은 그를 버려두지 말고, 오히려 자신들이 봉사 받기를 원하는 것과 마찬가지로(참조: 마태 7,12) 그에게 봉사할 형제 한 사람 또는 필요하면 여러 형제를 정할 것입니다. ² 그러나 어쩔 수 없으면 그 앓는 형제를 다른 사람에게 맡겨 그 형제를 잘 보살펴 주도록 할 것입니다. ³ 그리고 나는 앓는

형제에게 부탁합니다. 모든 일에 대해서 창조주께 감사를 드리십시오. 건강하든 병약하든 건강에 있어서는 주님께서 원하시는 대로 되기를 바라십시오. 왜냐하면 "내가 사랑하는 사람들을 나는" 책망도 하고 "징계도 한다"(묵시 3,19)고 주님께서 말씀하시듯이 하느님께서는 "영원한 생명을 얻도록 정하신"(참조: 사도 13,48) 모든 사람을 채찍과 병고의 자극제와 통회의 정신으로 가르치시기 때문입니다. ⁴ 그리고 만일 누가 하느님이나 형제들에게 흥분하거나 화를 내고 혹은 영혼의 원수이며 곧 죽을 육신의 건강이 회복되기를 너무 갈망한 나머지 조바심에서 지나치게 약을 요구한다면, 이는 악에서 나오는 것이며 육적인 것입니다. 그 사람은 영혼보다 육신을 더 많이 사랑하기에 형제다운 사람이 못 됩니다.

[제11장 형제들은 모욕하거나 헐뜯지 말고 서로 사랑할 것입니다]

¹ 그리고 모든 형제는 누군가를 중상하거나 "논쟁을 벌이지" 않도록(참조: 2티모 2,14) 조심하고, ² 오히려 주님께서 형제들에게 은총을 주실 때마다 침묵을 지키도록 힘쓸 것입니다. ³ 형제들끼리 혹은 다른 사람들과 말다툼하지 말 것이며, 오히려 "저는 쓸모없는 종입니다"(루카 17,10) 하고 겸손하게 대답할 것입니다. ⁴ 그리고 "자기 형제에게 성을 내는 자는 누구나 재판에 넘겨지며, 자기 형제에게 '바보!'라고 하는 자는 최고 의회에 넘겨지고, '멍청이!'라고 하는 자는 불붙는 지옥에 넘겨질 것이니"(마태 5,22) 성을 내지 말 것입니다. ⁵ 그리고 "이것이 나의 계명이다. 내가 너희를 사랑한 것처럼 너희도 서로 사랑하여라"(요한 15,12) 하고 주님께서 말씀하신 대로 서로 사랑할 것입니다. ⁶ 그리고 "우리는 말과 혀로 사랑하지 말고 행동으로 진리 안에서 사랑합시다"(1요한 3,18)라고 사도가 말하듯이 서로 간에 지닌 사랑을 행동으로 보여 줄 것입니다(참조: 야고 2,18). ⁷ 그리고 "남을 중상하지 말 것입니다."(참조: 티토 3,2) ⁸ "중상꾼과 힘담꾼은 하느님의 미움을 삽니다"(참조: 로마 1,29-30)라고 적혀 있으니, 불평하거나 남을 헐뜯지 말 것입니다.

⁹ 그리고 "모든 사람을 언제나 온유하게 대하면서"(참조: 티토 3,2) 온순해야 합니다. ¹⁰ 판단하지 말고, 단죄하지 말 것입니다. ¹¹ 그리고 주님께서 말씀하시는 대로, 다른 사람들의 미미한 죄들을 생각하지 말고(참조: 마태 7,3; 루

카 6,41), ¹² 오히려 "쓰라린 마음으로"(참조: 이사 38,15) 자기 자신의 더 큰 죄를 돌이켜볼 것입니다. ¹³ 그리고 "생명으로 이끄는 문은 얼마나 좁고 또 그 길은 얼마나 비좁은지, 그리로 찾아드는 이들이 적다"(마태 7,14)라고 주님께서 말씀하시므로 "좁은 문으로 들어가는 것을"(루카 13,24) 흡족해하십시오.

[제12장 불순한 시선과 여자들과의 잦은 만남에 대하여]
¹ 모든 형제는 어디에 있든지 어디에 가든지 여자들에 대한 불순한 시선과 잦은 만남을 조심할 것입니다. ² 그리고 아무도 혼자서 여자들과 상의하지 말 것입니다. ³ 사제들은 고해성사를 주거나 영적 조언을 할 때 그들과 정숙하게 이야기할 것입니다. ⁴ 그리고 어떤 형제든지 절대로 어느 여자를 순종으로 받아들이지 말 것이며, 영적 조언을 한 후에 그 여자가 원하는 곳에서 회개 생활을 하도록 해줄 것입니다. ⁵ 그리고 우리 모두 우리 자신을 힘써 지키고 우리의 모든 지체를 깨끗하게 보존합시다. 주님께서 말씀하십니다. "음욕을 품고 여자를 바라보는 자는 누구나 이미 마음으로 그 여자와 간음한 것이다."(마태 5,28)

[제13장 간음을 피할 것입니다]
¹ 형제들 가운데 누가 마귀의 충동으로 간음을 했으면, 수도복을 온전히 벗을 것입니다. 그는 자기의 더러운 죄 때문에 수도복을 입을 자격을 잃어버렸기 때문입니다. 그리고 우리 수도회에서 완전히 제명되어야 합니다. ² 그러고 나서 그는 죄에 대한 보속을 할 것입니다(참조: 1코린 5,4-5).

[제14장 형제들이 세상을 어떻게 다녀야 할 것인가]
¹ 형제들은 세상을 두루 다닐 때, "여행을" 위해 "아무것도"(참조: 루카 9,3), "여행 보따리도 돈주머니도"(참조: 루카 10,4) "빵도 돈도"(참조: 루카 9,3) "지팡이도"(참조: 마태 10,10) 지니지 말 것입니다. ² 그리고 어느 집에 들어가든지 "먼저 '이 집에 평화를 빕니다.'" 하고 말할 것입니다(참조: 루카 10,5). ³ 그리고 "같은 집에 머무르면서 주는 것을 먹고 마시십시오."(참조: 루카 10,7) ⁴ "악인에게 맞서지 말 것이며"(참조: 마태 5,39), 오히려 "뺨을 때리는 자에게 다른

뺨을 내밀 것입니다."(참조: 마태 5,39; 루카 6,29) ⁵ 그리고 "겉옷을 가져가는 자가 속옷마저 가져가는 것을"(참조: 루카 6,29) 막지 말 것입니다. ⁶ "달라고 하면 누구에게나 주고", 자기 것을 "가져가는 이에게서" 그것을 "되찾으려고 하지 말 것입니다."(참조: 루카 6,30)

[제15장 형제들은 말을 타지 말 것입니다]

¹ 나는 성직형제이든 평형제이든 나의 모든 형제에게 명합니다. 세상을 돌아다니거나 아니면 어느 처소에 머물거나 간에, 형제들의 집에서든 다른 사람의 집에서든 어떤 방식으로도 절대로 어떤 종류의 짐승도 갖지 마십시오. ² 그리고 아프거나 꼭 필요한 경우가 아니면 말을 타지 말 것입니다.

[제16장 사라센인들과 다른 비신자들 가운데로 가는 형제들]

¹ 주님께서 말씀하십니다. "나는 이제 양들을 이리 떼 가운데로 보내는 것처럼 너희를 보낸다. ² 그러므로 뱀처럼 슬기롭고 비둘기처럼 순박하게 되어라."(마태 10,16). ³ 그러므로 하느님의 영감을 받아 사라센인들과 다른 비신자들 가운데로 가기를 원하는 형제는 누구나 자기 봉사자요 종의 허락을 받고 나서 갈 것입니다. ⁴ 그리고 봉사자는 그들이 파견에 적합하다고 생각하면, 그들에게 허락을 해 줄 것이며 반대하지 말 것입니다. 사실 봉사자가 이 일에 있어서나 다른 일들에도 분별없이 일들을 처리한다면 주님께 이를 "셈 바쳐야" 할 것입니다(참조: 루카 16,2). ⁵ 그리고 파견되는 형제들은 그들 가운데서 두 가지 방식으로 영적으로 지낼 수 있습니다. ⁶ 한 가지 방식은 말다툼이나 논쟁을 하지 않고 "하느님 때문에 모든 인간 피조물에게" 아랫사람이 되고(1베드 2,13) 자신들이 그리스도인임을 고백하는 일입니다. ⁷ 다른 방식은 하느님을 기쁘게 해드리는 일이라고 볼 때에 하느님의 말씀을 전하여, 그들로 하여금 성부와 성자와 성령이시고 만물의 창조주이신 전능하신 하느님과 구세주 구원자이신 아드님을 믿도록 하여, 그들이 세례를 받아 그리스도인이 되도록 하는 일입니다. "누구든지 물과 성령으로 태어나지 않으면 하느님 나라에 들어갈 수 없기"(참조: 요한 3,5) 때문입니다.

⁸ 주 하느님을 기쁘게 해드리는 이런 것들과 다른 것들을 그들과 다른 이들에게 말할 수 있습니다. 주님께서 복음에서 이렇게 말씀하시기 때문입니다. "누구든지 사람들 앞에서 나를 안다고 증언하면 나도 하늘에 계신 내 아버지 앞에서 그를 안다고 증언할 것이다."(마태 10,32) ⁹ 또 "누구든지 나와 내 말을 부끄럽게 여기면 사람의 아들도 자기의 영광과 아버지와 거룩한 천사들의 영광에 싸여 올 때 부끄럽게 여길 것이다."(루카 9,26)

¹⁰ 그리고 모든 형제는 어디에 있든지, 우리 주 예수 그리스도께 자기 자신을 봉헌했고 자신의 몸을 내맡겼다는 것을 기억할 것입니다. ¹¹ 또한 그분의 사랑을 위하여 볼 수 있거나 볼 수 없는 원수들에게도 자기 자신을 내놓아야 합니다. 주님께서 이렇게 말씀하시기 때문입니다. "나 때문에 자기 목숨을 잃는 그 사람은 영원한 생명으로"(마태 25,46) 그것을 "구할 것이다."(참조: 루카 9,24) ¹² "행복하여라. 의로움 때문에 박해를 받는 사람들! 하늘나라가 그들의 것이다."(마태 5,10) ¹³ "사람들이 나를 박해하였으면 너희도 박해할 것이다."(요한 15,20) ¹⁴ "어떤 고을에서 너희를" 박해하거든 "다른 고을로 피하여라."(참조: 마태 10,23) ¹⁵ "사람들이 너희를 미워하고"(루카 6,22) "너희를 비난하고"(마태 5,11) 너희를 박해하고 "너희를 갈라지게 하고 모욕하고 너희 이름을 중상하면"(루카 6,22), 그리고 "너희를 거슬러 거짓으로 온갖 사악한 말을 하면"(마태 5,11), "너희는 행복하다!"(마태 5,11) ¹⁶ "너희가 하늘에서 받을 상이" 많기에(참조: 마태 5,12), "그날에 기뻐하고 뛰놀아라."(루카 6,23) ¹⁷ 또, 나는 "나의 벗인 너희에게 말한다. 아무도 두려워하지 마라."(참조: 루카 12,4) ¹⁸ "육신을 죽이는 자들을 두려워하지 마라."(마태 10,28). "그들은 그 이상 아무것도 하지 못한다."(루카 12,4) ¹⁹ "불안해하지 않도록 주의하여라."(마태 24,6) ²⁰ 사실 "너희는 인내로써 생명을 얻어라."(루카 21,19) ²¹ 또, "끝까지 견디는 이는 구원을 받을 것이다."(마태 10,22; 24,13)

[제17장 설교자들]

¹ 어떤 형제도 거룩한 교회의 규범과 규정을 어기면서, 또 자기 봉사자의 허락 없이 설교하지 말 것입니다. ² 그리고 봉사자는 아무에게나 분별없이 이를 허락하지 않도록 조심할 것입니다. ³ 오히려 모든 형제는 행동으로

설교할 것입니다. ⁴ 그리고 어떤 봉사자나 설교자도 봉사 직분이나 설교의 직책을 자기의 것으로 소유하지 말 것이며, 오히려 어느 때라도 명령을 받았으면 어떤 이의도 제기하지 말고 자기의 직책을 그만둘 것입니다.

⁵ 그러므로 "하느님"이신 "사랑 안에서"(참조: 1요한 4,16) 성직형제이든 평형제이든 나의 모든 형제, 곧 설교하는 형제들, 기도하는 형제들, 노동하는 형제들에게 간청합니다. 모든 일에서 자기 자신을 낮추도록 힘쓰고, ⁶ 어떤 때 하느님께서 여러분 안에서 그리고 여러분을 통해서 행하시거나 말씀하시고 이루시는 좋은 말과 일에 대해서, 더 나아가 어떤 선에 대해서도 자랑하지 말고, 스스로 기뻐하지 말며, 마음속으로 자기 자신을 높이지 않도록 하십시오. 주님께서 말씀하시는 대로, "영(靈)들이 복종하는 것을 기뻐하지 마십시오."(루카 10,20). ⁷ 그리고 우리의 것이라고는 악습과 죄밖에는 아무것도 없다는 사실을 우리는 확실히 알고 있어야 합니다. ⁸ 오히려 "갖가지 시련을 당할 때"(참조: 야고 1,2)와, 영원한 생명을 얻기 위하여 이 세상에서 영혼이나 육신의 온갖 곤궁이나 시련을 견딜 때 우리는 더 기뻐해야 합니다.

⁹ 그러므로 형제들이여, 우리 모두 온갖 교만과 헛된 영광을 조심합시다. ¹⁰ 그리고 이 세상의 지혜와 "육(肉)의 관심사에서"(로마 8,6-7) 우리 자신을 지킵시다. ¹¹ 실상 육의 영(靈)은 말마디만을 소유하기를 무척 원하고 애를 쓰지만, 실천을 하는 데에는 그렇지 않습니다. 그리고 영 안에서 신앙심과 성덕(聖德)을 추구하지 않고 ¹² 사람들에게 겉으로 드러나는 신앙심과 성덕을 얻기를 원하고 열망합니다. ¹³ 주님께서 바로 이런 사람들을 두고 말씀하십니다. "내가 진실로 너희에게 말한다. 이들은 자기들이 받을 상을 이미 받았다."(마태 6,2) ¹⁴ 이와 반대로 주님의 영은 육이 혹독한 단련과 모욕을 당하기를 원하며, 천한 것으로 여겨지고 멸시받고 수치당하기를 원합니다. ¹⁵ 그리고 겸손과 인내, 순수한 단순성과 참된 영의 평화를 얻도록 힘씁니다. ¹⁶ 그리고 무엇보다도 언제나 성부와 성자와 성령께 대한 거룩한 두려움과 그분의 거룩한 지혜와 거룩한 사랑을 얻기를 갈망합니다.

¹⁷ 그리고 우리는 지극히 높으시고 지존하신 주 하느님께 모든 좋은 것을 돌려드리고, 모든 좋은 것이 바로 그분의 것임을 깨달으며, 모든

선에 대해 그분께 감사드립시다. 모든 선이 그분에게서 흘러나옵니다. [18] 그리고 모든 선의 주인이시며 홀로 선하신, 지극히 높으시고 지존하시며 홀로 참되신 하느님께서 모든 영예와 존경과 모든 찬미와 찬송과 모든 감사와 영광을 지니시고, 또한 돌려받으시며, 받으시기를 빕니다 (참조: 루카 18,19).

[19] 그리고 누가 하느님께 대해 악한 말을 하거나 악한 짓을 하거나 그분을 모독하는 것을 보거나 들을 때, 우리는 좋은 말을 하고 좋은 일을 행하며 "영원히 찬미 받으실"(로마 1,25) 하느님을 찬양합시다(참조: 로마 12,21).

[제18장 봉사자들의 모임]

[1] 각 봉사자는 하느님에 관한 일을 다루기 위해 자기 형제들과 같이 매년 성 미카엘 대천사 축일에 형제들이 원하는 곳에서 함께 모일 수 있습니다. [2] 그리고 전 형제회의 봉사자요 종이 달리 결정하지 않는 한, 바다 건너 지방과 산맥 너머 지방의 모든 봉사자는 삼 년에 한 번, 다른 봉사자들은 한 해에 한 번, 포르치운쿨라 성 마리아 성당에서 열리는 성령강림 총회에 모일 것입니다.

[제19장 형제들은 가톨릭 신자답게 생활할 것입니다]

[1] 모든 형제는 가톨릭 신자여야 하고, 가톨릭 신자답게 생활하고 말해야 합니다. [2] 만일 어떤 형제가 말이나 행동에 있어서 가톨릭 신앙과 생활에서 벗어나 있는데도, 이를 고치려 하지 않는다면 그는 우리 형제회에서 완전히 쫓겨나야 합니다. [3] 그리고 우리는 영혼의 구원에 관한 일들과 우리 수도회의 정신에 벗어나지 않는 일들에 있어서 모든 성직자와 모든 수도자를 주인으로 모시고, 주님 안에서 그들의 성품(聖品)과 직책과 봉사 직분을 존중하도록 합시다.

[제20장 고해성사,
그리고 우리 주 예수 그리스도의 몸과 피를 받아 모심]

[1] 축복받은 나의 형제들은 성직형제이든 평형제이든 우리 수도회의 사

제들에게 자기 죄를 고백할 것입니다. ² 그리고 이것이 불가능할 때는 다른 사려 깊은 가톨릭 사제들에게 고백할 것이니, 어느 가톨릭 사제들로부터 보속과 사죄를 받고 나서, 자신에게 주어진 보속을 겸손하고 성실하게 이행한다면, 의심할 여지 없이 그 죄를 용서받는다는 사실을 확실히 알아야 하고 마음에 새겨야 합니다. ³ 그런데 사제를 찾지 못할 상황이면 "서로 죄를 고백하십시오."(야고 5,16)라고 야고보 사도가 말한 대로 자기 형제에게 고백할 것입니다. ⁴ 그러나 사제들만이 죄를 묶고 푸는 권한을 갖고 있으므로 이러한 이유로 형제들은 사제들에게 달려가야 함을 잊어서는 안 됩니다. ⁵ 그리고 이렇게 뉘우치고 고백하고 나서, 주님께서 하신 다음 말씀들을 기억하면서 크나큰 겸손과 공경으로 우리 주 예수 그리스도의 몸과 피를 받아 모실 것입니다. "내 살을 먹고 내 피를 마시는 사람은 영원한 생명을 얻을 것이다."(요한 6,55) ⁶ 또 "나를 기억하여 이를 행하여라."(루카 22,19)

[제21장 모든 형제가 할 수 있는 찬미와 권고]

¹ 그리고 나의 모든 형제는 좋다고 생각될 때마다 하느님의 축복을 받아 다음과 같이 혹은 다음과 비슷하게 권고와 찬미를 누구에게나 전할 수 있습니다. ² 여러분은 만물의 창조주이시고 성부와 성자와 성령이시며, 삼위와 일체 안에서 전능하신 주 하느님을 경외하고 공경하며 찬미하고 찬양하며 감사드리고(1테살 5,18) 흠숭하십시오. ³ [여러분은] 우리는 곧 죽는다는 사실을 알고 있기에 "회개하고"(마태 3,2) "회개에 합당한 열매를 맺으십시오."(루카 3,8) ⁴ "주십시오. 그러면 받을 것입니다."(루카 6,38) ⁵ "용서하십시오. 그러면" 여러분도 "용서받을 것입니다."(참조: 루카 6,37) ⁶ 그리고 "여러분이 용서하지 않으면", 주님께서도 "여러분의 허물을 용서하지" 않으실 것입니다(참조: 마르 11,26). "여러분의" 모든 "죄를 고백하십시오."(참조: 야고 5,16). ⁷ 회개하고 "죽는 이들은" 하늘나라에 들어갈 것이니 "복됩니다."(참조: 묵시 14,13) ⁸ 회개하지 않고 죽는 이들은 불행합니다. "악마가 한 일"을 따라 하여(참조: 요한 8,41) "악마의 자녀"(1요한 3,10)가 되고 "영원한 불 속으로"(마태 18,8; 25,41) 갈 것이니! ⁹ 여러분은 온갖 악을 경계하고 멀리하며 끝날까지 선에 항구하십시오.

[제22장 형제들에게 주는 권고]

¹ 모든 형제여, 우리는 "원수를 사랑하고 너희를 미워하는 자들에게 잘해 주어라"(참조: 마태 5,44) 하신 주님의 말씀에 귀를 기울입시다. ² 우리가 "발자취를 따라야 할"(참조: 1베드 2,21) 우리 주 예수 그리스도께서 당신을 넘겨준 사람을 "벗"이라 부르시고(참조: 마태 26,50) 또한 당신을 십자가에 못 박은 사람들에게 기꺼이 자신을 내주셨기 때문입니다. ³ 그러므로 우리에게 부당하게 번민과 괴로움, 부끄러움과 모욕, 고통과 학대, 순교와 죽음을 안겨주는 모든 이들이 바로 우리의 벗들입니다. ⁴ 그들이 우리에게 끼치는 그것들로 말미암아서 우리는 영원한 생명을 누릴 것이기에 우리는 그들을 극진히 사랑해야 합니다.

⁵ 그리고 우리가 육적으로 삶으로써 우리를 주 예수 그리스도의 사랑과 영원한 생명에서 떼어 놓기를 원하고, 또한 모든 이와 함께 자신이 지옥에 떨어져 망하기를 원하고 있으므로, 우리는 우리의 육체를 그 악습과 죄와 함께 미워해야 합니다. ⁶ 우리는 우리의 탓으로 말미암아 악취를 풍기며 비참하게 되고 선(善)에 거스르며, 악(惡)에 기울고 악을 범하려 하기 때문입니다. 주님께서 복음에서 말씀하시듯이, ⁷ "나쁜 생각들, 간음, 불륜, 살인, 도둑질, 탐욕, 악의, 사기, 방탕, 시기", 거짓 증언, "욕설, 교만 어리석음이 사람의 마음에서 나오고" 또 나가기 때문입니다(참조: 마르 7,21-22; 마태 15,19). ⁸ "이런 악한 것들은 모두" 인간의 마음 "안에서 나오고"(참조: 마르 7,23) 또한 "이런 것들이 사람을 더럽힙니다."(마태 15,20)

⁹ 그런데 세속을 떠난 우리에게는 이제 힘써 주님의 뜻을 따르고 그분을 기쁘게 해드리는 일밖에 다른 할 일이 없습니다. ¹⁰ 주님께서 복음에서 말씀하시는 대로, 우리는 길가나 돌밭이나 가시넝쿨로 된 땅이 되지 않도록 온갖 주의를 다 합시다. ¹¹ "씨는 하느님의 말씀입니다."(루카 8,11) ¹² 그런데 "길가에 떨어져 발에 짓밟혔다는 것은"(참조: 루카 8,5) "하느님 나라에 관한 말씀을 듣기는 하지만" 깨닫지 "못하는 사람들을 두고 하는 말입니다."(참조: 마태 13,19; 루카 8,12) ¹³ 그리고 "그들이 믿어서 구원받지 못하도록"(루카 8,12) "곧바로"(마르 4,15) "악마가 와서"(루카 8,12) "그들의 마음에 뿌려진 것들을"(마르 4,15) "잡아채"(마태 13,19) "그들의 마음에서 말씀들을 빼앗아

갑니다."(루카 8,12) ¹⁴ 또 "돌밭에" 떨어졌다는 것은(참조: 마태 13,20) "말씀을 들으면 즉시 그 말씀을 기쁘게"(마르 4,16) "받아들이기는 하지만"(루카 8,13), ¹⁵ "그 말씀 때문에 환난이나 박해가 일어나면 곧 걸려 넘어지는 사람들을 두고 하는 말입니다."(마태 13,21) 이들에게는 뿌리가 없어서 "오래가지 못하는데"(참조: 마르 4,17), "잠시 믿다가 시련의 때가 오면 떨어져 나갑니다."(루카 8,13) ¹⁶ 또 "가시덤불에 떨어졌다는 것은"(루카 8,14) "하느님의 말씀을 듣기는 하지만"(참조: 마르 4,18) "이 세상의"(마태 13,22) "걱정과"(마르 4,19) "재물의 유혹과"(마태 13,22) "그 밖의 여러 가지 욕심이 들어가 그 말씀을 질식시켜 버려 열매를 못 맺는 사람들을 두고 하는 말입니다."(참조: 마르 4,19) ¹⁷ "그러나 좋은 땅에"(루카 8,15) "뿌려졌다는 것은"(마태 13,23) "착하고 갸륵한 마음으로 말씀을 듣고"(루카 8,15) 깨닫고(참조: 마태 13,23) "간직하여 인내로써 열매를 맺는 사람들을 두고 하는 말입니다."(루카 8,15) ¹⁸ 그러므로 우리 형제들은, 주님께서 말씀하시듯이, "죽은 이들의 장사는 죽은 이들에게"(마태 8,22) 맡겨 둡시다.

¹⁹ 그리고 사탄의 사악함과 교활함에 온갖 주의를 다합시다. 사탄은 인간이 자신의 정신과 마음을 주 하느님께 향하지 않기를 바라고 ²⁰ 또한 사탄은 주위를 배회하면서 어떤 보상이나 도움을 구실로 인간의 마음을 빼앗아 가고, 주님의 말씀과 계명들을 기억에서 되살아나지 못하게 합니다. 나아가 이 세상일과 걱정에 사로잡히게 하여 인간의 마음을 눈멀게 하고 자기가 그 자리를 차지하려고 합니다. ²¹ 주님께서 이렇게 말씀하십니다. "더러운 영이 사람에게서 나가면, 쉴 데를 찾아 물 없는 곳을 돌아다닌다."(마태 12,43) ²² "그러다가 찾지 못하면 '내가 나온 집으로 돌아가야지' 하고 말한다."(루카 11,24) ²³ "그리고 가서 그 집이 비어 있을 뿐만 아니라 말끔히 치워지고 정돈되어있는 것을 보게 된다."(마태 12,44) ²⁴ "그러면 다시 나와, 자기보다 더 악한 영 일곱을 데리고 그 집에 들어가 자리를 잡는다. 그리하여 그 사람의 끝이 처음보다 더 나빠진다."(루카 11,26)

²⁵ 그러므로 모든 형제는 무슨 보상이나 업적이나 도움을 구실로 우리의 정신과 마음을 주님한테서 떨어지게 하거나 빼앗기지 않도록 우리 자신을 힘써 지킵시다. ²⁶ 그러므로 하느님이신 거룩한 "사랑 안에서"(참

조: 1요한 4,16), 나는 봉사자들뿐만 아니라 다른 모든 형제에게 부탁합니다. 온갖 장애를 멀리하고 모든 근심 걱정을 물리쳐 할 수 있는 최선의 방법으로 무엇보다도 주님께서 요구하시는 일, 곧 그분을 깨끗한 마음과 순수한 정신으로 섬기고 사랑하며 공경하고 흠숭하도록 하십시오.

[27] 그리고 우리는 "성부와 성자와 성령이신" 전능하신 주 하느님께 집과 "거처"를 항상 "마련해 드립시다."(참조: 요한 14,23) 그분께서는 이렇게 말씀하십니다. "너희는 앞으로 일어날 이 모든" 악에서 "벗어나 사람의 아들 앞에 설 수 있는 힘을 지니도록 늘 깨어 기도 하여라."(루카 21,36) [28] 그리고 "너희가 서서 기도할 때"(마르 11,25) "이렇게 하여라."(루카 11,2) "하늘에 계신 우리 아버지."(마태 6,9) [29] 그리고 "낙심하지 말고 끊임없이 기도해야 하기에"(루카 18,1) 우리는 그분을 깨끗한 마음으로 흠숭합시다. [30] 사실 "아버지께서는 이렇게 흠숭하는 이들을 찾으십니다." [31] "하느님은 영(靈)이십니다. 그러므로 그분을 흠숭하는 이는 영과 진리 안에서 흠숭 드려야 합니다."(요한 4,23-24)

[32] 그리고 우리는 우리 "영혼의 목자이시며 보호자이신 그분께"(1베드 2,25) 달려갑시다. 그분께서는 이렇게 말씀하십니다. "나는 착한 목자이다. 나는 내 양들을 먹인다. 나는 내 양들을 위하여 내 목숨을 내놓는다."(참조: 요한 10,14ㄱ.15ㄴ) [33] "너희는 모두 형제다." [34] "또 이 세상 누구도" 너희의 "아버지라고 부르지 마라. 너희의 아버지는 오직 한 분, 하늘에 계신 그분뿐이시다." [35] "너희는 스승이라고 불리지 않도록 하여라. 너희의 스승님은" 하늘에 계신 그리스도 "한 분뿐이시기" 때문이다(참조: 마태 23,8.10). [36] "너희가 내 안에 머무르고 내 말이 너희 안에 머무르면, 너희가 원하는 것은 무엇이든지 청하여라. 너희에게 그대로 이루어질 것이다."(요한 15,7) [37] "두 사람이나 세 사람이라도 내 이름으로 모인 곳에는 그들 가운데 나도 함께 있다."(마태 18,20) [38] "내가 세상 끝날까지 언제나" 너희와 함께 있겠다."(마태 28,20) [39] "내가 너희에게 한 말은 영이며 생명이다."(요한 6,63) [40] "나는 길이요 진리요 생명이다."(요한 14,6)

[41] 그러므로 우리는 그분의 말씀과 생애와 가르침과 그분의 거룩한 복음을 간직합시다. 그분께서는 당신 아버지께 우리를 위해 청하시고, 아버

지의 이름을 우리에게 분명히 알려주시면서 이렇게 말씀하십니다. [42] 아버지, "아버지께서 저에게 주신 이 사람들에게 저는 아버지의 이름을 드러냈습니다."(요한 17,6) "아버지께서 저에게 주신 말씀을 제가 이들에게 주고, 이들은 또 그것을 받아들였기 때문입니다. 그리하여 이들은 제가 아버지에게서 나왔다는 것을 받아들였고 참으로 알았으며, 아버지께서 저를 보내셨다는 것을 믿게 되었습니다. [43] 저는 이들을 위하여 빕니다. [44] 세상을 위해서가 아니라 아버지께서 저에게 주신 이들을 위하여 빕니다. 이들은 아버지의 사람들이기 때문입니다. 저의 것은 다 아버지의 것입니다."(요한 17,8-10) [45] "거룩하신 아버지, 아버지께서 저에게 주신 이름으로 이들을 지키시어, 이들도 우리처럼 하나가 되게 해 주십시오."(요한 17,11) [46] "제가 세상에 있으면서 이런 말씀을 드리는 이유는, 그들이 속으로 저의 기쁨을 충만히 누리게 하려는 것입니다." [47] "저는 이들에게 아버지의 말씀을 주었는데, 세상은 이들을 미워했습니다. 제가 세상에 속하지 않은 것처럼 이들도 세상에 속하지 않기 때문입니다. [48] 이들을 세상에서 데려가시라고 비는 것이 아니라 이들을 악에서 지켜주십사고 빕니다."(요한 17,13-15) [49] "이들을 진리 안에서 영광스럽게 해 주십시오. [50] 아버지의 말씀이 진리입니다. [51] 아버지께서 저를 세상에 보내신 것처럼 저도 이들을 세상에 보냈습니다. [52] 그리고 저는 이들을 위하여 저 자신을 거룩하게 합니다. 이들도 진리로 거룩해지게 하려는 것입니다. [53] 저는 이들만이 아니라 이들의 말을 듣고 저를 믿는 이들을 위해서도 빕니다."(참조: 요한 17,17-20) "이는 그들이 완전히 하나가 되게 하려는 것입니다. 그리고 아버지께서 저를 보내시고, 또 저를 사랑하셨듯이 그들도 사랑하셨다는 것을 세상이 알게 하려는 것입니다."(요한 17,23) [54] 그리고 "저는 그들에게 아버지의 이름을 알려주겠습니다. 아버지께서 저를 사랑하신 그 사랑이 그들 안에 있고 저도 그들 안에 있게 하려는 것입니다."(요한 17,26) [55] "아버지, 아버지께서 저에게 주신 이들도 제가 있는 곳에 저와 함께 있게 해주시어, 당신의 나라에서"(마태 20,21) 당신의 "영광을 그들도 볼 수 있게 하여 주십시오."(참조: 요한 17,24)

[제23장 기도와 감사]

¹ 전능하시고 지극히 거룩하시며 지극히 높으시고 지존하신 하느님, "거룩하시고" 의로우신 "아버지"(요한 17,11), "하늘과 땅의 임금이신 주님"(참조: 마태 11,25), 당신의 거룩한 뜻에 따라 그리고 당신의 외아드님을 통하여 성령과 함께 모든 영신적인 것과 육신적인 것을 창조하셨으며, "당신의 모습대로 그리고 비슷하게"(참조: 창세 1,27) 만드신 저희를 "낙원에 두셨으니"(참조: 창세 1,26; 2,15), 바로 당신 자신 때문에 당신께 감사드리나이다. ² 그런데 저희는 저희의 탓으로 추락했나이다. ³ 또한 당신 아드님을 통하여 저희를 창조하신 것같이, 저희를 "사랑하신" 참되고 거룩한 당신 "사랑" 때문에(참조: 요한 17,26) 참 하느님이시며 참사람이신 그분을 영화로우시고 평생 동정이신 지극히 복되시고 거룩하신 마리아에게서 태어나게 하셨으며, 또한 포로가 된 저희를 그분의 십자가와 피와 죽음을 통하여 구속하셨으니, 당신께 감사드리나이다.

⁴ 또한 당신 아드님께서 몸소 자신의 엄위와 영광 속에 오시어, 회개하지 않고 당신을 알아보지 않은 저주받은 사람들을 영원한 불 속으로 보내시고, 당신을 알아보고 흠숭하며, 회개 안에서 당신을 섬긴 모든 이들에게 "내 아버지께 복을 받은 이들아, 와서, 세상 창조 때부터 너희를 위하여 준비된 나라를 차지하여라"(참조: 마태 25,34) 하고 말씀하실 것이니, 당신께 감사드리나이다.

⁵ 또한 불쌍한 사람들이요 죄인들인 저희 모두는 당신 이름을 부르기조차 부당하오니, 당신의 "마음에 드시는" 당신의 "사랑하시는 아드님"(참조: 마태 17,5) 우리 주 예수 그리스도께서 보호자 성령과 하나 되어, 당신과 그분의 마음에 드시는 대로, 모든 것에 내해 당신께 감사드리시기를 간절히 청하나이다. 그분은 모든 것에서 늘 당신을 흡족하게 하셨고, 그분을 통해서 당신께서는 우리에게 많은 것을 이루어 주셨나이다. 알렐루야.

⁶ 또한 영화로우신 어머니이시며 지극히 복되신 평생 동정 마리아와 복된 미카엘, 가브리엘, 라파엘, 그리고 복된 영들과 복된 세라핌과 케루빔과 "왕권과 주권과 권세와 권력과"(참조: 콜로 1,15) 천신들과 천사들과 대천사들의 모든 합창대, 그리고 복된 세례자 요한과 요한복음 저자, 베드로, 비

오로, 그리고 복된 성조들, 예언자들, 무죄한 어린이들, 사도들, 복음 저자들, 제자들, 순교자들, 증거자들, 동정녀들, 복된 엘리야와 에녹, 그리고 과거에 계셨던 성인들, 앞으로 계실 성인들, 지금 계시는 성인들 모두가 당신이 가장 사랑하시는 아드님 우리 주 예수 그리스도와 보호자 성령과 함께, 지존하시고 진실하시며 영원하시고 살아 계시는 하느님 당신께, 당신 마음에 드시는 대로, 저희 대신 이 모든 것에 대해 "세세 영원히" 감사드려 주기를 당신 사랑 때문에 저희는 겸손히 청하나이다. "아멘. 알렐루야."(묵시 19,3-4)

[7] 또한 가톨릭적이고 사도적인 거룩한 교회 안에서 주 하느님을 섬기기를 원하는 모든 사람, 교회에서 품을 받은 모든 이들, 곧 사제들, 부제들, 차부제들, 시종자들, 구마자들, 독경자들, 수문자들과 모든 성직자, 그리고 모든 남녀 수도자들, 모든 소년, 모든 어린이, 가난한 이들과 빈궁한 이들, 왕들과 왕자들, 노동자들과 농부들, 종들과 주인들, 모든 동정녀와 금욕하는 여인들과 부인들, 평신도들과 남성들과 여성들, 모든 유아, 청소년들, 청년들과 노인들, 건강한 이들과 아픈 이들, 모든 왜소한 이들과 건장한 이들에게, "모든 민족과 종족과 백성과 언어권에서 나온 이들"(참조: (묵시 7,9), 세상 어디서나 현재 있고 앞으로 있을 모든 국가와 모든 사람에게, 다른 방법으로는 아무도 구원될 수 없기에, 저희 모두가 참된 신앙과 회개에 항구하기를, "쓸모없는 종들인"(루카 17,10) 저희 모든 작은 형제들이 겸손히 부탁하고 간청하나이다.

[8] 우리 모두에게 온몸과 온 마음과 온 생명을 주셨고 지금도 주시는 주 하느님을, 우리를 창조하셨으며 속량하셨고 오직 당신 자비로써 구원하실 주 하느님을, 불쌍하고 비참하며 썩었고 악취가 나고 배은망덕하고 악한 우리에게 모든 좋은 것을 다 주셨고 지금도 주시는 주 하느님을(참조: 토빗 13,5), "마음을 다하고 목숨을 다하고 정신을 다하고 힘과 용맹을 다하고"(참조: 마르 12,30; 12,33) "생각을 다하고" 모든 기운과(루카 10,27) 온갖 노력과 온갖 정열과 온갖 애와 온갖 욕망과 뜻을 다하여, 우리 모두가 사랑하도록 합시다.

[9] 그러므로 우리는, 충만한 선, 모든 선, 완전한 선, 참되시고 으뜸선이

신 우리 창조주이시고 구세주이시고 구원자이시며 홀로 진실하신 하느님 외에는 다른 아무것도, 홀로 선하시고(참조: 루카 18,19) 홀로 자비로우시고 홀로 양순하시고 홀로 부드러우시며 홀로 감미로우신 하느님 외에는 다른 아무것도, 홀로 거룩하시고 홀로 정의로우시고 홀로 진실하시며 홀로 올바르신 하느님 외에는 다른 아무것도, 홀로 인자하시고 홀로 무죄하시고 홀로 순수하신 하느님 외에는 다른 아무것도, 하늘에서 함께 기뻐하고 회개하는 모든 이들과 의로운 모든 이들과 복된 모든 이들의 모든 용서와 모든 은총과 모든 영광이 그분으로 말미암아 있고 그분을 통하여 있으며 그분 안에 있는(참조: 로마 11,36) 하느님 외에는 다른 아무것도 우리는 원하지도 말고 바라지도 말고, 다른 아무것도 마음에 들어 하지도 즐거워하지도 맙시다.

[10] 그러므로 아무것도 우리를 방해하지 못하고, 아무것도 우리를 하느님과 떼어 놓지 못하고, 아무것도 우리를 가로막지 못하기를! [11] 우리는 모두 모든 곳에서, 모든 시간과 모든 때에, 날마다 그리고 계속해서, 지극히 높으시고 지존하시고 영원하신 하느님을, 삼위이시고 일체이신 성부와 성자와 성령을, 만물의 창조자이시고 그분을 믿고 희망하고 사랑하는 모든 이의 구원자를 진실하고 겸손히 믿고, 마음에 모시고, 사랑하고, 공경하고, 흠숭하고, 섬기고, 찬미하고 찬양하며, 영광을 드리고, 드높이고, 찬송하고 감사드립시다. 그분은 시작도 없고 마침도 없이 변함없으신 분, 바라볼 수 없는 분, 형언할 수 없는 분, 이루 말로 다 할 수 없는 분, "이루 다 알 수 없는 분, 헤아릴 수 없는 분"(참조: 로마 11,33), "칭송과 찬미와 영광과 드높은 찬양을 받으실 분"(참조: 다니 3,52), 지존하신 분, 높으신 분, 감미로우신 분, 사랑할만한 분, 좋아할만한 분, 온전히 모든 것에 잎시 세세 영원히 바랄만한 분이시나이다. 아멘.

[제24장 맺는말]

[1] 주님의 이름으로! 나는 모든 형제에게 청합니다. 형제들은 우리의 영혼을 구하기 위히어 이 생활 안에 적혀 있는 모든 것들의 내용과 의미를 배우고 또한 자주 이것을 상기하도록 하십시오. [2] 그리고 우리의 영

혼을 구하기 위하여 여기에 적은 것을 가르치고 배우고 간직하고 기억하고 실천하는 사람들에게, 그들이 이것들을 매일 되풀이하여 말하고 행동으로 옮길 때마다, 전능하시고 삼위이시며 일체이신 하느님께서 친히 축복해 주시기를 빌며, [3] 이것을 극진히 사랑하고 보관하고 보존할 것을 모든 이의 발에 입 맞추며 간청합니다. [4] 그리고 전능하신 하느님과 교황님의 이름으로 또한 나 프란치스코 형제는 순종으로 단호히 명하며 여러분에게 의무를 부과합니다. 아무도 이 생활 안에 적혀 있는 것 중에서 무엇을 삭제하거나 무엇을 덧붙이지 말 것이며(참조: 신명 4,2; 12,32), 또한 형제들은 다른 수도규칙을 갖지 마십시오.

[5] 영광이 성부와 성자와 성령께, 처음과 같이 이제와 항상 영원히. 아멘.

인준받은 수도규칙

[¹ 하느님의 종들의 종인 호노리오 주교는 사랑하는 아들들인 프란치스코 형제와 작은형제회의 다른 모든 형제에게 인사하며 사도적 축복을 내립니다. ² 사도좌는 청원인들의 경건한 청원을 승인하고 진실한 원의에 너그러운 호의를 베푸는 것은 관례입니다. ³ 그러므로 주님 안에 사랑하는 아들들, 우리는 여러분의 경건한 간청에 귀를 기울여, 우리의 선임 교황인 인노첸시오께서 승인하신 여기에 실려 있는 귀 회의 수도규칙을 사도적 권한으로 여러분에게 추인해 드리며, 이 칙서(勅書)의 보호 아래 인증(認證)하는 바입니다. 이는 다음과 같습니다.]

[제1장] 주님의 이름으로! 작은 형제들의 생활이 시작됩니다:

¹ 작은 형제들의 수도규칙과 생활은 이러합니다. 곧 순종 안에, 소유 없이, 정결 안에 살면서 우리 주 예수 그리스도의 거룩한 복음을 실행하는 것입니다. ² 프란치스코 형제는 호노리오 교황님과, 교회법에 따라 선출되는 그의 후계자들과 로마 교회에 순종과 존경을 서약합니다. ³ 그리고 다른 형제들은 프란치스코 형제와 그 후계자들에게 순종할 의무가 있습니다.

[제2장] 이 생활을 받아들이려고 하는 이들,
         그리고 이들을 어떻게 받아들일 것인가

¹ 누가 이 생활을 받아들이려고 우리 형제들을 찾아오면, 다른 형제들이 아니라 관구봉사자들에게만 그들을 받아들일 권한이 있기 때문에, 형제들은 그들을 관구봉사자들에게 보낼 것입니다. ² 그리고 봉사자들은 가톨릭 신앙과 교회의 성사들에 관하여 그들을 면밀히 시험할 것입니다. ³ 그리고 그들이 이 모든 것을 믿고 충실히 고백하며 끝날까지 굳게 지키기를 원하면, ⁴ 그리고 아내가 없거나, 있으면 아내가 이미 수녀원에 들어갔거

나, 아내가 이미 금욕을 서원하여 교구 주교의 권한으로 주교가 그에게 허락을 주었거나, 그 아내가 의심받을 수 없는 나이가 되었으면 [5] 그때 봉사자들은 "가서 너희의 모든 것을 다 팔아 가난한 사람들에게 나누어 주도록"(참조: 마태 19,21) 힘쓰라고 하신 거룩한 복음의 말씀을 이야기해 줄 것입니다. [6] 만일 이렇게 할 수 없으면 좋은 뜻만으로도 넉넉합니다. [7] 그리고 주님께서 그들에게 영감을 주시는 대로 그들이 자기 재산을 자유롭게 처분할 수 있도록 형제들과 봉사자들은 그들의 재산에 대해 관여하지 않도록 조심할 것입니다. [8] 그러나 의견이 요청되면, 봉사자들은 하느님을 경외하는 사람들에게 그들을 보낼 수 있고, 하느님을 경외하는 사람들의 조언으로 그들이 자기 재산을 가난한 사람들에게 나누어 주도록 할 것입니다. [9] 그 후 봉사자들은 시련복, 곧 모자 없는 수도복 두 벌과 띠와 속바지와 허리띠까지 내려오는 겉옷을 줄 것입니다. [10] 그러나 봉사자들은 어떤 때 하느님의 뜻에 맞는다고 생각하면 달리 할 수도 있습니다. [11] 그리고 그들은 시련기 일 년을 마친 후, 이 생활과 수도규칙을 항상 지키기로 약속함으로써 순종으로 받아들여집니다. [12] 그리고 교황님의 명에 따라 이 수도회에서 절대로 나갈 수 없습니다. [13] 이는 거룩한 복음을 따라 "쟁기에 손을 대고 뒤를 돌아보는 자는 하느님 나라에 합당하지 않기"(루카 9,62) 때문입니다. [14] 그리고 이미 순종을 서약한 이들은 모자 있는 수도복 한 벌을 가질 것이며, 원하는 이들은 모자가 없는 수도복 한 벌을 더 가질 수 있습니다. [15] 그리고 어쩔 수 없는 이들은 신발을 신을 수 있습니다. [16] 그리고 모든 형제는 값싼 옷을 입을 것이며, 또한 하느님의 축복을 받아 그 옷을 거친 천이나 다른 헝겊으로 기워 입을 수 있습니다. [17] 나는 형제들에게 권하며 충고합니다. 부드럽고 화려한 옷을 입은 사람이나 맛 좋은 음식을 먹고 마시는 사람들을 볼 때, 그들을 멸시하거나 판단하지 말고 오히려 각자 자기 자신을 판단하고 멸시하십시오.

[제3장] 성무일도와 단식재,
그리고 형제들이 세상을 어떻게 다닐 것인가

¹ 성직형제들은 시편을 제외하고는 거룩한 로마 교회의 예식에 따라 성무일도를 바칠 것입니다. ² 따라서 성무일도서를 가질 수 있습니다. ³ 그리고 평형제들은 밤기도로 '주님의 기도' 스물네 번, 아침기도로 다섯 번, 일시경, 삼시경, 육시경, 구시경으로 각 일곱 번, 저녁기도로 열두 번, 끝기도로 일곱 번을 바칠 것입니다. ⁴ 그리고 죽은 이들을 위하여 기도할 것입니다. ⁵ 그리고 모든 성인 축일부터 주님의 성탄 축일까지 단식할 것입니다. ⁶ 한편 주님의 공현 축일부터 시작하여 사십 일간 지속되는 기간, 곧 주님께서 당신의 거룩한 단식으로 축성하신(참조: 마태 4,2) 그 거룩한 사순절에 자발적으로 단식하는 사람은 주님의 축복을 받을 것입니다. 원하지 않는 사람은 지킬 의무가 없습니다. ⁷ 그러나 주님의 부활 축일 전까지의 다른 사순절에는 단식할 것입니다. ⁸ 이 외에 금요일을 제외한 다른 때에는 단식할 의무가 없습니다. ⁹ 그리고 꼭 필요한 경우에 형제들은 육신의 단식을 할 의무가 없습니다. ¹⁰ 또한 나는 주 예수 그리스도 안에서 나의 형제들에게 조언하고 권고하며 충고합니다. 세상을 두루 다닐 때, 형제들은 남과 다투거나 언쟁을 벌이거나 남을 판단하지 말고(참조: 2티모 2,14), ¹¹ 오히려 마땅히 모든 이에게 정직하게 말을 하면서 온유하고 평화롭고 순박하고 양순하고 겸허해야 합니다. ¹² 그리고 형제들은 꼭 필요한 경우나 아픈 경우가 아니면 말을 타서는 안 됩니다. ¹³ "어느 집에 들어가든지 먼저 '이 집에 평화를 빕니다' 하고 말할 것입니다."(참조: 루카 10,5) 그리고 거룩한 복음에 따라, "차려 주는" 모든 음식을 "먹어도" 됩니다(참조: 루카 10,8).

[제4장] 형제들은 금품을 받지 말 것입니다

¹ 나는 모든 형제에게 단호히 명합니다. 형제들은 직접적으로나 다른 사람을 통해서나 절대로 돈이나 금품을 받지 마십시오. ² 오직 봉사자와 보호자들만이 장소와 계절 그리고 추운 지방에 따라 필요하다고 판단하면 앓는 형제들에게 필요한 것과 다른 형제들의 옷가지를 위해서 영신의 친구들을 통하여 자상하게 배려할 것입니다. ³ 그러나 위에서 말한 대로 돈

이나 금품은 받지 말 것을 늘 명심할 것입니다.

[제5장] 일하는 자세

¹ 주님께서 일하는 은총을 주신 형제들은 충실하고 헌신적으로 일할 것입니다. ² 이렇게 함으로써 영혼의 원수인 한가함을 쫓아내는 동시에 거룩한 기도와 헌신의 "정신을 끄지"(참조: 1테살 5,19) 않도록 할 것입니다. 현세의 다른 모든 것은 이 정신에 이바지해야 합니다. ³ 그리고 일의 보수로 자기와 자기의 형제들을 위하여 돈이나 금품을 제외하고 육신에 필요한 것들을 받아들이되, ⁴ 주님의 종이며 지극히 거룩한 가난을 따르는 사람답게 겸손히 받아들일 것입니다.

[제6장] 형제들은 아무것도 자기의 소유로 하지 말 것입니다.
그리고 동냥을 청하는 일과 앓는 형제들에 대하여

¹ 형제들은 집이나 처소, 그 어떤 것도 자기 소유로 하지 말 것입니다. ² 그리고 이 세상에서 "순례자와 나그네처럼"(참조: 1베드 2,11) 가난과 겸손 안에서 주님을 섬기면서 신뢰심을 가지고 동냥하러 다닐 것입니다. ³ 그리고 "주님께서" 우리를 위하여 이 세상에서 "스스로 가난해지셨으니"(참조: 2코린 8,9) 부끄러워하지 말아야 합니다. ⁴ 이것이 바로 지극히 사랑하는 나의 형제 여러분을 "하늘나라의 상속자"요 왕이 되게 하고, 물질에 "가난한 사람이" 되게 하면서도(참조: 야고 2,5), 덕행에 뛰어나게 하는 "지극히 높은 가난"의 극치입니다. ⁵ 이것이 "살아 있는 이들의 땅으로"(참조: 시편 141,6) 인도하는 여러분의 몫이 되었으면 합니다. ⁶ 지극히 사랑하는 형제들, 이 가난에 완전히 매달려 우리 주 예수 그리스도의 이름을 위하여 하늘 아래서는 평생토록 결코 다른 어떤 것도 가지기를 원치 마십시오. ⁷ 그리고 형제들은 어디에 있든지 어디서 만나든지 상호 간에 한 식구임을 서로서로 보여 줄 것입니다. ⁸ 그리고 필요한 것을 서로 간에 거리낌 없이 드러내 보일 것입니다. 어머니가 "자기" 육신의 "자녀를"(참조: 1테살 2,7) 기르고 사랑한다면 각자는 자기 영신의 형제들을 한층 더 자상하게 사랑하고 길러야 하지 않겠습니까? ⁹ 그리고 형제들 가운

데 누가 병이 나면 다른 형제들은 남이 자기 자신을 돌보아 주기를 바라는 것처럼 그에게 봉사해야 합니다(참조: 마태 7,12).

[제7장] 죄지은 형제들에게 주어야 할 보속

¹ 형제들 가운데 누가 원수의 충동으로 대죄를 지으면, 그 죄가 관구봉사자들에게만 가게 되어있는 죄라고 형제들이 정한 것이라면, 그 죄를 지은 형제들은 가능한 한 빨리 지체하지 말고 봉사자들에게 갈 의무가 있습니다. ² 봉사자가 사제라면 그에게 직접 자비롭게 보속을 줄 것이고, 사제가 아니라면 우리 수도회의 다른 사제를 통해서 하느님 앞에서 더 낫다고 판단되는 대로 그들에게 보속을 주게 할 것입니다. ³ 그리고 분노와 흥분은 자신과 다른 사람들의 사랑을 방해하므로, 남의 죄 때문에 화내거나 흥분하지 않도록 조심할 것입니다.

[제8장] 형제회의 총봉사자 선출과 성령강림총회

¹ 모든 형제는 이 수도회의 형제들 가운데 한 사람을 전 형제회의 총봉사자와 종으로 늘 모셔야 하고 그에게 철저히 순종할 것입니다. ² 그가 세상을 떠났을 때 관구봉사자들과 보호자들은 성령강림 총회에서 그의 후계자를 선출할 것입니다. 관구봉사자들은 총봉사자가 총회를 어디에 소집하든지 언제나 총회에 함께 모일 의무가 있습니다. ³ 이것은 삼 년에 한 번 또는 총봉사자가 정하는 대로 늦추거나 앞당길 수 있습니다. ⁴ 그리고 만일 어느 때 관구봉사자들과 보호자들 전체가, 총봉사자가 형제들에 대한 봉사와 공동이익에 부합하지 않다고 여기면 선거하도록 위임된, 위에 말한 형제들이 주님의 이름으로 다른 형제를 보호자로 선출할 의무가 있습니다. ⁵ 그리고 성령강림 총회 후, 봉사자들과 보호자들은 자신들이 원하고 또 적절하다고 생각한다면 같은 해에 관할 지역들 안에서 한 차례 자기 형제들을 회의에 소집할 수 있습니다.

[제9장] 설교자들

¹ 형제들은 주교가 금하면 그 주교의 교구에서 설교하지 말 것입니다.

² 그리고 이 형제회의 총봉사자의 시험을 거쳐(참조: 시편 11,7; 17,31) 그에게 허락을 받고 설교의 직책을 받지 않았다면, 형제들 중 그 누구도 사람들에게 감히 설교하지 말 것입니다. ³ 또한 나는 설교하는 형제들에게 권고하고 충고합니다. 설교할 때 그들은 백성들에게 유익하며 감화를 줄 수 있도록 숙고하고 순수한 말을 써야 합니다. ⁴ 또한 설교자들은 간결한 설교로 그들에게 악습과 덕행, 벌과 영광을 가르칠 것입니다. 주님께서 이 세상에서 간결하게 말씀을 하셨기 때문입니다(참조: 로마 9,28).

[제10장] 형제들에게 주는 권고와 교정

¹ 형제들의 봉사자요 종인 형제들은 자기 형제들을 방문하고 권고하며, 겸손과 사랑으로 잘못을 바로잡아 줄 것이며, 그들의 영혼과 우리 수도규칙에 반대되는 것은 어떤 것도 명하지 말 것입니다. ² 그리고 아랫사람들은 하느님 때문에 자기 의지를 포기했다는 것을 기억할 것입니다. ³ 그러므로 나는 그들에게 단호히 명합니다. 형제들은 주님께 지키기로 약속했고 영혼과 우리 수도규칙에 반대되지 않는 모든 일에서 자기 봉사자들에게 순종하십시오. ⁴ 그리고 형제들은 어디에 있든지 수도규칙을 영적으로 실행할 수 없다는 것을 알게 되고 깨닫게 될 때, 자기 봉사자들에게 달려가야 하며 또한 달려갈 수 있습니다. ⁵ 그리고 봉사자들은 사랑과 친절로 이 형제들을 맞이할 것이며, 이 형제들이 마치 주인이 종들에게 하듯이 봉사자들에게 말하고 대할 수 있을 정도로 봉사자들은 그 형제들에게 친밀감을 지닐 것입니다. ⁶ 사실 봉사자들은 당연히 모든 형제의 종이 되어야 합니다.

⁷ 한편 나는 주 예수 그리스도 안에서 권고하며 충고합니다. 형제들은 모든 교만과 헛된 영광, 질투와 탐욕(참조: 루카 12,15), 이 세상 근심과 걱정(참조: 마태 13,22), 그리고 중상과 불평에 빠져들지 않도록 조심하고, 또한 글 모르는 형제들은 글을 배우려고 애쓰지 마십시오. ⁸ 오히려 우리가 무엇보다 먼저 갈망할 것에 마음을 쏟읍시다. 곧 주님의 영과 그 영의 거룩한 활동을 마음에 간직하고, ⁹ 주님께 깨끗한 마음으로 항상 기도하고 박해와 병고에 겸허하고 인내하며, ¹⁰ 또한 우리를 박해하고 책망하고 중상하는 사람들을 사랑하는 일입니다. 왜냐면 주님께서 이렇게 말씀하시기 때문입니

다. "너희는 원수를 사랑하여라. 그리고 너희를 박해하고 중상하는 자들을 위하여 기도하여라."(마태 5,44) [11] "행복하여라, 의로움 때문에 박해를 받는 사람들! 하늘나라가 그들의 것이다."(마태 5,10) [12] "끝까지 견디는 이는 구원을 받을 것이다."(마태 10,22)

[제11장] 형제들은 여자 수도원을 출입하지 말 것입니다

[1] 나는 모든 형제에게 단호히 명합니다. 형제들은 여자들과 의심스러운 교제나 담화를 나누지 마십시오. [2] 그리고 사도좌로부터 특별한 허가를 받은 형제들 외에는 여자 수도원을 출입하지 마십시오. [3] 또 형제들은 남자나 여자의 대부가 되지 마십시오. 이로 인해 형제들 간에, 또는 형제들에 대한 추문이 생기지 않기 위해서입니다.

[제12장] 사라센인들과 비신자들 가운데로 가는 형제들

[1] 하느님의 영감을 받아 사라센인들과 다른 비신자들 가운데로 가기를 원하는 형제들은 관구봉사자들에게 허락을 청할 것입니다. [2] 그러나 봉사자들은 파견하기에 적합하다고 여기지 않으면 아무에게도 갈 허락을 주지 말 것입니다. [3] 아울러 나는 순종으로 봉사자들에게 명합니다. 이 형제회의 지도자요 보호자요 감사관이 될 분으로 거룩한 로마 교회의 추기경들 가운데 한 분을 교황님께 청하십시오. [4] 그리하여 형제들은 거룩한 교회의 발아래 항상 매여 순종하고, 가톨릭 "믿음의 기초 위에 굳건히 서서"(참조: 콜로 1,23) 우리가 굳게 서약한 가난과 겸손과 우리 주 예수 그리스도의 거룩한 복음을 실행할 것입니다.

그러므로 어떤 사람도 우리가 확인하는 이 기록에 손대거나 함부로 이에 대해 무모한 반대를 할 수 없습니다. 누구든지 감히 이런 시도를 한다면 전능하신 하느님과 복된 베드로와 바오로 사도의 진노를 사게 될 것임을 명심해야 합니다.

라테라노에서 교황 재임 제8년 11월 29일

저자 _ 기경호

1985년 작은형제회에 입회하여 서울가톨릭대학교에서 신학을 공부했다. 이후 스페인 나바라대학교와 로마 성 안토니오대학교에서 교회법, 수도회법, 프란치스칸 고유법을 전공했다.

수도자 신학원장과 프란치스칸 영성학교장을 역임했고, 수도회법과 프란치스칸 영성을 강의했다.
작은형제회에서 수련장, 학문위원장, 관구평의원, 관구봉사자 소임을 했다.
현재 한국천주교주교회의 교회법위원회 위원이며, 수도자 관련 자문과 강의를 하고 있다.

저서로 프란치스코 수도규칙 해설, 성 프란치스코의 발자취를 찾아서, 축성생활 용어집(공저) 등이 있다.
프란치스칸 영성 관련 논문 다수, 「한국가톨릭대사전」과 「교회법 사전」의 여러 항목을 집필했다.